SECURITIES LEGAL

RISK AND COMPLIANCE MANAGEMENT OF LISTED COMPANIES

上市公司证券法律风险与合规管理

兼证券违法犯罪案件办理实务

洪灿律师团队 编著

中国检察出版社

图书在版编目（CIP）数据

上市公司证券法律风险与合规管理：兼证券违法犯罪案件办理实务 / 洪灿律师团队编著．-- 北京：中国检察出版社，2024.5

ISBN 978-7-5102-3039-4

Ⅰ．①上… Ⅱ．①洪… Ⅲ．①上市公司－证券法－研究－中国②上市公司－公司法－研究－中国 Ⅳ．① D922.287.4 ② D922.291.914

中国国家版本馆 CIP 数据核字（2024）第 090423 号

上市公司证券法律风险与合规管理

兼证券违法犯罪案件办理实务

洪灿律师团队　编著

责任编辑： 王伟雪

技术编辑： 王英英

封面设计： 天之赋设计室

出版发行： 中国检察出版社

社　　址： 北京市石景山区香山南路 109 号（100144）

网　　址： 中国检察出版社（www. zgjccbs. com）

编辑电话：（010）86423797

发行电话：（010）86423726　86423727　86423728

（010）86423730　86423732

经　　销： 新华书店

印　　刷： 河北宝昌佳彩印刷有限公司

开　　本： 787 mm×1092 mm　16 开

印　　张： 31　插页 4

字　　数： 680 千字

版　　次： 2024 年 5 月第一版　　2024 年 5 月第一次印刷

书　　号： ISBN 978－7－5102－3039－4

定　　价： 108.00 元

证券市场全面合规是法治时代的必然选择

——写在新“国九条”出台之后

一、党中央高度重视资本市场治理，随着立法、司法、行政监管的全方面收紧，证券违法犯罪成本加大，证券市场全面合规已经成为符合时代要求的必然选择。

纵观全球400多年资本市场发展史，其本身就是一部不断适应风险防范需要，加强和改进监管的历史。中国的资本市场法治史也不例外。

我们回溯一下最近几年中国证券市场发生的重大法治事件：

作为资本市场的根本大法，2019年12月，“升级版”证券法出炉，本次修订大幅提高对证券违法行为的处罚力度。例如，对于欺诈发行行为，从原来最高可处募集资金5%的罚款，提高至募集资金的1倍；对于上市公司信息披露违法行为，从原来最高可处以60万元罚款，提高至1000万元；对于发行人的控股股东、实际控制人组织、指使从事虚假陈述行为，或者隐瞒相关事项导致虚假陈述的，规定最高可处以1000万元罚款等。证券违法违规成本显著加大。

2021年3月施行的《刑法修正案（十一）》大幅提高了欺诈发行证券、信息披露造假、中介机构提供虚假证明文件和操纵证券期货市场等四类证券期货犯罪的刑事惩戒力度。

2021年7月6日，中共中央办公厅、国务院办公厅出台《关于依法从严打击证券违法活动的意见》，这是资本市场历史上第一次以中办、国办名义印发打击证券违法活动的专门文件，表明了国家“零容忍”打击证券违法活动、维护资本市场秩序的坚强决心。

2022年5月，最高人民检察院、公安部《关于公安机关管辖的刑事案件立案追诉标准的规定（二）》生效。其中对涉及证券犯罪的案件明确了新的追诉标准，对证券犯罪扩大刑事追诉范围和加大打击力度的立法取向显而易见。我们以操纵证券市场罪为例，原来的立案追诉标准为“30% -20日 -30%”（即3-2-3起点），新规大幅降低至“10% -10日 -20%”（即1-1-2起点），如此以来，依照原来的追诉标准可能“逍遥法外”的大量操纵证券市场行为将被刑事追责。

2024年4月12日，国务院出台《关于加强监管防范风险推动资本市场高质量发展的若干意见》（即新“国九条”[①]）引发市场强烈关注。新“国九条”共九个部分，从严监管的主基调贯穿始终，除了于文件名强调监管之外，更有四个部分是在标题和内容中强调监管，分别是“三、严格上市公司持续监管”“四、加大退市监管力度”“五、加强证券基金机构监管，推动行业回归本源、做优做强”“六、加强交易监管，增强资本市场内在稳定性”。新“国九条”可以说是从严监管的“国九条”，全面阐述上市后持续监管以及交易、退市、机构各环节的监管政策，旗帜鲜明地把“加强监管”作为高质量发展的必由之路，强调通过“加强监管防范风险”以达到“推动资本市场高质量发展”的目的，将监管摆在首要地位。

通过对2019年证券法修订前后的各类办案数据进行分析，我们发现，2019年之后的三年时间里，证监会向公安部证券犯罪侦查局移送案件的数量保持持续增长（对比2019年的移送数量，每年均超过100%的增长率），在移送案件数量倍增的现象背后，是国家在立法、执法、司法、行刑衔接等各个层面进一步加强对上市公司等资本市场主体法律监管的决心的投射。[②]

可以预见，在全面依法治国、从严治理资本市场的主旋律下，以上市公司群体为主的证券市场全面合规将成为符合时代要求的必然选择。

二、在行政、刑事、民事责任方面加强对上市公司等资本市场主体的严格法律监管的同时，中央也高度关注包括上市公司在内的民营企业发展，全面改善营商环境，促进社会高质量发展。严管厚爱正在成为证券监管新理念和主旋律，上市公司加强自身的合规建设是防范和降低法律风险的最优解。

2023年7月，中共中央、国务院发布《关于促进民营经济发展壮大的意见》（以下简称《意见》），《意见》从持续优化民营经济发展环境、加大对民营经济政策支持力度、强化民营经济发展法治保障等方面做出要求和部署，为各地区各部门开展相关的工作提出明确指引。

习近平总书记在民营企业家座谈会的讲话中强调“对一些民营企业历史上曾有过的一些不规范行为，要以发展的眼光看问题”，最高人民法院亦提出“治罪与治理并重，以涉案企业合规改革助推高质量发展”的司法理念。改善营商环境、高质

---

① “国九条”是对国务院发布的关于资本市场的政策文件的俗称。国务院分别于2004年和2014年发布了《国务院关于推进资本市场改革开放和稳定发展的若干意见》和《国务院关于进一步促进资本市场健康发展的若干意见》，因其都由9个部分构成，“国九条”的名字由此得名。2004年和2014年“国九条”为我国近20年的资本市场发展定下了基调，明确了任务和方向，如今时隔10年，国务院再次发布“国九条”直指当下资本市场发展症结，提出解决方案和发展思路，明确提出2035年资本市场发展目标，可以称得上未来10余年中国资本市场发展的蓝图，自然备受关注。

② 《专访广东信达律师事务所洪灿：违法案件数量持续增加上市公司当加强合规建设和风险管控》，载《证券时报》2023年4月2日。

量发展已成为新时期一项重大的政治任务。

在过去相当长的时间里，企业的发展面临较为严格的监管。有学者指出，“我国调整市场经济的法治模式是以刑法为主导的控制型经济管理模式，在该模式下，刑事法律风险已经成为企业特别是民营企业在发展过程中面临的最大风险”①。

大变局多发生在不经意间，“忽如一夜春风来，千树万树梨花开”。我们认为，经济下行周期的寒意与制度改革的春风一相逢，将带来企业全面合规建设的新局面，将给包括某些上市公司在内的涉案企业带来解决重大法律危机的新思路与新机会。

《意见》的出台，充分证明了前述判断，即宏观政策层面将有可能从过去以刑罚为主导的控制型经济管理模式转向惩罚与治理相结合的合规引导型执法模式，将引发各地区各部门的制度创新和监管模式的重大变革。

我们认为，在中央高度关注企业家、关注民营经济发展的大时代背景下，上市公司应该树立合规意识，加强合规学习与培训，全面建设符合时代要求的上市公司合规体系，以防范和降低法律风险。

在处理上市公司证券合规事件时，涉案企业除了依法行使程序权利进行自我申辩、辩护，还可以寻求证券合规律师的帮助，与证券行政监管机构、司法机关等进行专业协同，针对上市公司定向设计行政合规和刑事合规制度，以争取对涉案上市公司（包括上市公司董监高等）的终止行政调查、刑事合规不起诉、免予刑事处罚等合规整改目标，从而维护资本市场平稳运行，保护上市公司及广大投资者的合法利益。

三、这是一本关于上市公司全生命周期证券合规的专业书，既适合上市公司董监高、股东、实控人等业界人士阅读，也可以作为与上市公司证券投资业务相关的个人与机构投资者、券商、会计师、律师等专业人士的学习参考。

关于上市公司全生命周期的证券合规管理及其行政刑事法律风险的课题，属于“专精特新”的“小众”领域，目前尚无公开出版发行的法律专业书可供业界参考。正如陈兴良教授所说，小题大做不仅是一种研究方法，也是一种写作方法。本书就是从上市公司证券合规这一小题目展开创作的。

书中以笔者团队长达6年共22期《中国A股上市公司刑事行政法律风险年度/季度观察报告》形成的证券行政处罚与刑事案件大数据，结合精选的19例行政与

① 陈卫东：《从实体到程序：刑事合规与企业“非罪化”治理》，载《中国刑事法杂志》2021年第2期。

刑事处罚典型案例，对上市公司证券违法犯罪风险进行深度透视，系统性阐述上市公司证券合规义务，在提炼的205个常见证券合规要点的基础上，提出四个合规应对建议。

本书的证券合规主要指上市公司证券行政合规与刑事合规，包括上市公司证券行政监管合规义务、行政与刑事法律风险大数据与证券合规风险识别、证券违法犯罪典型案例透视与合规风险管理、重大证券合规风险事件的应对处理四大版块内容。

其中，在第二编“上市公司证券监管合规义务”中，我们以上市公司作为证券行政监管相对人的角度，详述法律法规规定的上市公司证券行政监管合规义务，重点阐述上市公司全生命周期的几大重要环节，包括证券发行阶段（包括拟上市公司向非特定对象的首次公开发行、已上市公司向特定对象的定向增发等）信息披露、上市公司日常信息披露、上市公司内幕信息管理、上市公司及其董监高的股票交易监管、上市公司募集资金管理等风险高发环节的行政监管合规义务。

在第三编“上市公司证券合规风险识别”中，我们向读者推出了《中国上市公司刑事法律风险分析报告（1996—2018）》，以及笔者在2018—2023年的六年时间里持续发布的22期《中国A股上市公司刑事行政法律风险年度/季度观察报告》[①]。在“上市公司证券违法犯罪合规风险识别评估”部分，提出了上市公司涉证券违法犯罪的合规风险清单，对如何识别欺诈发行证券、信息披露违规等风险高发环节，以及上市公司董监高履职过程中的行政与刑事法律风险进行了详细阐述。

在第四编“证券违法犯罪典型案例与合规要点”中，我们对内幕交易、操纵证券市场等五类风险高发环节，精选了19个行政处罚与刑事案例，案例涉及的当事人主体涵盖了上市公司及其实控人、董事长、董秘、其他董监高及其近亲属等，以及被收购方、业务合作方等关联业务单位的董监高、证券投资基金、场外配资方等不同的资本市场参与主体。在典型案例之后，我们与本书第二编的合规义务相结合，以案说法，从中提炼出205个常见的上市公司证券行政与刑事合规要点，以便上市公司董监高等证券合规义务人加强证券合规管理。

本书是在笔者团队长达6年共22期的《中国A股上市公司刑事行政法律风险年度/季度观察报告》的风险数据与违法案例分析研究的基础上，经过团队全体成员一年多时间沉浸式的创作、组稿、打磨以及最后阶段的反复修改、校对，终于得以成型。

这是一本团队集体智慧与集体经验相结合的书，也是一本在上市公司证券法律

---

① 因篇幅所限，本书只呈现《2023年度中国A股上市公司刑事行政法律风险观察报告》，其他报告均以扫码阅读的方式呈现。

风险与合规领域深度下潜的书，同时，也是一本涉及证券市场的证券诉讼（主要是证券行政风险与刑事风险领域）、非诉、合规等跨领域、跨专业的书。

在此，感谢我们所有参与本书创作的团队人员。

本书是洪灿律师团队的集体付出与专业协同的重要成果。首先感谢团队参与创作任务的赵秦晋律师、王瑞博士、赵悦律师为本书做出的贡献，作为写作小组成员，他们三位在几个重要章节的撰写以及最后的统稿校对环节付出甚多；感谢团队内专注于刑民交叉领域的张海峰律师、具有多年公安系统行政处罚与行政诉讼办案经验的强谋律师，他们对相关问题提出了很好的专业建议；感谢张晴律师、易楷坚律师、实习生刘子怡和胡嘉珮在法律法规与案例检索、文章交叉复核等方面的贡献。

感谢来自信达律师事务所麻云燕律师团队的董楚律师、林晓春律师团队的洪玉珍律师、彭文文律师团队的麦琪律师，她们对证券发行与上市相关业务的合规问题提出了很好的参考意见。

特别感谢赵秦晋律师带领的“上市公司法律风险观察报告”编写小组6年的持续用心付出，以及在本书创作过程中全身心的投入，保证了书稿的如期交付。

最后，感谢中国检察出版社的约稿，感谢以王伟雪编辑为代表的编辑部全体人员不辞辛劳的校对勘误，以及对本书的体例架构提出的非常好的调整意见。正是因为编辑部与创作团队的通力合作，使得本书得以顺利出版发行。

希望本书能够给上市公司证券法律风险防范与合规管理方面带来一些思考，为涉及证券违法犯罪的上市公司及相关人员提供来自律师实务界的专业参考，为促进中国资本市场的健康发展尽一份心力。若能如此，心愿足矣。

我们深知，上市公司证券合规与法律风险是一个不断迭代与演化的过程，除了监管理念与制度上不断的修订更新（如在本书交付出版社“三审三校”期间，国家出台了新“国九条”，证监会配套出台了“1+N”监管措施），在法律实践中发生的鲜活案例及控辩意见的激烈交锋往往也会引发市场的关注甚至是理论与立法的演进。所以，本书对于证券合规的思考以及归结的若干合规要点，仅为现有政策法规及司法案例环境下的一孔之见，期冀求教和共飨于同仁。由于研究能力有限，疏漏之处在所难免，在此特地附上与读者交流的电子邮箱（hong@139.com），诚恳地欢迎批评指正。

洪　灿

2024年4月20日于深圳

目　录

第一编　合规与合规管理导论

第二编　上市公司证券监管合规义务

第三编　上市公司证券合规风险识别

第四编　证券违法犯罪案例分析与合规要点

第一编

合规与合规管理导论

Part I.
Introduction to Compliance and Compliance Management Frameworks

第一章　合规与相关概念分析

本编旨在对以下方面加以介绍、说明：

一是简要介绍合规与内部控制、风险管理、公司治理、ESG 报告等以及与合规相类似、相关联的一些概念，以协助读者厘清相关概念及其大致区别，避免一下踏入术语迷魂阵。

二是根据《ISO 37301：2021 合规管理体系 要求及使用指南》，尤其是等同采用该指南的我国国家标准《合规管理体系 要求及使用指南》（GB/T 35770—2022）、国务院国资委颁布的《中央企业合规管理办法（2022）》，介绍合规管理体系并将合规应用到证券领域，对证券行政合规和证券刑事合规[①]加以介绍，力求为证券市场健康发展、上市公司董监高法律风险防范及中小股东利益保护作出相应贡献。

三是聚焦合规管理体系，挑选部分关键要素设计合规管理模型，以协助读者快速入门并且把握合规事务本质，方便今后举一反三灵活运行合规管理体系。

第一节　概念介绍：合规与内部控制、风险管理、公司治理、ESG 报告

合规管理体系的关键是识别、防范及处理合规风险。在对合规管理体系进行介绍，进而对证券行政合规和刑事合规进行分类说明之前，本书首先对合规及内部控制、风险管理、公司治理、ESG 报告等相关概念予以简要说明。

一、概念分析

（一）内部控制

内部控制的概念存在多元化特征，不同组织、行业可以在比较分析的基础上优化对其的理解。根据 COSO[②] 发布的《内部控制整体框架》，内部控制指“一个由企业的董事会、经理层和其他员工实现的旨在为实现内部控制目标提供合理保证的过程”，具体

① 需要指出的是，对于“刑事合规”这一术语，有学者认为很难成为刑法制定法认可的概念，“如果规定涉嫌犯罪企业完善其合规计划可换取暂缓起诉或者附条件不起诉的话，那么，也应当在《刑事诉讼法》中加以规定，而不是在《刑法》中规定”。参见时延安：《合规计划实施与单位的刑事归责》，载《法学杂志》2019 年第 9 期。但是，时延安教授对（承认单位犯罪的）美国在司法实践中将合规作为重要量刑根据的做法则无异议，并认为值得借鉴。

② 1985 年美国会计学会、美国注册会计师协会、财务经理协会、国际内部审计人员协会及管理会计师协会共同发起成立 Treadway 委员会（全称“反虚假财务报告委员会”），并在该委员会建议下成立 COSO（Committee of Sponsoring Organizations of the Treadway Commission，发起组织委员会）。

包括控制环境、风险评估、控制活动、信息和沟通、监控五个要素。[①] 此前，美国审计程序委员会（CPA）在1949年便曾给出一个宽泛定义："内部控制包括组织机构的设计和企业采取的所有相互协调的方法和措施，这些方法和措施都用于保护企业的资产，检查会计信息的准确性，提高经营效率，推动企业坚持执行既定的管理政策。"[②] 然而，内部控制概念因其涉及领域广，虽历经较长时间演化，仍未取得统一并且无较大争议的定义。[③] 对此，我国研究人员虽然从多个角度对内部控制加以研究，但是"客观上造成了企业内部控制理论研究的杂乱无章与实践发展的无所适从"。[④]

随着改革开放的不断深入，我国开始重视内部控制制度的推广与应用。如财政部等部门于2008年发布《企业内部控制基本规范》，该规范全面采纳COSO更新后的《企业风险管理——整合框架》的观念和观点。根据该规范，内部控制指"由企业董事会、监事会、经理层和全体员工实施的、旨在实现控制目标的过程"，其目标是"合理保证企业经营管理合法合规、资产安全、财务报告及相关信息真实完整，提高经营效率和效果，促进企业实现发展战略"。[⑤] 随后，我国又发布大量配套应用指引与《企业内部控制评价指引》[⑥]、《企业内部控制审计指引》等。

（二）风险管理

风险管理是众多主体从事系列经济社会行为的应有之义。对于资本市场参与者而言，理论上应该对风险管理有更高水平的认知和理解。

根据国家标准GB/T 23694—2013《风险管理术语》，风险管理是指"在风险方面，指导和控制组织的协调活动"，风险则是指"不确定性对目标的影响"。[⑦]

---

① 王瑞：《SOX法案框架下的内部控制与中小企业问题研究》，载《河北法学》2010年第5期。

② 李维安、戴文涛：《公司治理、内部控制、风险管理的关系框架——基于战略管理视角》，载《审计与经济研究》2013年第4期。

③ 樊行健等研究指出，"至今仍缺乏一个具有普遍意义而又权威的企业内部控制定义，人们常常忽略内部控制本质而谈概念，或者混淆本质与概念的区别"。参见樊行健、肖光红：《关于企业内部控制本质与概念的理论反思》，载《会计研究》2014年第2期。此外，读者欲进一步了解中外一干学者和机构对于内部控制的不同理解及相关文献综述，也可以参阅此文，在此不再赘述。

④ 樊行健、肖光红：《关于企业内部控制本质与概念的理论反思》，载《会计研究》2014年第2期。

⑤ 据学者考证确认，中国人民银行1997年发布的《加强金融机构内部控制的指导原则》是我国首个关于内部控制的行政性规定。参见李连华：《公司治理结构与内部控制的链接与互动》，载《会计研究》2005年第2期。

⑥ 根据该指引第2条规定，内部控制评价是指企业董事会或类似权力机构对内部控制的有效性进行全面评价、形成评价结论、出具评价报告的过程；根据该指引第5条规定，企业应当根据《企业内部控制基本规范》、应用指引以及本企业的内部控制制度，围绕内部环境、风险评估、控制活动、信息与沟通、内部监督等要素，确定内部控制评价的具体内容，对内部控制设计与运行情况进行全面评价。

⑦ 根据该指南，风险概念与不确定性概念紧密相关，为此如果需要对风险和不确定性有更深的领会，建议再延伸阅读弗兰克·奈特的相关著作，如《风险、不确定性和利润》等。

另外，对风险管理的有效把握可以引入风险控制概念并且比较两者关系。[①]

（三）公司治理

公司治理，单从其字面含义而言，已然成为当今经济社会领域的一个关键概念，这与公司这种组织形式在当今国际国内经济社会居于无可替代的地位有关。微观而言，公司治理与公司规模不断扩大、内部结构不断延伸、专业程度不断深化、治理难度不断提高有关。“因此，从经济学的角度看，公司治理起源于所有权和经营权的分离，其实质是解决因所有权与控制权的分离而产生的代理问题。公司治理的目的是减少代理成本，实现企业价值的最大化。”[②] 如今许多公司尤其是上市公司，拥有数量巨大的中小股东群体，他们因各种原因无法参与公司治理实践。在这种情况下，所有权和经营权的分离在所难免。也正是基于此，公司治理的系列框架、机制设计得以蓬勃发展、方兴未艾。比如，为了解决所有权和经营权分离带来的道德风险和逆向选择等问题，独立董事、信息披露、股权激励等一系列机制应运而生。

另外需要注意的是，在一般的传统认知中，公司治理概念与中小股东保护呈现密切相关性，相关机制设计的核心自然也是围绕如何解决“所有者和经营者”“大股东和中小股东”之间的利益冲突而设计。但是，随着公司规模及经济社会影响的扩大，公司治理概念及其相关框架体系，也有必要将视域扩大到“公司和公众”“公司所有者、经营者和公司利益相关者”“公司自治和政府管制”等更侧重于外部利益关系、外部管制关系的这些领域，使公司治理带有更多的社会色彩[③]，相关机制设计的核心也应适时地从单向度强调股东利益保护到兼顾强调公众利益保护的重大转向。

（四）ESG报告

ESG是三个英文单词及词组的首字母组合——Environment（环境）、Social Responsibility（社会责任）和Corporate Government（公司治理）。在国际组织、许多国家政府部门及金融监管机构的引导下，上市公司对ESG信息披露越发重视。

从架构上而言，ESG涉及自我评价及第三方评价因素，因此包括会计师事务所、律师事务所、咨询公司在内的第三方机构可以参与其中，协助企业做好ESG报告工作。

---

① 学者丁友刚等认为，“风险管理包括风险计划、风险控制和风险应对。风险计划是指组织根据预期可能的结果和概率，结合组织的风险偏好和承受能力进行风险和收益组合选择的过程。风险控制则是指组织在风险和收益期望组合既定的前提下，合理确保其经营过程符合其目标期望的过程。风险应对则是指组织在了解其实际风险的基础上，采取风险回避、风险转移、风险降低或风险承受等措施的过程。显然，风险计划强调的是如何进行风险和收益组合的选择和确定；风险控制强调的是如何将风险最小化至无害水平；风险应对强调的是如何积极面对风险。三者共同构成一个完整的风险管理过程”。参见丁友刚、胡兴国：《内部控制、风险控制与风险管理——基于组织目标的概念解说与思想演进》，载《会计研究》2007年第12期。

② 李维安、戴文涛：《公司治理、内部控制、风险管理的关系框架——基于战略管理视角》，载《审计与经济研究》2013年第4期。若欲进一步了解所有权和控制权分离，可以延伸阅读美国学者伯利（Jr. A. A. Berle）和米恩斯（Gardiner C. Means）的《现代公司和私有财产》（The Modern Corporation and Private Property）等著作。

③ 可以从“公司—社会”治理角度看这个问题。

1. ESG 概念的起源及发展

（1）起源。根据邱牧远等的研究，ESG 概念最早源自“伦理投资和责任投资”[①]。随着社会环保理念、劳动保护意识的逐步发展，“环境、社会责任和公司治理逐渐被作为一个整体，也被视作企业可持续发展最重要的三个维度”[②]。由此可见，整体上而言，ESG 与可持续发展相关，不但与企业自身可持续发展直接相关，而且与整个经济社会可持续发展直接相关。

（2）影响因素。决定一个企业是否积极主动承担社会责任的因素多样，既有制度压力原因，也有伦理道德原因，亦有市场竞争原因。[③]

市场竞争的原因，本身也体现了公司及社会治理中幽深的一面，这里有心理因素发生作用。学者 Terlaak 发现，有的企业之所以进行环保认证，并非来自主管部门或环保组织的压力，而是来自市场经济压力，因为竞争对手已经获得证书。[④]

2. 越来越多的政策和规定将社会责任引入社会经济领域

让一个企业像一个自然人那样承担相应的社会责任，是经济社会动态演化的产物。推动社会责任概念发展的因素众多，如前所述，制度带来的压力是关键的因素之一。根据学者研究，制度压力又可以进一步分为三种：模仿性压力、强制性压力和规范性压力。[⑤] 从这种范式入手，可以更便捷地理解一个企业承担社会责任比如进行 ESG 信息披露的动机与动力。不难想象，三种压力对于企业高层管理者而言，不会等同发生作用。有研究指出，规范性压力、强制性压力与高层管理者的社会责任行动呈显著正相关，模仿性压力则没有。[⑥] 这在很大程度上可以说明，政府部门及有能力施加强制力的其他组织机构，在引导企业等经济体的行动方面具有重大影响。关键是，如何在政府强制和企业自治方面达到良好的平衡。

已经有许多国际组织及政府监管机构制定了大量的政策、指南，以此形成约束力，推进 ESG 管理机制的发展。

（1）国际组织及外国政府部门。系列国际组织及外国相关部门发布了大量 ESG 信息披露原则、指引，包括但不限于：《联合国责任投资原则》、全球报告倡议组织（GRI）

---

① 读者如进一步了解，可以参见 Michelson G.，Wailes N.，Van Der Laan S.，Frost G.，“Ethical Investment Processes and Outcomes”，Journal of Business Ethics，Vol. 51，No. 1，2004，p. 1 - 10.

② 邱牧远、殷红：《生态文明建设背景下企业 ESG 表现与融资成本》，载《数量经济技术经济研究》2019 年第 3 期。

③ 国外许多学者对来自模仿性市场竞争压力、制度强制性压力、道德规范性压力对于一个企业承担社会责任的影响做了大量研究。参见冯臻：《从众还是合规：制度压力下的企业社会责任抉择》，载《财经科学》2014 年第 4 期。

④ Terlaak A.，“Order without law? The role of certified management standards in shaping social designed firm behavior”，Academy of Management，No. 32，2007，p. 3. 转引自冯臻：《从众还是合规：制度压力下的企业社会责任抉择》，载《财经科学》2014 年第 4 期。

⑤ DiMaggio. P. J. & Powell，W. W，“The Iron Cage Revisited：Institutional Isomorphism and Collective Rationality in Organizational Fields”，American Sociological Review，No. 48，1983. 转引自冯臻：《从众还是合规：制度压力下的企业社会责任抉择》，载《财经科学》2014 年第 4 期。这里的规范性压力，可以从道德/伦理角度入手考虑。

⑥ 冯臻：《从众还是合规：制度压力下的企业社会责任抉择》，载《财经科学》2014 年第 4 期。

发布的《可持续发展报告指引》、《ISO 26000 社会责任指引》、G20/经合组织发布的《公司治理指引》、美国可持续发展会计准则委员会（International Sustainability Standards Board，SASB）发布的相关会计准则，以及国际综合报告委员会、世界银行、国际金融公司、亚洲开发银行等机构发布的相关报告、指引等。[①]

（2）我国政府部门、金融监管机构和其他组织。中国国家标准化委员会发布了系列指南、指引。比如：《社会责任绩效分类指引》（GB/T 36002—2015）、《社会责任指南》（GB/T 36000—2015）、《社会责任报告编写指南》（GB/T 36001—2015）[②]，以及《关于国有企业更好履行社会责任的指导意见》（国资发研究〔2016〕105 号）、《合格评定社会责任要求》（RB/T 178—2018）、《合格评定社会责任评价指南》（RB/T 179—2018）、《社会责任管理体系 要求及使用指南》（GB/T 39604—2020）等。

一些地区政府部门及行业监管机构也陆续发布了众多意见、指南等。比如：《深圳证券交易所上市公司社会责任指引》（2006，已失效）、中国银行业协会《全面履行社会责任 推动银行业与经济社会发展良性互动》（2010）、《中共深圳市委、深圳市人民政府关于进一步推进企业履行社会责任的意见》（2007）、《关于中央企业履行社会责任的指导意见》（国资发研究〔2008〕1 号）、《浙江省人民政府关于推动企业积极履行社会责任的若干意见》（2008）、中国银行业协会《中国银行业金融机构企业社会责任指引》（2009）、上交所《上证社会责任指数编制方案》（2009）、上交所《〈公司履行社会责任的报告〉编制指引》（上交所备忘录〔2010〕1 号）、财政部及中国证监会等发布的《企业内部控制应用指引第 4 号——社会责任》、中国证监会山东监管局《关于进一步提高认识切实履行社会责任的监管通报》（鲁证监公司字〔2011〕56 号）、商务部《商业服务业企业社会责任评价准则》（SB/T 10963—2013）、《中国保监会关于保险业履行社会责任的指导意见》（保监发〔2015〕123 号）、《关于进一步促进企业社会责任建设的意见》（深办发〔2015〕5 号）、《企业社会责任评价指南》（编号：SZDB/Z 134—2015）等。中国证监会在 2018 年 6 月发布的《上市公司治理准则》（修订版）也要求上市公司积极承担“利益相关者、环境保护与社会责任”[③]。

此外，上证指数、中证指数也推出了 ESG 相关主题指数。比如中证推出了ESG100、ESG40、300ESG、300ESG 领先、ESG120 策略等指数。

（五）合规及其相关附属概念

1. 合规的定义

（1）相关标准及政策文件的定义。一是国家标准《合规管理体系 要求及使用指南》

---

① 若进一步了解相关报告、指引等文件描述的 ESG 指标，可以参见操群、许骞：《金融“环境、社会和治理”（ESG）体系构建研究》，载《金融监管研究》2019 年第 4 期。进而，对于相关 ESG 评级指数的了解，可以参见该文献第 98 页。

② 邱牧远、殷红：《生态文明建设背景下企业 ESG 表现与融资成本》，载《数量经济技术经济研究》2019 年第 3 期。

③ 参见该准则“第八章 利益相关者、环境保护与社会责任”相关规定。

（GB/T 35770—2022）中该国家标准给出了与合规相关的定义，合规指“履行组织的全部合规义务”，合规义务指“组织强制性地必须遵守的要求，以及组织自愿选择遵守的要求”；不合规指“未履行合规义务”。可见，“义务”对应的是“要求”，这些要求有的是来自其他机构的强制性要求，有的则是组织内部提出的要求。两者都是意志的体现，前者反映的是外在的权力意志/强制要求，后者反映的是内在的道德性意志/伦理要求。二是《中央企业合规管理办法》（国务院国有资产监督管理委员会令第42号）虽然是国务院国有资产监督管理委员会针对中央企业提出的合规管理要求，但是在一定程度上可以理解为国家监管层阐述的对合规理念与管理办法，因此对于上市公司及其他大型企业仍具有较大的借鉴意义。该办法第3条第1款规定，将合规定义为“企业经营管理行为和员工履职行为[①]符合国家法律法规、监管规定、行业准则和国际条约、规则，以及公司章程、相关规章制度等要求”。

（2）学术定义。第一，合规是指“企业的经营活动必须符合法律法规、商业道德、社会伦理”，合规管理是指“公司建立一系列的制度流程，以确保公司的所有决策、经营、管理行为符合法律法规的规范以及不违背基本的社会伦理道德”。[②] 第二，陈瑞华教授指出，企业合规就是“企业要依法依规开展经营活动，拒绝并预防那些违法违规的行为，从而形成一种依法依规进行经营活动的习惯，并督促员工、第三方以及其他商业伙伴采取依法依规的经营方式”。[③] 第三，“合规是服从的含义”，这里的“规”包括法律和伦理规范，不仅局限于法。[④] 第四，对于外部各种监管者而言，合规是“组织采用的，防止违反法律和确保对外部权威的服从，由此采取步骤来发现违规的政策和控制系统”。[⑤]

2. 合规相关附属概念的定义

对于“合规”概念所属的相关术语，部分介绍如下：

（1）合规风险。根据《合规管理体系 要求及使用指南》（GB/T 35770—2022），合规风险指“因未遵守组织合规义务而发生不合规的可能性及其后果”。

根据《中央企业合规管理办法》第3条第2款规定，合规风险是指“企业及其员工在经营管理过程中因违规行为引发法律责任、造成经济或者声誉损失以及其他负面影响的可能性”。

根据《商业银行合规风险管理指引》，合规风险指“因没有遵循法律、规则和准则可能遭受法律制裁、监管处罚、重大财务损失和声誉损失的风险”。

根据学者观点，合规风险是指“企业因没有遵守法律、规则和准则而可能遭受法

---

① 该《办法》将企业和员工并列，赋予了企业独立的主体性身份。这种做法具有强烈的社会现实意义，符合经济社会发展现状。注意到这一点，有利于理解本书后续提及的单位犯罪/企业犯罪、刑事合规、企业责任和雇员责任的区分等。

② 邢娟：《论企业合规管理》，载《企业经济》2010年第4期。

③ 陈瑞华：《论企业合规的性质》，载《浙江工商大学学报》2021年第1期。

④ 邓峰：《公司合规的源流及中国的制度局限》，载《比较法研究》2020年第1期。

⑤ Miriam Hechler Baer, Governing Corporate Compliance, 50 B. C. L. Rev. 949, 958（2009）。转引自邓峰：《公司合规的源流及中国的制度局限》，载《比较法研究》2020年第1期。

律制裁、监管处罚，并可能遭受重大经济损失和声誉损失的风险”。并且这里的合规风险，其范围局限于（严厉的）行政处罚和刑事追究方面，而非笼统的法律风险，也不是经营风险、市场风险等。①

（2）合规管理。根据《中央企业合规管理办法》第3条第2款规定，合规管理是指“企业以有效防控合规风险为目的，以提升依法合规经营管理水平为导向，以企业经营管理行为和员工履职行为为对象，开展的包括建立合规制度、完善运行机制、培育合规文化、强化监督问责等有组织、有计划的管理活动”。参考《证券公司和证券投资基金管理公司合规管理办法》（2017），合规管理是指“证券基金经营机构制定和执行合规管理制度，建立合规管理机制，防范合规风险的行为”。

（3）合规管理体系要素。根据《合规管理体系 要求及使用指南》（GB/T 35770—2022），合规管理体系要素指“组织为确立方针和目标以及实现这些目标的过程所形成的相互关联或相互作用的一组要件”。学者崔瑜认为，“构建合规管理体系是防控违法违规行为的利器”。②

一是ISO37301：2021《合规管理体系 要求及使用指南》国际标准中的合规管理体系要素（见图1.1）。

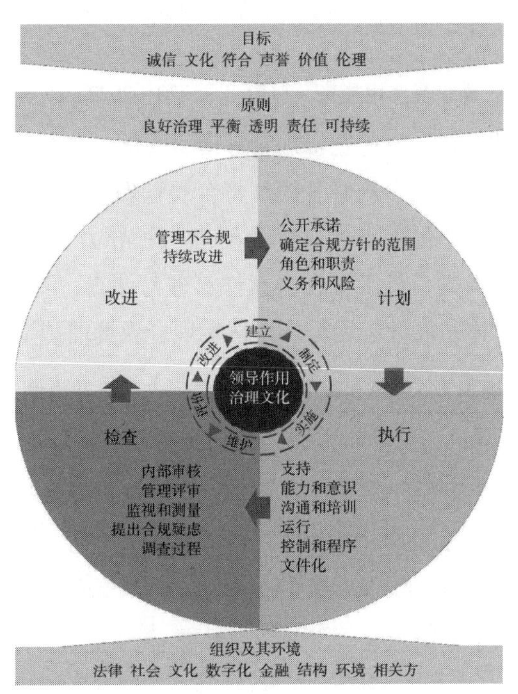

图1.1　《合规管理体系 要求及使用指南（ISO37301：2021）》合规管理体系通用要素

① 陈瑞华：《论企业合规的性质》，载《浙江工商大学学报》2021年第1期。

② 崔瑜：《论企业合规管理的政府监管》，载《行政法学研究》2021年第4期。

二是《合规管理体系 要求及使用指南》（GB/T 35770—2022）国家标准中的合规管理体系要素（见图1.2）。

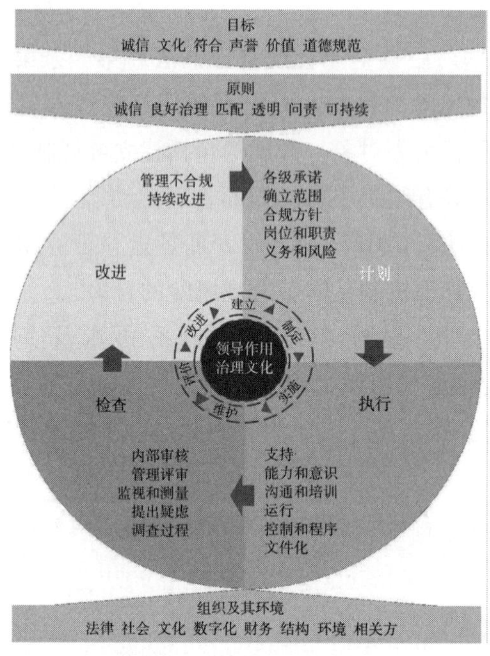

图1.2 《合规管理体系 要求及使用指南》（GB/T 35770—2022）对合规管理体系要素的认定

三是专业咨询机构的理解。以德勤合规管理模型为例：德勤①在其官网发布的“企业全面合规的系统方法”中提到，合规管理模型将合规管理体系区分为九个要素：“以合规文化为核心，由人员、技术、程序支撑，分为治理与领导力，风险评估与尽职调查、标准、政策与程序，培训与沟通，员工报告，案件管理与调查，测试与监控，第三方合规，持续改进九个要素，通过体系设计、运行、评估实现合规管理”②（见表1.1）。

表1.1 合规管理体系九要素——以德勤为例

序号	要素	说明
1	治理与领导力	合规管理需要治理层、管理层、合规专业人员的设计、运行、维护和监督，并通过组织结构的合理设置确保合规体系的独立性和权威性
2	风险评估与尽职调查	风险评估是合规管理的基础，有助于企业明确合规管理和尽职调查的重点
3	标准、政策与程序	合规管理标准、政策、流程应清晰可执行，能有效控制企业的关键合规风险

① 德勤（Deloitte）于1845年成立于英国伦敦，是全球领先的专业服务机构，世界四大会计师事务所之一。若欲对该机构进行更多了解，可参见该机构官网。

② 《合规九要素：企业全面合规的系统方法》，载德勤中国，https：//www2. deloitte. com/cn/zh/pages/risk/articles/nine - elements - of - compliance. html。

续表

序号	要素	说明
4	培训与沟通	为增强员工合规意识，提高员工履行合规义务的能力，企业应制定系统的、以风险为导向的培训沟通制度，并向各层级人员宣传合规要求
5	员工报告	员工报告制度应为员工提出合规问题、报告潜在合规事项提供安全、顺畅的渠道，提高合规管理的效果
6	案件管理与调查	企业应明确各类合规案件的分类、优先级、管理职责和调查程序
7	测试与监控	企业应定期测试合规管理体系的设计有效性和控制执行有效性，并持续监控关键合规风险，在风险暴露初期采取相应行动
8	第三方合规	企业的合规管理应延伸至第三方合作伙伴的合规管理，实现合作伙伴关键风险领域全流程风险筛查
9	持续改进	为保证合规风险闭环管理，企业应明确合规管理改进政策，定期评估合规管理体系的有效性，并将测试监控的成果纳入改进工作

在选定九个要素的同时，德勤合规管理模型又将道德与合规文化（合规文化包括企业合规价值观以及来自高层领导的积极支持和承诺）视为合规管理体系核心，将人员、技术和制度视为合规管理体系三项关键支柱。其中，人员指企业应安排具备合规经验的人员设计、运营和维护合规管理体系，并依据该体系框架管理法务、政策、道德风险。技术指先进的技术工具有利于促进合规管理体系的设计、运营；完善的技术平台能有效整合各类风险，并帮助企业预防、监测道德合规风险，实现事后快速响应。制度指企业应制定适当的制度保证合规管理体系以合规风险为导向，并通过优化业务流程提高合规管理效率，降低管理成本。①

四是企业对合规管理体系的探索。以西门子公司合规体系为例：根据国内学者研究，西门子公司的合规体系有两部分："商业行为准则"与"三大制度保障"。前者又包括基本行为要求，如何对待商业伙伴和第三方，避免利益冲突，公司财产的使用，环境、安全与健康，投资与建议，合规执行与监督等；后者则包括防范、监控和应对。

其中，三大制度中的防范体系指"针对可能的合规风险所采取的预防性措施"，又细分为合规风险管理、制定政策和流程、培训和其他沟通方式、建议与支持、与人事流程相结合、联合行动和廉洁行动项目等。合规风险管理及培训是这一部分的重点。监控体系包括四项流程，即控制管理、审计、投诉处理以及报告责任；应对体系包括对违规行为的及时调查识别，对存在违规行为的员工进行处罚，并在全球范围内进行个案的跟踪。在针对有关员工的纪律处罚作出后，涉案的相关部门必须落实调查报告中提出的建议，对相关的

① 《合规九要素：企业全面合规的系统方法》，载德勤中国，https：//www2. deloitte. com/cn/zh/pages/risk/articles/nine – elements – of – compliance. html。

制度漏洞和工作缺陷作出必要的补救，以避免类似的违规行为再次发生。①

五是相关学者观点。李本灿研究指出，刑事合规的制度要素包括两个方面：刑法手段和自我管理。② 陈瑞华指出，“一个完整的合规风险管理体系至少要包括以下基本要素：一是合规政策；二是合规管理部门的组织结构和资源；三是合规风险管理计划；四是合规风险识别和管理流程；五是合规培训与教育制度”。③ 有学者认为，合规包括三个要素：“一是公司确立发现和阻止高频发生的犯罪行为的内部机制；二是这一机制应当持续完整地运作；三是尽管公司可以依据不同的标准进行特殊分工，但应当采取广泛的预防措施。”④

综上，我们认为，在熟练掌握合规指南、国际组织机构及国家相关政策要求基础上，研读典型案例并且结合自身实际，是企业或其他主体快速入门并且力求高质量落实合规管理的良好方式。

3. 合规评估

根据《涉案企业合规建设、评估和审查办法（试行）》（全联厅发〔2022〕13 号），涉案企业合规评估是指第三方监督评估组织（以下简称“第三方组织”）对涉案企业专项合规整改计划和相关合规管理体系有效性进行了解、评价、监督和考察的活动。

4. 合规审核

根据《合规管理体系 要求及使用指南》（GB/T 35770—2022），合规审核指“获取审核证据并对其进行客观评价，以确定审核准则满足程度所进行的系统的、独立的过程”。

二、概念比较分析

对于企业而言，满足各种管理或者管制要求均需付出一定成本，为此在力求成本总量控制的前提下，寻找更符合自身需求并且不会导致控制遗漏的方法，便具有极高现实意义。对于监管层而言，在进行必要、合理的监管和控制同时，也应充分考虑针对企业的不同管理或者管制工具之间相互重叠乃至冲突、竞争的问题，力求寻找更符合企业需求和社会公众期待的社会经济管理方法。

当然，由于经济社会具有高度复杂性，各种经济主体大小各异、规模不同，对经营管理投入的成本收益的管理乃至对经营管理目标的期待也形形色色，为此，采取“一刀切”的方式（强制或准强制地）推行或引导一种或多种企业管理和管制模式是不可取的。从另一个角度看，如果存在重叠乃至冲突的过多模式并行，也容易导致十羊九牧的结果以及导致企业整体经营管理成本的大幅上升。因此，无论是企业还

---

① 陈瑞华：《论企业合规的性质》，载《浙江工商大学学报》2021 年第 1 期。

② 李本灿：《刑事合规的制度史考察：以美国法为切入点》，载《上海政法学院学报（法治论丛）》2021 年第 3 期。在该文中，作者对《联邦量刑指南》第八章（“组织量刑指南”）进行了详细介绍，指出自我揭弊、合规计划等影响企业最终承担的法律责任的理念，影响到英国、法国、意大利等其他国家的刑事合规立法。

③ 陈瑞华：《论企业合规的中国化问题》，载《法律科学（西北政法大学学报）》2020 年第3 期。

④ 邓峰：《公司合规的源流及中国的制度局限》，载《比较法研究》2020 年第1 期。

是监管层，均应不断增强对内部控制、风险管理、公司治理、ESG 报告、合规等机制的了解，唯有达到一定水平才更可能整合、优化管理或者管制模式。

本书主要内容之一是对证券合规（包括证券行政合规和刑事合规）加以分析。为了更好地实现该目的，以及为了便利读者对整合既有的管理或者管控模式的必要性、可行性有所了解，本部分将对合规及相关概念比如内部控制、风险管理、公司治理及 ESG 报告加以适当的比较分析。①

（一）以风险管理为主线，可以整合内部控制、风险管理和公司治理

“无论从历史的回顾还是理论的分析都可以看出内部控制、公司治理以及风险管理都是基于对风险进行控制而产生的。更一般地说，企业管理实质上就是风险管理”，为此，三者如果进行整合也应以“风险控制”为主线。②

1. 内部控制的最终目的是控制风险③

“内部控制就是控制风险，控制风险就是风险管理。所以内部控制和风险管理是控制风险的两种不同语义表达方式。内部控制主要是从风险控制的方式和手段说明风险控制的，风险管理就是从风险控制的目的来说明风险控制的。内部控制所描述的风险控制的方式和手段已经内含了风险控制的目的，没有目的的控制方式和手段是毫无用处的；风险管理所描述的是风险控制的目的也内含了风险控制的方式和手段，没有控制方式和手段的控制目的是无法实现的。”④ 为此，从企业管理的视角看，并适当借鉴奥卡姆剃刀原理，风险管理的管理工具色彩可以弱化（如同尼龙成为物品通用名称一样），而有别于合规、内部控制和公司治理这些管理模式、管理工具，也即手段和目的应该加以区分。风险管理和其他管理如财务管理、供应链管理、客户管理、成本管理等一样，都是目的导向的术语。

在企业管理成本已经高企情况下，除非必要，勿增管理工具实体。因此，我们的观点是，在监管层和企业经理层合力推行的背景下，在推行合规管理之际，无须再要求企业另行推行专门的风险管理。⑤ 反之，内部控制的适用则不能偏离风险管理的目的。

2. 内部控制可以寻求同时控制经营风险、财务风险、合规风险及其他风险

内部控制自萌芽至今，历经多次变迁，多次反复。当前主流的内部控制完整框架，

---

① Todd Haugh, The Power Few of Corporate Compliance, 53 Ga. L. Rev. 129, 139 (2018). 转引自邓峰：《公司合规的源流及中国的制度局限》，载《比较法研究》2020 年第 1 期。

② 谢志华：《内部控制、公司治理、风险管理：关系与整合》，载《会计研究》2007 年第10 期。

③ 关于内部控制和风险管理的关系，笼统而言有三种，要么是内部控制包括风险管理，要么是风险管理包含内部控制，要么是两者相等。更多了解参见谢志华：《内部控制、公司治理、风险管理：关系与整合》，载《会计研究》2007 年第 10 期。

④ 谢志华：《内部控制、公司治理、风险管理：关系与整合》，载《会计研究》2007 年第10 期。

⑤ 当然企业内部可以视情况推广各种各样的风险管理，只是作为外部力量的监管层——在内部控制、合规、ESG 报告已经增大管理成本的之际——没有必要再要求企业非自愿地推行风险管理这一独立的专门管理工具。

是COSO于2004年发布的《企业风险管理—整体框架》所规定[①]，随后为《企业内部控制基本规范》(2008) 所吸收的框架。并且从《企业内部控制规范》第5条针对内部控制要素所做之规定，可以看出内部控制机制内含之逻辑[②]：

问题一：内部控制，是控制什么？

回答一：内部控制，是控制风险。

问题二：控制哪些风险？

回答二：控制经营活动中和实现内部控制目标相关的风险。

问题三：内部控制目标包括哪些？

回答三：经营目标、报告目标和合规目标。[③]

3. 公司治理理论也有助于解释内部控制的目的和价值

为了协助进一步理解内部控制和公司治理的区别[④]，可以从两个角度理解公司治理：一个是动词短语角度，将公司治理理解为企业管理过程；另一个是名词角度，将公司治理理解为公司治理模式，如治理结构、机构设置及权责分配等。根据《企业内部控制基本规范（2008)》第5条规定，内部环境是企业实施内部控制的基础，一般包括治理结构、机构设置及权责分配、内部审计、人力资源政策、企业文化等。由此，内部控制和（作为内部环境一部分的）公司治理也建立了连接。

---

① ICIF—2013的版本，并未改变内部控制的五个要素，依然重述了2004版本的内容，即control environment; risk assessment; control activities; information and communication; monitoring activities。继而，内部控制的目标依然是三个：经营目标（operations objectives)、报告目标（reporting objectives）和合规目标（compliance objectives)。参见COSO官网："ACHIEVING EFFECTIVE INTERNAL CONTROL OVER SUSTAINABILITY REPORTING (ICSR): Building Trust and Confidence through the COSO Internal Control—Integrated Framework", https://www.coso.org/_files/ugd/3059fc_a3a66be7a48c47e1a285cef0b1f64c92.pdf，2023年8月14日访问。

② 内部控制要素主要分为五要素——内部控制的内部环境、风险评估、控制活动、信息与沟通、内部监督。这也反映了我国《企业内部控制基本规范》(2008) 对内部控制规范的认识。参见该《规范》第5条规定："企业建立与实施有效的内部控制，应当包括下列要素：(一) 内部环境。内部环境是企业实施内部控制的基础，一般包括治理结构、机构设置及权责分配、内部审计、人力资源政策、企业文化等。(二) 风险评估。风险评估是企业及时识别、系统分析经营活动中与实现内部控制目标相关的风险，合理确定风险应对策略。(三) 控制活动。控制活动是企业根据风险评估结果，采用相应的控制措施，将风险控制在可承受度之内。(四) 信息与沟通。信息与沟通是企业及时、准确地收集、传递与内部控制相关的信息，确保信息在企业内部、企业与外部之间进行有效沟通。(五) 内部监督。内部监督是企业对内部控制建立与实施情况进行监督检查，评价内部控制的有效性，发现内部控制缺陷，应当及时加以改进。"

③ 根据我国《企业内部控制基本规范》，内部控制的目标包括企业战略目标、企业运营目标、企业报告目标和遵循法律法规目标。参见张先治、戴文涛：《中国企业内部控制评价系统研究》，载《审计研究》2011年第1期；《企业内部控制基本规范》第3条规定，本规范所称内部控制，是由企业董事会、监事会、经理层和全体员工实施的、旨在实现控制目标的过程。内部控制的目标是合理保证企业经营管理合法合规、资产安全、财务报告及相关信息真实完整，提高经营效率和效果，促进企业实现发展战略。

④ 读者欲进一步了解内部控制合规和公司治理的关系，详见谢志华《内部控制、公司治理、风险管理：关系与整合》(载《会计研究》2007年第10期)。

首先，公司治理与内部控制之间存在关联，两者有相同之处也有区别。根据学者研究，两者之间的不同之处包括构成内容不同、结构不同、采用的方法不同以及控制的侧重点不同；两者之间的联系包括目的相同——“都是为了控制企业风险……企业风险一般包括公司治理风险（包括战略风险）、经营风险、财务风险、其他风险。其中公司治理风险属于公司治理的对象，经营风险、财务风险属于管理控制的对象”、公司治理中的内部治理是内部控制的重要组成、内部控制中的管理控制则是公司治理中的企业战略方面的延伸。① 当然，从这些表述可以看出，内部控制和公司治理之间存在“你中有我、我中有你”的关系，很难划出一条清晰的分界线。② 这种关系导致人们理解上的困难。

其次，委托—代理理论部分解释了内部控制出现的原因。不难理解的是，委托—代理理论和内部控制及其前身内部牵制的出现，都与企业的出现及兴起有关。随着企业发展，员工规模也得以扩大，导致股东不能有效监督每个员工个体的工作，同时也有股东没有能力或精力参与企业管理。为此，一是代理人的出现不可避免，二是防范公司内部舞弊行为及公司治理其他有关问题的管理制度的建设不可避免。为此，有学者直接指出，“公司治理与内部控制都产生于委托代理问题，如果不存在委托—代理关系，既不会有公司治理问题，也没有内部控制问题。在存在委托—代理关系的前提下，公司治理和内部控制是决定公司经营效率和公司能否健康发展的关键要素”，以及“内部控制思想的核心仍然是不相容职务的分离”。③

有学者指出，委托—代理理论的范式建立在两个假设之上，即“委托人和代理人之间利益相互冲突”和“委托人和代理人之间信息不对称”。④ Hart 等认为：只要存在以下两个条件，公司治理就必然在一个组织中产生。一是代理问题，或者说是组织成员之间存在利益冲突；二是交易费用之大使得代理问题不可能通过契约解决。⑤ 由此可见，委托人（股东）和代理人（经理）之间的利益冲突，直接导致公司治理实践的发生和公司治理理论的发展。在委托人和代理人利益冲突的时候，代理人便有了舞弊的动机，于是公司的经营目标便可能难以实现、公司的财务报告便可能难以真实、公司的经

---

① 李维安、戴文涛：《公司治理、内部控制、风险管理的关系框架——基于战略管理视角》，载《审计与经济研究》2013 年第 4 期。

② 有学者指出，公司治理结构和内部控制之间呈现镶嵌关系，两者“具有内在的结构上的对应与一致性。设计内部控制制度时，需要注意与公司治理结构的模式与特征相适应”。参见李连华：《公司治理结构与内部控制的链接与互动》，载《会计研究》2005 年第 2 期。该学者清晰地看到公司治理结构和内部控制之间的相互成就关系，对此，笔者也认为更多的理论和实践人士今后有必要对能够融合内部控制、公司治理及合规管理机制的更宏观的完整框架予以开发、利用。

③ 杨有红、胡燕：《试论公司治理与内部控制的对接》，载《会计研究》2004 年第 10 期。

④ 刘有贵、蒋年云：《委托代理理论述评》，载《学术界》2006 年第 1 期。

⑤ Hart O, Moore J., “The Governance of Exchanges: Members’ Cooperatives versus outside Ownership”, Oxfod Review of Economic Policy, Vol. 12, No. 4, 1996, p. 53 – 69. 参见李维安、戴文涛：《公司治理、内部控制、风险管理的关系框架——基于战略管理视角》，载《审计与经济研究》2013 年第 4 期。哈特于 2016 年获得诺贝尔经济学奖，此前已有多为研究新制度经济学的学者获得诺贝尔经济学奖，如科斯。

营行为便可能难以合规，于是内部控制作为一种追求明确目标的过程便得以出现。

（二）以功能多少为标准，可以区分合规和内部控制

内部控制的目标包括合规目标，由此内部控制和合规之间存在部分竞合。企业如推行完整框架[①]意义上的内部控制机制的设计及落实，便可以让企业有更好的合规表现。在这个理论层面上，合规机制便没有独立设计的必要。

可是，内部控制目标的实现并不理想。内部控制至少在很长一段时间之内，并没有有效防范大公司舞弊行为的发生。内部控制及其前身，在经历长期演化，直至 1992 年 COSO 发布《内部控制——整体框架》，但是内部控制的演化成果并未阻止 21 世纪初美国安然公司等的财务丑闻。由此，美国国会在 2002 年通过《SOX 法案》，该法案规定“SEC 应当颁布一个规则，以便要求那些根据《1934 年证券交易法》第 13（a）条编报的公众公司的每一份年度报告中应包括一份内部控制报告，并且该报告应（a）陈述管理层针对财务报告建立并维持一个适当的内部控制结构及程序的责任；以及（b）包含一份截至发行人最近财政年度末，关于发行人针对财务报告的内部控制结构及程序的有效性的评估”。[②] 此后，美国证监会（SEC）于 2003 年 6 月发布第 33—8238 号规则，“该规则用财务报告内部控制（ICFR）替代了内部控制，由此将内部控制的范畴限定在财务报告方面并将内部控制的目标限定在资产保护、防范财务舞弊方面，同时还将财务报告内部控制与信息披露内部控制区分开来”。[③]

（三）以公司社会责任为线索，可以发掘合规的起源

不论是财务舞弊还是其他违法行为，都会给利益相关者带来不同程度的损失。于此，在公司商业实践的过程中逐步衍生出系列社会性思想，公司社会责任思想便是其中之一。有学者认为，合规这一制度的兴起，与公司社会责任（CSR）思想的发展紧密相关。合规，只是第一代公司社会责任的一部分；公司社会责任也是公司商业实践的产物，法律不过复制及扩大了这一既有实践而已。[④]

简单而言，合规乃至于社会责任本身的发源，皆有道德伦理的影子。也即，道德伦理在合规和社会责任思想发展中发生过作用。一方面，在相关国家公司治理实践中已经得到逐步推广的刑事合规及合规计划，在美国的语境中更多地表达为“合规和道德计划”（compliance and ethics program）或者“道德和合规计划”（ethics and compliance programs）。比如，美国量刑委员会在《组织量刑手册》（Sentencing of Organizations）中使用的便是合规和道德计划的表述[⑤]；AMD 公司的《2021—2022 公司责任报告》

---

① 此处指 COSO 发布的《内部控制—整体框架》理解的内部控制。

② 王瑞：《SOX 法案框架下的内部控制与中小企业问题研究》，载《河北法学》2010 年第 5 期。

③ 王瑞：《SOX 法案框架下的内部控制与中小企业问题研究》，载《河北法学》2010 年第 5 期。

④ 公司的合规、风控、内控、内审等，虽然在每个公司中有分有合、或同或异，但都是“公司用于确保其雇员不违反适用规则、规制或者规范的一套程序”。参见邓峰：《公司合规的源流及中国的制度局限》，载《比较法研究》2020 年第 1 期。

⑤ USSC. “Guidelines Manual 2021”, Chapter Eight, https://www.ussc.gov/sites/default/files/pdf/guidelines-manual/2021/GLMFull.pdf，2023 年 8 月 14 日访问。

（2021—2022 *CORPORATE RESPONSIBILITY REPORT*）便使用了 Ethics and Compliance 表述。[①] 另一方面，如果企业主动实施合规计划，而非因为违法犯罪后为获取监管机构的宽大处理而被动实施合规计划，那么这种主动行为也是承担社会责任思想的表现。也是在这个层面，合规被归为社会责任的其中一种。

第二节　国内关于合规管理的政策和规定介绍

我国现有的法律法规没有对相关的合规管理出台专门的法律规定，与合规管理相关的规范散见于中央部委、司法机关、各级政府监管部门发布的政策、规范性文件，以“合规管理办法”“合规指引”等形式呈现。

一、先期发布的政策、规范性文件

国内一些部委及地方分支机构、地方政府制定了系列内部控制规章、规范性意见、办法等。比如，上海银监局于 2005 年制定《上海银行业金融机构合规风险管理机制建设的制度意见》、中国银监会于 2006 年出台《商业银行合规风险管理指引》。

二、近期发布的政策、规范性文件

（一）国家部委及相关司局及相关行业监管机构发布的政策

国家部委及相关司局发布的相关政策，包括国家金融监督管理总局《关于促进金融租赁公司规范经营和合规管理的通知》（2023）、国务院国有资产监督管理委员会《中央企业合规管理办法》（2022）、国务院反垄断委员会《经营者反垄断合规指南》（2020）、国家市场监督管理总局《企业境外反垄断合规指引》（2021）、国家市场监督管理总局和国家标准化管理委员会《合规管理体系要求及使用指南》（2022）、国家外汇管理局综合司《银行外汇业务合规与审慎经营评估内容》（2021）、国家外汇管理局综合司《银行外汇业务合规与审慎经营评估内容》（2021）、国家外汇管理局《银行外汇业务合规与审慎经营评估办法》（2019）、国家发展和改革委员会等《企业境外经营合规管理指引》（2018）、中国保险监督管理委员会《保险资金运用内控与合规计分监管规则》（2014）及《保险公司合规管理办法》（2016）、国家税务总局《税收政策合规工作实施办法（试行）》（2015）、中国银行业监督管理委员会《商业银行合规风险管理指引》（2006）等。

中国证券监督管理委员会、中国证券业协会发布的相关政策文件，包括中国证券监督管理委员会《证券公司和证券投资基金管理公司合规管理办法》（2020 修正），中国证券业协会《证券公司合规管理有效性评估指引》（2021）、《证券公司合规管理有效性评估指引》（2021）、《证券公司合规管理实施指引》（2017），中国证券投资基金业协会

---

① AMD. 2021—22 CORPORATE RESPONSIBILITY REPORT, https://www.amd.com/content/dam/amd/en/documents/corporate/cr/2021-22-cr-report-full.pdf，2023 年 8 月 14 日访问。

《证券投资基金管理公司合规管理规范》(2017) 等。

(二) 合规试点配套政策

我国已经在全国层面开展合规试点工作——相关合规管理机制称为“涉案企业合规第三方监督评估机制（第三方机制）”①，并且制定了配套的政策文件，包括《涉案企业合规建设、评估和审查办法（试行）》(2022)、《关于建立涉案企业合规第三方监督评估机制的指导意见（试行）》(2021)、《〈关于建立涉案企业合规第三方监督评估机制的指导意见（试行）〉实施细则》(2022)、《涉案企业合规第三方监督评估机制专业人员选任管理办法（试行）》(2022) 等。

(三) 相关公检法司机构发布的政策

除部分合规试点配套政策之外，包括但不限于司法部办公厅《关于加强公司律师参与企业合规管理工作的通知》(司办通〔2021〕98 号)②、企业合规典型案例、涉案企业合规典型案例等。

(四) 其他

此外，部分机构、地方政府部门等也出台了大量有关合规管理的系列地方性法规、规章及规范性文件等，在此从略。

三、企业合规的深圳样本

(一) 国家授权立法与深圳的“法治城市示范”

自 1992 年全国人大常委会授予深圳经济特区立法权以来，深圳一直发挥立法“试验田”作用，在多个领域先行先试，开全国之先河。自此，中国首份民营科技企业的“准生证”、全国第一个人体器官捐献移植条例、率先在全国就和谐劳动关系专门立法、全国首例为社会建设立法……为全国提供了一个个“深圳样本”。

2019 年 8 月 18 日，中共中央、国务院《关于支持深圳建设中国特色社会主义先行示范区的意见》(以下简称《意见》) 正式公布，深圳迎来继兴办经济特区后的又一重大历史机遇。

《意见》明确了深圳“法治城市示范”的战略定位，并提出用足用好经济特区立法权，在遵循宪法和法律、行政法规基本原则前提下，允许深圳立足改革创新实践需要，

---

① 根据《关于建立涉案企业合规第三方监督评估机制的指导意见（试行）》第 1 条规定：涉案企业合规第三方监督评估机制（以下简称第三方机制），是指人民检察院在办理涉企犯罪案件时，对符合企业合规改革试点适用条件的，交由第三方监督评估机制管理委员会（以下简称第三方机制管委会）选任组成的第三方监督评估组织（以下简称第三方组织），对涉案企业的合规承诺进行调查、评估、监督和考察。考察结果作为人民检察院依法处理案件的重要参考。

② 该文件对公司律师参与企业合规管理工作作出相关要求，其中对于刑事合规的要求如下：(二) 着力做好刑事合规管理。刑事合规是企业经营管理必须遵守的底线和红线，直接关系企业生存和发展。公司律师应当协助企业建立刑事违法案事件应对处置机制，开展内外部刑事违法风险评估、加强预防犯罪教育培训，完善投诉举报、审查处理、线索移送等工作制度，配合司法机关和纪检监察等部门依法办案，积极参与企业合规和第三方监督评估机制改革试点工作，推进刑事合规问题整改，降低刑事责任风险，促进企业在守法合规中实现可持续发展。

根据授权对法律、行政法规、地方性法规作变通规定。

2020 年 11 月，最高人民法院出台《关于支持和保障深圳建设中国特色社会主义先行示范区的意见》，全方位支持保障深圳先行示范区建设。2021 年 5 月，中央全面依法治国委员会印发《关于支持深圳建设中国特色社会主义法治先行示范城市的意见》，提出深圳市要率先形成中国特色社会主义法治城市的制度体系。

2021 年 4 月，中共广东省委、广东省人民政府印发《关于支持实施深圳建设中国特色社会主义先行示范区综合改革试点的若干措施》，从六个方面提出了 22 项支持事项；2022 年 8 月初，中共深圳市委公布《法治深圳建设规划（2021—2025 年）》，重申"用足用好经济特区立法权"，要求立法突出深圳特色。

作为中国特色社会主义先行示范区的深圳，"法治城市示范"进入新的黄金发展期，"双区"（经济特区、先行示范区）叠加下的深圳发展活力进一步释放，从创业者破产保护、数字经济、智能网联汽车到人工智能等，在城市产业支撑和未来发展规划下，深圳加快了对新兴领域的立法探索。近三年来，深圳经济特区陆续出台了个人破产条例、绿色金融条例、数据条例、智能网联汽车管理条例、人工智能产业促进条例、数字经济产业促进条例等一批针对性新兴领域的引领性法规。①

（二）深圳在企业合规领域的先行示范

深圳作为全球创新创业和投资热土，据统计有超过 400 万户市场主体，拥有超过 400 家上市公司，是名副其实的"上市公司之都"，合规经营特别是上市公司合规管理不仅是市场主体持续健康发展的必然需求，更是深圳市营商环境优化和高质量发展的必由之路。

2023 年 3 月，深圳市委、市政府印发了《关于加快打造企业合规示范区的实施意见》，围绕中央重大决策部署，结合深圳法治建设和经济发展实际，系统谋划企业合规示范区建设的"施工图"。其中，建立企业合规认证地方标准体系是深圳市加快打造企业合规示范区的关键一环。但是，对于多数企业来说，如何建立、是否有效、怎么常做常新，是建设合规管理体系的必答题，也是疑难点，需要明确的标准予以支撑。

近年来，国际相关组织、国家各部委、社会团体、行业协会等陆续出台各类企业合规管理相关的政策文件和标准指引，合规管理日趋制度化、规范化、标准化。在国内外合规监管日趋严格的背景下，深圳也亟须构建与国际接轨、立足深圳实际的企业合规建设地方标准体系，为深圳打造合规示范区建设提供坚实的基础支撑和保障。

在此背景下，基于国际标准 ISO 37301 和国家标准 GB/T 35770，结合深圳市企业目前合规管理的现状、难点和需求，深圳市在 2023 年 3 月印发了《关于加快打造企业合规示范区的实施意见》②，随后于 2023 年 8 月在全国率先发布了地方性合规指南——

---

① 《深圳地方立法缘何屡有首创之举》，载《法治日报·法治周末》2022 年 9 月 15 日。

② 2021 年 5 月，中央全面依法治国委员会《关于支持深圳建设中国特色社会主义法治先行示范城市的意见》便专门指出："支持深圳打造企业合规示范区，探索建立企业合规认证地方标准，推广企业首席合规官制度，建立企业涉外经营合规风险预警平台。"

《企业合规管理体系》（DB4403/T 350—2023），用来指导深圳企业的合规实践。

2023 年 9 月 12 日，深圳市人民检察院联合深圳市互联网信息办公室、深圳市司法局、深圳市发展和改革委员会、深圳数据交易所、宝安区人民检察院，以及吉林大学、香港中文大学、深圳市腾讯计算机系统有限公司、中兴通讯股份有限公司、深圳市和讯华谷信息技术有限公司、中国电子系统技术有限公司、深圳市北鹏前沿科技法律研究所、深圳优钱信息技术有限公司等多方力量，历时 8 个月，编撰完成《深圳市企业数据合规指引》（以下简称《合规指引》）。

除完善了数据合规风险防范体系，发展了数据合规多元共治范式，《合规指引》还确立了数据合规行刑衔接机制。《合规指引》依法明确了有关刑事激励措施，又规定对依法需要行政处罚的，可以向有关主管机关提出从轻或者减轻处罚的建议。这也是深圳首次探索在合规指引中纳入行刑衔接内容。同时，《合规指引》还首次明确提出了对于涉案企业合规建设经评估符合有效性标准的，检察机关可以根据具体情况酌情向有关主管部门提出从轻或减轻的建议、意见，将数据合规的激励效果进一步延伸至行政监管领域。

数据作为新型生产要素，已快速融入生产、分配、流通、消费和社会服务管理等各环节，深刻改变着生产方式、生活方式和社会治理方式，建立具有现实指导意义的数据全流程合规指引，意义重大。《合规指引》的出台，为建立安全可控、弹性包容的数据要素治理制度提供了“深圳样本”。

第三节　行政合规和刑事合规

一、合规的分类

结合企业尤其是上市公司涉及的执法司法程序情况，本书将合规分为行政合规和刑事合规，进而将证券合规细分为证券行政合规和证券刑事合规。此外，为了更好地理解合规，也在此介绍其他分类方式。

（一）主动型合规和被动型合规

1. 主动型合规

为了方便理解，我们将上市公司及其他相关市场主体为了预防和及时发现违法犯罪行为的目的，以及为了确保日常经营行为、决策行为合法合纪合道德要求的目的，而主动选择实施合规管理的情形视为主动型合规。①

2. 被动型合规

我们将上市公司及其他相关市场主体，因为违法犯罪行为被立案调查，为了争取宽大处理，接受执法司法机关的整改方案，而被动选择实施合规管理的情形视为被动型

---

① 目前，我国针对金融机构、国有企业实施合规管理的系列政策文件，便主要是针对主动型合规及针对事前乃至事中合规给出的相关指引。

合规。

被动型合规的目标，除了协助执法司法机关更好更快地完成既有案件的调查处理之外，还承担发现更多已经发生的违法犯罪行为以及预防未来再次出现违法犯罪行为的功能。

（二）大合规和小合规

有学者结合美国合规制度发展，将专门用来预防商业贿赂犯罪行为的合规机制称为小合规或狭义上的合规；将适用范围扩大至反洗钱、反垄断、数据保护、反金融欺诈等领域的合规机制称为大合规或广义上的合规。①

二、行政合规和刑事合规

（一）行政合规②

行政合规虽然不如刑事合规那样更为人所知，但在中国也确实已经作为一个术语在文献中和政策规定中出现。比如，司法部办公厅《关于加强公司律师参与企业合规管理工作的通知》(2021)③、《广州市促进民营经济发展壮大的若干措施》(2023)④ 等。

行政合规可以理解为履行上市公司（或其他经济社会行为主体）的全部合规义务，包括强制性地必须遵守的要求，以及自愿选择遵守的要求。⑤ 进而，必须遵守的要求指的是来自各相关法律和行政法规、规章、规范性文件的规定，这些规定内容广泛，涵盖主体资格、行业准入、环保、安全、税收、消防、外汇、反洗钱、反垄断等方方面面；自愿选择遵守的要求，则包括公司章程、内部管理制度、员工手册乃至于合规手册等。结合行政合规的目的，根据前述分类方法，可以将其分为两类：

---

① 陈瑞华：《企业合规制度的三个维度——比较法视野下的分析》，载《比较法研究》2019 年第 3 期。

② 2023 年 8 月 14 日，笔者在中国知网输入“行政合规”并限定“精确”条件进行检索，得到 625 个结果。需要指出的是，由于部分文献存在“行政的合规”及“行政、合规”的形式，因此与“行政合规”完全一致的文献少于 625 个，但是“行政合规”术语已经得到使用，在一些文献题目中也出现了“行政合规”表述，如《行政合规整改嵌入监管体系的路径及制度保障》《企业行政合规论纲》《法律激励视角下行政合规问题研究》等。

③ 该文件指出：“（三）着力做好行政合规管理。遵守法律法规规章和国家有关部门的政策规定、监管要求、业务指引，是企业依法合规经营的应有之义。公司律师应当跟进了解国家相关法律法规规章和大政方针政策，帮助企业在有关部门指导、监督下，有针对性地制定、实施合规管理措施，严格执行产品质量、安全生产、劳动用工、财务税收、节能减排、环境保护、数据安全、信息保护、广告宣传、规划建设、交通运输、卫生防疫等各项行政监管政策和规定，防范违规风险，整改违规问题，促进企业依法合规审慎经营。”

④ 该文件指出：“十八、实施行政合规和刑事合规成果互认。深化涉案企业合规改革，稳慎推进涉案企业合规改革刑事诉讼全流程适用。检察机关对完成有效合规整改的涉案企业作出不起诉决定后，依法提出从宽处理的意见建议，可以作为行政机关对企业作出行政处罚决定的重要裁量参考。对于涉案的民营企业，检察机关视情可以提前介入进行法律监督，防止不当侦查活动影响企业正常经营行为。”

⑤ 此处的定义，延伸了《合规管理体系 要求及使用指南》（GB/T 35770—2022）对于合规的定义。

1. 被动型行政合规

被动型行政合规，可以理解为企业或其他责任主体因为涉嫌违反行政监管政策和规定而被立案调查，为了换取宽大处理而积极制定并落实行政合规整改方案，防范今后再次出现违规风险。

2. 主动型行政合规

主动型行政合规可以理解为企业或其他责任主体的日常经营活动或其他相关活动，主动遵守行政监管政策和规定要求。

此外，针对行政合规以及下文将论及的刑事合规，也可以依据国内、国际因素、标准进一步细分。

（二）刑事合规①

刑事合规也可以从两个方面理解：一是相关责任主体通过刑事合规管理体系，主动达到合法合规的目的；二是存在犯罪事实的相关责任主体（在第三方参与的情况下）通过制定并履行合规计划或合规整改方案，以求达到不被检察机关提起公诉、审判机关判决免予刑事处罚或者其他宽大处理的目的。

部分学者认为，合规及刑事合规理念及实践最早在美国出现②，并且因西门子公司贿赂案而为人所知。近年来，与“刑事合规”这一概念相关的知名案例应属“中兴通讯事件”了。大多数人熟知这一案例是因为这是源于中美贸易摩擦或者是美国对于中国企业的“长臂管辖”。大多数人熟知违反美国相关的出口管制规定会受到行政处罚，但是实际上，美国法律中对于这一违法行为所规定的惩戒措施包括民事、行政以及刑事处罚。而中兴通讯的“罚款”中就包括“刑事罚款”。

通过“中兴通讯事件”从法律上尤其是从程序法意义上观察，从合规承诺的义务履行方面观察，中国企业尤其是“走出去”的国际业务型企业需要从中吸取的经验教训同样重要。

早在 2017 年 3 月 6 日，中兴通讯就因违反美国政府出口管制规定，受到刑事追诉，最终与美国司法部签署了修订了的认罪协议，同意支付约 8.9 亿美元的罚金。③ 此后，因为中兴通讯没有及时进行整改措施，被美国方面认为是仍继续实施违规行为，背离了认罪协议中的相关义务，因此，2018 年 4 月 16 日，美国商务部发布公告，7 年内禁止美国企业与中兴通讯展开任何业务往来。后历经近两个月的紧张谈判，最终于 6 月 7 日，中兴通讯与美国商务部工业安全局（BIS）达成和解协议。协议内容为，中兴通讯向美国政府支付 10 亿美元罚款，另行支付 4 亿美元的代管资金，如果再次违规，则予

---

① 对于刑事合规及（刑事）合规计划的更多介绍，参见本书第五编。

② 当然也有学者认为，不能简单地认为刑事合规起源于美国。早在 1974 年澳大利亚的《贸易实践法》便有类似规定，其充分表达了合规计划可以成为抗辩事由的理念。参见李本灿：《刑事合规的制度史考察：以美国法为切入点》，载《上海政法学院学报（法治论丛）》2021 年第 6 期。

③ United States v. ZTE Corporation (17 Cr. 0120K).

以没收；必须在30天之内更换董事会，施行最为严格的合规管理制度。①

2022年3月23日午间，中兴通讯发布公告②称，公司于2022年3月22日（美国时间）收到法院判决，裁定不予撤销中兴通讯的“缓刑期”［“缓刑期”将于原定的2022年3月22日（美国时间）届满］且不附加任何处罚，并确认监察官任期将于原定的2022年3月22日（美国时间）结束。这意味着美国司法部对中兴通讯长达5年的管制（“缓刑期”）到此结束，但中兴通讯仍然要面对美国商务部的10年监管期。③

由于近年来，陆续出现我国企业涉及违反境外法规并受到管制或处罚的事件，因此，在2021年10月17日，国务院国资委发布的《关于进一步深化法治央企建设的意见》，其中要求“深入研究、掌握运用所在国法律，加强国际规则学习研究，密切关注高风险国家和地区法律法规与政策变化，提前做好预案，切实防范风险”。

综上，无论是央企、地方国企还是民营企业，笔者建议时刻关注与企业本身运营发展密切相关的域外法律法规，尤其是在出口管制与经济制裁领域，做好域外法律合规风险制度建设和防范措施，以免遭受行政甚至刑事处罚。

表1.2　中兴通讯被美国政府部门罚款概览④

美国政府部门	罚款类型	罚款金额（美元）	支付方式
商务部工业和安全局（BIS）	行政罚款	361000000	一次性支付
司法部（DOJ）	刑事罚款及没收款项	430488798	一次性支付
财政部海外资产管理办公室（OFAC）	行政罚款	100871266	一次性支付或分期支付
合计	—	892360064	—
商务部工业和安全局（BIS）	行政罚款（暂缓）	300000000	自达成协议之日起7年内，若能依照协议要求履行，将被豁免

① 李本灿：《刑事合规理念的国内法表达——以“中兴通讯事件”为切入点》，载《法律科学（西北政法大学学报）》2018年第6期。

② 中兴通讯股份有限公司《内幕消息公告及复牌》，载 http：//static. cninfo. com. cn/finalpage/2022-03-23/1212647193. PDF。

③ 《胜诉！美法官裁决，美国政府对中兴通讯5年“合规监察”结束》，载环球网，2022年3月24日，https：//baijiahao. baidu. com/s? id=1728133087899331331&wfr=spider&for=pc。

④ 中国公司法务研究院、荷兰威科集团、方达律师事务所：《2016—2017中国合规及反商业贿赂调研报告》，载 https：//www. soho. com/a/156687265_ 744278。

第二章　证券合规管理模型及其应用

由于我国证监会及执法司法相关部门暂未针对证券市场监管及合规发布针对性、专门性的指南，以及由于各种既有合规管理体系的要求及使用指南内容已经非常丰富，部分上市公司及其他证券市场主体负责人员可能短时间内难以对合规管理及其体系要素有深入理解，为此，我们将合规管理体系的部分要素专门挑出[①]，依据合规管理流程，设计了一个便利合规管理分析及适用的分析框架或者模型。我们相信并且期待，会有更多合规管理学术研究人员及合规管理实务操作人员总结并分享更具洞察力和实操性的更多分析框架或者模型。

第一节　建立模型的相关说明

一、建立合规管理模型的主要依据

建立模型的依据，主要是《中央企业合规管理办法》、ISO 37301：2021《合规管理体系 要求及使用指南》及国家标准《合规管理体系 要求及使用指南》（GB/T 35770—2022）。

（一）《中央企业合规管理办法》（2022）

该办法从组织和职责、制度建设、运行机制、合规文化、信息化建设、监督问责等多个方面，对合规管理作出规定，为中央企业的合规管理提供了良好的指南和路线图。

（二）国家标准《合规管理体系 要求及使用指南》（GB/T 35770—2022）[②]

该标准系国际标准 ISO 37301：2021 的中国本土化。根据“1. 范围”的规定[③]，该

---

① 我们之所以将合规管理体系的部分要素挑选出来，设计一个简便的分析框架或者模型，基于如下目的：第一，协助读者对证券行政合规和证券刑事合规快速入门。相信证券市场大部分主体对于风险管理并不陌生也并不排斥，但是可能只有部分主体对合规管理体系要素有系统的理解，尤其是将这种理解应用于证券市场相关的经营或投资行为之中，因此我们设计了一个简便的模型协助读者。第二，协助读者（基于前述分析框架）以风险管理尤其是合规风险管理为主线，针对证券违法行为、证券犯罪行为及不同罪名加以深入了解，并在此基础上根据需要设计或者完善自己的分析框架，以更好地防范证券行政和刑事合规风险的发生。第三，（没有选入分析框架的）合规管理体系的其他要素，对于合规管理的有效实施同样重要，缺一不可，如组织和职责、制度建设、运行机制、合规文化、信息化建设、监督问责这些方面。在对本书设计的简便模型有所理解之后，读者可以视情况需要将模型进行扩展或者重新设计。有关组织和职责等的更多了解，参见《中央企业合规管理办法》。

② 考虑到我国的《合规管理体系 要求及使用指南》（GB/T 35770—2022）在体系安排及行文等方面特点，对 ISO 37301：2021 加以改进，为此本书主要采用前者作为主要依据。

③ 根据《合规管理体系 要求及使用指南》（GB/T 35770—2022），合规管理体系的范围“旨在理清组织面临的主要合规风险，以及合规管理体系适用的地理和/或组织边界，尤其当组织是较大实体的一部分时”。

标准将合规管理体系的流程分为组织建立、开发、实施、评价、维护和改进这些方面。

二、建立合规管理模型的主要原因

建立合规管理模型的原因，是提供一种思路、范式，协助相关上市公司及其他证券市场主体（组织或自然人）建立有效的合规管理执行机制。

目前，在实务中存在合规管理流于形式的情形。有企业制定了内容完善的合规手册，但是因没有良好的执行机制导致合规管理效果不佳。

良好的合规管理执行机制，包括对风险要求（风险义务）（如企业需要遵守的具有强制力的法律法规及政策规定等）的良好认识，并结合这些认识编制完善的关键合规风险清单，并且定期更新这些要求（义务）和风险清单；以及将合规风险的评估识别、预警报告及处理流程等与具体的岗位人员建立匹配关系等。

对此，有学者评价国企合规管理时曾指出，“我国企业没有建立针对特有合规风险进行评估的机制，既没有‘重点合规风险领域’的概念，也缺乏‘风险点’的认识。在建立合规管理体系过程中，国有企业通常只是制定一种较为空泛的合规管理规范或员工行为准则，而没有针对企业的性质、合规风险重点领域以及关键的风险点，建立有针对性的合规防范体系”，① 为此本书的相关探索也是为了解决这些痛点。

三、建立合规管理模型的主线

根据对《合规管理体系 要求及使用指南》（GB/T 35770—2022）和《中央企业合规管理办法》的理解，我们认为确定合规管理体系的范围有助于一个组织或其他主体厘清主要的合规风险。由此，建立合规管理体系的主要目标便是识别并防范或者及时应对处理各种主要合规风险。进而，合规管理模型的主线也是围绕着主要合规风险的识别、防范或者应对处理存在。

第二节　证券合规管理模型介绍

一、证券合规管理模型的设计思路

我们根据《合规管理体系 要求及使用指南》（GB/T 35770—2022），并结合对《中央企业合规管理办法》的理解，挑选部分关键流程或者关键要素，制作适合上市公司的证券合规管理模型（可视情况进一步细分为证券行政合规模型和证券刑事合规模型）。

---

① 陈瑞华：《论企业合规的中国化问题》，载《法律科学（西北政法大学学报）》2020 年第 3 期。另外，该学者同时指出，我国有必要在商业贿赂、不正当竞争、产品质量、税收、知识产权、环境保护等高风险领域，制定专门的合规风险预防机制。由此，本书将刑事合规重点集中在证券领域，也是基于一种专门化思路，以提高合规管理体系建设的精准度。当然，目前国内已经开始针对高风险领域制定专门的合规管理指南，如北京市海淀区检察院发布了《危害税收征管犯罪涉案企业合规整改指南》(2022)、《侵犯知识产权犯罪涉案企业合规整改指南》(2022)。相信高风险领域（含境内经营和境外经营）缺失专门的合规管理指南这一块短板，很快会被补上。

二、对于相关事项的说明

（一）模型是对相关权威指南、文件中的关键流程、关键要素的整理

完整的合规管理模型包括更多的流程、要素。为了便于相关主体快速理解、应用，我们对完整的、全要素分析框架或者模型予以简化，强调其中的四个关键要素，表达这些关键要素的关键词分别是合规义务（Obligations）、合规风险识别（Identification）、合规事件的解决（Resolution）和合规管理体系的改进（Improvement）。（见图 2.1）

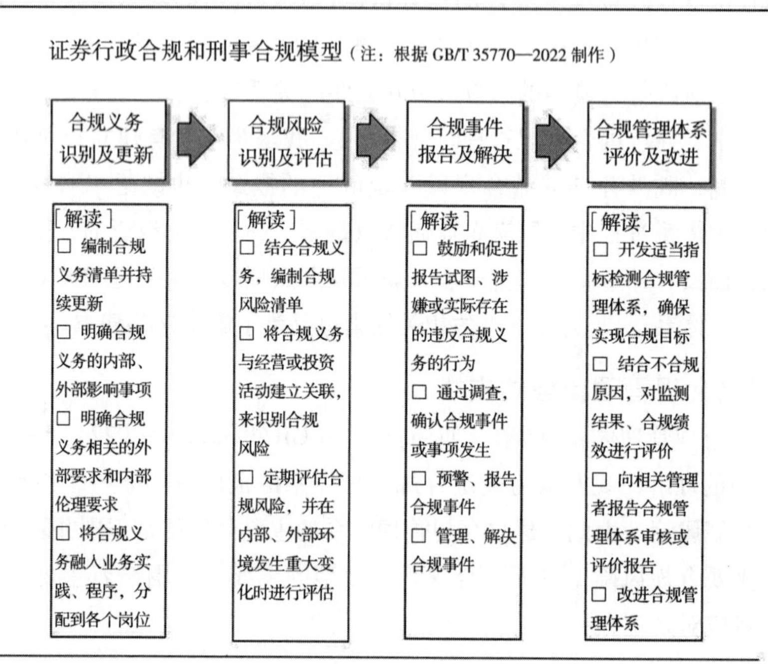

图 2.1　证券行政合规和刑事合规模型

与此相对应，ISO 37301：2021《合规管理体系 要求及使用指南》也内含一个由四个关键词组成的模型，即 Plan（计划）— Do（实施）— Check（检查）— Act（改进），简称“PDCA”模型。

（二）证券违法犯罪的主体并非全部是组织

结合既有的证券犯罪相关罪名可知，证券违法犯罪的主体并非全部是组织，也包括自然人。其中，这些自然人又分为自然人投资者、企业自然人股东/实际控制人、上市公司董监高等。因此，在适用既有的合规指南及应用相关模型时，自然人主体可以保持更高的灵活度。

第三节　证券合规管理模型的应用

本部分将结合证券违法犯罪行为及相关具体罪名，对（证券）合规管理模型的应用加以说明，并视情况给出适当的示例，以便读者举一反三，设计更合理、更契合自身需求的模型版本。

基于 ISO 37301：2021 标准并结合本书实际内容，我们将合规步骤分为四个流程：流程 1：合规义务与更新；流程 2：合规风险识别与评估；流程 3：合规风险发现与预警；流程 4：合规事件的解决。我们以“内幕交易罪、泄露内幕消息罪”为例，展示证券合规管理模型的具体应用，以期为读者带来更具象的思考。

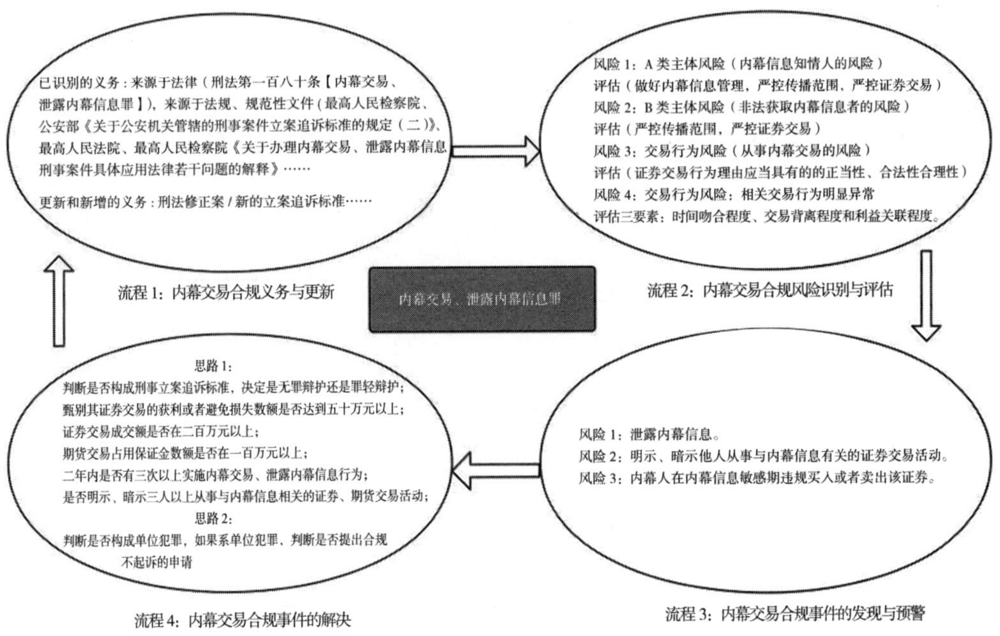

图 2.2　合规流程示意

第二编

上市公司证券监管合规义务

Part II.
Compliance Obligations of Listed Companies under Securities Regulation

第一章　证券行政监管合规义务概述

本书第一编的叙事逻辑，是从普适的合规管理方面将本书的体例划分为合规义务（Obligations）、合规风险识别（Identification）、合规事件的解决（Resolution）和合规管理体系的改进（Improvement）四个部分。但具体到证券领域，合规的具体落脚点在哪里，合规事件发生的具体症结在哪里，从哪些方面入手进行干预和规制可以抓到主要矛盾、解决主要问题，需要根据证券市场的特点进行深入分析。

本章从市场底层逻辑、合规风险数据、法律责任体系等多个层面对证券市场的合规义务逐一剖析。

第一节　从证券市场的底层逻辑看合规义务

证券发行的底层逻辑是市场经济发展到一定的高级阶段，在资产所有权和经营权分离的趋势下，市场自发创造的一种特殊的融资方式。资产所有权人通过将其所有的实体或无形资产转换为有价证券，面向其他市场主体发行并上市交易。通过这种方式，发行人得到融资支持，其他市场主体认购有价证券后，通过有价证券的增值或交易获得回报。随着可交易的证券越来越多，形成了规模化的证券交易市场。

这里有几个问题需要解决，分别是：

1. 资产所有人发行证券的行为如何规范？是否需要加以限制？
2. 证券发行和发行后证券交易的公允价格如何确定？
3. 证券持有人或其他市场主体与发行人或资产经营主体之间的信息差如何弥补？
4. 作为市场交易行为，如何防止哄抬证券价格等非正常证券交易？

上述这些问题，总结之后围绕三个关键环节展开，分别是发行、信息、交易。如何规范这三个关键环节，是各个国家证券市场自诞生至今一直努力的方向。于是随着证券市场制度的不断完善，发展出了较为完善的证券发行注册制度、信息披露制度、内幕信息管理制度、各类证券交易的规范制度，这也始终是监管的合规重点。

发行、信息、交易三个关键环节，一直以来并不是相互独立地存在，三个关键环节相辅相成共同形成立体全方位的监管体系。关于证券发行环节，我国全面实行证券发行注册制以来，强调的注册制的基础就是完善的信息披露制度，注册制的顺利推行和市场的良性发展均是以完善的信息披露制度为前提的，否则发行价格不公允、欺诈发行行为猖獗，损害的是整个证券市场的基础。关于交易环节，禁止操纵证券市场行为、禁止内幕交易行为是所有证券市场的通行法则，其中内幕交易就是利用重大事项未公开前的信息差在市场上进行交易牟利；操纵证券市场也存在信息型的操纵行为，如“抢帽子”交易。只有在三个环节形成合力，才能实现有效监管。

因此，关于上市公司的证券监管合规义务也应当紧紧贴合市场发展的底层逻辑，回应监管的重点需求，围绕证券发行、信息披露、规范证券交易作为三大重点进行建立完善的合规体系。

第二节　从风险高发领域看合规义务

自 2018 年开始，笔者在业界率先关注中国 A 股市场的法律风险（尤其是行政、刑事、行刑交叉法律风险），公开出版了《中国上市公司刑事法律风险蓝皮书（1996—2018）》，并且持续六年发布了 19 期上市公司刑事（行政）法律风险观察报告。通过将证券监管部门、司法机关对上市公司的行政处罚决定书、刑事裁判文书等最权威的监管文件进行律师视角的数据化分析解读，为业界带来资本市场监管趋势的分享。

通过多年来的数据积累与分析，我们可以清晰地发现，证券合规风险的高发领域集中在【信息披露违法违规】【内幕交易或泄露内幕信息】【操纵证券市场】等环节，这充分印证了发行、信息、交易始终是证券合规的三个关键环节的结论。

以《2023 年度中国 A 股上市公司刑事行政法律风险观察报告（2023 年第五期/总第二十一期）》[①] 为例，2023 年全年共收录 10 类合计 485 次案件（行政处罚决定书数量 387 份，存在同一宗案件涉及多个违法行为的情形，因此对该种情况进行重复计算，合计违法行为 485 次），按照违法行为发生频率排序依次为：（1）当事人因【信息披露违法违规】行政违法行为被行政处罚的案件 217 宗，占比 44. 74%；（2）当事人因【内幕交易、泄露内幕信息、作为内幕信息知情人和非法获取内幕信息的人建议他人买卖证券】行政违法行为被行政处罚的案件 94 宗，占比 19. 38%；（3）当事人因【证券从业人员违规参与股票交易】行政违法行为被行政处罚的案件 73 宗，占比 15. 05%；（4）当事人因【操纵证券市场】行政违法行为被行政处罚的案件 30 宗，占比 6. 17%；（5）当事人因【短线交易】行政违法行为被行政处罚的案件 29 宗，占比 5. 98%；（6）当事人因【在限制转让期限内买卖证券】行政违法行为被行政处罚的案件 17 宗，占比 3. 51%；（7）当事人因【欺诈发行证券】行政违法行为被行政处罚的案件 10 宗，占比 2. 06%；（8）当事人因【出借或借用证券账户从事证券交易】行政违法行为被行政处罚的案件 9 宗，占比 1. 86%；（9）当事人因【证券服务机构未履行勤勉尽责义务】行政违法行为被行政处罚的案件 4 宗，占比 0. 83%；（10）当事人因【董监高或持股 5% 以上股东违规参与股票交易】行政违法行为被行政处罚的案件 2 宗，占比约 0. 42%。

其中，【信息披露违法违规】【内幕交易或泄露内幕信息】【操纵证券市场】违法行为三者合计 341 次，合计占比 70. 31%，是行政处罚的重灾区。基于此，笔者也在报告

---

① 详见第三编第一章第二节之“2023 年度中国 A 股上市公司刑事行政法律风险观察报告”。

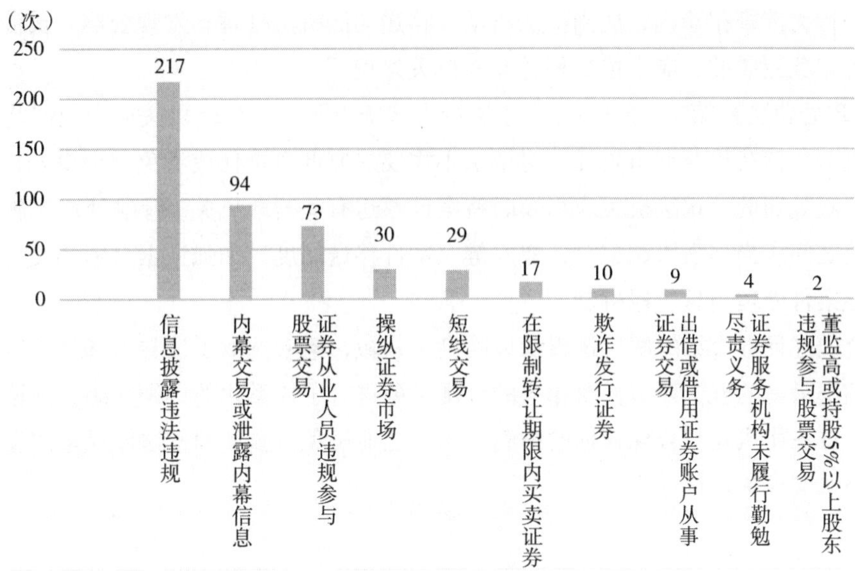

图 2.1 行政处罚原因分布

中特设一节，对上述三类违法行为案件进行深入分析，为上市公司的证券合规风险的防范提供数据层面的支持。

除此之外，第 3、5、6、8、10 类的违法行为也均属于交易行为引发的法律风险，这充分说明规范信息披露和证券交易是证券合规的重中之重，而证券发行作为证券市场准入的第一道门槛，包括欺诈发行证券在内的发行类违法行为虽然绝对数量不多，但对证券市场的伤害更深，因此也应当作为合规关注的重点。

第三节 从追责体系看合规义务

随着股票发行注册制的全面推行，我国资本市场已经形成了以交易所自律监管、证监会行政监管、司法机关刑事追诉组成的全面监管体系。证券法特设第十三章对证券市场违法行为的“法律责任”进行规定，其中对行政责任进行了详细列举，对于民事和刑事责任进行了概括性描述。① 综合相对应的民事和刑事法律规范，我国已经确立了对于证券违法行为民事、行政、刑事全方位的追责态势，并且在证券行刑交叉领域确立了行之有效的移送制度。②

《证券法》（2019）第 178 条规定：“国务院证券监督管理机构依法履行职责，发现

---

① 《证券法》（2019）第 219 条规定：“违反本法规定，构成犯罪的，依法追究刑事责任。”第 220 条规定：“违反本法规定，应当承担民事赔偿责任和缴纳罚款、罚金、违法所得，违法行为人的财产不足以支付的，优先用于承担民事赔偿责任。”

② 笔者较早就在上市公司刑事（行政）法律风险观察系列报告中表达了“证券行政监管机构与刑事司法机关之间双向移送案件的常态化趋势”的观点。详见本书第三编第一章第二节第一部分之“（六）证券类行政违法行为和刑事犯罪行为的特别观察”。

证券违法行为涉嫌犯罪的，应当依法将案件移送司法机关处理；发现公职人员涉嫌职务违法或者职务犯罪的，应当依法移送监察机关处理。”

《行政处罚法》第 27 条规定：“违法行为涉嫌犯罪的，行政机关应当及时将案件移送司法机关，依法追究刑事责任。对依法不需要追究刑事责任或者免予刑事处罚，但应当给予行政处罚的，司法机关应当及时将案件移送有关行政机关。行政处罚实施机关与司法机关之间应当加强协调配合，建立健全案件移送制度，加强证据材料移交、接收衔接，完善案件处理信息通报机制。”

结合前述证券市场的底层逻辑和风险高发领域，笔者选取了证券市场最关键的、风险发生频率最高的五个环节，对相应的合规义务进行了体系化的详细介绍，使读者更好地把握证券法律风险与合规管理的精髓，尽可能地避免行政和刑事法律风险的发生，助力上市公司实现基业长青。

第二章　上市公司证券发行信息披露合规义务

第一节　上市公司证券发行信息披露合规义务概述

证券发行是现代企业融资的重要方式，而信息披露制度是证券发行的前提条件，是解决证券持有人信息不对称的关键制度，信息披露也是发行人的最佳“广告”机会，因此，信息披露制度在资本市场的地位和作用日益凸显，已经成为证券合规的基础性制度。可以说，一个资本市场信息披露制度的发展史，就是整个证券发行合规制度的演变史。

《证券法》第 2 条列举了我国目前的证券发行种类，包括股票、公司债券、存托凭证和国务院依法认定的其他证券，其中股票发行是最常见和最典型的证券发行活动。

目前我国股票发行涉及京沪深三大交易所的五大板块[①]，实行的股票发行制度是以信息披露制度为核心的注册制。我国的股票发行制度一路走来，经历了审批制和核准制、设立科创板并试点注册制[②]的多年探索。2023 年 2 月 17 日，证监会发布全面实行股票发行注册制相关制度规则，自公布之日起施行。证券交易所、全国股转公司、中国结算、中证金融、证券业协会配套制度规则同步发布实施。[③] 2023 年成为全面注册制的元年。

一、我国证券发行信息披露制度的演变

1987 年 3 月 27 日，国务院颁布了《企业债券管理暂行条例》，要求企业发行债券应当公布章程或者办法，就债券还本付息和风险责任进行详细的信息披露。

1990 年，沪深两大证券交易所相继设立，并制定了证券交易管理办法，提出证券发行必须向监管机构提交相关申报文件、符合特定要求，为我国证券发行信息披露制度的制定奠定了前期的基础。

1992 年至 1997 年是审批制施行的阶段。1992 年 12 月，国务院颁布了《关于进一步加强证券市场宏观管理的通知》，要求形成以证监会为核心的发行审批制度。随着市场经济的探索与深入，国务院在 1993 年颁布了《股票发行与交易管理暂行条例》，对股票的交易与发行进行了全面的规范与管理，这是我国证券市场发展以来的第一部专门性行政法规。该条例允许已成立和经批准拟设立的股份有限公司依法发行股票，使企业

---

① 分别为上海证券交易所主板和科创板、深圳证券交易所主板和创业板、北京证券交易所。

② 2018 年 11 月 5 日，习近平在出席首届中国国际进口博览会开幕式并发表主旨演讲中宣布，在上海证券交易所设立科创板并试点注册制。

③ 《上交所就全面实行股票发行注册制配套业务规则正式发布答记者问》，载上海证券交易所网，http：//www. sse. com. cn/aboutus/mediacenter/hotandd/c/c_ 20230217_ 5716420. shtml。

股票融资得到了合法性确认。但此阶段股票发行制度有着浓厚的计划经济属性[①]，由监管机构全面掌控着公司上市的名额、证券发行价格与股份数量等，较核准制更具有强制力，相较于政府的主导力，信息披露的作用相对弱化。[②]

1998 年至 2018 年是核准制实施的阶段。1998 年《证券法》对证券发行制度进行了全过程、全方位的初步构建，其中第 11 条规定："公开发行股票，必须依照公司法规定的条件，报经国务院证券监督管理机构核准。发行人必须向国务院证券监督管理机构提交公司法规定的申请文件和国务院证券监督管理机构规定的有关文件。"法定的股票发行核准制度正式确立。在核准制下，政府进行上市公司配额的状态宣告终止，信息披露发挥了更大作用。核准制前期，我国股票发行采用"通道制"，通过"自行排队，限报家数"的方案[③]由证券主管部门先向券商下发可获得发行名额的数量，券商按照发行一家、上报一家的步骤来推荐发行股票的证券发行制度。"通道制"作为由审批制向核准制的过渡阶段，更多地将发行的权利赋予市场，让市场自主决定发行的价格、时间、数量以及发行方式。[④] 核准制后期，我国股票发行采用"保荐制"，由有保荐资质的证券公司与保荐人对拟上市企业进行上市前的指导性工作，指导拟上市企业对法律要求的披露信息进行公开披露，对公司文件所记载的信息进行全面、系统、客观的核实，再向证券监管机关申报进行核准提供保荐意见，从而实现企业上市。

保荐制度的实行大步提升了我国股票发行过程中的信息披露质量，也进一步保护了广大投资者的利益。但核准制的本质还是政府掌控发行最终审核权，也正是由于政府监管的从严，企业进行披露主要以监管机关为对象，在披露文件的设置上也不利于投资者进行阅览，信息披露制度难以有效发挥自身功能。[⑤]

自 2019 年开始，我国开始迈入注册制时代。2019 年，上海证券交易所迈出历史性一步，设立科创板并试点注册制，在先试点再推广的模式下，中国资本市场的改革在疾速推进。在 2019 年修订的证券法中，我国将信息披露提升到了更为突出的地位，对上市公司的披露义务提出了更为详尽的标准，要求注册制上市的公司在依法进行充分信息披露的同时，所披露信息必须"真实、准确、完整，简明清晰、通俗易懂，不得有虚假记载、误导性陈述或者重大遗漏"[⑥]，对以往信息披露"三公原则"下的真实性、完整性、准确性进一步在公平性的视角进行操作层面上的补充与完善。

---

① 封涌：《中国当代证券法制变迁研究》，华东政法大学 2017 年博士学位论文。

② 李文莉：《证券发行注册制改革：法理基础与实现路径》，载《法商研究》2014 年第5 期。

③ 梁化军：《中国证券发行监管的制度变迁：理论模型与绩效检视》，吉林大学 2006 年博士学位论文。

④ 顾连书、王宏利、王海霞：《我国新股发行审核由核准制向注册制转型的路径选择》，载《中央财经大学学报》2012 年第 11 期。

⑤ 廖原：《股票发行注册制下的信息披露法律问题研究》，吉林大学 2016 年博士学位论文。

⑥ 《证券法》(2019) 第 78 条规定："发行人及法律、行政法规和国务院证券监督管理机构规定的其他信息披露义务人，应当及时依法履行信息披露义务。信息披露义务人披露的信息，应当真实、准确、完整，简明清晰，通俗易懂，不得有虚假记载、误导性陈述或者重大遗漏。证券同时在境内境外公开发行、交易的，其信息披露义务人在境外披露的信息，应当在境内同时披露。"

在注册制精神的指引下，核准制下负责审核企业上市文件的证监会发行审核委员会职能取消，转而将注册制下的审核权限交给交易所完成。随着审核权限的下放，发行环节的信息披露视角也随之更多地转向公众。在注册制下，审查的重点从实质审查转向上市披露文件的齐全性、准确性、真实性，并要求多维度关注信息披露受众的可理解度，对上市披露信息作出通俗易懂、简明清晰等言语层面具体要求。

2023 年 2 月 17 日，中国证监会发布全面实行股票发行注册制相关制度规则，证券交易所、全国股转公司、中国结算、中证金融、证券业协会配套制度规则同步发布实施，标志着注册制的制度安排基本定型，标志着注册制推广到全市场和各类公开发行股票行为，在中国资本市场改革发展进程中具有里程碑意义。吸取了创业板此前的试点经验，深沪两大证交所在落实股票发行注册时分别相应发布了《股票上市规则》，还进一步明确了关于红筹企业在主板上市的具体上市条件，对红筹企业上市形成统一、公开的监管标准，并在主板上市规则新增"表决权差异安排"章节，对首次公开发行上市前具有表决权差异安排的企业首发上市作出规定，完善了相关的信息披露制度。

证券发行信息披露制度改革是我国股票发行制度改革的重要主线，注册制改革就是坚持以信息披露为核心的改革，注册制所主张的精简优化发行上市条件实质是将核准制下的发行条件尽可能转化为信息披露要求①，贯彻公开原则将股票交由市场检验，由公众投资者享有真正的上市决定权②。随着注册制的发展，我国证券发行阶段的信息披露制度正在成为一项能够真正为股票发行注册服务，也为保护广大的中小投资者服务的合规制度。

二、本书讨论的证券发行过程中信息披露制度的范畴

本书所讨论的证券发行过程中涉及的信息披露制度范畴指 2019 年修订的《证券法》第 2 条规定，即"在中华人民共和国境内，股票、公司债券、存托凭证和国务院依法认定的其他证券的发行和交易，适用本法；本法未规定的，适用《中华人民共和国公司法》和其他法律、行政法规的规定。政府债券、证券投资基金份额的上市交易，适用本法；其他法律、行政法规另有规定的，适用其规定。资产支持证券、资产管理产品发行、交易的管理办法，由国务院依照本法的原则规定。在中华人民共和国境外的证券发行和交易活动，扰乱中华人民共和国境内市场秩序，损害境内投资者合法权益的，依照本法有关规定处理并追究法律责任"。

基于本书的关注重点，本部分仅讨论拟上市公司③公开发行股票并上市和上市公司发行股票过程中的信息披露义务。

---

① 徐瑜璐：《论注册制下的证券市场治理权能转向》，载《河北法学》2020 年第 12 期。

② 吴国舫：《构建我国股票发行注册制的法理逻辑》，武汉大学 2015 年博士学位论文。

③ 拟上市公司特指拟申请公开发行股票并上市的公司或已经申请公开发行股票但股票还未上市交易的公司。

表 2.1 拟上市公司信息披露义务

证券发行大类	发行类别
公开发行股票并上市	首次公开发行股票并上市（IPO）（沪深交易所）
	向不特定合格投资者公开发行股票并上市（北交所）
上市公司发行股票	向原股东配售股份（配股）
	向不特定对象募集股份（增发）
	向不特定对象发行可转债（发行可转债）
	向特定对象发行股票（定向增发）
	向特定对象发行可转债（定向发行可转债）

第二节 公开发行股票并上市①的信息披露合规义务

一、监管体系

（一）监管规范体系一览表

监管规范类别	规范文件全称
法律	中华人民共和国公司法（2023）
	中华人民共和国证券法（2019）
中国证监会部门规章	首次公开发行股票注册管理办法（2023）
	北京证券交易所向不特定合格投资者公开发行股票注册管理办法（2023）
	上市公司信息披露管理办法（2021）
	证券发行上市保荐业务管理办法（2023）
	证券发行与承销管理办法（2023）
	公司债券发行与交易管理办法（2023）
	欺诈发行上市股票责令回购实施办法（试行）（2023）
中国证监会规范性文件	首发企业现场检查规定（2024）②
	首次公开发行股票并上市辅导监管规定（2024）③

① 公开发行股票并上市指发行人首次公开发行股票并在沪深交易所上市或向不特定合格投资者公开发行股票并在北交所上市。

② 2024 年 4 月 12 日，《国务院关于加强监管防范风险推动资本市场高质量发展的若干意见》（新“国九条”）发布，证监会主席吴清接受专访时表示：“证监会会同相关方面组织实施的落实安排，将共同形成“1+N”政策体系，“1”就是意见本身，“N”就是若干配套制度规则。”《首发企业现场检查规定（2024）》是新“国九条”若干配套制度规则之一。

③ 2024 年 4 月 12 日，《国务院关于加强监管防范风险推动资本市场高质量发展的若干意见》（新“国九条”）发布，证监会主席吴清接受专访时表示：“证监会会同相关方面组织实施的落实安排，将共同形成“1+N”政策体系，“1”就是意见本身，“N”就是若干配套制度规则。”《首次公开发行股票并上市辅导监管规定（2024）》是新“国九条”若干配套制度规则之一。

续表

监管规范类别	规范文件全称
中国证监会规范性文件	境内企业境外发行证券和上市管理试行办法（2023）
	境内企业境外发行证券和上市管理试行办法（2023）
	试点创新企业境内发行股票或存托凭证并上市监管工作实施办法（2023）
	关于首次公开发行股票并上市公司招股说明书财务报告审计截止日后主要财务信息及经营状况信息披露指引（2023）
	公开发行证券的公司信息披露内容与格式准则第24号——公开发行公司债券申请文件（2023）
	公开发行证券的公司信息披露内容与格式准则第32号——发行优先股申请文件（2023）
	公开发行证券的公司信息披露内容与格式准则第33号——发行优先股预案和发行情况报告书（2023）
	公开发行证券的公司信息披露内容与格式准则第34号——发行优先股募集说明书（2023）
	公开发行证券的公司信息披露内容与格式准则第35号——创业板上市公司公开发行证券募集说明书（2014）
	公开发行证券的公司信息披露内容与格式准则第46号——北京证券交易所公司招股说明书（2023）
	公开发行证券的公司信息披露内容与格式准则第47号——向不特定合格投资者公开发行股票并在北京证券交易所上市申请文件（2023）
	公开发行证券的公司信息披露内容与格式准则第48号——北京证券交易所上市公司向不特定合格投资者公开发行股票募集说明书（2023）
	公开发行证券的公司信息披露内容与格式准则第57号——招股说明书（2023）
	公开发行证券的公司信息披露内容与格式准则第58号——首次公开发行股票并上市申请文件（2023）
	《首次公开发行股票注册管理办法》第十二条、第十三条、第三十一条、第四十四条、第四十五条 《公开发行证券的公司信息披露内容与格式准则第57号——招股说明书》第七条有关规定的适用意见——证券期货法律适用意见第17号（2023）
	公开发行证券的公司信息披露编报规则第3号——保险公司招股说明书内容与格式特别规定（2006）
	中国证券监督管理委员会公开发行证券公司信息披露编报规则（第5号）——证券公司招股说明书内容与格式特别规定（2000）

续表

监管规范类别	规范文件全称
中国证监会规范性文件	公开发行证券的公司信息披露编报规则第9号——净资产收益率和每股收益的计算及披露（2010）
	中国证券监督管理委员会公开发行证券公司信息披露编报规则（第10号）——从事房地产开发业务的公司招股说明书内容与格式特别规定（2001）
	公开发行证券公司信息披露的编报规则第12号——公开发行证券的法律意见书和律师工作报告（2001）
	公开发行证券的公司信息披露编报规则第24号——注册制下创新试点红筹企业财务报告信息特别规定（2020）
	公开发行证券的公司信息披露编报规则第25号——从事药品及医疗器械业务的公司招股说明书内容与格式指引（2022）
	证券公司年度报告内容与格式准则（2013）
	关于进一步提高首次公开发行股票公司财务信息披露质量有关问题的意见（2012）
	关于证券公司申请首次公开发行股票并上市监管意见书有关问题的规定（2008）
交易所业务规则	以交易所上市规则为代表的一系列业务规则

（二）监管主体的职责

1. 证券监督管理机构的行政监管职责

（1）公开发行股票并在沪深交易所上市的监管规定

★《首次公开发行股票注册管理办法》（2023）

第三十一条　存在下列情形之一的，交易所或者中国证监会应当终止相应发行上市审核程序或者发行注册程序，并向发行人说明理由：……（三）注册申请文件存在虚假记载、误导性陈述或者重大遗漏；……

第三十二条第二款　中国证监会和交易所应当建立健全信息披露质量现场检查以及对保荐业务、发行承销业务的常态化检查制度。

第三十五条第一款　中国证监会依法制定招股说明书内容与格式准则、编报规则等信息披露规则，对相关信息披露文件的内容、格式、编制要求、披露形式等作出规定。

第五十四条　中国证监会建立对发行上市监管全流程的权力运行监督制约机制，对发行上市审核程序和发行注册程序相关内控制度运行情况进行督导督察，对廉政纪律执行情况和相关人员的履职尽责情况进行监督监察。

第六十九条　中国证监会将遵守本办法的情况记入证券市场诚信档案，会同有关部门加强信息共享，依法实施守信激励与失信惩戒。

(2) 公开发行股票并在北交所上市的监管规定

★《北京证券交易所向不特定合格投资者公开发行股票注册管理办法》(2023)

第二十九条第三项　存在下列情形之一的，北交所或者中国证监会应当终止相应发行上市审核程序或者发行注册程序，并向发行人说明理由：

(三) 注册申请文件存在虚假记载、误导性陈述或者重大遗漏。

第三十二条第一款　中国证监会依法制定招股说明书内容与格式准则等信息披露规则，对相关信息披露文件的内容、格式等作出规定。

第四十三条　中国证监会建立对发行上市监管全流程的权力运行监督制约机制，对发行上市审核程序和发行注册程序相关内控制度运行情况进行督导督察，对廉政纪律执行情况和相关人员的履职尽责情况进行监督监察。

中国证监会建立对北交所发行上市审核工作和发行承销过程监管的监督机制，可以通过选取或抽取项目同步关注、调阅审核工作文件、提出问题、列席相关审核会议等方式对北交所相关工作进行检查或抽查。对于中国证监会检查监督过程中发现的问题，北交所应当整改。

第五十三条　中国证监会将遵守本办法的情况记入证券市场诚信档案，会同有关部门加强信息共享，依法实施守信激励与失信惩戒。

2. 证券交易所的自律监管职责

★《证券法》(2019)

第二十一条第二款　按照国务院的规定，证券交易所等可以审核公开发行证券申请，判断发行人是否符合发行条件、信息披露要求，督促发行人完善信息披露内容。

(1) 公开发行股票并在沪深交易所上市的监管规定

★《首次公开发行股票注册管理办法》(2023)

第五条　首次公开发行股票并上市，应当符合发行条件、上市条件以及相关信息披露要求，依法经交易所发行上市审核，并报中国证监会注册。

第十九条第二款　交易所主要通过向发行人提出审核问询、发行人回答问题方式开展审核工作，判断发行人是否符合发行条件、上市条件和信息披露要求，督促发行人完善信息披露内容。

第二十条第一款　交易所按照规定的条件和程序，形成发行人是否符合发行条件和信息披露要求的审核意见。认为发行人符合发行条件和信息披露要求的，将审核意见、发行人注册申请文件及相关审核资料报中国证监会注册；认为发行人不符合发行条件或者信息披露要求的，作出终止发行上市审核决定。

第三十五条第二款　交易所可以依据中国证监会部门规章和规范性文件，制定信息披露细则或指引，在中国证监会确定的信息披露内容范围内，对信息披露提出细化和补充要求，报中国证监会批准后实施。

第六十八条　交易所负责对发行人及其控股股东、实际控制人、保荐人、承销商、证券服务机构等进行自律监管。

交易所发现发行上市过程中存在违反自律监管规则的行为，可以对有关单位和责任人员采取一定期限内不接受与证券发行相关的文件、认定为不适当人选等自律监管措施或者纪律处分。

（2）公开发行股票并在北交所上市的监管规定

★《北京证券交易所向不特定合格投资者公开发行股票注册管理办法》（2023）

第四条　公开发行股票并在北交所上市，应当符合发行条件、上市条件以及相关信息披露要求，依法经北交所发行上市审核，并报中国证监会注册。

第十九条　北交所主要通过向发行人提出审核问询、发行人回答问题方式开展审核工作，判断发行人是否符合发行条件、上市条件和信息披露要求。

第二十条　北交所按照规定的条件和程序，形成发行人是否符合发行条件和信息披露要求的审核意见。认为发行人符合发行条件和信息披露要求的，将审核意见、发行人注册申请文件及相关审核资料报送中国证监会注册；认为发行人不符合发行条件或者信息披露要求的，作出终止发行上市审核决定。

北交所审核过程中，发现重大敏感事项、重大无先例情况、重大舆情、重大违法线索的，应当及时向中国证监会请示报告，中国证监会及时提出明确意见。

第三十二条第二款　北交所可以依据中国证监会部门规章和规范性文件，制定信息披露细则或指引，在中国证监会确定的信息披露内容范围内，对信息披露提出细化和补充要求。

第四十四条　北交所应当建立内部防火墙制度，发行上市审核部门、发行承销监管部门与其他部门隔离运行。参与发行上市审核的人员，不得与发行人及其控股股东、实际控制人、相关保荐人、证券服务机构有利害关系，不得直接或者间接与发行人、保荐人、证券服务机构有利益往来，不得持有发行人股票，不得私下与发行人接触。

北交所应当发挥自律管理作用，对公开发行并上市相关行为进行监督。发现发行人及其控股股东、实际控制人、董事、监事、高级管理人员以及保荐人、承销商、证券服务机构及其相关执业人员等违反法律、行政法规和中国证监会相关规定的，应当向中国证监会报告，并采取自律管理措施。

北交所对股票发行承销过程实施自律管理。发现异常情形或者涉嫌违法违规的，中国证监会可以要求北交所对相关事项进行调查处理，或者直接责令发行人、承销商暂停或中止发行。

北交所应当建立定期报告和重大发行上市事项请示报告制度，及时总结发行上市审核和发行承销监管的工作情况，并报告中国证监会。

二、公开发行股票并上市的信息披露监管要求

（一）符合信息披露要求是公开发行股票并上市的必备条件

1. 公开发行股票并在沪深交易所上市的监管规定

★《首次公开发行股票注册管理办法》（2023）

第五条　首次公开发行股票并上市，应当符合发行条件、上市条件以及相关信息披露要求，依法经交易所发行上市审核，并报中国证监会注册。

第三十一条第三项　存在下列情形之一的，交易所或者中国证监会应当终止相应发行上市审核程序或者发行注册程序，并向发行人说明理由：

（三）注册申请文件存在虚假记载、误导性陈述或者重大遗漏。

2. 公开发行股票并在北交所上市的监管规定

★《北京证券交易所向不特定合格投资者公开发行股票注册管理办法》（2023）

第四条　公开发行股票并在北交所上市，应当符合发行条件、上市条件以及相关信息披露要求，依法经北交所发行上市审核，并报中国证监会注册。

第十一条第二项　发行人及其控股股东、实际控制人存在下列情形之一的，发行人不得公开发行股票：

（二）最近三年内存在欺诈发行、重大信息披露违法或者其他涉及国家安全、公共安全、生态安全、生产安全、公众健康安全等领域的重大违法行为。

（二）信息披露的范围与披露方式

1. 公开发行股票并在沪深交易所上市的监管规定

★《首次公开发行股票注册管理办法》（2023）

第四十七条　交易所受理注册申请文件后，发行人应当按规定，将招股说明书、发行保荐书、上市保荐书、审计报告和法律意见书等文件在交易所网站预先披露。

第四十八条　预先披露的招股说明书及其他注册申请文件不能含有价格信息，发行人不得据此发行股票。

发行人应当在预先披露的招股说明书显要位置作如下声明："本公司的发行申请尚需经交易所和中国证监会履行相应程序。本招股说明书不具有据以发行股票的法律效力，仅供预先披露之用。投资者应当以正式公告的招股说明书作为投资决定的依据。"

第四十九条　交易所认为发行人符合发行条件和信息披露要求，将发行人注册申请文件报送中国证监会时，招股说明书、发行保荐书、上市保荐书、审计报告和法律意见书等文件应当同步在交易所网站和中国证监会网站公开。

第五十条　发行人在发行股票前应当在交易所网站和符合中国证监会规定条件的报刊依法开办的网站全文刊登招股说明书，同时在符合中国证监会规定条件的报刊刊登提示性公告，告知投资者网上刊登的地址及获取文件的途径。

发行人可以将招股说明书以及有关附件刊登于其他网站，但披露内容应当完全一致，且不得早于在交易所网站、符合中国证监会规定条件的网站的披露时间。

保荐人出具的发行保荐书、证券服务机构出具的文件以及其他与发行有关的重要文件应当作为招股说明书的附件。

2. 公开发行股票并在北交所上市的监管规定

★《北京证券交易所向不特定合格投资者公开发行股票注册管理办法》（2023）

第三十三条　北交所受理注册申请文件后，发行人应当按规定将招股说明书、发行保荐书、上市保荐书、审计报告和法律意见书等文件在北交所网站预先披露。

北交所将发行人注册申请文件报送中国证监会时，前款规定的文件应当同步在北交所网站和中国证监会网站公开。

预先披露的招股说明书及其他注册申请文件不能含有价格信息，发行人不得据此发行股票。

第三十四条　发行人在发行股票前应当在符合《证券法》规定的信息披露平台刊登经注册生效的招股说明书，同时将其置备于公司住所、北交所，供社会公众查阅。

发行人可以将招股说明书以及有关附件刊登于其他报刊、网站，但披露内容应当完全一致，且不得早于在符合《证券法》规定的信息披露平台的披露时间。

（三）应当修改信息披露文件的情形

1. 公开发行股票并在沪深交易所上市的监管规定

★《首次公开发行股票注册管理办法》（2023）

第十八条　注册申请文件受理后，未经中国证监会或者交易所同意，不得改动。

发生重大事项的，发行人、保荐人、证券服务机构应当及时向交易所报告，并按要求更新注册申请文件和信息披露资料。

第二十六条第一款　中国证监会作出予以注册决定后、发行人股票上市交易前，发行人应当及时更新信息披露文件内容，财务报表已过有效期的，发行人应当补充财务会计报告等文件；保荐人以及证券服务机构应当持续履行尽职调查职责；发生重大事项的，发行人、保荐人应当及时向交易所报告。

2. 公开发行股票并在北交所上市的监管规定

★《北京证券交易所向不特定合格投资者公开发行股票注册管理办法》（2023）

第十七条　注册申请文件受理后，未经中国证监会或者北交所同意，不得改动。

发生重大事项的，发行人、保荐人、证券服务机构应当及时向北交所报告，并按要求更新注册申请文件和信息披露资料。

第二十五条第一款　中国证监会作出予以注册决定后、发行人股票上市交易前，发行人应当及时更新信息披露文件内容，财务报表已过有效期的，发行人应当补充财务会计报告等文件；保荐人以及证券服务机构应当持续履行尽职调查责任；发生重大事项的，发行人、保荐人应当及时向北交所报告。北交所应当对上述事项及时处理，发现发行人存在重大事项影响发行条件、上市条件的，应当出具明确意见并及时向中国证监会报告。

（四）发行人的信息披露义务

1. 公开发行股票并在沪深交易所上市的监管规定

★《首次公开发行股票注册管理办法》（2023）

第六条第一款、第三款　发行人应当诚实守信，依法充分披露投资者作出价值判断和投资决策所必需的信息，充分揭示当前及未来可预见的、对发行人构成重大不利影响的直接和间接风险，所披露信息必须真实、准确、完整，简明清晰、通俗易懂，不得有虚假记载、误导性陈述或者重大遗漏。

发行人应当按保荐人、证券服务机构要求，依法向其提供真实、准确、完整的财务会计资料和其他资料，配合相关机构开展尽职调查和其他相关工作。

第三十六条第一款　发行人及其董事、监事、高级管理人员应当在招股说明书上签字、盖章，保证招股说明书的内容真实、准确、完整，不存在虚假记载、误导性陈述或者重大遗漏，按照诚信原则履行承诺，并声明承担相应法律责任。

第三十九条　发行人应当以投资者需求为导向，基于板块定位，结合所属行业及发展趋势，充分披露业务模式、公司治理、发展战略、经营政策、会计政策、财务状况分析等相关信息。

首次公开发行股票并在主板上市的，还应充分披露业务发展过程和模式成熟度，披露经营稳定性和行业地位；首次公开发行股票并在科创板上市的，还应充分披露科研水平、科研人员、科研资金投入等相关信息；首次公开发行股票并在创业板上市的，还应充分披露自身的创新、创造、创意特征，针对性披露科技创新、模式创新或者业态创新情况。

第四十条　发行人应当以投资者需求为导向，精准清晰充分地披露可能对公司经营业绩、核心竞争力、业务稳定性以及未来发展产生重大不利影响的各种风险因素。

第四十一条　发行人尚未盈利的，应当充分披露尚未盈利的成因，以及对公司现金流、业务拓展、人才吸引、团队稳定性、研发投入、战略性投入、生产经营可持续性等方面的影响。

第四十二条　发行人应当披露募集资金的投向和使用管理制度，披露募集资金对发行人主营业务发展的贡献、未来经营战略的影响。

首次公开发行股票并在科创板上市的，还应当披露募集资金重点投向科技创新领域的具体安排。

首次公开发行股票并在创业板上市的，还应当披露募集资金对发行人业务创新、创造、创意性的支持作用。

第四十三条　符合相关规定、存在特别表决权股份的企业申请首次公开发行股票并上市的，发行人应当在招股说明书等公开发行文件中，披露并特别提示差异化表决安排的主要内容、相关风险和对公司治理的影响，以及依法落实保护投资者合法权益的各项措施。

保荐人和发行人律师应当就公司章程规定的特别表决权股份的持有人资格、特别表决权股份拥有的表决权数量与普通股份拥有的表决权数量的比例安排、持有人所持特别表决权股份能够参与表决的股东大会事项范围、特别表决权股份锁定安排以及转让限制等事项是否符合有关规定发表专业意见。

第四十四条　发行人存在申报前制定、上市后实施的期权激励计划的，应当符合中国证监会和交易所的规定，并充分披露有关信息。

第四十五条　发行人应当在招股说明书中披露公开发行股份前已发行股份的锁定期安排，特别是尚未盈利情况下发行人控股股东、实际控制人、董事、监事、高级管理人员股份的锁定期安排。

发行人控股股东和实际控制人及其亲属应当披露所持股份自发行人股票上市之日起三十六个月不得转让的锁定安排。

首次公开发行股票并在科创板上市的，还应当披露核心技术人员股份的锁定期安排。

保荐人和发行人律师应当就本条事项是否符合有关规定发表专业意见。

第四十六条　招股说明书的有效期为六个月，自公开发行前最后一次签署之日起算。

招股说明书引用经审计的财务报表在其最近一期截止日后六个月内有效，特殊情况下可以适当延长，但至多不超过三个月。财务报表应当以年度末、半年度末或者季度末为截止日。

2. 公开发行股票并在北交所上市的监管规定

★《北京证券交易所向不特定合格投资者公开发行股票注册管理办法》(2023)

第五条第一款、第二款　发行人应当诚实守信，依法充分披露投资者作出价值判断和投资决策所必需的信息，充分揭示当前及未来可预见对发行人构成重大不利影响的直接和间接风险，所披露信息必须真实、准确、完整，简明清晰、通俗易懂，不得有虚假记载、误导性陈述或者重大遗漏。

发行人应当按保荐人、证券服务机构要求，依法向其提供真实、准确、完整的财务会计资料和其他资料，配合相关机构开展尽职调查和其他相关工作。

第三十一条　发行人应当按照中国证监会制定的信息披露规则，编制并披露招股说明书。

发行人应当以投资者需求为导向，结合所属行业的特点和发展趋势，充分披露自身的创新特征。

中国证监会制定的信息披露规则是信息披露的最低要求。不论上述规则是否有明确规定，凡是投资者作出价值判断和投资决策所必需的信息，发行人均应当充分披露。

（五）其他证券发行相关方的信息披露义务

1. 控股股东、实控人的信息披露义务

（1）公开发行股票并在沪深交易所上市的监管规定

★《首次公开发行股票注册管理办法》(2023)

第六条第三款　发行人的控股股东、实际控制人、董事、监事、高级管理人员、有关股东应当配合相关机构开展尽职调查和其他相关工作，不得要求或者协助发行人隐瞒应当提供的资料或者应当披露的信息。

第三十六条第二款　发行人控股股东、实际控制人应当在招股说明书上签字、盖章，确认招股说明书的内容真实、准确、完整，不存在虚假记载、误导性陈述或者重大遗漏，按照诚信原则履行承诺，并声明承担相应法律责任。

第四十五条第二款　发行人控股股东和实际控制人及其亲属应当披露所持股份自发行人股票上市之日起三十六个月不得转让的锁定安排。

（2）公开发行股票并在北交所上市的监管规定

★《北京证券交易所向不特定合格投资者公开发行股票注册管理办法》(2023)

第五条第三款　发行人的控股股东、实际控制人、董事、监事、高级管理人员、有关股东应当配合相关机构开展尽职调查和其他相关工作，不得要求或者协助发行人隐瞒应当提供的资料或者应当披露的信息。

2. 董事、监事、高级管理人员的信息披露义务

★《信息披露违法行为行政责任认定规则》(2011)

第三条第二款　发行人、上市公司的董事、监事、高级管理人员应当为公司和全体股东的利益服务，诚实守信，忠实、勤勉地履行职责，独立作出适当判断，保护投资者的合法权益，保证信息披露真实、准确、完整、及时、公平。

（1）公开发行股票并在沪深交易所上市的监管规定

★《首次公开发行股票注册管理办法》(2023)

第六条第三款　发行人的控股股东、实际控制人、董事、监事、高级管理人员、有关股东应当配合相关机构开展尽职调查和其他相关工作，不得要求或者协助发行人隐瞒应当提供的资料或者应当披露的信息。

第三十六条第一款　发行人及其董事、监事、高级管理人员应当在招股说明书上签字、盖章，保证招股说明书的内容真实、准确、完整，不存在虚假记载、误导性陈述或者重大遗漏，按照诚信原则履行承诺，并声明承担相应法律责任。

（2）公开发行股票并在北交所上市的监管规定

★《北京证券交易所向不特定合格投资者公开发行股票注册管理办法》(2023)

第五条第三款　发行人的控股股东、实际控制人、董事、监事、高级管理人员、有关股东应当配合相关机构开展尽职调查和其他相关工作，不得要求或者协助发行人隐瞒应当提供的资料或者应当披露的信息。

第三节　上市公司发行证券的信息披露合规义务

一、监管体系

（一）监管规范体系一览表

监管规范类别	规范文件全称
法律	中华人民共和国公司法（2023）
	中华人民共和国证券法（2019）
部门规章	上市公司信息披露管理办法（2021）
	上市公司证券发行注册管理办法（2023）
	北京证券交易所上市公司证券发行注册管理办法（2023）
	公司债券发行与交易管理办法（2023）
	可转换公司债券管理办法（2020）
	证券发行与承销管理办法（2023）
	欺诈发行上市股票责令回购实施办法（试行）（2023）

续表

监管规范类别	规范文件全称
规范性文件	公司信用类债券信息披露管理办法（2020）
	公开发行证券的公司信息披露内容与格式准则第 49 号——北京证券交易所上市公司向特定对象发行股票募集说明书和发行情况报告书（2023）
	公开发行证券的公司信息披露内容与格式准则第 50 号——北京证券交易所上市公司向特定对象发行可转换公司债券募集说明书和发行情况报告书（2023）
	公开发行证券的公司信息披露内容与格式准则第 51 号——北京证券交易所上市公司向特定对象发行优先股募集说明书和发行情况报告书（2023）
	公开发行证券的公司信息披露内容与格式准则第 52 号——北京证券交易所上市公司发行证券申请文件（2023）
	公开发行证券的公司信息披露内容与格式准则第 59 号——上市公司发行证券申请文件（2023）
	公开发行证券的公司信息披露内容与格式准则第 60 号——上市公司向不特定对象发行证券募集说明书（2023）
	公开发行证券的公司信息披露内容与格式准则第 61 号——上市公司向特定对象发行证券募集说明书和发行情况报告书（2023）
	《上市公司证券发行注册管理办法》（2023）第九条、第十条、第十一条、第十三条、第四十条、第五十七条、第六十条有关规定的适用意见——证券期货法律适用意见第 18 号（2023）
	公开发行证券的公司信息披露编报规则第 9 号——净资产收益率和每股收益的计算及披露（2010）
	公开发行证券公司信息披露的编报规则第 12 号——公开发行证券的法律意见书和律师工作报告（2001）
	证券公司年度报告内容与格式准则（2013）
业务规则	以证券交易所上市规则为代表的一系列业务规则

（二）监管主体的职责

1. 证券监督管理机构的行政监管职责

★《证券法》（2019）

第八十七条第一款　国务院证券监督管理机构对信息披露义务人的信息披露行为进行监督管理。

（1）对沪深交易所上市公司的监管规定

★《上市公司证券发行注册管理办法》(2023)

第三十八条 上市公司发行证券，应当以投资者决策需求为导向，按照中国证监会制定的信息披露规则，编制募集说明书或者其他信息披露文件，依法履行信息披露义务，保证相关信息真实、准确、完整。信息披露内容应当简明清晰，通俗易懂，不得有虚假记载、误导性陈述或者重大遗漏。

中国证监会制定的信息披露规则是信息披露的最低要求。不论上述规则是否有明确规定，凡是投资者作出价值判断和投资决策所必需的信息，上市公司均应当充分披露，内容应当真实、准确、完整。

第三十九条 中国证监会依法制定募集说明书或者其他证券发行信息披露文件内容与格式准则、编报规则等信息披露规则，对申请文件和信息披露资料的内容、格式、编制要求、披露形式等作出规定。

交易所可以依据中国证监会部门规章和规范性文件，制定信息披露细则或者指引，在中国证监会确定的信息披露内容范围内，对信息披露提出细化和补充要求，报中国证监会批准后实施。

（2）对北交所上市公司的监管规定

★《北京证券交易所上市公司证券发行注册管理办法》(2023)

第五十一条 上市公司应当按照中国证监会制定的信息披露规则，编制并披露募集说明书、发行情况报告书等信息披露文件。

上市公司应当以投资者需求为导向，根据自身特点，有针对性地披露上市公司基本信息、本次发行情况以及本次发行对上市公司的影响。

中国证监会制定的信息披露规则是信息披露的最低要求。不论上述规则是否有明确规定，凡是投资者作出价值判断和投资决策所必需的信息，上市公司均应当充分披露。

第五十二条 中国证监会依法制定募集说明书、发行情况报告书内容与格式准则等信息披露规则，对相关信息披露文件的内容、格式等作出规定。

北交所可以依据中国证监会部门规章和规范性文件，制定信息披露细则或指引，在中国证监会确定的信息披露内容范围内，对信息披露提出细化和补充要求。

第五十九条 中国证监会建立对发行上市监管全流程的权力运行监督制约机制，对发行上市审核程序和发行注册程序相关内控制度运行情况进行督导督察，对廉政纪律执行情况和相关人员的履职尽责情况进行监督监察。

中国证监会建立对北交所发行上市审核工作和发行承销过程监管的监督机制，可以通过选取或抽取项目同步关注、调阅审核工作文件、提出问题、列席相关审核会议等方式对北交所相关工作进行检查或抽查。对于中国证监会检查监督过程中发现的问题，北交所应当整改。

第七十二条 中国证监会将遵守本办法的情况记入证券市场诚信档案，会同有关部门加强信息共享，依法实施守信激励与失信惩戒。

2. 证券交易所的自律监管职责

★《证券法》(2019)

第二十一条第二款 按照国务院的规定，证券交易所等可以审核公开发行证券申请，判断发行人是否符合发行条件、信息披露要求，督促发行人完善信息披露内容。

（1）对沪深交易所上市公司的监管规定

★《上市公司证券发行注册管理办法》(2023)

第二十四条第二款 交易所主要通过向上市公司提出审核问询、上市公司回答问题方式开展审核工作，判断上市公司发行申请是否符合发行条件和信息披露要求。

第二十六条 交易所按照规定的条件和程序，形成上市公司是否符合发行条件和信息披露要求的审核意见，认为上市公司符合发行条件和信息披露要求的，将审核意见、上市公司注册申请文件及相关审核资料报中国证监会注册；认为上市公司不符合发行条件或者信息披露要求的，作出终止发行上市审核决定。

交易所应当建立重大发行上市事项请示报告制度。交易所审核过程中，发现重大敏感事项、重大无先例情况、重大舆情、重大违法线索的，应当及时向中国证监会请示报告。

第三十九条第二款 交易所可以依据中国证监会部门规章和规范性文件，制定信息披露细则或者指引，在中国证监会确定的信息披露内容范围内，对信息披露提出细化和补充要求，报中国证监会批准后实施。

第八十四条第一款、第三款 交易所负责对上市公司及其控股股东、实际控制人、保荐人、承销商、证券服务机构等进行自律监管。

交易所和中国证券业协会发现发行上市过程中存在违反自律监管规则的行为，可以对有关单位和责任人员采取一定期限不接受与证券发行相关的文件、认定为不适当人选、认定不适合从事相关业务等自律监管措施或者纪律处分。

（2）对北交所上市公司的监管规定

★《北京证券交易所上市公司证券发行注册管理办法》(2023)

第三十条 北交所主要通过向上市公司提出审核问询、上市公司回答问题方式开展审核工作，判断上市公司是否符合发行条件和信息披露要求。

第三十一条 北交所按照规定的条件和程序，形成上市公司是否符合发行条件和信息披露要求的审核意见。认为上市公司符合发行条件和信息披露要求的，将审核意见、上市公司注册申请文件及相关审核资料报送中国证监会注册；认为上市公司不符合发行条件或者信息披露要求的，作出终止发行上市审核决定。

北交所审核过程中，发现重大敏感事项、重大无先例情况、重大舆情、重大违法线索的，应当及时向中国证监会请示报告，中国证监会及时提出明确意见。

第五十二条第二款 北交所可以依据中国证监会部门规章和规范性文件，制定信息披露细则或指引，在中国证监会确定的信息披露内容范围内，对信息披露提出细化和补充要求。

第六十条 北交所应当建立内部防火墙制度，发行上市审核部门、发行承销监管部门与其他部门隔离运行。参与发行上市审核的人员，不得与上市公司及其控股股东、实际控制人、相关保荐人、证券服务机构有利害关系，不得直接或者间接与上市公司、保荐人、证券服务机构有利益往来，不得持有上市公司股票，不得私下与上市公司接触。

北交所应当发挥自律管理作用，对证券发行相关行为进行监督。发现上市公司及其控股股东、实际控制人、董事、监事、高级管理人员以及保荐人、承销商、证券服务机构及其相关执业人员等违反法律、行政法规和中国证监会相关规定的，应当向中国证监会报告，并采取自律管理措施。

北交所对证券发行承销过程实施自律管理。发现异常情形或者涉嫌违法违规的，中国证监会可以要求北交所对相关事项进行调查处理，或者直接责令上市公司、承销商暂停或中止发行。

北交所应当建立定期报告和重大发行上市事项请示报告制度，及时总结发行上市审核和发行承销监管的工作情况，并报告中国证监会。

二、上市公司发行证券的信息披露监管要求

（一）信息披露文件的范围及披露方式

1. 对沪深交易所上市公司的监管规定

★《上市公司证券发行注册管理办法》(2023)

第四条　上市公司发行证券的，应当符合《证券法》和本办法规定的发行条件和相关信息披露要求，依法经上海证券交易所或深圳证券交易所（以下简称交易所）发行上市审核并报中国证券监督管理委员会（以下简称中国证监会）注册，但因依法实行股权激励、公积金转为增加公司资本、分配股票股利的除外。

第四十一条　证券发行议案经董事会表决通过后，应当在二个工作日内披露，并及时公告召开股东大会的通知。

使用募集资金收购资产或者股权的，应当在公告召开股东大会通知的同时，披露该资产或者股权的基本情况、交易价格、定价依据以及是否与公司股东或者其他关联人存在利害关系。

第四十二条　股东大会通过本次发行议案之日起二个工作日内，上市公司应当披露股东大会决议公告。

第四十三条　上市公司提出发行申请后，出现下列情形之一的，应当在次一个工作日予以公告：

（一）收到交易所不予受理或者终止发行上市审核决定；

（二）收到中国证监会终止发行注册决定；

（三）收到中国证监会予以注册或者不予注册的决定；

（四）上市公司撤回证券发行申请。

第四十九条　向不特定对象发行证券申请经注册后，上市公司应当在证券发行前二至五个工作日内将公司募集说明书刊登在交易所网站和符合中国证监会规定条件的报刊依法开办的网站，供公众查阅。

第五十条　向特定对象发行证券申请经注册后，上市公司应当在证券发行前将公司募

集文件刊登在交易所网站和符合中国证监会规定条件的报刊依法开办的网站，供公众查阅。

向特定对象发行证券的，上市公司应当在证券发行后的二个工作日内，将发行情况报告书刊登在交易所网站和符合中国证监会规定条件的报刊依法开办的网站，供公众查阅。

第五十一条　上市公司可以将募集说明书或者其他证券发行信息披露文件、发行情况报告书刊登于其他网站，但不得早于按照本办法第四十九条、第五十条规定披露信息的时间。

2. 对北交所上市公司的监管规定

★《北京证券交易所上市公司证券发行注册管理办法》(2023)

第四条　上市公司发行证券的，应当符合《证券法》和本办法规定的发行条件和相关信息披露要求，依法经北京证券交易所（以下简称北交所）发行上市审核，并报中国证券监督管理委员会（以下简称中国证监会）注册，但因依法实行股权激励、公积金转为增加公司资本、分配股票股利的除外。

第五十一条第一款　上市公司应当按照中国证监会制定的信息披露规则，编制并披露募集说明书、发行情况报告书等信息披露文件。

第五十二条　中国证监会依法制定募集说明书、发行情况报告书内容与格式准则等信息披露规则，对相关信息披露文件的内容、格式等作出规定。

北交所可以依据中国证监会部门规章和规范性文件，制定信息披露细则或指引，在中国证监会确定的信息披露内容范围内，对信息披露提出细化和补充要求。

第五十四条　上市公司应当按照中国证监会和北交所有关规定及时披露董事会决议、股东大会通知、股东大会决议、受理通知、审核决定、注册决定等发行进展公告。

第五十五条　北交所认为上市公司符合发行条件和信息披露要求，将上市公司注册申请文件报送中国证监会时，募集说明书等文件应当同步在北交所网站和中国证监会网站公开。

第五十六条　上市公司应当在发行证券前在符合《证券法》规定的信息披露平台刊登经注册生效的募集说明书，同时将其置备于公司住所、北交所，供社会公众查阅。

第五十七条　向特定对象发行证券的，上市公司应当在发行结束后，按照中国证监会和北交所的有关要求编制并披露发行情况报告书。

申请分期发行的上市公司应在每期发行后，按照中国证监会和北交所的有关要求进行披露，并在全部发行结束或者超过注册文件有效期后按照中国证监会的有关要求编制并披露发行情况报告书。

第五十八条　上市公司可以将募集说明书以及有关附件刊登于其他报刊、网站，但披露内容应当完全一致，且不得早于在符合《证券法》规定的信息披露平台的披露时间。

（二）应当修改信息披露文件的情形

1. 对沪深交易所上市公司的监管规定

★《上市公司证券发行注册管理办法》(2023)

第二十三条第一款　申请文件受理后，未经中国证监会或者交易所同意，不得改动。发生重大事项的，上市公司、保荐人、证券服务机构应当及时向交易所报告，并按要求更新申请文件和信息披露资料。

第三十三条第一款　中国证监会作出予以注册决定后、上市公司证券上市交易前，上市公司应当及时更新信息披露文件；保荐人以及证券服务机构应当持续履行尽职调查职责；发生重大事项的，上市公司、保荐人应当及时向交易所报告。

2. 对北交所上市公司的监管规定

★《北京证券交易所上市公司证券发行注册管理办法》(2023)

第二十六条　注册申请文件受理后，未经中国证监会或者北交所同意，不得改动。

发生重大事项的，上市公司、保荐人、证券服务机构应当及时向北交所报告，并按要求更新注册申请文件和信息披露资料。

第三十六条第一款　中国证监会作出予以注册决定后、上市公司证券上市交易前，上市公司应当及时更新信息披露文件；保荐人以及证券服务机构应当持续履行尽职调查职责；发生重大事项的，上市公司、保荐人应当及时向北交所报告。北交所应当对上述事项及时处理，发现上市公司存在重大事项影响发行条件的，应当出具明确意见并及时向中国证监会报告。

（三）上市公司的信息披露义务

1. 对沪深交易所上市公司的监管规定

★《上市公司证券发行注册管理办法》(2023)

第五条第一款、第二款　上市公司应当诚实守信，依法充分披露投资者作出价值判断和投资决策所必需的信息，充分揭示当前及未来可预见对上市公司构成重大不利影响的直接和间接风险，所披露信息必须真实、准确、完整，简明清晰、通俗易懂，不得有虚假记载、误导性陈述或者重大遗漏。

上市公司应当按照保荐人、证券服务机构要求，依法向其提供真实、准确、完整的财务会计资料和其他资料，配合相关机构开展尽职调查和其他相关工作。

第二十五条　上市公司应当向交易所报送审核问询回复的相关文件，并以临时公告的形式披露交易所审核问询回复意见。

第三十三条第一款　中国证监会作出予以注册决定后、上市公司证券上市交易前，上市公司应当及时更新信息披露文件；保荐人以及证券服务机构应当持续履行尽职调查职责；发生重大事项的，上市公司、保荐人应当及时向交易所报告。

第三十八条　上市公司发行证券，应当以投资者决策需求为导向，按照中国证监会制定的信息披露规则，编制募集说明书或者其他信息披露文件，依法履行信息披露义务，保证相关信息真实、准确、完整。信息披露内容应当简明清晰，通俗易懂，不得有虚假记载、误导性陈述或者重大遗漏。

中国证监会制定的信息披露规则是信息披露的最低要求。不论上述规则是否有明确规定，凡是投资者作出价值判断和投资决策所必需的信息，上市公司均应当充分披露，内容应当真实、准确、完整。

第四十条　上市公司应当在募集说明书或者其他证券发行信息披露文件中，以投资者需求为导向，有针对性地披露业务模式、公司治理、发展战略、经营政策、会计政策等信息，并充分揭示可能对公司核心竞争力、经营稳定性以及未来发展产生重大不利影响的风险因素。上市公司应当理性融资，合理确定融资规模，本次募集资金主要投向主业。

科创板上市公司还应当充分披露科研水平、科研人员、科研资金投入等相关信息。

第四十四条第一款　上市公司及其董事、监事、高级管理人员应当在募集说明书或者其他证券发行信息披露文件上签字、盖章，保证信息披露内容真实、准确、完整，不存在虚假记载、误导性陈述或者重大遗漏，按照诚信原则履行承诺，并声明承担相应的法律责任。

第四十七条　募集说明书等证券发行信息披露文件所引用的审计报告、盈利预测审核报告、资产评估报告、资信评级报告，应当由符合规定的证券服务机构出具，并由至少二名有执业资格的人员签署。

募集说明书或者其他证券发行信息披露文件所引用的法律意见书，应当由律师事务所出具，并由至少二名经办律师签署。

第四十八条　募集说明书自最后签署之日起六个月内有效。

募集说明书或者其他证券发行信息披露文件不得使用超过有效期的资产评估报告或者资信评级报告。

2. 对北交所上市公司的监管规定

★《北京证券交易所上市公司证券发行注册管理办法》(2023)

第五条第一款、第二款　上市公司应当诚实守信，依法充分披露投资者作出价值判断和投资决策所必需的信息，充分揭示当前及未来可预见对上市公司构成重大不利影响的直接和间接风险，所披露信息必须真实、准确、完整，简明清晰、通俗易懂，不得有虚假记载、误导性陈述或者重大遗漏。

上市公司应当按照保荐人、证券服务机构要求，依法向其提供真实、准确、完整的财务会计资料和其他资料，配合相关机构开展尽职调查和其他相关工作。

第二十条第一款　股东大会就发行证券事项作出决议，必须经出席会议的股东所持表决权的三分之二以上通过。上市公司应当对出席会议的持股比例在百分之五以下的中小股东表决情况单独计票并予以披露。

第五十一条　上市公司应当按照中国证监会制定的信息披露规则，编制并披露募集说明书、发行情况报告书等信息披露文件。

上市公司应当以投资者需求为导向，根据自身特点，有针对性地披露上市公司基本信息、本次发行情况以及本次发行对上市公司的影响。

中国证监会制定的信息披露规则是信息披露的最低要求。不论上述规则是否有明确规定，凡是投资者作出价值判断和投资决策所必需的信息，上市公司均应当充分披露。

第五十三条　上市公司应当结合现有主营业务、生产经营规模、财务状况、技术条件、发展目标、前次发行募集资金使用情况等因素合理确定募集资金规模，充分披露本次募集资金的必要性和合理性。

（四）其他上市公司相关主体的信息披露义务

1. 控股股东、实控人的信息披露义务

（1）对沪深交易所上市公司的监管规定

★《上市公司证券发行注册管理办法》(2023)

第五条第三款　上市公司控股股东、实际控制人、董事、监事、高级管理人员应当配合相关机构开展尽职调查和其他相关工作，不得要求或者协助上市公司隐瞒应当提供的资料或者应当披露的信息。

第四十四条第二款　上市公司控股股东、实际控制人应当在募集说明书或者其他证券发行信息披露文件上签字、盖章，确认信息披露内容真实、准确、完整，不存在虚假记载、误导性陈述或者重大遗漏，按照诚信原则履行承诺，并声明承担相应法律责任。

（2）对北交所上市公司的监管规定

★《北京证券交易所上市公司证券发行注册管理办法》（2023）

第五条第三款　上市公司的控股股东、实际控制人、董事、监事、高级管理人员、有关股东应当配合相关机构开展尽职调查和其他相关工作，不得要求或者协助上市公司隐瞒应当提供的资料或者应当披露的信息。

2. 董事、监事、高级管理人员的信息披露义务

★《信息披露违法行为行政责任认定规则》（2011）

第三条第二款　发行人、上市公司的董事、监事、高级管理人员应当为公司和全体股东的利益服务，诚实守信，忠实、勤勉地履行职责，独立作出适当判断，保护投资者的合法权益，保证信息披露真实、准确、完整、及时、公平。

（1）对沪深交易所上市公司的监管规定

★《上市公司证券发行注册管理办法》（2023）

第五条第三款　上市公司控股股东、实际控制人、董事、监事、高级管理人员应当配合相关机构开展尽职调查和其他相关工作，不得要求或者协助上市公司隐瞒应当提供的资料或者应当披露的信息。

第四十四条第一款　上市公司及其董事、监事、高级管理人员应当在募集说明书或者其他证券发行信息披露文件上签字、盖章，保证信息披露内容真实、准确、完整，不存在虚假记载、误导性陈述或者重大遗漏，按照诚信原则履行承诺，并声明承担相应的法律责任。

（2）对北交所上市公司的监管规定

★《北京证券交易所上市公司证券发行注册管理办法》（2023）

第五条第三款　上市公司的控股股东、实际控制人、董事、监事、高级管理人员、有关股东应当配合相关机构开展尽职调查和其他相关工作，不得要求或者协助上市公司隐瞒应当提供的资料或者应当披露的信息。

第三章　上市公司日常治理信息披露合规义务

第一节　上市公司日常治理信息披露合规义务概述

一、上市公司信息披露制度的法律定义

信息披露制度，是指为了保护投资者合法权益，证券市场上的相关主体在证券的发行、上市、交易等环节中，依照法律、行政法规、国务院证券监督管理机构的规定，将公司的经营、财务等对证券价格有重要影响的信息，向社会公告的制度。①

二、上市公司信息披露制度的价值

上市公司信息披露制度作为资本市场的核心基础设施，其意义是以立法形式弥合证券市场的投资者与上市公司之间天然存在的信息不对称的鸿沟，以通过外部赋予的强制性法律义务来抑制上市公司内部随时可能发生的违规披露或者不披露重要信息的错误行为，其核心价值是提升证券市场的公平性、有效性、合规性，保护广大证券市场投资者的利益。

三、我国上市公司信息披露制度的演变

我国信息披露制度的确立与成长，与改革开放以后蓬勃发展的市场经济潮流息息相关，与中国特色的资本市场的30年建设发展历程紧紧联系。以专门立法的角度观察，我国并不存在上市公司信息披露制度的专项法律，上市公司的信息披露规则和相应的违规认定与惩戒制度散见于多部法律规范，这些不同时期不同部门出台的法律法规规定了上市公司的各类信息披露义务，涉及不同的立法层级。

随着我国资本市场的建立，关于资本市场的规范性法律法规陆续推出，并且不断完善。

1993年，国务院颁布了《股票发行与交易管理暂行条例》、中国证券监督管理委员会颁布了《公开发行股票公司信息披露实施细则（试行）》，标志着中国上市公司信息披露制度的初步形成。

实现信息持续披露制度的法定形式包括定期报告和临时报告两种。对于公司发生重大事件、公司进行收购行为等需要提交临时报告的特定事项，《股票发行与交易管理暂行条例》和《公开发行股票公司信息披露实施细则（试行）》共列举了23款需提交临时报告的事项，并且要求上市公司定期报告和临时报告所披露的信息必须达到全面性、真实性、及时性的标准。我国1994年实施的第一部《公司法》在第六章“公司财务、会计”部分对信息披露制度设置了基础性规定，主要规制对象为公司财务报告的披露，

---

① 王瑞贺主编：《中华人民共和国证券法释义》，法律出版社2020年版，第142页。

对于财务报告准确性的要求构成了信息披露的基础。另外，公司法基于保护股东知情权的需要也对信息披露提出了规范要求，针对股东知情权的保护规范作为公司信息披露的一项配套措施，与公司财务报告的披露共同构成了信息披露制度的“原则性规定”，搭建了信息披露制度的基本规则框架。

1998 年，在历经了六年的反复研讨与修改，以及全国人大常委会的五次审议之后，我国颁布了历史上第一部证券法，其中，第三章第三节专门规定了信息持续公开制度，要求上市公司以中期报告、年度报告、临时报告的形式实现信息公开。证券法的实施，标志着上市公司信息披露这一资本市场特有的制度在法律层面得到正式确立。

2002 年，证监会与沪深两大证券交易所制定了以《深圳交易所上市公司投资者关系管理指引》《上市公司治理准则》为代表的一系列鼓励自愿性信息披露的指导性文件，在要求上市公司履行法定强制性信息披露义务的基础上，推进了上市公司自愿性信息披露形式的发展。

2007 年，中国证券监督管理委员会颁布了《上市公司信息披露管理办法》，首次以专门性文件的形式对信息披露的形式、要求及法律后果等内容进行了体系化的规范。

经过将近三十年的发展，2019 年修订的证券法充分体现了对信息披露制度的重视与不断探索的改革成果。形式上，证券法系统地归纳信息披露制度并将其设为专章，将以往散见于相关章节的信息披露制度进行梳理修改完善之后，单独设立第五章“信息披露”以专章规范，该专章由 10 个条文组成，内容均与持续信息披露制度息息相关；内容上，证券法作出更细致的披露制度设计并配以升级的责任保障，例如扩大信息披露义务人的范围、大幅提高违法成本等；除了强制信息披露，证券法还规定了上市公司可以作出自愿性信息披露，即“除依法需要披露的信息之外，信息披露义务人可以自愿披露与投资者作出价值判断和投资决策有关的信息”。

至此，我国从立法层面构建了以强制性信息披露为主、自愿性信息披露为辅的信息披露制度。在权利配置上，新证券法将信息披露的更多详细职责赋予证券监督管理机构和证券交易机构。证券监督管理机构和证券交易机构依此颁布了一系列相应的行业规范，诸如《上海证券交易所股票上市规则》重点针对证券上市发行过程提出披露要求，而《上市公司信息披露管理办法》又针对公司法、证券法规定的年度报告、中期报告、重大事件、控股股东及实际控制人等事宜进行进一步说明，推进信息披露工作的落实。总的来说，在 2019 年修订的证券法背景下，各部门法和上下位法对于一般的信息披露已经搭建起多层次的法律制度。

第二节 上市公司日常治理信息披露监管体系

一、监管规范体系一览表

监管规范类别	规范文件全称
法律	中华人民共和国公司法（2023）
	中华人民共和国证券法（2019）
中国证监会部门规章	上市公司信息披露管理办法（2021）
	上市公司收购管理办法（2020）
	上市公司重大资产重组管理办法（2023）
	公司债券发行与交易管理办法（2023）
	可转换公司债券管理办法（2020）
中国证监会规范性文件	公开发行证券的公司信息披露内容与格式准则第 2 号——年度报告的内容与格式（2021）
	公开发行证券的公司信息披露内容与格式准则第 3 号——半年度报告的内容与格式（2021）
	公开发行证券的公司信息披露内容与格式准则第 5 号——公司股份变动报告的内容与格式（2022）
	公开发行证券的公司信息披露内容与格式准则第 15 号——权益变动报告书（2020）
	公开发行证券的公司信息披露内容与格式准则第 16 号——上市公司收购报告书（2020）
	公开发行证券的公司信息披露内容与格式准则第 17 号——要约收购报告书（2022）
	公开发行证券的公司信息披露内容与格式准则第 18 号——被收购公司董事会报告书（2020）
	公开发行证券的公司信息披露内容与格式准则第 26 号——上市公司重大资产重组（2023）
	公开发行证券的公司信息披露内容与格式准则第 38 号——公司债券年度报告的内容与格式（2016）
	公开发行证券的公司信息披露内容与格式准则第 39 号——公司债券半年度报告的内容与格式（2016）
	公开发行证券的公司信息披露内容与格式准则第 53 号——北京证券交易所上市公司年度报告（2021）
	公开发行证券的公司信息披露内容与格式准则第 54 号——北京证券交易所上市公司中期报告（2021）
	公开发行证券的公司信息披露内容与格式准则第 55 号——北京证券交易所上市公司权益变动报告书、上市公司收购报告书、要约收购报告书、被收购公司董事会报告书（2021）
	公开发行证券的公司信息披露内容与格式准则第 56 号——北京证券交易所上市公司重大资产重组（2023）
	《上市公司收购管理办法》第六十二条、第六十三条及《上市公司重大资产重组管理办法》第四十六条有关限制股份转让的适用意见——证券期货法律适用意见第 4 号（2023）

续表

监管规范类别	规范文件全称
中国证监会规范性文件	《上市公司重大资产重组管理办法》第十四条、第四十四条的适用意见——证券期货法律适用意见第 12 号（2023）
	《上市公司重大资产重组管理办法》第二十九条、第四十五条的适用意见——证券期货法律适用意见第 15 号（2023）
	上市公司监管指引第 7 号——上市公司重大资产重组相关股票异常交易监管（2023）
	上市公司监管指引第 9 号——上市公司筹划和实施重大资产重组的监管要求（2023）
	上市公司董事、监事和高级管理人员所持本公司股份及其变动管理规则（2022）
	公开发行证券的公司信息披露编报规则第 4 号——保险公司信息披露特别规定（2022）
	公开发行证券的公司信息披露编报规则第 9 号——净资产收益率和每股收益的计算及披露（2010）
	公开发行证券的公司信息披露编报规则第 14 号——非标准审计意见及其涉及事项的处理（2020）
	公开发行证券的公司信息披露编报规则第 15 号——财务报告的一般规定（2014）
	公开发行证券的公司信息披露编报规则第 19 号——财务信息的更正及相关披露（2020）
	公开发行证券的公司信息披露编报规则第 21 号——年度内部控制评价报告的一般规定（2014）
	公开发行证券的公司信息披露编报规则第 26 号——商业银行信息披露特别规定（2022）
	证券公司年度报告内容与格式准则（2013）
	公司信用类债券信息披露管理办法（2020）
	上市公司治理准则（2018）
交易所业务规则	以交易所上市规则为代表的一系列业务规则

二、监管主体的职责

（一）证券监督管理机构的行政监管职责

★《证券法》（2019）

第八十七条第一款　国务院证券监督管理机构对信息披露义务人的信息披露行为进行监督管理。

★《上市公司信息披露管理办法》（2021）

第十一条第一款　中国证监会依法对信息披露文件及公告的情况、信息披露事务管理活动进行监督检查，对信息披露义务人的信息披露行为进行监督管理。

（二）证券交易所的自律监管职责

★《证券法》（2019）

第二十一条第二款　按照国务院的规定，证券交易所等可以审核公开发行证券申请，判断发行人是否符合发行条件、信息披露要求，督促发行人完善信息披露内容。

第八十七条第二款　证券交易场所应当对其组织交易的证券的信息披露义务人的信息披露行为进行监督，督促其依法及时、准确地披露信息。

★《上市公司信息披露管理办法》（2021）

第十一条第二款　证券交易所应当对上市公司及其他信息披露义务人的信息披露行为进行监督，督促其依法及时、准确地披露信息，对证券及其衍生品种交易实行实时监控。证券交易所制定的上市规则和其他信息披露规则应当报中国证监会批准。

第三节　信息披露监管合规的基本要求

一、信息披露的总体要求与原则

★《证券法》（2019）

第七十八条　发行人及法律、行政法规和国务院证券监督管理机构规定的其他信息披露义务人，应当及时依法履行信息披露义务。

信息披露义务人披露的信息，应当真实、准确、完整，简明清晰，通俗易懂，不得有虚假记载、误导性陈述或者重大遗漏。

证券同时在境内境外公开发行、交易的，其信息披露义务人在境外披露的信息，应当在境内同时披露。

第八十三条　信息披露义务人披露的信息应当同时向所有投资者披露，不得提前向任何单位和个人泄露。但是，法律、行政法规另有规定的除外。

任何单位和个人不得非法要求信息披露义务人提供依法需要披露但尚未披露的信息。任何单位和个人提前获知的前述信息，在依法披露前应当保密。

★《上市公司信息披露管理办法》（2021）

第三条　信息披露义务人应当及时依法履行信息披露义务，披露的信息应当真实、准确、完整，简明清晰、通俗易懂，不得有虚假记载、误导性陈述或者重大遗漏。

信息披露义务人披露的信息应当同时向所有投资者披露，不得提前向任何单位和个人泄露。但是，法律、行政法规另有规定的除外。

在内幕信息依法披露前，内幕信息的知情人和非法获取内幕信息的人不得公开或者泄露该信息，不得利用该信息进行内幕交易。任何单位和个人不得非法要求信息披露义务人提供依法需要披露但尚未披露的信息。

证券及其衍生品种同时在境内境外公开发行、交易的，其信息披露义务人在境外市场披露的信息，应当同时在境内市场披露。

★《上市公司治理准则》(2018)

第九十二条　信息披露义务人披露的信息，应当简明清晰、便于理解。上市公司应当保证使用者能够通过经济、便捷的方式获得信息。

二、强制性信息披露义务

★《上市公司信息披露管理办法》(2021)

第七条　信息披露文件包括定期报告、临时报告、招股说明书、募集说明书、上市公告书、收购报告书等。

(一) 定期报告

★《公司法》(2023)

第一百六十六条　上市公司必须依照法律、行政法规的规定披露相关信息。

★《证券法》(2019)

第七十九条　上市公司、公司债券上市交易的公司、股票在国务院批准的其他全国性证券交易场所交易的公司，应当按照国务院证券监督管理机构和证券交易场所规定的内容和格式编制定期报告，并按照以下规定报送和公告：

(一) 在每一会计年度结束之日起四个月内，报送并公告年度报告，其中的年度财务会计报告应当经符合本法规定的会计师事务所审计；

(二) 在每一会计年度的上半年结束之日起二个月内，报送并公告中期报告。

★《上市公司信息披露管理办法》(2021)

第十二条　上市公司应当披露的定期报告包括年度报告、中期报告。凡是对投资者作出价值判断和投资决策有重大影响的信息，均应当披露。

年度报告中的财务会计报告应当经符合《证券法》规定的会计师事务所审计。

第十四条　年度报告应当记载以下内容：

(一) 公司基本情况；

(二) 主要会计数据和财务指标；

(三) 公司股票、债券发行及变动情况，报告期末股票、债券总额、股东总数，公司前十大股东持股情况；

(四) 持股百分之五以上股东、控股股东及实际控制人情况；

(五) 董事、监事、高级管理人员的任职情况、持股变动情况、年度报酬情况；

(六) 董事会报告；

(七) 管理层讨论与分析；

(八) 报告期内重大事件及对公司的影响；

(九) 财务会计报告和审计报告全文；

(十) 中国证监会规定的其他事项。

第十五条　中期报告应当记载以下内容：

(一) 公司基本情况；

(二) 主要会计数据和财务指标；

（三）公司股票、债券发行及变动情况、股东总数、公司前十大股东持股情况，控股股东及实际控制人发生变化的情况；

（四）管理层讨论与分析；

（五）报告期内重大诉讼、仲裁等重大事件及对公司的影响；

（六）财务会计报告；

（七）中国证监会规定的其他事项。

第十六条　定期报告内容应当经上市公司董事会审议通过。未经董事会审议通过的定期报告不得披露。

公司董事、高级管理人员应当对定期报告签署书面确认意见，说明董事会的编制和审议程序是否符合法律、行政法规和中国证监会的规定，报告的内容是否能够真实、准确、完整地反映上市公司的实际情况。

监事会应当对董事会编制的定期报告进行审核并提出书面审核意见。监事应当签署书面确认意见。监事会对定期报告出具的书面审核意见，应当说明董事会的编制和审议程序是否符合法律、行政法规和中国证监会的规定，报告的内容是否能够真实、准确、完整地反映上市公司的实际情况。

董事、监事无法保证定期报告内容的真实性、准确性、完整性或者有异议的，应当在董事会或者监事会审议、审核定期报告时投反对票或者弃权票。

董事、监事和高级管理人员无法保证定期报告内容的真实性、准确性、完整性或者有异议的，应当在书面确认意见中发表意见并陈述理由，上市公司应当披露。上市公司不予披露的，董事、监事和高级管理人员可以直接申请披露。

董事、监事和高级管理人员按照前款规定发表意见，应当遵循审慎原则，其保证定期报告内容的真实性、准确性、完整性的责任不仅因发表意见而当然免除。

第十七条　上市公司预计经营业绩发生亏损或者发生大幅变动的，应当及时进行业绩预告。

第十八条　定期报告披露前出现业绩泄露，或者出现业绩传闻且公司证券及其衍生品种交易出现异常波动的，上市公司应当及时披露本报告期相关财务数据。

第十九条　定期报告中财务会计报告被出具非标准审计意见的，上市公司董事会应当针对该审计意见涉及事项作出专项说明。

定期报告中财务会计报告被出具非标准审计意见，证券交易所认为涉嫌违法的，应当提请中国证监会立案调查。

第二十条　上市公司未在规定期限内披露年度报告和中期报告的，中国证监会应当立即立案调查，证券交易所应当按照股票上市规则予以处理。

第二十一条　年度报告、中期报告的格式及编制规则，由中国证监会和证券交易所制定。

（二）临时报告

★《证券法》（2019）

第八十条　发生可能对上市公司、股票在国务院批准的其他全国性证券交易场所交易的公司的股票交易价格产生较大影响的重大事件，投资者尚未得知时，公司应当立即将有关该重大事件的情况向国务院证券监督管理机构和证券交易场所报送临时报告，并予公告，说明事件的起因、目前的状态和可能产生的法律后果。

前款所称重大事件包括：

（一）公司的经营方针和经营范围的重大变化；

（二）公司的重大投资行为，公司在一年内购买、出售重大资产超过公司资产总额百分之三十，或者公司营业用主要资产的抵押、质押、出售或者报废一次超过该资产的百分之三十；

（三）公司订立重要合同、提供重大担保或者从事关联交易，可能对公司的资产、负债、权益和经营成果产生重要影响；

（四）公司发生重大债务和未能清偿到期重大债务的违约情况；

（五）公司发生重大亏损或者重大损失；

（六）公司生产经营的外部条件发生的重大变化；

（七）公司的董事、三分之一以上监事或者经理发生变动，董事长或者经理无法履行职责；

（八）持有公司百分之五以上股份的股东或者实际控制人持有股份或者控制公司的情况发生较大变化，公司的实际控制人及其控制的其他企业从事与公司相同或者相似业务的情况发生较大变化；

（九）公司分配股利、增资的计划，公司股权结构的重要变化，公司减资、合并、分立、解散及申请破产的决定，或者依法进入破产程序、被责令关闭；

（十）涉及公司的重大诉讼、仲裁，股东大会、董事会决议被依法撤销或者宣告无效；

（十一）公司涉嫌犯罪被依法立案调查，公司的控股股东、实际控制人、董事、监事、高级管理人员涉嫌犯罪被依法采取强制措施；

（十二）国务院证券监督管理机构规定的其他事项。

公司的控股股东或者实际控制人对重大事件的发生、进展产生较大影响的，应当及时将其知悉的有关情况书面告知公司，并配合公司履行信息披露义务。

第八十一条　发生可能对上市交易公司债券的交易价格产生较大影响的重大事件，投资者尚未得知时，公司应当立即将有关该重大事件的情况向国务院证券监督管理机构和证券交易场所报送临时报告，并予公告，说明事件的起因、目前的状态和可能产生的法律后果。

前款所称重大事件包括：

（一）公司股权结构或者生产经营状况发生重大变化；

（二）公司债券信用评级发生变化；

（三）公司重大资产抵押、质押、出售、转让、报废；

（四）公司发生未能清偿到期债务的情况；

（五）公司新增借款或者对外提供担保超过上年末净资产的百分之二十；

（六）公司放弃债权或者财产超过上年末净资产的百分之十；

（七）公司发生超过上年末净资产百分之十的重大损失；

（八）公司分配股利，作出减资、合并、分立、解散及申请破产的决定，或者依法进入破产程序、被责令关闭；

（九）涉及公司的重大诉讼、仲裁；

（十）公司涉嫌犯罪被依法立案调查，公司的控股股东、实际控制人、董事、监事、高级管理人员涉嫌犯罪被依法采取强制措施；

（十一）国务院证券监督管理机构规定的其他事项。

★《上市公司信息披露管理办法》(2021)

第二十二条　发生可能对上市公司证券及其衍生品种交易价格产生较大影响的重大事件，投资者尚未得知时，上市公司应当立即披露，说明事件的起因、目前的状态和可能产生的影响。

前款所称重大事件包括：

（一）《证券法》第八十条第二款规定的重大事件；

（二）公司发生大额赔偿责任；

（三）公司计提大额资产减值准备；

（四）公司出现股东权益为负值；

（五）公司主要债务人出现资不抵债或者进入破产程序，公司对相应债权未提取足额坏账准备；

（六）新公布的法律、行政法规、规章、行业政策可能对公司产生重大影响；

（七）公司开展股权激励、回购股份、重大资产重组、资产分拆上市或者挂牌；

（八）法院裁决禁止控股股东转让其所持股份；任一股东所持公司百分之五以上股份被质押、冻结、司法拍卖、托管、设定信托或者被依法限制表决权等，或者出现被强制过户风险；

（九）主要资产被查封、扣押或者冻结；主要银行账户被冻结；

（十）上市公司预计经营业绩发生亏损或者发生大幅变动；

（十一）主要或者全部业务陷入停顿；

（十二）获得对当期损益产生重大影响的额外收益，可能对公司的资产、负债、权益或者经营成果产生重要影响；

（十三）聘任或者解聘为公司审计的会计师事务所；

（十四）会计政策、会计估计重大自主变更；

（十五）因前期已披露的信息存在差错、未按规定披露或者虚假记载，被有关机关责令改正或者经董事会决定进行更正；

（十六）公司或者其控股股东、实际控制人、董事、监事、高级管理人员受到刑事处罚，涉嫌违法违规被中国证监会立案调查或者受到中国证监会行政处罚，或者受到其他有权机关重大行政处罚；

（十七）公司的控股股东、实际控制人、董事、监事、高级管理人员涉嫌严重违纪违法或者职务犯罪被纪检监察机关采取留置措施且影响其履行职责；

（十八）除董事长或者经理外的公司其他董事、监事、高级管理人员因身体、工作安排等原因无法正常履行职责达到或者预计达到三个月以上，或者因涉嫌违法违规被有权机关采取强制措施且影响其履行职责；

（十九）中国证监会规定的其他事项。

上市公司的控股股东或者实际控制人对重大事件的发生、进展产生较大影响的，应当及时将其知悉的有关情况书面告知上市公司，并配合上市公司履行信息披露义务。

第二十三条　上市公司变更公司名称、股票简称、公司章程、注册资本、注册地址、主要办公地址和联系电话等，应当立即披露。

第二十四条　上市公司应当在最先发生的以下任一时点，及时履行重大事件的信息披露义务：

（一）董事会或者监事会就该重大事件形成决议时；

（二）有关各方就该重大事件签署意向书或者协议时；

（三）董事、监事或者高级管理人员知悉该重大事件发生时。

在前款规定的时点之前出现下列情形之一的，上市公司应当及时披露相关事项的现状、可能影响事件进展的风险因素：

（一）该重大事件难以保密；

（二）该重大事件已经泄露或者市场出现传闻；

（三）公司证券及其衍生品种出现异常交易情况。

第二十五条　上市公司披露重大事件后，已披露的重大事件出现可能对上市公司证券及其衍生品种交易价格产生较大影响的进展或者变化的，上市公司应当及时（注：根据第六十二条第三项的规定，及时是指自起算日起或者触及披露时点的两个交易日内）披露进展或者变化情况、可能产生的影响。

第二十六条　上市公司控股子公司发生本办法第二十二条规定的重大事件，可能对上市公司证券及其衍生品种交易价格产生较大影响的，上市公司应当履行信息披露义务。

上市公司参股公司发生可能对上市公司证券及其衍生品种交易价格产生较大影响的事件的，上市公司应当履行信息披露义务。

第二十七条　涉及上市公司的收购、合并、分立、发行股份、回购股份等行为导致上市公司股本总额、股东、实际控制人等发生重大变化的，信息披露义务人应当依法履行报告、公告义务，披露权益变动情况。

第二十八条　上市公司应当关注本公司证券及其衍生品种的异常交易情况及媒体关于本公司的报道。

证券及其衍生品种发生异常交易或者在媒体中出现的消息可能对公司证券及其衍生品种的交易产生重大影响时，上市公司应当及时向相关各方了解真实情况，必要时应当以书面方式问询。

上市公司控股股东、实际控制人及其一致行动人应当及时、准确地告知上市公司是否存在拟发生的股权转让、资产重组或者其他重大事件，并配合上市公司做好信息披露工作。

第二十九条　公司证券及其衍生品种交易被中国证监会或者证券交易所认定为异常交易的，上市公司应当及时了解造成证券及其衍生品种交易异常波动的影响因素，并及时披露。

第六十二条第三项　本办法下列用语的含义：

（三）及时，是指自起算日起或者触及披露时点的两个交易日内。

三、非强制性信息披露义务

★《上市公司信息披露管理办法》(2021)

第五条　除依法需要披露的信息之外，信息披露义务人可以自愿披露与投资者作出价值判断和投资决策有关的信息，但不得与依法披露的信息相冲突，不得误导投资者。

信息披露义务人自愿披露的信息应当真实、准确、完整。自愿性信息披露应当遵守公平原则，保持信息披露的持续性和一致性，不得进行选择性披露。

信息披露义务人不得利用自愿披露的信息不当影响公司证券及其衍生品种交易价格，不得利用自愿性信息披露从事市场操纵等违法违规行为。

★《证券法》(2019)

第八十四条　除依法需要披露的信息之外，信息披露义务人可以自愿披露与投资者作出价值判断和投资决策有关的信息，但不得与依法披露的信息相冲突，不得误导投资者。

发行人及其控股股东、实际控制人、董事、监事、高级管理人员等作出公开承诺的，应当披露。不履行承诺给投资者造成损失的，应当依法承担赔偿责任。

★《上市公司治理准则》(2018)

第九十一条　鼓励上市公司除依照强制性规定披露信息外，自愿披露可能对股东和其他利益相关者决策产生影响的信息。

自愿性信息披露应当遵守公平原则，保持信息披露的持续性和一致性，不得进行选择性披露，不得利用自愿性信息披露从事市场操纵、内幕交易或者其他违法违规行为，不得违反公序良俗、损害社会公共利益。自愿披露具有一定预测性质信息的，应当明确预测的依据，并提示可能出现的不确定性和风险。

四、信息披露时间

（一）定期报告的披露时间

★《证券法》(2019)

第七十九条　上市公司、公司债券上市交易的公司、股票在国务院批准的其他全国性证券交易场所交易的公司，应当按照国务院证券监督管理机构和证券交易场所规定的内容和格式编制定期报告，并按照以下规定报送和公告：

（一）在每一会计年度结束之日起四个月内，报送并公告年度报告，其中的年度财务会计报告应当经符合本法规定的会计师事务所审计；

（二）在每一会计年度的上半年结束之日起二个月内，报送并公告中期报告。

★《上市公司信息披露管理办法》(2021)

第十三条　年度报告应当在每个会计年度结束之日起四个月内，中期报告应当在每个会计年度的上半年结束之日起两个月内编制完成并披露。

（二）临时报告的披露时间

★《上市公司信息披露管理办法》(2021)

第二十四条　上市公司应当在最先发生的以下任一时点，及时履行重大事件的信息披露义务：

（一）董事会或者监事会就该重大事件形成决议时；

（二）有关各方就该重大事件签署意向书或者协议时；

（三）董事、监事或者高级管理人员知悉该重大事件发生时。

在前款规定的时点之前出现下列情形之一的，上市公司应当及时披露相关事项的现状、可能影响事件进展的风险因素：

（一）该重大事件难以保密；

（二）该重大事件已经泄露或者市场出现传闻；

（三）公司证券及其衍生品种出现异常交易情况。

第二十五条　上市公司披露重大事件后，已披露的重大事件出现可能对上市公司证券及其衍生品种交易价格产生较大影响的进展或者变化的，上市公司应当及时披露进展或者变化情况、可能产生的影响。

五、信息披露方式

★《证券法》(2019)

第八十六条　依法披露的信息，应当在证券交易场所的网站和符合国务院证券监督管理机构规定条件的媒体发布，同时将其置备于公司住所、证券交易场所，供社会公众查阅。

★《上市公司信息披露管理办法》(2021)

第八条　依法披露的信息，应当在证券交易所的网站和符合中国证监会规定条件的媒体发布，同时将其置备于上市公司住所、证券交易所，供社会公众查阅。

信息披露文件的全文应当在证券交易所的网站和符合中国证监会规定条件的报刊依法开办的网站披露，定期报告、收购报告书等信息披露文件的摘要应当在证券交易所的网站和符合中国证监会规定条件的报刊披露。

信息披露义务人不得以新闻发布或者答记者问等任何形式代替应当履行的报告、公告义务，不得以定期报告形式代替应当履行的临时报告义务。

第九条　信息披露义务人应当将信息披露公告文稿和相关备查文件报送上市公司注册地证监局。

第四节　信息披露责任主体的合规义务

一、信息披露义务人

★《上市公司信息披露管理办法》(2021)

第六十二条第一款第二项　信息披露义务人，是指上市公司及其董事、监事、高级管理人员、股东、实际控制人，收购人，重大资产重组、再融资、重大交易有关各方等自然人、单位及其相关人员，破产管理人及其成员，以及法律、行政法规和中国证监会规定的其他承担信息披露义务的主体。

二、信息披露义务

（一）上市公司的信息披露监管合规义务

★《公司法》（2023）

第一百六十二条第四款　上市公司收购本公司股份的，应当依照《中华人民共和国证券法》的规定履行信息披露义务。上市公司因本条第一款第三项、第五项、第六项规定的情形收购本公司股份的，应当通过公开的集中交易方式进行。

第一百六十六条　上市公司应当依照法律、行政法规的规定披露相关信息。

★《上市公司信息披露管理办法》（2021）

第三十条　上市公司应当制定信息披露事务管理制度。信息披露事务管理制度应当包括：

（一）明确上市公司应当披露的信息，确定披露标准；

（二）未公开信息的传递、审核、披露流程；

（三）信息披露事务管理部门及其负责人在信息披露中的职责；

（四）董事和董事会、监事和监事会、高级管理人员等的报告、审议和披露的职责；

（五）董事、监事、高级管理人员履行职责的记录和保管制度；

（六）未公开信息的保密措施，内幕信息知情人登记管理制度，内幕信息知情人的范围和保密责任；

（七）财务管理和会计核算的内部控制及监督机制；

（八）对外发布信息的申请、审核、发布流程；与投资者、证券服务机构、媒体等的信息沟通制度；

（九）信息披露相关文件、资料的档案管理制度；

（十）涉及子公司的信息披露事务管理和报告制度；

（十一）未按规定披露信息的责任追究机制，对违反规定人员的处理措施。

上市公司信息披露事务管理制度应当经公司董事会审议通过，报注册地证监局和证券交易所备案。

★《上市公司治理准则》（2018）

第十九条　上市公司应当在股东大会召开前披露董事候选人的详细资料，便于股东对候选人有足够的了解。

董事候选人应当在股东大会通知公告前作出书面承诺，同意接受提名，承诺公开披露的候选人资料真实、准确、完整，并保证当选后切实履行董事职责。

第三十一条　董事会会议应当严格依照规定的程序进行。董事会应当按规定的时间事先通知所有董事，并提供足够的资料。两名及以上独立董事认为资料不完整或者论证不充分的，可以联名书面向董事会提出延期召开会议或者延期审议该事项，董事会应当予以采纳，上市公司应当及时披露相关情况。

第五十二条　上市公司应当和高级管理人员签订聘任合同，明确双方的权利义务关系。高级管理人员的聘任和解聘应当履行法定程序，并及时披露。

第七十四条　上市公司关联交易应当依照有关规定严格履行决策程序和信息披露义务。

第八十八条　上市公司应当建立并执行信息披露事务管理制度。上市公司及其他信息披露义务人应当严格依照法律法规、自律规则和公司章程的规定，真实、准确、完整、及时、公平地披露信息，不得有虚假记载、误导性陈述、重大遗漏或者其他不正当披露。信息披露事项涉及国家秘密、商业机密的，依照相关规定办理。

（二）上市公司股东及实际控制人的信息披露监管合规义务

★《证券法》（2019）

第三十六条第二款　上市公司持有百分之五以上股份的股东、实际控制人、董事、监事、高级管理人员，以及其他持有发行人首次公开发行前发行的股份或者上市公司向特定对象发行的股份的股东，转让其持有的本公司股份的，不得违反法律、行政法规和国务院证券监督管理机构关于持有期限、卖出时间、卖出数量、卖出方式、信息披露等规定，并应当遵守证券交易所的业务规则。

第八十条第三款　公司的控股股东或者实际控制人对重大事件的发生、进展产生较大影响的，应当及时将其知悉的有关情况书面告知公司，并配合公司履行信息披露义务。

★《上市公司信息披露管理办法》（2021）

第六条　上市公司及其控股股东、实际控制人、董事、监事、高级管理人员等作出公开承诺的，应当披露。

第二十七条　涉及上市公司的收购、合并、分立、发行股份、回购股份等行为导致上市公司股本总额、股东、实际控制人等发生重大变化的，信息披露义务人应当依法履行报告、公告义务，披露权益变动情况。

第二十八条第三款　上市公司控股股东、实际控制人及其一致行动人应当及时、准确地告知上市公司是否存在拟发生的股权转让、资产重组或者其他重大事件，并配合上市公司做好信息披露工作。

★《上市公司治理准则》（2018）

第九十条　持股达到规定比例的股东、实际控制人以及收购人、交易对方等信息披露义务人应当依照相关规定进行信息披露，并配合上市公司的信息披露工作，及时告知上市公司控制权变更、权益变动、与其他单位和个人的关联关系及其变化等重大事项，答复上市公司的问询，保证所提供的信息真实、准确、完整。

（三）上市公司董监高的信息披露监管合规义务

★《公司法》（2023）

第一百三十八条　上市公司设董事会秘书，负责公司股东大会和董事会会议的筹备、文件保管以及公司股东资料的管理，办理信息披露事务等事宜。

★《证券法》(2019)

第八十二条第三款　发行人的董事、监事和高级管理人员应当保证发行人及时、公平地披露信息，所披露的信息真实、准确、完整。

★《上市公司信息披露管理办法》(2021)

第四条　上市公司的董事、监事、高级管理人员应当忠实、勤勉地履行职责，保证披露信息的真实、准确、完整，信息披露及时、公平。

第三十一条　上市公司董事、监事、高级管理人员应当勤勉尽责，关注信息披露文件的编制情况，保证定期报告、临时报告在规定期限内披露。

第三十二条　上市公司应当制定定期报告的编制、审议、披露程序。经理、财务负责人、董事会秘书等高级管理人员应当及时编制定期报告草案，提请董事会审议；董事会秘书负责送达董事审阅；董事长负责召集和主持董事会会议审议定期报告；监事会负责审核董事会编制的定期报告；董事会秘书负责组织定期报告的披露工作。

第三十三条　上市公司应当制定重大事件的报告、传递、审核、披露程序。董事、监事、高级管理人员知悉重大事件发生时，应当按照公司规定立即履行报告义务；董事长在接到报告后，应当立即向董事会报告，并敦促董事会秘书组织临时报告的披露工作。

上市公司应当制定董事、监事、高级管理人员对外发布信息的行为规范，明确非经董事会书面授权不得对外发布上市公司未披露信息的情形。

第三十五条　董事应当了解并持续关注公司生产经营情况、财务状况和公司已经发生的或者可能发生的重大事件及其影响，主动调查、获取决策所需要的资料。

第三十六条　监事应当对公司董事、高级管理人员履行信息披露职责的行为进行监督；关注公司信息披露情况，发现信息披露存在违法违规问题的，应当进行调查并提出处理建议。

第三十七条　高级管理人员应当及时向董事会报告有关公司经营或者财务方面出现的重大事件、已披露的事件的进展或者变化情况及其他相关信息。

第三十八条　董事会秘书负责组织和协调公司信息披露事务，汇集上市公司应予披露的信息并报告董事会，持续关注媒体对公司的报道并主动求证报道的真实情况。董事会秘书有权参加股东大会、董事会会议、监事会会议和高级管理人员相关会议，有权了解公司的财务和经营情况，查阅涉及信息披露事宜的所有文件。董事会秘书负责办理上市公司信息对外公布等相关事宜。

上市公司应当为董事会秘书履行职责提供便利条件，财务负责人应当配合董事会秘书在财务信息披露方面的相关工作。

第五十一条　上市公司董事、监事、高级管理人员应当对公司信息披露的真实性、准确性、完整性、及时性、公平性负责，但有充分证据表明其已经履行勤勉尽责义务的除外。

上市公司董事长、经理、董事会秘书，应当对公司临时报告信息披露的真实性、准确性、完整性、及时性、公平性承担主要责任。

上市公司董事长、经理、财务负责人应当对公司财务会计报告的真实性、准确性、完整性、及时性、公平性承担主要责任。

★《上市公司治理准则》（2018）

第二十八条第一款　上市公司设董事会秘书，负责公司股东大会和董事会会议的筹备及文件保管、公司股东资料的管理、办理信息披露事务、投资者关系工作等事宜。

第五十七条　董事会、监事会应当向股东大会报告董事、监事履行职责的情况、绩效评价结果及其薪酬情况，并由上市公司予以披露。

第六十条　董事、监事报酬事项由股东大会决定。在董事会或者薪酬与考核委员会对董事个人进行评价或者讨论其报酬时，该董事应当回避。

高级管理人员的薪酬分配方案应当经董事会批准，向股东大会说明，并予以充分披露。

第九十三条　董事长对上市公司信息披露事务管理承担首要责任。

董事会秘书负责组织和协调公司信息披露事务，办理上市公司信息对外公布等相关事宜。

★《上市公司董事、监事和高级管理人员所持本公司股份及其变动管理规则》（2022）

第十一条　上市公司董事、监事和高级管理人员所持本公司股份发生变动的，应当自该事实发生之日起二个交易日内，向上市公司报告并由上市公司在证券交易所网站进行公告。公告内容包括：

（一）上年末所持本公司股份数量；

（二）上年末至本次变动前每次股份变动的日期、数量、价格；

（三）本次变动前持股数量；

（四）本次股份变动的日期、数量、价格；

（五）变动后的持股数量；

（六）证券交易所要求披露的其他事项。

第五节　特殊环节的信息披露合规义务

序号	环节	涉及信息披露义务的法律规范
1	上市公司收购	《证券法》（2019）第四章
		上市公司收购管理办法（2020）
2	重大资产重组	上市公司重大资产重组管理办法（2023）
3	上市公司可转债发行后日常管理	可转换公司债券管理办法（2020）
4	上市公司债券发行后日常管理	公司债券发行与交易管理办法（2021）
		公司信用类债券信息披露管理办法（2020）
5	上市公司股份回购	上市公司股份回购规则（2022）

注：详细的合规监管义务在此不做赘述，详见本表各环节信息披露义务的法律规范。

第四章　上市公司内幕信息管理与反内幕交易合规义务

第一节　上市公司内幕信息管理与反内幕交易制度概述

一、内幕交易的定义

内幕交易（insider trading/insider dealing）作为证券市场那些意图非法谋求超高额回报投资者的常见操作手法，其“黑”历史由来已久。

在证券市场较先发展的国外，对这种损害证券市场公平性的内幕交易有着逐步认识的过程，不同国家、不同时期存在各种不同角度的定义。比如美国，作为最早制定反内幕交易法律的国家，虽然其在1933年制定了《证券法》(*Securities Act of* 1933)、1934年制定了《证券交易法》(*Securities Exchange Act of* 1934)，但是，美国法律中并没有内幕交易的概念和定义。① 英国在1980年颁布了《英国公司法》，从规范董事义务的角度出发来规制内幕交易，并且规定了内幕交易属于刑事犯罪。欧盟1989年4月20日签订的《反内幕交易公约》(*the Convention on Insider Trading*)，对内幕交易作了定义。该公约第一章第一条将内幕交易界定为：“证券发行公司的董事会主席或成员、管理和监督机构、有授权的代理人及公司雇员，故意利用尚未公开、可能对证券市场有重要影响、认为可以保障其本人或第三人特权的信息，在有组织的证券市场进行的‘非常规操作’。”

国外学者对于内幕交易的定义，从定义方法上看主要包括两种类型：一是着眼于信息对等性的定义，二是着眼于接触信息的对等性的定义。

在我国，中国证监会于2007年发布的《证券市场内幕交易行为认定指引（试行）》（已失效）第2条对内幕交易行为作了明确的界定，即“本指引所称内幕交易行为，是指证券交易内幕信息知情人或非法获取内幕信息的人，在内幕信息公开前买卖相关证券，或者泄露该信息，或者建议他人买卖相关证券的行为”。我国经济学界、法学界学者也有对内幕交易进行相关学术定义的，在此不再赘述。

二、内幕交易监管制度的必要性

目前，世界上大多数国家是禁止内幕交易行为的，且禁止内幕交易行为的国家其“处罚程度”也各不相同，比如一向以律法严苛的德国，内幕交易罪的最高刑期只有5

---

① Joseph T. Mclaughlin and Margaret A. Helen Maclarlanc：“United States of America”，From “Insider Trading：The Laws of Europe，the United States and Japan”，Edited by Emmanuel Caillard，Kluwer law and Taxation Publisher，1992，p. 285 – 286.

年；而我国和美国内幕交易罪的最高刑期均为10年，是德国的两倍。

在理论界，关于是否应该禁止内幕交易也存在过争议，比如一些不主张禁止内幕交易的学者认为拥有优质信息的内部人进行交易可以导致更有效的证券价格，从而有利于优化资源分配。但绝大多数学者已经达成共识，主张应该对内幕交易进行严格监管，禁止内幕交易，最大限度地保护公众投资者权益。①

美国证券法教授 Loss 曾做过形象的比喻："如果允许在牌上作记号，那谁还愿意打牌呢?"② 内幕交易破坏了证券市场的"游戏规则"，违背了证券市场公平竞争、公平交易的行为准则。

内幕交易最大的问题在于降低了市场的有效性。价格由价值决定，并且围绕价值上下波动是最基础的经济学原理。上市公司的股票价格就是该公司及其生产的产品、提供的服务价值的体现。上市公司通过信息披露使投资者了解其价值，从而对其作出判断。投资者所做的决策很大程度上取决于其在证券市场上获得的信息数量和质量。而证券信息内幕交易扭曲了证券产品的真实价值，侵害了广大不知情交易者的利益，破坏了证券市场价值衡量的基础，降低了市场的有效性程度。③

内幕交易是证券欺诈的一种表现形式，除了损害广大普通投资者的利益和降低市场的有效性外，也削弱了投资者信心，具有较大的社会危害性。近年来，世界各国关于反内幕交易的处罚力度都在加强，以保护投资者合法权益的维度不断强化证券监管部门的职责，内幕交易监管制度的完善是维护金融市场秩序稳定的必要进程。

三、我国内幕交易监管制度的演变

1990年，根据《银行管理暂行条例》，中国人民银行发布《证券公司管理暂行办法》，其第17条规定"证券公司不得从事操纵市场价格、内幕交易、欺诈和其他以影响市场行情从中渔利的行为和交易"，这是"内幕交易"一词最早出现在法律规范中，从此开启了我国反内幕交易立法的帷幕。

1998年，证券法出台，明确提出"证券发行、交易活动，必须遵守法律、行政法规，禁止内幕交易行为"。④ 对于违反规定进行内幕交易的"没收违法所得，并处以违法所得一倍以上五倍以下或者非法买卖的证券等值以下的罚款"，并且强调"证券监督

---

① 张宗新、杨怀杰：《内幕交易监管的国际比较及其对中国的启示》，载《当代经济研究》2006年第8期。

② Louis Loss, Fundamentals of Securities Regulation, Little Brown and Company, Aspen Law & Business, June 1983.

③ 张宗新、杨怀杰：《内幕交易监管的国际比较及其对中国的启示》，载《当代经济研究》2006年第8期。

④ 《证券法》(1998) 第5条规定："证券发行、交易活动，必须遵守法律、行政法规；禁止欺诈、内幕交易和操纵证券交易市场的行为。"

管理机构工作人员进行内幕交易的，从重处罚”，[①] 表明我国反内幕交易立法开始成型。证券法目前历经 5 次修正[②]，尤其在 2005 年和 2019 年进行了大修。证券法的不断修改完善，充分体现了中国行政立法在规制内幕交易违法行为的长足进步。

除了前述行政监管法规的演进，我国关于内幕交易的刑事监管体系也在逐步成熟。1997 年《刑法》第 180 条对内幕交易罪作出了规定，1999 年《刑法修正案（一）》对原第 180 条内幕交易罪作了修改，2009 年《刑法修正案（七）》第二条再次对内幕交易罪罪状作出修改。

为了指导各地司法机关依法办理涉嫌内幕交易罪的刑事案件，先后出台了《最高人民法院、最高人民检察院关于办理内幕交易、泄露内幕信息刑事案件具体应用法律若干问题的解释》（法释〔2012〕6 号）和《最高人民检察院、公安部关于公安机关管辖的刑事案件立案追诉标准的规定（二）》（2022 年修订）。

截至目前，内容中出现“内幕交易”一词的各类法律法规文件已达 30 多件，可以说，经过近三十年的努力，我国已经初步建立起了一套相对完善的反内幕交易法律制度体系，反内幕交易立法工作取得了长足进步。

第二节　上市公司内幕信息管理与反内幕交易监管规范体系一览表

监管规范类别	规范文件全称
法律	中华人民共和国公司法（2023）
	中华人民共和国证券法（2019）
司法解释	最高人民法院关于审理证券行政处罚案件证据若干问题的座谈会纪要（2011）
国务院规范性文件	国务院办公厅转发证监会等部门关于依法打击和防控资本市场内幕交易意见的通知（2010）
中国证监会部门规章	上市公司信息披露管理办法（2021）
中国证监会规范性文件	证券市场内幕交易行为认定指引（试行）（2007）
	中国证券监督管理委员会关于加强上市证券公司监管的规定（2020）
	上市公司现场检查规则（2022）
	上市公司监管指引第 5 号——上市公司内幕信息知情人登记管理制度（2022）

① 《证券法》（1998）第 183 条规定：“证券交易内幕信息的知情人员或者非法获取证券交易内幕信息的人员，在涉及证券的发行、交易或者其他对证券的价格有重大影响的信息尚未公开前，买入或者卖出该证券，或者泄露该信息或者建议他人买卖该证券的，责令依法处理非法获得的证券，没收违法所得，并处以违法所得一倍以上五倍以下或者非法买卖的证券等值以下的罚款。构成犯罪的，依法追究刑事责任。证券监督管理机构工作人员进行内幕交易的，从重处罚。”

② 《证券法》分别于 2004 年、2005 年、2013 年、2014 年、2019 年进行了修正。

续表

监管规范类别	规范文件全称
国务院其他部门规范性文件	国务院国有资产监督管理委员会关于加强上市公司国有股东内幕信息管理有关问题的通知（2011）
交易所业务规则	以交易所上市规则为代表的一系列业务规则

第三节　内幕交易、泄露内幕信息的禁止性规定

★《证券法》(2019)

第五十条　禁止证券交易内幕信息的知情人和非法获取内幕信息的人利用内幕信息从事证券交易活动。

★《上市公司信息披露管理办法》(2021)

第三条第三款　在内幕信息依法披露前，内幕信息的知情人和非法获取内幕信息的人不得公开或者泄露该信息，不得利用该信息进行内幕交易。任何单位和个人不得非法要求信息披露义务人提供依法需要披露但尚未披露的信息。

第四节　内幕信息知情人的合规义务

一、内幕信息的范畴

★《证券法》(2019)

第五十二条　证券交易活动中，涉及发行人的经营、财务或者对该发行人证券的市场价格有重大影响的尚未公开的信息，为内幕信息。

本法第八十条第二款、第八十一条第二款所列重大事件①属于内幕信息。

二、内幕信息知情人的范畴

★《证券法》(2019)

第五十一条　证券交易内幕信息的知情人包括：

（一）发行人及其董事、监事、高级管理人员；

（二）持有公司百分之五以上股份的股东及其董事、监事、高级管理人员，公司的实际控制人及其董事、监事、高级管理人员；

（三）发行人控股或者实际控制的公司及其董事、监事、高级管理人员；

（四）由于所任公司职务或者因与公司业务往来可以获取公司有关内幕信息的人员；

（五）上市公司收购人或者重大资产交易方及其控股股东、实际控制人、董事、监事和高级管理人员；

---

① 关于重大事件的详细规定详见本书第二编第三章第三节之二“(二)临时报告”。

（六）因职务、工作可以获取内幕信息的证券交易场所、证券公司、证券登记结算机构、证券服务机构的有关人员；

（七）因职责、工作可以获取内幕信息的证券监督管理机构工作人员；

（八）因法定职责对证券的发行、交易或者对上市公司及其收购、重大资产交易进行管理可以获取内幕信息的有关主管部门、监管机构的工作人员；

（九）国务院证券监督管理机构规定的可以获取内幕信息的其他人员。

三、内幕信息知情人的通用合规义务

★《上市公司信息披露管理办法》(2021)

第三条　在内幕信息依法披露前，内幕信息的知情人和非法获取内幕信息的人不得公开或者泄露该信息，不得利用该信息进行内幕交易。任何单位和个人不得非法要求信息披露义务人提供依法需要披露但尚未披露的信息。

★《上市公司监管指引第 5 号——上市公司内幕信息知情人登记管理制度》(2022)

第四条　内幕信息知情人在内幕信息公开前负有保密义务。

四、内幕信息知情人的特定合规义务

（一）上市公司的特定合规义务

★《上市公司监管指引第 5 号——上市公司内幕信息知情人登记管理制度》(2022)

第五条　上市公司应当根据本指引，建立并完善内幕信息知情人登记管理制度，对内幕信息的保密管理及在内幕信息依法公开披露前内幕信息知情人的登记管理作出规定；

第六条第一款　在内幕信息依法公开披露前，上市公司应当按照规定填写上市公司内幕信息知情人档案，及时记录商议筹划、论证 咨询、合同订立等阶段及报告、传递、编制、决议、披露等环节的内幕信息知情人名单，及其知悉内幕信息的时间、地点、依据、方式、内容等信息。内幕信息知情人应当进行确认。

第八条第五款　上市公司应当做好其所知悉的内幕信息流转环节的内幕信息知情人的登记，并做好第一款至第三款涉及各方内幕信息知情人档案的汇总。

第九条　行政管理部门人员接触到上市公司内幕信息的，应当按照相关行政部门的要求做好登记工作。

上市公司在披露前按照相关法律法规和政策要求需经常性向相关行政管理部门报送信息的，在报送部门、内容等未发生重大变化的情况下，可将其视为同一内幕信息事项，在同一张表格中登记行政管理部门的名称，并持续登记报送信息的时间。除上述情况外，内幕信息流转涉及行政管理部门时，上市公司应当按照一事一记的方式在知情人档案中登记行政管理部门的名称、接触内幕信息的原因以及知悉内幕信息的时间。

第十一条　上市公司内幕信息知情人登记管理制度中应当包括对公司下属各部门、分公司、控股子公司及上市公司能够对其实施重大影响的参股公司的内幕信息管理的内容，明确上述主体的内部报告义务、报告程序和有关人员的信息披露职责。

上市公司内幕信息知情人登记管理制度中应当明确内幕信息知情人的保密义务、违反保密规定责任、保密制度落实要求等内容。

第十二条　上市公司根据中国证券监督管理委员会（以下简称中国证监会）及证券交易所的规定，对内幕信息知情人买卖本公司证券的情况进行自查。发现内幕信息知情人进行内幕交易、泄露内幕信息或者建议他人进行交易的，上市公司应当进行核实并依据其内幕信息知情人登记管理制度对相关人员进行责任追究，并在二个工作日内将有关情况及处理结果报送公司注册地中国证监会派出机构和证券交易所。

第十三条　上市公司应当及时补充完善内幕信息知情人档案及重大事项进程备忘录信息。内幕信息知情人档案及重大事项进程备忘录自记录（含补充完善）之日起至少保存十年。中国证监会及其派出机构、证券交易所可调取查阅内幕信息知情人档案及重大事项进程备忘录。

上市公司应当在内幕信息依法公开披露后五个交易日内将内幕信息知情人档案及重大事项进程备忘录报送证券交易所。证券交易所可视情况要求上市公司披露重大事项进程备忘录中的相关内容。

上市公司披露重大事项后，相关事项发生重大变化的，公司应当及时补充报送内幕信息知情人档案及重大事项进程备忘录。

★《上市公司信息披露管理办法》(2021)

第三十条第一款第六项　上市公司应当制定信息披露事务管理制度。信息披露事务管理制度应当包括：

（六）未公开信息的保密措施，内幕信息知情人登记管理制度，内幕信息知情人的范围和保密责任。

第三十四条　上市公司通过业绩说明会、分析师会议、路演、接受投资者调研等形式就公司的经营情况、财务状况及其他事件与任何单位和个人进行沟通的，不得提供内幕信息。

（二）股东、实际控制人及其关联方的特定合规义务

★《上市公司监管指引第5号——上市公司内幕信息知情人登记管理制度》(2022)

第八条第一款、第四款　上市公司的股东、实际控制人及其关联方研究、发起涉及上市公司的重大事项，以及发生对上市公司证券交易价格有重大影响的其他事项时，应当填写本单位内幕信息知情人档案。

上述主体应当保证内幕信息知情人档案的真实、准确和完整，根据事项进程将内幕信息知情人档案分阶段送达相关上市公司，完整的内幕信息知情人档案的送达时间不得晚于内幕信息公开披露的时间。内幕信息知情人档案应当按照规定要求进行填写，并由内幕信息知情人进行确认。

★《上市公司信息披露管理办法》(2021)

第三十九条　上市公司的股东、实际控制人不得滥用其股东权利、支配地位，不得要求上市公司向其提供内幕信息。

（三）董事、监事、高管的特定合规义务

★《上市公司监管指引第5号——上市公司内幕信息知情人登记管理制度》（2022）

第七条　上市公司董事当按照本指引以及证券交易所相关规则要求及时登记和报送内幕信息知情人档案，并保证内幕信息知情人档案真实、准确和完整，董事长为主要责任人。董事会秘书负责办理上市公司内幕信息知情人的登记入档和报送事宜。董事长与董事会秘书应当对内幕信息知情人档案的真实、准确和完整签署书面确认意见。

上市公司监事会应当对内幕信息知情人登记管理制度实施情况进行监督。

第五节　上市公司特殊治理环节的内幕信息管理合规义务

★《上市公司监管指引第5号——上市公司内幕信息知情人登记管理制度》（2022）

第八条第三款、第四款　收购人、重大资产重组交易对方以及涉及上市公司并对上市公司证券交易价格有重大影响事项的其他发起方，应当填写本单位内幕信息知情人档案。

上述主体应当保证内幕信息知情人档案的真实、准确和完整，根据事项进程将内幕信息知情人档案分阶段送达相关上市公司，完整的内幕信息知情人档案的送达时间不得晚于内幕信息公开披露的时间。内幕信息知情人档案应当按照规定要求进行填写，并由内幕信息知情人进行确认。

第十条　上市公司进行收购、重大资产重组、发行证券、合并、分立、分拆上市、回购股份等重大事项，或者披露其他可能对上市公司证券交易价格有重大影响的事项时，除按照规定填写上市公司内幕信息知情人档案外，还应当制作重大事项进程备忘录，内容包括但不限于筹划决策过程中各个关键时点的时间、参与筹划决策人员名单、筹划决策方式等。上市公司应当督促重大事项进程备忘录涉及的相关人员在重大事项进程备忘录上签名确认。上市公司股东、实际控制人及其关联方等相关主体应当配合制作重大事项进程备忘录。

证券交易所根据重大事项的性质、影响程度，对需要制作重大事项进程备忘录的事项、填报内容等作出具体规定。

★《上市公司重大资产重组管理办法》（2023）

第七条　任何单位和个人对所知悉的重大资产重组信息在依法披露前负有保密义务。

禁止任何单位和个人利用重大资产重组信息从事内幕交易、操纵证券市场等违法活动。

第三十九条　上市公司筹划、实施重大资产重组，相关信息披露义务人应当公平地向所有投资者披露可能对上市公司股票交易价格产生较大影响的相关信息（以下简称股价敏感信息），不得提前泄露。

第四十一条　上市公司及其董事、监事、高级管理人员，重大资产重组的交易对方及其关联方，交易对方及其关联方的董事、监事、高级管理人员或者主要负责人，交易各方聘请的证券服务机构及其从业人员，参与重大资产重组筹划、论证、决策、审批等环节的相关机构和人员，以及因直系亲属关系、提供服务和业务往来等知悉或者可能知悉股价敏

感信息的其他相关机构和人员，在重大资产重组的股价敏感信息依法披露前负有保密义务，禁止利用该信息进行内幕交易。

第四十二条 上市公司筹划重大资产重组事项，应当详细记载筹划过程中每一具体环节的进展情况，包括商议相关方案、形成相关意向、签署相关协议或者意向书的具体时间、地点、参与机构和人员、商议和决议内容等，制作书面的交易进程备忘录并予以妥当保存。参与每一具体环节的所有人员应当即时在备忘录上签名确认。

上市公司筹划发行股份购买资产，可以按照证券交易所的有关规定申请停牌。上市公司不申请停牌的，应当就本次交易做好保密工作，在发行股份购买资产预案、发行股份购买资产报告书披露前，不得披露所筹划交易的相关信息。信息已经泄露的，上市公司应当立即披露发行股份购买资产预案、发行股份购买资产报告书，或者申请停牌。

★《上市公司股份回购规则》(2022)

第六条 任何人不得利用上市公司回购股份从事内幕交易、操纵市场和证券欺诈等违法违规活动。

第二十二条第七项 回购股份方案至少应当包括以下内容：

（七）上市公司董事、监事、高级管理人员在董事会作出回购股份决议前六个月是否存在买卖上市公司股票的行为，是否存在单独或者与他人联合进行内幕交易及市场操纵的说明。

★《上市公司收购管理办法》(2020)

第三条第二款 上市公司的收购及相关股份权益变动活动中的信息披露义务人，应当充分披露其在上市公司中的权益及变动情况，依法严格履行报告、公告和其他法定义务。在相关信息披露前，负有保密义务。

第五章　上市公司及相关主体股票交易合规义务

第一节　上市公司及相关主体股票交易合规义务概述

在证券市场进行自我意志下的股票交易是每一个普通证券投资者的自由权利，但上市公司及大股东、实际控制人、董事、监事、高级管理人员（以下简称董监高）属于特殊的“内部人”，该类主体相较于普通投资者而言更熟知公司的内部信息。一方面，他们的股票交易行为会影响上市公司的发展，也影响其他投资者的决策；另一方面，基于逐利动机的驱使，内部人交易容易滋生内幕交易、操纵证券市场等违法行为。因此，为了保护投资者的合法权益和维护证券市场的交易秩序，各国均对该类主体的股票交易行为进行严格监管。

我国在 2005 年进行了股权分置改革。在此之前，证券市场存在的涉上市公司及相关主体的股票交易违法行为主要表现为欺诈性高价配股。大股东通过操纵股价提高公司配股价格，夸大公司投资项目的回报率，引诱不明真相的中小投资者参与公司配股，内部人以劣质资产参与甚至放弃配股，在配股成功后操纵配股资金或者通过关联交易等方式侵占配股资金，该违法行为严重损害了其他中小股东利益的利益。随着股权分置改革的逐步完成，在控股股东所持股份获得流通权后，控股股东很可能会利用二级市场上股价的波动进行高抛低吸来获利；或利用控制权优势通过隧道行为和支撑行为配合其在二级市场上的交易来获得资本利得。① 在内幕交易的利益博弈剧场上，违法者一直在与执法者上演着“道高一尺、魔高一丈”的把戏。

经过三十年的实践探索，监管思维与监管方法已经经历了多轮的更新迭代，对于上市公司和股东及董监高的股票交易行为，我国目前形成了以短线交易、股份增持与减持、股份收购、股份回购为主线的法律规制体系。

在 2023 年的减持新规出台后，随着证监会对备受市场关注的我乐家居（603326. SH）持股 7% 以上的重要股东违规减持一案作出空前严厉的行政处罚②，我们有理由相信，

---

① 蓝发钦、陈杰：《股权分置改革后中国上市公司大股东的行为特征研究》，载《华东师范大学学报（哲学社会科学版）》2008 年第 4 期。

② 2023 年 9 月 15 日，中国证监会江苏监管局下达了《行政处罚事先告知书》，对违规减持股东责令改正，给予警告，没收违法所得 16534888. 07 元，并处罚款 3295 万元。江苏监管局作出的上述处罚，对于中国股市来说是有历史性意义与标志性意义的。它标志着监管部门拉开了依法惩治违规减持的序幕，打响了依法惩治违规减持行为的第一枪。《证券法》（2019）第 186 条规定：“违反本法第三十六条的规定，在限制转让期内转让证券，或者转让股票不符合法律、行政法规和国务院证券监督管理机构规定的，责令改正，给予警告，没收违法所得，并处以买卖证券等值以下的罚款。”

对上市公司和股东及董监高的股票交易行为的证券监管执法将日臻成熟。

第二节　上市公司及相关主体股票交易监管规范体系一览表

监管规范类别	规范文件全称
法律	中华人民共和国公司法（2023）
	中华人民共和国证券法（2019）
行政法规	股票发行与交易管理暂行条例（1993）
中国证监会部门规章	上市公司股东减持股份管理暂行办法（2024）
	首次公开发行股票注册管理办法（2023）
	北京证券交易所向不特定合格投资者公开发行股票注册管理办法（2023）
	上市公司证券发行注册管理办法（2023）
	北京证券交易所上市公司证券发行注册管理办法（2023）
	上市公司收购管理办法（2020）
中国证监会规范性文件	上市公司股权激励管理办法（2018）
	上市公司董事、监事和高级管理人员所持本公司股份及其变动管理规则（2024）
	上市公司股份回购规则（2022）
	上市公司章程指引（2022）
	《上市公司收购管理办法》第七十四条有关通过集中竞价交易方式增持上市公司股份的收购完成时点认定的适用意见——证券期货法律适用意见第9号（2021）
	上市公司创业投资基金股东减持股份的特别规定（2020）
	中国证监会关于进一步推进新股发行体制改革的意见（2013）
	上市公司股权分置改革管理办法（2005）
交易所业务规则①	上海证券交易所股票上市规则（2024）
	上海证券交易所科创板股票上市规则（2024）
	深圳证券交易所股票上市规则（2024）
	深圳证券交易所创业板股票上市规则（2024）
	深圳证券交易所股票上市规则（2023）
	上海证券交易所股票上市规则（2023）

① 《上海证券交易所股票上市规则》（2024）、《上海证券交易所科创板股票上市规则》（2024）、《深圳证券交易所股票上市规则》（2024）、《深圳证券交易所创业板股票上市规则》（2024）系交易所按照《国务院关于加强监管防范风险推动资本市场高质量发展的若干意见》（以下简称新“国九条”）规定和中国证监会统一部署发布的配套业务规则。

续表

监管规范类别	规范文件全称
交易所业务规则	深圳证券交易所上市公司自律监管指引第 7 号——交易与关联交易（2023）
	上海证券交易所科创板股票上市规则（2023）
	上海证券交易所上市公司自律监管指引第 8 号——股份变动管理（2022）
	上海证券交易所上市公司自律监管指南第 2 号——业务办理（第二号——信息报送和资料填报）（2023）
	上海证券交易所上市公司股东及董事、监事、高级管理人员减持股份实施细则（2017）
	《上海证券交易所上市公司股东及董事、监事、高级管理人员减持股份实施细则》问题解答（一）（2018）
	《上海证券交易所上市公司股东及董事、监事、高级管理人员减持股份实施细则》问题解答（二）（2023）
	深圳证券交易所上市公司自律监管指引第 10 号——股份变动管理（2022）
	深圳证券交易所上市公司股东及董事、监事、高级管理人员减持股份实施细则（2017）
	关于就《深圳证券交易所上市公司股东及董事、监事、高级管理人员减持股份实施细则》有关事项答投资者问（2017）
	关于就《深圳证券交易所上市公司股东及董事、监事、高级管理人员减持股份实施细则》有关事项答投资者问（二）（2018）
	关于就《深圳证券交易所上市公司股东及董事、监事、高级管理人员减持股份实施细则》有关事项答投资者问（三）（2023）

第三节　上市公司及相关主体股票交易的禁止性规定

一、短线交易的禁止性规定

★《证券法》(2019)

第四十四条　上市公司、股票在国务院批准的其他全国性证券交易场所交易的公司持有百分之五以上股份的股东、董事、监事、高级管理人员，将其持有的该公司的股票或者其他具有股权性质的证券在买入后六个月内卖出，或者在卖出后六个月内又买入，由此所得收益归该公司所有，公司董事会应当收回其所得收益。但是，证券公司因购入包销售后剩余股票而持有百分之五以上股份，以及有国务院证券监督管理机构规定的其他情形的除外。

前款所称董事、监事、高级管理人员、自然人股东持有的股票或者其他具有股权性质的证券，包括其配偶、父母、子女持有的及利用他人账户持有的股票或者其他具有股权性质的证券。

公司董事会不按照第一款规定执行的，股东有权要求董事会在三十日内执行。公司董事会未在上述期限内执行的，股东有权为了公司的利益以自己的名义直接向人民法院提起诉讼。

公司董事会不按照第一款的规定执行的，负有责任的董事依法承担连带责任。

★《股票发行与交易管理暂行条例》（1993）

第三十八条　股份有限公司的董事、监事、高级管理人员和持有公司5%以上有表决权股份的法人股东，将其所持有的公司股票在买入后六个月内卖出或者在卖出后六个月内买入，由此获得的利润归公司所有。

前款规定适用于持有公司5%以上有表决权股份的法人股东的董事、监事和高级管理人员。

二、敏感期交易的禁止性规定

★《上市公司董事、监事和高级管理人员所持本公司股份及其变动管理规则》（2024）

第十三条　上市公司董事、监事和高级管理人员在下列期间不得买卖本公司股票：

（一）上市公司年度报告、半年度报告公告前十五日内；

（二）上市公司季度报告、业绩预告、业绩快报公告前五日内；

（三）自可能对本公司证券及其衍生品种交易价格产生较大影响的重大事件发生之日起或者在决策过程中，至依法披露之日止；

（四）证券交易所规定的其他期间。

第十四条　上市公司应当制定专项制度，加强对董事、监事和高级管理人员持有本公司股份及买卖本公司股份行为的监督。

上市公司董事会秘书负责管理公司董事、监事和高级管理人员的身份及所持本公司股份的数据，统一为董事、监事和高级管理人员办理个人信息的网上申报，每季度检查董事、监事和高级管理人员买卖本公司股票的披露情况。发现违法违规的，应当及时向中国证监会、证券交易所报告。

三、内幕交易和操纵证券市场行为的禁止性规定[①]

★《证券法》（2019）

第五条　证券的发行、交易活动，必须遵守法律、行政法规；禁止欺诈、内幕交易和操纵证券市场的行为。

第四节　上市公司股份回购中的合规义务

★《公司法》（2023）

第一百六十二条　公司不得收购本公司股份。但是，有下列情形之一的除外：

（一）减少公司注册资本；

（二）与持有本公司股份的其他公司合并；

---

① 禁止内幕交易的合规义务详见第二编第四章“上市公司内幕信息管理与反内幕交易合规义务”和第三编第四章“内幕交易违法行为行政合规与刑事合规风险”。

禁止操纵证券市场行为的合规义务详见第三编第五章“操纵证券市场行为行政合规与刑事合规风险”。

（三）将股份用于员工持股计划或者股权激励；

（四）股东因对股东大会作出的公司合并、分立决议持异议，要求公司收购其股份；

（五）将股份用于转换上市公司发行的可转换为股票的公司债券；

（六）上市公司为维护公司价值及股东权益所必需。

公司因前款第一项、第二项规定的情形收购本公司股份的，应当经股东大会决议；公司因前款第三项、第五项、第六项规定的情形收购本公司股份的，可以依照公司章程的规定或者股东大会的授权，经三分之二以上董事出席的董事会会议决议。

公司依照本条第一款规定收购本公司股份后，属于第一项情形的，应当自收购之日起十日内注销；属于第二项、第四项情形的，应当在六个月内转让或者注销；属于第三项、第五项、第六项情形的，公司合计持有的本公司股份数不得超过本公司已发行股份总额的百分之十，并应当在三年内转让或者注销。

上市公司收购本公司股份的，应当依照《中华人民共和国证券法》的规定履行信息披露义务。上市公司因本条第一款第三项、第五项、第六项规定的情形收购本公司股份的，应当通过公开的集中交易方式进行。

公司不得接受本公司的股票作为质押权的标的。

★《上市公司股份回购规则》(2022)

第二条　本规则所称上市公司回购股份，是指上市公司因下列情形之一收购本公司股份的行为：

（一）减少公司注册资本；

（二）将股份用于员工持股计划或者股权激励；

（三）将股份用于转换上市公司发行的可转换为股票的公司债券；

（四）为维护公司价值及股东权益所必需。

前款第（四）项所指情形，应当符合以下条件之一：

（一）公司股票收盘价格低于最近一期每股净资产；

（二）连续二十个交易日内公司股票收盘价格跌幅累计达到百分之三十；

（三）中国证监会规定的其他条件。

★《上市公司股权激励管理办法》(2018)

第二十六条　出现本办法第十八条、第二十五条规定情形，或者其他终止实施股权激励计划的情形或激励对象未达到解除限售条件的，上市公司应当回购尚未解除限售的限制性股票，并按照《公司法》的规定进行处理。

对出现本办法第十八条第一款情形负有个人责任的，或出现本办法第十八条第二款情形的，回购价格不得高于授予价格；出现其他情形的，回购价格不得高于授予价格加上银行同期存款利息之和。

第二十七条　上市公司应当在本办法第二十六条规定的情形出现后及时召开董事会审议回购股份方案，并依法将回购股份方案提交股东大会批准。回购股份方案包括但不限于以下内容：

（一）回购股份的原因；

（二）回购股份的价格及定价依据；

（三）拟回购股份的种类、数量及占股权激励计划所涉及的标的股票的比例、占总股本的比例；

（四）拟用于回购的资金总额及资金来源；

（五）回购后公司股本结构的变动情况及对公司业绩的影响。

律师事务所应当就回购股份方案是否符合法律、行政法规、本办法的规定和股权激励计划的安排出具专业意见。

第五节　股票增持及上市公司收购过程中的合规义务

股票增持式并购是指收购方直接在二级市场上收购目标公司的股份，最终成为目标公司的大股东并获得目标公司控制权的行为，2015—2017 年发生的宝万之争就是通过二级市场并购的典型案例①，涉及本节提出的“通知上市公司、对外公告、向证监会及交易所报告、限期内停牌”等一系列的合规义务。

《证券法》（2019）第四章“上市公司收购”和《上市公司收购管理办法》（2020）对上市公司的收购及相关股份权益变动活动过程中的各类主体的义务作了详细的规定，如：

★《证券法》（2019）

第六十三条　通过证券交易所的证券交易，投资者持有或者通过协议、其他安排与他人共同持有一个上市公司已发行的有表决权股份达到百分之五时，应当在该事实发生之日起三日内，向国务院证券监督管理机构、证券交易所作出书面报告，通知该上市公司，并予公告，在上述期限内不得再行买卖该上市公司的股票，但国务院证券监督管理机构规定的情形除外。

投资者持有或者通过协议、其他安排与他人共同持有一个上市公司已发行的有表决权

---

① 宝能并购万科的主要时间节点如下：

1. 2015 年 7 月 10 日，宝能系首次举牌万科。2015 年 7 月 10 日，前海人寿通过二级市场耗资 80 亿元买入万科股票约 5.52 亿股，在万科 A 股总股份的 5%，这是宝能系首次对万科进行大规模收购，此举已经触发《证券法》第 63 条第 1 款规定的首次增持超过 5% 需要履行的一系列合规义务。

2. 2015 年 7 月 24 日，宝能系增持万科股份达到 10%。宝能系持有万科股份 11.05 亿股，占万科总股份的 10%，此举已经触发《证券法》第 63 条第 2 款规定的再次增持超过 5% 需要履行的一系列合规义务。

3. 此次举牌后，宝能系持有的万科股票与万科第一大股东华润已经非常接近。

4. 2015 年 8 月 26 日，宝能系股权首次超过华润。截至当日，宝能系再次增持万科 5.04% 的股份，合计持有万科 15.04% 的股份。此举已经触发《证券法》第 63 条第 2 款规定的再次增持超过 5% 需要履行的一系列合规义务。

5. 2015 年 12 月 4—17 日，宝能系陆续投入近 100 亿元，获得万科 20% 的股份，成为万科第 1 大股东。此举已经触发《证券法》第 63 条第 3 款规定的再次增持超过 1% 需要履行的一系列合规义务。

6. 2015 年 12 月 18 日，安邦增持万科。

7. 2016 年 6 月 27 日，宝能提请罢免王石等现任董事、监事。

8. 2016 年 7 月 19 日，万科举报宝能资管计划违法违规。

股份达到百分之五后，其所持该上市公司已发行的有表决权股份比例每增加或者减少百分之五，应当依照前款规定进行报告和公告，在该事实发生之日起至公告后三日内，不得再行买卖该上市公司的股票，但国务院证券监督管理机构规定的情形除外。

投资者持有或者通过协议、其他安排与他人共同持有一个上市公司已发行的有表决权股份达到百分之五后，其所持该上市公司已发行的有表决权股份比例每增加或者减少百分之一，应当在该事实发生的次日通知该上市公司，并予公告。

违反第一款、第二款规定买入上市公司有表决权的股份的，在买入后的三十六个月内，对该超过规定比例部分的股份不得行使表决权。

第六十四条　依照前条规定所作的公告，应当包括下列内容：

（一）持股人的名称、住所；

（二）持有的股票的名称、数额；

（三）持股达到法定比例或者持股增减变化达到法定比例的日期、增持股份的资金来源；

（四）在上市公司中拥有有表决权的股份变动的时间及方式。

第六十五条　通过证券交易所的证券交易，投资者持有或者通过协议、其他安排与他人共同持有一个上市公司已发行的有表决权股份达到百分之三十时，继续进行收购的，应当依法向该上市公司所有股东发出收购上市公司全部或者部分股份的要约。

收购上市公司部分股份的要约应当约定，被收购公司股东承诺出售的股份数额超过预定收购的股份数额的，收购人按比例进行收购。

第六十六条　依照前条规定发出收购要约，收购人必须公告上市公司收购报告书，并载明下列事项：

（一）收购人的名称、住所；

（二）收购人关于收购的决定；

（三）被收购的上市公司名称；

（四）收购目的；

（五）收购股份的详细名称和预定收购的股份数额；

（六）收购期限、收购价格；

（七）收购所需资金额及资金保证；

（八）公告上市公司收购报告书时持有被收购公司股份数占该公司已发行的股份总数的比例。

第六十七条　收购要约约定的收购期限不得少于三十日，并不得超过六十日。

第六十八条　在收购要约确定的承诺期限内，收购人不得撤销其收购要约。收购人需要变更收购要约的，应当及时公告，载明具体变更事项，且不得存在下列情形：

（一）降低收购价格；

（二）减少预定收购股份数额；

（三）缩短收购期限；

（四）国务院证券监督管理机构规定的其他情形。

第六十九条　收购要约提出的各项收购条件，适用于被收购公司的所有股东。

上市公司发行不同种类股份的，收购人可以针对不同种类股份提出不同的收购条件。

第七十条　采取要约收购方式的，收购人在收购期限内，不得卖出被收购公司的股票，也不得采取要约规定以外的形式和超出要约的条件买入被收购公司的股票。

第七十一条　采取协议收购方式的，收购人可以依照法律、行政法规的规定同被收购公司的股东以协议方式进行股份转让。

以协议方式收购上市公司时，达成协议后，收购人必须在三日内将该收购协议向国务院证券监督管理机构及证券交易所作出书面报告，并予公告。

在公告前不得履行收购协议。

第七十二条　采取协议收购方式的，协议双方可以临时委托证券登记结算机构保管协议转让的股票，并将资金存放于指定的银行。

第七十三条　采取协议收购方式的，收购人收购或者通过协议、其他安排与他人共同收购一个上市公司已发行的有表决权股份达到百分之三十时，继续进行收购的，应当依法向该上市公司所有股东发出收购上市公司全部或者部分股份的要约。但是，按照国务院证券监督管理机构的规定免除发出要约的除外。

收购人依照前款规定以要约方式收购上市公司股份，应当遵守本法第六十五条第二款、第六十六条至第七十条的规定。

第七十四条　收购期限届满，被收购公司股权分布不符合证券交易所规定的上市交易要求的，该上市公司的股票应当由证券交易所依法终止上市交易；其余仍持有被收购公司股票的股东，有权向收购人以收购要约的同等条件出售其股票，收购人应当收购。

收购行为完成后，被收购公司不再具备股份有限公司条件的，应当依法变更企业形式。

第七十五条　在上市公司收购中，收购人持有的被收购的上市公司的股票，在收购行为完成后的十八个月内不得转让。

第七十六条　收购行为完成后，收购人与被收购公司合并，并将该公司解散的，被解散公司的原有股票由收购人依法更换。

收购行为完成后，收购人应当在十五日内将收购情况报告国务院证券监督管理机构和证券交易所，并予公告。

第七十七条　国务院证券监督管理机构依照本法制定上市公司收购的具体办法。

上市公司分立或者被其他公司合并，应当向国务院证券监督管理机构报告，并予公告。

第六节　上市公司相关主体限制减持的合规义务

一、首次公开发行股票的限制减持合规义务

（一）发起人或特定股东的限制减持合规义务

★《公司法》（2023）

第一百六十条第一款　公司公开发行股份前已发行的股份，自公司股票在证券交易所

上市交易之日起一年内不得转让。法律、行政法规或者国务院证券监督管理机构对上市公司的股东、实际控制人转让其所持有的本公司股份另有规定的，从其规定。

（二）大股东[①]、控股股东、实际控制人的限制减持合规义务

★《首次公开发行股票注册管理办法》（2023）

第四十五条　发行人应当在招股说明书中披露公开发行股份前已发行股份的锁定期安排，特别是尚未盈利情况下发行人控股股东、实际控制人、董事、监事、高级管理人员股份的锁定期安排。

发行人控股股东和实际控制人及其亲属应当披露所持股份自发行人股票上市之日起三十六个月不得转让的锁定安排。

首次公开发行股票并在科创板上市的，还应当披露核心技术人员股份的锁定期安排。

保荐人和发行人律师应当就本条事项是否符合有关规定发表专业意见。

★《中国证监会关于进一步推进新股发行体制改革的意见》（2013）

（一）加强对相关责任主体的市场约束。1. 发行人控股股东、持有发行人股份的董事和高级管理人员应在公开募集及上市文件中公开承诺：所持股票在锁定期满后两年内减持的，其减持价格不低于发行价；公司上市后 6 个月内如公司股票连续 20 个交易日的收盘价均低于发行价，或者上市后 6 个月期末收盘价低于发行价，持有公司股票的锁定期限自动延长至少 6 个月。

★上市公司股东减持股份管理暂行办法（2024）

第十二条　大股东通过证券交易所集中竞价交易减持股份，或者其他股东通过证券交易所集中竞价交易减持其持有的公司首次公开发行前发行的股份的，三个月内减持股份的总数不得超过公司股份总数的百分之一。

第十三条第一款　大股东通过协议转让方式减持股份，或者其他股东通过协议转让方式减持其持有的公司首次公开发行前发行的股份的，股份出让方、受让方应当遵守证券交易所有关协议转让的规定，股份受让方在受让后六个月内不得减持其所受让的股份。

第十四条　大股东通过大宗交易方式减持股份，或者其他股东通过大宗交易方式减持其持有的公司首次公开发行前发行的股份的，三个月内减持股份的总数不得超过公司股份总数的百分之二；股份受让方在受让后六个月内不得减持其所受让的股份。

（三）董事、监事、高级管理人员的限制减持合规义务

★《首次公开发行股票注册管理办法》（2023）

第四十五条第一款　发行人应当在招股说明书中披露公开发行股份前已发行股份的锁定期安排，特别是尚未盈利情况下发行人控股股东、实际控制人、董事、监事、高级管理人员股份的锁定期安排。

---

① 持股 5% 以上的股东统称大股东。《上市公司股东减持股份管理暂行办法》第 2 条规定：上市公司持有百分之五以上股份的股东、实际控制人（以下统称大股东）、董事、监事、高级管理人员减持股份，以及其他股东减持其持有的公司首次公开发行前发行的股份，适用本办法。

★《中国证监会关于进一步推进新股发行体制改革的意见》(2013)

(一) 加强对相关责任主体的市场约束。1. 发行人控股股东、持有发行人股份的董事和高级管理人员应在公开募集及上市文件中公开承诺：所持股票在锁定期满后两年内减持的，其减持价格不低于发行价；公司上市后6个月内如公司股票连续20个交易日的收盘价均低于发行价，或者上市后6个月期末收盘价低于发行价，持有公司股票的锁定期限自动延长至少6个月。

(四) 核心技术人员的限制减持义务

★《首次公开发行股票注册管理办法》(2023)

第四十五条第三款　首次公开发行股票并在科创板上市的，还应当披露核心技术人员股份的锁定期安排。

二、上市公司发行股票的限制减持合规义务

★《上市公司证券发行注册管理办法》(2023)

第五十九条　向特定对象发行的股票，自发行结束之日起六个月内不得转让。发行对象属于本办法第五十七条第二款规定情形①的，其认购的股票自发行结束之日起十八个月内不得转让。

第六十三条　向特定对象发行的可转债不得采用公开的集中交易方式转让。

向特定对象发行的可转债转股的，所转股票自可转债发行结束之日起十八个月内不得转让。

★《北京证券交易所上市公司证券发行注册管理办法》(2023)

第四十八条　向特定对象发行的股票，自发行结束之日起六个月内不得转让，做市商为取得做市库存股参与发行认购的除外，但做市商应当承诺自发行结束之日起六个月内不得申请退出为上市公司做市。

发行对象属于本办法第四十四条第三款②规定情形的，其认购的股票自发行结束之日起十二个月内不得转让。法律法规、部门规章对前述股票的限售期另有规定的，同时还应当遵守相关规定。

---

① 《上市公司证券发行注册管理办法》第57条第2款规定："上市公司董事会决议提前确定全部发行对象，且发行对象属于下列情形之一的，定价基准日可以为关于本次发行股票的董事会决议公告日、股东大会决议公告日或者发行期首日：(一) 上市公司的控股股东、实际控制人或者其控制的关联人；(二) 通过认购本次发行的股票取得上市公司实际控制权的投资者；(三) 董事会拟引入的境内外战略投资者。"

② 《北京证券交易所上市公司证券发行注册管理办法》第44条第3款规定："上市公司董事会决议提前确定全部发行对象，且发行对象属于下列情形之一的，定价基准日可以为关于本次发行股票的董事会决议公告日、股东大会决议公告日或者发行期首日：(一) 上市公司的控股股东、实际控制人或者其控制的关联方；(二) 按照本办法第二十八条规定参与认购的上市公司前十名股东、董事、监事、高级管理人员及核心员工；(三) 通过认购本次发行的股票成为上市公司控股股东或实际控制人的投资者；(四) 董事会拟引入的境内外战略投资者。"

三、上市公司收购行为形成的限制减持合规义务

★《上市公司收购管理办法》(2020)

第四十二条　同意接受收购要约的股东（以下简称预受股东），应当委托证券公司办理预受要约的相关手续。收购人应当委托证券公司向证券登记结算机构申请办理预受要约股票的临时保管。证券登记结算机构临时保管的预受要约的股票，在要约收购期间不得转让。

前款所称预受，是指被收购公司股东同意接受要约的初步意思表示，在要约收购期限内不可撤回之前不构成承诺。在要约收购期限届满 3 个交易日前，预受股东可以委托证券公司办理撤回预受要约的手续，证券登记结算机构根据预受要约股东的撤回申请解除对预受要约股票的临时保管。在要约收购期限届满前 3 个交易日内，预受股东不得撤回其对要约的接受。在要约收购期限内，收购人应当每日在证券交易所网站上公告已预受收购要约的股份数量。

出现竞争要约时，接受初始要约的预受股东撤回全部或者部分预受的股份，并将撤回的股份售予竞争要约人的，应当委托证券公司办理撤回预受初始要约的手续和预受竞争要约的相关手续。

第七十四条　在上市公司收购中，收购人持有的被收购公司的股份，在收购完成后 18 个月内不得转让。

收购人在被收购公司中拥有权益的股份在同一实际控制人控制的不同主体之间进行转让不受前述 18 个月的限制，但应当遵守本办法第六章的规定。

四、上市公司重大资产重组形成的限制减持合规义务

★《上市公司重大资产重组管理办法》(2023)

第四十六条　特定对象以资产认购而取得的上市公司股份，自股份发行结束之日起十二个月内不得转让；属于下列情形之一的，三十六个月内不得转让：

（一）特定对象为上市公司控股股东、实际控制人或者其控制的关联人；

（二）特定对象通过认购本次发行的股份取得上市公司的实际控制权；

（三）特定对象取得本次发行的股份时，对其用于认购股份的资产持续拥有权益的时间不足十二个月。

属于本办法第十三条第一款规定的交易情形的，上市公司原控股股东、原实际控制人及其控制的关联人，以及在交易过程中从该等主体直接或间接受让该上市公司股份的特定对象应当公开承诺，在本次交易完成后三十六个月内不转让其在该上市公司中拥有权益的股份；除收购人及其关联人以外的特定对象应当公开承诺，其以资产认购而取得的上市公司股份自股份发行结束之日起二十四个月内不得转让。

第四十七条　上市公司发行股份购买资产导致特定对象持有或者控制的股份达到法定比例的，应当按照《上市公司收购管理办法》的规定履行相关义务。

上市公司向控股股东、实际控制人或者其控制的关联人发行股份购买资产，或者发行股份购买资产将导致上市公司实际控制权发生变更的，认购股份的特定对象应当在发行股份购买资产报告书中公开承诺：本次交易完成后六个月内如上市公司股票连续二十个交易

日的收盘价低于发行价，或者交易完成后六个月期末收盘价低于发行价的，其持有公司股票的锁定期自动延长至少六个月。

前款规定的特定对象还应当在发行股份购买资产报告书中公开承诺：如本次交易因涉嫌所提供或披露的信息存在虚假记载、误导性陈述或者重大遗漏，被司法机关立案侦查或者被中国证监会立案调查的，在案件调查结论明确以前，不转让其在该上市公司拥有权益的股份。

五、股权激励形成的限制减持合规义务

★《上市公司股权激励管理办法》(2018)

第六条　任何人不得利用股权激励进行内幕交易、操纵证券市场等违法活动。

第十九条　激励对象在获授限制性股票或者对获授的股票期权行使权益前后买卖股票的行为，应当遵守《证券法》《公司法》等相关规定。

上市公司应当在本办法第二十条规定的协议中，就前述义务向激励对象作出特别提示。

第二十二条　本办法所称限制性股票是指激励对象按照股权激励计划规定的条件，获得的转让等部分权利受到限制的本公司股票。

限制性股票在解除限售前不得转让、用于担保或偿还债务。

第二十四条　限制性股票授予日与首次解除限售日之间的间隔不得少于12个月。

第二十五条　在限制性股票有效期内，上市公司应当规定分期解除限售，每期时限不得少于12个月，各期解除限售的比例不得超过激励对象获授限制性股票总额的50%。

当期解除限售的条件未成就的，限制性股票不得解除限售或递延至下期解除限售，应当按照本办法第二十六条规定处理。

第二十六条　出现本办法第十八条、第二十五条规定情形，或者其他终止实施股权激励计划的情形或激励对象未达到解除限售条件的，上市公司应当回购尚未解除限售的限制性股票，并按照《公司法》的规定进行处理。

对出现本办法第十八条第一款情形负有个人责任的，或出现本办法第十八条第二款情形的，回购价格不得高于授予价格；出现其他情形的，回购价格不得高于授予价格加上银行同期存款利息之和。

第二十七条　上市公司应当在本办法第二十六条规定的情形出现后及时召开董事会审议回购股份方案，并依法将回购股份方案提交股东大会批准。回购股份方案包括但不限于以下内容：

（一）回购股份的原因；

（二）回购股份的价格及定价依据；

（三）拟回购股份的种类、数量及占股权激励计划所涉及的标的股票的比例、占总股本的比例；

（四）拟用于回购的资金总额及资金来源；

（五）回购后公司股本结构的变动情况及对公司业绩的影响。

律师事务所应当就回购股份方案是否符合法律、行政法规、本办法的规定和股权激励

计划的安排出具专业意见。

★《上市公司股份回购规则》(2022)

第二十二条　回购股份方案至少应当包括以下内容：

（一）回购股份的目的、方式、价格区间；

（二）拟回购股份的种类、用途、数量及占公司总股本的比例；

（三）拟用于回购的资金总额及资金来源；

（四）回购股份的实施期限；

（五）预计回购后公司股权结构的变动情况；

（六）管理层对本次回购股份对公司经营、财务及未来发展影响的分析；

（七）上市公司董事、监事、高级管理人员在董事会作出回购股份决议前六个月是否存在买卖上市公司股票的行为，是否存在单独或者与他人联合进行内幕交易及市场操纵的说明；

（八）证券交易所规定的其他事项。

以要约方式回购股份的，还应当披露股东预受要约的方式和程序、股东撤回预受要约的方式和程序，以及股东委托办理要约回购中相关股份预受、撤回、结算、过户登记等事宜的证券公司名称及其通讯方式。

六、上市公司特定主体的限制减持合规义务

（一）大股东[①]、控股股东、实际控制人的限制减持合规义务

★《上市公司股东减持股份管理暂行办法》(2024)

第六条第一款　大股东减持股份应当规范、理性、有序，充分关注上市公司及中小股东的利益。

第七条　存在下列情形之一的，大股东不得减持本公司股份：

（一）该股东因涉嫌与本上市公司有关的证券期货违法犯罪，被中国证监会立案调查或者被司法机关立案侦查，或者被行政处罚、判处刑罚未满六个月的；

（二）该股东因涉及与本上市公司有关的违法违规，被证券交易所公开谴责未满三个月的；

（三）该股东因涉及证券期货违法，被中国证监会行政处罚，尚未足额缴纳罚没款的，但法律、行政法规另有规定，或者减持资金用于缴纳罚没款的除外；

（四）中国证监会规定的其他情形。

第八条　存在下列情形之一的，上市公司控股股东、实际控制人不得减持本公司股份：

（一）上市公司因涉嫌证券期货违法犯罪，被中国证监会立案调查或者被司法机关立案侦查，或者被行政处罚、判处刑罚未满六个月的；

（二）上市公司被证券交易所公开谴责未满三个月的；

---

① 持股5%以上的股东统称大股东。《上市公司股东减持股份管理暂行办法》第2条规定：上市公司持有百分之五以上股份的股东、实际控制人（以下统称大股东）、董事、监事、高级管理人员减持股份，以及其他股东减持其持有的公司首次公开发行前发行的股份，适用本办法。

（三）上市公司可能触及重大违法强制退市情形，在证券交易所规定的限制转让期限内的；

（四）中国证监会规定的其他情形。

（二）董事、监事、高级管理人员的限制减持合规义务

★《公司法》（2023）

第一百六十条第二款　公司董事、监事、高级管理人员应当向公司申报所持有的本公司的股份及其变动情况，在任职期间每年转让的股份不得超过其所持有本公司股份总数的百分之二十五；所持本公司股份自公司股票上市交易之日起一年内不得转让。上述人员离职后半年内，不得转让其所持有的本公司股份。公司章程可以对公司董事、监事、高级管理人员转让其所持有的本公司股份作出其他限制性规定。

★《上市公司董事、监事和高级管理人员所持本公司股份及其变动管理规则》（2024）

第四条　存在下列情形之一的，上市公司董事、监事和高级管理人员所持本公司股份不得转让：

（一）本公司股票上市交易之日起一年内；

（二）本人离职后半年内；

（三）上市公司因涉嫌证券期货违法犯罪，被中国证监会立案调查或者被司法机关立案侦查，或者被行政处罚、判处刑罚未满六个月的；

（四）本人因涉嫌与本上市公司有关的证券期货违法犯罪，被中国证监会立案调查或者被司法机关立案侦查，或者被行政处罚、判处刑罚未满六个月的；

（五）本人因涉及证券期货违法，被中国证监会行政处罚，尚未足额缴纳罚没款的，但法律、行政法规另有规定或者减持资金用于缴纳罚没款的除外；

（六）本人因涉及与本上市公司有关的违法违规，被证券交易所公开谴责未满三个月的；

（七）上市公司可能触及重大违法强制退市情形，在证券交易所规定的限制转让期限内的；

（八）法律、行政法规、中国证监会和证券交易所规则以及公司章程规定的其他情形。

第五条　上市公司董事、监事和高级管理人员在就任时确定的任职期间，每年通过集中竞价、大宗交易、协议转让等方式转让的股份，不得超过其所持本公司股份总数的百分之二十五，因司法强制执行、继承、遗赠、依法分割财产等导致股份变动的除外。

上市公司董事、监事和高级管理人员所持股份不超过一千股的，可一次全部转让，不受前款转让比例的限制。

第六章　上市公司证券发行募集资金管理合规义务

第一节　上市公司证券发行募集资金管理合规义务概述

一、募集资金的定义

募集资金是指公司通过公开发行证券（包括首次公开发行股票、配股、增发、发行可转换公司债券、发行分离交易的可转换公司债券、发行权证等）以及非公开发行证券向投资者募集并用于特定用途的资金。

实践中，沪深交易所的相关交易规范中已将募集资金的定义表达得更为简要：募集资金是指上市公司通过发行股票及其衍生品种，向投资者募集并用于特定用途的资金。①

募集资金直接来源于公众投资者，因此，对于上市公司募集资金的使用与管理，一直是证券监管机构重点关注的领域。实务中，对于募集资金用途的变更，暂时补充流动资金，募投项目的延期、结项、结余资金的使用均为监管高频的关注点。

二、募集资金用途变更的动机

上市公司对募集资金原本有事前设计规划好的投资方向，但是在公司运营过程中，因为主观、客观方面的各种原因，上市公司往往存在改变募集资金用途的情形，其原因在于：首先，现行投资审批制度下过长的审批时间不能适应上市公司实际投资的需要，被视为是募资变更的最显而易见的原因。② 其次，上市公司缺乏持续竞争能力和公司控制权市场功能有效性低，以及上市公司对投资项目可行性分析不当、财务分析过于乐观、数据分析技术粗糙等也导致上市公司频繁变更募集资金。③

除了上述因素，当然也存在上市公司控股股东擅自改变募集资金进行关联交易，或出于提高资金使用效率或出于逐利心态而将资金投入高风险的金融产品或委托理财。资本市场发展环境的局限，如融资成本的约束、市场机制约束缺失、法律法规不完善、公司诚信约束缺失等也被认为都是公司变更募资的原因。④

三、我国对募集资金监管的态度

我国法律并不禁止合规改变募集资金用途，但是禁止擅自改变募集资金用途。监管

---

① 详见《深圳证券交易所上市公司自律监管指引第1号——主板上市公司规范运作》（2023年修订）6.3.1；《上海证券交易所上市公司自律监管指引第1号——规范运作》（2023年8月修订）6.3.1。

② 朱武祥：《上市公司募集资金投向决策分析》，载《证券市场导报》2002年第4期。

③ 朱武祥、朱白云：《募集资金投向"变脸"探析》，载《科学决策》2002年第9期。

④ 刘少波、戴文慧：《我国上市公司募集资金投向变更研究》，载《经济研究》2004年第5期。

部门的总体监管原则是，上市公司应严格遵守募集资金的使用要求并遵守募集资金使用的申请、分级审批权限、决策程序、风险控制措施及信息披露程序。

西方国家遵循市场主体的“意思自治”原则，对于上市公司募集资金使用的监管相对较为宽松。比如，美国证券交易委员会（Securities and Exchange Commission，SEC）规则 S－K 第 504 条“募集资金使用”（Use of Proceeds）规定“发行人可以保留变更募集资金用途的权力”，SEC 对上市公司变更行为的态度是“募集资金使用、变更属于公司内部决策，不由 SEC 监管。除非公司该行为违反联邦证券法，比如，它们的公开信息中含有欺诈信息，才由 SEC 监管”[①]。

我国证券市场发展历程尚浅，无论是上市公司还是投资者等证券市场参与者均不够成熟，因此我国对上市公司募集资金使用问题采取强监管的态度。一方面，对于不符合规定的募集资金使用行为进行禁止；另一方面，对于确有募集资金变更需求的上市公司，要求其进行合理规划，对于新的使用项目要论证其科学性、合理性，保证及时公开信息，保障投资者的知情权，以实现对上市公司利益与证券投资者权益的平等保护。

第二节　上市公司募集资金管理监管规范体系一览表

监管规范类别	规范文件全称
法律	中华人民共和国公司法（2023）
	中华人民共和国证券法（2019）
部门规章	首次公开发行股票注册管理办法（2023）
	北京证券交易所向不特定合格投资者公开发行股票注册管理办法（2023）
	上市公司证券发行注册管理办法（2023）
	北京证券交易所上市公司证券发行注册管理办法（2023）
中国证监会规范性文件	上市公司监管指引第 2 号——上市公司募集资金管理和使用的监管要求（2022）
	境内企业境外发行证券和上市管理试行办法（2023）
	监管规则适用指引——境外发行上市类第 6 号：境内上市公司境外发行全球存托凭证指引（2023）
交易所业务规则	深圳证券交易所上市公司自律监管指引第 1 号——主板上市公司规范运作（2023）
	上海证券交易所上市公司自律监管指引第 1 号——规范运作（2023）

① 董屹：《中国上市公司募资变更行为研究》，西南财经大学 2006 年博士学位论文。

第三节 上市公司募集资金使用合规义务

一、募集资金使用的总体性规定

★《证券法》(2019)

第十四条 公司对公开发行股票所募集资金，必须按照招股说明书或者其他公开发行募集文件所列资金用途使用；改变资金用途，必须经股东大会作出决议。擅自改变用途，未作纠正的，或者未经股东大会认可的，不得公开发行新股。

第一百八十五条 发行人违反本法第十四条、第十五条的规定擅自改变公开发行证券所募集资金的用途的，责令改正，处以五十万元以上五百万元以下的罚款；对直接负责的主管人员和其他直接责任人员给予警告，并处以十万元以上一百万元以下的罚款。

发行人的控股股东、实际控制人从事或者组织、指使从事前款违法行为的，给予警告，并处以五十万元以上五百万元以下的罚款；对直接负责的主管人员和其他直接责任人员，处以十万元以上一百万元以下的罚款。

★《上市公司监管指引第2号——上市公司募集资金管理和使用的监管要求》(2022)

第四条 上市公司应当建立并完善募集资金存储、使用、变更、监督和责任追究的内部控制制度，明确募集资金使用的分级审批权限、决策程序、风险控制措施及信息披露要求。

第五条 上市公司应当将募集资金存放于经董事会批准设立的专项账户集中管理和使用，并在募集资金到位后一个月内与保荐机构、存放募集资金的商业银行签订三方监管协议。募集资金专项账户不得存放非募集资金或用作其他用途。

第十一条 上市公司以自筹资金预先投入募集资金投资项目的，可以在募集资金到账后六个月内，以募集资金置换自筹资金。置换事项应当经董事会审议通过，会计师事务所出具鉴证报告，并由独立董事、监事会、保荐机构发表明确同意意见并披露。

（一）对沪深交易所上市公司的监管规定

★《首次公开发行股票注册管理办法》(2023)

第十四条 发行人董事会应当依法就本次发行股票的具体方案、本次募集资金使用的可行性及其他必须明确的事项作出决议，并提请股东大会批准。

第四十二条 发行人应当披露募集资金的投向和使用管理制度，披露募集资金对发行人主营业务发展的贡献、未来经营战略的影响。

首次公开发行股票并在科创板上市的，还应当披露募集资金重点投向科技创新领域的具体安排。

首次公开发行股票并在创业板上市的，还应当披露募集资金对发行人业务创新、创造、创意性的支持作用。

★《上市公司证券发行注册管理办法》(2023)

第十条第一项 上市公司存在下列情形之一的，不得向不特定对象发行股票：

（一）擅自改变前次募集资金用途未作纠正，或者未经股东大会认可。

第十一条第一项　上市公司存在下列情形之一的，不得向特定对象发行股票：

（一）擅自改变前次募集资金用途未作纠正，或者未经股东大会认可。

第十二条　上市公司发行股票，募集资金使用应当符合下列规定：

（一）符合国家产业政策和有关环境保护、土地管理等法律、行政法规规定；

（二）除金融类企业外，本次募集资金使用不得为持有财务性投资，不得直接或者间接投资于以买卖有价证券为主要业务的公司；

（三）募集资金项目实施后，不会与控股股东、实际控制人及其控制的其他企业新增构成重大不利影响的同业竞争、显失公平的关联交易，或者严重影响公司生产经营的独立性；

（四）科创板上市公司发行股票募集的资金应当投资于科技创新领域的业务。

（二）对北交所上市公司的监管规定

★《北京证券交易所上市公司证券发行注册管理办法》（2023）

第十条　上市公司存在下列情形之一的，不得向特定对象发行股票：……（三）擅自改变募集资金用途，未作纠正或者未经股东大会认可；……

★《北京证券交易所向不特定合格投资者公开发行股票注册管理办法》（2023）

第十二条第一款　发行人董事会应当依法就本次股票发行的具体方案、本次募集资金使用的可行性及其他必须明确的事项作出决议，并提请股东大会批准。

二、募集资金的禁止使用范围

★《上市公司监管指引第2号——上市公司募集资金管理和使用的监管要求》（2022）

第七条　上市公司募集资金原则上应当用于主营业务。除金融类企业外，募集资金投资项目不得为持有交易性金融资产和可供出售的金融资产、借予他人、委托理财等财务性投资，不得直接或间接投资于以买卖有价证券为主要业务的公司。

科创板上市公司募集资金使用应符合国家产业政策和相关法律法规，并应当投资于科技创新领域。

★《上市公司证券发行注册管理办法》（2023）

第十五条　上市公司发行可转债，募集资金使用应当符合本办法第十二条的规定，且不得用于弥补亏损和非生产性支出。

三、闲置募集资金使用的合规要求

★《上市公司监管指引第2号——上市公司募集资金管理和使用的监管要求》（2022）

第八条　暂时闲置的募集资金可进行现金管理，其投资的产品须符合以下条件：

（一）结构性存款、大额存单等安全性高的保本型产品；

（二）流动性好，不得影响募集资金投资计划正常进行。投资产品不得质押，产品专用结算账户（如适用）不得存放非募集资金或用作其他用途，开立或注销产品专用结算账户的，上市公司应当及时报证券交易所备案并公告。

使用闲置募集资金投资产品的，应当经上市公司董事会审议通过，独立董事、监事会、保荐机构发表明确同意意见。上市公司应当在董事会会议后二个交易日内公告下列内容：

（一）本次募集资金的基本情况，包括募集时间、募集资金金额、募集资金净额及投资计划等；

（二）募集资金使用情况；

（三）闲置募集资金投资产品的额度及期限，是否存在变相改变募集资金用途的行为和保证不影响募集资金项目正常进行的措施；

（四）投资产品的收益分配方式、投资范围及安全性；

（五）独立董事、监事会、保荐机构出具的意见。

第九条　暂时闲置的募集资金可暂时用于补充流动资金。暂时补充流动资金，仅限于与主营业务相关的生产经营使用，不得通过直接或间接安排用于新股配售、申购，或用于股票及其衍生品种、可转换公司债券等的交易。闲置募集资金暂时用于补充流动资金的，应当经上市公司董事会审议通过，独立董事、监事会、保荐机构发表明确同意意见并披露。单次补充流动资金最长不得超过十二个月。

★深圳证券交易所上市公司自律监管指引第1号——主板上市公司规范运作（2023）

6.3.13　上市公司可以对暂时闲置的募集资金进行现金管理，其投资产品的期限不得超过十二个月，且必须安全性高、流动性好，不得影响募集资金投资计划正常进行。投资产品不得质押，产品专用结算账户（如适用）不得存放非募集资金或者用作其他用途，开立或者注销产品专用结算账户的，公司应当及时公告。

★上海证券交易所上市公司自律监管指引第1号——规范运作（2023）

6.3.12　上市公司可以对暂时闲置的募集资金进行现金管理，其投资产品的期限不得长于内部决议授权使用期限，且不得超过12个月。前述投资产品到期资金按期归还至募集资金专户并公告后，公司才可在授权的期限和额度内再次开展现金管理。

投资产品应当安全性高、流动性好，不得影响募集资金投资计划正常进行。投资产品不得质押，产品专用结算账户（如适用）不得存放非募集资金或者用作其他用途，开立或者注销产品专用结算账户的，公司应当及时公告。

四、超募资金使用的合规要求

★《上市公司监管指引第2号——上市公司募集资金管理和使用的监管要求》（2022）

第十条　上市公司实际募集资金净额超过计划募集资金金额的部分（下称超募资金）可用于永久补充流动资金和归还银行借款，每十二个月内累计金额不得超过超募资金总额的百分之三十。

超募资金用于永久补充流动资金和归还银行借款的，应当经上市公司股东大会审议批准，并提供网络投票表决方式，独立董事、保荐机构应当发表明确同意意见并披露。上市公司应当承诺在补充流动资金后的十二个月内不进行高风险投资以及为他人提供财务资助并披露。

五、国内企业在境外发行证券募集资金的相关规定

★《境内企业境外发行证券和上市管理试行办法》（2023）

第十一条　境内企业境外发行上市的，可以以外币或者人民币募集资金、进行分红派息。

境内企业境外发行证券所募资金的用途和投向，应当符合法律、行政法规和国家有关规定。

境内企业境外发行上市相关资金的汇兑及跨境流动，应当符合国家跨境投融资、外汇管理和跨境人民币管理等规定。

★《监管规则适用指引——境外发行上市类第 6 号：境内上市公司境外发行全球存托凭证指引》（2023）

三、规则适用

5. 募集资金使用。境内上市公司应当理性融资，合理确定融资规模，并按照《上市公司监管指引第 2 号——上市公司募集资金管理和使用的监管要求》等规定规范使用境外发行全球存托凭证募集资金。

第三编

上市公司证券合规风险识别

Part III.
Identification of Securities Compliance Risks for Listed Companies

第一章　上市公司刑事行政法律风险大数据分析

第一节　中国上市公司刑事法律风险分析报告（1996—2018）

笔者长期专注于资本市场主体的合规与法律风险问题的研究与司法实践，分别于2018年、2020年出版《中国上市公司刑事法律风险蓝皮书（1996—2018）》《私募基金刑事法律风险与合规管理》等关于资本市场主体的法律专业著作，并且已连续6年坚持发布A股上市公司刑事行政法律风险季度/年度观察报告，期望为资本市场主体的法律风险研究与司法实践奉献来自律师一线的价值。

《中国上市公司刑事法律风险分析报告（1996—2018）》是《中国上市公司刑事法律风险蓝皮书（1996—2018）》的重要组成部分，该报告以最高人民法院的中国裁判文书网上已经公开的裁判文书为基础，利用大数据挖掘技术，通过抽样分析，从风险类型、涉及罪名、行业特征、区域分布等多个不同视角，全景式观察中国上市公司的刑事法律风险之现状，佐以上百名法律专业从业人员的问卷调查，力图揭示2018年以前的上市公司在发展过程中可能发生的刑事法律风险之规律性，为新证券法施行前中国上市公司的规范治理与刑事风控提供学术参考。

鉴于新证券法施行以来我国证券市场发生的深刻变革，上市公司的治理水平也在不断提升，对证券法修订前后的市场治理水平、刑事风险发生情况的比较分析，对证券法律风险研究领域有着重要的参考意义。

中国上市公司刑事法律风险分析报告（1996—2018）

第二节　中国A股上市公司刑事行政法律风险年度/季度观察报告（2018—2023）

第一部分　2023年度中国A股上市公司刑事行政法律风险观察报告

前言

《2023年度中国A股上市公司刑事行政法律风险观察报告》是信达律师向资本市场公开发布的第二十一期观察报告。在本年度观察报告中：

（一）我们从中国A股上市公司的行政法律风险①和刑事法律风险②观察角度出发，将2023年度的387宗行政处罚案件、44起刑事法律风险，从行政处罚当事人、处罚事由、处罚类型、新旧《证券法》适用、上市公司A类/B类/C类刑事法律风险等19个不同维度进行深入分析，洞察监管趋势，全面揭示上市公司在合规管理过程中出现的两类法律风险。

（二）我们在报告中特设一节对信息披露违规、内幕交易、操纵市场三大行政法律风险高发区域进行特别观察，为上市公司的精细化合规和行政风险的防范提供数据层面的支持。

（三）我们在原有行政法律风险和刑事法律风险两个观察角度基础上增设一章，对上市公司退市风险进行特别观察，以充分展现行政法律风险、刑事法律风险与重大违法强制退市风险之间的内在逻辑。

（四）有别于往年，2023年度以下监管动向值得上市公司特别注意，提升相应风险防控意识，我们在报告正文中将详尽阐述。

1. 行刑衔接更加紧密，行刑立体追责惩治“首恶”的效果得到强化。

2. 融资性贸易业务造假备受监管关注，900亿“专网通信”事件余波未了，5家上市公司融资性贸易业务造假遭证监会重罚。

3. 随着减持新规在内的多份交易类新规出台或征求意见，叠加活跃资本市场的市场需求，针对违规减持、短线交易、操纵证券市场、证券从业人员违规参与股票交易等

---

① 本报告所称行政法律风险，特指中国证券监督管理委员会及其派出机构依法作出的行政处罚所引发的上市公司法律风险。

② 笔者在《中国上市公司刑事法律风险蓝皮书（1996—2018）》中将中国上市公司刑事法律风险定义为上市公司或其强相关人员作为当事人卷入刑事案件的风险。根据刑事法律风险对上市公司影响程度的不同，上市公司刑事法律风险可分为以下三类：（1）上市公司A类刑事法律风险：上市公司或其子公司作为被告单位或犯罪嫌疑单位被追究刑事责任的刑事法律风险。（2）上市公司B类刑事法律风险：上市公司强相关人员作为被告人或犯罪嫌疑人被追究刑事责任的刑事法律风险，该类风险包括以下两种刑事案件：（1）上市公司的董监高或其他重要岗位工作人员涉嫌犯罪被追究刑事责任的刑事案件；（2）上市公司持股5%以上股东或实际控制人在上市公司发行、收购、增减持、信息披露等活动中发生的刑事案件。（3）上市公司C类刑事法律风险：上市公司或其子公司作为刑事诉讼被害单位（包括自诉人）的刑事案件。

交易类行政违法行为的执法力度明显加大，处罚数量大幅增长。

4. 在同一案件中，根据上市公司董监高专业背景、具体职务等不同“个性特点”进行差异化责任认定的执法特征更加凸显。

5. 上市公司子公司单位犯罪案件频发，如何加强子公司合规管控成为上市公司关注重点。

6. 新《证券法》大幅提高行政违法成本，操纵证券市场案件首次出现“没一罚五”的情形。

从2018年开始，信达律师在业界率先关注中国A股市场的法律风险（尤其是行政、刑事、行刑交叉法律风险），公开出版了国内第一本上市公司刑事法律风险蓝皮书，并且持续六年发布二十期上市公司刑事（行政）法律风险观察报告。报告首创了“季报＋年报”“行政＋刑事”的法律风险观察模式，通过将证券监管部门、司法机关对上市公司的行政处罚决定书、刑事裁判文书等最权威的监管文件进行律师视角的数据化分析解读，为业界带来资本市场监管趋势的分享。

信达律师希望透过观察报告，可以给资本市场各参与主体提供更加翔实、系统的法律风险大数据参考，帮助上市公司的董监高等相关人员树立合规意识，加强上市公司法律风险的事前识别、防范与事中控制，并为上市公司和拟上市公司的法律风险提供综合解决方案，以助力实现公司的基业长青。

目录

一、报告期间

2023 年 1 月 1 日至 12 月 31 日

二、数据来源

1. 上市公司基础数据：中国证监会、上海证券交易所、深圳证券交易所、北京证券交易所。

2. 已经公布的刑事法律风险信息：巨潮网、沪深北三大交易所官网、上市公司公告、权威媒体报道。

3. 证券监管类行政处罚数据：中国证监会及其派出机构。

三、证券监管类行政法律风险

（一）2023 年度证券违法监管趋势概览

2023 年中国证监会已披露证券监管类行政处罚案件合计 387 宗，涉及上市公司 282 家[①]，行政处罚当事人合计 1142 人（以身份计）。

相较于 2022 年，本年度行政处罚数量上涨 36.75%，处罚人数上升 21.10%，上市公司数量增加 51.61%，系从 2020 年至今年度行政处罚案件首次突破 300 宗。

综观 2023 年第一至第四季度共 387 宗行政处罚案件，第四季度行政处罚数量呈喷发性增长，达 179 宗，占当年度处罚案件数量的 46.25%，行政处罚 561 人、涉案上市

---

① 同一家上市公司可能存在在不同季度的涉案情况，本报告对此进行了去重处理，因此存在第一至第四季度涉案上市公司数量之和多于全年的涉案上市公司总量的情况。

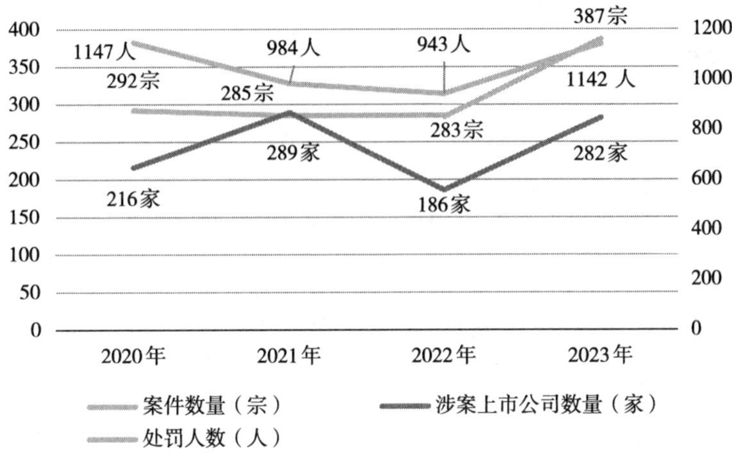

图3.1　2020—2023年行政处罚数量变化

公司126家亦达年度峰值。本年度行政处罚案件数量创历史新高的局面，凸显了监管部门“严监严管，对各种违法违规行为露头就打”① 的执法导向。

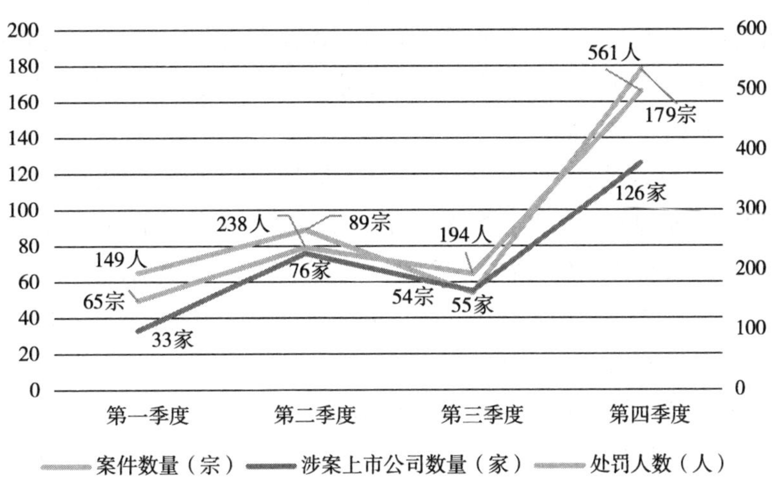

图3.2　2023年第一至第四季度行政处罚数量变化

（二）行政处罚大数据分析

1. 行政处罚当事人分析

2023全年包括自然人、法人、其他组织在内的行政处罚当事人合计787人，以身份计合计1142人②，涉及行政处罚当事人数量（以身份计）相较于2022年同比增长21.10%。

（1）上市公司董监高仍是证券行政违法的高危人群，信息披露违规是上市公司董

① 中国证监会：《吴清主席在十四届全国人大二次会议经济主题记者会上答记者问》，载http://www.csrc.gov.cn/csrc/c100028/c7466104/content.shtml，2024年3月12日访问。

② 如无特殊说明，本报告下文所指“行政相对人人数”均以当事人身份类型计算。

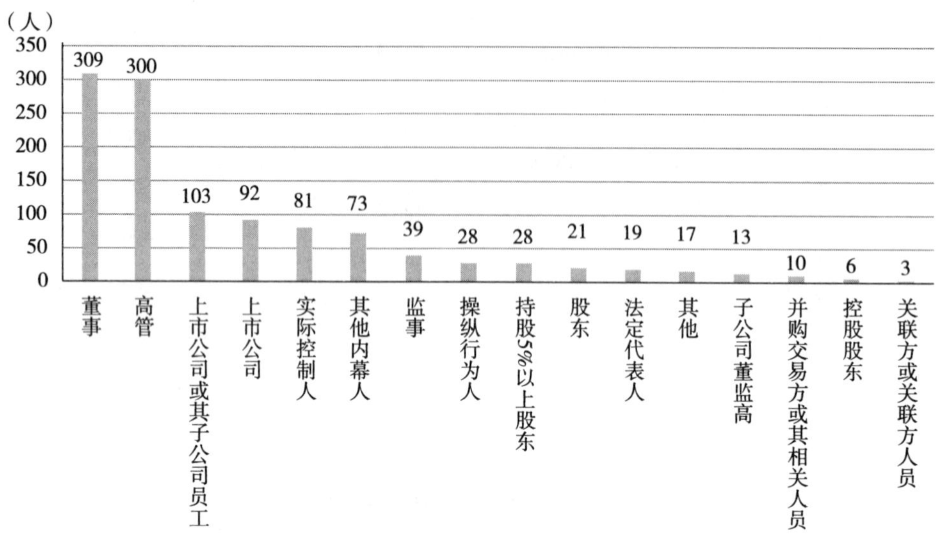

图3.3 行政处罚当事人身份分布

监高的高发风险领域。

全部行政处罚当事人中，上市公司的董事（含独立董事）、监事、高管处罚人数合计 648 人，占总人数比 56.74%，可见上市公司董监高作为参与上市公司的主要人员，仍是证券行政违法的高危人群。

结合本报告“行政处罚种类分析”部分不同涉案人员的高发违法行为数据，在 2023 年度 217 宗涉信息披露违法违规案件中，董监高作为行政相对人被处罚的人数高达 581 人，占全部董监高涉案人数（648 人）的 89.67%，是董监高涉案的重灾区。

（2）在同一案件中，根据上市公司董监高专业背景、具体职务等不同“个性特点”进行差异化责任认定的执法特征更加凸显。

以“信息披露违规”为例，对负有保证信息披露真实、准确、完整、及时和公平义务的董事、监事、高级管理人员一般直接认定为直接负责的主管人员或者其他直接责任人员，这也是我们通常所讲“签字即处罚”的执法特点的由来。但在监管执法过程中，董监高的“个性特征”通常成为是否被处罚或区分责任大小的关键。董监高“在信息披露违法行为发生过程中所起的作用”“知情程度和态度”“职务、具体职责及履行职责情况”“专业背景”往往成为信息披露违规案件中差异化认定董监高责任的要素。这一特点在 2023 年的监管执法过程中更加凸显。

如在罗普特信息披露违法违规案件中，崔某虽任财务总监一职，但证监局考虑崔某在 2020 年年报披露前存在一定程度的履职受限情况，注意义务有限，最终采纳崔某的部分陈述、申辩理由，将罚款金额从《行政处罚事先告知书》载明的 75 万元拟处罚金额①调整为 50 万元②。

① 罗普特科技集团股份有限公司关于收到《行政处罚事先告知书》的公告，公告编号：2023－040。
② 厦门证监局行政处罚决定书〔2023〕3 号。

此外，对于上市公司独立董事的追责亦体现了注意义务差异化的趋势。在涉财务数据的信息披露违规案件中，具有会计背景、任审计委员会主任的独立董事，被证监会及其派出机构赋予了高于一般独立董事的高度注意义务，其应当采取充分措施核查财务数据的真实性。紫晶存储[①]信息披露违法违规案件、罗普特[②]案件中具有财会背景的独立董事均被处以警告及50万元罚款，而其他没有财会背景的独立董事均未被处罚。

2. 行政处罚当事人陈述、申辩、申请听证情况分析

《行政处罚法》第44条、第45条[③]赋予当事人就行政处罚事项向处罚机关提出陈述、申辩的权利，行政机关不得因当事人陈述、申辩而给予更重的处罚。

（1）报告期内，当事人提出的申辩意见采纳率较低。全部787名（以人数计）行政处罚当事人，共有356人就行政处罚事项向处罚机关提出陈述、申辩，占全部行政处罚当事人数量的45.24%。其中有28名当事人的陈述、申辩意见被处罚机关部分采纳，采纳率为7.86%；另有1名当事人的陈述、申辩意见被全部采纳，从轻处罚。

需要特别说明的是，根据《行政处罚法》第62条，证监会及其派出机构在作出行政处罚决定前应出具《行政处罚事先告知书》，当事人收悉后可提出申辩意见。如证监会全部采纳当事人申辩意见，其可能不再作出行政处罚，故该部分案件无法纳入统计样本。实际上，当事人申辩意见的采纳率应该大于本报告统计比例。

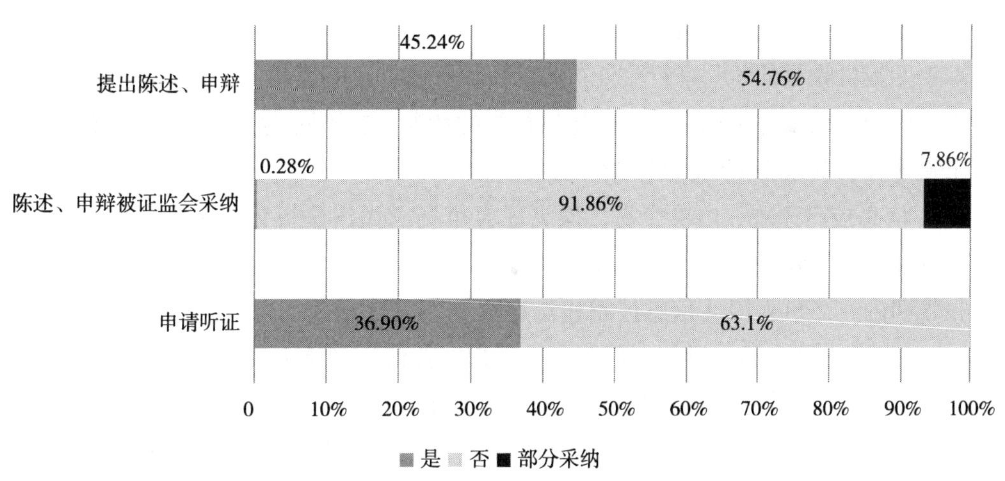

图3.4　行政处罚当事人陈述、申辩、听证采纳率

---

① 中国证监会行政处罚决定书〔2023〕30号。

② 厦门证监局行政处罚决定书〔2023〕2号。

③ 《行政处罚法》第44条规定："行政机关在作出行政处罚决定之前，应当告知当事人拟作出的行政处罚内容及事实、理由、依据，并告知当事人依法享有的陈述、申辩、要求听证等权利。"第45条规定："当事人有权进行陈述和申辩。行政机关必须充分听取当事人的意见，对当事人提出的事实、理由和证据，应当进行复核；当事人提出的事实、理由或者证据成立的，行政机关应当采纳。行政机关不得因当事人陈述、申辩而给予更重的处罚。"

（2）当事人被采纳的陈述及申辩集中于请求从轻处罚，行为跨越新旧证券法成为证监会酌情考虑从轻处罚事由。如在凯乐科技信息披露违法违规案[①]中，凯乐科技2016年至2020年年度报告存在虚假记载，刘某春请求证监会结合涉案行为跨越新旧证券法的情况，对其从轻处罚。证监会经复核认为：对于刘某春违法行为跨越新旧证券法的情况，量罚时已充分考虑；结合刘某春在涉案违法行为地位的和作用，采纳部分陈述申辩意见，将罚款金额调减为100万元。

除法律适用外，其他被部分采纳的申辩意见主要包括：

第一，信息披露违法违规行为中，当事人的陈述申辩主要集中于责任认定，如"部分信息披露违规行为发生于当事人离职后，本人未参与"[②]；"本人对违规行为所起的作用较小"[③]。监管部门对于前述申辩意见的部分采纳亦体现了"董监高差异化责任认定"执法特征。

第二，操纵市场行为中，当事人被采纳的申辩意见主要集中于控制账户的交易时间[④]、控制账户内资金[⑤]之事实认定有误。如在周某操纵证券市场案中，证监会部分采纳当事人关于"李某红"账户交易情况的申辩，将该账户在2019年12月11日前对案涉股票的相关交易从违法事实中剔除，并相应调整本案的操纵期间、账户组交易指标以及违法所得。

3. 行政违法行为分析总览

本年度报告收录的387宗行政处罚案件中，存在同一宗案件涉及多个违法行为的情形，因此对同一宗案件出现多种行政违法行为的情况，在不同违法行为数量统计过程中进行单独计算，共录得10类合计485宗案件。

（1）信息披露违规、内幕交易、操纵证券市场三大违法行为仍是证券执法的绝对关注重点和违法风险的绝对高发领域。

报告期内，当事人因【信息披露违法违规】行政违法行为被行政处罚的案件占比44.74%；因【内幕交易、泄露内幕信息、作为内幕信息知情人和非法获取内幕信息的人建议他人买卖证券】[⑥] 行政违法行为被行政处罚的案件占比19.38%；因【操纵证券市场】行政违法行为被行政处罚的案件30宗，占比6.17%。合计341宗案件，占比70.31%。

---

① 中国证监会行政处罚决定书〔2023〕46号。

② 中国证监会行政处罚决定书〔2023〕11号。

③ 江苏证监局行政处罚决定书〔2023〕1号。

④ 中国证监会行政处罚决定书〔2023〕52号。

⑤ 中国证监会行政处罚决定书〔2023〕54号。

⑥ 依据《证券法》（2019年修订）第53条的规定，内幕信息相关的违法情形包括【内幕交易】【泄露内幕信息】【内幕信息知情人和非法获取内幕信息的人建议他人买卖该证券】，本报告为了行文方便，对于前述三种情形统一用【内幕交易或泄露内幕信息】代称。

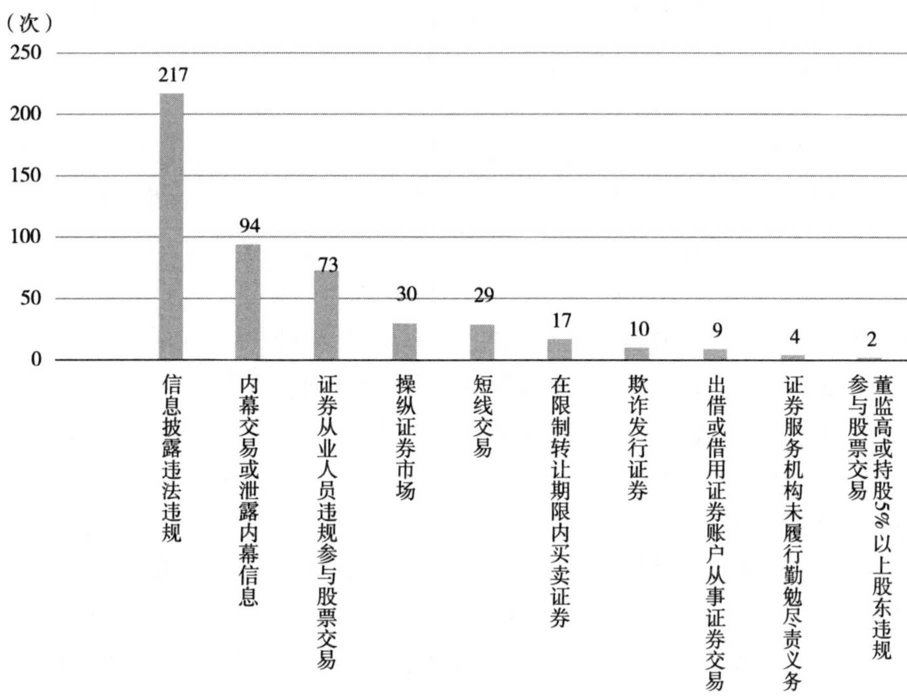

图3.5 行政处罚原因分布

（2）多重因素叠加下，针对交易类行政违法行为的执法力度明显加大，处罚数量大幅增长。

表 3.1 交易类行政违法行为处罚数量 （单位：次）

年度	短线交易	违规减持	证券从业人员违规参与股票交易
2020	12	15	11
2021	4	10	8
2022	9	7	10
2023	29	17	73

2023 年，随着证券执法强监管的深入推进，包括减持新规在内的多份交易类新规出台或征求意见，叠加国内活跃资本市场的市场需求，包括操纵证券市场、短线交易、违规减持、证券从业人员违规参与股票交易在内的交易类违法行为出现了大幅增长，成为监管关注的又一重点。

第一，操纵证券市场案件数量明显增多，相较于 2022 年（11 宗操纵证券市场案件，占比 3.77%①）同比增长 2.73 倍。由于操纵证券市场手段隐蔽，监管查处存在一定难度，但证监会为从严查处操纵市场行为，维护资本市场稳定运行，持续丰富线索筛

① 数据来源于信达律师事务所洪灿律师团队：《2022 年度中国 A 股上市公司刑事行政法律风险观察报告》。

查手段，加强“穿透式”交易监控，本年度操纵证券市场案件数量大幅增长。2024 年 2 月，证监会发文强调“对操纵市场案件，证监会会同公安机关迅速开展收网行动，严肃依法追责”，操纵证券市场行为将无所遁形。①

第二，报告期内，当事人因【短线交易】行政违法行为被行政处罚的情形共 29 次，占比 9.93%，对比 2022 年本年度数量同比增长约 3 倍。其中，第四季度短线交易案件呈爆发性增长，出现频次共 19 次，占全年度短线交易数量的 65.52%。2023 年 7 月 21 日，证监会就《关于完善特定短线交易监管的若干规定（征求意见稿）》公开征求意见，明确特定短线交易制度适用主体、计算方式等具体标准。预计 2024 年在该短线交易新规正式施行后，短线交易案件数量或进一步增加。

第三，报告期内，【违规减持】出现频次共 17 次，对比 2022 年本年度数量同比增长约 1.43 倍。2023 年 8 月 27 日，证监会发布《证监会进一步规范股份减持行为》，新规从破发、破净和分红这三个维度对股东减持进行了严格限制；上交所、深交所紧接发布《关于进一步规范股份减持行为有关事项的通知》。2024 年 3 月 15 日，证监会《关于加强上市公司监管的意见（试行）》特别提出，应进一步明确大股东、董事、高管在离婚、解散分立、解除一致行动关系等情形下的减持规则，防范利用“身份”绕道。随着减持规定的完善，监管部门对违规减持行为的打击力度将进一步加大。

第四，报告期内，73 宗【证券从业人员违规参与股票交易】案件涉案人员共计 73 人，案件数量对比 2022 年爆发性增长 6.3 倍。其中，证监会第四季度罕见地将 63 宗处罚案件在同一个网页公布。根据证监会事后另行公布的信息，前述案件系某头部券商 63 名从业人员违规参与股票交易的系列案件，被证监会集中处罚，合计罚没 8173 万元，对 1 人作出终身证券市场禁入措施。②

4. 行政处罚种类分析

全部 387 宗行政处罚案件中，统计可得行政处罚 1589 次（当事人因同一行为被同时处以警告和罚款时，行政处罚数量统计为两次），其中罚款 793 次，占比 49.91%；警告 609 次，占比 38.33%%；没收违法所得 109 次，占比 6.86%；证券市场禁入 78 次，占比 4.91%。

（1）新证券法大幅提升证券违法成本的效果凸显，首次出现“没一罚五”情形。

经划定罚没金额统计区间，并汇总分析，罚没金额区间分布频次如下图③：

第一，报告期内，全部 902 次罚没的处罚金额合计 5224269696 元。其中【泽达易盛欺诈发行、信息披露违规案】上市公司因欺诈发行被处以非法所募资金金额 20%，

---

① 中国证监会：《严惩操纵市场恶意做空 切实维护市场稳定运行》，载 http：//www.csrc.gov.cn/anhui/c106363/c7463827/content.shtml，2024 年 3 月 13 日访问。

② 中国证监会行政处罚决定书（熊某涛等 63 号）〔2023〕84－146 号。

③ “罚没金额区间分布图”中罚没频次合计为 893 次，与前文“行政处罚类型分布图”中罚没频次 902 次不一致。原因在于：中国证监会在对某些案件作出处罚决定时，对两个以上行政相对人进行合计罚款，但并未对每人的罚款金额进行区分。因此在统计时，为了保证报告的准确性，在单独统计罚款频次时统计为 2，计算罚款数额区间时因无法区分具体金额，频次统计为 1。

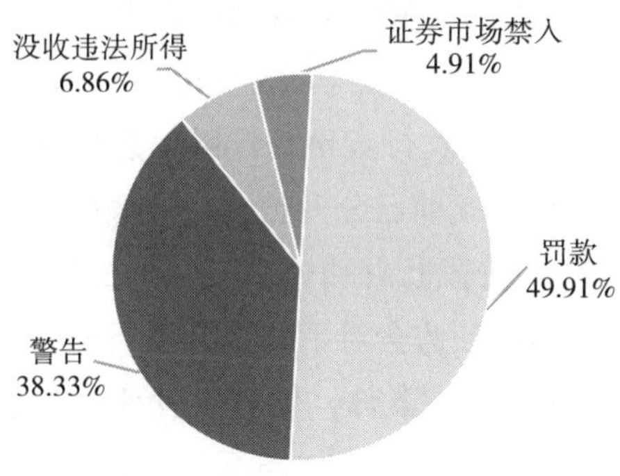

图3.6 行政处罚类型分布

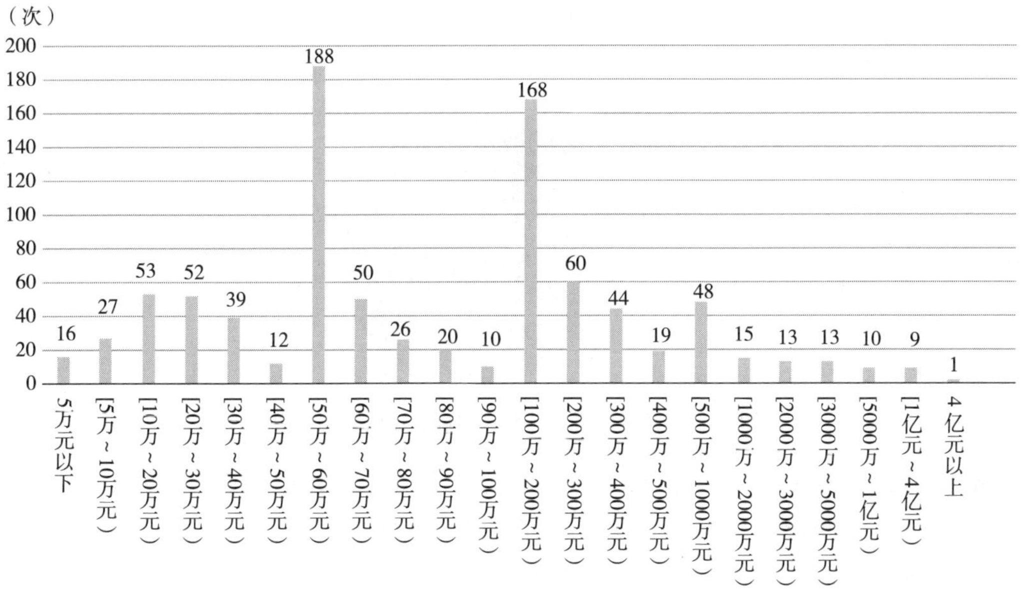

图3.7 罚没金额区间分布

即81000440元罚款，若按照新证券法施行前按照所募资金金额1%—5%进行罚款，罚款金额最高将相差20倍。①

第二，除欺诈发行案件外，操纵证券市场为多发高额罚没情形之类型，本年度29宗案件中罚没金额3000万元以上达8宗。其中【李鹏操纵证券市场案】没收违法所得金额42817596.32元，罚款金额214087981.60元，经检索课题组发布的2020年至2023年季度报告和年度报告数据，这是新证券法将操纵证券市场的处罚从“1—5倍违法所得”提升到“1—10倍违法所得”后，首次出现的“没一罚五”案例。②

可以预见，随着“新旧法交替适用期”的逐渐过去，新证券法强监管的作用将会更加凸显，证券市场也将进一步得到规范。

① 中国证监会行政处罚决定书〔2023〕29号。

② 中国证监会行政处罚决定书〔2023〕49号。

（2）对发行上市财务造假系列案件，监管部门以欺诈发行与信息披露违法违规为由并罚。

报告期内，10 个上市公司欺诈发行案例均伴随信息披露违法违规行为，在当事人申辩意见中，“在信披文件中援引此前已公开披露的虚假财务数据，不属于新的、独立的信息披露行为，信息披露与欺诈发行并罚违反一事不二罚”① 成为主要争议焦点。

但综观前述 10 个案例可知，证监会对于“公开发行时财务造假，在上市后信息披露文件再次援引该造假财务数据”的案件，仍将后者评价为独立的信披违法行为，并与欺诈发行分别处罚。

（3）监管部门采取证券市场禁入措施的频次上升，重点打击信息披露违法违规行为。

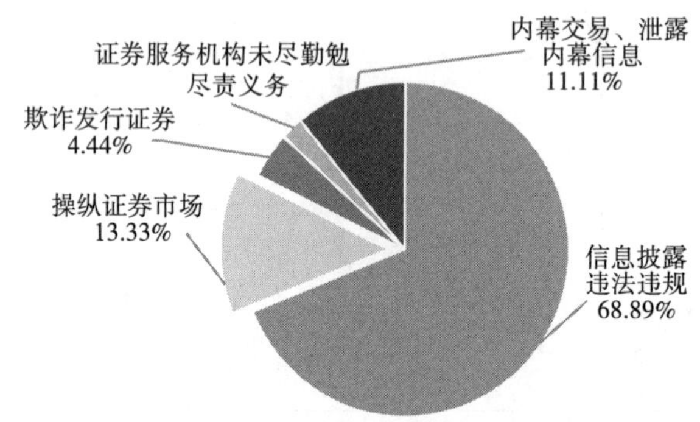

图3.8　被采取证券市场禁入措施的违法行为类型

报告期内，共录得 78 人被采取证券市场禁入措施，对比 2022 年（49 人）上涨 59.18%。被采取市场禁入的 45 个行政违法行为中，当事人因【信息披露违法违规】行政违法行为被采取证券市场禁入措施的案件有 31 宗，占比 68.89%。值得注意的是，实际控制人、董事、高管历来是市场禁入措施的主要限制群体，但在星星科技信息披露违规案件，证监会罕见地对财务副总监采取市场禁入措施，究其原因，该财务副总监主动提出财务造假，被证监会认定在违法行为中起主要作用。② 可见，证监会对采取市场禁入措施的对象采取实质认定“其他直接责任人员”的标准，而非仅凭责任人员职级判断。

5. 行政处罚机关分析

全部 387 宗行政处罚案件中，中国证监会作出的行政处罚决定为 82 宗，占比 21.19%；证监会派出机构作出的行政处罚决定为 305 宗，占比 78.81%。证监会派出机构中以浙江证监局行政处罚数量为首，共计 48 宗，在证监会派出机构中占比 15.73%；上海证监局为 23 宗，占比 7.54%；广东证监局为 39 宗，占比 12.78%；北京证监局为 28 宗，占比 9.18%；江苏证监局为 21 宗，占比 6.89%；深圳证监局为 13 宗，占比 4.26%。

① 浙江证监局行政处罚决定书〔2023〕49 号。

② 中国证监会市场禁入决定书〔2023〕22 号。

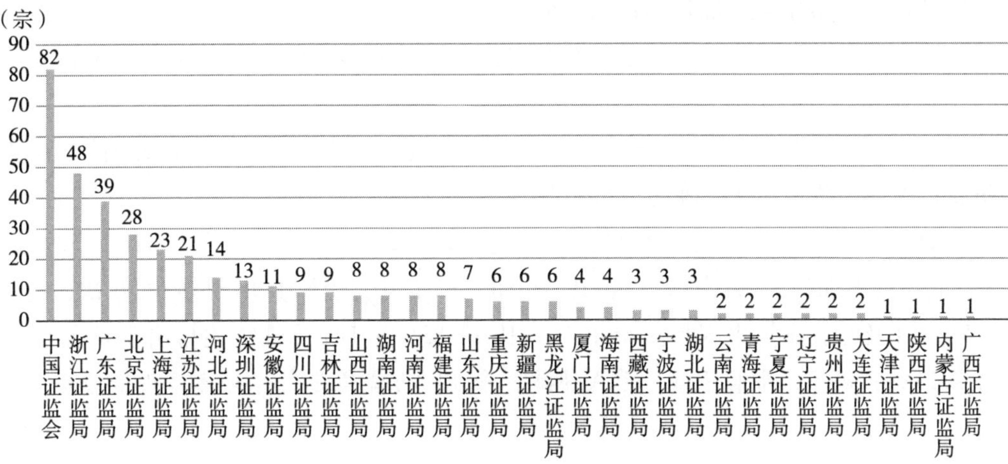

图3.9　行政处罚机关案件数量分布

6. 涉案上市公司特征分析

报告期内全部 282 家涉案上市公司中，上交所涉案公司数量为 130 家，主板的涉案公司为 117 家，科创板的涉案公司为 13 家；深交所涉案公司数量为 152 家，主板①的涉案公司为 104 家，创业板的涉案公司为 48 家。

表 3.2　涉案上市公司板块分布

交易所	证券板块	涉案上市公司数量（个）	
上海证券交易所	主板	117	130
	科创板	13	
深圳证券交易所	主板	104	152
	创业板	48	
北京证券交易所		无	

（三）高发的证券行政违法行为的特别观察

如前文统计，在 2023 年度全部 10 类合计 485 个行政违法行为中，【信息披露违法违规】【内幕交易或泄露内幕信息】【操纵证券市场】三者合计出现频次共 341 次，合计占比 70.31%，是行政处罚的重灾区。基于此，本报告特设本节，对【信息披露违法违规】【内幕交易或泄露内幕信息】【操纵证券市场】的违法行为案件进行深入分析，为上市公司的精细化合规和行政风险的防范提供数据层面的支持。

① 经中国证监会同意，深交所已于 2021 年 4 月 6 日正式实施主板与中小板两板合并。

1. 【信息披露违法违规】违法行为的行政处罚分析

（1）总体趋势：上市公司虚假记载多发，未及时披露、重大遗漏案件亦占比较重，成“三足鼎立”之势。

《证券法》（2019）第197条①将信息披露违法违规行为区分为四类，分别是：未及时披露；虚假记载；误导性陈述；重大遗漏。

在2023年全部217宗【信息披露违法违规】行政处罚案件中，合计频次309次，【虚假记载】出现频次共120次，占比38.83%；【重大遗漏】出现频次96次，占比31.07%；【及时披露】出现频次86次，占比27.83%；【误导性陈述】出现频次7次，占比2.27%；可见，虚假记载、重大遗漏、未及时披露仍是信息披露案件监管重点关注对象。

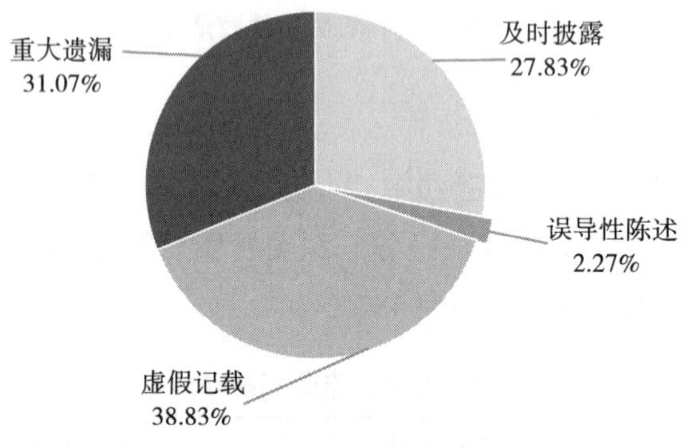

图3.10 信息披露违法违规类型

本年度虽然仅有7宗误导性陈述行政处罚案件，但并不意味着误导性陈述不被监管关注。相反，上市公司因涉嫌误导性陈述被证券交易所问询及采取自律处分措施的案件不在少数，只是大部分案件上市公司在受交易所或证监局问询后及时更正表述，未造成严重后果，所以仅少量案件上升到行政处罚层面。

此外，误导性具有主观多解性，虚假记载、重大遗漏、未及时披露从客观层面即可直接判断披露事实是否真实完整，而误导性陈述其更强调对人的思维的错误引导，因而更深入涉及投资者主观理解和判断。该特点导致监管执法过程中，认定披露信息是否对

① 《证券法》（2019）第197条规定：“信息披露义务人未按照本法规定报送有关报告或者履行信息披露义务的，责令改正，给予警告，并处以五十万元以上五百万元以下的罚款；对直接负责的主管人员和其他直接责任人员给予警告，并处以二十万元以上二百万元以下的罚款。发行人的控股股东、实际控制人组织、指使从事上述违法行为，或者隐瞒相关事项导致发生上述情形的，处以五十万元以上五百万元以下的罚款；对直接负责的主管人员和其他直接责任人员，处以二十万元以上二百万元以下的罚款。信息披露义务人报送的报告或者披露的信息有虚假记载、误导性陈述或者重大遗漏的，责令改正，给予警告，并处以一百万元以上一千万元以下的罚款；对直接负责的主管人员和其他直接责任人员给予警告，并处以五十万元以上五百万元以下的罚款。发行人的控股股东、实际控制人组织、指使从事上述违法行为，或者隐瞒相关事项导致发生上述情形的，处以一百万元以上一千万元以下的罚款；对直接负责的主管人员和其他直接责任人员，处以五十万元以上五百万元以下的罚款。”

投资者产生误导缺乏客观标准，最终行政处罚的案件数量较少。①

就信息披露违法违规的具体情形，在 2023 年全部 217 宗【信息披露违法违规】行政处罚案件中，共录得 17 种具体情形，出现频次共计 329 次：

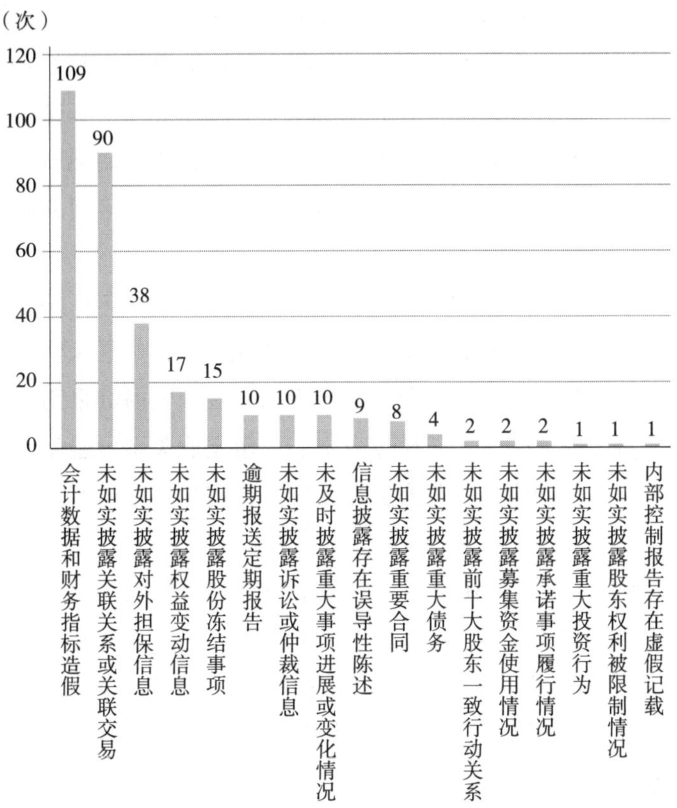

图3.11　信息披露违法违规的具体原因

其中，【会计数据和财务指标造假】出现频次为 109 次，占比 33. 13%；【未如实披露关联关系或关联交易】出现频次为 90 次，占比 27. 36%；【未如实披露对外担保信息】出现频次为 38 次，占比 11. 55%；【未如实披露权益变动信息】出现频次为 17 次，占比 5. 17%；【未及时披露重大事项进展或变化情况】出现频次为 10 次，占比 3. 04%；【未如实披露诉讼或仲裁信息】出现频次为 10 次，占比 3. 04%。对比 2022 年，该年度会计数据和财务指标出现频次共 57 次，数量绝对值仅排第三，本年度财务造假成为信息披露违法违规的首要严打对象。

在财务造假案件中，虚构业务收入是常见的造假手段。自 2021 年 5 月由隋某力主导的“专网通信”案爆雷以来，多家上市公司被证监会立案调查，本年度证监会对其中 5 家上市公司作出行政处罚，另对 7 家上市公司出具《行政处罚事先告知书》。从已

① 苗萍：《何为“误导”：证券市场误导性陈述之识别》，载《中财法律评论》（第十四卷），当代中国出版社 2022 年版，第 73—92 页。

公开披露的行政处罚决定书来看，“融资性贸易业务[①]是否具有商业实质”系证监会查处该类型案件的关注重点。

如在ST宏达信息披露违法违规案[②]中，证监会认定“隋某力将自循环专网通信业务引入宏达新材，通过产品拆解、组装，必要时通过贴片补充损耗，最终进入新一轮循环，产品实际未最终销售，无终端运用”。在合众思壮信息披露违法违规案[③]中，证监会结合专网通信不纳入业务部门管理、合众思壮不参与采购生产和交付验收、虚构生产流程、随意变更雷达业务合同相对方和回款方等事实，认为合同纯属为了资金走账，而非业务实质所属，以上足以证明当事人知悉雷达业务与专网通信业务系没有业务实质的虚假业务。

结合5宗案件中证监会对于融资性贸易业务商业实质的认定标准，就上市公司如何证明自身开展的融资性贸易业务具有商业实质，建议如下：一是保留与上下游企业的交货、运输物流、货物保险、提货送货单以及自身为开展该贸易的采购记录等，证明贸易真实性以及货物所有权的流转；二是核查对上、下游企业关系，避免出现上、下游企业为关联方的情形；三是合同应与业务实质相匹配，合同相对方与实际业务开展过程中的相对方一致。

2024年3月15日，证监会在《关于加强上市公司监管的意见（试行）》提出“严肃整治造假多发领域，依法惩治上市公司通过融资性贸易等实施财务造假”。可以预见，2024年，由融资性贸易引发的财务造假案件将成重点打击对象。

（2）处罚依据：新证券法普遍适用；离任董监高参与跨越新旧两法违法行为的，或可单独适用旧法进行处罚。

新证券法大幅提高了信息披露违法行为的罚款金额，对信息披露义务人的最高罚款上限，从原先的60万元提高到1000万元[④]，控股股东及实控人最高可罚500万元。因此，信息披露违法行为适用新法或旧法，极大程度地影响上市公司及直接责任人员罚款

---

① 参见《国务院国有资产监督管理委员会问答选登：融资性贸易的具体界定标准是什么?》，“融资性贸易业务”是指以贸易业务为名，实为出借资金、无商业实质的违规业务。其表现形式多样，具有一定的隐蔽性，主要特征有：一是虚构贸易背景，或人为增加交易环节；二是上游供应商和下游客户均为同一实际控制人控制，或上下游之间存在特定利益关系；三是贸易标的由对方实质控制；四是直接提供资金或通过结算票据、办理保理、增信支持等方式变相提供资金。

② 中国证监会行政处罚决定书〔2023〕24号。

③ 中国证监会行政处罚决定书〔2023〕35号。

④ 《证券法》(2014) 第193条规定：“发行人、上市公司或者其他信息披露义务人未按照规定披露信息，或者所披露的信息有虚假记载、误导性陈述或者重大遗漏的，责令改正，给予警告，并处以三十万元以上六十万元以下的罚款。发行人、上市公司或者其他信息披露义务人未按照规定报送有关报告，或者报送的报告有虚假记载、误导性陈述或者重大遗漏的，责令改正，给予警告，并处以三十万元以上六十万元以下的罚款。”

《证券法》(2019) 第197条规定：“信息披露义务人未按照本法规定报送有关报告或者履行信息披露义务的，责令改正，给予警告，并处以五十万元以上五百万元以下的罚款。……信息披露义务人报送的报告或者披露的信息有虚假记载、误导性陈述或者重大遗漏的，责令改正，给予警告，并处以一百万元以上一千万元以下的罚款……”

缴纳的数额。2023 年仍处于新旧证券法的交替适用期，但报告期内在证监会 2023 年度的 217 宗信息披露违法案例中，共有 156 宗案件在行政处罚时引用新证券法，占全部信息披露案件的 71.89%。

值得关注的是，对于跨越新旧法的信息披露违法违规案，证监会虽然基于上市公司违法行为的连续性或继续性，适用新法处罚上市公司[①]；但对仅在旧法施行期间任职的董监高，单独以旧法进行评价。在弘高股份信息披露违法违规案[②]中，弘高股份 2015 年至 2022 年的信息披露违规行为具有连续性，贺某双作为弘高股份时任财务总监，证监会认定其是弘高股份 2017 年、2018 年年度报告信息披露违法行为的直接负责的主管人员，依据 2005 年《证券法》第 68 条第 3 款的规定进行处罚。该案其他责任人员均以新法处断。在红太阳信息披露违法违规案[③]、东方网力信息披露违法违规案[④]中，证监会及其派出机构亦以同样方式处理离任董监高违法行为的新旧法律适用问题。

（3）合规风险：审慎“自愿信息披露”，避免误导性陈述。

上市公司可通过自愿披露公司信息的方式提升股价，但自愿性信息披露亦应遵循“真实、及时、完整”的合规原则，如有悖于此，同样存在被监管部门行政处罚的风险。[⑤]

本年度苏大维格因自愿信息披露违规被行政处罚，江苏证监局认定在当时市场普遍热议芯片光刻机，且普通投资者普遍认为“光刻机”是指芯片光刻机的背景下，蒋林在互动易回复中将“激光直写光刻设备”简称为“光刻机”，并将“光刻机”与“芯片光刻机”混用，且未在该回复中明确公司生产的激光直写光刻设备的具体用途和场景，苏大维格发布后造成股价和成交量异动，构成误导性陈述，违反了《证券法》第 78 条第 2 款的规定。

故自愿信息披露也必须严格遵守“不得误导投资者”的法定要求。建议上市公司自愿披露预测性信息时，上市公司应以明确的警示性文字，具体列明相关的风险因素，提示投资者可能出现的不确定性与风险。[⑥]

2.【内幕交易或泄露内幕信息】违法行为的行政处罚分析

（1）处罚对象：“内幕信息知情人”占比近二分之一，“非法获取内幕信息的人”集中于内幕信息知情人亲友。

---

① 信达律师事务所洪灿律师团队：《从证监会提出“交替适用期”看“从旧兼从轻”原则在证券违法犯罪领域的适用》，载“信达律师事务所”微信公众号，https：//mp. weixin. qq. com/s/UZG-wlTzwxco40TGYvKA_ jQ，2024 年 3 月 15 日访问。

② 北京证监局行政处罚决定书〔2023〕12 号。

③ 中国证监会行政处罚决定书〔2023〕61 号。

④ 北京证监局行政处罚决定书〔2023〕14 号。

⑤ 江苏证监局行政处罚决定书〔2023〕16 号。

⑥ 刘静坤、郝方昉、徐继华等：《金融犯罪司法精要与合规指引》，法律出版社 2023 年版，第 371 页。

《证券法》第50条①、第53条第1款②、第191条③按照获取内幕信息的合法性将知悉内幕信息的人分为两类：内幕信息的知情人和非法获取内幕信息的人。

在2023年全部94宗【内幕交易或泄露内幕信息】行政处罚案件中，共有98人被行政处罚，其中内幕信息的知情人50人，占比51.02%；非法获取内幕信息的人48人，占比48.98%。

细分当事人身份类型共13种，其中，内幕信息知情人亲友共36人，占比36.73%；上市公司或其子公司员工13人，占比13.27%；重大事项交易对手方或其工作人员13人，占比13.27%；提供咨询服务或因业务往来知悉重大事项的机构和人员7人，占比7.14%；参与重大事项制定、论证、审批等环节的机构或人员7人，占比7.14%。

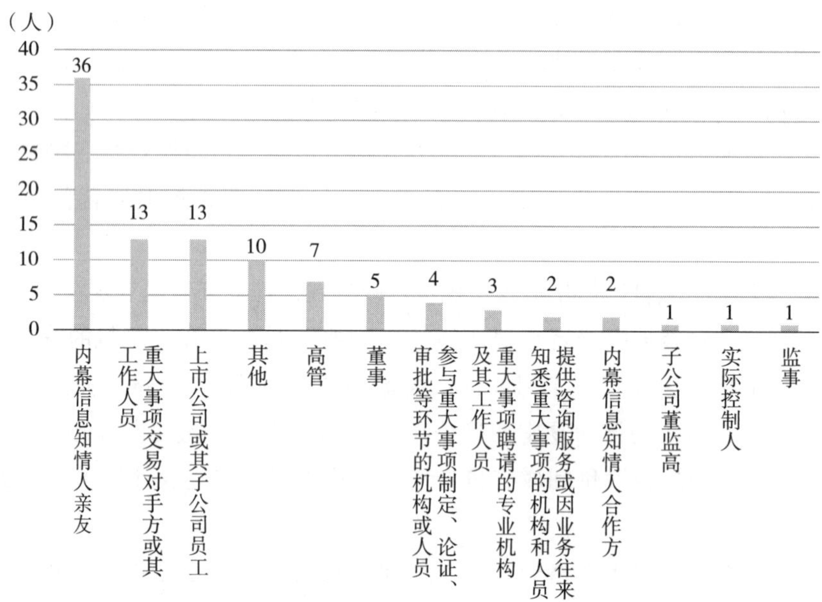

图3.12 内幕交易或泄露内幕信息当事人具体身份类型

（2）内幕信息类型："投资并购及重大资产处置"成案涉内幕信息重灾区。

在2023年全部94宗【内幕交易或泄露内幕信息】行政处罚案件中，共录得13种内幕信息的类型，出现频次共计101次，其中【上市公司收购的有关方案】的内幕信息出现频次为29次，占比28.71%；【重大投资或重大资产处置行为】的内幕信息出现

① 《证券法》（2019）第50条规定："禁止证券交易内幕信息的知情人和非法获取内幕信息的人利用内幕信息从事证券交易活动。"

② 《证券法》（2019）第53条第1款规定："证券交易内幕信息的知情人和非法获取内幕信息的人，在内幕信息公开前，不得买卖该公司的证券，或者泄露该信息，或者建议他人买卖该证券。"

③ 《证券法》（2019）第191条规定："证券交易内幕信息的知情人或者非法获取内幕信息的人违反本法第五十三条的规定从事内幕交易的，责令依法处理非法持有的证券，没收违法所得，并处以违法所得一倍以上十倍以下的罚款；没有违法所得或者违法所得不足五十万元的，处以五十万元以上五百万元以下的罚款。单位从事内幕交易的，还应当对直接负责的主管人员和其他直接责任人员给予警告，并处以二十万元以上二百万元以下的罚款。国务院证券监督管理机构工作人员从事内幕交易的，从重处罚。违反本法第五十四条的规定，利用未公开信息进行交易的，依照前款的规定处罚。"

频次为 19 次，占比 18.81%；二者合计占比 47.52%。

此外，【实控人持股或者控制公司情况发生较大变化】的内幕信息出现频次为 14 次，占比 13.86%；【重大事件的进展或变化】的内幕信息出现频次为 10 次，占比 9.90%；【股权结构的重大变化】的内幕信息出现频次为 9 次，占比 8.91%。

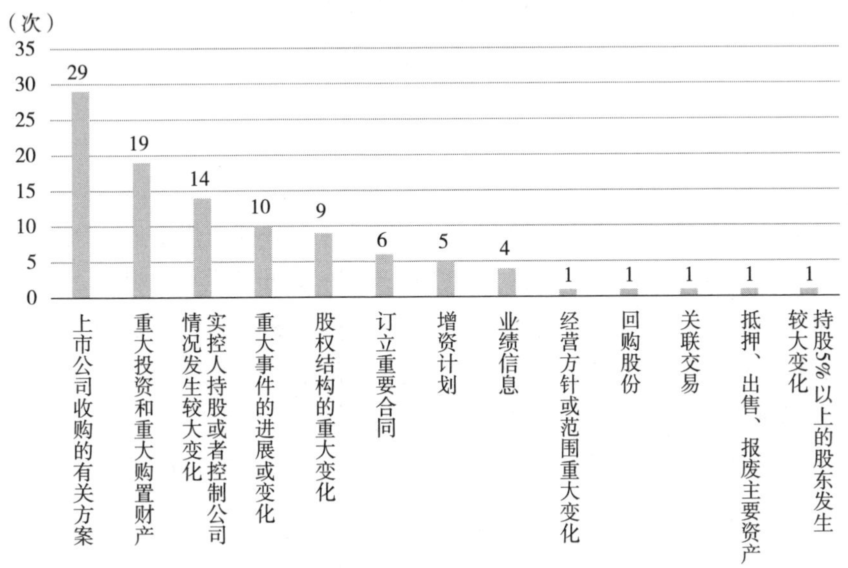

图3.13　内幕信息类型

（3）获取信息：以“传递型”内幕交易为主，传播手段隐蔽；内幕知情人向多人泄露内幕信息，导致内幕交易“窝案”频发。

在 2023 年全部 94 宗【内幕交易或泄露内幕信息】行政处罚案件中，共录得 7 类获取内幕信息的环节，出现频次共计 88 次，其中【亲友沟通环节】出现的频次最高，为 30 次，占比 34.09%。

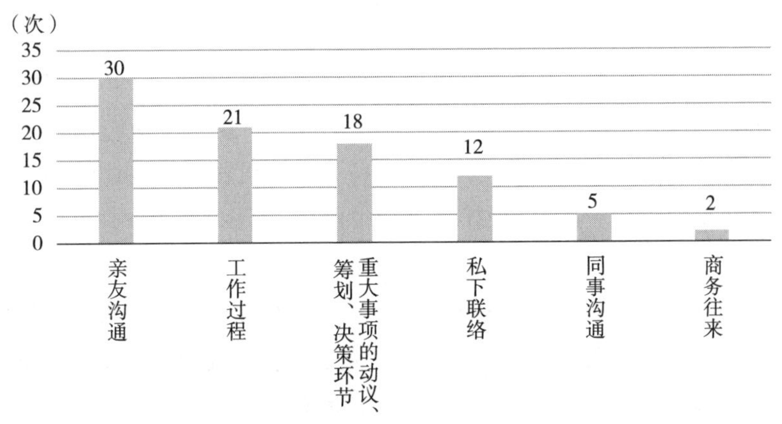

图3.14　内幕信息获取环节

就当事人获取内幕信息的方式，【面谈】及【电话】此类较为隐蔽的传播手段出现频次共 78 次，合计占比 84.54%。使用即时通讯软件出现频次 13 次，短信出现频次 2 次。

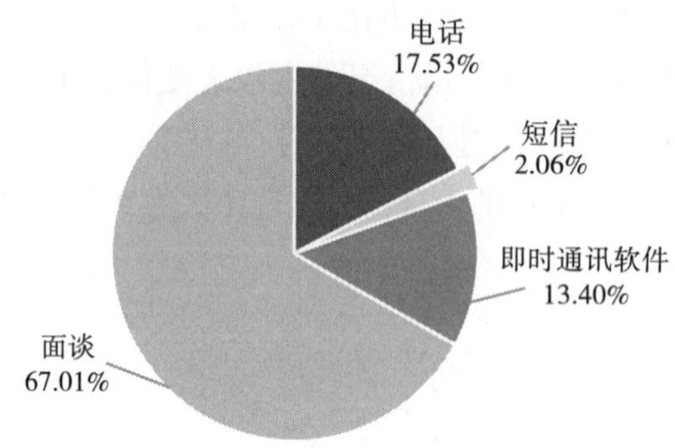

图3.15　获取内幕信息方式

此外，在 94 宗案件中，7 起案件属于“窝案”（行政处罚当事人 3 人以上），涉及内幕信息知情人向多人泄露内幕信息，传播链条广。如滕某军、陈某丽、罗某、崔某、王某伦内幕交易案①，3 名法定内幕信息知情人知悉内幕信息后，除自身直接参与交易以外，又将内幕信息泄露给亲友，最终 5 名当事人均受行政处罚。

3.【操纵证券市场】违法行为的行政处罚分析

（1）操纵手法呈多样化趋势，以“虚假申报”“利用信息优势”操纵证券市场行为近两年内首次出现。

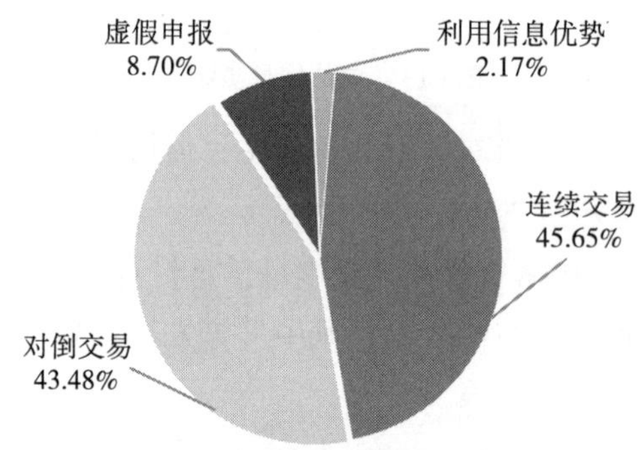

图3.16　操纵手法

2022 年的 10 宗操纵证券市场案件全部采用连续交易手法，有 9 宗同时采用对倒交易。本年度报告期内，全部 30 宗操纵证券市场案件中，连续交易的操纵手法数量居于首位，出现频次共 21 次，其中，20 宗连续交易案件同时使用了对倒的操纵手法。虚假申报的操纵手法出现频次 4 次，利用信息优势的操纵手法出现频次共 1 次。

其中，陈某、吴某、林某武操纵证券市场案②同时使用了连续交易、对倒交易、利用信息优势的操纵手法，证监会认定 3 名当事人控制使用涉案账户组，通过集中资金优势、持股优势连续买卖，在实际控制的账户之间交易，以及利用信息优势影响股价等方式，操纵“劲拓股份”交易价格。其间，“劲拓股份”股价上涨 19. 93%，同期创业板

① 中国证监会行政处罚决定书〔2023〕13 号、中国证监会行政处罚决定书〔2023〕14 号、中国证监会行政处罚决定书〔2023〕15 号、中国证监会行政处罚决定书〔2023〕16 号。

② 中国证监会行政处罚决定书〔2023〕83 号。

综指下跌18.55%，偏离38.48个百分点，操纵行为获利165262585.59元。

（2）操纵周期：整体较长，连续操纵的行政处罚追究时效自连续性违法行为终了之日起算。

本报告期内的30宗操纵市场案件中有8宗提及操纵周期，周期从短至长依次为：13个交易日、14个交易日、63个交易日、170个交易日、183个交易日、219个交易日、237个交易日、398个交易日。

值得注意的是，操纵市场行为周期过长易引发行政处罚追究时效及新旧法律适用的问题。在吴某健操纵市场案①中，其操纵周期自2017年7月10日至2018年12月17日，当事人在陈述及申辩意见提出该行为已过时效。但最终证监会在行政处罚判决书中认为该违法行为具有连续性，证监会于2019年3月26日向当事人送达《调查通知书》，因此，违法行为仍在行政处罚追究时效内，对当事人的陈述及申辩意见不予采纳。

（3）行为特点：4宗案件以市值管理之名行操纵市场之实，借"伪市值管理"牟取非法利益。

本年度"伪市值管理"案件共4宗，占30宗操纵市场案件的13.33%。4宗案件均由上市公司实控人或董监高（联同外部操纵行为人）利用连续交易、对倒交易等手段达到拉高该公司股价的目的。如在胡某、钟某、李某卫、朱某栋操纵证券市场案②中，钟某作为上市公司实控人，在胡某牵线下委托李某卫、朱某操盘交易"金一文化"，由胡宇、钟葱实际支付配资保证金，胡宇、李卫卫、朱一栋使用93个证券账户配资交易。本案最终证监会对胡某罚款100万元，对钟某罚款100万元，对李某卫罚款50万元，对朱某栋罚款50万元。

四、行刑衔接特别观察

（一）行刑衔接紧密，立体化追责上市公司"首恶"，行政处罚与刑事追诉并举

自2021年中共中央办公厅、国务院办公厅《关于依法从严打击证券违法活动的意见》首次提出"立体化打击证券违法犯罪活动"以来，证监会协同司法机关逐步建立行政处罚、刑事、民事赔偿立体化惩戒约束体系，除发行人外，对控股股东、实际控制人等"首恶"精准问责。

至2023年，立体化追责模式已在证券违法犯罪领域成熟运用，其中以欺诈发行及财务造假案件为典型。

如在紫晶存储（增加代码）欺诈发行、信息披露案中，证监会对公司及13名责任人（含实控人、董监高、高管、子公司董监高）共处以89663300元罚款③，对两名实

---

① 中国证监会行政处罚决定书〔2023〕44号。
② 中国证监会行政处罚决定书〔2023〕70号。
③ 中国证监会行政处罚决定书〔2023〕30号。

际控制人分别采取终身市场禁入、10 年市场禁入处罚措施[①]。在该案刑事追责方面，行政机关将涉嫌刑事犯罪的公司实际控制人犯罪线索依法及时移送公安机关处理，2023 年 12 月梅州市检察院已决定批捕。

另一起科创板财务造假案——泽达易盛（股票代码：688555）欺诈发行、信息披露案中，发行人及 4 名责任人员行政罚款金额达 96600440 元[②]，实际控制人及 1 名董事（兼财务总监）被终身禁入证券市场[③]，同时证监会将犯罪线索移送公安机关[④]。

2024 年 1 月，中国证监会披露近五年证监会查办各类案件数量，总数近 1900 件，其中向公安机关移送涉嫌证券期货犯罪案件近 600 件。[⑤] 2024 年 3 月 15 日，证监会《关于加强上市公司监管的意见（试行）》重申"全方位立体式追责"，对财务造假、侵占上市公司利益等恶性案件启动情报导侦和联合挂牌督办，强化对控股股东、实际控制人组织实施财务造假、背信损害上市公司利益的刑事追责，深挖董事、高管挪用资金、职务侵占线索，加强行政执法和刑事司法衔接。可以预见，随着证监会、中宣部、最高人民法院、最高人民检察院、公安部等单位参加的打击资本市场违法活动协调工作小组的成立，最高人民检察院驻证监会检察室的设立，2024 年行刑衔接将更加紧密。

（二）"刑事优先""先行后刑"现象共存

证券违法与证券犯罪领域存在双向移送的现象。这种"双向移送"不仅在实体法层面有法可依，刑行交叉的程序衔接与制度框架随着近年来证券违法与犯罪领域不断地修法也已基本完备。

《证券法》（2019）第 178 条规定："国务院证券监督管理机构依法履行职责，发现证券违法行为涉嫌犯罪的，应当依法将案件移送司法机关处理；发现公职人员涉嫌职务违法或者职务犯罪的，应当依法移送监察机关处理。"

《行政处罚法》第 27 条规定："违法行为涉嫌犯罪的，行政机关应当及时将案件移送司法机关，依法追究刑事责任。对依法不需要追究刑事责任或者免予刑事处罚，但应当给予行政处罚的，司法机关应当及时将案件移送有关行政机关。行政处罚实施机关与司法机关之间应当加强协调配合，建立健全案件移送制度，加强证据材料移交、接收衔接，完善案件处理信息通报机制。"

---

① 中国证监会市场禁入决定书〔2023〕11 号。

② 中国证监会行政处罚决定书〔2023〕29 号。

③ 中国证监会市场禁入决定书〔2023〕10 号。

④ 中国证监会：《"2024 年 1 月 19 日新闻发布会"文字实录》，载 http://www.csrc.gov.cn/csrc/c100029/c7458464/content.shtml，2024 年 3 月 5 日访问。

⑤ 中国证监会：《"2024 年 1 月 19 日新闻发布会"文字实录》，载 http://www.csrc.gov.cn/csrc/c100029/c7458464/content.shtml，2024 年 3 月 5 日访问。

表 3.3　证券违法与证券犯罪“双向移送”规定

证券法		刑法
第 191 条 对内幕交易、利用非公开信息交易等行政违法行为的处罚规定	双向移送	第 180 条 内幕交易、泄露内幕信息罪 利用非公开信息交易罪
第 192 条 对操纵证券市场的行政违法行为的处罚规定		第 182 条 操纵证券、期货市场罪
第 197 条第 2 款 对信息披露违法违规的行政违法行为的处罚规定		第 161 条 违规披露、不披露重要信息罪

“刑事优先”“先行后刑”现象共存。例如，本报告期内，证监会对于 3 宗证券违法案件采取不同的处理方式。在任某成操纵证券市场案件中，证监会提出：“对涉及刑事案件的‘酒钢宏兴’，我会暂不予罚没处罚。若任某成交易‘酒钢宏兴’行为最终被法院认定为构成操纵证券市场罪，我会将不再予以处理”①，即采取“刑事优先”的处理方式。但是，在前述紫晶存储欺诈发行及信息披露案、罗普特欺诈发行及信息披露案中，证监会在 2023 年第二季度作出行政处罚，随后移送公安机关，目前该两宗案件也已进入刑事追责流程，即属于“先行后刑”的处理方式。

从笔者团队多年以来办理的证券违法行政处罚及行政复议、证券处罚后移送公安机关追究刑事责任的案例来看，并非经过行政处罚并达到刑事立案追诉标准的行为就一定构成犯罪。举证责任、证据转换和行政认定是证券违法犯罪领域中的三大核心要点，也是刑事抗辩的三大核心要点。从实践来看，行刑交叉领域已获得了监管机构、学术界、实务界的更多关注。

五、已经公布的刑事法律风险

本报告期内，笔者搜集到已经公布的上市公司刑事法律风险共 44 起，涉及 42 家上市公司。除个别案件在刑事立案以后得以被终止侦查、撤销案件或是被不起诉，在侦查机关启动立案以后，相关的涉案公司及个人的刑事法律风险就已经发生，在国家机器关于刑事诉讼的“司法齿轮”最终停止之前，涉案者必须直面刑事风险，这是刑事风控学界的通识。

需要特别说明的是，部分上市公司涉及的刑事案件，包括公司作为被害单位的案

① 中国证监会市场禁入决定书〔2023〕36 号。

件，有的在诉讼程序上尚未达到上市公司信息披露的标准[1]，有的出于维护市场信心等因素的考虑，上市公司往往没有主动公布。实际上，刑事法律风险的数量应该大于本报告统计数量。

（一）2023 年度上市公司刑事风险趋势概览

2024 年 3 月 8 日，最高人民检察院工作报告[2]提出，本年度检察机关为维护资本市场安全、维护中小投资者合法权益，起诉欺诈发行、内幕交易、操纵市场等证券犯罪共 346 人；最高人民法院 2023 年工作报告[3]亦显示，2023 年法院判决加大对资本市场财务造假、欺诈发行、操纵市场等违法行为判罚力度。

在司法机关从严打击资本市场刑事犯罪的大背景下，据笔者从公开渠道搜集的 44 起上市公司刑事法律风险案件，本年度的主要趋势包括：

1. 子公司单位犯罪案件频发，如何加强子公司合规管理成上市公司关注重点。

2. 上市公司遭受刑事侵害的风险增加，内部人员职务侵占、挪用资金之侵害行为成“首害”，生产经营过程中被外部人员合同诈骗的风险亦值得警惕。

下文将从“证券监管类行政法律风险”“行刑衔接特别观察”“已经公布的刑事法律风险”“上市公司退市风险观察”四部分切入，以多维度的大数据分析对证券行政刑事风险进行深入剖析，以期为上市企业的合规管理和法律风控提供指引及参考。

（二）刑事法律风险大数据分析

1. 上市公司 A 类、B 类、C 类刑事法律风险分析

信达律师持续关注中国上市公司的刑事法律风险。笔者在《中国上市公司刑事法律风险蓝皮书（1996—2018）》中将中国上市公司刑事法律风险定义为上市公司或其强

---

① 《证券法》（2019）第 80 条规定：“发生可能对上市公司、股票在国务院批准的其他全国性证券交易场所交易的公司的股票交易价格产生较大影响的重大事件，投资者尚未得知时，公司应当立即将有关该重大事件的情况向国务院证券监督管理机构和证券交易场所报送临时报告，并予公告，说明事件的起因、目前的状态和可能产生的法律后果。前款所称重大事件包括：……（十一）公司涉嫌犯罪被依法立案调查，公司的控股股东、实际控制人、董事、监事、高级管理人员涉嫌犯罪被依法采取强制措施；……”

《上市公司信息披露管理办法》（2021）第 22 条规定：“发生可能对上市公司证券及其衍生品种交易价格产生较大影响的重大事件，投资者尚未得知时，上市公司应当立即披露，说明事件的起因、目前的状态和可能产生的影响。前款所称重大事件包括：（一）《证券法》第八十条第二款规定的重大事件；……（十六）公司或者其控股股东、实际控制人、董事、监事、高级管理人员受到刑事处罚，涉嫌违法违规被中国证监会立案调查或者受到中国证监会行政处罚，或者受到其他有权机关重大行政处罚；（十七）公司的控股股东、实际控制人、董事、监事、高级管理人员涉嫌严重违纪违法或者职务犯罪被纪检监察机关采取留置措施且影响其履行职责；（十八）除董事长或者经理外的公司其他董事、监事、高级 管理人员因身体、工作安排等原因无法正常履行职责达到或者预计达到三个月以上，或者因涉嫌违法违规被有权机关采取强制措施且影响其履行职责；”

② 《最高人民检察院 2023 年工作报告》，2024 年 3 月 8 日第十四届全国人民代表大会第二次会议发布。

③ 《最高人民法院 2023 年工作报告》，2024 年 3 月 8 日第十四届全国人民代表大会第二次会议发布。

相关人员[①]作为当事人卷入刑事案件的风险。根据刑事法律风险对上市公司影响程度的不同，上市公司刑事法律风险可分为以下三类：

（1）上市公司 A 类刑事法律风险：上市公司或其子公司作为被告单位或犯罪嫌疑单位被追究刑事责任的刑事法律风险。

（2）上市公司 B 类刑事法律风险：上市公司强相关人员作为被告人或犯罪嫌疑人被追究刑事责任的刑事法律风险，该类风险包括以下两种刑事案件：

一是上市公司的董监高或其他重要岗位工作人员涉嫌犯罪被追究刑事责任的刑事案件；

二是上市公司持股 5% 以上股东或实际控制人在上市公司发行、收购、增减持、信息披露等活动中发生的刑事案件。

（3）上市公司 C 类刑事法律风险：上市公司或其子公司作为刑事诉讼被害单位（包括自诉人）的刑事案件。

报告期内共录得 44 起上市公司刑事法律风险案件，A 类、B 类、C 类法律风险出现频次合计 55 次。[②] 其中，A 类刑事法律风险共 9 起，B 类刑事法律风险共 29 起，C 类刑事法律风险共 17 起。

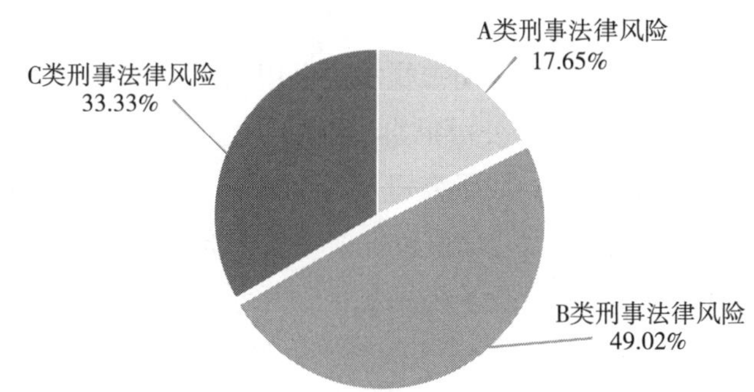

图3.17　刑事法律风险类型统计

A 类刑事法律风险：

（1）总体趋势：子公司单位犯罪案件频发，上市公司应予以关注：一方面加强对子公司的合规管理；另一方面完善母子公司风险隔离措施，避免牵连其中。

子公司涉嫌刑事犯罪可能影响上市公司股价及商誉，除此之外，子公司如被法院判令没收违法所得及缴纳罚金，则相应判决的执行将影响公司年度利润及净资产。

本报告期内 9 起 A 类刑事法律风险案件中，以子公司为犯罪主体的案件共计 6 起，占比 66.67%。如此大面积的上市公司子公司涉刑，从经济犯罪到贪污贿赂犯罪，从税务犯罪到破坏环境资源犯罪，不一而足，上市公司群体应予以充分重视。

---

① 上市公司强相关人员是用来说明上市公司人员的职务地位和行为后果与上市公司之间关联性强弱程度的专用术语，其中关联程度较高的，称为强相关人员，关联性较弱的，称为弱相关人员。参见洪灿：《中国上市公司刑事法律风险蓝皮书（1996—2018）》，中国检察出版社 2018 年版。

② 法律风险频次合计为 113 次，与上市公司刑事法律风险案件数量不一致，原因在于：部分案件同时涉及两类以上法律风险时，将所涉类别的法律风险分别计算。

另值得注意的是，子公司涉刑或代表着上市公司对于子公司的经营管理与控制出现盲区，存在子公司“失控”风险。本报告期内6起子公司涉刑案件大部分涉及子公司经营业务或财务管理，而此类事项在正常情况下应由母公司进行经营监督及风险控制。因此，为防范子公司“失控”涉刑的风险，建议上市公司完善子公司授权管理体系，对重大交易及重大业务决策实施授权审批制度，并派专员定期审查合规事项；除此之外，上市公司还应重点管控子公司的财务事项，把控子公司资金流向。

（2）上市公司A类刑事法律风险部分摘录[①]如下：

A. 聚光科技（300203. SZ）控股子公司犯单位行贿罪，二审维持原判，被判处罚金80万元。

B. 华宇软件（300271. SZ）及其实控人犯单位行贿罪分别获刑，实控人服刑期满现已获释。

C. 凯瑞德（002072. SZ）被诉证券虚假陈述案件被武汉市中级人民法院裁定驳回原告起诉，移送公安机关处理。

D. 香溢融通（600830. SH）违规披露重要信息被立案侦查一案已终结。

E. ST浩源（002700. SZ）涉嫌违规披露、不披露重要信息案被阿克苏地区公安局移送审查起诉。

F. 辽宁成大（600739. SH）子公司涉嫌非法占用农用地被公安机关立案侦查。

G. 华银电力（600744. SH）子公司犯非法占用农用地罪，被判处罚金100万元。

H. 佳云科技（300242. SZ）控股子公司及其原法定代表人、董事长、总经理张冰、原总裁办公室项目主管王玲涉嫌虚开增值税发票罪被海淀区检察院提起公诉。

I. 紫金矿业（601899. SH）控股子公司犯非法采矿罪，被法院没收违法所得4600万余元，并处罚金1500万元，多名责任人员被判处刑罚。

B类刑事法律风险：

（1）总体趋势：罪名集中于职务侵占罪、挪用资金罪、贪污罪等强相关人员利用职务便利侵害公司财产利益的犯罪，此外，实控人及高管涉嫌证券类犯罪的风险值得关注。

本报告期内，29起B类刑事法律风险中，除8起未列明罪名的案件外，其余21起案件共录得16种罪名，罪名出现频次合计28次。其中，职务侵占罪出现频次为5次，挪用资金罪出现4次，贪污罪出现2次，共占比39. 29%。操纵证券、期货市场罪出现频次为3次，背信损害上市公司利益罪出现2次，内幕交易、泄露内幕信息罪出现2次，违规披露、不披露重要信息罪出现1次，证券类犯罪共占比28. 57%。

（2）上市公司B类刑事法律风险部分摘录如下：

A. 美盈森（002303. SZ）控股子公司原大股东涉嫌职务侵占案，被深圳市公安局采取取保候审的刑事强制措施。

---

① 因部分刑事法律风险案例涉案主体为信达律师事务所客户，在此作省略处理。

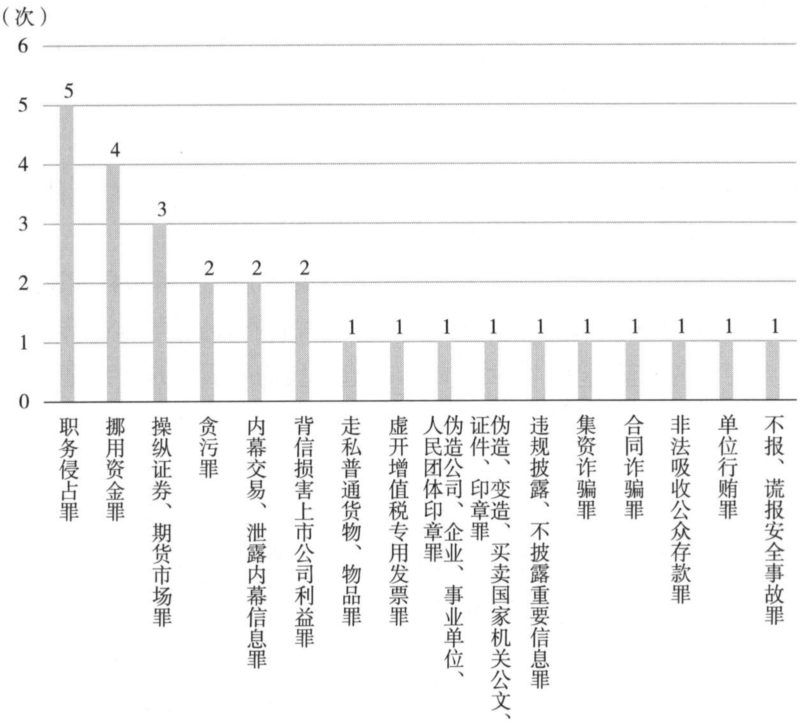

图3.18 B类刑事法律风险罪名统计

B. 戎美股份（301088. SZ）副总经理涉嫌刑事犯罪被公安机关刑事拘留。

C. 派生科技（300176. SZ）实际控制人犯集资诈骗罪、非法吸收公众存款罪、操纵证券市场罪一案，二审维持原判。

D. 新开普（300248. SZ）实际控制人、董事长兼总经理涉嫌泄露内幕信息罪被采取刑事强制措施。

E. ST 摩登（002656. SZ）实际控制人林永飞被取保候审。

F. 索菱股份（002766. SZ）原实际控制人肖行亦、原董事叶玉娟犯违规披露、不披露重要信息罪获刑。

G. 恒润股份（603985. SH）董事长承立新因涉嫌内幕交易罪被公安机关刑事拘留。

H. ＊ST 榕泰（600589. SH）实际控制人高大鹏涉嫌刑事犯罪被检察机关移送起诉。

I. 百川畅银（300614. SZ）因子公司管理人员涉嫌职务侵占罪向公安机关报案并获立案。

J. 春兴精工（002547. SZ）控股股东、实际控制人孙洁晓犯内幕交易罪被宣告缓刑并处罚金。

K. 中百集团（000759. SZ）全资子公司财务人员涉嫌职务侵占罪一案，公安机关已将潜逃境外的犯罪嫌疑人抓捕到案。

L. 华宝股份（300741. SZ）实际控制人朱林瑶、董事林嘉宇被公安机关解除刑事强制措施。

M. 恩捷股份（002812. SZ）董事长、副董事长兼总经理被公安机关解除刑事强制措施，并撤销案件。

N. 新华传媒（600825. SH）原副总裁王建才贪污罪一案，二审维持原判。

O. ＊ST 中昌（600242. SH）董事厉群南涉嫌挪用资金一案，被检察机关撤销批准逮捕决定。

P. 四川路桥（600039. SH）副董事长、总经理陈良春及副总经理张建明涉嫌不报、谎报安全事故罪被采取刑事强制措施。

Q. ST 中珠（600568. SH）实际控制人许德来涉嫌挪用资金罪被批准逮捕。

R. 云图控股（002539. SZ）监事张鉴被公安机关执行指定居所监视居住。

S. 东方时尚（603377. SH）实际控制人、董事长徐雄因涉嫌操纵证券市场罪被批准逮捕。

C 类刑事法律风险：

（1）总体趋势：上市公司及其关联公司遭受刑事侵害的风险增加，以内部人员实施的侵害行为为主，外部侵害行为以“合同诈骗”为典型。

本报告期内上市公司 C 类法律风险共计 17 起，占比 33. 33%，对比 2022 年度同比上涨 1. 19%。

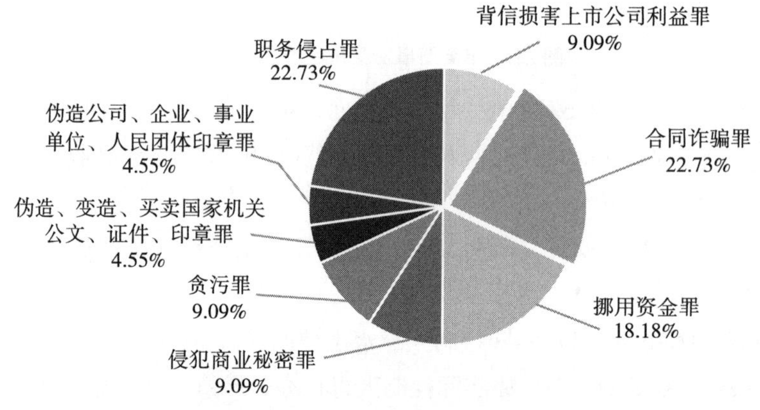

图3.19　C类刑事法律风险罪名统计

（2）内部人员实施的侵害行为：

由公司内部人员实施的侵害行为主要包括职务侵占（占比 22. 73%）、挪用资金（占比 18. 18%）、贪污（占比 9. 09%）、背信损害上市公司利益（占比 9. 09%），合计占比 68. 19%。

其中，潘爱华等人涉嫌职务侵占罪、挪用资金罪等数罪一案（被害单位：未名医药）系鲜有的因被告人稀释上市公司子公司控制权被认定构成职务侵占的案例。本案被告人未经未名医药决议同意，以增资形式将未名医药持股子公司的比例由 100% 被稀释至66%，造成未名医药损失 418249468.44 元。[①] 法院一审判决认定构成职务侵占，追缴杭州强新非法占有的厦门未名 34%股权，返还被害单位。[②] 本案的关键点即在于以增资形式稀释上市公司股权，能否被认定为非法占有上市公司的财产性利益。虽然该案审判过程中专家意见认为“即便本案中潘爱华存在获取实际控制权的目的，亦没有侵犯职务侵占罪所保护的法益”。但从一审法院判决结果来看，法院仍持肯定观点。

（3）外部人员或公司实施的侵害行为：

由公司外部人员或单位实施的侵害行为主要包括合同诈骗（占比 22.73%）、侵犯商业秘密（占比 9.09%），合计占比 31.81%。其中，5 起上市公司控告合同诈骗案均发生于上市公司生产经营或并购过程中，可见上市公司在经营中的合同诈骗风险值得关注。以 ST 天山被合同诈骗案为例，大象广告及其法定代表人陈德宏等在重组交易过程中涉嫌虚增银行存款、营业成本虚减、虚构应收账款、隐瞒担保及负债等事项，诱骗 ST 天山并购大象广告，导致 ST 天山在并购中遭受巨大损失，以 23.726145 亿元的虚高价值与其签订收购协议。

鉴于此，上市公司应在签订重大合同前，对收购标的或交易对象进行尽职调查，重点审核交易文件的真实性，必要时可聘请专业中介机构协助；同时严格制定并执行上市公司内部反舞弊、反腐败制度，避免公司员工与外部人员串通造假，侵害公司利益。

（4）上市公司 C 类刑事法律风险部分摘录如下：

A. 久其软件（002279.SZ）作为职务侵占案被害单位收到刑事判决书，5 名涉案员工均被判处有期徒刑及罚金。

B. 联创股份（300343.SZ）作为合同诈骗案被害单位收到二审刑事裁定书，法院裁定驳回上诉，维持原判。

C. *ST 爱迪（002740.SZ）就应收账款及存货涉嫌被相关人员非法侵占、背信损害公司利益的情形向公安机关报案。

D. 汇金股份（300368.SZ）全资子公司作为合同诈骗案被害单位收到公安机关立案告知书。

E. 康普顿（603798.SH）就前销售部门高管梁义花举报公司商业贿赂事件进行澄清，并对梁义花涉嫌职务侵占案件向公司机关报案。

F. 清水源（300437.SZ）作为被害单位收到刑事判决书，全资子公司同生环境原管理层人员被判合同诈骗罪、职务侵占罪、背信损害上市公司利益罪，现该案被告人向河南省高级人民法院提起上诉。

G. 康尼机电（603111.SH）作为合同诈骗案被害单位，收到法院执行部分犯罪所

---

① 因未名医药公司公告未披露细节性案情，本部分参照腾讯新闻报道的起诉书指控事实，详见腾讯新闻：《未名医药子公司增资案争议 刑法专家称不构成犯罪》，载 https://new.qq.com/rain/a/20231124A06XLT00，2024 年 3 月 11 日访问。

② 山东未名生物医药股份有限公司关于收到刑事判决书暨诉讼进展的公告，公告编号：2024-007。

得的公司股票。

H. ST 天山（300313. SZ）作为被害单位收到维持原判的二审刑事裁定书，被告单位及两名被告人犯合同诈骗罪被判刑。

I. 威孚高科（000581. SZ）全资子公司被合同诈骗一案被无锡市公安局新吴分局立案侦查。

J. 未名医药（002581. SZ）作为被害单位收到潘爱华等人涉嫌职务侵占罪、挪用资金罪等数罪一案起诉意见书。

K. 新潮能源（600777. SH）因广州农村商业银行起诉案件遭受损失事项作为被害单位向公安机关报案，现该案已立案侦查。

L. 芯源微（688037. SH）被侵犯商业秘密刑事案件，上市公司收到第二份刑事判决，被告人（主犯）被判处有期徒刑并处罚金。

2. 涉案主体身份分布

本报告收录的 44 起刑事法律风险涉及当事人合计 89 人，其中上市公司董事 17 人，占比 19. 10%；上市公司高管 16 人，占比 17. 98%；其他身份者 14 人，占比 15. 73%；上市公司员工或子公司员工 13 人，占比 14. 61%；上市公司实际控制人 13 人，占比 14. 61%；上市公司子公司 6 家，占比 6. 74%；上市公司 5 家，占比 5. 62%。

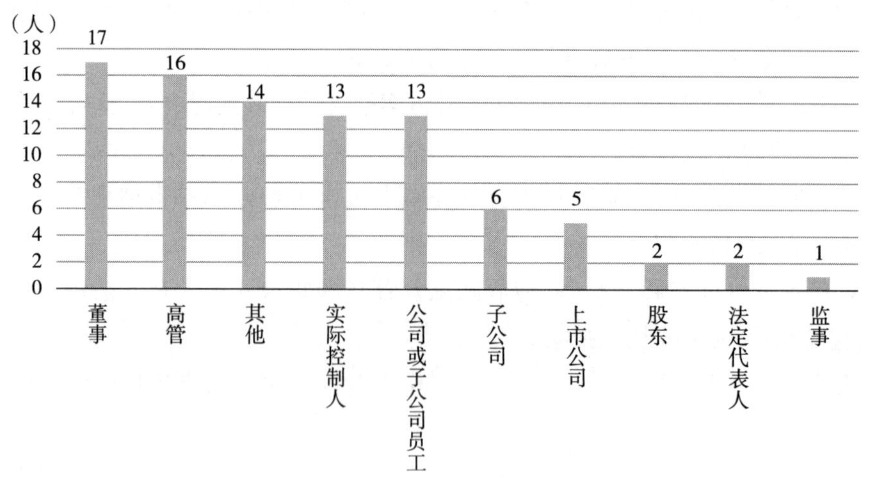

图3.20 刑事法律风险涉案主体身份

3. 涉案上市公司板块分布

本报告收录的刑事风险共涉及上市公司 42 家，上交所涉案公司数量为 15 家，占上交所全部上市公司的 1. 10%，深交所涉案公司数量为 27 家，占深交所全部上市公司的 0. 94%。

表 3.4　涉案上市公司板块分布

<table>
<tr><th>证券交易所</th><th>板块分布</th><th>刑事法律风险
涉案公司数量</th><th>涉案公司数量占各交易所
上市公司数量比例</th></tr>
<tr><td rowspan="2">上海证券交易所</td><td>主板 13 家</td><td rowspan="2">15 家</td><td rowspan="2">1.10%</td></tr>
<tr><td>科创板 2 家</td></tr>
<tr><td rowspan="2">深圳证券交易所</td><td>主板 12 家</td><td rowspan="2">27 家</td><td rowspan="2">0.94%</td></tr>
<tr><td>创业板 15 家</td></tr>
</table>

上交所上市公司涉案 15 家，占两个交易所全部涉案公司数量的 35.71%，其中主板涉案公司 13 家，科创板涉案公司 2 家；深交所上市公司涉案 27 家，占两个交易所全部涉案公司数量的 64.29%，其中主板涉案公司 12 家，创业板涉案公司 15 家。

4. 罪名分布

全部 44 起刑事法律风险中，统计可得 19 个罪名，出现频次共计 41 次[①]，具体分布如下。

表 3.5　涉案上市公司板块分布

<table>
<tr><th>类罪名（章）</th><th>类罪名（节）</th><th>具体罪名</th><th>数量（次）</th></tr>
<tr><td>危害公共安全罪</td><td>—</td><td>不报、谎报安全事故罪</td><td>1</td></tr>
<tr><td rowspan="11">破坏社会主义
市场经济秩序罪</td><td rowspan="3">破坏金融管理秩序罪</td><td>操纵证券、期货市场罪</td><td>3</td></tr>
<tr><td>非法吸收公众存款罪</td><td>1</td></tr>
<tr><td>内幕交易、泄露内幕信息罪</td><td>2</td></tr>
<tr><td rowspan="2">妨害对公司、企业的
管理秩序罪</td><td>违规披露、不披露重要信息罪</td><td>3</td></tr>
<tr><td>背信损害上市公司利益罪</td><td>2</td></tr>
<tr><td>扰乱市场秩序罪</td><td>合同诈骗罪</td><td>5</td></tr>
<tr><td>金融诈骗罪</td><td>集资诈骗罪</td><td>1</td></tr>
<tr><td>危害税收征管罪</td><td>虚开增值税专用发票罪</td><td>1</td></tr>
<tr><td>侵犯知识产权罪</td><td>侵犯商业秘密罪</td><td>4</td></tr>
<tr><td>走私罪</td><td>走私普通货物罪</td><td>1</td></tr>
<tr><td rowspan="2">侵犯财产罪</td><td rowspan="2">—</td><td>挪用资金罪</td><td>4</td></tr>
<tr><td>职务侵占罪</td><td>5</td></tr>
<tr><td rowspan="2">贪污贿赂罪</td><td rowspan="2">—</td><td>单位行贿罪</td><td>3</td></tr>
<tr><td>贪污罪</td><td>2</td></tr>
</table>

① 为了保证本报告的客观准确，在对包括上市公司公告、司法机关公告、判决书等权威数据来源搜索分析后，仍无法判断涉案罪名、详细案情的刑事风险，本部分数据不予收录。

续表

类罪名（章）	类罪名（节）	具体罪名	数量（次）
妨害社会管理秩序罪	扰乱公共秩序罪	伪造公司、企业、事业单位、人民团体印章罪	1
		伪造、变造、买卖国家机关公文、证件、印章罪	1
	破坏环境资源保护罪	非法占用农用地罪	2
		非法采矿罪	1

5. 刑事法律风险案发环节分析

全部 44 起刑事法律风险中，能够确定风险发生环节 33 次①，其中生产经营环节发生刑事法律风险 12 次，占比 36. 36%；工作人员履职环节发生刑事法律风险 11 次，占比 33. 33%；上市公司特有合规环节②发生刑事法律风险 8 次，占比 24. 24%；融资环节发生刑事法律风险 2 次，占比 6. 07%。

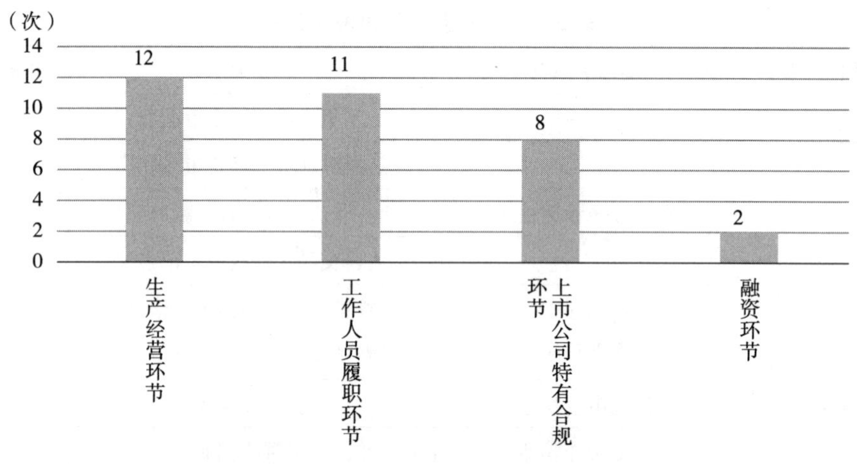

图3.21 刑事法律风险发生环节

（三）证券类刑事犯罪特别观察及合规建议

2023 年共录得四种证券类犯罪，发案频次合计 10 次，占全部 44 起刑事风险的 22. 73%。

全部证券类犯罪案件中，操纵证券市场犯罪 3 次，占比 30. 00%；违规披露、不披露重要信息罪 3 次，占比 30. 00%；背信损害上市公司利益罪 2 次，占比 20. 00%；内

① 鉴于部分刑事风险涉及多个环节，本报告在对刑事风险环节进行分析时，对同一风险涉及多个环节的情况进行分别计算。

② 《刑法》中规定了包括“背信损害上市公司利益罪”、“违规披露、不披露重要信息罪”、“内幕交易、泄露内幕信息罪”、“擅自发行股票、公司、企业债券罪”、“操纵证券、期货市场罪”、“违规披露、不披露重要信息罪”“欺诈发行证券罪”等上市公司及其相关主体特有且高发的罪名，在本报告中，将前述罪名合称为“证券类犯罪”，对应的风险发生环节称为“上市公司特有的合规环节”。

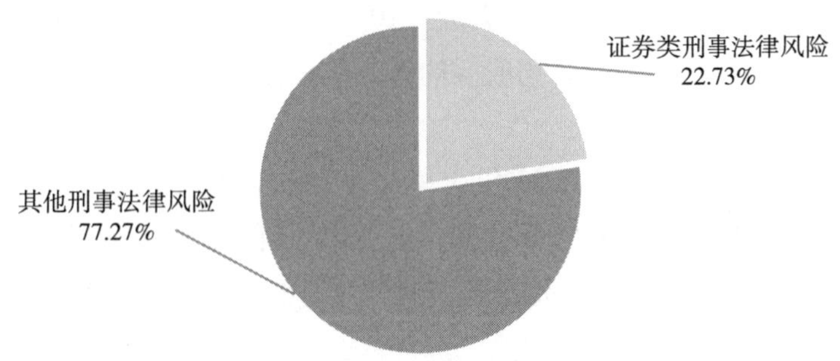

图3.22　证券类刑事法律风险与其他刑事法律风险分布对比

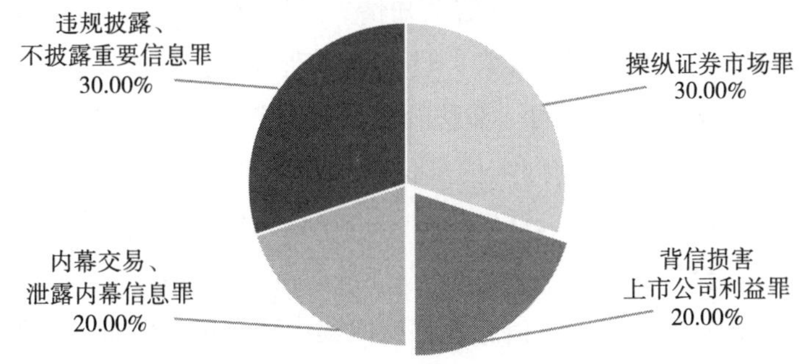

图3.23　证券刑事法律风险罪名分布

幕交易、泄露内幕信息罪 2 次，占比 20.00%。

下文结合最高人民法院近期于人民法院案例库公开的两起证券犯罪刑事判决，就内幕交易、泄露内幕信息罪及操纵证券市场罪的要点进行分析并提出合规建议。

1. 内幕交易、泄露内幕信息罪

（1）典型司法案例：北京某发展集团有限公司、李某某内幕交易案——“非法获取证券内幕信息的人员”的认定。①

基本案情：

2017 年 4 月，X 电子股份有限公司与 A 数据信息集团有限公司开始商讨两公司重组事项。2017 年 7 月 24 日，X 电子股份有限公司发布重大事项停牌公告。经证监会认定，上述两公司重组信息在公开前属于《中华人民共和国证券法》规定的内幕信息，该内幕信息敏感期为不晚于 2017 年 4 月 30 日至 7 月 24 日公开。A 数据集团有限公司董事长王某某参与商谈重组事宜，为该内幕信息知情人。

在前述重组事项商谈过程中，被告人李某某与王某某等人存在联络、接触，并决定使用被告单位某发展集团有限公司控制的 5 个证券账户在 2017 年 7 月 17 日至 21 日期间交易 X 电子股份有限公司股票，合计买入 2401852 股，成交金额共计 17486741.01 元，后于 2018 年 4 月 17 日至 25 日陆续全部卖出，亏损 200 万余元。

2019 年 6 月 4 日，证监会对某发展集团有限公司、李某某内幕交易作出行政处罚。

---

① 人民法院案例库：北京某发展集团有限公司、李某某内幕交易案，归档编号：2024－03－1－120－002，北京市第三中级人民法院（2023）京 03 刑初 24 号刑事判决（2023 年 5 月 31 日）。

某发展集团有限公司足额缴纳罚款 30 万元。10 月 22 日，证监会将某发展集团有限公司涉嫌内幕交易 X 电子股份有限公司股票的行为线索移送公安机关。

法院判决：

北京市第三中级人民法院于 2023 年 5 月 31 日作出（2023）京 03 刑初 24 号刑事判决书：被告单位某发展集团有限公司犯内幕交易罪，判处罚金人民币 30 万元；被告人李某某犯内幕交易罪，判处有期徒刑 3 年。宣判后，没有上诉、抗诉，判决已发生法律效力。

裁判要旨：

A. 在内幕信息敏感期内，与内幕信息知情人员联络、接触，从事与该内幕信息有关的证券交易，相关交易行为明显异常，且无正当理由或者正当信息来源的，应当认定为《刑法》第 180 条第 1 款规定的“非法获取证券内幕信息的人员”。

B. 行为人在内幕信息敏感期内与内幕信息知情人员联络、接触，如使行为人具有获取内幕信息的现实可能性，可以认定为“与内幕信息知情人员联络、接触”。

C. 认定“相关交易行为明显异常”，应当从时间吻合程度、交易背离程度、利益关联程度等方面综合判断。在内幕信息敏感期内集中资金买入股票，并于股票复牌后陆续卖出的行为，可以认定交易行为明显异常。

（2）合规建议①：

上市公司应针对内幕信息制定严格的保密制度和刑事风险防控体系，针对控股股东、实际控制人、董监高、中介机构等不同主体，有针对性地提出履行保密义务及刑事合规要求。同时，应当做好上市发行、重组信息管理及所有内幕知情人登记工作，要求知情人签订刑事合规承诺告知书，将内幕交易、泄露内幕信息的刑事风险提前告知。

2. 操纵证券、期货市场罪

（1）典型司法案例：李某某等操纵证券市场案——操纵证券市场犯罪违法所得的认定。②

基本案情：

2019 年 9 月至 2020 年 11 月，被告人李某某为谋取非法利益，使用其实际控制的 450 余个他人名下证券账户，集中资金优势及持股优势，连续买卖“大连 A”“B 轴承”“C 科技”等 3 只股票，操纵相关股票的交易价格和交易量。其间，被告人邱某某协助李某某发布交易指令，组织李某、胡某某、唐某某（均另案处理）等人实施下单交易。

2019 年 9 月 18 日至 2020 年 11 月 27 日连续 289 个交易日，李某某控制的证券账户组持有“大连 A”证券的流通股份数量达到该股实际流通股份总量的 10% 以上，其中，连续 10 个交易日的累计成交量达同期该股总成交量的 50% 以上。2019 年 10 月 8 日至

---

① 刘静坤、郝方昉、徐继华等：《金融犯罪司法精要与合规指引》，法律出版社 2023 年版，第 420 页。

② 人民法院案例库：李某某等操纵证券市场案，归档编号：2024－04－1－124－001，上海市第一中级人民法院（2022）沪 01 刑初 13 号刑事判决（2023 年 6 月 29 日）。

2020 年 2 月 13 日连续 86 个交易日，李某某控制的证券账户组持有“B 轴承”证券的流通股份数量达到该股实际流通股总量的 10% 以上，其中，连续 10 个交易日的累计成交量达同期该股总成交量的 20% 以上。2020 年 9 月 30 日至 11 月 4 日连续 20 个交易日，李某某控制的证券账户组内持有“C 科技”证券的流通股份数量达到该股实际流通股总量的 10% 以上，其中，连续 10 个交易日的累计成交量达同期该股总成交量的 20% 以上。

法院判决：

上海市第一中级人民法院于 2023 年 6 月 29 日作出（2022）沪 01 刑初 13 号刑事判决：被告人李某某犯操纵证券市场罪，判处有期徒刑 6 年，并处罚金人民币 1000 万元；违法所得予以追缴，犯罪工具予以没收。宣判后，没有上诉、抗诉，判决已发生法律效力。

裁判要旨：

A. 操纵行为获利的本质是通过扭曲市场价格机制获取利益。应当将证券交易价量受到操纵行为影响的期间，作为违法所得计算的时间依据。操纵行为的终点原则上是操纵影响消除日，在交易型操纵中，如行为人被控制或账户被限制交易的，则应当以操纵行为终止日作为操纵行为的终点。

B. 违法所得应当先确认操纵期间内的交易价差、余券价值等获利，而后从中剔除正常交易成本。受其他市场因素影响产生的获利原则上不予扣除，配资利息、账户租借费等违法成本并非正常交易行为产生的必要费用，亦不应扣除。

C. 以违法所得数额作为操纵证券市场犯罪情节严重程度的判断标准，是为了对行为人科处与其罪责刑相适应的刑罚，故应以操纵期间的不法获利作为犯罪情节的认定依据；对行为人追缴违法所得，是为了不让违法者从犯罪行为中获得收益，故应按照亏损产生的具体原因进行区分认定，因行为人自身原因导致股票未能及时抛售的，按照操纵期间的获利金额进行追缴；因侦查行为等客观因素导致股票未能及时抛售的，按照实际获利金额进行追缴。

（2）合规建议①：

对于投资者而言，出借资金及账户给他人炒股具有较大风险，除了面临行政处罚②，也可能涉及刑事风险。如账户借用人将出借账户、资金用于操纵证券市场，投资者如果存在主观故意或放任的态度，可能构成操纵证券市场罪的共犯。因此，投资者需要谨慎防范以“高额回报”为诱饵吸引投资者出借账户及违规理财，规范自身投资行为。

---

① 人民法院案例库：北京某发展集团有限公司、李某某内幕交易案，归档编号：2024－03－1－120－002，北京市第三中级人民法院（2023）京 03 刑初 24 号刑事判决（2023 年 5 月 31 日）。

② 《证券法》（2019）第 195 条规定：“违反本法第五十八条的规定，出借自己的证券账户或者借用他人的证券账户从事证券交易的，责令改正，给予警告，可以处五十万元以下的罚款。”

六、上市公司退市风险观察

2020年3月，新证券法正式生效施行，根据新《证券法》第48条“上市交易的证券，有证券交易所规定的终止上市情形的，由证券交易所按照业务规则终止其上市交易”规定，不再对暂停上市情形和终止上市情形进行具体规定，改为交由证券交易所对退市情形和程序做出具体规定。

2020年10月9日，国务院印发《关于进一步提高上市公司质量的意见》，要求完善退市标准，简化退市程序，加大退市监管力度。

2020年11月2日，中央深改委审议通过《健全上市公司退市机制实施方案》，再次明确强调健全上市公司退市机制安排是全面深化资本市场改革的重要制度安排。

截至2023年，三大证券交易所全部五份上市规则[①]已形成了财务类、交易类、规范类和重大违法类四类强制退市指标体系和主动退市情形，并设立风险警示板揭示退市风险，推动平稳退市，退市的法治化建设已经初具成效。在四类退市情形里，上市公司因重大违法被强制退市是典型的上市公司行政或刑事违法的衍生风险。

基于此，自2023年第二季度起，本报告在原有行政法律风险和刑事法律风险两个观察角度基础上增设一章，对与上市公司行政法律风险和刑事法律风险最密切相关的重大违法强制退市风险进行特别观察，以充分展现行政法律风险、刑事法律风险与重大违法强制退市风险之间的内在逻辑关系。

（一）退市数据概览

2022年，沪深两大交易所终止上市的公司数量创历史新高，共有46家公司终止上市，一年的退市公司数量几乎相当于2019年（退市10家）、2020年（退市16家）、2021年（退市20家）三年的总和。[②]

2023年，“退市潮”仍未消退，上市公司退市数量高居不下，A股三大交易所终止上市的上市公司合计46家，其中主动终止上市的公司2家，强制终止上市的公司44家（第一季度5家，第二季度28家，第三季度11家，第四季度无）。

2023年全部44家被强制终止上市的公司中，财务类终止上市的公司20家、交易类终止上市的公司21家、重大违法类终止上市的公司3家，没有规范类终止上市的公司。

---

① 5份上市规则分别为《上海证券交易所股票上市规则》《上海证券交易所科创板股票上市规则》《深圳证券交易所股票上市规则》《深圳证券交易所创业板股票上市规则》《北京证券交易所股票上市规则（试行）》。

② 第一财经：《2022年沪深交易所43家公司终止上市，17家退市后仍被追责》，载 http://baijiahao.baidu.com/s?id=1754097373580729086&wfr=spider&for=pc，2024年3月15日访问。

表 3.6　上市公司退市情形统计

退市情形分类		第一季度	第二季度	第三季度	第四季度	合计
主动退市		1	0	0	1	2
强制退市	财务类	1	19	0	0	20
	交易类	4	6	11	0	21
	规范类	0	0	0	0	0
	重大违法类	0	3	0	0	3
合计		6	28	11	1	46

（二）重大违法强制退市数据分析

三大证券交易所上市规则，将重大违法强制退市的情形具体分为【证券领域重大违法强制退市】【安全领域重大违法强制退市】[①]，其中又将【证券领域重大违法强制退市】细分为【欺诈发行强制退市】【重大信息披露违法强制退市】两种情形。[②]

2023 年因重大违法被强制退市的上市公司共计 3 家，均为第二季度被证券交易所作出终止上市决定，分别为 * ST 计通（300330. SZ）、* ST 泽达（688555. SH）、* ST 紫晶（688086. SH）。

---

① 以《深圳证券交易所股票上市规则》（2023 年 8 月修订）为例，上市规则 9.5.1 规定："本规则所称重大违法强制退市，包括下列情形：（一）上市公司存在欺诈发行、重大信息披露违法或者其他严重损害证券市场秩序的重大违法行为，其股票应当被终止上市的情形；（二）公司存在涉及国家安全、公共安全、生态安全、生产安全和公众健康安全等领域的违法行为，情节恶劣，严重损害国家利益、社会公共利益，或者严重影响上市地位，其股票应当被终止上市的情形。"

② 以《深圳证券交易所股票上市规则》（2023 年 8 月修订）为例，上市规则 9.5.2 规定："上市公司涉及本规则第 9.5.1 条第（一）项规定的重大违法行为，存在下列情形之一的，本所决定终止其股票上市交易：（一）公司首次公开发行股票申请或者披露文件存在虚假记载、误导性陈述或者重大遗漏，被中国证监会依据《证券法》第一百八十一条作出行政处罚决定，或者被人民法院依据《刑法》第一百六十条作出有罪裁判且生效。（二）公司发行股份购买资产并构成重组上市，申请或者披露文件存在虚假记载、误导性陈述或者重大遗漏，被中国证监会依据《证券法》第一百八十一条作出行政处罚决定，或者被人民法院依据《刑法》第一百六十条作出有罪裁判且生效。（三）根据中国证监会行政处罚决定认定的事实，公司披露的年度报告存在虚假记载、误导性陈述或者重大遗漏，导致公司 2015 年度至 2020 年度内的任意连续会计年度财务类指标已实际触及相应年度的终止上市情形，或者导致公司 2020 年度及以后年度的任意连续会计年度财务类指标已实际触及本章第三节规定的终止上市情形。（四）根据中国证监会行政处罚决定认定的事实，公司披露的 2020 年度及以后年度营业收入连续两年均存在虚假记载，虚假记载的营业收入金额合计达到 5 亿元以上，且超过该两年披露的年度营业收入合计金额的 50%；或者公司披露的 2020 年度及以后年度净利润连续两年均存在虚假记载，虚假记载的净利润金额合计达到 5 亿元以上，且超过该两年披露的年度净利润合计金额的 50%；或者公司披露的 2020 年度及以后年度利润总额连续两年均存在虚假记载，虚假记载的利润总额金额合计达到 5 亿元以上，且超过该两年披露的年度利润总额合计金额的 50%；或者公司披露的 2020 年度及以后年度资产负债表连续两年均存在虚假记载，资产负债表虚假记载金额合计达到 5 亿元以上，且超过该两年披露的年度期末净资产合计金额的 50%。计算前述合计数时，相关财务数据为负值的，先取其绝对值后再合计计算。（五）本所根据公司违法行为的事实、性质、情节及社会影响等因素认定的其他严重损害证券市场秩序的情形。前款第（一）项、第（二）项统称欺诈发行强制退市情形，第（三）项至第（五）项统称重大信息披露违法强制退市情形。"

从重大违法强制退市的情形分析，全部 3 家重大违法强制退市的上市公司均为【证券领域重大违法强制退市】上市公司，其中 * ST 泽达（688555. SH）和 * ST 紫晶（688086. SH）因【欺诈发行证券】被终止上市，* ST 计通（300330. SZ）因【重大信息披露违法】被终止上市。

第二部分　中国 A 股上市公司刑事行政法律风险年度/季度观察报告　（合集）

关注"资本市场刑事合规"公号，阅读历年风险报告

持续更新中

第二章　欺诈发行证券行为行政合规与刑事合规风险

第一节　欺诈发行证券行为行政合规与刑事合规风险概述

一、欺诈发行证券行为中不同主体的合规风险

<table>
<tr><th>合规义务主体</th><th>合规风险</th></tr>
<tr><td rowspan="6">发行人/
上市公司</td><td>发行文件隐瞒重要事实或者编造重大虚假内容</td></tr>
<tr><td>擅自改动注册申请文件、信息披露资料或者其他已提交文件</td></tr>
<tr><td>注册申请文件存在虚假记载、误导性陈述或者重大遗漏</td></tr>
<tr><td>注册申请文件或者信息披露资料存在相互矛盾或者同一事实表述不一致且有实质性差异</td></tr>
<tr><td>未及时报告或者未及时披露重大事项</td></tr>
<tr><td>伪造或者变造发行人及其董事、监事、高级管理人员、控股股东、实际控制人的签字、盖章</td></tr>
<tr><td rowspan="3">发行人/上市公司
的控股股东
或实控人</td><td>控股股东或实控人违反规定，致使注册申请文件和披露的信息存在虚假记载、误导性陈述或者重大遗漏</td></tr>
<tr><td>违反规定，组织、指使发行人/上市公司进行财务造假、利润操纵</td></tr>
<tr><td>在证券发行文件中隐瞒重要事实或编造重大虚假内容的</td></tr>
<tr><td>董事、监事、
高级管理人员</td><td>违反规定，致使发行人/上市公司所报送的注册申请文件和披露的信息存在虚假记载、误导性陈述或者重大遗漏</td></tr>
</table>

二、欺诈发行证券行为法律责任清单

（一）行政责任清单

欺诈发行证券行政违法行为	行政责任		
	发行人/上市公司	直接负责的主管人员和其他直接责任人员	发行人的控股股东、实际控制人
发行人在其公告的证券发行文件中隐瞒重要事实或者编造重大虚假内容	尚未发行证券的，处以200万元以上2000万元以下的罚款；已经发行证券的，处以非法所募资金金额10%以上1倍以下的罚款	对直接负责的主管人员和其他直接责任人员，处以100万元以上1000万元以下的罚款	发行人的控股股东、实际控制人组织、指使从事前款违法行为的，没收违法所得，并处以违法所得10%以上1倍以下的罚款；没有违法所得或者违法所得不足2000万元的，处以200万元以上2000万元以下的罚款。对直接负责的主管人员和其他直接责任人员，处以100万元以上1000万元以下的罚款

（二）刑事责任清单

欺诈发行证券刑事犯罪行为	刑事责任		
	行为人	控股股东/实控人	单位犯罪
在招股说明书、认股书、公司、企业债券募集办法等发行文件中隐瞒重要事实或者编造重大虚假内容，发行股票或者公司、企业债券、存托凭证或者国务院依法认定的其他证券	数额巨大、后果严重或者有其他严重情节的，处5年以下有期徒刑或者拘役，并处或者单处罚金；数额特别巨大、后果特别严重或者有其他特别严重情节的，处5年以上有期徒刑，并处罚金	控股股东、实际控制人组织、指使实施欺诈发行证券犯罪行为的，处5年以下有期徒刑或者拘役，并处或者单处非法募集资金金额20%以上1倍以下罚金；数额特别巨大、后果特别严重或者有其他特别严重情节的，处5年以上有期徒刑，并处非法募集资金金额20%以上1倍以下罚金	前述行为人、控股股东/实控人是单位的，对单位判处非法募集资金金额20%以上1倍以下罚金，并对其直接负责的主管人员和其他直接责任人员，依照行为人的法律责任进行处罚

第二节　欺诈发行证券行为行政合规风险

一、发行人或上市公司的行政法律责任

★《证券法》(2019)

第二十四条　国务院证券监督管理机构或者国务院授权的部门对已作出的证券发行注册的决定，发现不符合法定条件或者法定程序，尚未发行证券的，应当予以撤销，停止发行。已经发行尚未上市的，撤销发行注册决定，发行人应当按照发行价并加算银行同期存

款利息返还证券持有人；发行人的控股股东、实际控制人以及保荐人，应当与发行人承担连带责任，但是能够证明自己没有过错的除外。

股票的发行人在招股说明书等证券发行文件中隐瞒重要事实或者编造重大虚假内容，已经发行并上市的，国务院证券监督管理机构可以责令发行人回购证券，或者责令负有责任的控股股东、实际控制人买回证券。

第一百八十一条第一款　发行人在其公告的证券发行文件中隐瞒重要事实或者编造重大虚假内容，尚未发行证券的，处以二百万元以上二千万元以下的罚款；已经发行证券的，处以非法所募资金金额百分之十以上一倍以下的罚款。对直接负责的主管人员和其他直接责任人员，处以一百万元以上一千万元以下的罚款。

（一）对沪深交易所上市公司的监管规定

★《首次公开发行股票注册管理办法》（2023）

第五十八条　发行人在证券发行文件中隐瞒重要事实或者编造重大虚假内容的，中国证监会可以对有关责任人员采取证券市场禁入的措施。

第五十九条　发行人存在本办法第三十一条第（三）项、第（四）项、第（五）项规定的情形，重大事项未报告、未披露，或者发行人及其董事、监事、高级管理人员、控股股东、实际控制人的签字、盖章系伪造或者变造的，中国证监会可以对有关责任人员采取证券市场禁入的措施。

★《上市公司证券发行注册管理办法》（2023）

第七十一条　上市公司在证券发行文件中隐瞒重要事实或者编造重大虚假内容的，中国证监会可以对有关责任人员采取证券市场禁入的措施。

第七十二条第一项、第四项、第五项　存在下列情形之一的，中国证监会可以对上市公司有关责任人员采取证券市场禁入的措施：

（一）申请文件存在虚假记载、误导性陈述或者重大遗漏；

（四）重大事项未报告、未披露；

（五）上市公司及其董事、监事、高级管理人员、控股股东、实际控制人的签名、盖章系伪造或者变造。

（二）对北交所上市公司的监管规定

★《北京证券交易所向不特定合格投资者公开发行股票注册管理办法》（2023）

第四十七条　发行人在发行股票文件中隐瞒重要事实或者编造重大虚假内容的，中国证监会可以视情节轻重，对发行人及相关责任人员依法采取责令改正、监管谈话、出具警示函等监管措施；情节严重的，可以对相关责任人员采取证券市场禁入的措施。

★《北京证券交易所上市公司证券发行注册管理办法》（2023）

第六十三条　上市公司在证券发行文件中隐瞒重要事实或者编造重大虚假内容的，中国证监会可以视情节轻重，对上市公司及相关责任人员依法采取责令改正、监管谈话、出具警示函等监管措施；情节严重的，可以对相关责任人员采取证券市场禁入的措施。

第六十六条第三项至第五项　上市公司、证券服务机构存在以下情形之一的，中国证监会可以视情节轻重，依法采取责令改正、监管谈话、出具警示函等监管措施；情节严重的，可以对相关责任人员采取证券市场禁入的措施：

（三）注册申请文件或者信息披露资料存在相互矛盾或者同一事实表述不一致且有实质性差异；

（四）文件披露的内容表述不清，逻辑混乱，严重影响投资者理解；

（五）未及时报告或者未及时披露重大事项。

二、实控人、控股股东的行政法律责任

★《证券法》(2019)

第二十四条　国务院证券监督管理机构或者国务院授权的部门对已作出的证券发行注册的决定，发现不符合法定条件或者法定程序，尚未发行证券的，应当予以撤销，停止发行。已经发行尚未上市的，撤销发行注册决定，发行人应当按照发行价并加算银行同期存款利息返还证券持有人；发行人的控股股东、实际控制人以及保荐人，应当与发行人承担连带责任，但是能够证明自己没有过错的除外。

股票的发行人在招股说明书等证券发行文件中隐瞒重要事实或者编造重大虚假内容，已经发行并上市的，国务院证券监督管理机构可以责令发行人回购证券，或者责令负有责任的控股股东、实际控制人买回证券。

第一百八十一条第二款　发行人的控股股东、实际控制人组织、指使从事前款违法行为的，没收违法所得，并处以违法所得百分之十以上一倍以下的罚款；没有违法所得或者违法所得不足二千万元的，处以二百万元以上二千万元以下的罚款。对直接负责的主管人员和其他直接责任人员，处以一百万元以上一千万元以下的罚款。

（一）对沪深交易所上市公司的监管规定

★《首次公开发行股票注册管理办法》(2023)

第六十条第一款　发行人的控股股东、实际控制人违反本办法规定，致使发行人所报送的注册申请文件和披露的信息存在虚假记载、误导性陈述或者重大遗漏，或者组织、指使发行人进行财务造假、利润操纵或者在证券发行文件中隐瞒重要事实或编造重大虚假内容的，中国证监会可以对有关责任人员采取证券市场禁入的措施。

第六十六条　发行人及其控股股东和实际控制人、董事、监事、高级管理人员，保荐人、承销商、证券服务机构及其相关执业人员，在股票公开发行并上市相关的活动中存在其他违反本办法规定行为的，中国证监会视情节轻重，可以采取责令改正、监管谈话、出具警示函、责令公开说明、责令定期报告等监管措施；情节严重的，可以对有关责任人员采取证券市场禁入的措施。

第六十七条　发行人及其控股股东、实际控制人、保荐人、证券服务机构及其相关人员违反《中华人民共和国证券法》依法应予以行政处罚的，中国证监会将依法予以处罚；涉嫌犯罪的，依法移送司法机关，追究其刑事责任。

★《上市公司证券发行注册管理办法》(2023)

第七十一条　上市公司在证券发行文件中隐瞒重要事实或者编造重大虚假内容的，中

国证监会可以对有关责任人员采取证券市场禁入的措施。

第七十二条第一项、第四项、第五项　存在下列情形之一的，中国证监会可以对上市公司有关责任人员采取证券市场禁入的措施：

（一）申请文件存在虚假记载、误导性陈述或者重大遗漏；

（四）重大事项未报告、未披露；

（五）上市公司及其董事、监事、高级管理人员、控股股东、实际控制人的签名、盖章系伪造或者变造。

第七十三条第一款　上市公司控股股东、实际控制人违反本办法的规定，致使上市公司所报送的申请文件和披露的信息存在虚假记载、误导性陈述或者重大遗漏，或者组织、指使上市公司进行财务造假、利润操纵或者在证券发行文件中隐瞒重要事实或者编造重大虚假内容的，中国证监会视情节轻重，可以对有关责任人员采取证券市场禁入的措施。

（二）对北交所上市公司的监管规定

★《北京证券交易所向不特定合格投资者公开发行股票注册管理办法》（2023）

第四十八条第一款　发行人的控股股东、实际控制人违反本办法规定，致使发行人所报送的注册申请文件和披露的信息存在虚假记载、误导性陈述或者重大遗漏，或者组织、指使发行人进行财务造假、利润操纵或者在发行股票文件中隐瞒重要事实或编造重大虚假内容的，中国证监会可以视情节轻重，依法采取责令改正、监管谈话、出具警示函等监管措施；情节严重的，可以对相关责任人员采取证券市场禁入的措施。

★《北京证券交易所上市公司证券发行注册管理办法》（2023）

第六十四条第一款　上市公司的控股股东、实际控制人违反本办法规定，致使上市公司报送的注册申请文件和披露的信息存在虚假记载、误导性陈述或者重大遗漏，或者组织、指使上市公司进行财务造假、利润操纵或者在发行证券文件中隐瞒重要事实或编造重大虚假内容的，中国证监会可以视情节轻重，依法采取责令改正、监管谈话、出具警示函等监管措施；情节严重的，可以对相关责任人员采取证券市场禁入的措施。

三、法定代表人、董事、监事、高级管理人员的行政法律责任

（一）对沪深交易所上市公司的监管规定

★《首次公开发行股票注册管理办法》（2023）

第六十条第二款　发行人的董事、监事和高级管理人员及其他信息披露义务人违反本办法规定，致使发行人所报送的注册申请文件和披露的信息存在虚假记载、误导性陈述或者重大遗漏的，中国证监会视情节轻重，可以对有关责任人员采取责令改正、监管谈话、出具警示函等监管措施；情节严重的，可以采取证券市场禁入的措施。

第六十六条　发行人及其控股股东和实际控制人、董事、监事、高级管理人员，保荐人、承销商、证券服务机构及其相关执业人员，在股票公开发行并上市相关的活动中存在其他违反本办法规定行为的，中国证监会视情节轻重，可以采取责令改正、监管谈话、出具警示函、责令公开说明、责令定期报告等监管措施；情节严重的，可以对有关责任人员采取证券市场禁入的措施。

★《上市公司证券发行注册管理办法》(2023)

第七十一条　上市公司在证券发行文件中隐瞒重要事实或者编造重大虚假内容的，中国证监会可以对有关责任人员采取证券市场禁入的措施。

第七十二条第一项、第四项、第五项　存在下列情形之一的，中国证监会可以对上市公司有关责任人员采取证券市场禁入的措施：

（一）申请文件存在虚假记载、误导性陈述或者重大遗漏；

（四）重大事项未报告、未披露；

（五）上市公司及其董事、监事、高级管理人员、控股股东、实际控制人的签名、盖章系伪造或者变造。

第七十三条第二款　上市公司董事、监事和高级管理人员违反本办法规定，致使上市公司所报送的申请文件和披露的信息存在虚假记载、误导性陈述或者重大遗漏的，中国证监会视情节轻重，可以对有关责任人员采取责令改正、监管谈话、出具警示函等监管措施；情节严重的，可以采取证券市场禁入的措施。

（二）对北交所上市公司的监管规定

★《北京证券交易所向不特定合格投资者公开发行股票注册管理办法》(2023)

第四十八条第二款　发行人的董事、监事和高级管理人员违反本办法规定，致使发行人所报送的注册申请文件和披露的信息存在虚假记载、误导性陈述或者重大遗漏的，中国证监会可以视情节轻重，依法采取责令改正、监管谈话、出具警示函等监管措施，或者采取证券市场禁入的措施。

★《北京证券交易所上市公司证券发行注册管理办法》(2023)

第六十四条第二款　上市公司的董事、监事和高级管理人员违反本办法规定，致使上市公司报送的注册申请文件和披露的信息存在虚假记载、误导性陈述或者重大遗漏的，中国证监会可以视情节轻重，依法采取责令改正、监管谈话、出具警示函等监管措施，或者采取证券市场禁入的措施。

第三节　欺诈发行证券行为刑事合规风险

一、刑法分则关于欺诈发行证券罪的规定

★《刑法》(2023)

第一百六十条　在招股说明书、认股书、公司、企业债券募集办法等发行文件中隐瞒重要事实或者编造重大虚假内容，发行股票或者公司、企业债券、存托凭证或者国务院依法认定的其他证券，数额巨大、后果严重或者有其他严重情节的，处五年以下有期徒刑或者拘役，并处或者单处罚金；数额特别巨大、后果特别严重或者有其他特别严重情节的，处五年以上有期徒刑，并处罚金。

控股股东、实际控制人组织、指使实施前款行为的，处五年以下有期徒刑或者拘役，并处或者单处非法募集资金金额百分之二十以上一倍以下罚金；数额特别巨大、后果特别

严重或者有其他特别严重情节的，处五年以上有期徒刑，并处非法募集资金金额百分之二十以上一倍以下罚金。

单位犯前两款罪的，对单位判处非法募集资金金额百分之二十以上一倍以下罚金，并对其直接负责的主管人员和其他直接责任人员，依照第一款的规定处罚。

二、欺诈发行证券罪的立案追诉标准

★《最高人民检察院、公安部关于公安机关管辖的刑事案件立案追诉标准的规定（二）》（2022）

第五条　［欺诈发行证券案（刑法第一百六十条）］在招股说明书、认股书、公司、企业债券募集办法等发行文件中隐瞒重要事实或者编造重大虚假内容，发行股票或者公司、企业债券、存托凭证或者国务院依法认定的其他证券，涉嫌下列情形之一的，应予立案追诉：

（一）非法募集资金金额在一千万元以上的；

（二）虚增或者虚减资产达到当期资产总额百分之三十以上的；

（三）虚增或者虚减营业收入达到当期营业收入总额百分之三十以上的；

（四）虚增或者虚减利润达到当期利润总额百分之三十以上的；

（五）隐瞒或者编造的重大诉讼、仲裁、担保、关联交易或者其他重大事项所涉及的数额或者连续十二个月的累计数额达到最近一期披露的净资产百分之五十以上的；

（六）造成投资者直接经济损失数额累计在一百万元以上的；

（七）为欺诈发行证券而伪造、变造国家机关公文、有效证明文件或者相关凭证、单据的；

（八）为欺诈发行证券向负有金融监督管理职责的单位或者人员行贿的；

（九）募集的资金全部或者主要用于违法犯罪活动的；

（十）其他后果严重或者有其他严重情节的情形。

第三章　信息披露违法行为行政合规与刑事合规风险

第一节　信息披露违法行为行政合规与刑事合规风险概述

一、信息披露违法行为风险类别

序号	风险类别	风险内涵
1	未按照规定披露信息的信息披露违法风险	信息披露义务人未按照法律、行政法规、规章和规范性文件，以及证券交易所业务规则规定的信息披露（包括报告，下同）期限、方式等要求及时、公平披露信息
2	披露的信息有虚假记载的信息披露违法风险	信息披露义务人在信息披露文件中对所披露内容进行不真实记载，包括发生业务不入账、虚构业务入账、不按照相关规定进行会计核算和编制财务会计报告，以及其他在信息披露中记载的事实与真实情况不符
3	披露的信息有误导性陈述的信息披露违法风险	信息披露义务人在信息披露文件中或者通过其他信息发布渠道、载体，作出不完整、不准确陈述，致使或者可能致使投资者对其投资行为发生错误判断
4	披露的信息有重大遗漏的信息披露违法风险	信息披露义务人在信息披露文件中未按照法律、行政法规、规章和规范性文件以及证券交易所业务规则关于重大事件或者重要事项信息披露要求披露信息，遗漏重大事项

二、信息披露违法行为的具体情形

风险类别	信息披露违法风险	风险内涵
与股东或股权有关的信息披露违法风险	未如实披露持股5%以上的股东发生较大变化的信息披露违法风险	上市公司作为公众公司，股权分散是重要特征，《证券法》将持股5%作为区分股东持股大小的标准，持股5%以上股份的重要股东、控股股东、实际控制人的变动会较大程度影响公司的生产经营状况，进而造成股票价格的较大波动，因此应当及时进行临时报告，否则存在信息披露违法风险
	未如实披露实控人持股或者控制公司情况发生较大变化的信息披露违法风险	

续表

风险类别	信息披露违法风险	风险内涵
与股东或股权有关的信息披露违法风险	未如实披露重要股东权利受限的信息披露违法风险	股东权利受限的情形包括法院裁决禁止控股股东转让其所持股份；任一股东所持公司百分之五以上股份被质押、冻结、司法拍卖、托管、设定信托或者被依法限制表决权等，或者出现被强制过户风险。重要股东的股东权利受限会对公司部分股份的权利行使产生障碍，会较大程度影响公司的生产经营状况，进而造成股票价格的较大波动，因此应当及时进行临时报告，否则存在信息披露违法风险
	未如实披露实控人及其控制的其他企业从事与公司相同或相似业务情况发生较大变化的信息披露违法风险	实际控制人是指虽不是公司的股东，但通过投资关系、协议或者其他安排，能够实际支配公司行为的人。实控人作为能够实际支配公司行为，左右公司重大决策的人，其从事的与公司相同或者相似业务将会对公司的外部生产竞争环境产生较大影响，进而影响公司股票价格，因此应当及时进行临时报告，否则存在信息披露违法风险
	未如实披露分配股利计划的信息披露违法风险	分配股利即向股东分配公司利润，这是上市公司盈利能力的重要体现，也是股票交易的重要参考，因此分配股利计划会直接对股票价格产生影响，可能产生较大波动，因此上市公司应当及时进行临时报告，否则存在信息披露违法风险
	未如实披露公司合并、分立决定的信息披露违法风险	公司的合并与分立意味着公司资产发生重大变化，对公司生产经营和业务范围都会产生重大影响，进而可能造成股票价格产生较大波动，因此上市公司应当及时进行临时报告，否则存在信息披露违法风险
	未如实披露股权结构的重要变化的信息披露违法风险	增资、减资、开展股权激励、回购股份意味着公司注册资本的变化，必然造成股权结构的变化。股权结构的重要变化会自内而外地在决策层面对公司经营产生影响，进而可能对股票价格产生较大影响，因此上市公司应当及时进行临时报告，否则存在信息披露违法风险
	未如实披露开展股权激励的信息披露违法风险	
	未如实披露开展回购股份的信息披露违法风险	
	未如实披露增资计划或减资决定的信息披露违法风险	

续表

风险类别	信息披露违法风险	风险内涵
与股东或股权有关的信息披露违法风险	未如实披露公司解散决定的信息披露违法风险	公司解散、破产、被责令关闭都意味着公司主体资格的消灭，是对公司价值的最负面评价，意味着股票将无法存续，股票价格必然遭到重挫，因此上市公司应当及时进行临时报告，否则存在信息披露违法风险
	未如实披露申请破产的决定或进入破产程序的信息披露违法风险	
	未如实披露公司被责令关闭信息的信息披露违法风险	
	未如实披露股东权益为负值的信息披露违法风险	股东权益为负意味着公司处于资不抵债状态，是对公司股票价值的重大利空，会直接影响到股票价格，因此上市公司应当及时进行临时报告，否则存在信息披露违法风险
与经营状况相关的信息披露法律风险	未如实披露经营方针和经营范围重大变化的信息披露违法风险	经营方针是指公司进行经营活动的方向和最终要达到的目标。经营范围是指公司生产经营的商品类别、品种及服务项目，反映企业法人业务活动的内容和生产经营方向。公司经营方针和经营范围的重大变化会导致公司未来的经营状况缺乏可预测性，可能会较大地影响股票价格，因此应当及时进行临时报告，否则存在信息披露违法风险
	未如实披露重大亏损或重大损失的信息披露违法风险	重大亏损或损失会对公司的经营状况和盈利能力产生重要影响，进一步影响股东的利益，证券市场表现就是股票价格的利空，股票价格可能产生较大波动，因此应当及时进行临时报告，否则存在信息披露违法风险
与外部因素相关的信息披露违法风险	未如实披露外部规定对公司重大影响的信息披露违法风险	外部的监管规定、外部的生产经营条件发生重大变化，是影响公司生产经营的重要因素，会导致公司面临的生产经营环境发生重大变化，会影响到公司的持续经营和盈利，可能会对公司股票价格产生较大影响，因此应当及时进行临时报告，否则存在信息披露违法风险
	未如实披露生产经营的外部条件发生重大变化的信息披露违法风险	
与资产相关的信息披露法律风险	未如实披露重大投资或重大资产处置行为的信息披露违法风险	公司的重大投资行为是指公司在一年内购买、出售重大资产超过公司资产总额30%；重大资产处置是指公司营业用主要资产的抵押、质押、出售或者报废一次超过该资产的30%。公司重大的对外投资行为和资产处置行为都会对公司的经营能力产生影响，进一步对股票价格产生较大影响，应当及时进行临时报告，否则存在信息披露违法风险

续表

风险类别	信息披露违法风险	风险内涵
与资产相关的信息披露法律风险	未如实披露开展重大资产重组的信息披露违法风险	重大资产重组是指上市公司及其控股或者控制的公司在日常经营活动之外购买、出售资产或者通过其他方式进行资产交易达到规定的标准，导致上市公司的主营业务、资产、收入发生重大变化的资产交易行为。重大资产重组将会直接导致上市公司业务、资产、收入发生重大变化，表现在证券市场就可能会带来股票价格的大幅波动，应当及时进行临时报告，否则存在信息披露违法风险
	未如实披露开展资产分拆上市或挂牌的信息披露违法风险	上市公司开展资产分拆上市或挂牌是指上市公司分拆所属子公司在境内外独立上市或挂牌的行为。子公司的分拆上市和挂牌是子公司的重要融资行为，会大幅影响上市公司的经营状况和盈利能力，进而可能会对上市公司的股票产生较大影响，应当及时进行临时报告，否则存在信息披露违法风险
	未如实披露主要资产或主要银行账户受限的信息披露违法风险	上市公司主要资产或银行账户受限，意味着上市公司经营可用的资产发生重大变化，影响上市公司的经营能力，进而可能会对上市公司的股票产生较大影响，应当及时进行临时报告，否则存在信息披露违法风险
与人员变动相关的信息披露违法风险	未如实披露董监高发生变动的信息披露违法风险	董监高等上市公司重要人员是上市公司经营活动的决策者和执行者，其能否正常履职关系到公司的正常平稳运转，董监高的人员变动或无法履职会直接影响公司的稳定经营，可能会对股票价格产生较大影响，应当及时进行临时报告，否则存在信息披露违法风险
	未如实披露董监高无法履职的信息披露违法风险	
与商业交易相关的信息披露违法风险	未如实披露订立重要合同的信息披露违法风险	订立重要合同、提供重大担保、进行关联交易如果可能对公司的资产、负债、权益、经营成果产生重要影响，将会直接影响公司的经营状况和经营成果，是直接影响股票价格的因素，因此应当及时进行临时报告，否则存在信息披露违法风险
	未如实披露提供重大担保的信息披露违法风险	
	未如实披露关联交易的信息披露违法风险	
与债务相关的信息披露违法风险	未如实披露重大债务或重大债务违约的信息披露违法风险	公司的负债情况、偿债能力、债权清偿的预期等均影响直接公司的经营能力，负债的大幅增加、偿债能力的严重减弱甚至债务违约、主要债务人的偿债能力的恶化，均会对股票价格的预期造成严重冲击，因此应当及时进行临时报告，否则存在信息披露违法风险
	未如实披露主要债务人偿债能力严重恶化的信息披露违法风险	

续表

风险类别	信息披露违法风险	风险内涵
与行政处罚、民事诉讼或仲裁、刑事责任、职务违法犯罪相关的信息披露违法风险	未如实披露发生重大诉讼或仲裁的信息披露违法风险	诉讼或仲裁结果对上市公司的各项权利义务具有直接的影响，其结果具有强制性，重大的诉讼或仲裁结果会直接影响股票价格，因此应当及时进行临时报告，否则存在信息披露违法风险
	未如实披露公司或重要人员涉及刑事法律风险的信息披露违法风险	上市公司涉及刑事风险或被刑事处罚会直接影响公司的日常生产、各项资质、商业信誉、投融资活动等各种经济活动的开展，直接表现就是股票价格的波动。上市公司重要人员包括控股股东、实际控制人、董监高，上述人员是上市公司经营活动的决策者和执行者，无论是被面临何种法律风险（采取刑事强制措施；被追究何种刑事责任；被行政处罚、被纪检监察机关留置），都会对其履职能力产生影响，并进一步传导到公司的经营活动中，表现为对公司股票价格的影响。发生上述事项，应当及时进行临时报告，否则存在信息披露违法风险
	未如实披露公司或重要人员被刑事处罚的信息披露违法风险	
	未如实披露公司或重要人员涉及行政处罚法律风险的信息披露违法风险	
	未如实披露公司重要人员被纪检监察机关留置的信息披露违法风险	
未如实披露可能影响债券价格的重大事件的信息披露违法风险	未如实披露公司股权重大变化的信息披露违法风险	对于发行债券的上市公司，《证券法》第 81 条列举可能对公司债券价格产生较大影响的重大事件，上市公司应当及时进行临时报告，否则存在信息披露违法风险
	未如实披露生产经营状况发生重大变化的信息披露违法风险	
	未如实披露公司债券信用评级的信息披露违法风险	
	未如实披露公司重大资产处置的信息披露违法风险	
	未如实披露债务违约的信息披露违法风险	
	未如实披露新增借款的信息披露违法风险	
	未如实披露新增对外担保的信息披露违法风险	
	未如实披露放弃债权或财产的信息披露违法风险	
	未如实披露发生重大损失的信息披露违法风险	
	未如实披露公司减资、合并、分立的决定的信息披露违法风险	

续表

风险类别	信息披露违法风险	风险内涵
	未如实披露申请破产的决定或进入破产程序的信息披露违法风险	
	未如实披露发生重大诉讼或仲裁的信息披露违法风险	
	未如实披露公司或重要人员涉及刑事法律风险的信息披露违法风险	
其他信息披露违法风险	未如实披露会计师事务所变动的信息披露违法风险	上市公司的年度报告是对上市公司上一年度的经营、财务等情况的汇总，受到监管及市场的高度关注。会计师事务所出具的年度审计报告是年度报告的重要组成部分，因此对于出具专业审计意见的会计师事务所的变更通常会引发市场的广泛关注，是可能对股票价格产生重大影响的关键因素，应当及时进行临时报告，否则存在信息披露违法风险
	未如实披露会计政策、会计估计重大自主变更的信息披露违法风险	会计政策和会计估计的重大自主变更，将会对上市公司的财务数据产生影响，进而可能造成股票价格的大幅波动，应当及时进行临时报告，否则存在信息披露违法风险
	未如实披露已披露的错误信息被决定更正的信息披露违法风险	对已披露信息的更正，会对已公布的上市公司信息进行覆盖，是对市场信息的修正，会直接影响证券市场决策的底层信息和交易决策，进而可能造成股票价格的大幅波动，应当及时进行临时报告，否则存在信息披露违法风险
	未如实披露股东大会或董事会决议被撤销或宣告无效的信息披露违法风险	《公司法》第25、26、28条明确规定了股东大会或董事会决议被撤销或宣告无效的情形，股东大会或董事会决议被撤销或宣告无效，会对公司生产经营活动产生影响，进一步对股票价格产生较大影响，应当及时进行临时报告，否则存在信息披露违法风险

三、信息披露违法行为法律责任清单

（一）行政责任清单

信息披露行政违法行为	行政责任		
	信息披露义务人	直接负责的主管人员和其他直接责任人员	发行人的控股股东、实际控制人
未按照本法规定报送有关报告或者履行信息披露义务	警告，并处以50万元以上500万元以下的罚款	警告，并处以20万元以上200万元以下的罚款	发行人的控股股东、实际控制人组织、指使从事上述违法行为，或者隐瞒相关事项导致发生上述情形的，处以50万元以上500万元以下的罚款；对直接负责的主管人员和其他直接责任人员，处以20万元以上200万元以下的罚款
报送的报告或者披露的信息有虚假记载、误导性陈述或者重大遗漏	警告，并处以100万元以上1000万元以下的罚款	警告，并处以50万元以上500万元以下的罚款	发行人的控股股东、实际控制人组织、指使从事上述违法行为，或者隐瞒相关事项导致发生上述情形的，处以100万元以上1000万元以下的罚款；对直接负责的主管人员和其他直接责任人员，处以50万元以上500万元以下的罚款

（二）刑事责任清单

信息披露刑事犯罪行为	刑事责任		
	依法负有信息披露义务的公司、企业	直接负责的主管人员和其他直接责任人员	依法负有信息披露义务的公司、企业的控股股东、实际控制人及其直接负责的主管人员和其他直接责任人员
依法负有信息披露义务的公司、企业向股东和社会公众提供虚假的或者隐瞒重要事实的财务会计报告，或者对依法应当披露的其他重要信息不按照规定披露	不追究刑事法律责任	严重损害股东或者其他人利益，或者有其他严重情节的，处5年以下有期徒刑或者拘役，并处或者单处罚金；情节特别严重的，处5年以上10年以下有期徒刑，并处罚金	依法负有信息披露义务的公司、企业的控股股东、实际控制人实施或者组织、指使实施前述行为的，或者隐瞒相关事项导致前述规定的情形发生的，依照前述直接负责的主管人员和其他直接责任人员处罚；控股股东、实际控制人是单位的，对单位判处罚金，并对其直接负责的主管人员和其他直接责任人员，依照前述直接负责的主管人员和其他直接责任人员处罚

第二节 信息披露违法行为行政合规风险

一、信息披露违法行为类别

（一）未按照规定披露信息的

★《信息披露违法行为行政责任认定规则》（2011）

第七条 信息披露义务人未按照法律、行政法规、规章和规范性文件，以及证券交易所业务规则规定的信息披露（包括报告，下同）期限、方式等要求及时、公平披露信息，应当认定构成未按照规定披露信息的信息披露违法行为。

（二）披露信息有虚假记载的

★《信息披露违法行为行政责任认定规则》（2011）

第八条 信息披露义务人在信息披露文件中对所披露内容进行不真实记载，包括发生业务不入账、虚构业务入账、不按照相关规定进行会计核算和编制财务会计报告，以及其他在信息披露中记载的事实与真实情况不符的，应当认定构成所披露的信息有虚假记载的信息披露违法行为。

（三）披露信息有误导性陈述的

★《信息披露违法行为行政责任认定规则》（2011）

第九条 信息披露义务人在信息披露文件中或者通过其他信息发布渠道、载体，作出不完整、不准确陈述，致使或者可能致使投资者对其投资行为发生错误判断的，应当认定构成所披露的信息有误导性陈述的信息披露违法行为。

（四）披露信息有重大遗漏的

★《信息披露违法行为行政责任认定规则》（2011）

第十条 信息披露义务人在信息披露文件中未按照法律、行政法规、规章和规范性文件以及证券交易所业务规则关于重大事件或者重要事项信息披露要求披露信息，遗漏重大事项的，应当认定构成所披露的信息有重大遗漏的信息披露违法行为。

二、信息披露违法行为行政责任

★《证券法》（2019）

第一百九十七条 信息披露义务人未按照本法规定报送有关报告或者履行信息披露义务的，责令改正，给予警告，并处以五十万元以上五百万元以下的罚款；对直接负责的主管人员和其他直接责任人员给予警告，并处以二十万元以上二百万元以下的罚款。发行人的控股股东、实际控制人组织、指使从事上述违法行为，或者隐瞒相关事项导致发生上述情形的，处以五十万元以上五百万元以下的罚款；对直接负责的主管人员和其他直接责任人员，处以二十万元以上二百万元以下的罚款。

信息披露义务人报送的报告或者披露的信息有虚假记载、误导性陈述或者重大遗漏的，责令改正，给予警告，并处以一百万元以上一千万元以下的罚款；对直接负责的主管人员和其他直接责任人员给予警告，并处以五十万元以上五百万元以下的罚款。发行人的控股股东、实际控制人组织、指使从事上述违法行为，或者隐瞒相关事项导致发生上述情形的，处以一百万元以上一千万元以下的罚款；对直接负责的主管人员和其他直接责任人员，处以五十万元以上五百万元以下的罚款。

★《上市公司信息披露管理办法》(2021)

第五十二条　信息披露义务人及其董事、监事、高级管理人员违反本办法的，中国证监会为防范市场风险，维护市场秩序，可以采取以下监管措施：

（一）责令改正；

（二）监管谈话；

（三）出具警示函；

（四）责令公开说明；

（五）责令定期报告；

（六）责令暂停或者终止并购重组活动；

（七）依法可以采取的其他监管措施。

第五十三条　上市公司未按本办法规定制定上市公司信息披露事务管理制度的，由中国证监会责令改正；拒不改正的，给予警告并处国务院规定限额以下罚款。

第五十四条　信息披露义务人未按照《证券法》规定在规定期限内报送有关报告、履行信息披露义务，或者报送的报告、披露的信息有虚假记载、误导性陈述或者重大遗漏的，由中国证监会按照《证券法》第一百九十七条处罚。

上市公司通过隐瞒关联关系或者采取其他手段，规避信息披露、报告义务的，由中国证监会按照《证券法》第一百九十七条处罚。

第五十八条　上市公司董事、监事在董事会或者监事会审议、审核定期报告时投赞成票，又在定期报告披露时表示无法保证定期报告内容的真实性、准确性、完整性或者有异议的，中国证监会可以对相关人员给予警告并处国务院规定限额以下罚款；情节严重的，可以对有关责任人员采取证券市场禁入的措施。

★《信息披露违法行为行政责任认定规则》(2011)

第五条　信息披露违法行为情节严重，涉嫌犯罪的，证监会依法移送司法机关追究刑事责任。

依法给予行政处罚或者采取市场禁入措施的，按照规定记入证券期货诚信档案。

依法不予处罚或者市场禁入的，可以根据情节采取相应的行政监管措施并记入证券期货诚信档案。

三、信息披露违法行为行政责任认定

（一）信息披露义务人信息披露违法行为的责任审查认定

1. 信息披露义务人信息披露违法行为的责任审查认定

★《信息披露违法行为行政责任认定规则》(2011)

第十一条　信息披露义务人行为构成信息披露违法的，应当根据其违法行为的客观方面和主观方面等综合审查认定其责任。

（1）客观方面需要考虑的情形

★《信息披露违法行为行政责任认定规则》（2011）

第十二条　认定信息披露违法行为的客观方面通常要考虑以下情形：

（一）违法披露信息包括重大差错更正信息中虚增或者虚减资产、营业收入及净利润的数额及其占当期所披露数的比重，是否因此资不抵债，是否因此发生盈亏变化，是否因此满足证券发行、股权激励计划实施、利润承诺条件，是否因此避免被特别处理，是否因此满足取消特别处理要求，是否因此满足恢复上市交易条件等；

（二）未按照规定披露的重大担保、诉讼、仲裁、关联交易以及其他重大事项所涉及的数额及其占公司最近一期经审计总资产、净资产、营业收入的比重，未按照规定及时披露信息时间长短等；

（三）信息披露违法所涉及事项对投资者投资判断的影响大小；

（四）信息披露违法后果，包括是否导致欺诈发行、欺诈上市、骗取重大资产重组许可、收购要约豁免、暂停上市、终止上市，给上市公司、股东、债权人或者其他人造成直接损失数额大小，以及未按照规定披露信息造成该公司证券交易的异动程度等；

（五）信息披露违法的次数，是否多次提供虚假或者隐瞒重要事实的财务会计报告，或者多次对依法应当披露的其他重要信息不按照规定披露；

（六）社会影响的恶劣程度；

（七）其他需要考虑的情形。

（2）主观方面需要考虑的情形

★《信息披露违法行为行政责任认定规则》（2011）

第十三条　认定信息披露义务人信息披露违法主观方面通常要考虑以下情形：

（一）信息披露义务人为单位的，在单位内部是否存在违法共谋，信息披露违法所涉及的具体事项是否是经董事会、公司办公会等会议研究决定或者由负责人员决定实施的，是否只是单位内部个人行为造成的；

（二）信息披露义务人的主观状态，信息披露违法是否是故意的欺诈行为，是否是不够谨慎、疏忽大意的过失行为；

（三）信息披露违法行为发生后的态度，公司董事、监事、高级管理人员知道信息披露违法后是否继续掩饰，是否采取适当措施进行补救；

（四）与证券监管机构的配合程度，当发现信息披露违法后，公司董事、监事、高级管理人员是否向证监会报告，是否在调查中积极配合，是否对调查机关欺诈、隐瞒，是否有干扰、阻碍调查情况；

（五）其他需要考虑的情形。

2. 信息披露义务人其他违法行为引起的信息披露违法行为的责任审查认定

★《信息披露违法行为行政责任认定规则》（2011）

第十四条　其他违法行为引起信息披露义务人信息披露违法的，通常综合考虑以下情形认定责任：

（一）信息披露义务人是否存在过错，有无实施信息披露违法行为的故意，是否存在信息披露违法的过失；

（二）信息披露义务人是否因违法行为直接获益或者以其他方式获取利益，是否因违法行为止损或者避损，公司投资者是否因该项违法行为遭受重大损失；

（三）信息披露违法责任是否能被其他违法行为责任所吸收，认定其他违法行为行政责任、刑事责任是否能更好体现对违法行为的惩处；

（四）其他需要考虑的情形。

前款所称其他违法行为，包括上市公司的董事、监事、高级管理人员违背对公司的忠实义务，利用职务便利，操纵上市公司从事损害公司利益行为；上市公司的控股股东或者实际控制人，指使上市公司董事、监事、高级管理人员从事损害公司利益行为；上市公司董事、监事、高级管理人员和持股 5% 以上股东违法买卖公司股票行为；公司工作人员挪用资金、职务侵占等行为；配合证券市场内幕交易、操纵市场以及其他可能致使信息披露义务人信息披露违法的行为。

（二）信息披露违法行为责任人员[①]行政责任认定

1. 信息披露违法行为责任人员的范围

★《信息披露违法行为行政责任认定规则》(2011)

第十五条　发生信息披露违法行为的，依照法律、行政法规、规章规定，对负有保证信息披露真实、准确、完整、及时和公平义务的董事、监事、高级管理人员，应当视情形认定其为直接负责的主管人员或者其他直接责任人员承担行政责任，但其能够证明已尽忠实、勤勉义务，没有过错的除外。

第十七条　董事、监事、高级管理人员之外的其他人员，确有证据证明其行为与信息披露违法行为具有直接因果关系，包括实际承担或者履行董事、监事或者高级管理人员的职责，组织、参与、实施了公司信息披露违法行为或者直接导致信息披露违法的，应当视情形认定其为直接负责的主管人员或者其他直接责任人员。

第十八条　有证据证明因信息披露义务人受控股股东、实际控制人指使，未按照规定披露信息，或者所披露的信息有虚假记载、误导性陈述或者重大遗漏的，在认定信息披露义务人责任的同时，应当认定信息披露义务人控股股东、实际控制人的信息披露违法责任。信息披露义务人的控股股东、实际控制人是法人的，其负责人应当认定为直接负责的主管人员。

控股股东、实际控制人直接授意、指挥从事信息披露违法行为，或者隐瞒应当披露信息、不告知应当披露信息的，应当认定控股股东、实际控制人指使从事信息披露违法行为。

---

① 根据《信息披露违法行为行政责任认定规则》(2011) 第四章“信息披露违法行为责任人员及其责任认定”的规定，信息披露违法行为责任人员是指信息披露违法行为中的直接负责的主管人员或者其他直接责任人员。

2. 信息披露违法行为责任人员的责任认定

（1）责任认定情节

★《信息披露违法行为行政责任认定规则》(2011)

第十九条　信息披露违法责任人员的责任大小，可以从以下方面考虑责任人员与案件中认定的信息披露违法的事实、性质、情节、社会危害后果的关系，综合分析认定：

（一）在信息披露违法行为发生过程中所起的作用。对于认定的信息披露违法事项是起主要作用还是次要作用，是否组织、策划、参与、实施信息披露违法行为，是积极参加还是被动参加。

（二）知情程度和态度。对于信息披露违法所涉事项及其内容是否知情，是否反映、报告，是否采取措施有效避免或者减少损害后果，是否放任违法行为发生。

（三）职务、具体职责及履行职责情况。认定的信息披露违法事项是否与责任人员的职务、具体职责存在直接关系，责任人员是否忠实、勤勉履行职责，有无懈怠、放弃履行职责，是否履行职责预防、发现和阻止信息披露违法行为发生。

（四）专业背景。是否存在责任人员有专业背景，对于信息披露中与其专业背景有关违法事项应当发现而未予指出的情况，如专业会计人士对于会计问题、专业技术人员对于技术问题等未予指出。

（五）其他影响责任认定的情况。

（2）从轻或减轻处罚的考虑情形

★《信息披露违法行为行政责任认定规则》(2011)

第二十条　认定从轻或者减轻处罚的考虑情形：

（一）未直接参与信息披露违法行为；

（二）在信息披露违法行为被发现前，及时主动要求公司采取纠正措施或者向证券监管机构报告；

（三）在获悉公司信息披露违法后，向公司有关主管人员或者公司上级主管提出质疑并采取了适当措施；

（四）配合证券监管机构调查且有立功表现；

（五）受他人胁迫参与信息披露违法行为；

（六）其他需要考虑的情形。

（3）不予处罚的认定

★《信息披露违法行为行政责任认定规则》(2011)

第二十一条　认定为不予行政处罚的考虑情形：

（一）当事人对认定的信息披露违法事项提出具体异议记载于董事会、监事会、公司办公会会议记录等，并在上述会议中投反对票的；

（二）当事人在信息披露违法事实所涉及期间，由于不可抗力、失去人身自由等无法正常履行职责的；

（三）对公司信息披露违法行为不负有主要责任的人员在公司信息披露违法行为发生后

及时向公司和证券交易所、证券监管机构报告的；

（四）其他需要考虑的情形。

第二十二条　任何下列情形，不得单独作为不予处罚情形认定：

（一）不直接从事经营管理；

（二）能力不足、无相关职业背景；

（三）任职时间短、不了解情况；

（四）相信专业机构或者专业人员出具的意见和报告；

（五）受到股东、实际控制人控制或者其他外部干预。

（4）从重处罚的情形

★《信息披露违法行为行政责任认定规则》（2011）

第二十三条　下列情形认定为应当从重处罚情形：

（一）不配合证券监管机构监管，或者拒绝、阻碍证券监管机构及其工作人员执法，甚至以暴力、威胁及其他手段干扰执法；

（二）在信息披露违法案件中变造、隐瞒、毁灭证据，或者提供伪证，妨碍调查；

（三）两次以上违反信息披露规定并受到行政处罚或者证券交易所纪律处分；

（四）在信息披露上有不良诚信记录并记入证券期货诚信档案；

（五）证监会认定的其他情形。

第三节　信息披露违法行为刑事合规风险

一、刑法分则关于违规披露、不披露重要信息罪的规定

★《刑法》（2023）

第一百六十一条　依法负有信息披露义务的公司、企业向股东和社会公众提供虚假的或者隐瞒重要事实的财务会计报告，或者对依法应当披露的其他重要信息不按照规定披露，严重损害股东或者其他人利益，或者有其他严重情节的，对其直接负责的主管人员和其他直接责任人员，处五年以下有期徒刑或者拘役，并处或者单处罚金；情节特别严重的，处五年以上十年以下有期徒刑，并处罚金。

前款规定的公司、企业的控股股东、实际控制人实施或者组织、指使实施前款行为的，或者隐瞒相关事项导致前款规定的情形发生的，依照前款的规定处罚。

犯前款罪的控股股东、实际控制人是单位的，对单位判处罚金，并对其直接负责的主管人员和其他直接责任人员，依照第一款的规定处罚。

二、违规披露、不披露重要信息罪的立案追诉标准

★《最高人民检察院、公安部关于公安机关管辖的刑事案件立案追诉标准的规定（二）》（2022）

第六条　［违规披露、不披露重要信息案（刑法第一百六十一条）］依法负有信息披露义务的公司、企业向股东和社会公众提供虚假的或者隐瞒重要事实的财务会计报告，或者

对依法应当披露的其他重要信息不按照规定披露，涉嫌下列情形之一的，应予立案追诉：

（一）造成股东、债权人或者其他人直接经济损失数额累计在一百万元以上的；

（二）虚增或者虚减资产达到当期披露的资产总额百分之三十以上的；

（三）虚增或者虚减营业收入达到当期披露的营业收入总额百分之三十以上的；

（四）虚增或者虚减利润达到当期披露的利润总额百分之三十以上的；

（五）未按照规定披露的重大诉讼、仲裁、担保、关联交易或者其他重大事项所涉及的数额或者连续十二个月的累计数额达到最近一期披露的净资产百分之五十以上的；

（六）致使不符合发行条件的公司、企业骗取发行核准或者注册并且上市交易的；

（七）致使公司、企业发行的股票或者公司、企业债券、存托凭证或者国务院依法认定的其他证券被终止上市交易的；

（八）在公司财务会计报告中将亏损披露为盈利，或者将盈利披露为亏损的；

（九）多次提供虚假的或者隐瞒重要事实的财务会计报告，或者多次对依法应当披露的其他重要信息不按照规定披露的；

（十）其他严重损害股东、债权人或者其他人利益，或者有其他严重情节的情形。

第四章　内幕交易行为行政合规与刑事合规风险

第一节　内幕交易行为行政合规与刑事合规风险概述

一、内幕交易行为合规风险类别

序号	风险类别	风险内涵
1	内幕交易	内幕交易违法行为是指内幕信息知情人或非法获取内幕信息的人，在内幕信息公开前，交易内幕信息涉及的公司证券的行为，这是内幕交易违法行为最典型的一种表现方式，是否构成内幕交易与交易决策是否依据该内幕信息、是否以获利或避损为目的、交易行为是否获利无关
2	泄露内幕信息	泄露内幕信息违法行为是指内幕信息知情人或非法获取内幕信息的人将其获取的内幕信息泄露给他人的行为
3	内幕人建议他人买卖证券	内幕人建议他人买卖证券的违法行为是指内幕信息知情人或非法获取内幕信息的人在获取内幕信息后，并未对内幕信息涉及的证券进行交易，而是向其他人提供了交易建议的行为

二、内幕交易行为法律责任清单

（一）行政责任清单

内幕交易行政违法行为	行政责任		
	行为人	违法单位的直接负责的主管人员和其他直接责任人员	国务院证券监督管理机构工作人员
内幕交易 泄露内幕信息 内幕人建议他人买卖证券	责令依法处理非法持有的证券，没收违法所得，并处以违法所得 1 倍以上 10 倍以下的罚款；没有违法所得或者违法所得不足 50 万元的，处以 50 万元以上 500 万元以下的罚款	单位从事内幕交易的，还应当对直接负责的主管人员和其他直接责任人员给予警告，并处以 20 万元以上 200 万元以下的罚款	从重处罚

（二）刑事责任清单

<table>
<tr><th colspan="3">内幕交易、泄露内幕信息刑事犯罪行为</th><th colspan="3">刑事责任</th></tr>
<tr><th>行为主体</th><th>特殊的时间要求</th><th>行为方式</th><th>自然人犯罪</th><th>单位犯罪</th><th>单位犯罪中直接负责的主管人员和其他直接责任人员</th></tr>
<tr><td rowspan="4">证券、期货交易内幕信息的知情人员或者非法获取证券、期货交易内幕信息的人员</td><td rowspan="4">在涉及证券的发行，证券、期货交易或者其他对证券、期货交易价格有重大影响的信息尚未公开前即敏感期进行证券交易</td><td>买入或者卖出该证券</td><td rowspan="4">情节严重的，处5年以下有期徒刑或者拘役，并处或者单处违法所得1倍以上5倍以下罚金；情节特别严重的，处5年以上10年以下有期徒刑，并处违法所得1倍以上5倍以下罚金</td><td rowspan="4">情节严重的，处违法所得1倍以上5倍以下罚金；情节特别严重的，处违法所得1倍以上5倍以下罚金</td><td rowspan="4">处5年以下有期徒刑或者拘役</td></tr>
<tr><td>从事与该内幕信息有关的期货交易</td></tr>
<tr><td>泄露该内幕信息</td></tr>
<tr><td>明示、暗示他人从事上述交易活动</td></tr>
</table>

第二节　内幕交易行为行政合规风险

一、内幕交易行为的行政责任

★《证券法》(2019)

第一百九十一条　证券交易内幕信息的知情人或者非法获取内幕信息的人违反本法第五十三条的规定从事内幕交易的，责令依法处理非法持有的证券，没收违法所得，并处以违法所得一倍以上十倍以下的罚款；没有违法所得或者违法所得不足五十万元的，处以五十万元以上五百万元以下的罚款。单位从事内幕交易的，还应当对直接负责的主管人员和其他直接责任人员给予警告，并处以二十万元以上二百万元以下的罚款。国务院证券监督管理机构工作人员从事内幕交易的，从重处罚。

违反本法第五十四条的规定，利用未公开信息进行交易的，依照前款的规定处罚。

二、内幕交易行为的认定规则与调查程序

（一）内幕信息知情人、非法获取内幕信息的人的认定

★《证券法》(2019)

第五十一条　证券交易内幕信息的知情人包括：

（一）发行人及其董事、监事、高级管理人员；

（二）持有公司百分之五以上股份的股东及其董事、监事、高级管理人员，公司的实际控制人及其董事、监事、高级管理人员；

（三）发行人控股或者实际控制的公司及其董事、监事、高级管理人员；

（四）由于所任公司职务或者因与公司业务往来可以获取公司有关内幕信息的人员；

（五）上市公司收购人或者重大资产交易方及其控股股东、实际控制人、董事、监事和高级管理人员；

（六）因职务、工作可以获取内幕信息的证券交易场所、证券公司、证券登记结算机构、证券服务机构的有关人员；

（七）因职责、工作可以获取内幕信息的证券监督管理机构工作人员；

（八）因法定职责对证券的发行、交易或者对上市公司及其收购、重大资产交易进行管理可以获取内幕信息的有关主管部门、监管机构的工作人员；

（九）国务院证券监督管理机构规定的可以获取内幕信息的其他人员。

★《证券市场内幕交易行为认定指引（试行）》（2020年废止）①

第五条　本指引所称内幕人，是指内幕信息公开前直接或者间接获取内幕信息的人，包括自然人和单位。

前款所称单位，是指法人和其他非法人组织，包括公司、企业、事业单位、机关、社会团体等。

第六条　符合下列情形之一的，为证券交易的内幕人：

（一）《证券法》第七十四条第（一）项到第（六）项规定的证券交易内幕信息知情人；

（二）中国证监会根据《证券法》第七十四条第（七）项授权而规定的其他证券交易内幕信息知情人，包括：

1. 发行人、上市公司；

2. 发行人、上市公司的控股股东、实际控制人控制的其他公司及其董事、监事、高级管理人员；

3. 上市公司并购重组参与方及其有关人员；

4. 因履行工作职责获取内幕信息的人；

5. 本条第（一）项及本项所规定的自然人的配偶；

（三）本条第（一）项、第（二）项所规定的自然人的父母、子女以及其他因亲属关系获取内幕信息的人；

（四）利用骗取、套取、偷听、监听或者私下交易等非法手段获取内幕信息的人；

（五）通过其他途径获取内幕信息的人。

（二）内幕信息的认定

★《证券市场内幕交易行为认定指引（试行）》（2020年废止）

第七条　本指引所称内幕信息，是指证券交易活动中，涉及公司的经营、财务或者对公司证券的市场价格有重大影响的尚未公开的信息。

第八条　符合下列情形之一的，为证券交易的内幕信息：

（一）《证券法》第六十七条第二款所列重大事件；

---

① 虽然《证券市场内幕交易行为认定指引（试行）》已失效，但目前证监会尚未出台替代性法规指引，鉴于实务中尚有参考价值，因此本书将其收录并进行分析。

（二）《证券法》第七十五条第二款第（二）项至第（七）项所列信息；

（三）中国证监会根据《证券法》第六十七条第二款第（十二）项授权而规定的可能对上市公司证券交易价格产生较大影响的其他重大事件；

（四）中国证监会根据《证券法》第七十五第二款第（八）项授权而认定的重要信息；

（五）对证券交易价格有显著影响的其他重要信息。

第九条　前条第（五）项所称的对证券交易价格有显著影响，是指通常情况下，有关信息一旦公开，公司证券的交易价格在一段时期内与市场指数或相关分类指数发生显著偏离，或者致使大盘指数发生显著波动。

前款所称显著偏离、显著波动，可以结合专家委员会或证券交易所的意见认定。

（三）内幕信息价格敏感期的认定

★《证券市场内幕交易行为认定指引（试行）》（2020年废止）

第十条　从内幕信息开始形成之日起，至内幕信息公开或者该信息对证券的交易价格不再有显著影响时止，为内幕信息的价格敏感期。

第十一条　本指引所称的内幕信息公开，是指内幕信息在中国证监会指定的报刊、网站等媒体披露，或者被一般投资者能够接触到的全国性报刊、网站等媒体揭露，或者被一般投资者广泛知悉和理解。

（四）内幕交易行为的认定

★《证券市场内幕交易行为认定指引（试行）》（2020年废止）

第十二条　符合下列条件的证券交易活动，构成内幕交易：

（一）行为主体为内幕人；

（二）相关信息为内幕信息；

（三）行为人在内幕信息的价格敏感期内买卖相关证券，或者建议他人买卖相关证券，或者泄露该信息。

解读：即采用三要件构成要件

第十三条　本指引第十二条第（三）项的行为包括：

（一）以本人名义，直接或委托他人买卖证券；

（二）以他人名义买卖证券；

具有下列情形之一的，可认定为以他人名义买卖证券：

1. 直接或间接提供证券或资金给他人购买证券，且该他人所持有证券之利益或损失，全部或部分归属于本人；

2. 对他人所持有的证券具有管理、使用和处分的权益；

（三）为他人买卖或建议他人买卖证券；

（四）以明示或暗示的方式向他人泄露内幕信息。

★《最高人民法院关于审理证券行政处罚案件证据若干问题的座谈会纪要》（2011）

五、关于内幕交易行为的认定问题

会议认为，监管机构提供的证据能够证明以下情形之一，且被处罚人不能作出合理说明或者提供证据排除其存在利用内幕信息从事相关证券交易活动的，人民法院可以确认被诉处罚决定认定的内幕交易行为成立：

（一）证券法第七十四条规定的证券交易内幕信息知情人，进行了与该内幕信息有关的证券交易活动；

（二）证券法第七十四条规定的内幕信息知情人的配偶、父母、子女以及其他有密切关系的人，其证券交易活动与该内幕信息基本吻合；

（三）因履行工作职责知悉上述内幕信息并进行了与该信息有关的证券交易活动；

（四）非法获取内幕信息，并进行了与该内幕信息有关的证券交易活动；

（五）内幕信息公开前与内幕信息知情人或知晓该内幕信息的人联络、接触，其证券交易活动与内幕信息高度吻合。

（五）内幕交易行政处罚案件的举证责任

★《最高人民法院关于审理证券行政处罚案件证据若干问题的座谈会纪要》（2011）

一、关于证券行政处罚案件的举证问题

会议认为，监管机构根据行政诉讼法第三十二条、《最高人民法院关于行政诉讼证据若干问题的规定》第一条的规定，对作出的被诉行政处罚决定承担举证责任。人民法院在审理证券行政处罚案件时，也应当考虑到部分类型的证券违法行为的特殊性，由监管机构承担主要违法事实的证明责任，通过推定的方式适当向原告、第三人转移部分特定事实的证明责任。

监管机构在听证程序中书面明确告知行政相对人享有提供排除其涉嫌违法行为证据的权利，行政相对人能够提供但无正当理由拒不提供，后又在诉讼中提供的，人民法院一般不予采纳。行政处罚相对人在行政程序中未提供但有正当理由，在诉讼中依照《最高人民法院关于行政诉讼证据若干问题的规定》提供的证据，人民法院应当采纳。

监管机构除依法向人民法院提供据以作出被诉行政处罚决定的证据和依据外，还应当提交原告、第三人在行政程序中提供的证据材料。

（六）内幕交易非法获利数额、交易数额的认定

★《证券期货违法行为行政处罚办法》（2021）

第三十四条　证券期货违法行为的违法所得，是指通过违法行为所获利益或者避免的损失，应根据违法行为的不同性质予以认定，具体规则由中国证监会另行制定。

★《证券市场内幕交易行为认定指引（试行）》（2020 年废止）

第二十一条　本指引所称内幕交易的违法所得，是指行为人实施内幕交易行为获取的不正当利益，即行为人买卖证券获得的收益或规避的损失。其不正当利益，既可以表现为持有的现金，也可以表现为持有的证券。

前款所称持有的证券，是指行为人实际控制的账户所持有的证券。

第二十二条　违法所得的计算，应以内幕交易行为终止日、内幕信息公开日、行政调查终结日或其他适当时点为基准日期。

第二十三条　违法所得数额的计算，可参考下列公式或专家委员会建议的其他公式：

违法所得（获得的收益）＝基准日持有证券市值＋累计卖出金额＋累计派现金额－累计买入金额－配股金额－交易费用；

违法所得（规避的损失）＝累计卖出金额－卖出证券在基准日的虚拟市值－交易费用。

前款所称交易费用，是指已向国家交纳的税费、向证券公司交付的交易佣金、登记过户费、及交易中其他合理的手续费等。

第三节　内幕交易行为刑事合规风险

一、刑法分则关于内幕交易、泄露内幕信息罪的规定

★《刑法》(2023 年修正)

第一百八十条第一款至第三款　证券、期货交易内幕信息的知情人员或者非法获取证券、期货交易内幕信息的人员，在涉及证券的发行，证券、期货交易或者其他对证券、期货交易价格有重大影响的信息尚未公开前，买入或者卖出该证券，或者从事与该内幕信息有关的期货交易，或者泄露该信息，或者明示、暗示他人从事上述交易活动，情节严重的，处五年以下有期徒刑或者拘役，并处或者单处违法所得一倍以上五倍以下罚金；情节特别严重的，处五年以上十年以下有期徒刑，并处违法所得一倍以上五倍以下罚金。

单位犯前款罪的，对单位判处罚金，并对其直接负责的主管人员和其他直接责任人员，处五年以下有期徒刑或者拘役。

内幕信息、知情人员的范围，依照法律、行政法规的规定确定。

二、内幕交易、泄露内幕信息罪的立案追诉标准

★《最高人民检察院、公安部关于公安机关管辖的刑事案件立案追诉标准的规定（二）》(2022)

第三十条　［内幕交易、泄露内幕信息案（刑法第一百八十条第一款）］证券、期货交易内幕信息的知情人员、单位或者非法获取证券、期货交易内幕信息的人员、单位，在涉及证券的发行，证券、期货交易或者其他对证券、期货交易价格有重大影响的信息尚未公开前，买入或者卖出该证券，或者从事与该内幕信息有关的期货交易，或者泄露该信息，或者明示、暗示他人从事上述交易活动，涉嫌下列情形之一的，应予立案追诉：

（一）获利或者避免损失数额在五十万元以上的；

（二）证券交易成交额在二百万元以上的；

（三）期货交易占用保证金数额在一百万元以上的；

（四）二年内三次以上实施内幕交易、泄露内幕信息行为的；

（五）明示、暗示三人以上从事与内幕信息相关的证券、期货交易活动的；

（六）具有其他严重情节的。

内幕交易获利或者避免损失数额在二十五万元以上，或者证券交易成交额在一百万元以上，或者期货交易占用保证金数额在五十万元以上，同时涉嫌下列情形之一的，应予立案追诉：

（一）证券法规定的证券交易内幕信息的知情人实施或者与他人共同实施内幕交易行为的；

（二）以出售或者变相出售内幕信息等方式，明示、暗示他人从事与该内幕信息相关的交易活动的；

（三）因证券、期货犯罪行为受过刑事追究的；

（四）二年内因证券、期货违法行为受过行政处罚的；

（五）造成其他严重后果的。

三、内幕交易、泄露内幕信息罪的量刑标准

（一）内幕交易、泄露内幕信息罪“情节严重”的标准

★《最高人民法院、最高人民检察院关于办理内幕交易、泄露内幕信息刑事案件具体应用法律若干问题的解释》（2012）

第六条　在内幕信息敏感期内从事或者明示、暗示他人从事或者泄露内幕信息导致他人从事与该内幕信息有关的证券、期货交易，具有下列情形之一的，应当认定为刑法第一百八十条第一款规定的“情节严重”：

（一）证券交易成交额在五十万元以上的；

（二）期货交易占用保证金数额在三十万元以上的；

（三）获利或者避免损失数额在十五万元以上的；

（四）三次以上的；

（五）具有其他严重情节的。

（二）内幕交易、泄露内幕信息罪“情节特别严重”的标准

★《最高人民法院、最高人民检察院关于办理内幕交易、泄露内幕信息刑事案件具体应用法律若干问题的解释》（2012）

第七条　在内幕信息敏感期内从事或者明示、暗示他人从事或者泄露内幕信息导致他人从事与该内幕信息有关的证券、期货交易，具有下列情形之一的，应当认定为刑法第一百八十条第一款规定的“情节特别严重”：

（一）证券交易成交额在二百五十万元以上的；

（二）期货交易占用保证金数额在一百五十万元以上的；

（三）获利或者避免损失数额在七十五万元以上的；

（四）具有其他特别严重情节的。

四、内幕交易、泄露内幕信息罪涉案数额的计算

★《最高人民法院、最高人民检察院关于办理内幕交易、泄露内幕信息刑事案件具体应用法律若干问题的解释》（2012）

第八条　二次以上实施内幕交易或者泄露内幕信息行为，未经行政处理或者刑事处理的，应当对相关交易数额依法累计计算。

第九条　同一案件中，成交额、占用保证金额、获利或者避免损失额分别构成情节严

重、情节特别严重的，按照处罚较重的数额定罪处罚。

构成共同犯罪的，按照共同犯罪行为人的成交总额、占用保证金总额、获利或者避免损失总额定罪处罚，但判处各被告人罚金的总额应掌握在获利或者避免损失总额的一倍以上五倍以下。

五、内幕交易、泄露内幕信息罪单位犯罪的处理

★《最高人民法院、最高人民检察院关于办理内幕交易、泄露内幕信息刑事案件具体应用法律若干问题的解释》(2012)

第十一条　单位实施刑法第一百八十条第一款规定的行为，具有本解释第六条规定情形之一的，按照刑法第一百八十条第二款的规定定罪处罚。

第五章　操纵证券市场行为行政合规与刑事合规风险

第一节　操纵证券市场行为行政合规与刑事合规风险概述

一、操纵证券市场行为类别

序号	操纵手法	内涵
1	连续交易操纵	《证券法》（2019）第55条第1款第1项所列示的操纵证券市场的手段，即单独或者通过合谋，集中资金优势、持股优势或者利用信息优势联合或者连续买卖，操纵证券交易价格或者证券交易量
2	约定交易操纵	《证券法》（2019）第55条第1款第2项所列示的操纵证券市场的手段，即与他人串通，以事先约定的时间、价格和方式相互进行证券交易，影响证券交易价格或者证券交易量
3	洗售操纵	《证券法》（2019）第55条第1款第3项所列示的操纵证券市场的手段，即在自己实际控制的账户之间进行证券交易，影响证券交易价格或者证券交易量
4	蛊惑交易操纵	行为人进行证券交易时，利用不真实、不准确、不完整或不确定的重大信息，诱导投资者在不了解事实真相的情况下做出投资决定，影响证券交易价格或交易量，以便通过期待的市场波动，取得经济上的利益的行为
5	“抢帽子”交易操纵	证券公司、证券咨询机构、专业中介机构及其工作人员，买卖或者持有相关证券，并对该证券或其发行人、上市公司公开做出评价、预测或者投资建议，以便通过期待的市场波动取得经济利益的行为。但上述机构及其人员依据有关法律、行政法规、规章或有关业务规则的规定，已经公开作出相关预告的，不视为“抢帽子”交易操纵
6	虚假申报操纵	行为人作出不以成交为目的的频繁申报和撤销申报，误导其他投资者，影响证券交易价格或交易量
7	特定时间的价格或价值操纵	行为人在计算相关证券的参考价格或者结算价格或者参考价值的特定时间，通过拉抬、打压或锁定手段，影响相关证券的参考价格或者结算价格或者参考价值的行为
8	尾市交易操纵	行为人在即将收市时，通过拉抬、打压或锁定手段，操纵证券收市价格的行为

二、操纵证券市场行为法律责任清单

（一）行政责任清单

<table>
<tr><th rowspan="2">通过下列操纵手法影响或者意图影响
证券交易价格或者证券交易量</th><th colspan="2">行政责任</th></tr>
<tr><th>行为人</th><th>直接负责的主管人员和其他直接责任人员</th></tr>
<tr><td>单独或者通过合谋，集中资金优势、持股优势或者利用信息优势联合或者连续买卖</td><td rowspan="8">责令依法处理其非法持有的证券，没收违法所得，并处以违法所得1倍以上10倍以下的罚款；没有违法所得或者违法所得不足100万元的，处以100万元以上1000万元以下的罚款</td><td rowspan="8">单位操纵证券市场的，还应当对直接负责的主管人员和其他直接责任人员给予警告，并处以50万元以上500万元以下的罚款</td></tr>
<tr><td>与他人串通，以事先约定的时间、价格和方式相互进行证券交易</td></tr>
<tr><td>在自己实际控制的账户之间进行证券交易</td></tr>
<tr><td>不以成交为目的，频繁或者大量申报并撤销申报</td></tr>
<tr><td>利用虚假或者不确定的重大信息，诱导投资者进行证券交易</td></tr>
<tr><td>对证券、发行人公开作出评价、预测或者投资建议，并进行反向证券交易</td></tr>
<tr><td>利用在其他相关市场的活动操纵证券市场</td></tr>
<tr><td>操纵证券市场的其他手段</td></tr>
</table>

（二）刑事责任清单

<table>
<tr><th colspan="2">操纵证券市场罪</th><th colspan="3">刑事责任</th></tr>
<tr><th>操纵手法</th><th>行为后果</th><th>自然人犯罪</th><th>单位犯罪</th><th>单位犯罪中直接负责的主管人员和其他直接责任人员</th></tr>
<tr><td>单独或者合谋，集中资金优势、持股或者持仓优势或者利用信息优势联合或者连续买卖的</td><td rowspan="7">影响证券、期货交易价格或者证券、期货交易量</td><td rowspan="7">情节严重的，处5年以下有期徒刑或者拘役，并处或者单处罚金；情节特别严重的，处5年以上10年以下有期徒刑，并处罚金</td><td rowspan="7">对单位判处罚金</td><td rowspan="7">情节严重的，处5年以下有期徒刑或者拘役，并处或者单处罚金；情节特别严重的，处5年以上10年以下有期徒刑，并处罚金</td></tr>
<tr><td>与他人串通，以事先约定的时间、价格和方式相互进行证券、期货交易的</td></tr>
<tr><td>在自己实际控制的账户之间进行证券交易，或者以自己为交易对象，自买自卖期货合约的</td></tr>
<tr><td>不以成交为目的，频繁或者大量申报买入、卖出证券、期货合约并撤销申报的</td></tr>
<tr><td>利用虚假或者不确定的重大信息，诱导投资者进行证券、期货交易的</td></tr>
<tr><td>对证券、证券发行人、期货交易标的公开作出评价、预测或者投资建议，同时进行反向证券交易或者相关期货交易的</td></tr>
<tr><td>以其他方法操纵证券、期货市场的</td></tr>
</table>

第二节　操纵证券市场行为行政合规风险

一、操纵证券市场行为的行政责任

★《证券法》(2019)

第一百九十二条　违反本法第五十五条的规定，操纵证券市场的，责令依法处理其非法持有的证券，没收违法所得，并处以违法所得一倍以上十倍以下的罚款；没有违法所得或者违法所得不足一百万元的，处以一百万元以上一千万元以下的罚款。单位操纵证券市场的，还应当对直接负责的主管人员和其他直接责任人员给予警告，并处以五十万元以上五百万元以下的罚款。

二、操纵行为人的认定

★《证券市场操纵行为认定指引（试行）》(2020 年废止)①

第五条　任何人直接或间接实施操纵行为，均可认定为操纵行为人。

本指引所称任何人，是指在证券市场上从事证券交易活动的任何自然人和单位。

本指引所称单位，是指法人和其他非法人组织，包括公司、企业、事业单位、机关和社会团体等。

第六条　以单位名义操纵证券市场、违法所得归单位所有的，应认定单位为操纵行为人。

第七条　单位操纵证券市场的，直接负责的主管人员和其他直接责任人员按照下列规定认定：

（一）直接负责的主管人员，是指在单位操纵市场中起决定、批准、授意、纵容、指挥等作用的人员，一般是单位的主管负责人，包括法定代表人。

（二）其他直接责任人员，是指在单位操纵市场中具体实施操纵市场行为并起较大作用的人员，既可以是单位的经营管理人员，也可以是单位的职工，包括聘用、雇佣的人员。

第八条　利用他人账户操纵证券市场的，利用人为操纵行为人。

具有下列情形之一的，可认定为前款所称利用他人账户：

（一）直接或间接提供证券或资金给他人购买证券，且该他人所持有证券之利益或损失，全部或部分归属于本人；

（二）对他人持有的证券具有管理、使用和处分的权益。

第九条　个人利用其设立的公司、企业、事业单位操纵证券市场的，或者公司、企业、事业单位设立后以操纵证券市场作为主要活动的，应认定设立公司、企业、事业单位的个人为操纵行为人。

第十条　盗用单位名义操纵证券市场的，应认定个人为操纵行为人。

第十一条　证券公司明知投资人操纵证券市场，向其提供资金、账户等协助的，可认

---

①　虽然《证券市场操纵行为认定指引（试行）》已失效，但目前证监会尚未出台替代性法规指引，鉴于实务中尚有参考价值，因此本书将其收录并进行分析。

定为合谋操纵市场。

第十二条　管理人或受托人等以投资基金、社保基金、保险品种、企业年金、信托计划、投资理财计划等实施操纵行为的，应当认定管理人或受托人等为操纵行为人。

三、操纵行为的认定

★《证券法》(2019)

第五十五条　禁止任何人以下列手段操纵证券市场，影响或者意图影响证券交易价格或者证券交易量：

（一）单独或者通过合谋，集中资金优势、持股优势或者利用信息优势联合或者连续买卖；

（二）与他人串通，以事先约定的时间、价格和方式相互进行证券交易；

（三）在自己实际控制的账户之间进行证券交易；

（四）不以成交为目的，频繁或者大量申报并撤销申报；

（五）利用虚假或者不确定的重大信息，诱导投资者进行证券交易；

（六）对证券、发行人公开作出评价、预测或者投资建议，并进行反向证券交易；

（七）利用在其他相关市场的活动操纵证券市场；

（八）操纵证券市场的其他手段。

操纵证券市场行为给投资者造成损失的，应当依法承担赔偿责任。

（一）连续交易操纵的认定

★《证券市场操纵行为认定指引（试行）》(2020 年废止)

第十六条　本指引所称连续交易操纵，是指《证券法》第七十七条第一款第（一）项所列示的操纵证券市场的手段，即单独或者通过合谋，集中资金优势、持股优势或者利用信息优势联合或者连续买卖，操纵证券交易价格或者证券交易量。

第十七条　本指引所称资金优势，是指行为人为买卖证券所集中的资金相对于市场上一般投资者所能集中的资金具有数量上的优势。

证券执法人员可以对行为人在行为期间动用的资金量及其所占相关证券的成交量的比例、同期市场交易活跃程度以及投资者参与交易状况等因素综合地分析判断，认定行为人是否具有资金优势。

第十八条　持股优势，是指行为人持有证券相对于市场上一般投资者具有数量上的优势。

证券执法人员可以对行为人在行为期间持有实际流通股份的总量及其所占相关证券的实际流通股份总量的比例、同期相关证券的投资者持股状况等因素综合分析判断，认定行为人是否具有持股优势。

第十九条　信息优势，是指行为人相对于市场上一般投资者对标的证券及其相关事项的重大信息具有获取或者了解更易、更早、更准确、更完整的优势。

前款所称重大信息，是指能够对具有一般证券市场知识的理性投资者的投资决策产生影响的事实或评价。下列信息属于重大信息：

（一）《证券法》第六十五条、第六十六条、第六十七条、第七十五条及相关规定所称中期报告、年度报告、重大事件和内幕信息等；

（二）对证券市场有重大影响的经济政策、金融政策；

（三）对证券市场有显著影响的证券交易信息；

（四）在证券市场上具有重要影响的投资者或者证券经营机构的信息；

（五）中国证监会或证券交易所认定的重大信息。

第二十条　联合买卖，是指2个以上行为人，约定在某一时段内一起买入或卖出某种证券。

行为人之间形成决议或决定或协议的，应认定行为人具有联合买卖的意图。行为人之间虽没有决议或决定或协议，但行为人之间在资金、股权、身份等方面具有关联关系的，可以认定行为人具有联合买卖的意图。

符合下列情形之一的，可认定为联合买卖：

（一）2个以上行为人按照事先的约定，在某一时段内一起买入或者相继买入某种证券的；

（二）2个以上行为人按照事先的约定，在某一时段内一起卖出或者相继卖出某种证券的；

（三）2个以上行为人按照事先的约定，在某一时段内其中一个或数个行为人一起买入或相继买入而其他行为人一起卖出或相继卖出某种证券的。

本条所称买卖，包括未成交的买卖申报，不限于实际成交的买入或卖出交易。

第二十一条　连续买卖，是指行为人在某一时段内连续买卖某种证券。在1个交易日内交易某一证券2次以上，或在2个交易日内交易某一证券3次以上的，即构成连续买卖。

本条所称买卖，包括未成交的买卖申报，不限于实际成交的买入或卖出交易。

第二十二条　具有下列情形的，可以认定为连续交易操纵：

（一）集中资金优势、持股优势或者利用信息优势；

（二）联合买卖证券或者连续买卖证券；

（三）影响证券交易价格或证券交易量。

单一的行为人集中资金优势、持股优势或者利用信息优势连续买卖，操纵证券交易价格或者证券交易量的，是单一行为人连续交易操纵。2个以上行为人通过合谋，集中资金优势、持股优势或者利用信息优势，联合或者连续买卖，操纵证券交易价格或者证券交易量的，是合谋的连续交易操纵。

（二）约定交易操纵的认定

★《证券市场操纵行为认定指引（试行）》（2020年废止）

第二十三条　本指引所称约定交易操纵，是指《证券法》第七十七条第一款第（二）项所列示的操纵证券市场的手段，即与他人串通，以事先约定的时间、价格和方式相互进行证券交易，影响证券交易价格或者证券交易量。

第二十四条　与他人串通，是指2个以上行为人为了操纵证券市场，达成共同的意思联络。

第二十五条　以事先约定的时间、价格和方式相互进行证券交易，是指2个以上行为人共同实施的、由一方做出交易委托，而另一方依据事先的约定做出时间相近、价格相近、数量相近、买卖方向相反的委托，双方相互之间进行的证券交易。

约定的时间，是指2个以上行为人约定的进行交易的时间。买入申报和卖出申报在时间上相近，就可以构成约定交易的时间要件的充分条件。

约定的价格，是指2个以上行为人约定的进行交易的申报价格。买入申报和卖出申报在价格上相近，就可以构成约定交易的价格要件的充分条件。

约定的方式，是指2个以上行为人约定的进行交易的申报数量和买卖申报方向。买入申报和卖出申报在数量上相近，就可以构成约定交易的申报数量要件和买卖申报方向要件的充分条件。

第二十六条 具有下列情形的，可以认定为约定交易操纵：

（一）与他人串通；

（二）以事先约定的时间、价格和方式，与他人相互进行证券交易；

（三）影响证券交易价格或者证券交易量。

（三）洗售操纵的认定

★《证券市场操纵行为认定指引（试行）》（2020年废止）

第二十七条 本指引所称洗售操纵，是指《证券法》第七十七条第一款第（三）项所列示的操纵证券市场的手段，即在自己实际控制的账户之间进行证券交易，影响证券交易价格或者证券交易量。

第二十八条 自己实际控制的账户，是指行为人具有管理、使用或处分权益的账户，主要包括下列账户：

（一）行为人以自己名义开设的实名账户；

（二）行为人以他人名义开设的账户；

（三）行为人虽然不是账户的名义持有人，但通过投资关系、协议或者其他安排，能够实际管理、使用或处分的他人账户。

第二十九条 行为人具有下列情形的，可以认定为洗售操纵：

（一）在自己实际控制的账户之间进行证券交易；

（二）影响证券交易价格或者证券交易量。

（四）蛊惑交易操纵的认定

★《证券市场操纵行为认定指引（试行）》（2020年废止）

第三十一条 本指引所称蛊惑交易操纵，是指行为人进行证券交易时，利用不真实、不准确、不完整或不确定的重大信息，诱导投资者在不了解事实真相的情况下做出投资决定，影响证券交易价格或交易量，以便通过期待的市场波动，取得经济上的利益的行为。

第三十二条 前条所称“进行证券交易”是指行为人在编造、传播或者散布不真实、不准确、不完整或不确定的重大信息之前买入或卖出相关证券；而在编造、传播、散布不真实、不准确、不完整或不确定的重大信息及股价发生波动之后卖出或买入相关证券。

第三十三条 本指引第三十一条所称“利用不真实、不准确、不完整或不确定的重大信息”具有下列含义：

（一）行为人利用的信息是能够对证券市场上一般投资者的投资决策产生影响的不真实、不准确、不完整或不确定的重大信息；

（二）行为人具有编造或者传播或者散布不真实、不准确、不完整或不确定的重大信息的行为。

行为人可以是不真实、不准确、不完整或不确定的重大信息的编造者，也可以是其传播者或者散布者。对于重大信息，应参照本指引第十九条第二款的规定进行认定。

第三十四条　行为人具有下列情形的，可以认定为蛊惑交易操纵：

（一）具有利用不真实、不准确、不完整或不确定的重大信息的行为；

（二）在编造、传播或者散布不真实、不准确、不完整或不确定的重大信息之前或者之后进行证券交易；

（三）影响证券交易价格或交易量。

（五）“抢帽子”交易操纵的认定

★《证券市场操纵行为认定指引（试行）》（2020年废止）

第三十五条　本指引所称抢帽子交易操纵，是指证券公司、证券咨询机构、专业中介机构及其工作人员，买卖或者持有相关证券，并对该证券或其发行人、上市公司公开做出评价、预测或者投资建议，以便通过期待的市场波动取得经济利益的行为。

但上述机构及其人员依据有关法律、行政法规、规章或有关业务规则的规定，已经公开做出相关预告的，不视为抢帽子交易操纵。

第三十六条　具有下列情形之一的，视为前条所称公开做出评价、预测或者投资建议：

（一）证券公司、证券咨询机构、专业中介机构及其工作人员在报刊、电台、电视台等传统媒体上对相关证券或其发行人、上市公司做出评价、预测或者投资建议的；

（二）证券公司、证券咨询机构、专业中介机构及其工作人员在电子网络媒体上对相关证券或其发行人、上市公司做出评价、预测或者投资建议的；

（三）从事会员制业务的证券公司或者证券咨询机构，通过报刊、电台、电视台、网站等媒体或利用传真、短信、电子信箱、电话、软件等工具，面向会员对相关证券或其发行人、上市公司做出评价、预测或者投资建议的。

第三十七条　具有下列情形的，可以认定为抢帽子交易操纵：

（一）行为人是证券公司、证券咨询机构、专业中介机构及其工作人员；

（二）行为人对相关证券或其发行人、上市公司公开做出评价、预测或者投资建议；

（三）行为人在公开做出评价、预测或者投资建议前买卖或持有相关证券；

（四）行为人通过公开评价、预测或者投资建议，在相关证券的交易中谋取利益。

（六）虚假申报操纵的认定

★《证券市场操纵行为认定指引（试行）》（2020年废止）

第三十八条　本指引所称虚假申报操纵，是指行为人做出不以成交为目的的频繁申报和撤销申报，误导其他投资者，影响证券交易价格或交易量。

第三十九条 频繁申报和撤销申报，是指行为人在同一交易日内，在同一证券的有效竞价范围内，按照同一买卖方向，连续、交替进行3次以上的申报和撤销申报。

第四十条 具有下列情形的，可以认定为虚假申报操纵：

（一）行为人不以成交为目的；

（二）行为人做出频繁申报和撤销申报的行为；

（三）影响证券交易价格或者证券交易量。

（七）特定时间的价格或价值操纵的认定

★《证券市场操纵行为认定指引（试行）》（2020 年废止）

第四十一条 本指引所称特定时间的价格或价值操纵，是指行为人在计算相关证券的参考价格或者结算价格或者参考价值的特定时间，通过拉抬、打压或锁定手段，影响相关证券的参考价格或者结算价格或者参考价值的行为。

第四十二条 本指引所称特定时间，是指计算相关证券的参考价格或者结算价格或者参考价值的特定时间。对于特定时间，应依据法律、行政法规、规章、业务规则的规定或者依据发行人、上市公司、相关当事人的公告内容进行认定。

第四十三条 本指引所称拉抬、打压或锁定，是指行为人以高于市价的价格发出买入申报致使证券交易价格上涨，或者以低于市价的价格发出卖出申报致使证券交易价格下跌，或者通过发出买入或者卖出申报致使证券交易价格形成虚拟的价格水平。

第四十四条 具有下列情形的，可以认定为特定时间的价格或价值操纵：

（一）交易时间为计算相关证券的参考价格或者结算价格或者参考价值的特定时间；

（二）行为人具有拉抬、打压或锁定证券交易价格的行为；

（三）影响特定时间的价格或价值。

（八）尾市交易操纵的认定

★《证券市场操纵行为认定指引（试行）》（2020 年废止）

第四十五条 本指引所称尾市交易操纵，是指行为人在即将收市时，通过拉抬、打压或锁定手段，操纵证券收市价格的行为。

第四十六条 前条所称即将收市时，是指证券交易所集中交易市场收市前的15分钟时间。

对于其他市场的即将收市时，应根据各个市场的具体情况按照个案认定。

第四十七条 具有下列情形的，可以认定为尾市交易操纵：

（一）交易发生在即将收市时；

（二）行为人具有拉抬、打压或锁定证券交易价格的行为；

（三）影响证券收市价格。

四、行政处罚中对三大事实要素的认定

（一）实际控制账户的认定

★《证券市场操纵行为认定指引（试行）》（2020 年废止）

第八条 利用他人账户操纵证券市场的，利用人为操纵行为人。

具有下列情形之一的，可认定为前款所称利用他人账户：

（一）直接或间接提供证券或资金给他人购买证券，且该他人所持有证券之利益或损失，全部或部分归属于本人；

（二）对他人持有的证券具有管理、使用和处分的权益。

（二）违法所得的认定

★《行政处罚法》（2021）

第二十八条　行政机关实施行政处罚时，应当责令当事人改正或者限期改正违法行为。

当事人有违法所得，除依法应当退赔的外，应当予以没收。违法所得是指实施违法行为所取得的款项。法律、行政法规、部门规章对违法所得的计算另有规定的，从其规定。

★《证券市场操纵行为认定指引（试行）》（2020年废止）

第四十九条　违法所得，是指行为人实施操纵行为获取的不正当利益。其所得不正当利益的形式，既可以表现为持有的现金，也可以表现为持有的证券。

第五十条　违法所得的计算，应以操纵行为的发生为起点，以操纵行为终止、操纵影响消除、行政调查终结或其他适当时点为终点。

第五十一条　在计算违法所得的数额时，可参考下列公式或专家委员会认定的其他公式：

违法所得＝终点日持有证券的市值＋累计卖出金额＋累计派现金额－累计买入金额－配股金额－交易费用

前款所称交易费用，是指已向国家交纳的税费、向证券公司交付的交易佣金、登记过户费、交易中其他合理的手续费等。

（三）不构成操纵行为的豁免认定

★《证券市场操纵行为认定指引（试行）》（2020年废止）

第四十八条　上市公司、上市公司控股股东或其他市场参与人，依据法律、行政法规和规章的规定，进行下列市场操作的，不构成操纵行为：

（一）上市公司回购股份；

（二）上市公司控股股东及相关股东为履行法定或约定的义务而交易上市公司股份；

（三）经中国证监会许可的其他市场操作。

第三节　操纵证券市场行为刑事合规风险

一、七种操纵证券市场行为

★《刑法》（2023年修正）

第一百八十二条　有下列情形之一，操纵证券、期货市场，影响证券、期货交易价格或者证券、期货交易量，情节严重的，处五年以下有期徒刑或者拘役，并处或者单处罚金；情节特别严重的，处五年以上十年以下有期徒刑，并处罚金：

（一）单独或者合谋，集中资金优势、持股或者持仓优势或者利用信息优势联合或者连续买卖的；

（二）与他人串通，以事先约定的时间、价格和方式相互进行证券、期货交易的；

（三）在自己实际控制的帐户之间进行证券交易，或者以自己为交易对象，自买自卖期货合约的；

（四）不以成交为目的，频繁或者大量申报买入、卖出证券、期货合约并撤销申报的；

（五）利用虚假或者不确定的重大信息，诱导投资者进行证券、期货交易的；

（六）对证券、证券发行人、期货交易标的公开作出评价、预测或者投资建议，同时进行反向证券交易或者相关期货交易的；

（七）以其他方法操纵证券、期货市场的。

单位犯前款罪的，对单位判处罚金，并对其直接负责的主管人员和其他直接责任人员，依照前款的规定处罚。

二、"以其他方法操纵证券市场"的七种情形

★《最高人民法院、最高人民检察院关于办理操纵证券、期货市场刑事案件适用法律若干问题的解释》(2019)

第一条　行为人具有下列情形之一的，可以认定为刑法第一百八十二条第一款第四项规定的"以其他方法操纵证券、期货市场"：

（一）利用虚假或者不确定的重大信息，诱导投资者作出投资决策，影响证券、期货交易价格或者证券、期货交易量，并进行相关交易或者谋取相关利益的；

（二）通过对证券及其发行人、上市公司、期货交易标的公开作出评价、预测或者投资建议，误导投资者作出投资决策，影响证券、期货交易价格或者证券、期货交易量，并进行与其评价、预测、投资建议方向相反的证券交易或者相关期货交易的；

（三）通过策划、实施资产收购或者重组、投资新业务、股权转让、上市公司收购等虚假重大事项，误导投资者作出投资决策，影响证券交易价格或者证券交易量，并进行相关交易或者谋取相关利益的；

（四）通过控制发行人、上市公司信息的生成或者控制信息披露的内容、时点、节奏，误导投资者作出投资决策，影响证券交易价格或者证券交易量，并进行相关交易或者谋取相关利益的；

（五）不以成交为目的，频繁申报、撤单或者大额申报、撤单，误导投资者作出投资决策，影响证券、期货交易价格或者证券、期货交易量，并进行与申报相反的交易或者谋取相关利益的；

（六）通过囤积现货，影响特定期货品种市场行情，并进行相关期货交易的；

（七）以其他方法操纵证券、期货市场的。

三、操纵证券市场罪的立案追诉标准

★《最高人民检察院、公安部关于公安机关管辖的刑事案件立案追诉标准的规定（二）》(2022)

第三十四条　［操纵证券、期货市场案（刑法第一百八十二条）］操纵证券、期货市

场，影响证券、期货交易价格或者证券、期货交易量，涉嫌下列情形之一的，应予立案追诉：

（一）持有或者实际控制证券的流通股份数量达到该证券的实际流通股份总量百分之十以上，实施刑法第一百八十二条第一款第一项操纵证券市场行为，连续十个交易日的累计成交量达到同期该证券总成交量百分之二十以上的；

（二）实施刑法第一百八十二条第一款第二项、第三项（自买自卖）操纵证券市场行为，连续十个交易日的累计成交量达到同期该证券总成交量百分之二十以上的；

（三）利用虚假或者不确定的重大信息，诱导投资者进行证券交易，行为人进行相关证券交易的成交额在一千万元以上的；

（四）对证券、证券发行人公开作出评价、预测或者投资建议，同时进行反向证券交易，证券交易成交额在一千万元以上的；

（五）通过策划、实施资产收购或者重组、投资新业务、股权转让、上市公司收购等虚假重大事项，误导投资者作出投资决策，并进行相关交易或者谋取相关利益，证券交易成交额在一千万元以上的；

（六）通过控制发行人、上市公司信息的生成或者控制信息披露的内容、时点、节奏，误导投资者作出投资决策，并进行相关交易或者谋取相关利益，证券交易成交额在一千万元以上的；

（七）实施刑法第一百八十二条第一款第一项操纵期货市场行为，实际控制的帐户合并持仓连续十个交易日的最高值超过期货交易所限仓标准的二倍，累计成交量达到同期该期货合约总成交量百分之二十以上，且期货交易占用保证金数额在五百万元以上的；

（八）通过囤积现货，影响特定期货品种市场行情，并进行相关期货交易，实际控制的帐户合并持仓连续十个交易日的最高值超过期货交易所限仓标准的二倍，累计成交量达到同期该期货合约总成交量百分之二十以上，且期货交易占用保证金数额在五百万元以上的；

（九）实施刑法第一百八十二条第一款第二项、第三项操纵期货市场行为，实际控制的帐户连续十个交易日的累计成交量达到同期该期货合约总成交量百分之二十以上，且期货交易占用保证金数额在五百万元以上的；

（十）利用虚假或者不确定的重大信息，诱导投资者进行期货交易，行为人进行相关期货交易，实际控制的帐户连续十个交易日的累计成交量达到同期该期货合约总成交量百分之二十以上，且期货交易占用保证金数额在五百万元以上的；

（十一）对期货交易标的公开作出评价、预测或者投资建议，同时进行相关期货交易，实际控制的帐户连续十个交易日的累计成交量达到同期该期货合约总成交量的百分之二十以上，且期货交易占用保证金数额在五百万元以上的；

（十二）不以成交为目的，频繁或者大量申报买入、卖出证券、期货合约并撤销申报，当日累计撤回申报量达到同期该证券、期货合约总申报量百分之五十以上，且证券撤回申报额在一千万元以上、撤回申报的期货合约占用保证金数额在五百万元以上的；

（十三）实施操纵证券、期货市场行为，获利或者避免损失数额在一百万元以上的。

操纵证券、期货市场，影响证券、期货交易价格或者证券、期货交易量，获利或者避免损失数额在五十万元以上，同时涉嫌下列情形之一的，应予立案追诉：

（一）发行人、上市公司及其董事、监事、高级管理人员、控股股东或者实际控制人实施操纵证券、期货市场行为的；

（二）收购人、重大资产重组的交易对方及其董事、监事、高级管理人员、控股股东或者实际控制人实施操纵证券、期货市场行为的；

（三）行为人明知操纵证券、期货市场行为被有关部门调查，仍继续实施的；

（四）因操纵证券、期货市场行为受过刑事追究的；

（五）二年内因操纵证券、期货市场行为受过行政处罚的；

（六）在市场出现重大异常波动等特定时段操纵证券、期货市场的；

（七）造成其他严重后果的。

对于在全国中小企业股份转让系统中实施操纵证券市场行为，社会危害性大，严重破坏公平公正的市场秩序的，比照本条的规定执行，但本条第一款第一项和第二项除外。

四、操纵证券市场罪的量刑标准

（一）“情节严重”的量刑标准

★《最高人民法院、最高人民检察院关于办理操纵证券、期货市场刑事案件适用法律若干问题的解释》（2019）

第二条　操纵证券、期货市场，具有下列情形之一的，应当认定为刑法第一百八十二条第一款规定的“情节严重”：

（一）持有或者实际控制证券的流通股份数量达到该证券的实际流通股份总量百分之十以上，实施刑法第一百八十二条第一款第一项操纵证券市场行为，连续十个交易日的累计成交量达到同期该证券总成交量百分之二十以上的；

（二）实施刑法第一百八十二条第一款第二项、第三项操纵证券市场行为，连续十个交易日的累计成交量达到同期该证券总成交量百分之二十以上的；

（三）实施本解释第一条第一项至第四项操纵证券市场行为，证券交易成交额在一千万元以上的；

（四）实施刑法第一百八十二条第一款第一项及本解释第一条第六项操纵期货市场行为，实际控制的账户合并持仓连续十个交易日的最高值超过期货交易所限仓标准的二倍，累计成交量达到同期该期货合约总成交量百分之二十以上，且期货交易占用保证金数额在五百万元以上的；

（五）实施刑法第一百八十二条第一款第二项、第三项及本解释第一条第一项、第二项操纵期货市场行为，实际控制的账户连续十个交易日的累计成交量达到同期该期货合约总成交量百分之二十以上，且期货交易占用保证金数额在五百万元以上的；

（六）实施本解释第一条第五项操纵证券、期货市场行为，当日累计撤回申报量达到同期该证券、期货合约总申报量百分之五十以上，且证券撤回申报额在一千万元以上、撤回申报的期货合约占用保证金数额在五百万元以上的；

（七）实施操纵证券、期货市场行为，违法所得数额在一百万元以上的。

第三条 操纵证券、期货市场，违法所得数额在五十万元以上，具有下列情形之一的，应当认定为刑法第一百八十二条第一款规定的“情节严重”：

（一）发行人、上市公司及其董事、监事、高级管理人员、控股股东或者实际控制人实施操纵证券、期货市场行为的；

（二）收购人、重大资产重组的交易对方及其董事、监事、高级管理人员、控股股东或者实际控制人实施操纵证券、期货市场行为的；

（三）行为人明知操纵证券、期货市场行为被有关部门调查，仍继续实施的；

（四）因操纵证券、期货市场行为受过刑事追究的；

（五）二年内因操纵证券、期货市场行为受过行政处罚的；

（六）在市场出现重大异常波动等特定时段操纵证券、期货市场的；

（七）造成恶劣社会影响或者其他严重后果的。

（二）“情节特别严重”的量刑标准

★《最高人民法院、最高人民检察院关于办理操纵证券、期货市场刑事案件适用法律若干问题的解释》（2019）

第四条 具有下列情形之一的，应当认定为刑法第一百八十二条第一款规定的“情节特别严重”：

（一）持有或者实际控制证券的流通股份数量达到该证券的实际流通股份总量百分之十以上，实施刑法第一百八十二条第一款第一项操纵证券市场行为，连续十个交易日的累计成交量达到同期该证券总成交量百分之五十以上的；

（二）实施刑法第一百八十二条第一款第二项、第三项操纵证券市场行为，连续十个交易日的累计成交量达到同期该证券总成交量百分之五十以上的；

（三）实施本解释第一条第一项至第四项操纵证券市场行为，证券交易成交额在五千万元以上的；

（四）实施刑法第一百八十二条第一款第一项及本解释第一条第六项操纵期货市场行为，实际控制的账户合并持仓连续十个交易日的最高值超过期货交易所限仓标准的五倍，累计成交量达到同期该期货合约总成交量百分之五十以上，且期货交易占用保证金数额在二千五百万元以上的；

（五）实施刑法第一百八十二条第一款第二项、第三项及本解释第一条第一项、第二项操纵期货市场行为，实际控制的账户连续十个交易日的累计成交量达到同期该期货合约总成交量百分之五十以上，且期货交易占用保证金数额在二千五百万元以上的；

（六）实施操纵证券、期货市场行为，违法所得数额在一千万元以上的。

实施操纵证券、期货市场行为，违法所得数额在五百万元以上，并具有本解释第三条规定的七种情形之一的，应当认定为“情节特别严重”。

五、操纵证券市场罪相关事实要素的认定

（一）实际控制账户的认定

★《最高人民法院、最高人民检察院关于办理操纵证券、期货市场刑事案件适用法律若干问题的解释》（2019）

第五条 下列账户应当认定为刑法第一百八十二条中规定的“自己实际控制的账户”：

（一）行为人以自己名义开户并使用的实名账户；

（二）行为人向账户转入或者从账户转出资金，并承担实际损益的他人账户；

（三）行为人通过第一项、第二项以外的方式管理、支配或者使用的他人账户；

（四）行为人通过投资关系、协议等方式对账户内资产行使交易决策权的他人账户；

（五）其他有证据证明行为人具有交易决策权的账户。

有证据证明行为人对前款第一项至第三项账户内资产没有交易决策权的除外。

（二）操纵证券市场行为违法所得的认定

★《最高人民法院、最高人民检察院关于办理操纵证券、期货市场刑事案件适用法律若干问题的解释》（2019）

第六条 二次以上实施操纵证券、期货市场行为，依法应予行政处理或者刑事处理而未经处理的，相关交易数额或者违法所得数额累计计算。

第九条第一款 本解释所称“违法所得”，是指通过操纵证券、期货市场所获利益或者避免的损失。

第六章　上市公司董监高背信行为行政合规与刑事合规风险

背信损害上市公司行为的核心在于违反上市公司董监高的信义义务，即忠实、勤勉义务。我国对于董监高的忠实勤勉义务主要规定在《公司法》（2023）第 80 条、第 179 条、第 180 条和第 181 条；第 187 条至第 190 条规定了董监高违反法律规定的责任以及公司和其他股东的救济权利。对于上市公司董监高背信行为的行政合规监管，主要以上市公司及特定主体的信息披露、内幕交易管理和股票交易等具体行为为主。具体如下：

第八十条　监事会可以要求董事、高级管理人员提交执行职务的报告。

董事、高级管理人员应当如实向监事会提供有关情况和资料，不得妨碍监事会或者监事行使职权。

第一百七十九条　董事、监事、高级管理人员应当遵守法律、行政法规和公司章程。

第一百八十条　董事、监事、高级管理人员对公司负有忠实义务，应当采取措施避免自身利益与公司利益冲突，不得利用职权牟取不正当利益。

董事、监事、高级管理人员对公司负有勤勉义务，执行职务应当为公司的最大利益尽到管理者通常应有的合理注意。

公司的控股股东、实际控制人不担任公司董事但实际执行公司事务的，适用前两款规定。

第一百八十一条　董事、监事、高级管理人员不得有下列行为：

（一）侵占公司财产、挪用公司资金；

（二）将公司资金以其个人名义或者以其他个人名义开立账户存储；

（三）利用职权贿赂或者收受其他非法收入；

（四）接受他人与公司交易的佣金归为己有；

（五）擅自披露公司秘密；

（六）违反对公司忠实义务的其他行为。

第一百八十七条　股东会要求董事、监事、高级管理人员列席会议的，董事、监事、高级管理人员应当列席并接受股东的质询。

第一百八十八条　董事、监事、高级管理人员执行公司职务违反法律、行政法规或者公司章程的规定，给公司造成损失的，应当承担赔偿责任。

第一百八十九条　董事、高级管理人员有前条规定的情形的，有限责任公司的股东、股份有限公司连续一百八十日以上单独或者合计持有公司百分之一以上股份的股东，可以书面请求监事会向人民法院提起诉讼；监事有前条规定的情形的，前述股东可以书面请求董事会向人民法院提起诉讼。

监事会或者董事会收到前款规定的股东书面请求后拒绝提起诉讼，或者自收到请求之日起三十日内未提起诉讼，或者情况紧急、不立即提起诉讼将会使公司利益受到难以弥补的损害的，前款规定的股东有权为公司利益以自己的名义直接向人民法院提起诉讼。

他人侵犯公司合法权益，给公司造成损失的，本条第一款规定的股东可以依照前两款的规定向人民法院提起诉讼。

公司全资子公司的董事、监事、高级管理人员有前条规定情形，或者他人侵犯公司全资子公司合法权益造成损失的，有限责任公司的股东、股份有限公司连续一百八十日以上单独或者合计持有公司百分之一以上股份的股东，可以依照前三款规定书面请求全资子公司的监事会、董事会向人民法院提起诉讼或者以自己的名义直接向人民法院提起诉讼。

第一百九十条　董事、高级管理人员违反法律、行政法规或者公司章程的规定，损害股东利益的，股东可以向人民法院提起诉讼。

第一节　上市公司董监高背信行为行政合规风险

证券法（2019）	违法行为	违法行为的具体规定	上市公司董监高作为违法主体的行政法律责任	上市公司董监高作为违法单位直接负责的主管人员和其他直接责任人员的行政法律责任
第 180 条	擅自公开或者变相公开发行证券	违反本法第 9 条的规定，擅自公开或者变相公开发行证券的	—	给予警告，并处以 50 万元以上 500 万元以下的罚款
第 181 条	欺诈发行证券	发行人在其公告的证券发行文件中隐瞒重要事实或者编造重大虚假内容	—	处以 100 万元以上 1000 万元以下的罚款
第 185 条	擅自改变公开发行证券所募集资金的用途	发行人违反本法第 14 条、第 15 条的规定擅自改变公开发行证券所募集资金的用途	—	给予警告，并处以 10 万元以上 100 万元以下的罚款
第 186 条	在限制转让期内转让证券	违反本法第 36 条的规定，在限制转让期内转让证券，或者转让股票不符合法律、行政法规和国务院证券监督管理机构规定	—	责令改正，给予警告，没收违法所得，并处以买卖证券等值以下的罚款
第 189 条	短线交易	上市公司董事、监事、高级管理人员，违反本法第 44 条的规定，买卖该公司股票或者其他具有股权性质的证券	给予警告，并处以 10 万元以上 100 万元以下的罚款	—
第 191 条第 1 款	内幕交易	证券交易内幕信息的知情人或者非法获取内幕信息的人违反本法第 53 条的规定从事内幕交易	责令依法处理非法持有的证券，没收违法所得，并处以违法所得 1 倍以上 10 倍以下的罚款；没有违法所得或者违法所得不足 50 万元的，处以 50 万元以上 500 万元以下的罚款	给予警告，并处以 20 万元以上 200 万元以下的罚款

续表

证券法（2019）	违法行为	违法行为的具体规定	上市公司董监高作为违法主体的行政法律责任	上市公司董监高作为违法单位直接负责的主管人员和其他直接责任人员的行政法律责任
第191条第2款	利用未公开信息交易	违反本法第54条的规定，利用未公开信息进行交易	责令依法处理非法持有的证券，没收违法所得，并处以违法所得1倍以上10倍以下的罚款；没有违法所得或者违法所得不足50万元的，处以50万元以上500万元以下的罚款	给予警告，并处以20万元以上200万元以下的罚款
第192条	操纵证券市场	违反本法第55条的规定，操纵证券市场	责令依法处理其非法持有的证券，没收违法所得，并处以违法所得1倍以上10倍以下的罚款；没有违法所得或者违法所得不足100万元的，处以100万元以上1000万元以下的罚款	给予警告，并处以50万元以上500万元以下的罚款
第193条第1款	违反本法第56条第1款、第3款的规定，编造、传播虚假信息或者误导性信息，扰乱证券市场		没收违法所得，并处以违法所得1倍以上10倍以下的罚款；没有违法所得或者违法所得不足20万元的，处以20万元以上200万元以下的罚款	—
第193条第2款	违反本法第56条第2款的规定，在证券交易活动中作出虚假陈述或者信息误导		责令改正，处以20万元以上200万元以下的罚款	—
第197条第1款	信息披露义务人未按照本法规定报送有关报告或者履行信息披露义务		责令改正，给予警告，并处以50万元以上500万元以下的罚款	给予警告，并处以20万元以上200万元以下的罚款
第197条第2款	信息披露义务人报送的报告或者披露的信息有虚假记载、误导性陈述或者重大遗漏		责令改正，给予警告，并处以100万元以上1000万元以下的罚款	给予警告，并处以50万元以上500万元以下的罚款

续表

证券法（2019）	违法行为	违法行为的具体规定	上市公司董监高作为违法主体的行政法律责任	上市公司董监高作为违法单位直接负责的主管人员和其他直接责任人员的行政法律责任
第214条	发行人、证券登记结算机构、证券公司、证券服务机构未按照规定保存有关文件和资料的		责令改正，给予警告，并处以10万元以上100万元以下的罚款；泄露、隐匿、伪造、篡改或者毁损有关文件和资料的，给予警告，并处以20万元以上200万元以下的罚款；情节严重的，处以50万元以上500万元以下的罚款，并处暂停、撤销相关业务许可或者禁止从事相关业务	给予警告，并处以10万元以上100万元以下的罚款
第218条	拒绝、阻碍证券监督管理机构及其工作人员依法行使监督检查、调查职权		由证券监督管理机构责令改正，处以10万元以上100万元以下的罚款，并由公安机关依法给予治安管理处罚	—

第二节　上市公司董监高背信行为刑事合规风险

上市公司董监高履职过程的不合规行为，有可能触发刑事合规风险。与之相对应的罪名多种多样，主要集中在刑法分则第八章的贪污贿赂犯罪和第三章破坏社会主义市场经济秩序犯罪、第六章的侵犯财产犯罪等章节，散见于刑法分则中与职务身份、履职行为相关的各种罪名之中，包括贪污罪，挪用公款罪，行贿罪，受贿罪，利用影响力受贿罪，单位行贿罪，单位受贿罪，对单位行贿罪，介绍贿赂罪，巨额财产来源不明罪，私分国有资产罪，私分罚没财物罪，隐瞒境外存款罪，对外国公职人员、国际公共组织官员行贿罪，以及职务侵占罪，挪用资金罪，签订重大合同失职被骗罪等。

《刑法修正案（十二）》取消了国有公司、企业相关人员非法经营同类营业罪、为亲友非法牟利罪和徇私舞弊低价折股、出售国有资产罪的国有主体资格限制，亦即民营上市公司的董监高也可能因为前述行为而触发该类刑事合规风险。

本书重点分析刑法分则专门为上市公司董监高特设“独享”的一个罪名——背信损害上市公司利益罪。

一、刑法分则关于背信损害上市公司利益罪的规定

第一百六十九条之一 上市公司的董事、监事、高级管理人员违背对公司的忠实义务，利用职务便利，操纵上市公司从事下列行为之一，致使上市公司利益遭受重大损失的，处三年以下有期徒刑或者拘役，并处或者单处罚金；致使上市公司利益遭受特别重大损失的，处三年以上七年以下有期徒刑，并处罚金：

（一）无偿向其他单位或者个人提供资金、商品、服务或者其他资产的；

（二）以明显不公平的条件，提供或者接受资金、商品、服务或者其他资产的；

（三）向明显不具有清偿能力的单位或者个人提供资金、商品、服务或者其他资产的；

（四）为明显不具有清偿能力的单位或者个人提供担保，或者无正当理由为其他单位或者个人提供担保的；

（五）无正当理由放弃债权、承担债务的；

（六）采用其他方式损害上市公司利益的。

上市公司的控股股东或者实际控制人，指使上市公司董事、监事、高级管理人员实施前款行为的，依照前款的规定处罚。

犯前款罪的上市公司的控股股东或者实际控制人是单位的，对单位判处罚金，并对其直接负责的主管人员和其他直接责任人员，依照第一款的规定处罚。

二、背信损害上市公司利益罪的立案追诉标准

★《最高人民检察院、公安部关于公安机关管辖的刑事案件立案追诉标准的规定（二）》(2022)

第十三条 ［背信损害上市公司利益案（刑法第一百六十九条之一）］上市公司的董事、监事、高级管理人员违背对公司的忠实义务，利用职务便利，操纵上市公司从事损害上市公司利益的行为，以及上市公司的控股股东或者实际控制人，指使上市公司董事、监事、高级管理人员实施损害上市公司利益的行为，涉嫌下列情形之一的，应予立案追诉：

（一）无偿向其他单位或者个人提供资金、商品、服务或者其他资产，致使上市公司直接经济损失数额在一百五十万元以上的；

（二）以明显不公平的条件，提供或者接受资金、商品、服务或者其他资产，致使上市公司直接经济损失数额在一百五十万元以上的；

（三）向明显不具有清偿能力的单位或者个人提供资金、商品、服务或者其他资产，致使上市公司直接经济损失数额在一百五十万元以上的；

（四）为明显不具有清偿能力的单位或者个人提供担保，或者无正当理由为其他单位或者个人提供担保，致使上市公司直接经济损失数额在一百五十万元以上的；

（五）无正当理由放弃债权、承担债务，致使上市公司直接经济损失数额在一百五十万元以上的；

（六）致使公司、企业发行的股票或者公司、企业债券、存托凭证或者国务院依法认定的其他证券被终止上市交易的；

（七）其他致使上市公司利益遭受重大损失的情形。

第四编

证券违法犯罪案例分析与合规要点

Part Ⅳ.

Case Analysis of Securities Law Violations and Securities Crimes and Key Points of Compliance

第一章　欺诈发行证券违法犯罪行为案例分析与合规要点

第一节　欺诈发行证券违法犯罪行为典型案例分析

案例一：乐视网欺诈发行股票行政处罚案[①]

2496 名乐视网投资者诉乐视网、贾跃亭、乐视网董监高、中介机构等 24 名被告证券虚假陈述责任纠纷案，一审法院判决乐视网向投资者支付赔偿款 20 亿余元，贾跃亭承担连带赔偿责任。[②] 这是在证监会于 2021 年对乐视网、贾跃亭等 15 名主体欺诈发行、信息披露违规的行政处罚案件尘埃落定后，司法机关对涉事主体的民事责任的法律认定。

■ 基本案情

案件概况

处罚机关：中国证监会

处罚时间：2021 年 3 月 26 日

行政处罚相对人身份：

1. 乐视网信息技术（北京）股份有限公司，深圳证券交易所主板上市公司，证券简称：乐视网，证券代码：300104. SZ；

2. 贾跃亭，乐视网实际控制人，时任乐视网董事长；

3. 杨丽杰，时任乐视网财务总监；

4. 刘弘，时任乐视网副董事长、副总经理；

5. 吴孟，时任乐视网监事、监事会主席；

6. 贾跃民，时任乐视网副总经理；

7. 邓伟，时任乐视网董事会秘书、董事；

8. 张特，时任乐视网董事会秘书；

9. 赵凯，时任乐视网董事会秘书；

10. 谭殊，时任乐视网副总裁；

---

① 案例来源：中国证监会行政处罚决定书（乐视网信息技术（北京）股份有限公司、贾跃亭等 15 名责任主体），行政处罚决定书文号：〔2021〕16 号，载中国证监会官网，http://www.csrc.gov.cn/csrc/c101928/c490192772b7748f58f089887c76bb662/content.shtml。

② 参见北京金融法院（2021）京 74 民初 111 号民事判决书。

11. 张旻翚，时任乐视网副总裁；

12. 吉晓庆，时任乐视网监事；

13. 沈艳芳，时任乐视网独立董事；

14. 朱宁，时任乐视网独立董事；

15. 曹彬，时任乐视网独立董事。

市场禁入情况①：

1. 对贾跃亭、杨丽杰采取终身证券市场禁入措施；

2. 对刘弘、吴孟采取 10 年证券市场禁入措施，对贾跃民采取 8 年证券市场禁入措施。

陈述、申辩、听证情况：

当事人乐视网、谭殊、张旻翚、邓伟未提出陈述、申辩意见，未要求听证；当事人沈艳芳、曹彬提出陈述、申辩意见，未要求听证；当事人贾跃亭等人提出陈述、申辩意见，并要求听证。

行政机关认定的违法事实

1. 乐视网于2007 年至2016 年财务造假，其报送、披露的申请首次公开发行股票并上市（以下简称 IPO）相关文件及2010 年至2016 年年报存在虚假记载

经查，乐视网2007 年虚增收入939.95 万元，虚增利润870.23 万元（虚增利润占当期披露利润总额的 59.27%，下同）；2008 年虚增收入 4615.52 万元，虚增利润4308.25 万元（136.00%）；2009 年虚增收入 9375.76 万元，虚增利润 8883.18 万元（186.22%）；2010 年虚增收入 9961.80 万元，虚增利润 9443.42 万元（126.19%）；2011 年虚增收入6937.65 万元，虚增利润6529.13 万元（39.75%）；2012 年虚增收入8965.33 万元，虚增利润 8445.10 万元（37.04%）；2013 年虚增收入 19998.17 万元，虚增利润 19339.69 万元（78.49%）；2014 年虚增收入 35194.19 万元，虚增成本590.38 万元，虚增利润34270.38 万元（470.11%）；2015 年虚增收入39922.39 万元，虚减成本 943.40 万元，虚增利润 38295.18 万元（516.32%）；2016 年虚增收入51247.00 万元，虚增成本3085.15 万元，虚增利润43276.33 万元（-131.66%）。

表 4.1　乐视网虚增收入（利润）情况汇总

年份	虚增收入（万元）	虚增利润（万元）	虚增利润占披露利润总额的比值（%）
2007	939.95	870.23	59.27
2008	4615.52	4308.25	136.00

① 案例来源：中国证监会市场禁入决定书（贾跃亭、杨丽杰等 5 名责任主体），行政处罚决定书文号：〔2021〕7 号，载中国证监会官网，http://www.csrc.gov.cn/csrc/c101927/c7e6272548a2344d2a308374ad4d778a6/content.shtml。

续表

年份	虚增收入（万元）	虚增利润（万元）	虚增利润占披露利润总额的比值（%）
2009	9375.76	8883.18	186.22
2010	9961.80	9443.42	126.19
2011	6937.65	6529.13	39.75
2012	8965.33	8445.10	37.04
2013	19998.17	19339.69	78.49
2014	35194.19	34270.38	470.11
2015	39922.39	38295.18	516.32
2016	51247.00	43276.33	-131.66
合计	187157.76	173660.89	

具体情况如下：

（1）首次发行阶段，乐视网通过虚构业务及虚假回款等方式虚增业绩以满足上市发行条件，并持续到上市后。

第一，通过贾跃亭实际控制的公司虚构业务，并通过贾跃亭控制的银行账户构建虚假资金循环的方式虚增业绩。具体如下：

2007年，乐视网通过北京亿融通投资咨询有限公司（以下简称亿融通）虚构业务、虚构资金循环，虚增业务收入279.15万元，相应虚增利润263.80万元。2007年、2008年和2009年，乐视网通过北京通联信达科技有限公司（以下简称通联信达）虚构业务、虚构资金循环，分别虚增业务收入660.80万元、606.50万元和3.99万元，相应虚增利润624.46万元、573.14万元和3.77万元。2008年和2009年，乐视网通过网联万盟科技有限公司（以下简称网联万盟）虚构业务、虚构资金循环，分别虚增业务收入568万元和115.66万元，相应虚增利润536.76万元和109.30万元。2009年和2010年，乐视网通过天津世通天宇科技有限公司（以下简称世通天宇）虚构业务、虚构资金循环，分别虚增业务收入1046.89万元和1228.14万元，相应虚增利润989.31万元和1160.59万元。2008年和2009年，乐视网通过南京新墨客科技有限公司（以下简称南京新墨客）虚构业务、虚构资金循环，虚增业务收入186万元和447.37万元，相应虚增利润175.77万元和422.76万元。上述公司均为贾跃亭实际控制的公司。

第二，通过虚构与第三方公司业务，并通过贾跃亭控制的银行账户构建虚假资金循环的方式虚增业绩。具体如下：

2008年至2012年，乐视网通过虚构与北京新锐力广告有限公司（以下简称新锐力）业务并虚构资金循环，分别虚增收入706万元、1810.85万元、2754.66万元、1286.10万元、95万元，相应虚增利润667.17万元、1711.26万元、2603.16万元、1215.36万元、89.78万元。2008年和2009年，乐视网通过虚构与北京中视龙圣广告有限公司（以下简称中视龙圣）业务并虚构资金循环，分别虚增收入 535.70 万元和 324.54 万元，相应虚增利润 506.23 万元和 306.69 万元。2009 年，乐视网通过虚构与北京激活广告传媒有限公司（以下简称激活广告）业务并虚构资金循环，虚增收入 657.69 万元，相应虚增利润 621.52 万元。2009 年至 2015 年通过虚构与北京春秋天成广告有限公司（以下简称春秋天成）业务并虚构资金循环，分别虚增收入 518.60 万元、1401 万元、2131 万元、1890 万元、4304.64 万元、1961.58 万元和 306.60 万元，相应虚增利润 490.08 万元、1323.94 万元、2013.80 万元、1786.05 万元、4304.64 万元、1961.58 万元和 306.60 万元。

第三，在与客户真实业务往来中，通过冒充回款等方式虚增业绩。具体如下：

2008 年至 2016 年，乐视网在与联动优势科技有限公司（以下简称联动优势）业务往来中，通过冒充客户回款方式，分别虚增收入 141.62 万元、750.09 万元、1509.87 万元、1534.42 万元、370.29 万元、-88.64万元、-325.64万元、16.80 万元、-23.70万元，合计 3885.10 万元，相应虚增利润 133.83 万元、708.84 万元、1426.83 万元、1450.02 万元、349.93 万元、-83.77万元、-307.73万元、16.80 万元、-23.70万元，合计 3865.93 万元。2008 年至 2013 年，乐视网在与中国联合网络通信集团有限公司（以下简称中国联通）业务往来中，通过冒充客户回款方式，分别虚增收入 1871.33 万元、3700.07 万元、2010.37 万元、1569.25 万元、1589.13 万元、-361.03万元，合计 10377.07 万元，相应虚增利润 1768.76 万元、3496.57 万元、1899.80 万元、1482.95 万元、1501.73 万元、-341.18万元，合计 9806.33 万元。

（2）2010 年乐视网上市后财务造假情况。2010 年乐视网上市后，除利用自有资金循环和串通“走账”虚构业务收入外，还通过伪造合同、以未实际执行框架合同或单边确认互换合同方式继续虚增业绩。

第一，虚构广告业务确认收入，在没有资金回款的情况下，应收账款长期挂账，虚增业务收入和利润。具体如下：

2014 年和 2015 年，乐视网通过上海久尚广告传播有限公司虚构业务、应收账款长期挂账，分别虚增收入 943.40 万元、943.40 万元，相应虚增利润 943.40 万元、943.40 万元。2015 年，乐视网通过北京灵集科技有限公司虚构业务、应收账款长期挂账，虚增收入 2689.53 万元，相应虚增利润 2689.53 万元。2015 年，乐视网通过上海睦集网络科技有限公司虚构业务、应收账款长期挂账，虚增收入 2688.68 万元，相应虚增利润 2688.68 万元。2015 年和 2016 年，乐视网通过北京美度美秀电子商务有限公司虚构业务、应收账款长期挂账，分别虚增收入 910.49 万元、127.24 万元，相应虚增利润 910.49 万元、127.24 万元。2015 年，乐视网通过上海河马文化科技股份有限公司虚构业务、应收账款长期挂账，虚增收入 1886.79 万元，相应虚增利润 1886.79 万元。2015 年至 2016 年，乐视网通过北京易美广告有限公司（以下简称易美广告）虚构业务、应收账款长期挂账，分别虚增收入 5849.06 万元、242.45 万元，相应虚增利润 5849.06 万元、242.45 万元。2013 年至 2016 年，乐视网通过北京德荣佳益广告有限公司虚构业务、应收账款长期挂账，分别虚增收入 207.55 万元、16.13 万元、968.52 万元、-85.83万元，相应虚增利润 207.55 万元、16.13 万元、968.52 万元、-85.83 万元。2014 年和 2015 年，乐视网通过北京学之途网络科技有限公司（以下简称学之途）虚构业务、应收账款长期挂账，分别虚增收入 972.19 万元和 -740.18 万元，相应虚增利润 972.19 万元和 -740.18 万元。2016 年，乐视网通过北京维旺明科技有限公司天津分公司虚构业务、应收账款长期挂账，虚增收入 4720.75 万元，相应虚增利润 4720.75 万元。

第二，虚构广告业务确认收入，在没有资金回款的情况下，后续通过无形资产冲抵全部或部分应收账款，相应虚计成本和利润。具体如下：

2015 年、2016 年乐视网通过广州唯品会信息科技有限公司虚构业务，分别虚增收入 2638.93 万元、186.10 万元，相应虚增利润 2638.93 万元、186.10 万元。乐视网通过奥凯航空有限公司天津分公司虚构业务，2014 年虚增收入和成本 12.26 万元和 13 万元，2015 年虚增收入 4490.57 万元，相应 2014 年、2015 年分别虚增利润 -0.74 万元、490.57 万元。2015 年，乐视网通过山水文园凯亚房地产开发有限公司（以下简称山水文园）虚构业务，虚增收入 943.40 万元，相应虚增利润 943.40 万元。

第三，继续通过虚构与第三方公司业务，通过贾跃亭控制银行账户构建虚假资金循环的方式虚增业绩。具体如下：

2010 年、2011 年、2012 年、2013 年和 2014 年，乐视网通过虚构与广州绩鼎网络科技发展有限公司业务并虚构资金循环，分别虚增收入 546.47 万元、416.88 万元、3081.33 万元、1741.95 万元和 1205.31 万元，相应虚增利润 516.41 万元、393.95 万元、2911.86 万元、1646.14 万元和 1205.31 万元。2014 年乐视网通过虚构与北京中润无限科技有限公司业务并虚构资金循环，虚增收入 1389.44 万元，相应虚增利润 1389.44 万元。2010 年、2012 年和 2013 年乐视网通过虚构与北京环宇移通科技发展有限公司业务并虚构资金循环，分别虚增收入 511.30 万元、1939.57 万元和 592.68 万元，相应虚增利润 483.17 万元、1832.89 万元和 560.09 万元。2013 年和 2014 年，乐视网通过虚构与北京方园金盛科技有限公司业务并虚构资金循环，分别虚增收入 3011.52 万元和 3585.08 万元，相应虚增利润 2845.89 万元和 3585.08 万元。2013 年和 2014 年，乐视网通过虚构与北京迈吉伙伴广告有限公司业务并虚构资金循环，分别虚增收入 1415.09 万元和 4653.77 万元，相应虚增利润 1415.09 万元和 4653.77 万元。2013 年、2014 年，乐视网通过虚构与圣于地（上海）广告有限公司业务并虚构资金循环，分别虚增收入 3467.50 万元、5201.89 万元，相应虚增利润 3467.50 万元、5201.89 万元。2015 年，乐视网通过虚构与北京联袂互动科技有限公司业务并虚构资金循环，虚增收入 1163.77 万元，相应虚增利润 1163.77 万元。2014 年，乐视网通过虚构与山西慧聪意达广告有限公司业务并虚构资金循环，虚增收入 4682.55 万元，相应虚增利润 4682.55 万元。

第四，通过第三方公司虚构业务确认收入，同时通过贾跃亭控制的银行账户构建部分虚假资金循环和记应收账款长期挂账方式虚增业绩。具体如下：

2016 年，乐视网通过虚构与北京科联汇通科技有限公司业务、虚构部分资金循环和应收账款长期挂账，虚增收入 5518.87 万元，相应虚增利润 5518.87 万元。2015 年、2016 年，乐视网通过虚构与天津数集科技有限公司业务、虚构部分资金循环和应收账款长期挂账，分别虚增收入 3113.21 万元、5504.51 万元，相应虚增利润 3113.21 万元、5504.51 万元。2016 年，乐视网通过虚构与北京数集科技有限公司业务、虚构部分资金循环和应收账款长期挂账，虚增收入 4905.66 万元，相应虚增利润 4905.66 万元。2016 年，乐视网通过虚构与新疆数集信息科技有限公司业务、虚构部分资金循环和应收账款长期挂账，虚增收入 4622.64 万元，相应虚增利润 4622.64 万元。2016 年，乐视网通过虚构与中荷德昌盛网络技术（北京）有限公司业务、虚构部分资金循环和应收账款长期挂账，虚增收入 4716.98 万元，相应虚增利润 4716.98 万元。2016 年，乐视网通过虚构与北京懿利文化传媒有限公司业务、虚构部分资金循环和应收账款长期挂账，虚增收入 5443.40 万元，相应虚增利润 5443.40 万元。2014 年、2015 年和 2016 年，乐视网通过虚构与北京瑞尔互动广告有限公司业务、虚构部分资金循环和应收账款长期挂账，分别虚增收入 1886.79 万元、943.40 万元和 3773.58 万元，相应虚增利润 1886.79 万元、943.40 万元和 3773.58 万元。2016 年，乐视网通过虚构与北京鸿鑫元熙智库信息技术有限公司业务、虚构部分资金循环和应收账款长期挂账，虚增收入 5471.70 万元，相应虚增利润 5471.70 万元。2016 年，乐视网通过虚构与北京博格创联信息技术有限公司业务、虚构部分资金循环和应收账款长期挂账，虚增收入 5603.77 万元，相应虚增利润 5603.77 万元。

第五，通过与客户签订并未实际执行的广告互换框架合同或虚构广告互换合同确认业务收入，虚增业绩。具体如下：

2014 年、2015 年，乐视网将与北京鼎诚文众广告有限公司签订的未执行互换框架合同确认收入，分别虚增收入 377.36 万元和 2547.17 万元，相应虚增利润 377.36 万元和 2547.17 万元。2015 年，乐视网将与北京博思百川国际广告传媒有限公司签订的未执行互换框架合同确认收入，虚增收入 2641.51 万元，相应虚增利润 2641.51 万元。2014 年、2015 年，乐视网将与上海魔山广告传播有限公司签订的未执行互换框架合同确认收入，分别虚增收入 1264.15 万元、1122.64 万元，相应虚增利润 1264.15 万元、1122.64 万元。2014 年，乐视网将与北京光华路五号传媒发展有限公司签订的未执行互换框架合同确认收入，虚增收入 1358.49 万元，相应虚增利润 1358.49 万元。2014 年，乐视网将与上海宾谷网络科技有限公司签订的未执行互换框架合同确认收入，虚增收入 1415.09 万元，相应虚增利润 1415.09 万元。2014 年，乐视网将与上海沃盟广告有限公司签订的互换框架合同未执行部分确认收入，虚增收入 943.40 万元，相应虚增利润 943.40 万元。2013 年，乐视网将虚构的与北京航美影视文化有限公司（以下简称航美影视）的资源置换合同确认收入，虚增收入 5706.91 万元，相应虚增利润 5706.91 万元，2014 年 12 月 31 日，乐视网虚构从航美影视购买广告资源，虚增销售费用 2964.17

万元，相应虚减利润 2964.17 万元，2016 年 7 月 31 日，乐视网虚构从航美影视购买广告资源，虚增成本 3085.15 万元，相应虚减利润 3085.15 万元。2015 年，乐视网将与上海悦会信息科技有限公司签订的未执行框架合同确认收入，虚增收入 896.23 万元，相应虚增利润 896.23 万元。2015 年，乐视网将与广东南方新视界传媒科技有限公司签订的未执行框架合同确认收入，虚增收入 1132.08 万元，相应虚增利润 1132.08 万元。2014 年、2015 年和 2016 年，乐视网将与广州市柯圣广告有限公司签订的未执行框架合同确认收入，分别虚增收入 905.66 万元、2883.02 万元和 518.87 万元，相应虚增利润 905.66 万元、2883.02 万元和 518.87 万元。

第六，利用广告互换合同，以只计收入或虚计收入但不计成本的方式虚增业绩。具体如下：

2014 年乐视网与上海第一财经传媒有限公司签订广告互换合作协议，实际执行，但乐视网虚计收入，同时未确认成本，虚增收入 622.64 万元，虚减成本 754.72 万元，相应虚增利润 1377.36 万元。通过上述类似方式，乐视网通过与上海三众广告有限公司签订互换合同，2014 年虚增收入 566.04 万元，虚减成本 471.70 元，相应虚增利润 1037.74 万元，2015 年虚减收入 566.04 万元，相应虚减利润 566.04 万元。乐视网通过与上海高钧广告有限公司签订互换合同，2015 年虚增收入 452.83 万元，虚减成本 943.40 万元，相应虚增利润 1396.23 万元。乐视网通过与上海海泰广告传媒有限公司（之后业务承载主体变更为上海鸿狐文化传播有限公司）签订互换业务协议，在 2014 年虚减成本 1132.08 万元，相应虚增利润 1132.08 万元。乐视网通过与广州锋网信息科技有限公司北京分公司和广州市太平洋广告有限公司北京分公司开展互换业务，2014 年虚减成本 1556.60 万元，相应虚增利润 1556.60 万元。

乐视网上述连续 10 年虚增业绩的行为致使其报送和披露的 IPO 招股说明书、2010 年至 2016 年年报存在虚假记载，违反了《证券法》（2014 年修订）第 63 条的规定，构成《证券法》（2014 年修订）第 193 条所述的信息披露违法行为。乐视网时任董事长贾跃亭全面负责乐视网工作，组织、决策、指挥乐视网及有关人员参与造假，未勤勉尽责，且在有关发行文件、定期报告上签字并保证所披露的信息真实、准确、完整；时任财务总监杨丽杰，直接组织实施了有关财务造假行为，未勤勉尽责，且在有关发行文件、定期报告上签字并保证所披露的信息真实、准确、完整。上述二人在财务造假中，采取隐瞒、编造重要事实等特别恶劣的手段，造假金额巨大，持续时间长，发挥了组织、策划、领导、实施作用，违法情节特别严重，为直接负责的主管人员；时任负责广告业务的董事刘弘组织实施了安排公司配合“走账”等有关财务造假行为，且在涉案发行文件、定期报告上签字并保证所披露的信息真实、准确、完整，涉案期间一直担任高管，在乐视网财务造假中发挥了较大组织作用，未勤勉尽责，违法情节较为严重，属于上述违法行为的其他责任人员；时任监事吴孟按照贾跃亭、杨丽杰等人的安排，通过联系有关企业、设立公司、保管公章、组织实施有关“走账”等行为，直接参与上述违法行为，未勤勉尽责，在有关定期报告确认意见上签字并保证所披露的信息真实、准确、完整，在乐视网财务造假中发挥了较大作用，违法情节较为严重，属于其他直接责任人员；其余时任董事、监事、高管的赵凯、谭殊、吉晓庆、张旻翚、朱宁、曹彬等人，未勤勉尽责，在有关定期报告确认意见上签字并保证所披露的信息真实、准确、完整，属于其他直接责任人员。贾跃亭作为乐视网实际控制人，指使相关人员从事上述违法行为，构成《证券法》（2014 年修订）第 193 条第 3 款所述的违法行为。

2. 乐视网未按规定披露关联交易

2017 年 4 月 17 日，乐视网以“增资款”名义转给全资子公司重庆乐视小额贷款公司（以下简称乐视小贷）2.1 亿元，乐视小贷收到上述 2.1 亿元后，立即以贷款名义分 7 笔每笔 3000 万元将资金转给 7 家乐视网关联公司，上述 7 家公司收到资金后，当天便将资金全部转给乐视控股（北京）有限公司（以下简称乐视控股）。上述贷款构成关联交易，根据《深圳证券交易所创业板股票上市规则》（2014 年修订）第 10.2.4 条“交易金额在 100 万元以上，且占上市公司最近一期经审计净资产绝对值 0.5% 以上的关联交易，应当经董事会审议后及时披露”的规定，上述事项是应当经乐视网董事会审议并及时披露的关联交易事项，但乐视网未按规定及时披露，违反了《证券法》（2014 年修订）第 63 条，第 67 条第 1 款、第 2 款第 12 项，以及《上市公司信息披露管理办法》（证监会令第 40 号）第 48 条的规定，构成《证券法》第 193 条第 1 款所述的信息披露违法行为。乐视网时任董事长贾跃亭未勤勉尽责，是乐视网未披露关联交易违法行为直接负责的主管人员；时任监事会主席吴孟代表 7 家关联方中的 4 家签字，知悉该关联交易事项，未勤勉尽责，导致乐视网未披露上述关联交易，是上述违法行为其他直接责任人员。

3. 乐视网未披露为乐视控股等公司提供担保事项

2016 年 2 月，乐视网对乐视控股在乐视云计算机有限公司《股权收购及担保合同》项下的回购义务提供无限连带保证，担保金额为 10 亿元，至 2019 年可能承担的最大回购金额为 17.5 亿元，占最近一期（2014 年）经审计净资产的 29.92%（最大回购金额占比 52.35%）。乐视致新电子科技（天津）有限公司（以下简称乐视致新）系乐视网 2012 年至 2017 年并表子公司。2016 年 12 月，乐视致新对其关联公司对外应付货款和存货采购共计 5208.37 万美元提供担保，金额折合人民币 3.47 亿元，占乐视网最近一期（2015 年）经审计净资产的 9.10%。2015 年 4 月、2016 年 4 月乐视网对乐视体育文化发展有限公司 A + 轮、B 轮融资的投资者承担回购义务，分别涉及回购金额 10.2 亿元和 103.95 亿元，分别占最近一期（2014 年、2015 年）经审计净资产的 30% 和 272.48%。

根据《深圳证券交易所创业板股票上市规则》（2014 年修订）第 9.11 条“上市公司发生本规则 9.1 条规定的‘提供担保’事项时，应当经董事会审议后及时对外披露”以及“属于下列情形之一的，还应当在董事会审议通过后提交股东大会审议：（一）单笔担保额超过公司最近一期经审计净资产 10% 的担保……（六）对股东、实际控制人及其关联人提供的担保”的规定，上述三项均属应及时披露的事项，但乐视网未按规定及时披露，也未在 2016 年年报中披露，违反了《证券法》（2014 年修订）第 63 条，

第67条第1款、第2款第12项和《上市公司信息披露管理办法》（证监会令第40号）第30条第2款第17项的规定，构成《证券法》第193条第1款所述的信息披露违法行为。时任董事长贾跃亭参与上述对外担保有关事项，未勤勉尽责，是乐视网未披露对外担保事项违法行为直接负责的主管人员。时任董事会秘书赵凯直接参与对外担保有关事项，并负责公司信息披露工作，未勤勉尽责，导致乐视网未及时披露上述担保事项，为其他直接责任人员。

4. 乐视网未如实披露贾某芳、贾跃亭向上市公司履行借款承诺的情况。

（1）贾某芳减持及履行借款承诺情况。2014年12月6日，乐视网发布《关于股东向公司提供借款的计划》（公告编号2014－061），贾某芳（贾跃亭姐姐）向乐视网出具承诺函，计划在未来一个月内，通过协议转让或者大宗交易集中转让的方式处置所持有的乐视网股票，所得全部借给乐视网作为营运资金使用。该笔借款将用于乐视网日常经营，乐视网可在规定期限内根据流动资金需要提取使用，借款期限将不低于60个月，免收利息。2014年12月11日，乐视网发布《关于股东向公司提供借款暨关联交易的公告》（公告编号2014－119），与贾某芳签署第一份《借款协议》，借款金额为不少于1.78亿元，借款期限不低于60个月，免收利息，用于补充乐视网营运资金。2015年2月2日，乐视网发布《关于股东向公司提供借款暨关联交易的公告》（公告编号2015－006），与贾某芳签署第二份《借款协议》，借款金额为不少于15亿元，借款期限不低于60个月，免收利息，用于补充乐视网营运资金。乐视网将上述事项列为上市公司股东承诺事项，并在2014年年报中披露了从贾某芳处借入资金10.16亿元。

2014年12月6日起，贾某芳减持16.09亿元，并从华泰证券转出减持资金13.58亿元，其中5.36亿元转予乐视网。根据乐视网接收借款的银行账户资料及乐视网还款审批单，自2014年9月30日至2017年5月10日，乐视网从贾某芳处借款发生额共计80.20亿元。但贾某芳在向乐视网借款期间频繁地抽回借款。

自2014年10月31日至2017年5月10日，乐视网共偿还贾某芳借款56笔，累计发生还款80.2亿元，其中可查到的付款审批单39份，该39份审批单中仅有23笔审批单在“董事长”处有签名，且均为贾跃亭授权时任乐视控股某工作人员签署。相关还款未经股东大会审议。

（2）贾跃亭减持及履行借款承诺情况。贾跃亭于2015年分两次减持乐视网股票，减持前贾跃亭持有818084729股，占总股本的44.21%。

2015年5月26日，乐视网发布《关于控股股东、实际控制人股份减持计划的公告》（公告编号2015－048），实际控制人贾跃亭在公告中称拟计划在未来6个月内（2015年5月29日至11月28日），部分减持自己所持有的乐视网股票，并承诺将其所得全部借给公司作为营运资金使用，乐视网可在规定期限内根据流动资金需要提取使用，借款期限将不低于60个月，免收利息。

2015年6月23日，乐视网发布《乐视网信息技术（北京）股份有限公司第二届董事会第五十六次会议决议公告》（公告编号2015－061），“近日，公司将与贾跃亭先生签署第一笔资金的《借款协议》，借款金额为不少于 25 亿元，借款期限将不低于十年（120 个月），免收利息，用于补充公司营运资金。借款到期后，公司将有权根据自身经营状况自主决定续借或者偿还，所涉关联交易亦需经董事会与股东会审议，届时贾跃亭先生将回避对应关联的表决，如若续借此笔资金，仍将免收利息。后续减持所得资金借款，相关条款将与本次保持一致”。

2015 年 7 月 28 日，乐视网发布《维护公司股价稳定的公告》（公告编号 2015 - 082），该公告指出乐视网响应中国证监会《关于上市公司股东及董事、监事、高级管理人员增持本公司股票相关事项的通知》文件精神，针对当前资本市场的非理性波动，为维护资本市场的健康稳定发展，保护全体投资者利益，同时基于对公司未来发展的信心以及对目前股票价值的合理判断，支持公司未来持续稳定发展，本公司积极采取措施如下：

对于近期减持所得资金借予上市公司事项，贾跃亭追加承诺如下：一是已经减持所得资金将全部借予上市公司使用，上市公司进行还款后，还款所得资金贾跃亭将自收到还款之日起六个月内全部用于增持乐视网股份。二是贾跃亭届时增持同样数量股份时，若增持均价低于减持均价，则减持所得款项与增持总金额的差额将无偿赠予上市公司。在减持之日至增持之日期间内发生派息、送股、资本公积金转增股本等除权除息事项，所减持股票的价格与数量将相应进行调整。按照该公告，贾跃亭将减持资金借予上市公司系乐视网在 2015 年股市异常波动中稳定股价的重要举措之一。

2015 年 7 月 28 日，乐视网发布《关于承诺事项履行情况专项披露的公告》（公告编号 2015 - 083），该公告指出贾跃亭与公司签署的不少于 25 亿元的《借款协议》，正持续履行中，承诺人严格履行承诺，未发生违反承诺的情形。同时指出贾跃亭具备履约能力，将按照承诺根据上市公司资金需求进行减持，减持资金长期借予公司无偿使用。同时也提示了贾跃亭不履行承诺的风险及对贾跃亭不能履约时的制约措施。

2015 年 10 月 30 日，乐视网发布《简式权益变动报告书（鑫根基金）》与《关于承诺事项专项披露的公告》（公告编号 2015 - 111），贾跃亭以股份转让方式转让 1 亿股给深圳市鑫根下一代颠覆性技术并购基金壹号投资合伙企业（有限合伙），占公司当时总股本的 5.39%，转让金额为 32 亿元，转让所得金额全部无息借予上市公司使用，借款期限将不低于 60 个月。

乐视网 2015 年年报、2016 年年报将减持资金借予上市公司的承诺履行情况进行了披露，称贾跃亭在报告期遵守了所做借款的承诺。

经查，2015 年 6 月 1 日至 3 日，贾跃亭通过华泰证券账户大宗交易方式累计减持 35240300 股，占公司当时总股本的 1.9042%，减持金额总计约 25 亿元，扣除应缴税费后约 22.4 亿元。上述资金随后转入其他账户，贾跃亭此次减持资金并未借予上市公司使用。2015 年 10 月，贾跃亭收到第二次转让款后立即将税后所得 26 亿元转给乐视网，随后在短期内通过复杂划转将大部分资金分批转到贾跃亭、贾某芳、贾跃民、乐视控股等非上市公司体系银行账户。梳理资金流向后，贾跃亭此次减持资金 26 亿元仅有 6.3

亿元留在了乐视网，其余去向贾跃亭控制账户。

自2015年6月15日至2017年5月10日，乐视网从贾跃亭处发生多次借款，但均被频繁抽回，并未履行其承诺。自2015年6月15日至2016年11月15日（2016年11月15日之后，贾跃亭未向乐视网继续提供借款），其间乐视网从贾跃亭处借款发生额共计113.44亿元。自2015年6月29日至2017年5月10日，乐视网共偿还贾跃亭借款46笔，累计发生还款113.44亿元，其中可查到的付款审批单40份，有6笔共计22亿余元付款未找到审批单。查到的40份审批单中仅有26笔审批单在“董事长”处有签名，且仅有3份为贾跃亭签署，其余23份均为贾跃亭授权乐视控股某工作人员签署。所有还款均未按照乐视网2015－061、2015－083、2015－111公告披露的经股东大会审议。

2017年9月20日，乐视网向贾跃亭出具了《关于提醒并要求贾跃亭先生继续履行借款承诺的函》；2017年10月26日，乐视网分别向贾某芳、贾跃亭出具了《关于再次提醒并要求贾某芳女士继续履行借款承诺的函》《关于再次提醒并要求贾跃亭先生继续履行借款承诺的函》。相关函件均要求贾跃亭、贾某芳履行借款承诺，但二人均没有继续履行承诺并于2017年11月9日分别向乐视网出具《关于本人无息借款与上市公司承诺事项的回函》，二人均称“因2016年下半年，公司出现资金危机，至2017年上半年，资金危机持续加重，本人已将减持所得资金全部用于乐视公司业务发展及其所涉及的债务偿付等，目前已无力继续履行无息借款与上市公司的承诺”。

综上，贾跃亭仅短暂将部分减持资金借给上市公司使用，就抽回相关借款，违背减持及借款承诺。乐视网发布的《关于承诺事项履行情况专项披露的公告》（2015－083）及2015年年报、2016年年报中披露的承诺事项履行情况与实际不符，存在虚假记载，贾某芳实际履行承诺情况未在2015年年报、2016年年报的“公司实际控制人、股东、关联方、收购人以及公司等承诺相关方在报告期内履行完毕及截至报告期末尚未履行完毕的承诺事项”项下披露，存在重大遗漏。上述行为违反了《证券法》（2014年修订）第63条的规定，构成《证券法》（2014年修订）第193条第1款所述的信息披露违法行为。时任董事长贾跃亭违反承诺，直接指使相关人员抽回自己及贾某芳借款，未勤勉尽责，是乐视网相关披露文件存在虚假记载、重大遗漏违法行为直接负责的主管人员。贾跃亭作为乐视网实际控制人，指使相关人员从事上述违法行为，构成《证券法》（2014年修订）第193条第3款所述的违法行为。

5. 乐视网2016年非公开发行股票行为构成欺诈发行

2015年5月25日，乐视网召开第二届董事会第五十二次会议，审议通过乐视网非公开发行股票议案。2015年8月31日，乐视网召开第二届董事会第六十三次会议，审议通过乐视网非公开发行股票的调整事项。2015年9月23日，乐视网非公开发行股票申请经中国证监会发行审核委员会审核，并获无条件通过。2016年5月19日，中国证监会出具《关于核准乐视网信息技术（北京）股份有限公司非公开发行股票的批复》（证监许可〔2016〕1089号），2016年5月25日乐视网召开第三届董事会第二十一次会议，审议通过延长乐视网非公开发行股东大会决议有效期的议案。

2016 年 8 月 8 日乐视网非公开发行上市。乐视网本次非公开发行新股 10664.30 万股，募集资金 47.99 亿元，申报披露的三年一期财务数据期间为 2012 年至 2014 年及 2015 年 1 月至 6 月。根据前述关于乐视网财务造假的事实，乐视网不符合发行条件，以欺骗手段骗取发行核准。

乐视网上述行为违反了《证券法》（2014 年修订）第 13 条、第 20 条，《上市公司证券发行管理办法》（证监会令第 57 号）第 39 条第 1 项的规定，构成《证券法》（2014 年修订）第 189 条第 1 款所述的欺诈发行违法行为。

行政相对人的陈述申辩意见及证监会的复核意见

（略，详见中国证监会〔2021〕16 号行政处罚决定书）

处罚决定

一是对乐视网 2007 年至 2016 年连续十年财务造假，致使 2010 年报送和披露的 IPO 申报材料、2010 年至 2016 年年报存在虚假记载的行为，未依法披露关联交易、对外担保的行为，以及对贾跃亭、贾某芳履行承诺的披露存在虚假记载、重大遗漏的行为，根据《证券法》（2014 年修订）第 193 条的规定，对乐视网责令改正，给予警告，并处以 60 万元罚款；对贾跃亭、杨丽杰给予警告，并分别处以 30 万元罚款；对刘弘给予警告，并处以 25 万元罚款；对吴孟给予警告，并处以 20 万元罚款；对赵凯给予警告，并处以 10 万元罚款；对谭殊给予警告，并处以 8 万元罚款；对吉晓庆、张旻翚给予警告，并处以 5 万元罚款；对朱宁、曹彬给予警告，并处以 3 万元罚款。贾跃亭作为乐视网实际控制人，指使从事上述相关信息披露违法行为，对其给予警告，并处以 60 万元罚款，合计对贾跃亭罚款 90 万元。

二是对 2016 年乐视网非公开发行欺诈发行行为，根据《证券法》（2014 年修订）第 189 条的规定，对乐视网处以募集资金 5% 即 2.4 亿元罚款；对贾跃亭、杨丽杰处以 30 万元罚款；对贾跃民、吴孟处以 20 万元罚款；对刘弘、邓伟、谭殊、张特、吉晓庆处以 5 万元罚款；对沈艳芳处以 3 万元罚款。贾跃亭作为乐视网实际控制人，指使从事上述违法行为，对其处以 2.4 亿元罚款，合计罚款 240300000 元。

综上所述，对乐视网合计罚款 240600000 元，对贾跃亭合计罚款 241200000 元，对杨丽杰合计罚款 60 万元，对吴孟合计罚款 40 万元，对刘弘合计罚款 30 万元，对贾跃民合计罚款 20 万元，对谭殊合计罚款 13 万元，对吉晓庆、赵凯分别罚款 10 万元，对邓伟、张旻翚、张特分别罚款 5 万元，对沈艳芳、朱宁、曹彬分别罚款 3 万元。

■案例评析

乐视网于 2010 年 8 月 12 日登陆深交所创业板，被誉为 A 股视频网站第一股，从昔日的明星股到 2016 年爆出资金链断裂，再到 2017 年 7 月 11 日央视财经发布视频《乐视网，是创业失败还是涉嫌欺诈?》，乐视网欺诈发行股票和信息披露违规的问题被曝光，2020 年 7 月 21 日，乐视网于深交所退市。乐视网登陆资本市场这 10 年间，从最高点的千亿元市值到资金链断裂，该案例为我们敲响了资本市场的警钟。

欺诈发行证券在证券违法领域不属于高发案件，但每一起欺诈发行证券行为都具有投资者众多、损失金额巨大、财务造假周期长、与其他违法行为竞合、较其他违法行为对市场伤害更大的特点。

1. 欺诈发行证券违法行为行政处罚程序与民事和刑事追责程序比较

表 4.2 欺诈发行证券违法行为行政处罚程序与民事和刑事追责程序比较

责任类型	行政责任	民事责任	刑事责任
追责标准	存在《证券法》第 181 条①规定的“发行人在其公告的证券发行文件中隐瞒重要事实或者编造重大虚假内容”行为就需要被追究行政法律责任，并不要求是否完成证券发行	符合民法典关于侵权责任成立的构成要件就应当承担相应赔偿责任，具体来说包括如下要件：(1) 存在重大虚假陈述行为；(2) 证券交易行为与虚假陈述存在因果关系；(3) 对投资者造成了损失	刑事立案追诉标准②：(1) 非法募集资金金额在 1000 万元以上的；(2) 虚增或者虚减资产达到当期资产总额 30% 以上的；(3) 虚增或者虚减营业收入达到当期营业收入总额 30% 以上的；(4) 虚增或者虚减利润达到当期利润总额 30% 以上的；(5) 隐瞒或者编造的重大诉讼、仲裁、担保、关联交易或者其他重大事项所涉及的数额或者连续 12 个月的累计数额达到最近一期披露的净资产 50% 以上的；(6) 造成投资者直接经济损失数额累计在 100 万元以上的；(7) 为欺诈发行证券而伪造、变造国家机关公文、有效证明文件或者相关凭证、单据的；(8) 为欺诈发行证券向负有金融监督管理职责的单位或者人员行贿的；(9) 募集的资金全部或者主要用于违法犯罪活动的；(10) 其他后果严重或者有其他严重情节的情形

根据表 4.2 的总结，对于在证券发行中存在“隐瞒重要事实或者编造重大虚假内容”但尚未发行证券的，可能被追究行政法律责任和刑事法律责任；因尚未发行证券，

① 《证券法》(2019) 第 181 条规定：“发行人在其公告的证券发行文件中隐瞒重要事实或者编造重大虚假内容，尚未发行证券的，处以二百万元以上二千万元以下的罚款；已经发行证券的，处以非法所募资金金额百分之十以上一倍以下的罚款。对直接负责的主管人员和其他直接责任人员，处以一百万元以上一千万元以下的罚款。发行人的控股股东、实际控制人组织、指使从事前款违法行为的，没收违法所得，并处以违法所得百分之十以上一倍以下的罚款；没有违法所得或者违法所得不足二千万元的，处以二百万元以上二千万元以下的罚款。对直接负责的主管人员和其他直接责任人员，处以一百万元以上一千万元以下的罚款。”

② 《最高人民检察院、公安部关于公安机关管辖的刑事案件立案追诉标准的规定（二）》(2022) 第 5 条规定：“[欺诈发行证券案（刑法第一百六十条）] 在招股说明书、认股书、公司、企业债券募集办法等发行文件中隐瞒重要事实或者编造重大虚假内容，发行股票或者公司、企业债券、存托凭证或者国务院依法认定的其他证券，涉嫌下列情形之一的，应予立案追诉：(一) 非法募集资金金额在一千万元以上的；(二) 虚增或者虚减资产达到当期资产总额百分之三十以上的；(三) 虚增或者虚减营业收入达到当期营业收入总额百分之三十以上的；(四) 虚增或者虚减利润达到当期利润总额百分之三十以上的；(五) 隐瞒或者编造的重大诉讼、仲裁、担保、关联交易或者其他重大事项所涉及的数额或者连续十二个月的累计数额达到最近一期披露的净资产百分之五十以上的；(六) 造成投资者直接经济损失数额累计在一百万元以上的；(七) 为欺诈发行证券而伪造、变造国家机关公文、有效证明文件或者相关凭证、单据的；(八) 为欺诈发行证券向负有金融监督管理职责的单位或者人员行贿的；(九) 募集的资金全部或者主要用于违法犯罪活动的；(十) 其他后果严重或者有其他严重情节的情形。”

投资者不存在损失，因此不会被追究证券虚假陈述的民事侵权责任。

对于欺诈发行行为已经实施完成的行为，行为人可能会被追究全部三种责任，其中行政责任的追究只需查证欺诈发行证券的行为成立即可；民事责任的追究在前者的基础上，增加了交易与虚假陈述的因果关系和投资者损失的证明要求；刑事责任既要求欺诈发行行为的成立，也要求达到相应的立案追诉标准。但于实际案例中，在不考虑追责时效的前提下，绝大多数完成发行的欺诈发行证券违法行为均达到了三种法律责任的追责条件。

现就民事责任和刑事责任重点进行以下分析：

（1）欺诈发行证券违法行为的行政处罚程序与证券虚假陈述的民事追责程序比较。就民事责任而言，代表人诉讼制度和证券市场虚假陈述侵权民事赔偿案件司法解释的陆续出台，为追究欺诈发行证券违法行为责任人的民事责任铺平了道路。民事责任的构成要件有三：一是存在重大虚假陈述行为（与行政责任的追究要求一致）；二是证券交易行为与虚假陈述存在因果关系；三是对投资者造成了损失。第二和第三的具体表现是在诱多型虚假陈述中投资者的交易行为表现为买入，在诱空型虚假陈述中投资者的交易行为表现为卖出。投资人因虚假陈述而作出的交易决定应当符合上述交易方向，并实际遭受了损失，最终才构成证券虚假陈述侵权行为的追责闭环。

关于因果关系的认定，在乐视网的民事追责程序中，对于乐视网的五个方面虚假陈述行为①：第一，乐视网于2007年至2016年财务造假，其报送、披露的IPO相关文件及2010年至2016年年报存在虚假记载；第二，乐视网未按规定披露关联交易；第三，乐视网未披露为乐视控股等公司提供担保事项；第四，乐视网未如实披露贾某芳、贾跃亭向上市公司履行借款承诺的情况；第五，乐视网2016年非公开发行股票行为构成欺诈发行。北京金融法院对前四个方面的虚假陈述行为与投资者交易之间的因果关系进行了确认，但是对2016年非公开发行股票的行为与投资者交易之间的因果关系未予确认，主要理由包括：第一，从直接关联性看，无法确认原告交易的股票是非公开发行的股票；第二，从招徕目标看，原告不是非公开发行的对象；第三，从信息披露看，无法推定原告的投资决定受到非公开发行中信息披露的影响；第四，从限售期看，原告在揭露日前不可能买入非公开发行的股票。

由此可见，欺诈发行证券违法行为的民事追责程序是对侵权责任要件的逐一审查，较行政处罚程序保护的法益的侧重点有所不同。

（2）欺诈发行证券违法犯罪行为的行政处罚程序与刑事追诉程序比较。如前文所述，欺诈发行证券罪刑事责任的承担既要求查证欺诈发行行为的成立，也要求达到相应的刑事立案追诉标准。就我国资本市场的情况而言，国内的欺诈发行证券行为绝大多数都可以达到欺诈发行证券罪的立案标准。

《最高人民检察院、公安部关于公安机关管辖的刑事案件立案追诉标准的规定

① 北京金融法院全文引用证监会行政处罚决定书的违法行为认定内容。

（二）》（2022）中列举了9条欺诈发行证券罪的明确立案标准和一条兜底性质的立案标准，其中包括“非法募集资金金额在1000万元以上的”，就国内的股票发行市场而言，几乎所有的公开发行的非公开发行均远超上述标准。2023年上半年非公开发行股票（上市公司再融资）的市场数据中，128家上市公司募集资金金额平均值为19.43亿元，募集资金金额最小的天安新材，仅为0.80亿元①，也就是说，抛开募集资金量更为巨大的公开发行股票不谈，2023年上半年非公开发行股票的募集资金额也全部满足募集资金金额在1000万元以上的“募资额”标准。

2. 欺诈发行股票行为行政、民事责任追责时效问题分析

笔者根据现行的行政、民事法律规定，整理了两种追责机制的时效见表4.3：

表4.3　欺诈发行股票行政、民事责任追责时效分析

责任类型	行政责任	民事责任
欺诈发行证券行为追诉时效	两年	三年
法律规定	《行政处罚法》（2021）第三十六条　违法行为在二年内未被发现的，不再给予行政处罚；涉及公民生命健康安全、金融安全且有危害后果的，上述期限延长至五年。法律另有规定的除外。前款规定的期限，从违法行为发生之日起计算；违法行为有连续或者继续状态的，从行为终了之日起计算。	《民法典》第一百八十八条　向人民法院请求保护民事权利的诉讼时效期间为三年。法律另有规定的，依照其规定。诉讼时效期间自权利人知道或者应当知道权利受到损害以及义务人之日起计算。法律另有规定的，依照其规定。但是，自权利受到损害之日起超过二十年的，人民法院不予保护，有特殊情况的，人民法院可以根据权利人的申请决定延长。

（1）乐视网欺诈发行股票违法行为的行政追责时效问题。本案中，乐视网共存在两次欺诈发行股票的行为，分别是【乐视网2010年首次公开发行股票并上市（IPO）的行为构成欺诈发行】和【乐视网2016年非公开发行股票行为构成欺诈发行】两次欺诈发行。

其中，2010年IPO构成欺诈发行股票行为因已经超过行政处罚时效，不再按照欺诈发行股票进行处罚，但是信息披露违法包含在欺诈发行行为中，且2007年至2016年乐视网一直存在信息披露违法行为，根据《行政处罚法》（2021年修正）第36条第2款“前款规定的期限，从违法行为发生之日起计算；违法行为有连续或者继续状态的，从行为终了之日起计算”的规定，按照信息披露违法终了之日计算行政处罚时效，因此对于2010年IPO构成欺诈发行股票行为按照信息披露违法进行行政处罚。

关于乐视网2016年非公开发行股票构成欺诈发行的行为，证监会在2017年的日常

① 数据来源：半年度盘点丨2023年上半年上市公司再融资市场分析之非公开发行，网址 https：//mp. weixin. qq. com/s/JhvM8hS8T593BBN3Rd6hNA。

监管中已经开始关注并核查，因此不存在超过行政处罚时效的问题，最终按照欺诈发行证券进行行政处罚。

（2）乐视网证券虚假陈述责任纠纷的诉讼时效问题。关于本案的民事诉讼时效问题涉及如下法律条款：

《最高人民法院关于证券市场虚假陈述侵权民事赔偿案件诉讼时效衔接适用相关问题的通知》（2022 年 1 月 29 日发布）规定，在《规定》[①] 施行前国务院证券监督管理机构、国务院授权的部门及有关主管部门已经作出行政处罚决定的证券市场虚假陈述侵权民事赔偿案件，诉讼时效仍按照原司法解释[②]第 5 条的规定计算。

《最高人民法院关于审理证券市场因虚假陈述引发的民事赔偿案件的若干规定》（法释〔2003〕2 号）第 5 条第 1 款第 1 项规定，投资人对虚假陈述行为人提起民事赔偿的诉讼时效期间，应自中国证监会或其派出机构公布对虚假陈述行为人作出处罚决定之日起算。

《民法典》第 188 条规定，向人民法院请求保护民事权利的诉讼时效期间为三年。

中国证监会于 2021 年 3 月 26 日对乐视网等 15 名行政相对人作出《行政处罚决定书》，并于 2021 年 4 月 2 日在其官网发布。

根据上述规定，本案诉讼时效应当从 2021 年 4 月 2 日起算三年。本案最初的原告的起诉，以及通过权利登记进入诉讼的其他原告投资者的赔偿请求，都在这一期间之内，没有超过诉讼时效期间。

案例二： 金亚科技欺诈发行证券刑事犯罪案[③]

改革开放以来，我国资本市场走过了一条中国特色的探索、改革道路。2018 年 11 月 5 日，习近平总书记在首届中国国际进口博览会开幕式上宣布，在上海证券交易所设立科创板并试点注册制，标志着注册制改革进入实施阶段。

注册制下给资本市场监管提出了更高要求，如何更好地维护市场秩序，加强市场监管，保护投资者利益，其中一个重要的手段就是加强对资本市场证券违法犯罪的打击力度。就欺诈发行而言，发行人募集资金的数量动辄以亿元为单位计算，但《刑法修正案（十一）》出台前仅对欺诈发行证券罪规定了 5 年的最高刑期，并处或者单处非法募集资金金额 1% 以上 5% 以下罚金，对于直接负责的主管人员和其他直接责任人员更是没有罚金刑，这就导致违法成本过低。

《刑法修正案（十一）》大幅提高欺诈发行、信息披露造假等犯罪的刑罚力度。对

---

① 特指《最高人民法院关于审理证券市场虚假陈述侵权民事赔偿案件的若干规定》（法释〔2022〕2 号）。

② 特指《最高人民法院关于审理证券市场因虚假陈述引发的民事赔偿案件的若干规定》（法释〔2003〕2 号）。

③ 参见四川省成都市中级人民法院（2020）川 01 刑初 323 号刑事判决书。

于欺诈发行，修正案将刑期上限由5年有期徒刑提高至15年有期徒刑，并将对个人的罚金由非法募集资金的1%—5%修改为“并处罚金”，取消5%的上限限制，对单位的罚金由非法募集资金的1%—5%提高至20%—1倍。[①]

2009年10月30日，金亚科技首发在深圳证券交易所上市，公开发行股票人民币普通股（股票代码：300028）3700万股，募集资金3.9186亿元。为使该公司在A股顺利上市挂牌交易，相关被告人虚增、夸大公司2006年度至2008年度以及2009年第一、第二季度营业收入及盈利能力。金亚科技IPO财务申报审批材料存在作假，其中2008年以及2009年1月至6月营业收入作假金额分别为137067587.60元、79946942.67元，作假幅度分别为披露金额的87.06%、84.47%；净利润作假金额分别为42817348.78元、19100787.75元，作假幅度分别为披露金额的106.77%、101.87%；净资产作假金额分别为177306132.82元、168683920.57元，作假幅度分别为披露金额的89.40%、69.11%。

被告单位金亚科技在招股说明书中隐瞒重要事实、编造重大虚假内容，发行股票，数额巨大，根据法律规定本案适用修订前的刑法，金亚科技作为欺诈发行证券罪的犯罪单位被处以罚金392万元，相关责任人员均获缓刑。

■基本案情

被告人身份

1. 金亚科技股份有限公司（证券简称：金亚科技，证券代码：300028.SZ）；
2. 周旭辉，金亚科技原董事长；
3. 花纯国，金亚科技原财务总监；
4. 郑林强，金亚科技原销售大区经理；
5. 丁勇和，金亚科技原财务总监。

法院查明的案件事实

1. 欺诈发行股票罪的案件事实

2008年至2009年7月，被告人周旭辉作为成都金亚科技股份有限公司（现更名为金亚科技股份有限公司，以下简称金亚科技）的股东、董事长及实际控制人，为使该公司在A股顺利上市挂牌交易，以公司名义授意财务总监花纯国、销售经理郑林强等人进行财务数据造假，并在不同场合以明示或暗示的方式要求公司其他部门员工予以协助配合。后被告人郑林强根据被告人花纯国等人所提出的数据要求，通过伪造销售合同、客户印章以及中国工商银行、成都商业银行（现更名为成都银行）、上海浦东发展银行等金融机构的收、付款回执单等方式，形成文件名为“006账套”的虚假财务账目数据，虚增、夸大公司2006年度至2008年度以及2009年第一、第二季度营业收入及

---

① 《刑法修正案大幅提高证券期货犯罪刑罚力度》，载《上海证券报》2019年12月28日。

盈利能力。金亚科技在向中国证券监督管理委员会提交的《首次公开发行股票并在创业板上市招股说明书》等文件中使用上述虚假数据，隐瞒公司真实经营状况。后经中国证监会核准，金亚科技于 2009 年 10 月 30 日在深圳证券交易所正式挂牌交易，获准公开发行股票人民币普通股（股票代码：300028）3700 万股，募集资金净额人民币 3.9186 亿元（以下币种相同）。

经鉴定，金亚科技 IPO 财务申报审批材料存在作假，其中 2008 年以及 2009 年 1 月至 6 月营业收入作假金额分别为 137067587.60 元、79946942.67 元，作假幅度分别为披露金额的 87.06%、84.47%；净利润作假金额分别为 42817348.78 元、19100787.75 元，作假幅度分别为披露金额的 106.77%、101.87%；净资产作假金额分别为 177306132.82 元、168683920.57 元，作假幅度分别为披露金额的 89.40%、69.11%。

2. 违规披露、不披露重要信息罪的案件事实（略）

法院另查明，中国证券监督管理委员会于 2018 年 3 月 1 日对金亚科技给予警告，并处以 60 万元的罚款，对周旭辉给予警告，并处以 90 万元的罚款，终身市场禁入，对丁勇和给予警告，并处以 30 万元的罚款，10 年证券市场禁入的行政处罚。

公诉意见

四川省成都市人民检察院起诉认为，被告单位金亚科技在招股说明书中，隐瞒重要事实、编造重大虚假内容，发行股票，数额巨大、后果严重，被告人周旭辉作为公司直接负责的主管人员，被告人花纯国、郑林强作为其他直接责任人员，其行为均已触犯《刑法》第 160 条之规定，应当以欺诈发行股票罪追究刑事责任；金亚科技作为依法负有信息披露义务的主体，在 2014 年年报中披露向股东和社会公众提供虚假的财务会计报告，严重损害股东或者其他人的利益，情节严重，被告人周旭辉作为公司直接负责的主管人员，被告人丁勇和作为其他直接责任人员，其行为均已触犯《刑法》第 161 条之规定，应当以违规披露重要信息罪追究刑事责任。被告人周旭辉主动向公安机关投案并如实供述自己的罪行，适用《刑法》第 67 条的规定处罚。据此，提请本院依法判处。检察机关向本院提交了被告单位金亚科技及被告人周旭辉、花纯国、郑林强、丁勇和的认罪认罚具结书，并提出对金亚科技判处罚金 392 万元，对周旭辉以触犯欺诈发行股票罪判处有期徒刑二年，以触犯违规披露重要信息罪判处有期徒刑一年六个月，并处罚金 10 万元，数罪并罚，判处有期徒刑三年，适用缓刑，并处罚金 10 万元，对花纯国判处有期徒刑一年六个月，适用缓刑，对郑林强判处有期徒刑一年六个月，适用缓刑，对丁勇和判处有期徒刑一年三个月，适用缓刑，并处罚金 5 万元的量刑建议。

被告方辩护意见

被告单位金亚科技，被告人周旭辉、花纯国、郑林强、丁勇和及其辩护人对指控的犯罪事实及罪名均无异议。辩护人均提出被告单位及各被告人认罪认罚，请求从宽处罚的辩护意见，且金亚科技及周旭辉的辩护人还提出金亚科技及周旭辉构成自首，可以从轻或减轻处罚的辩护意见。

法院审理意见

本院认为，被告单位金亚科技在招股说明书中隐瞒重要事实、编造重大虚假内容，发行股票，数额巨大，被告人周旭辉作为公司直接负责的主管人员，被告人花纯国、郑林强作为公司其他直接责任人员，其行为均已构成欺诈发行股票罪。金亚科技作为依法负有信息披露义务的公司，在2014年年报披露中向股东和社会公众提供虚假的财务会计报告，情节严重，被告人周旭辉作为公司直接负责的主管人员，被告人丁勇和作为公司其他直接责任人员，其行为均已构成违规披露重要信息罪。被告人周旭辉一人犯数罪，应依法数罪并罚。

四川省成都市人民检察院指控被告单位金亚科技犯欺诈发行股票罪，被告人周旭辉犯欺诈发行股票罪、违规披露重要信息罪，被告人花纯国、郑林强犯欺诈发行股票罪，被告人丁勇和犯违规披露重要信息罪的事实清楚，罪名成立，本院予以支持；提出的量刑建议适当，本院予以采纳。

被告人周旭辉主动向公安机关投案并如实供述其犯罪事实，系自首，依法可以从轻或减轻处罚。周旭辉作为金亚科技直接负责的主管人员，自动投案并如实交代金亚科技犯罪事实，系单位自首，依法可以从轻或减轻处罚。被告人花纯国、郑林强、丁勇和归案后如实供述其犯罪事实，依法可以从轻处罚。被告单位金亚科技及被告人周旭辉、花纯国、郑林强、丁勇和自愿认罪认罚，依法可以从轻处罚。综合考虑被告人周旭辉、花纯国、郑林强、丁勇和的犯罪情节及认罪、悔罪态度，适用缓刑对所居住社区没有重大不良影响，对上述被告人可适用缓刑。

对辩护人所提的各项辩护意见，与审理查明的事实相符，本院予以采纳。扣押在案的物品，由公安机关依法处置。

法院裁判结果

一是被告单位金亚科技股份有限公司犯欺诈发行股票罪，判处罚金人民币392万元；

二是被告人周旭辉犯欺诈发行股票罪，判处有期徒刑2年；犯违规披露重要信息罪，判处有期徒刑1年6个月，并处罚金人民币10万元。数罪并罚，决定执行有期徒刑3年，缓刑5年，并处罚金人民币10万元；

三是被告人花纯国犯欺诈发行股票罪，判处有期徒刑1年6个月，缓刑3年；

四是被告人郑林强犯欺诈发行股票罪，判处有期徒刑1年6个月，缓刑3年；

五是被告人丁勇和犯违规披露重要信息罪，判处有期徒刑1年3个月，缓刑2年，并处罚金人民币5万元。

■案例评析

本案的典型意义

欺诈发行从源头上破坏了证券市场制度，危害金融安全。为匹配证券发行注册制的全面适用，《证券法》《刑法修正案（十一）》对欺诈发行证券行为的规制进行了重大修改。

"欺诈"的文义解释是"欺骗、诈骗"，是故意将不真实的情况当作真实的情况加以表示，以使他人产生误解，进而作出意思表示。在刑法范畴，具有"欺骗"性质的罪名还有诈骗罪、合同诈骗罪、集资诈骗罪、贷款诈骗罪等。诈骗罪和金融诈骗罪历来属于刑法中的"重罪"，起刑点低，且最高刑期为无期徒刑。

虽然诈骗类罪与本罪在具体犯罪构成上不尽相同，但本罪仍属于具有"欺骗"内核的罪名。《刑法修正案（十一）》对本罪增加了刑档，即"数额特别巨大、后果特别严重或者有其他特别严重情节的，处五年以上有期徒刑，并处罚金"，然而，目前仅有《最高人民检察院、公安部关于公安机关管辖的刑事案件立案追诉标准的规定（二）》（2022）对本罪的"入罪门槛"作了规定①，我国尚未出台具体的司法解释对本罪第二档量刑所对应的数额或情形进行明确，因此，司法实践中鲜有突破第一档量刑的判例。这也是本罪被学界和实务界诟病量刑失衡、处罚力度过低的原因之一。

对本案具体行为的评析

1. 本罪的主观要件为故意，且本罪为既遂犯

本罪要求行为人明知自己所制作的发行文件、募集办法等不是对公司状况的真实、准确、完整反映，但仍积极实施，骗取发行或备案成功。并且，行为人必须是既制作了虚假的发行文件，又实际成功发行了证券，才会构成本罪。"如果行为人仅是制作了虚假的公司、企业债券募集办法，而未实际发行，则不构成本罪。"②

2. 本罪的主体为特殊主体，为发行主体提供中介服务的组织或人员可能构成共犯

本罪的主体为发行公司、企业证券、债券的自然人和单位，是特殊主体毋庸置疑。对于该等主体的实际控制人、控股股东的与之相关的违法犯罪行为，按照教唆犯的共犯理论也可以将其入罪，但《刑法修正案（十一）》对此进行了专门规定，这充分体现了国家在证券市场犯罪领域中精准打击幕后实际操控者和实际受益人的态度与决心。

需要关注的是，在发行过程中，为该等主体提供会计、审计、法律服务的中介机构和个人与发行主体串通共谋实施欺诈发行证券行为的，也有可能构成本罪共犯。在"宿迁

---

① 《最高人民检察院、公安部关于公安机关管辖的刑事案件立案追诉标准的规定（二）》（2022）第5条规定："［欺诈发行证券案（刑法第一百六十条）］在招股说明书、认股书、公司、企业债券募集办法等发行文件中隐瞒重要事实或者编造重大虚假内容，发行股票或者公司、企业债券、存托凭证或者国务院依法认定的其他证券，涉嫌下列情形之一的，应予立案追诉：（一）非法募集资金金额在一千万元以上的；（二）虚增或者虚减资产达到当期资产总额百分之三十以上的；（三）虚增或者虚减营业收入达到当期营业收入总额百分之三十以上的；（四）虚增或者虚减利润达到当期利润总额百分之三十以上的；（五）隐瞒或者编造的重大诉讼、仲裁、担保、关联交易或者其他重大事项所涉及的数额或者连续十二个月的累计数额达到最近一期披露的净资产百分之五十以上的；（六）造成投资者直接经济损失数额累计在一百万元以上的；（七）为欺诈发行证券而伪造、变造国家机关公文、有效证明文件或者相关凭证、单据的；（八）为欺诈发行证券向负有金融监督管理职责的单位或者人员行贿的；（九）募集的资金全部或者主要用于违法犯罪活动的；（十）其他后果严重或者有其他严重情节的情形。"

② 最高人民法院：《刑事审判参考》（总第125辑），人民法院出版社2020年版，第5页。

市致富皮业有限公司欺诈发行债券案”① 中，王某刚身为会计从业人员，明知被告单位的财务状况不符合发行债券的要求，为实现发债目标，要求该公司提供虚假的财务数据，并介绍伪造财务凭证的相关人员，最终被认定犯欺诈发行债券罪被判处有期徒刑。

若中介机构对提供虚假证明文件的行为存在重大过失，则可能构成《刑法》第 229 条出具证明文件重大失实罪②。如在“亚太（集团）会计师事务所等出具证明文件重大失实罪”③ 一案中，该事务所工作人员在为公司发行私募债券进行财务审计过程中，未尽审计勤勉职责，严重不负责任，出具含有重大失实财务数据的审计报告，该审计人员构成出具证明文件重大失实罪。

因此，中介机构也应当切实履行自己的职业规范，提高自身的审慎义务，严格遵守法律法规。

3. 对于“重大事实”和“重大虚假内容”的判断标准

本罪也是典型的行政犯，对于具体的事实认定和判断标准依赖于行政法范畴的界定。对于“重大事实”和“重大虚假内容”应以证券法和交易所上市规则的规定做实质判断，是否实质性地影响投资者的交易决策或市场交易价格。

第二节 证券发行信息披露常见合规要点

一、证券发行信息披露合规综述

证券是证券市场交易的标的，证券发行行为是证券市场产生的基础。证券发行过程中的信息披露制度可以理解为发行人对自家证券所对应的底层资产的推介行为，发行人既要获得监管机构的认可即满足发行条件，又要获得投资者的认可，达到证券销售及获得市场流动性的目的。因此，发行阶段的信息披露不合规的深层次原因是发行人为了迎合监管机构和市场的偏好，对于证券底层资产的过度美化、粉饰甚至是造假。由于其未能充分反映证券发行底层资产的真实状况，通过信息披露未能弥补发行人和投资者之间的信息差，反而造成市场的错误认知，从而导致证券虚假陈述和欺诈发行证券两类合规风险事件的发生。

从以上根源分析，证券发行信息披露的合规应当从以下两方面入手，即在证券发行

---

① 参见上海市第一中级人民法院（2018）沪 01 刑初 58 号刑事判决书。

② 《刑法》(2020) 第 229 条规定：“承担资产评估、验资、验证、会计、审计、法律服务、保荐、安全评价、环境影响评价、环境监测等职责的中介组织的人员故意提供虚假证明文件，情节严重的，处五年以下有期徒刑或者拘役，并处罚金；有下列情形之一的，处五年以上十年以下有期徒刑，并处罚金：（一）提供与证券发行相关的虚假的资产评估、会计、审计、法律服务、保荐等证明文件，情节特别严重的；（二）提供与重大资产交易相关的虚假的资产评估、会计、审计等证明文件，情节特别严重的；（三）在涉及公共安全的重大工程、项目中提供虚假的安全评价、环境影响评价等证明文件，致使公共财产、国家和人民利益遭受特别重大损失的。有前款行为，同时索取他人财物或者非法收受他人财物构成犯罪的，依照处罚较重的规定定罪处罚。第一款规定的人员，严重不负责任，出具的证明文件有重大失实，造成严重后果的，处三年以下有期徒刑或者拘役，并处或者单处罚金。”

③ 上海市高级人民法院（2019）沪刑终 73 号刑事判决书。

过程中禁止主观故意披露虚假信息和避免过失信息披露违规。具体的合规要求如下：

1. 加强内部的控制与监管。公司应建立健全的内部控制制度，既保证信息披露的及时性，又保证信息披露的真实准确和完整，加强对公司的监管，确保其合规运作。

2. 强化控股股东、实控人责任。控股股东和实控人是欺诈发行证券行为的最大获益者，因此强化控股股东和实控人的责任，明确其信息披露义务和法律责任，可以有效降低证券发行过程中的信息披露违法行为发生的可能性。

3. 强化董监高责任。公司高管和董事会有责任确保公司合规运作，防止欺诈行为的发生，应当切实勤勉尽责的履行职责。

4. 建立诚实守信的企业文化。主观故意的信息披露违法行为，本质上还是诚信问题，而真实、准确、完整正是信息披露的基本要求，所以建立诚实守信的企业文化是防范证券发行过程中信息披露违法的治本之道。

5. 加强内部法律培训。为员工提供合规培训，以使他们了解涉及证券发行信息披露的法律规定，并知晓其可能承担的法律责任，以确保合规运作。

6. 完善投诉和举报机制。发行人应建立投诉与举报机制，允许员工和其他相关方匿名举报任何涉及信息披露违法、欺诈或其他不正当行为。

7. 聘请独立的第三方合规机构。独立的第三方合规机构是指包括律师事务所、会计师事务所在内的第三方专业机构。专业机构的介入可以从第三方的合规视角对证券发行中的信息披露事务提供更加专业有效的合规意见。

二、公开发行股票并上市的信息披露常见行政合规要点

序号	合规要点	具体章节链接
1	符合信息披露要求是公开发行股票并上市的必要条件之一	第二编第二章第二节之“二、公开发行股票并上市的信息披露监管要求”
2	交易所受理注册申请文件后发行人的披露义务	
3	沪深交易所的招股说明书披露要求	
4	北交所的招股说明书披露要求	
5	信息披露资料的更新义务	
6	上市前的持续信息披露义务	
7	发行人披露信息内容的基本要求	
8	沪深交易所发行人披露信息内容的详细要求	
9	沪深主板发行人披露信息内容的特殊要求	
10	科创板发行人披露信息内容的特殊要求	
11	创业板发行人披露信息内容的特殊要求	
12	沪深交易所发行人风险因素的披露要求	
13	对未盈利的发行人的特殊信息披露要求	
14	沪深交易所发行人募集资金使用的信息披露要求	

续表

序号	合规要点	具体章节链接
15	科创板发行人募集资金使用的特殊信息披露要求	第二编第二章第二节之“二、公开发行股票并上市的信息披露监管要求”
16	创业板发行人募集资金使用的特殊信息披露要求	
17	沪深交易所发行人特别表决权的信息披露要求	
18	沪深交易所发行人期权激励计划的信息披露要求	
19	沪深交易所发行人对股份锁定期的信息披露要求	
20	科创板发行人对核心技术人员股份锁定期的信息披露要求	
21	发行人相关人员的如实披露义务	
22	发行人控股股东、实控人及其亲属股票锁定期的披露义务	

合规要点1:【符合信息披露要求是公开发行股票并上市的必要条件之一】公开发行股票并上市是一种融资行为，通过信息披露制度向投资者依法及时披露投资决策（是否购买证券）的所需信息，是证券市场健康发展的基础。因此，符合信息披露要求是公开发行并上市的必备条件之一。具体法律规定，详见第二编第二章第二节之“二、公开发行股票并上市的信息披露监管要求”。

合规要点2:【交易所受理注册申请文件后发行人的披露义务】发行人的注册申请文件被交易所受理后，发行人应当将申请文件在交易所网站进行预先披露，文件包括招股说明书、发行保荐书、上市保荐书、审计报告和法律意见书。具体法律规定，详见第二编第二章第二节之“二、公开发行股票并上市的信息披露监管要求”。

合规要点3:【沪深交易所的招股说明书披露要求】发行人公布招股说明书的要求如下:（1）在交易所网站和符合证监会规定条件的报刊依法开办的网站全文刊登招股说明书;（2）在符合证监会规定条件的报刊刊登招股说明书网上刊登的地址及获取文件的途径;（3）可以在其他平台发布招股书，但时间不得早于在前述披露途径披露的时间;（4）保荐人和其他证券服务机构出具的与发行有关的重要文件应当作为招股说明书的附件。具体法律规定，详见第二编第二章第二节之“二、公开发行股票并上市的信息披露监管要求”。

合规要点4:【北交所的招股说明书披露要求】发行人在北交所公开发行股票并上市的招股说明书应在符合规定的信息披露平台进行披露，并同时置备在公司住所和北交所供公众查阅。发行人在其他平台发布招股书的时间不得早于在法定的信息披露平台披露的时间。具体法律规定，详见第二编第二章第二节之“二、公开发行股票并上市的信息披露监管要求”。

合规要点5:【信息披露资料的更新义务】发行人发生重大事项，会直接影响注册申请文件和信息披露资料的真实性和准确性，因此发行人、保荐人、证券服务机构应当在发生重大事项后及时向交易所报告，并更新注册申请文件和信息披露资料。具体法律规定，详见第二编第二章第二节之“二、公开发行股票并上市的信息披露监管要求”。

合规要点6:【上市前的持续信息披露义务】证监会作出予以注册决定后，发行人在股票上市交易之前，仍然负有对财务报表在内的信息披露文件进行持续更新的义务，如果发生重大事项，应当及时向交易所报告。具体法律规定，详见第二编第二章第二节之“二、公开发行股票并上市的信息披露监管要求”。

合规要点7:【发行人披露信息内容的基本要求】发行人进行信息披露的目的是使投资者对投资者有充分的价值判断以作出投资决策，因此披露的信息内容应当是投资者作出价值判断和投资决策所必需的信息。具体法律规定，详见第二编第二章第二节之“二、公开发行股票并上市的信息披露监管要求”。

合规要点8:【沪深交易所发行人披露信息内容的详细要求】首次公开发行股票并在沪深交易所上市的发行人应当披露的信息包括业务模式、公司治理、发展战略、经营政策、会计政策、财务状况分析等相关信息。具体法律规定，详见第二编第二章第二节之“二、公开发行股票并上市的信息披露监管要求”。

合规要点9:【沪深主板发行人披露信息内容的特殊要求】首次公开发行股票并在沪深交易所主板上市的发行人应当额外披露发行人业务发展过程和模式成熟度，披露经营稳定性和行业地位。具体法律规定，详见第二编第二章第二节之“二、公开发行股票并上市的信息披露监管要求”。

合规要点10:【科创板发行人披露信息内容的特殊要求】首次公开发行股票并在上交所科创板上市的发行人应当额外披露发行人科研水平、科研人员、科研资金投入等相关信息。具体法律规定，详见第二编第二章第二节之“二、公开发行股票并上市的信息披露监管要求”。

合规要点11:【创业板发行人披露信息内容的特殊要求】首次公开发行股票并在深交所创业板上市的发行人应当额外披露发行人自身的创新、创造、创意特征，针对性披露科技创新、模式创新或者业态创新情况。具体法律规定，详见第二编第二章第二节之“二、公开发行股票并上市的信息披露监管要求”。

合规要点12:【沪深交易所发行人风险因素的披露要求】风险因素是发行人信息披露的必备内容。具体法律规定，详见第二编第二章第二节之“二、公开发行股票并上市的信息披露监管要求”。

合规要点13:【对未盈利的发行人的特殊信息披露要求】上交所科创板和深交所创业板允许发行人在未盈利的状态下上市，但对于未盈利的发行人规定了特殊的信息披露要求。未盈利的发行人应当额外披露尚未盈利的成因，以及对公司各方面的影响。具体法律规定，详见第二编第二章第二节之“二、公开发行股票并上市的信息披露监管要求”。

合规要点14:【沪深交易所发行人募集资金使用的信息披露要求】首次公开发行股票并在沪深交易所上市的发行人应当披露的关于募集资金的相关信息包括募集资金投向、募集资金管理制度、募集资金对主营业务的贡献和对未来经营战略的影响。具体法律规定，详见第二编第二章第二节之“二、公开发行股票并上市的信息披露监管要求”。

合规要点15：【科创板发行人募集资金使用的特殊信息披露要求】首次公开发行股票并在上交所科创板上市的发行人应当额外披露募集资金重点投向科技创新领域的具体安排。具体法律规定，详见第二编第二章第二节之“二、公开发行股票并上市的信息披露监管要求”。

合规要点16：【创业板发行人募集资金使用的特殊信息披露要求】首次公开发行股票并在深交所创业板上市的发行人应当额外披露募集资金对发行人业务创新、创造、创意性的支持作用。具体法律规定，详见第二编第二章第二节之“二、公开发行股票并上市的信息披露监管要求”。

合规要点17：【沪深交易所发行人特别表决权的信息披露要求】首次公开发行股票并在沪深交易所上市的发行人，如果存在特别表决权股份，发行人应当在招股书等发行文件中对与特别表决权有关的相关事项进行披露并特别提示。具体法律规定，详见第二编第二章第二节之“二、公开发行股票并上市的信息披露监管要求”。

合规要点18：【沪深交易所发行人期权激励计划的信息披露要求】首次公开发行股票并在沪深交易所上市的发行人，如果存在申报前已经制定、准备上市后实施的期权激励计划，应当进行充分披露。具体法律规定，详见第二编第二章第二节之“二、公开发行股票并上市的信息披露监管要求”。

合规要点19：【沪深交易所发行人对股份锁定期的信息披露要求】首次公开发行股票并在沪深交易所上市的发行人，对公开发行前已发行股份的锁定期安排应当充分披露。具体法律规定，详见第二编第二章第二节之“二、公开发行股票并上市的信息披露监管要求”。

合规要点20：【科创板发行人对核心技术人员股份锁定期的信息披露要求】首次公开发行股票并在上交所科创板上市的发行人，除了参照其他发行人披露公开发行前已发行股份的锁定期安排，还应当对核心技术人员的股份锁定期安排予以披露。具体法律规定，详见第二编第二章第二节之“二、公开发行股票并上市的信息披露监管要求”。

合规要点21：【发行人相关人员的如实披露义务】发行人的控股股东、实控人、董监高及有关股东，应当配合包括保荐人、证券服务机构在内的相关机构的工作，不得要求或协助发行人隐瞒应当提供的资料或披露的信息。具体法律规定，详见第二编第二章第二节之“二、公开发行股票并上市的信息披露监管要求”。

合规要点22：【发行人控股股东、实控人及其亲属股票锁定期的披露义务】发行人的控股股东、实控人及其亲属所持有的股份在发行人上市之日起36个月内不得转让，上述锁定安排应当及时披露。具体法律规定，详见第二编第二章第二节之“二、公开发行股票并上市的信息披露监管要求”。

三、上市公司发行证券的信息披露常见行政合规要点

序号	合规要点	具体章节链接
23	符合信息披露要求是上市公司发行证券的必要条件之一	第二编第二章第三节之“二、上市公司发行证券的信息披露监管要求”
24	证券发行议案的信息披露义务	
25	募集文件的披露义务	
26	证券发行程序终止的披露义务	
27	信息披露资料的更新义务	
28	信息披露的基本要求	
29	信息披露的最低要求	
30	信息披露文件的编制要求	
31	证券发行问询恢复文件的披露义务	
32	披露信息内容的详细要求	
33	上市公司相关人员的如实披露义务	

合规要点 23：【符合信息披露要求是上市公司发行证券的必要条件之一】上市公司发行证券是一种融资行为，通过信息披露制度向投资者依法及时披露投资决策（是否购买证券）的所需信息，是证券市场健康发展的基础。因此，符合信息披露要求是上市公司发行证券的必备条件之一。具体法律规定，详见第二编第二章第三节之“二、上市公司发行证券的信息披露监管要求”。

合规要点 24：【证券发行议案的信息披露义务】董事会或股东大会通过证券发行议案后，上市公司应当及时披露，董事会通过后，还应当及时公告召开股东大会的通知。具体法律规定，详见第二编第二章第三节之“二、上市公司发行证券的信息披露监管要求”。

合规要点 25：【募集文件的披露义务】上市公司发行证券应当依法及时通过法定途径披露募集说明书、发行情况报告书等募集文件。具体法律规定，详见第二编第二章第三节之“二、上市公司发行证券的信息披露监管要求”。

合规要点 26：【证券发行程序终止的披露义务】上市公司发行证券终止的，应当及时进行披露，发行终止的情形如下：（1）交易所不予受理或决定终止发行上市审核；（2）中国证监会决定终止发行注册；（3）中国证监会决定不予注册；（4）上市公司撤回证券发行申请。具体法律规定，详见第二编第二章第三节之“二、上市公司发行证券的信息披露监管要求”。

合规要点 27：【信息披露资料的更新义务】上市公司发生重大事项，会直接影响注册申请文件和信息披露资料的真实性和准确性，因此发行人、保荐人、证券服务机构应当在发生重大事项后及时向交易所报告，并更新注册申请文件和信息披露资料。具体法律规定，详见第二编第二章第二节之“二、公开发行股票并上市的信息披露监管要求”。

合规要点 28：【信息披露的基本要求】上市公司进行信息披露的目的是使投资者对投资者有充分的价值判断以作出投资决策，因此应当披露的信息内容应当是投资者作出价值判断和投资决策所必需的信息。具体法律规定，详见第二编第二章第三节之“二、上市公司发行证券的信息披露监管要求”。

合规要点 29：【信息披露的最低要求】证监会制定的信息披露规则是上市公司发行证券过程中信息披露的最低要求。具体法律规定，详见第二编第二章第三节之“二、上市公司发行证券的信息披露监管要求”。

合规要点 30：【信息披露文件的编制要求】上市公司信息披露文件的编制应当根据中国证监会制定的信息披露规则进行，信息披露文件包括募集说明书、发行情况报告书或其他信息披露文件。具体法律规定，详见第二编第二章第三节之“二、上市公司发行证券的信息披露监管要求”。

合规要点 31：【证券发行问询回复文件的披露义务】对于在发行过程中，交易所与上市公司之间的问询回复文件均应当以临时公告的形式进行披露。具体法律规定，详见第二编第二章第三节之“二、上市公司发行证券的信息披露监管要求”。

合规要点 32：【披露信息内容的详细要求】上市公司发行证券过程中应当披露的信息包括业务模式、公司治理、发展战略、经营政策、会计政策、财务状况分析等相关信息。具体法律规定，详见第二编第二章第三节之“二、上市公司发行证券的信息披露监管要求”。

合规要点 33：【上市公司相关人员的如实披露义务】上市公司的控股股东、实控人、董监高及有关股东，应当配合包括保荐人、证券服务机构在内的相关机构的工作，不得要求或协助发行人隐瞒应当提供的资料或披露的信息。具体法律规定，详见第二编第二章第三节之“二、上市公司发行证券的信息披露监管要求”。

四、欺诈发行证券行为常见刑事合规要点

序号	合规要点	具体章节链接
34	欺诈发行证券刑事犯罪的行为模型	第三编第二章第三节之“一、刑法分则关于欺诈发行证券罪的规定”
35	欺诈发行证券罪的主体要件	
36	募资金额追诉标准	第三编第二章第三节之“二、欺诈发行证券罪的立案追诉标准”
37	资产造假追诉标准	
38	收入造假追诉标准	
39	利润造假追诉标准	
40	其他重大事项或累计造假金额追诉标准	

续表

序号	合规要点	具体章节链接
41	投资者经济损失追诉标准	第三编第二章第三节之“二、欺诈发行证券罪的立案追诉标准”
42	伪造证明文件追诉标准	
43	为欺诈发行实施行贿行为的追诉标准	
44	募资用于违法犯罪的追诉标准	

合规要点34:【欺诈发行证券刑事犯罪的行为模型】在招股说明书、认股书、公司、企业债券募集办法等发行文件中隐瞒重要事实或者编造重大虚假内容，发行股票或者公司、企业债券、存托凭证或者国务院依法认定的其他证券。具体法律规定，详见第三编第二章第三节之“一、刑法分则关于欺诈发行证券罪的规定”。

合规要点35:【欺诈发行证券罪的主体要件】欺诈发行证券罪的刑事责任承担主体包括：实施欺诈发行证券行为的行为人；组织、指使实施欺诈发行证券行为的行为人的控股股东、实际控制人；单位犯罪中的直接负责的主管人员和其他直接责任人员。具体法律规定，详见第三编第二章第三节之“一、刑法分则关于欺诈发行证券罪的规定”。

合规要点36:【募资金额追诉标准】非法募集资金金额在1000万元以上的欺诈发行证券行为，应予立案追诉。具体法律规定，详见第三编第二章第三节之“二、欺诈发行证券罪的立案追诉标准”。

合规要点37:【资产造假追诉标准】虚增或者虚减资产达到当期资产总额30%以上的欺诈发行证券行为，应予立案追诉。具体法律规定，详见第三编第二章第三节之“二、欺诈发行证券罪的立案追诉标准”。

合规要点38:【收入造假追诉标准】虚增或者虚减营业收入达到当期营业收入总额30%以上的欺诈发行证券行为，应予立案追诉。具体法律规定，详见第三编第二章第三节之“二、欺诈发行证券罪的立案追诉标准”。

合规要点39:【利润造假追诉标准】增或者虚减利润达到当期利润总额30%以上的欺诈发行证券行为，应予立案追诉。具体法律规定，详见第三编第二章第三节之“二、欺诈发行证券罪的立案追诉标准”。

合规要点40:【其他重大事项或累计造假金额追诉标准】隐瞒或者编造的重大诉讼、仲裁、担保、关联交易或者其他重大事项所涉及的数额或者连续12个月的累计数额达到最近一期披露的净资产50%以上的欺诈发行证券行为，应予立案追诉。具体法律规定，详见第三编第二章第三节之“二、欺诈发行证券罪的立案追诉标准”。

合规要点41:【投资者经济损失追诉标准】造成投资者直接经济损失数额累计在100万元以上的欺诈发行证券行为，应予立案追诉。具体法律规定，详见第三编第二章第三节之“二、欺诈发行证券罪的立案追诉标准”。

合规要点42:【伪造证明文件追诉标准】为欺诈发行证券而伪造、变造国家机关公文、有效证明文件或者相关凭证、单据的欺诈发行证券行为，应予立案追诉。具体法律规定，详见第三编第二章第三节之“二、欺诈发行证券罪的立案追诉标准”。

合规要点 43：【为欺诈发行实施行贿行为的追诉标准】为欺诈发行证券向负有金融监督管理职责的单位或者人员行贿的欺诈发行证券行为，应予立案追诉。具体法律规定，详见第三编第二章第三节之“二、欺诈发行证券罪的立案追诉标准”。

合规要点 44：【募资用于违法犯罪的追诉标准】募集的资金全部或者主要用于违法犯罪活动的欺诈发行证券行为，应予立案追诉。具体法律规定，详见第三编第二章第三节之“二、欺诈发行证券罪的立案追诉标准”。

第二章　信息披露违法犯罪行为案例分析与合规要点

第一节　信息披露违法犯罪行为典型案例分析

案例一：粤传媒信息披露违法行政处罚案[①]

根据《上市公司重大资产重组管理办法》（2023 年修订）第 2 条第 1 款的规定，上市公司重大资产重组是指上市公司及其控股或者控制的公司在日常经营活动之外购买、出售资产或者通过其他方式进行资产交易达到规定的标准，导致上市公司的主营业务、资产、收入发生重大变化的资产交易行为。也就是说，重大资产重组本质上是一种交易行为，在交易过程中不得损害上市公司及其股东利益，因此对于交易信息的及时、公平、完整、真实披露是信息披露义务人应尽的义务。同时，作为“重大资产”的交易行为，势必涉及巨大经济利益，因此也是上市公司信息披露、内幕交易等违法行为的重灾区。

粤传媒及其时任董事、高管信息披露违法一案，是一起在上市公司重大资产重组过程中因被收购对象财务造假导致上市公司信息披露存在虚假陈述的典型案例，同时又区别于其他上市公司并购过程中的信息披露违法案件类型，本案属于上市公司高管与被收购对象相互串通进行财务造假的窝案，且财务造假行为一直持续至并购完成后两个会计年度，最终上市公司高管和被并购对象股东双双获刑。

■基本案情

案件概况

处罚机关：中国证监会

处罚时间：2021 年 4 月 12 日

（2021）19 号行政处罚案件相对人：

1. 广东广州日报传媒股份有限公司，深圳证券交易所主板上市公司，证券简称：粤传媒，证券代码：002181. SZ；

---

① 案例来源：中国证监会行政处罚决定书（广东广州日报传媒股份有限公司、赵文华、陈广超），行政处罚决定书文号：（2021）19 号，载中国证监会官网，http：//www. csrc. gov. cn/csrc/c101928/c6209e42fe1944dd887110586cc0a7481/content. shtml；中国证监会行政处罚决定书（叶玫、乔旭东），文号：（2021）20 号，载中国证监会官网，http：//www. csrc. gov. cn/csrc/c101928/c81ece353dcb94a99953f2637a6e07614/content. shtml。

2. 赵文华，时任粤传媒总经理、董事；

3. 陈广超，时任粤传媒财务总监、副总经理、董事会秘书。

(2021) 20 号行政处罚案件相对人：

1. 叶玫，时任粤传媒并购标的公司上海香榭丽传媒股份有限公司（以下简称香榭丽）总经理，系香榭丽股东、实际控制人；

2. 乔旭东，时任香榭丽董事、副总经理，系香榭丽股东。

市场禁入情况[①]：对叶玫、乔旭东采取终身证券市场禁止措施。

陈述、申辩、听证情况：

1. 当事人粤传媒、赵文华、陈广超提出陈述、申辩意见，并要求听证；

2. 当事人叶玫、乔旭东提出陈述、申辩意见，并要求听证，但叶玫本人或代理人未出席听证会。

行政机关认定的违法事实

1. 涉案重大事项的相关情况

2013 年 9 月 4 日，粤传媒披露了《关于重大事项停牌公告》称粤传媒正在筹划重大事项，9 月 5 日起开始停牌。

2013 年 10 月，粤传媒与上海香榭丽传媒股份有限公司（以下简称香榭丽）全体股东签订《广东广州日报传媒股份有限公司现金及发行股份购买资产协议》，粤传媒以现金和向香榭丽全体股东发行股份相结合的方式购买香榭丽 100% 股份，购买协议确定，以北京中企华资产评估有限责任公司出具的中企华评报字（2013）第 3473 号《广东广州日报传媒股份有限公司拟以现金及发行股份购买资产涉及的上海香榭丽广告传媒股份有限公司股东全部权益项目评估报告》（以下简称《评估报告》），按照收益以香榭丽 2013 年 6 月 30 日净资产的评估价值 45098.96 万元作为定价依据，综合考虑香榭丽未来盈利能力等各项因素，确定交易价格为 45000 万元。

2013 年 10 月 28 日、30 日，粤传媒分别披露了《广东广州日报传媒股份有限公司现金及发行股份购买资产报告书》（以下简称《收购报告书》）、《上海香榭丽广告传媒股份有限公司 2011—2013 年 6 月审计报告》（以下简称《630 审计报告》）、《北京大成律师事务所关于广东广州日报传媒股份有限公司现金及发行股份购买资产的法律意见书》（以下简称《法律意见书》）、《东方花旗证券有限公司关于广东广州日报传媒股份有限公司现金及发行股份购买资产之独立财务顾问报告》（以下简称《财务顾问报告》）、《评估报告》、《广东广州日报传媒股份有限公司全体董事关于本次现金及发行股份购买资产的申请文件真实性、准确性、完整性承诺函》（以下简称《承诺函》）及更新后的《收购报告书》、《财务顾问报告》和《法律意见书》。其中《收购报告书》（含

---

① 案例来源：中国证监会市场禁入决定书（叶玫、乔旭东），行政处罚决定书文号：〔2021〕8 号，载中国证监会官网，http://www.csrc.gov.cn/csrc/c101927/cd255f807736b4173abab7e857fc5694b/content.shtml。

2013 年 10 月 28 日和 30 日披露的报告)、《财务顾问报告》(含 2013 年 10 月 28 日和 30 日披露的报告)、《630 审计报告》、《评估报告》均指出，香榭丽 2011 年、2012 年和 2013 年上半年的年度净利润分别为 3647.28 万元、3695.35 万元和 1114.51 万元。《承诺函》指出："本公司董事会全体董事承诺广东广州日报传媒股份有限公司现金及发行股份购买资产的申请文件不存在虚假记载、误导性陈述或重大遗漏，并对其真实性、准确性、完整性承担个别和连带的法律责任。"

2014 年 5 月 24 日，粤传媒披露了《粤传媒关于现金及发行股份购买资产事项获得中国证监会核准的公告》(以下简称《核准公告》)、《上海香榭丽广告传媒股份有限公司 2013 年审计报告》(以下简称《2013 审计报告》) 以及更新过香榭丽 2013 年财务数据的《收购报告书》《财务顾问报告》。《核准公告》指出粤传媒向叶玫等香榭丽股东发行股份购买香榭丽资产的方案已获证监会核准。香榭丽《2013 审计报告》以及更新后的《收购报告书》《财务顾问报告》指出香榭丽 2011 年至 2013 年净利润分别为 3647.28 万元、3695.35 万元和 4685.43 万元。

2014 年 7 月 1 日，粤传媒发布公告《粤传媒北京大成律师事务所关于公司现金及发行股份购买资产之实施情况的法律意见书》《粤传媒东方花旗证券有限公司关于公司现金及发行股份购买资产实施情况之独立财务顾问核查意见》，指出香榭丽股权已于 2014 年 6 月 17 日完整、合法地过户至粤传媒名下。

2. 信息披露违法的情况

2011 年至 2015 年，香榭丽通过制作虚假合同虚增收入共计 599272117.70 元，虚增成本费用共计 30554652.44 元，虚减所得税费用共计 7556473.95 元，虚增净利润共计 561160991.30 元。同时，香榭丽以其自有产权的户外 LED 显示屏为其股东、实际控制人叶玫 2000 万元个人债务提供担保的事实未被披露。

香榭丽的上述财务造假行为导致粤传媒 2013 年和 2014 年披露的《收购报告书》等文件，以及粤传媒 2014 年年报、2015 年半年报等存在虚假记载。具体造假行为列举如下：

第一，香榭丽通过制作虚假合同虚增收入的基本情况。香榭丽制作虚假合同的主要手法：一是虚构合同，即通过伪造电子章和电子签名制作虚假合同，或通过找客户相关人员配合签名、签章制作假合同，或者使用已经取消的合同来顶替有效合同，或者用合同的扫描件来代替没有签署的正式合同；二是未实际履行的合同，即通过与广告代理公司签订合同，随后取消合同，但仍将该合同作为实际履行的合同进行财务记账；三是调整合同折扣，即通过调高合同折扣（合同显示的折扣比实际履行的折扣高），按照合同折扣入账的方式虚增利润。

其一，香榭丽 2011 年至 2013 年虚增净利润情况。香榭丽通过上述手段，2011 年至 2013 年制作虚假合同共计 127 份，虚增净利润共计 30589.83 万元。其中，香榭丽 2011 年实际净利润为 -436.02 万元，通过制作虚假合同 17 份，净利润被虚增了 4083.30 万元；2012 年实际净利润为 -6599.33万元，通过制作虚假合同 43 份，净利润被虚增了 10294.68 万元；2013 年实际净利润为 -11526.42 万元，通过制作虚假合同 67 份，净利润被虚增了 16211.85 万元。

香榭丽通过合同造假虚构的财务数据被粤传媒记载并披露于收购事项相关的文件之中。

其二，香榭丽 2014 年至 2015 年虚增净利润情况。粤传媒完成对香榭丽的收购后，自 2014 年 7 月 1 日起，粤传媒将香榭丽财务数据纳入合并会计报告编制范围。香榭丽的合同造假行为此时仍在持续，并通过共计 108 份虚假合同虚增净利润共计 25526.27 万元，导致粤传媒 2014 年年报和 2015 年半年报信息披露违法。

其中，粤传媒 2014 年年报所涉及虚假合同共计 79 份，香榭丽通过该 79 份合同虚增净利润 19027.51 万元；粤传媒 2015 年半年报涉及虚假合同共计 29 份，香榭丽通过该 29 份合同虚增净利润 6498.76 万元。

上述虚假的财务数据披露于粤传媒 2014 年年报和 2015 年半年报中。

第二，香榭丽为叶玫 2000 万元个人债务提供担保情况。2012 年 3 月，叶玫因资金周转困难向广西金拇指科技有限公司（以下简称金拇指）申请借款 2000 万元，并委托金拇指将该 2000 万元直接支付给香榭丽。2013 年 10 月 24 日，香榭丽向金拇指出具《承诺书》，叶玫通过该《承诺书》向金拇指承诺，2013 年 12 月 31 日前，叶玫向金拇指返还 2000 万元。同时，该《承诺书》以香榭丽名下拥有自有产权的户外 LED 显示屏作为连带担保，为叶玫于 2013 年 12 月 31 日前以货币形式返还金拇指 2000 万元款项的还款责任承担连带责任。该担保金额占香榭丽 2013 年 6 月 30 日经审计净资产 26316.76 万元的 7.60%。

根据《企业会计准则——或有事项》，该事项属于应当披露的或有事项，但在粤传媒收购香榭丽事项的相关文件之中未被披露该事项。

粤传媒 2013 年和 2014 年披露的《收购报告书》等文件，以及收购完成后披露的粤传媒 2014 年年报、粤传媒 2015 年半年报中包括了收购对象香榭丽的上述虚假财务情况，因此，粤传媒披露的上述文件存在虚假记载。

以上事实，有粤传媒收购香榭丽项目相关文件、粤传媒 2014 年年报、2015 年半年报、相关人员询问笔录、粤传媒相关会议纪要等证据在案证明，足以认定。

证监会认为，粤传媒的上述行为违反了 2005 年《证券法》第 63 条“上市公司依法披露的信息，必须真实、准确、完整，不得有虚假记载、误导性陈述或者重大遗漏”的规定，构成了 2005 年《证券法》第 193 条第 1 款所述“发行人、上市公司或者其他信息披露义务人未按照规定披露信息，或者披露的信息有虚假记载、误导性陈述或者重大遗漏”的情形。

3. （2021）19 号行政处罚案件责任认定

第一，粤传媒是粤传媒收购香榭丽事项信息披露违法违规行为的责任主体。粤传媒 2013 年和 2014 年披露的《收购报告书》等一系列与收购事项相关的文件存在虚假陈述，未能真实披露香榭丽的营业收入、净利润等财务数据以及担保事项。

在审议粤传媒收购香榭丽相关文件的第八届董事会第五次会议上，董事会全体成员董事长汤某武（已故）、总经理赵文华等人均表示赞成，并签署了有关粤传媒收购香榭丽的《承诺函》等文件。

粤传媒及其董事会全体成员在《收购报告书》中保证该报告书及摘要内容的真实、准确、完整，并对该报告书的虚假记载、误导性陈述或重大遗漏负连带责任。

第二，粤传媒是粤传媒 2014 年年报、2015 年半年报信息披露违法违规行为的责任主体。粤传媒对香榭丽的收购完成后，香榭丽的合同造假行为仍在持续。粤传媒披露的 2014 年年报和 2015 年半年报中包含香榭丽通过炮制虚假合同伪造的财务数据，因此，粤传媒 2014 年年报和 2015 年半年报信息披露存在虚假记载。

粤传媒总经理赵文华、副总经理兼董事会秘书陈广超等人签署了粤传媒 2014 年年报。在审议粤传媒 2014 年年报的第八届董事会第十六次会议上，赵文华等人表示赞成，陈广超等人列席了董事会。粤传媒董事会及董事、高级管理人员保证年度报告内容的真实、准确、完整，不存在虚假记载、误导性陈述或重大遗漏，并承担个别和连带的法律责任。粤传媒主管会计工作负责人陈广超声明：保证年度报告中财务报告的真实、准确、完整。

赵文华、陈广超等人签署了粤传媒 2015 年半年报。在审议粤传媒 2015 年半年报的第八届董事会第二十一次会议上，赵文华等人表示赞成，陈广超等人列席了董事会。粤传媒董事会及董事、高级管理人员保证半年度报告内容的真实、准确、完整，不存在虚假记载、误导性陈述或重大遗漏，并承担个别和连带的法律责任。粤传媒主管会计工作负责人陈广超声明：保证本半年度报告中财务报告的真实、准确、完整。

第三，赵文华是对粤传媒上述信息披露违法违规行为直接负责的主管人员。赵文华于 2012 年 7 月 19 日至 2016 年 5 月 27 日任粤传媒董事；2012 年 6 月 29 日至 2016 年 4 月 14 日任粤传媒总经理；2014 年 6 月至 2015 年 5 月兼任香榭丽董事长。任职期间，参与、主导粤传媒收购香榭丽的资产重组事项，并在收购完成后签署了粤传媒 2014 年年报、2015 年半年报。

2013 年 5 月，陈广超向赵文华、汤某武（已故）等人介绍并推荐了香榭丽并购项目。同年 6 月、7 月、8 月，赵文华、陈广超、汤某武（已故）等人与香榭丽叶玫、乔旭东等人在广州、上海等地会面，逐步确定了收购意向。

2013 年 8 月 21 日，粤传媒召开第八届董事会战略委员会第二次会议，审议通过了《关于启动实施收购上海香榭丽广告传媒股份有限公司股权工作的议案》，赵文华出席会议并赞成通过该议案。2013 年 9 月 10 日，粤传媒召开第八届董事会第四次会议，审议通过了《关于筹划发行股份购买资产事项的议案》，赵文华出席会议并赞成通过该议案。2013 年 10 月 25 日，粤传媒召开第八届董事会第五次会议，审议通过了粤传媒收购香榭丽的系列相关文件，并逐项审议通过了《关于公司现金及发行股份购买资产方案的议案》，赵文华出席会议并赞成通过上述文件。2013 年 11 月 26 日，赵文华在《承诺函》上签字，承诺购买资产的申请文件不存在虚假记载、误导性陈述或重大遗漏。

收购完成后，赵文华于2014年6月至2015年5月担任香榭丽董事长，对香榭丽的财务、法务等情况监督把关，应对此期间香榭丽产生并呈报给粤传媒的财务数据的真实性、准确性、完整性负责。

2015年4月7日，粤传媒召开第八届董事会第十六次会议，审议通过了《2014年年度报告全文及其摘要》，赵文华出席会议，赞成通过并签署了该包含虚假财务数据的报告；2015年8月27日，粤传媒召开第八届董事会第二十一次会议，审议通过了《2015年半年度报告全文及摘要》，赵文华出席会议，赞成通过并签署了该包含虚假财务数据的报告。

赵文华作为粤传媒总经理兼董事，全程参与、主导了粤传媒收购香榭丽事项，其间未履行勤勉尽责义务，未能保证粤传媒披露的《收购报告书》等一系列文件真实、准确、完整；作为粤传媒总经理兼董事、香榭丽董事长，未履行勤勉尽责义务，未能保证粤传媒2014年年报、2015年半年报所披露信息真实、准确、完整。根据《上市公司信息披露管理办法》第58条第1款及2005年《证券法》第68条第3款的规定，综合考虑赵文华在粤传媒系列信息披露违法事件中所起到的作用，赵文华是粤传媒信息披露违法违规行为直接负责的主管人员。

第四，陈广超是对粤传媒上述信息披露违法违规行为直接负责的主管人员。陈广超于2012年7月19日至2013年6月25日任粤传媒财务总监；2013年6月26日至2015年10月29日任粤传媒副总经理、董事会秘书，2015年4月7日至10月29日任粤传媒财务总监，任职期间，参与、主导粤传媒与香榭丽资产重组过程，并在收购完成后签署了粤传媒2014年年报和2015年半年报。

2013年5月，陈广超向赵文华、汤某武（已故）等人介绍并推荐了香榭丽并购项目。同年6月、7月、8月，赵文华、陈广超、汤某武（已故）等人与香榭丽叶玫、乔旭东等人在广州、上海等地会面，逐步确定了收购意向。

2013年8月21日，粤传媒召开第八届董事会战略委员会第二次会议，审议通过了《关于启动实施收购上海香榭丽广告传媒股份有限公司股权工作的议案》，陈广超作为董事会秘书出席该会议并表示“……若公司单纯考虑参股或者控股，实行的可能性较小，甚至说是不可能”。从而进一步推动了粤传媒收购香榭丽100%股权项目。2013年9月10日，粤传媒召开第八届董事会第四次会议，审议通过了《关于筹划发行股份购买资产事项的议案》，陈广超作为董事会秘书出席该会议。2013年10月25日，粤传媒召开第八届董事会第五次会议，审议通过了粤传媒收购香榭丽的系列相关文件，并逐项审议通过了《关于公司现金及发行股份购买资产方案的议案》，陈广超作为董事会秘书出席了该会议，并在会议上详细介绍说明了包括该议案在内的粤传媒收购香榭丽系列相关文件。

2015年4月7日，粤传媒召开第八届董事会第十六次会议，审议通过了《2014年年度报告全文及其摘要》，陈广超出席会议，赞成通过并签署了该包含虚假财务数据的报告，同时作为主管会计工作的负责人保证该报告中财务报告的真实、准确、完整；

2015 年 8 月 27 日，粤传媒召开第八届董事会第二十一次会议，审议通过了《2015 年半年度报告全文及摘要》，陈广超出席会议，赞成通过并签署了该包含虚假财务数据的报告，同时作为主管会计工作的负责人保证该报告中财务报告的真实、准确、完整。

陈广超作为粤传媒财务总监、副总经理、董事会秘书和粤传媒收购香榭丽项目组成员，全程参与、主导了粤传媒收购香榭丽事项，其间未履行勤勉尽责义务，未能保证粤传媒披露的《收购报告书》等一系列文件真实、准确、完整；作为财务负责人，未履行勤勉尽责义务，未能保证粤传媒 2014 年年报和 2015 年半年报所披露信息真实、准确、完整。根据《上市公司信息披露管理办法》第 58 条第 1 款及 2005 年《证券法》第 68 条第 3 款的规定，综合考虑陈广超在粤传媒系列信息披露违法事件中所起到的作用，陈广超是粤传媒信息披露违法违规行为直接负责的主管人员。

4. （2021）20 号行政处罚案件责任认定

证监会认为，香榭丽通过炮制虚假合同虚增财务数据以及隐瞒担保的行为造成粤传媒 2013 年和 2014 年披露的《收购报告书》等文件以及收购完成后披露的粤传媒 2014 年年报、粤传媒 2015 年半年报存在虚假记载、重大遗漏。直接导致粤传媒构成了 2005 年《证券法》第 193 条第 1 款所述“所披露的信息有虚假记载、误导性陈述或者重大遗漏的”情形。

叶玫、乔旭东作为香榭丽股东，是粤传媒以发行股份和现金相结合方式收购香榭丽事件中的交易对手方。根据《上市公司重大资产重组管理办法》（2011 年 8 月 1 日，证监会第 73 号令，以下简称 2011 年《重组办法》）第 2 条第 2 款以及第 4 条的规定，叶玫、乔旭东作为“有关各方”，是 2005 年《证券法》第 193 条第 1 款规定的“其他信息披露义务人”。

叶玫作为香榭丽总经理、实际控制人，是香榭丽财务造假的主导者，并在收购过程中隐瞒了香榭丽为其 2000 万元个人债务提供担保的事实。其行为直接导致粤传媒信息披露违法违规，已严重违反法律、行政法规及证监会有关规定，违法手段极其恶劣，情节极其严重。

乔旭东作为香榭丽董事、副总经理、股东，知悉香榭丽财务造假的相关情况。其行为直接导致粤传媒信息披露违法违规，已严重违反法律、行政法规及证监会有关规定，违法手段极其恶劣，情节极其严重。

行政相对人的陈述申辩意见及行政机关的复核意见

1. 粤传媒的陈述申辩意见

陈述申辩意见 1：粤传媒对《事先告知书》认定的粤传媒收购香榭丽的情况有异议，认为《事先告知书》未严格遵循事件发生的时间顺序，建议调整。

证监会的复核意见：《事先告知书》中粤传媒收购香榭丽的过程按照时间顺序叙述，事实清楚，证据充分，且符合客观事实，无须调整。

陈述申辩意见 2：粤传媒对《事先告知书》认定的粤传媒信息披露违法违规情况有

异议。一是《事先告知书》对已披露的香榭丽 2011 年、2012 年、2013 年净利润金额的认定有误。二是香榭丽自 2014 年 7 月 1 日纳入粤传媒合并报表，《事先告知书》将香榭丽 2014 年虚增净利润金额与粤传媒 2014 年年报相对应，明显不当。三是《事先告知书》认定的香榭丽为叶玫 2000 万元个人债务提供担保的事实，具有片面性，与事实不符。四是《事先告知书》不应将香榭丽为叶玫 2000 万元个人债务提供担保单独作为一项违法事实。该行为已被香榭丽 2011 年至 2013 年虚增净利润事项所吸收。此外，证监会对本次收购的独立财务顾问东方花旗、审计机构中天运作出的行政处罚中也并未包含 2013 年 10 月 24 日香榭丽向金拇指出具《承诺书》一事。

证监会的复核意见：一是粤传媒以中天运会计师事务所（特殊普通合伙）《审计报告》的数据来证明《事先告知书》中对已披露的香榭丽 2011 年、2012 年、2013 年虚增净利润金额的认定有误，我会已经认定中天运会计师事务所（特殊普通合伙）《审计报告》存在虚假记载，并对中天运会计师事务所（特殊普通合伙）作出（2018）115 号行政处罚决定书。《事先告知书》中对已披露的香榭丽 2011 年、2012 年、2013 年虚增净利润金额的认定无误，文字表述不当的地方已作修改。二是《事先告知书》中香榭丽 2014 年虚增净利润金额认定无误。三是认定香榭丽为叶玫 2000 万元个人债务证监会供担保的事实清楚，证据充分。我会作为证券市场监督管理机关，有权依法对违反证券市场监督管理法律、行政法规的行为进行查处，有权将香榭丽为叶玫 2000 万元个人债务提供担保单独作为一项违法事实进行认定。此外，不同的市场主体其责任也不尽相同，违法事实不一样，适用的证券法条款也不一样，对本次收购的独立财务顾问、审计机构作出的行政处罚中是否包含 2013 年 10 月 24 日香榭丽向金拇指出具《承诺书》的事实，并不影响对粤传媒责任的认定。

陈述申辩意见 3：粤传媒对《事先告知书》认定的粤传媒的责任事项有异议，认为不应当对《630 审计报告》《2013 审计报告》《评估报告》《财务顾问报告》等非粤传媒制作、出具的与收购事项相关的文件存在的虚假陈述承担任何责任。一是为重大资产重组提供服务的证券服务机构和人员应当对其制作、出具文件的真实性、准确性和完整性承担责任。二是粤传媒依据证券服务机构制作、出具的文件编制《收购报告书》，《事先告知书》认定粤传媒对证券服务机构制作、出具的文件中存在的虚假陈述承担责任，系本末倒置。三是在其他类似案件中，相关《行政处罚决定书》在认定上市公司信息披露违法违规责任时，均未将证券服务机构出具的文件存在虚假陈述作为上市公司应当承担责任的事项范围之内。

证监会的复核意见：我会已对本次收购中的各中介机构未勤勉尽责，制作、出具的文件有虚假记载、误导性陈述或者重大遗漏的行为进行处罚。粤传媒作为上市公司，依法披露的信息必须真实、准确、完整，不得有虚假记载、误导性陈述或者重大遗漏。粤传媒信息披露的责任与各中介机构的未勤勉尽责的责任是独立的，对于收购事项，粤传媒应当承担自身信息披露违法的责任，即对其披露的《收购报告书》存在虚假记载承担责任。

陈述申辩意见4：粤传媒对《事先告知书》中的处罚及处罚幅度有异议。一是上市公司重大资产重组信息披露具有特殊性，信息披露的真实、准确、完整更依赖于标的资产及交易对手方提供的信息，更依赖于证券服务机构的勤勉尽责。二是对于《收购报告书》、2014年年报、2015年半年报中的虚假陈述，粤传媒主观上没有故意和违法共谋，客观上充分履行了各项注意义务，收购过程中审慎聘请证券服务机构、谨慎论证交易方案并高度关注香榭丽业绩真实性。三是高度、持续关注香榭丽应收账款回款情况，在回款不及预期的情况下果断调整领导班子主要成员，派专项工作组驻扎香榭丽开展核查、催收工作，聘请律师事务所开展核查，及时报案，主动向监管部门汇报并履行信息披露义务，存在《行政处罚法》（2017年修正）第27条第1款第3项的法定从轻减轻处罚的情节。四是香榭丽案件爆发后，粤传媒全力维护公司及中小股东的利益，在做好维稳工作的同时，注重通过法律手段维护自身权益，全力挽回粤传媒损失，积极争取到控股股东和地方政府的支持，化解粤传媒暂停上市风险，切实推进香榭丽破产清算及股权转让，存在《行政处罚法》（2017年修正）第27条第1款第1项的法定从轻减轻处罚的情节。

证监会的复核意见：粤传媒2014年年报所涉及虚增净利润19027.51万元；粤传媒2015年半年报涉虚增净利润6498.76万元，涉案金额特别巨大，情节特别严重，依法应当严惩。粤传媒事后维稳、维护自身权益等行为，均不是法定从轻或减轻处罚的情节。此外，根据广东省高级人民法院（2018）粤刑终236号刑事裁定书，粤传媒以4.5亿元的对价收购香榭丽，并对香榭丽增资4500万元、借款1000万元，最终香榭丽申请破产，损失已无法挽回。

陈述申辩意见5：粤传媒要求免予处罚或从轻、减轻处罚。一是请求根据《信息披露违法行为行政责任认定规则》第14条的规定，不对粤传媒处以行政处罚。二是如果仍决定对粤传媒作出行政处罚，则60万元顶格罚款明显不当，应当根据《行政处罚法》（2017年修正）第4条、第27条，《信息披露违法行为行政责任认定规则》第13条的相关规定，对粤传媒从轻或减轻处罚。同时还请求充分考虑粤传媒时任董事、高管的具体履职情况，免除或减轻处罚。

证监会的整体复核意见：我会对粤传媒的陈述申辩意见不予采纳。

2. 赵文华的陈述申辩意见

第一，赵文华在粤传媒收购香榭丽的过程中尽职尽责。粤传媒在收购过程中聘请了专业的第三方机构进行全面的尽职调查，专业机构均未提出虚假合同问题；监事会、审计、财务、法务等人员也均未提出质疑，导致粤传媒被恶意蒙骗，粤传媒和赵文华都是受害者。

第二，收购完成后，面对香榭丽应收账款居高不下的问题，赵文华积极应对，全力以赴想办法解决并及时向粤传媒董事会、监事会报告、请示。

第三，赵文华服从组织安排兼任香榭丽董事长，其间勤勉尽责，不断规范香榭丽的管理，努力解决香榭丽的问题。制定相关制度，为发现虚假合同的问题铺平了道路。

第四，赵文华及时与中介机构沟通，并多次要求中介机构如实核算香榭丽的成本、利润等事项，制止了香榭丽试图通过大幅降低屏体成本来完成盈利承诺等恶劣行为。

第五，赵文华不是粤传媒收购香榭丽项目的主导者。其既不是董事长，也不是财务、法务、审计等岗位和专业的人员，更不是香榭丽项目主持人、负责人，参与此项目系按董事会要求及服从时任董事长指示，其自始至终没有权力负责该项目，没有资格主导该项目。即便赵文华应当承担责任，其也不应当承担比其他人更重的责任。

第六，在董事长、财务总监签名保证相关报告真实准确完整后，其他董事、高管才签名，赵文华不应成为直接负责的主管人员。

第七，香榭丽多年造假，是粤传媒发现并终止了香榭丽继续行骗，赵文华在职期间从未徇私舞弊造假护假，一直在积极主动想办法解决问题。代表专业、客观公正的第三方中介机构报告未显示有虚假合同，粤传媒如实记载报告内容，并非虚假记载。实际实施虚假陈述的是香榭丽。

第八，在信息披露问题上，赵文华已勤勉尽责。

综上，赵文华请求免予行政处罚。

证监会的复核意见：

经复核，我会认为：赵文华作为上市公司董事、高级管理人员，应当具备与职责相匹配的专业知识和专业水平，独立发表专业意见和专业判断，即使借鉴其他机构或者个人的专业意见，也要独立承担责任。不能以其他机构或者个人未发现、未指出为由，请求免除其主动调查、了解并持续关注上市公司情况、确保上市公司所披露信息真实、准确、完整的义务。发生信息披露违法时，其他主体是否发现、是否指出错误、是否存在过错、是否被追究责任，均不是赵文华作为董事、高级管理人员的免责事由。赵文华事后主动想办法解决问题行为，不是免予行政处罚的法定情节。

此外，根据广东省高级人民法院（2018）粤刑终 236 号刑事裁定书，赵文华利用职务便利，在并购香榭丽过程中，收受香榭丽叶玫的现金 200 万元，最终香榭丽申请破产。经审计鉴定，2013 年 6 月 30 日并购前香榭丽以虚假合同和未完全履行合同虚增含税收入 22460. 98 万元，2013 年 6 月 30 日后香榭丽以虚假合同和未完全履行合同虚增含税收入 41570. 39 万元，2011 年至 2015 年香榭丽账面反映净利润为 11515. 44 万元，实际净利润为 -43301. 40 万元。

在实施并购前，赵文华作为收购香榭丽项目组牵头人，未及时发现并向粤传媒董事会或战略委员会报告香榭丽应收账款过高等风险，相反在 2013 年 8 月的粤传媒战略委员会第二次会议上建议收购香榭丽；在 2013 年 10 月粤传媒战略委员会第四次会议决议委托中介机构对香榭丽价值进行尽责调查后，赵文华已发现香榭丽存在应收账款过高等问题，但为提升粤传媒业绩、刺激粤传媒股价，仍在随后召开的粤传媒战略委员会第五次会议上表态同意购买香榭丽。并购完成后，赵文华在兼任香榭丽董事长近一年的时间里，未能恪尽职守，未对香榭丽进行严格监管，未及时发现香榭丽在收购前后存在财务数据和经营业绩造假的情况，相反在收受叶某等人给予的财物后进一步放松了监管，未尽职催收香榭丽的应收账款。

赵文华作为国家工作人员，利用职务上的便利，非法收受他人财物，为他人谋取利益，数额巨大，其行为已构成受贿罪；其严重不负责任，造成国有公司严重损失，致使国家利益遭受特别重大损失，其行为构成国有公司人员失职罪。

综上，赵文华担任粤传媒董事、总经理及香榭丽董事长期间，收受他人贿赂，未履行勤勉尽责义务，是粤传媒信息披露违法违规行为直接负责的主管人员。我会对赵文华的陈述申辩意见不予采纳。

3. 陈广超的陈述申辩意见

陈述申辩意见1：第一，香榭丽及叶玫的违法犯罪行为是导致粤传媒相关信息披露违法违规的根本原因。香榭丽及叶玫故意隐瞒、欺骗、误导粤传媒及陈广超。第二，陈广超在工作上严格按照规定履行了勤勉尽责义务。第三，陈广超只是全程参与粤传媒收购香榭丽事项，并无任何投资决策权，不存在主导收购的事实。

证监会的复核意见：依据法律法规的规定，全体董事、监事和高级管理人员应当勤勉尽责，对上市公司依法披露信息的真实性、准确性、完整性负责。陈广超作为粤传媒财务总监、副总经理、董事会秘书和粤传媒收购香榭丽项目组成员，全程参与、主导了粤传媒收购香榭丽事项，未履行勤勉尽责义务，不具备与职责相匹配的专业知识和专业水平，不能独立发表专业意见和专业判断，应当承担相应法律责任，并非香榭丽及叶玫故意隐瞒、欺骗等犯罪行为误导陈广超。

陈述申辩意见2：此外，陈广超因本案正在受刑事追究，相关罪名、证据与本案存在部分交叉，本着一事不二罚的原则，证监会不应再行处罚，或待刑事案件终结后根据情况再行处理。

证监会的复核意见：刑事案件和行政案件有着不同的立案标准，刑事程序和行政程序对同一事实的评价标准也不相同。本案中陈广超的违法行为事实清楚，证据确实、充分，我会对其处罚，符合行政处罚标准，不违反“一事不二罚”的原则，且符合我会一贯的执法原则和执法标准。

此外，根据广东省高级人民法院（2018）粤刑终881号刑事判决书，2013年9月至2014年9月前后，在粤传媒并购香榭丽期间以及并购完成后，香榭丽叶玫决定并经手或者通过他人先后送给陈广超现金150万元。陈广超的证人证言与上述事实相印证。

广东省高级人民法院（2018）粤刑终236号刑事裁定书中陈广超证人证言显示“我没有认真考察香榭丽公司的实际运营情况，但有将并购香榭丽公司的方案报告给赵文华。我发现香榭丽公司存在应收账款回函率偏低、应收账款的坏账准备计提比例、阵地租金不确定等问题，但均没有认真核查。2015年6月，我发现香榭丽公司存在合同造假，但没有汇报赵文华”。

证监会的整体复核意见：综上，陈广超在担任粤传媒财务总监、副总经理、董事会秘书期间，收受他人贿赂，未履行勤勉尽责义务，是粤传媒信息披露违法违规行为直接负责的主管人员。我会对陈广超的陈述申辩意见不予采纳。

4. 叶玫的陈述申辩意见

陈述申辩意见1：香榭丽并非上市公司，因此叶玫不是2005年《证券法》第193条规定的责任主体。

证监会的复核意见：香榭丽虽然不是上市公司，但香榭丽是本次收购事项的标的公司，叶玫作为收购事项标的公司的股东、实际控制人，是本次收购事项的交易对手方，是2011年《重组办法》第4条规定的“有关各方”，叶玫属于2005年《证券法》第193条第1款所述“其他信息披露义务人”，依法应当保证所披露或者提供信息的真实、准确、完整，不得有虚假记载、误导性陈述或者重大遗漏。

对此，我会于2016年9月8日修改的《上市公司重大资产重组管理办法》（证监会令第127号）第55条（对应2011年《重组办法》第53条）还新增了第2款“重大资产重组或者发行股份购买资产的交易对方未及时向上市公司或者其他信息披露义务人提供信息，或者提供的信息有虚假记载、误导性陈述或者重大遗漏的，按照前款规定执行”。根据一脉相承的监管逻辑，叶玫作为本次交易的对手方，是2005年《证券法》第193条第1款规定的“其他信息披露义务人”。

陈述申辩意见2：证监会对香榭丽的相关行为导致粤传媒信息披露违法的认定不当。一是证监会认定虚假业绩未考虑广告行业和香榭丽经营模式的特点；二是并购过程中粤传媒知悉香榭丽应收账款过高的情况，并默许调低坏账计提从而虚高利润；三是香榭丽提供担保的2000万元债务并非叶玫个人债务，叶玫是为了香榭丽的经营而承担该项债务；四是收购完成后，粤传媒派财务总监进驻香榭丽，对于香榭丽的财务报表情况，粤传媒没有理由不知情。

证监会的复核意见：一是我会认定香榭丽通过制造虚假合同虚增利润，事实清楚，证据充分，广东省高级人民法院（2018）粤刑终881号刑事判决书对该项事实亦有确认。二是无论粤传媒是否知悉、默许香榭丽的财务造假行为，均无法成为叶玫主导香榭丽财务造假并提供虚假信息的理由。叶玫作为香榭丽的股东、实际控制人，蓄意炮制虚假合同，大肆进行财务造假，严重违反了应保证所披露或提供信息真实、准确、完整的义务，实施了信息披露违法违规的行为，造成了严重的信息披露违法后果，在粤传媒信息披露违法中起主要作用，其违法行为特别恶劣，情节特别严重，依法应予严惩。三是香榭丽为叶玫2000万元债务提供担保的事实清楚，证据充分，根据《企业会计准则——或有事项》，该事项属于应当披露的或有事项，而叶玫没有履行信息披露的法定义务，导致信息披露存在重大遗漏，应当为此承担相应责任。

此外，根据广东省高级人民法院（2018）粤刑终881号刑事判决书，2011年前后，为满足上市条件和以较高估值吸引风险资金投资入股，叶玫决定并安排乔旭东等人通过制作虚假业务合同并虚假走账的方式虚增香榭丽的经营业绩。在粤传媒和香榭丽进行并购谈判期间，为达到粤传媒启动并购设定的利润数额、提高香榭丽的估值以取得更高的并购对价，叶玫等参与并购人员均故意隐瞒并继续实施财务造假行为且向中介机构和粤传媒提供了虚假的财务账册资料，并向粤传媒总经理、董事会秘书等人行贿 410 万元。在粤传媒与香榭丽签订并购协议以至粤传媒以 4.5 亿元并购完成香榭丽之后，为了掩盖之前的财务造假行为及完成业绩承诺期内的业绩增长要求、避免承担利润补偿和应收账款坏账补偿责任，叶玫等人利用仍在香榭丽任职的便利条件，继续伪造虚假合同、炮制虚假财务数据，维持香榭丽业绩和利润增长的假象。并购完成后，叶玫分得“粤传媒”750.22 万股，香榭丽在签订、履行合同过程中，骗取对方当事人财物，金额特别巨大，其行为构成合同诈骗罪，叶玫是对香榭丽合同诈骗犯罪直接负责的主管人员。

证监会的整体复核意见：综上，叶玫是 2005 年《证券法》第 193 条第 1 款所述“其他信息披露义务人”，其违法金额特别巨大，违法手段特别恶劣，情节特别严重，应当依法依规履行信息披露义务，保证所披露信息的真实、准确、完整，我会对叶玫的陈述申辩意见不予采纳。此外，不再认定其为 2005 年《证券法》第 193 条第 1 款规定的“直接负责的主管人员”。

5. 乔旭东的陈述申辩意见

陈述申辩意见 1：乔旭东对香榭丽通过制作虚假合同虚增净利润的行为不知情。粤传媒收购香榭丽完成前，乔旭东仅是占股约 6.7% 的香榭丽股东，并购完成后不再担任股东、董事、经理等管理层，不具有参与决策、管理的资格。且乔旭东仅负责对外开发阵地工作，工作地点不在上海。并购完成后，乔旭东因健康原因长期休假并接受手术治疗，未正常履职。

证监会的复核意见：在案证据显示，乔旭东作为香榭丽股东，不仅知悉香榭丽财务造假的情况，而且参与其中。

根据广东省高级人民法院（2018）粤刑终 881 号刑事判决书，2011 年前后，为满足上市条件和以较高估值吸引风险资金投资入股，叶玫决定并安排乔旭东等人通过制作虚假业务合同并虚假走账的方式虚增香榭丽的经营业绩。在粤传媒和香榭丽进行并购谈判期间，为达到粤传媒公司启动并购设定的利润数额、提高香榭丽的估值以取得更高的并购对价，乔旭东等参与并购人员均故意隐瞒并继续实施财务造假行为且向中介机构和粤传媒公司提供了虚假的财务账册资料，并向粤传媒总经理、董事会秘书等人行贿 410 万元。在粤传媒与香榭丽签订并购协议以至粤传媒以 4.5 亿元并购完成香榭丽之后，乔旭东分得“粤传媒”206.04 万股及现金 808.34 万元。为了掩盖之前的财务造假行为及完成业绩承诺期内的业绩增长要求、避免承担利润补偿和应收账款坏账补偿责任，乔旭东等人利用仍在香榭丽任职的便利条件，继续伪造虚假合同、炮制虚假财务数据，维持香榭丽公司业绩和利润增长的假象。在此过程中，乔旭东协助联系客户配合伪造部分业务合同并协助以走账形式冲抵虚假合同的应收账款。

香榭丽在签订、履行合同过程中，骗取对方当事人财物，金额特别巨大，其行为构成合同诈骗罪，乔旭东是对香榭丽合同诈骗犯罪直接负责的主管人员。

综上，乔旭东不仅知悉香榭丽财务造假的情况，而且参与其中，并造成了严重的信息披露违法后果，应当承担由此导致的信息披露违法的责任。

陈述申辩意见2：乔旭东不知悉香榭丽为叶玫2000万元个人债务提供担保。

证监会的复核意见：乔旭东知悉香榭丽为叶玫2000万元债务提供担保的证据不足。我会对该项陈述申辩意见予以采纳。

陈述申辩意见3：首先，即便证监会认定乔旭东应承担责任，在处罚上也应当与叶玫有所区分，不应认定其为“直接负责的主管人员”，叶玫才是香榭丽财务造假的主导者。乔旭东的工作职责决定了其不属于“直接负责的主管人员”。人民法院在乔旭东涉及与本案相关的合同诈骗罪的判决书中亦认定其属于从犯，在量刑和罚金上与叶玫有明显区别。其次，乔旭东既不是上市公司董事、监事、高级管理人员，也不属于有重要影响的控股股东，同时又不属于实际控制人，因此不是“其他信息披露义务人”。再次，认定乔旭东的责任大于财务总监和董事会秘书，无法体现权利义务对等的原则。即使对其处罚，也应将其降为“其他直接责任人员”。最后，乔旭东不存在最高人民法院《关于审理证券行政处罚案件证据若干问题的座谈会纪要》第4条第3款所述情形。

证监会的复核意见：与前述逻辑一致，乔旭东作为收购事项标的公司香榭丽的股东，是本次收购事项的交易对手方，是2011年《重组办法》第4条规定的“有关各方”，属于2005年《证券法》第193条第1款所述“其他信息披露义务人”，其依法应当保证所披露或者提供信息的真实、准确、完整，不得有虚假记载、误导性陈述或者重大遗漏。乔旭东作为香榭丽股东，参与香榭丽财务造假，造成了严重的信息披露违法后果，其违法金额特别巨大，违法手段特别恶劣，情节特别严重。

陈述申辩意见4：侦查机关在案件侦查过程中有非法取证情形，相关证据应予排除，证监会不能作为证据引用。

证监会的复核意见：我会依据法定职权，按照法定调查程序依法调取了本案的相关证据，所取得并据以作出行政处罚的证据程序合法，与本案相关联，真实合法有效。

陈述申辩意见5：证监会对乔旭东的同一违法行为，给予两次罚款，明显违反《行政处罚法》第24条的规定。

证监会的复核意见：我会依据2005年《证券法》第193条给予乔旭东一次警告、罚款，不存在“一事二罚”的情况。

证监会的整体复核意见：综上，乔旭东是2005年《证券法》第193条第1款所述“其他信息披露义务人”，应当依法依规履行信息披露义务，保证所披露信息的真实、准确、完整，不再认定其为2005年《证券法》第193条第1款规定的“直接负责的主管人员”。我会对乔旭东的陈述申辩意见部分予以采纳。鉴于其违法金额特别巨大，违法手段特别恶劣，情节特别严重，不足以对其从轻、减轻处罚。

处罚决定

一是责令粤传媒改正，给予粤传媒警告，并处以60万元的罚款；

二是给予赵文华、陈广超警告，并分别处以30万元的罚款；

三是给予叶玫警告，并处以60万元的罚款；

四是给予乔旭东警告，并处以 60 万元的罚款。

■案例评析

本案的典型意义

上市公司的重大资产重组和对外并购业务一直是财务造假的重灾区，本案的典型意义在于，不同于一般案例在收购前被收购方为了提高收购价格进行财务造假或收购后上市公司有组织的系统性财务造假案例，本案在收购前和收购后均存在财务造假行为，而且涉及上市公司董事、高管与被收购对象内外串通勾结的行为。

本案实质上暴露了两个问题：一是在重大资产重组过程中，上市公司如何避免被“骗”的问题；二是如何对子公司进行有效监管的问题。这两个问题都是上市公司在合规治理过程中的沉疴痼疾。

［行政合规要点链接：涉及“重大资产重组”和“上市公司子公司实质性监管”的行政合规要点详见第三编第三章第二节“信息披露违法行为行政合规风险”］

本案涉及的信息披露违法行为的具体分析

1. 违法行为的整体发案情况分析

本案是一起典型的“未如实披露对外担保信息”“会计数据和财务指标造假”的信息披露违法违规行政处罚案件，根据笔者发布的《2023 年度中国 A 股上市公司刑事行政法律风险观察报告》中信息披露违法违规的具体原因分布图，上述两种信息披露违法行为分别位列 2023 年度信息披露违法违规高发行为的第 3 位和第 1 位，是绝对的信息披露违法违规重灾区。

［行政监管数据链接：涉及“信息披露违规具体情形分布”的行政监管数据详见第三编第一章第二节“2023 年度中国 A 股上市公司刑事行政法律风险观察报告”之“【信息披露违法违规】违法行为的行政处罚分析”部分］

2. 违法行为的具体情形分析

信息披露违法类型	违法时间	涉及的披露文件	违法行为涉及的资金数额
会计数据和财务指标造假	重大资产重组（购买资产）前	《收购报告书》	虚增净利润 30589. 83 万元
	重大资产重组（购买资产）后	年报和半年报	虚增净利润 25526. 27 万元
未如实披露对外担保信息	重大资产重组（购买资产）前	《收购报告书》	未披露为 2000 万元个人债务提供担保事项
	重大资产重组（购买资产）后	年报和半年报	

一是《信息披露违法行为行政责任认定规则》（2011）将信息披露违法行为按照违法类型分为四类，分别是未按规定披露、虚假记载、误导性陈述、重大遗漏。本案属于典型的虚假记载的信息披露违法行政处罚案件。

关于虚假记载的行为，《信息披露违法行为行政责任认定规则》（2011）第 8 条明确规定，信息披露义务人在信息披露文件中对所披露内容进行不真实记载，包括发生业务不入账、虚构业务入账、不按照相关规定进行会计核算和编制财务会计报告，以及其他在信息披露中记载的事实与真实情况不符的，应当认定构成所披露的信息有虚假记载的信息披露违法行为。

本案涉及的两个违法行为：其一，香榭丽及其相关人员通过制作虚假合同进行财务造假，导致粤传媒披露的收购文件和定期报告与真实情况不符。其二，香榭丽及其相关人员故意隐瞒为个人担保事项，导致粤传媒披露的收购文件和定期报告与真实情况不符。

上述两个违法行为均属于上市公司对外披露的信息与真实情况不符，符合《信息披露违法行为行政责任认定规则》（2011）第8条的规定，属于所披露的信息有虚假记载的信息披露违法行为。

［行政合规法律法规链接：涉及“信息披露违法行为分类”的行政合规法律责任详见第三编第三章第二节之“二、信息披露违法行为行政责任——（一）信息披露违法的情形”］

二是《信息披露违法行为行政责任认定规则》（2011）将信息披露违法行为按照发生原因分为两类，即信息披露义务人行为构成信息披露违法的行为和其他违法行为引起信息披露义务人信息披露违法的行为。案涉信息披露违法行为即属于其他违法行为导致的信息披露违法行为。

本案中涉及的两个信息披露违法行为的根源在于：粤传媒在收购香榭丽过程中，被收购方提供了虚假的财务数据，未如实披露为自然人提供担保的情况；收购完成后，香榭丽作为上市公司子公司仍然进行财务造假。上述行为最终导致粤传媒对外披露的收购报告书、年报、中报存在虚假记载。因此，本案是一起典型的因其他违法行为导致的信息披露违法行为。

［行政合规法律法规链接：涉及“信息披露违法行为分类”的行政合规法律责任详见第三编第三章第二节之“一、信息披露违法行为类别”］

3. 违法行为的责任认定分析

相对人	身份	类型	违法行为
粤传媒	上市公司	信息披露义务人	2013年和2014年披露的《收购报告书》等文件以及2014年年报、2015年半年报等存在虚假记载
赵文华	总经理董事	直接负责的主管人员	1. 作为粤传媒总经理兼董事，全程参与、主导了粤传媒收购香榭丽事项，其间未履行勤勉尽责义务，未能保证粤传媒披露的《收购报告书》等一系列文件真实、准确、完整； 2. 作为粤传媒总经理兼董事、香榭丽董事长，未履行勤勉尽责义务，未能保证粤传媒2014年年报、2015年半年报所披露信息真实、准确、完整

续表

相对人	身份	类型	违法行为
陈广超	财务总监副总经理董事会秘书	直接负责的主管人员	1. 作为粤传媒财务总监、副总经理、董事会秘书和粤传媒收购香榭丽项目组成员，全程参与、主导了粤传媒收购香榭丽事项，其间未履行勤勉尽责义务，未能保证粤传媒披露的《收购报告书》等一系列文件真实、准确、完整； 2. 作为财务负责人，未履行勤勉尽责义务，未能保证粤传媒2014年年报和2015年半年报所披露信息真实、准确、完整
叶玫	被并购对象总经理、股东、实际控制人	信息披露义务人	作为香榭丽总经理、实际控制人，主导香榭丽财务造假，并在收购过程中隐瞒了香榭丽为个人债务提供担保的事实，其行为直接导致粤传媒信息披露违法违规
乔旭东	被并购对象董事、副总经理，系香榭丽股东	信息披露义务人	作为香榭丽董事、副总经理、股东，知悉香榭丽财务造假的相关情况，其行为直接导致粤传媒信息披露违法违规

本案中被处罚的行政相对人包括粤传媒、赵文华、陈广超、叶玫、乔旭东五个主体，被处罚事项分为粤传媒完成对香榭丽的收购行为之前和粤传媒完成对香榭丽的收购行为之后两个阶段事项。

一是关于收购完成前的信息披露违法行为责任认定分析：

粤传媒收购香榭丽的事项属于《上市公司重大资产重组管理办法》（2011 年修订）（以下简称《2011 年重组办法》）第 11 条规定的重大资产重组事项。

《2011 年重组办法》第 4 条规定，上市公司实施重大资产重组，有关各方必须及时、公平地披露或者提供信息，保证所披露或者提供信息的真实、准确、完整，不得有虚假记载、误导性陈述或者重大遗漏。

根据上述规定，上市公司重大资产重组过程中，负有信息披露义务的主体不仅包括上市公司，还包括与上市公司进行交易的各方。因此，本案中粤传媒属于当然的信息披露义务主体，叶玫、乔旭东作为香榭丽的原股东，属于粤传媒的本次重大资产重组的交易对手方，负有及时、公平、真实、准确、完整地提供信息的义务，属于信息披露义务人的范畴。

粤传媒在重大资产重组过程中对外披露的收购文件存在虚假陈述；叶玫、乔旭东向粤传媒提供了虚假的财务数据和担保信息，叶玫还未如实提供担保信息，直接导致粤传媒对外披露的收购文件存在虚假陈述。上述三人作为信息披露义务人，违反了《2011 年重组办法》第 4 条规定的信息披露义务，应当按照 2005 年《证券法》规定的对信息披露义务人的处罚规定进行处罚。

赵文华作为粤传媒的总经理兼董事，陈广超作为粤传媒的财务总监、副总经理、董事会秘书和粤传媒收购香榭丽项目组成员，均全程参与并主导了收购香榭丽的全过程，但未能履行《2011 年重组办法》第 5 条规定的“上市公司的董事、监事和高级管理人员在重大资产重组活动中，应当诚实守信、勤勉尽责，维护公司资产的安全，保护公司和全体股东的合法权益”的义务，导致粤传媒对外披露的收购文件存在虚假记载，应当按照 2005 年《证券法》规定的对信息披露义务人直接负责的主管人员的处罚规定进行处罚。

二是关于粤传媒完成收购行为后的责任认定分析：

粤传媒收购香榭丽的行为完成后，香榭丽财务造假的行为仍在持续。自 2014 年 7 月 1 日起，粤传媒将香榭丽财务数据纳入合并会计报告编制范围，香榭丽的财务数据直接影响粤传媒的财务数据的真实性。

收购前后的香榭丽财务造假行为叠加，导致粤传媒 2014 年报和 2015 年中期报告出现了虚假记载。

粤传媒作为信息披露义务主体，对上述虚假陈述行为负有主体责任，赵文华作为粤传媒总经理兼董事、香榭丽董事长，陈广超作为粤传媒财务负责人，属于粤传媒直接负责的主管人员。叶玫、乔旭东因其在收购前提供虚假财务数据的行为导致收购后的定期报告存在虚假陈述，是信息披露义务主体。

因此，对于收购完成后的信息披露违法行为，对粤传媒、叶玫、乔旭东按照 2005 年《证券法》规定的对信息披露义务人的处罚规定进行处罚，对赵文华和陈广超按照 2005 年《证券法》规定的对信息披露义务人直接负责的主管人员的处罚规定进行处罚。

重点陈述申辩情况分析

第一，随着资本市场监管体系的日趋完善，信息披露义务人的范围更加明确，信息的提供者和披露者均是信息披露义务人。

本案中，叶玫以起步属于信息披露义务人提出申辩，证监会引用《2011 年重组办法》第 4 条“上市公司实施重大资产重组，有关各方必须及时、公平地披露或者提供信息，保证所披露或者提供信息的真实、准确、完整，不得有虚假记载、误导性陈述或者重大遗漏”的规定，认为叶玫属于重大资产重组的“有关各方”，属于信息披露义务人的范畴。

同时，证监会罕见地引用违法行为发生后施行的 2016 年 9 月 8 日修改的《上市公司重大资产重组管理办法》（证监会令第 127 号）第 55 条（对应 2011 年《重组办法》第 53 条）新增了第 2 款，增加了对重大资产重组交易对方的处罚规定，通过一脉相承的监管逻辑对相对人的申辩理由进行了驳斥。

随着资本市场监管制度的不断发展，2021 年修订的《上市公司信息披露管理办法》对信息披露义务人的范围较 2007 年对信息披露义务人的上述观点在第 62 条中作了进一步明确，即“信息披露义务人，是指上市公司及其董事、监事、高级管理人员、股东、实际控制人，收购人，重大资产重组、再融资、重大交易有关各方等自然人、单位及其相关人员，破产管理人及其成员，以及法律、行政法规和中国证监会规定的其他承担信息披露义务的主体”。至此，依法应当披露的信息的提供者被纳入信息披露义务人的范围，信息披露的义务也明确从披露扩展到提供及披露。

第二，信息披露违法行为中，涉事各方独立承担各自信息披露义务，行政相对人以其他方包括中介机构存在前置责任以求免责的申辩理由难获支持。本案在申辩中出现了以其他方包括中介机构存在前置责任以求免责的情形：

首先，关于上市公司及其董监高诿责第三方证券服务机构：

粤传媒认为其不应当承担非自身制作的《审计报告》《评估报告》《财务顾问报告》和依据证券服务机构制作、出具的文件编制《收购报告书》中的虚假陈述责任。

赵文华认为粤传媒在收购过程中聘请了专业的第三方机构进行全面的尽职调查，专业机构均未提出虚假合同问题；监事会、审计、财务、法务等人员也均未提出质疑，导致粤传媒被恶意蒙骗，粤传媒和赵文华都是受害者。

其次，关于上市公司诿责被收购的标的公司：

粤传媒认为，重大资产重组信息披露具有特殊性，信息披露的真实、准确、完整更依赖于标的资产及交易对手方提供的信息。

陈广超认为，香榭丽及叶某的违法犯罪行为是导致粤传媒相关信息披露违法违规的根本原因。香榭丽及叶某故意隐瞒、欺骗、误导粤传媒及陈广超。

证券服务机构固然有在其专业范围内的核查义务，但其核查义务并不能替代其他重大资产重组有关各方的核查责任。各方虽然存在工作上的支持性与连续性，但是在责任承担上不具有可替代性。无论是《证券法》还是《上市公司信息披露管理办法》《信息披露违法行为行政责任认定规则》均明确规定了信息披露义务主体及其责任人员、应当配合上市公司履行信息披露义务的人、证券服务机构等主体的独立信息披露责任，各方共同构成对于公开市场信息合规性的保障，相互之间的责任不可替代，因此对违法后果各方应当在各自的法律责任范畴内承担。

案例二：＊ST 银河信息披露违法行政处罚案[①]

2011 年 5 月 25 日，证监会对包括银河科技（＊ST 银河曾用名）、董事会成员、多名高管、监事合计 15 人以信息披露违法违规作出行政处罚，对行政相对人分别给予警告，并处罚款合计 307 万元。[②] 证监会在处罚决定书中对本案罕见定性为“本案是系统性、团体化的上市公司信息披露违法大案”，违法行为“持续时间长，涉及事项多，涉

---

① 案例来源：中国证券监督管理委员会广西监管局行政处罚决定书（银河生物、潘琦、徐宏军等 12 名责任人），行政处罚决定书文号：行政处罚决定书（2020）3 号，载广西监管局官网，http://www.csrc.gov.cn/guangxi/c104662/c1134689/content.shtml。

② 案例来源：中国证监会行政处罚决定书（银河科技、潘琦等 15 名责任人员），行政处罚决定书文号：（2011）19 号，载中国证监会官网，http://www.csrc.gov.cn/csrc/c101928/c104 3250/content.shtml。

案数额巨大，集上市公司信息披露违法之大成，情节特别严重，市场影响非常恶劣，应当依法予以从重处罚”。

令人唏嘘的是，时隔近 10 年后，同一家上市公司、同一个实控人，还有该上市公司 13 名董监高的“系统性、团体化”的信息披露行政处罚案件再次发生，本案为无数上市公司敲响了信息披露合规的警钟。

■基本案情

案件概况

作出行政处罚决定的行政机关：中国证监会广西监管局

处罚时间：2020 年 6 月 3 日

行政处罚相对人身份：

1. 北海银河生物产业投资股份有限公司，深圳证券交易所主板上市公司，证券简称：＊ST 银河，证券代码：008060. SZ；
2. 潘琦，银河生物实际控制人；
3. 徐宏军，时任银河生物董事长、总裁；
4. 唐新林，时任银河生物董事长；
5. 刁劲松，时任银河生物董事；
6. 张怿，时任银河生物财务总监；
7. 叶德斌，时任银河生物董事、常务副总裁；
8. 卢安军，时任银河生物董事、副总裁、董事会秘书；
9. 王肃，时任银河生物董事、副总裁、董事会秘书；
10. 刘杰，时任银河生物董事、总裁；
11. 朱洪彬，时任银河生物董事、总裁；
12. 宋海峰，时任银河生物董事、副总裁；
13. 陈汝平，时任银河生物董事会秘书；
14. 蔡琼瑶，时任银河生物监事。

市场禁入情况①：

1. 对潘琦采取 10 年证券市场禁入措施；
2. 对徐宏军、唐新林分别采取 5 年证券市场禁入措施；
3. 对刁劲松、张怿分别采取 3 年证券市场禁入措施。

陈述、申辩、听证情况：

当事人叶德斌、朱洪彬未提出陈述申辩，也未要求听证；当事人银河生物、卢安军、王肃、刘杰、宋海峰、蔡琼瑶提出陈述申辩，未要求听证；当事人潘琦、徐宏军、

---

① 案例来源：中国证券监督管理委员会广西监管局市场禁入决定书（潘琦、徐宏军、唐新林、刁劲松、张怿），市场禁入决定书文号：〔2020〕1 号，载广西监管局官网，http：//www. csrc. gov. cn/guangxi/c104662/c1134688/content. shtml。

唐新林、刁劲松、张怿、陈汝平提出陈述申辩，并要求听证。

行政机关认定的违法事实

1. 信息披露违法的情况

（1）未按规定披露关联方非经营性占用资金的关联交易。2016 年至 2018 年，银河生物及其子公司通过直接或间接向关联企业划转资金、代关联方还款、对外借款供关联企业使用、向关联方开具没有真实交易背景的商业承兑汇票等方式，持续为银河天成集团有限公司（以下简称银河集团）及其控制的企业、潘琦等关联方提供资金。其中，通过直接或间接划转资金或代为还款的方式，2016 年、2017 年和 2018 年银河生物分别向银河集团提供资金 44000 万元、34032 万元和 81767 万元；通过对外借款供关联企业使用的方式，2016 年、2017 年银河生物分别向银河集团及潘琦提供资金 9000 万元、6900 万元；通过开具没有真实交易背景的商业承兑汇票的方式，2018 年银河生物向银河集团的全资子公司广西银河天成实业有限公司（以下简称银河天成）提供财务资助 7000 万元。综上，2016 年、2017 年、2018 年，银河生物分别为银河集团及其控制的企业、潘琦等关联方提供非经营性资金合计为 53000 万元、40932 万元、88767 万元，分别占上一年度银河生物经审计净资产的 26. 33%、20. 13%、42. 15%。截至 2018 年末，非经营性占用资金余额为 47411 万元，占 2018 年度银河生物经审计净资产的 34. 10%。

根据《深圳证券交易所股票上市规则》（2014 年修订、2018 年 4 月修订）第 10. 2. 3 条、第 10. 2. 4 条、第 10. 2. 5 条、第 10. 2. 9 条、第 10. 2. 10 条规定，银河生物上述关联方非经营性资金占用的关联交易已经达到应当及时披露的标准。根据《公开发行证券的公司信息披露内容与格式准则第 2 号——年度报告的内容与格式》（2016 年修订、2017 年修订）第 31 条、第 34 条，《公开发行证券的公司信息披露内容与格式准则第 3 号——半年度报告的内容与格式》（2014 年修订）第 28 条，《公开发行证券的公司信息披露内容与格式准则第 3 号——半年度报告的内容与格式》（2016 年修订、2017 年修订）第 38 条的规定，银河生物应当将关联方非经营性资金占用情况在相关半年报和年报中披露。对上述事项，银河生物既未及时披露，也未在 2016 年年报、2017 年半年报及年报、2018 年半年报中予以披露。

（2）未按规定披露为关联方提供担保的情况。2016 年至 2018 年，在银河集团总裁姚某平的组织安排下，唐新林、徐宏军陆续在有关担保协议上签章，由银河生物及子公司为银河集团等关联方对外借款提供担保。2016 年 7 月至 2018 年 3 月，银河生物及子公司共计 15 次为银河集团等关联方对外借款提供担保，担保累计金额 154430 万元。其中 2016 年、2017 年、2018 年为关联方担保金额分别为 22000 万元、123930 万元、8500 万元，分别占上一年度经审计净资产的 10. 93%、60. 94%、4. 04%。银河生物未按规定对上述事项履行股东大会、董事会审议程序。

根据《上市公司信息披露管理办法》（证监会令第 40 号）第 30 条第 2 款第 17 项，以及《深圳证券交易所股票上市规则》（2014 年修订）第 10. 2. 4 条的规定，银河生物上述为关联方提供担保事项已经达到应当及时披露的标准。根据《公开发行证券的公司信息披露内容与格式准则第 2 号——年度报告的内容与格式》（2016 年修订、2017 年修订）第 40 条，《公开发行证券的公司信息披露内容与格式准则第 3 号——半年度报告的内容与格式》（2016 年修订、2017 年修订）第 38 条的规定，银河生物应当将为关联方提供担保情况在相关半年报和年报中披露。对上述事项，银河生物既未及时披露，也未在 2016 年年报、2017 年半年报及年报、2018 年半年报中予以披露。

（3）未按规定披露重大诉讼信息。2017 年 10 月至 2019 年 1 月，银河生物涉及民事诉讼 18 起，涉诉金额合计不少于 156546.37 万元。其中，截至 2018 年 3 月底，银河生物涉及诉讼案件 5 起，合计金额不少于 21622.84 万元，达到最近一期（2016 年）经审计净资产的 10.63%，银河生物不晚于 2018 年 7 月 7 日知悉上述 5 起诉讼信息。

根据《上市公司信息披露管理办法》（证监会令第 40 号）第 30 条第 2 款第 10 项，以及《深圳证券交易所股票上市规则》（2014 年修订、2018 年 4 月修订）第 11.1.1 条、第 11.1.2 条、第 11.1.5 条的规定，银河生物上述重大诉讼事项已经达到应当及时披露的标准。根据《公开发行证券的公司信息披露内容与格式准则第 3 号——半年度报告的内容与格式（2017 年修订）》第 34 条的规定，银河生物应当将涉及重大诉讼情况在相关半年报中披露。但直至 2019 年 2 月 20 日，银河生物才陆续对上述涉诉情况进行公开披露。对上述事项，银河生物既未及时披露，也未在 2018 年半年报中予以披露。

（4）未按规定披露银河集团所持银河生物股份被司法冻结事项。2018 年 4 月 27 日，银河集团所持有的 524752989 股、589978 股银河生物股份分别被深圳市中级人民法院冻结和轮候冻结。2018 年 5 月 7 日、6 月 5 日，银河集团所持有的 100000000 股、525612967 股银河生物股份分别被上海市第二中级人民法院和北京市朝阳区人民法院轮候冻结。上述冻结股份数合计占银河集团所持银河生物股份数的 100%，占银河生物总股份数的 47.79%。2018 年 4 月至 8 月，根据徐宏军和陈汝平安排，银河生物工作人员每周通过中国证券登记结算有限责任公司（以下简称中登公司）查询银河生物股票被质押和冻结的情况，根据查询记录，银河生物不晚于 2018 年 6 月 11 日知悉前述银河集团所持公司股份被冻结和轮候冻结的情况。但直至 2018 年 8 月 7 日，银河生物才发布《关于控股股东股份被司法冻结及轮候冻结的公告》对上述事项进行公开披露。

根据《上市公司信息披露管理办法》（证监会令第 40 号）第 30 条第 2 款第 14 项的规定，银河生物上述股份冻结事项已经达到应当及时披露的标准，银河生物未按规定及时予以披露。

2. 责任认定

银河生物未按规定及时披露银河集团及其关联方非经营性占用资金的关联交易、对外担保、重大诉讼、控股股东所持股份被冻结情况；未在相关定期报告中真实、完整披露关联交易、对外担保和涉及重大诉讼情况，导致银河生物相关定期报告存在虚假记载和重大遗漏。上述行为违反了 2005 年《证券法》第 63 条、第 67 条规定，构成 2005 年《证券法》第 193 条第 1 款所述信息披露违法行为。

潘琦作为银河生物的实际控制人、银河集团的董事长，通过与上市公司共同借款，并提供个人银行账户供银河集团收取借款等方式直接参与银河集团非经营性占用银河生物资金事项；将部分上述共同借款用作个人消费或被司法扣划，构成个人非经营性占用上市公司资金；在载有银河生物为保证人的借款协议和保证合同上签字，主导上市公司违规对外担保。上述情形下，潘琦隐瞒应当披露的信息，导致银河生物未及时披露相关信息，导致银河生物相关定期报告内容存在虚假记载和重大遗漏，其行为已经构成 2005 年《证券法》第 193 条第 3 款所述实际控制人指使上市公司从事信息披露违法的行为。

徐宏军于 2017 年 5 月至 8 月担任银河生物董事、总裁，自 2017 年 8 月起担任银河生物董事长、总裁。任职期间，徐宏军在银河生物向银河集团等关联方划转资金的多份审批单、有关借款协议、担保协议上签字或盖章，参与银河生物为银河集团等关联方提供非经营性资金和违规对外担保，知悉银河生物涉及重大诉讼、银河集团所持股份被冻结的情况。任职董事长期间，徐宏军是银河生物信息披露的主要责任人，其未组织银河生物真实、完整、及时进行信息披露，导致银河生物 2017 年半年报、2017 年年报、2018 年半年报内容存在虚假记载和重大遗漏，是银河生物信息披露违法行为直接负责的主管人员。

唐新林于 2016 年 3 月至 2017 年 8 月担任银河生物董事长。任职期间，唐新林在银河生物向银河集团等关联方划转资金的多份审批单、有关借款协议、担保协议上签字或盖章，参与银河生物为银河集团等关联方提供非经营性资金和违规对外担保。任职期间，唐新林是银河生物信息披露的主要责任人，其未组织银河生物真实、完整、及时进行信息披露，导致银河生物 2016 年年报存在虚假记载和重大遗漏，是银河生物信息披露违法行为直接负责的主管人员。

刁劲松在银河集团负责融资、资金调配工作，自 2017 年 9 月开始担任银河生物董事。在银河生物任职期间，刁劲松直接指令银河生物向银河集团等关联方提供非经营性资金；参与银河生物违规对外担保；通过参与银河集团借款纠纷的处理知悉银河生物涉及重大诉讼情况。其未要求银河生物真实、准确、及时进行信息披露，导致银河生物 2017 年年报、2018 年半年报内容存在虚假记载和重大遗漏，是银河生物信息披露违法行为的其他直接责任人员。

张怿于 2016 年至 2018 年担任银河生物财务总监。任职期间，张怿负责组织银河生物向银河集团等关联方划转资金，向关联方开具没有真实交易背景的商业承兑汇票，参与银河生物为银河集团提供非经营性资金。其未要求银河生物真实、准确、及时进行信息披露，导致银河生物 2016 年年报、2017 年半年报、2017 年年报、2018 年半年报内容存在虚假记载和重大遗漏，是银河生物信息披露违法行为直接负责的主管人员。

叶德斌于 2016 年 8 月至 2017 年 5 月担任银河生物常务副总裁，自 2017 年 5 月开始担任银河生物董事、常务副总裁。任职期间，叶德斌作为银河生物子公司四川永星电子有限公司（以下简称四川永星）董事长、总经理和子公司广西柳州特种变压器有限责任公司（以下简称柳变）董事长，参与、知悉银河生物利用四川永星和柳变违规为银河集团提供非经营性资金事项，参与银河生物和四川永星违规对外担保有关事项。其未要求银河生物真实、准确、及时进行信息披露，导致银河生物 2016 年年报、2017 年半年报、2017 年年报、2018 年半年报内容存在虚假记载和重大遗漏，是银河生物信息披露违法行为的其他直接责任人员。

卢安军于 2010 年 1 月至 2017 年 5 月担任银河生物董事、副总裁、董事会秘书，负责银河生物信息披露工作。任职期间，卢安军参与银河生物违规为关联方提供担保有关事项。其未组织银河生物真实、准确、及时进行信息披露，导致银河生物 2016 年年报内容存在虚假记载和重大遗漏，是银河生物信息披露违法行为直接负责的主管人员。

王肃于 2017 年 5 月至 8 月担任银河生物董事、副总裁、董事会秘书，2017 年 8 月至 11 月担任银河生物董事会秘书，负责银河生物信息披露工作。任职期间，王肃参与银河生物违规为关联方提供担保有关事项。其未组织银河生物真实、准确、及时进行信息披露，是银河生物信息披露违法行为直接负责的主管人员。

刘杰于 2015 年 5 月至 2016 年 8 月担任银河生物董事，2016 年 8 月至 2017 年 5 月担任银河生物董事、总裁。任职期间，刘杰参与银河生物违规为关联方提供担保有关事项。其未要求银河生物真实、准确、及时进行信息披露，导致银河生物 2016 年年报内容存在虚假记载和重大遗漏，是银河生物信息披露违法行为的其他直接责任人员。

朱洪彬于 2016 年 3 月至 8 月担任银河生物总裁，2016 年 5 月至 2017 年 5 月担任银河生物董事。任职期间，朱洪彬参与银河生物违规为关联方提供担保有关事项。其未要求银河生物真实、准确、及时进行信息披露，导致银河生物 2016 年年报内容存在虚假记载和重大遗漏，是银河生物信息披露违法行为的其他直接责任人员。

宋海峰于 2017 年 5 月至 9 月担任银河生物副总裁，自 2017 年 9 月开始担任银河生物董事、副总裁。任职期间，宋海峰参与银河生物违规为关联方提供担保有关事项。其未要求银河生物真实、准确、及时进行信息披露，导致银河生物 2017 年年报内容存在虚假记载和重大遗漏，是银河生物信息披露违法行为的其他直接责任人员。

陈汝平于 2018 年 2 月至 8 月担任银河生物董事会秘书，负责银河生物信息披露工作。陈汝平知悉银河集团所持银河生物股份被冻结的情况，但未及时组织银河生物进行信息披露，是银河生物信息披露违法行为直接负责的主管人员。

蔡琼瑶于 2014 年 1 月至 2018 年 8 月担任银河生物监事。任职期间，蔡琼瑶长期兼任银河生物法律顾问，自 2017 年开始，其代表银河生物参与了多起向关联方提供非经营性资金、担保有关诉讼案件的调解、应诉工作，知悉银河生物违规为银河集团等关联方提供非经营性资金和担保有关事项。其未要求银河生物真实、准确、及时进行信息披露，导致银河生物 2017 年年报内容存在虚假记载和重大遗漏，是银河生物信息披露违法行为的其他直接责任人员。

行政相对人的陈述申辩意见及行政机关的复核意见

1. 潘琦、徐宏军、张怿等的陈述申辩意见

2018 年银河生物对外开具的 7000 万元商业承兑汇票具有真实交易背景，未实际兑

付，认定为资金占用缺乏事实和法律依据，不应当计入本案资金占用金额。

证监局的复核意见：

2018 年银河生物向银河天成开具的 7000 万元商业承兑汇票所依托的 2 份《股权转让协议》的内容为银河天成向银河生物转让自身股权，明显不可能履行，该汇票不具有真实的商业背景。上述汇票开具日和载明的到期日均在 2018 年，银河生物在 2018 年度内对上述汇票负有兑付义务，无论是否实际兑付，均构成上市公司向关联方提供财务资助，构成 2018 年度非经营性占用。

2. 潘琦、银河生物、徐宏军、唐新林、张怿、宋海峰、刘杰、卢安军等的陈述申辩意见

本案认定的对外担保属于部分董事的个人行为，不构成银河生物对外担保，司法已明确“暗保”属于无效担保，上市公司不承担实际损失，不应强制履行信息披露义务。

证监局的复核意见：

本案中银河生物出具的对外担保文件均有公司签章，无论最终司法认定的担保效力如何，均不影响上市公司在签署这些担保文件时应当履行的信息披露义务。

3. 陈汝平、徐宏军等的陈述申辩意见

对银河生物未按规定披露银河集团所持公司股份被司法冻结事项的违法事实认定时，调查未对具体负责查询中登公司系统的工作人员曾某洁进行谈话调查取证，而是采用推定方式认定银河生物知悉上述司法冻结事项，不符合全面、客观、公正的取证原则。

证监局的复核意见：

上市公司只有通过中登公司配发的特殊电子密钥才能够登录中登公司系统查询数据，密钥由董秘或证券部门工作人员保管。本案调查获取的客观证据足以证明，在时任董秘陈汝平的安排下，银河生物于 2018 年 4 月至 9 月每周以独有密钥登录中登公司系统查询股份冻结数据。其中，2018 年 6 月 11 日及之后的历次查询结果已经完整显示了银河集团所持股份被冻结的情况，证明银河生物已经知悉该事项。证券部员工曾某洁非本案当事人，对其调查并非本案法定程序。听证阶段部分当事人提供的曾某洁书面说明中称其“未发现”司法冻结信息，而事实上中登公司系统查询结果中的“证券轮候冻结数据表”简洁明了，无论具体查询经办人是否为曾某洁，无论查询人专业能力如何、是否接受培训，均不影响对该表内容具备识别能力，不影响银河生物获得了查询结果的事实。

4. 银河生物、陈汝平的陈述申辩意见

股份司法冻结事项的第一信息披露义务人是股东方，银河生物通过向大股东函证来获取股份司法冻结信息的做法符合惯例。

证监局的复核意见：

上市公司知悉任一股东所持公司 5% 以上股份被冻结时，均应当立即披露，负有主动披露义务，银河集团未将股份冻结事项及时告知银河生物的情节不构成银河生物的免责理由。

5. 唐新林、徐宏军、张怿、陈汝平、刁劲松、卢安军、刘杰、王肃、宋海峰、蔡琼瑶等的陈述申辩意见

本人对银河生物违法行为或不知悉实情、未参与、无主观故意，或在参与违法行为时受指使、被安排、被动参与、职权有限，或存在事中配合调查、事后积极补救、日常勤勉尽责、未领取报酬等不同情形。

证监局的复核意见：

上市公司董事、监事、高级管理人员对上市公司信息披露的真实性、准确性、完整性、及时性负有法定责任，上述人员应当具备与所任职务相匹配的专业知识，主动了解公司的经营、财务状况和重大信息，基于自己的判断独立履行职责，负有合理、审慎的注意义务和质询义务。本案已充分关注并考虑到相关责任人的履职情况，各当事人具体参与、知悉银河生物违法行为的情形已在责任认定部分逐一列明。当事人在陈述申辩和听证中提出的受指使、职权有限、未领取报酬、无主观故意等均不构成减免责任的理由。我局已综合考虑相关责任人的任职期间、岗位职责、涉案程度、是否配合调查、是否勤勉尽责、后续采取的措施等情况，区分认定不同责任，量罚适当。

6. 潘琦的陈述申辩意见

本人不亲自管理公司资金和财务工作，不过问融资方式和资金来源，没有组织、策划、参与、实施信息披露违法行为；其在 2018 年 3 月至 9 月不能正常履职，不对银河生物违法行为承担法律责任等。

证监局的复核意见：

潘琦作为银河生物和银河集团的实际控制人，直接参与了银河生物与银河集团的资金占用和违规担保事项，个人占用银河生物资金，明显已经构成指使，与其是否亲自管理公司无直接关系。关于其在 2018 年 3 月至 9 月的履职情况，本案在调查审理阶段已经充分关注并考虑，对其责任的认定和量罚适当。

整体复核结论：我局对行政相对人的陈述申辩意见不予采纳。

处罚决定

1. 对银河生物责令改正，给予警告，并处以 60 万元罚款；
2. 对潘琦给予警告，并处以 30 万元罚款；
3. 对徐宏军、唐新林、刁劲松给予警告，并分别处以 30 万元罚款；
4. 对张怿给予警告，并处以 25 万元罚款；
5. 对叶德斌给予警告，并处以 20 万元罚款；
6. 对卢安军、王肃、刘杰、朱洪彬、宋海峰给予警告，并分别处以 15 万元罚款；
7. 对陈汝平给予警告，并处以 10 万元罚款；
8. 对蔡琼瑶给予警告，并处以 5 万元罚款。

■案例评析

本案的典型意义

正如证监会在（2011）19号行政处罚案件中对银河生物及实控人潘琦等15人信息披露违法案件中“系统性、团体化的上市公司信息披露违法大案”的评价，本案与该案一样具有团体化、系统化进行违法信息披露的特征，具体表现为本案行政相对人包括上市公司、实控人、9名董事、9名高管、1名监事涉案，其中还包含了前后两任董事长和三任董事会秘书；信息披露违法行为多涉及向实控人及控股股东进行利益输送的行为。

近年来，上市公司进行系统性的有组织有预谋的证券违法案例并不鲜见，如何做好上市公司常态化的信息披露持续合规工作是我国资本市场一直面临的课题，也是近年来持续对证券违法犯罪行为打击保持高压态势的原因之一。

对本案具体行为的分析

1. 违法行为的整体发案情况分析

本案涉及的信息披露违法行为的具体违法情形包括未如实披露关联交易、未如实披露对外担保信息、未如实披露诉讼或仲裁信息、未如实披露股东权利受限情况，根据笔者发布的《2023年度中国A股上市公司刑事行政法律风险观察报告》中信息披露违规具体情形分布图，未如实披露关联交易、未如实披露对外担保信息、未如实披露诉讼或仲裁信息分别位列2023年度信息披露违法违规高发行为的第2位、第3位和第7位，是绝对的信息披露违法违规重灾区。

［行政监管数据链接：涉及“信息披露违规具体情形分布”的行政监管数据详见第三编第一章第二节“2023年度中国A股上市公司刑事行政法律风险观察报告”之“【信息披露违法违规】违法行为的行政处罚分析”部分］

2. 违法行为的具体情形分析

第一，信息披露违法行为概览：

信息披露违法类型	违法时间	涉及的披露文件	信息披露违法事项涉及的资金或股份数量
未如实披露关联交易	2016年至2018年	关联交易事项的临时报告，历年中期报告和年报	2016年、2017年、2018年，银河生物分别为银河集团及其控制的企业、潘琦等关联方提供非经营性资金合计为53000万元、40932万元、88767万元，分别占上一年度银河生物经审计净资产的26.33%、20.13%、42.15%

续表

信息披露违法类型	违法时间	涉及的披露文件	信息披露违法事项涉及的资金或股份数量
未如实披露对外担保信息	2016 年至 2018 年	担保事项的临时报告，历年中期报告和年报	2016 年、2017 年、2018 年为关联方担保金额分别为 22000 万元、123930 万元、8500 万元，分别占上一年度经审计净资产的 10.93%、60.94%、4.04%
未如实披露诉讼或仲裁信息	2017 年 10 月至 2019 年 1 月	诉讼事项的临时报告，中期报告	诉讼案件 5 起，合计金额不少于 21622.84 万元，达到最近一期经审计净资产的 10.63%
未如实披露股东权利受限情况	2018 年 4 月至 8 月	股东权利受限的临时报告	大股东银河集团持有的上市公司 47.79% 股份被冻结

第二，关于案涉未如实披露关联交易行为的具体分析：

《上市公司信息披露管理办法》（2007 年）第 48 条规定，上市公司董事、监事、高级管理人员、持股 5% 以上的股东及其一致行动人、实际控制人应当及时向上市公司董事会报送上市公司关联人名单及关联关系的说明。上市公司应当履行关联交易的审议程序，并严格执行关联交易回避表决制度。交易各方不得通过隐瞒关联关系或者采取其他手段，规避上市公司的关联交易审议程序和信息披露义务。

根据上述规定，上市公司的关联交易行为应当经过严格的审议程序，并履行相应的关联关系和关联交易披露义务。在股票上市规则中，交易所也明确了详细的披露标准。

《深圳证券交易所股票上市规则》（2018 年修订）第 10.2.3 条规定，上市公司与关联自然人发生的交易金额在 30 万元以上的关联交易，应当及时披露。公司不得直接或者通过子公司向董事、监事、高级管理人员提供借款。第 10.2.4 条规定，上市公司与关联法人发生的交易金额在 300 万元以上，且占上市公司最近一期经审计净资产绝对值 0.5% 以上的关联交易，应当及时披露。第 10.2.5 条规定，上市公司与关联人发生的交易（上市公司获赠现金资产和提供担保除外）金额在 3000 万元以上，且占上市公司最近一期经审计净资产绝对值 5% 以上的关联交易，除应当及时披露外，还应当比照本规则第 9.7 条的规定聘请具有从事证券、期货相关业务资格的中介机构，对交易标的进行评估或者审计，并将该交易提交股东大会审议。本规则第 10.2.11 条所述与日常经营相关的关联交易所涉及的交易标的，可以不进行审计或者评估。

本案中，银河生物及其子公司关联交易形成资金占用的手法有：一是向关联企业划转资金；二是代关联方还款；三是对外借款供关联企业使用；四是向关联方开具没有真实交易背景的商业承兑汇票。上述各种交易手法在达到相应标准后，均应当履行关联交易的审批程序，并如实进行信息披露。

本案通过大量关联交易形成了上市公司控股股东和实际控制人大量非经营性占用上市公司资金，最高峰超过 8.8 亿元，占银河生物上一年度经审计净资产的 42.15%，侵害了中小股东的利益。

第三，关于案涉未如实披露对外担保信息行为的具体分析：

《上市公司信息披露管理办法》（2007 年）第 30 条规定，发生可能对上市公司证券及其衍生品种交易价格产生较大影响的重大事件，投资者尚未得知时，上市公司应当立即披露，说明事件的起因、目前的状态和可能产生的影响。重大事件包括：对外提供重大担保。

根据上述规定，上市公司的对外重大担保行为应当履行相应的披露义务。在股票上市规则中，交易所也明确了详细的披露标准。《深圳证券交易所股票上市规则》（2014 年修订）第 10.2.4 条规定，上市公司与关联法人发生的交易金额在 300 万元以上，且占上市公司最近一期经审计净资产绝对值 0.5% 以上的关联交易，应当及时披露。且根据第 9.1 条第 1 款第 4 项规定，提供担保属于交易事项。

本案中，银河生物在未经股东大会、董事会审议的情况下，违规向关联方提供担保，最高峰金额超过 12 亿元，占银河生物上一年度经审计净资产的 60.94%，严重侵害了公众的知情权和中小投资者的利益。

第四，关于案涉未如实披露诉讼或仲裁信息行为的具体分析：

《上市公司信息披露管理办法》（2007 年）第 30 条规定，发生可能对上市公司证券及其衍生品种交易价格产生较大影响的重大事件，投资者尚未得知时，上市公司应当立即披露，说明事件的起因、目前的状态和可能产生的影响。所称重大事件包括：涉及公司的重大诉讼、仲裁，股东大会、董事会决议被依法撤销或者宣告无效；案涉未如实披露股东权利受限情况行为具体分析。

根据上述规定，上市公司的对外重大担保行为应当履行相应的披露义务。在股票上市规则中，交易所也明确了详细的披露标准。《深圳证券交易所股票上市规则》（2014 年修订）第 11.1.1 条规定，上市公司发生的重大诉讼、仲裁事项涉及金额占公司最近一期经审计净资产绝对值 10% 以上，且绝对金额超过 1000 万元的，应当及时披露。未达到前款标准或者没有具体涉案金额的诉讼、仲裁事项，董事会基于案件特殊性认为可能对公司股票及其衍生品种交易价格产生较大影响，或者本所认为有必要的，以及涉及公司股东大会、董事会决议被申请撤销或者宣告无效的诉讼的，公司也应当及时披露。第 11.1.2 条规定，上市公司发生的重大诉讼、仲裁事项应当采取连续 12 个月累计计算的原则，经累计计算达到本规则第 11.1.1 条标准的，适用第 11.1.1 条规定。第 11.1.5 条规定，上市公司应当及时披露重大诉讼、仲裁事项的重大进展情况及其对公司的影响，包括但不限于诉讼案件的一审和二审判决结果、仲裁裁决结果以及判决、裁决执行情况等。

本案中，银河生物在 2017 年 10 月至 2019 年 1 月涉及民事诉讼 18 起，涉诉金额超过 15 亿元，已达到应当披露标准，但银河生物未及时披露，也未在相应的定期报告中披露。

第五，关于未如实披露股东权利受限情况的分析：

《上市公司信息披露管理办法》(2007 年) 第 30 条规定，发生可能对上市公司证券及其衍生品种交易价格产生较大影响的重大事件，投资者尚未得知时，上市公司应当立即披露，说明事件的起因、目前的状态和可能产生的影响。所称重大事件包括：法院裁决禁止控股股东转让其所持股份；任一股东所持公司 5% 以上股份被质押、冻结、司法拍卖、托管、设定信托或者被依法限制表决权。

本案中，银河生物控股股东持有银河生物 47.79% 的股份，全部被法院冻结，属于前述规定的股东权利受限的依法应当披露的信息，但银河生物一直未进行披露。

3. 违法行为的责任认定分析

信息披露违法行为责任认定概览：

相对人	身份	类型	处罚决定	违法行为
银河生物	上市公司	信息披露义务人	警告，并处 60 万元罚款	未按规定及时披露银河集团及其关联方非经营性占用资金的关联交易、对外担保、重大诉讼、控股股东所持股份被冻结情况；未在相关定期报告中真实、完整披露关联交易、对外担保和涉及重大诉讼情况，导致银河生物相关定期报告存在虚假记载和重大遗漏
潘琦	实际控制人	信息披露义务人	警告，并处 30 万元罚款	作为银河生物的实际控制人、银河集团的董事长，通过与上市公司共同借款，并提供个人银行账户供银河集团收取借款等方式直接参与银河集团非经营性占用银河生物资金事项；将部分上述共同借款用作个人消费或被司法扣划，构成个人非经营性占用上市公司资金；在载有银河生物为保证人的借款协议和保证合同上签字，主导上市公司违规对外担保。潘琦隐瞒应当披露的信息，导致银河生物未及时披露相关信息，导致银河生物相关定期报告内容存在虚假记载和重大遗漏
徐宏军	时任董事长、总裁	直接负责的主管人员	警告，并处 30 万元罚款	在银河生物向银河集团等关联方划转资金的多份审批单、有关借款协议、担保协议上签字或盖章，参与银河生物为银河集团等关联方提供非经营性资金和违规对外担保，知悉银河生物涉及重大诉讼、银河集团所持股份被冻结的情况。任职董事长期间，徐宏军是银河生物信息披露的主要责任人，其未组织银河生物真实、完整、及时进行信息披露，导致银河生物 2017 年半年报、2017 年年报、2018 年半年报内容存在虚假记载和重大遗漏

续表

相对人	身份	类型	处罚决定	违法行为
唐新林	时任董事长	直接负责的主管人员	警告，并处30万元罚款	在银河生物向银河集团等关联方划转资金的多份审批单、有关借款协议、担保协议上签字或盖章，参与银河生物为银河集团等关联方提供非经营性资金和违规对外担保。任职期间，唐新林是银河生物信息披露的主要责任人，其未组织银河生物真实、完整、及时进行信息披露，导致银河生物2016年年报存在虚假记载和重大遗漏
刁劲松	时任董事	其他直接责任人员	警告，并处30万元罚款	直接指令银河生物向银河集团等关联方提供非经营性资金；参与银河生物违规对外担保；通过参与银河集团借款纠纷的处理知悉银河生物涉及重大诉讼情况。其未要求银河生物真实、准确、及时进行信息披露，导致银河生物2017年年报、2018年半年报内容存在虚假记载和重大遗漏
张怿	时任财务总监	直接负责的主管人员	警告，并处25万元罚款	组织银河生物向银河集团等关联方划转资金，向关联方开具没有真实交易背景的商业承兑汇票，参与银河生物为银河集团提供非经营性资金。其未要求银河生物真实、准确、及时进行信息披露，导致银河生物2016年年报、2017年半年报、2017年年报、2018年半年报内容存在虚假记载和重大遗漏
叶德斌	时任董事、常务副总裁	其他直接责任人员	警告，并处20万元罚款	作为银河生物子公司四川永星董事长、总经理和子公司柳变董事长，参与、知悉银河生物利用四川永星和柳变违规为银河集团提供非经营性资金事项，参与银河生物和四川永星违规对外担保有关事项。其未要求银河生物真实、准确、及时进行信息披露，导致银河生物2016年年报、2017年半年报、2017年年报、2018年半年报内容存在虚假记载和重大遗漏
卢安军	时任董事、副总裁、董事会秘书	直接负责的主管人员	警告，并处15万元罚款	参与银河生物违规为关联方提供担保有关事项。其未组织银河生物真实、准确、及时进行信息披露，导致银河生物2016年年报内容存在虚假记载和重大遗漏
王肃	时任董事、副总裁、董事会秘书	直接负责的主管人员	警告，并处15万元罚款	王肃参与银河生物违规为关联方提供担保有关事项。其未组织银河生物真实、准确、及时进行信息披露

续表

相对人	身份	类型	处罚决定	违法行为
刘杰	时任董事、总裁	其他直接责任人员	警告，并处 15 万元罚款	参与银河生物违规为关联方提供担保有关事项。其未要求银河生物真实、准确、及时进行信息披露，导致银河生物 2016 年年报内容存在虚假记载和重大遗漏
朱洪彬	时任董事、总裁	其他直接责任人员	警告，并处 15 万元罚款	参与银河生物违规为关联方提供担保有关事项。其未要求银河生物真实、准确、及时进行信息披露，导致银河生物 2016 年年报内容存在虚假记载和重大遗漏
宋海峰	时任董事、副总裁	其他直接责任人员	警告，并处 15 万元罚款	参与银河生物违规为关联方提供担保有关事项。其未要求银河生物真实、准确、及时进行信息披露，导致银河生物 2017 年年报内容存在虚假记载和重大遗漏
陈汝平	时任董事会秘书	直接负责的主管人员	警告，并处 10 万元罚款	知悉银河集团所持银河生物股份被冻结的情况，但未及时组织银河生物进行信息披露
蔡琼瑶	时任监事	其他直接责任人员	警告，并处 5 万元罚款	其代表银河生物参与了多起向关联方提供非经营性资金、担保有关诉讼案件的调解、应诉工作，知悉银河生物违规为银河集团等关联方提供非经营性资金和担保有关事项。其未要求银河生物真实、准确、及时进行信息披露，导致银河生物 2017 年年报内容存在虚假记载和重大遗漏

案例三：顾雏军违规披露、不披露重要信息刑事犯罪案[①]

信息披露制度是我国资本市场的一项基础制度，也是我国资本市场从核准制全面转向注册制后的核心制度。《刑法》第 161 条“违规披露、不披露重要信息罪”是对信息披露违法行为在刑事犯罪领域的有效规制。

顾雏军违规披露、不披露重要信息罪被最高法再审宣告无罪案。案件涉及的人员多、时间跨度久、社会影响大。最高人民法院改判无罪并依法维持广东省高级人民法院的国家赔偿决定，一方面体现了国家机关有错必纠，尊重和保护民营企业家合法权益的政策导向；另一方面也体现了依法有据、平等保护公民权益的法治思维，同时也有利于彰显鼓励公民依法维权、合理维权的司法指引。从检方指控的犯罪事实发生（2002 年）到再审改判无罪（2019 年），横跨 17 年，顾雏军在案件原审程序中被判处的 10 年有期徒刑已经服刑完毕，其间“违规披露、不披露重要信息罪”的刑法规范经历了从《刑

① 参见最高人民法院（2018）最高法刑再 4 号刑事判决书。

法修正案（四）》到《刑法修正案（九）》，再到《刑法修正案（十一）》的发展变化。通过本案，我们一起了解“违规披露、不披露重要信息罪”的前世今生。

■基本案情

被告人身份

1. 顾雏军，原广东科龙电器股份有限公司（原证券简称科龙电器，已更名为海信家电；证券代码：000921. SZ）董事长、顺德格林柯尔企业发展有限公司（以下简称顺德格林柯尔）法定代表人、格林柯尔制冷剂（中国）有限公司（以下简称天津格林柯尔）法定代表人、江西格林柯尔实业发展有限公司（以下简称江西格林柯尔）董事长和法定代表人、扬州格林柯尔创业投资有限公司（以下简称扬州格林柯尔）法定代表人、扬州亚星客车股份有限公司（证券简称亚星客车；证券代码：600213. SH）法定代表人；

2. 姜宝军（曾用名姜源），原科龙电器首席财务官、扬州亚星客车董事；

3. 张宏，原江西科龙实业发展有限公司（以下简称江西科龙）董事长兼总裁、科龙电器董事、江西格林柯尔董事；

4. 刘义忠（曾用名刘毅钟），原科龙电器董事长助理；

5. 张细汉，原格林柯尔环保工程（深圳）有限公司（以下简称深圳格林柯尔）副总裁；

6. 严友松，原科龙电器董事、副总裁；

7. 晏果茹，原科龙电器财务资源部副总监；

8. 刘科，原科龙电器财务资源部副部长；

9. 曾俊洪。

一审情况

1. 一审法院查明的案件事实

2002 年至 2004 年，被告人顾雏军为了夸大上市公司科龙电器的经营业绩，指使被告人姜宝军、严友松、张宏、晏果茹、刘科等人以加大 2001 年的亏损额、压货销售、本年费用延后入账、作假废料销售等方式虚增利润，然后向社会提供含有虚增利润的虚假财务会计报告，剥夺了社会公众和股东对上市公司真实财务状况的知情权，对社会作出了错误的诱导，给股东和社会造成了严重的损失。

2. 一审法院裁判结果

（1）被告人顾雏军犯虚报注册资本罪，判处有期徒刑 2 年，并处罚金人民币 660 万元；犯违规披露、不披露重要信息罪，判处有期徒刑 2 年，并处罚金人民币 20 万元；犯挪用资金罪，判处有期徒刑 8 年。决定执行有期徒刑 10 年，并处罚金人民币 680 万元。

（2）被告人姜宝军犯虚报注册资本罪，判处有期徒刑 1 年，并处罚金人民币 10 万元；犯违规披露、不披露重要信息罪，判处有期徒刑 1 年，并处罚金人民币 2 万元；犯挪用资金罪，判处有期徒刑 3 年。决定执行有期徒刑 4 年，并处罚金人民币 12 万元。

（3）被告人张宏犯违规披露、不披露重要信息罪，判处有期徒刑 1 年，缓刑 2 年，并处罚金人民币 2 万元；犯挪用资金罪，判处有期徒刑 2 年，缓刑 2 年。决定执行有期徒刑 2 年 6 个月，缓刑 3 年，并处罚金人民币 2 万元。

（4）被告人刘义忠犯虚报注册资本罪，判处有期徒刑 1 年，缓刑 2 年，并处罚金人民币 10 万元。

（5）被告人严友松犯违规披露、不披露重要信息罪，判处有期徒刑 1 年，缓刑 2 年，并处罚金人民币 2 万元。

（6）被告人张细汉犯虚报注册资本罪，判处有期徒刑 1 年，缓刑 2 年，并处罚金人民币 10 万元。

（7）被告人晏果茹犯违规披露、不披露重要信息罪，判处有期徒刑 1 年，缓刑 2 年，并处罚金人民币 2 万元。

（8）被告人刘科犯违规披露、不披露重要信息罪，判处有期徒刑 1 年，缓刑 2 年，并处罚金人民币 2 万元。

（9）被告人曾俊洪无罪。

二审情况

1. 广东省高级人民法院第二审认定的“违规披露、不披露重要信息罪”案件事实、证据与第一审基本一致。

2. 二审法院裁定驳回上诉，维持原判。

再审情况

1. 再审法院查明的案件事实

科龙电器由于 2000 年、2001 年连续亏损，被深交所以“ST”标示，如果 2002 年继续亏损，将会退市。在顺德格林柯尔收购科龙电器法人股，成为科龙电器第一大股东之后，原审被告人顾雏军为了夸大科龙电器的业绩，2002 年至 2004 年，安排原审被告人姜宝军、严友松、张宏、晏果茹、刘科等人采取年底封存库存产品、开具虚假销售出库单或者发票、第二年予以大规模退货退款等方式虚增利润，并将该利润编入科龙电器财务会计报告向社会公布。

2006 年 6 月 15 日，证监会以科龙电器“未按照有关规定披露信息，或者所披露的信息有虚假记载、误导性陈述或者有重大遗漏”等为由，对科龙电器及顾雏军等人作出行政处罚决定，并于同年 10 月 16 日作出维持原行政处罚决定的行政复议决定。2007 年 4 月 3 日，国务院作出行政复议裁决，维持证监会作出的上述行政处罚决定和行政复议决定。

本案侦查期间，侦查机关曾委托会计师事务所对科龙电器实施上述行为“严重损害股东或者其他人利益”的危害后果进行鉴定，但所出具的司法（会计）鉴定意见存在鉴定人不具备司法鉴定人执业资格、鉴定机构选择不符合法律规定等问题。侦查机关还收集了陈某1、陈某2、张某某、陈某3四名股民的证言，但存在相同侦查人员在相同时间和地点对不同证人取证、连续询问时间超过24小时等问题。

2. 再审公诉意见

原审认定科龙电器提供的2002年至2004年财务会计报告含有虚假成分，事实清楚，证据确实、充分；但在案证据不足以证明该行为造成了严重损害股东或者其他人利益的后果，原审以违规披露、不披露重要信息罪对原审被告人顾雏军等人定罪处刑，在认定事实和适用法律上存在错误。本案再审过程中，检察机关收集了能够间接证明造成损害后果的证据，但仍未达到确实、充分的程度。鉴于认定损害后果部分的事实无法查清，证据不足，对顾雏军等人的行为，应按无罪处理。

3. 被告人的辩护意见

顾雏军：（1）科龙电器的销售模式在家电行业中被普遍采用，不属于虚假销售。（2）顾雏军等人没有虚增科龙电器业绩。原审没有查清虚增利润的具体数额，认定科龙电器提供虚假财务会计报告缺乏依据。（3）原审认定科龙电器提供虚假财务会计报告行为严重损害了股东或者其他人的利益，证据不足。最高人民检察院调取的广东省广州市中级人民法院民事调解书等新证据，是本案原判生效之后才出现的，不应采信。

姜宝军：科龙电器采用的是家电行业惯常营销模式，不属于虚假销售；违规披露、不披露重要信息罪属于单位犯罪，在未指控科龙电器犯罪的情况下，不应认定姜宝军等人犯罪；原审认定科龙电器提供财务会计报告行为严重损害了股东和其他人的利益，没有证据证实。

张宏：科龙电器不存在虚假财务会计报告的问题；现有证据不能证实本案造成了严重损害股东或者其他人利益的后果。

严友松：严友松的行为不构成违规披露、不披露重要信息罪。主要理由是：原审认定科龙电器虚假销售和财务会计报告虚假，没有证据支持；在没有司法鉴定意见的情况下，不能认定科龙电器提供财务会计报告的行为给股东或者其他人造成了损失；本罪是单位犯罪，原审在没有追究科龙电器刑事责任的情况下，对严友松等人定罪处罚，是错误的。

晏果茹：其行为不构成违规披露、不披露重要信息罪。主要理由是：科龙电器的销售模式是行业惯例；在案四名股民证人遭受的经济损失与科龙电器提供的财务会计报告无直接因果关系。

刘科：其行为不构成违规披露、不披露重要信息罪。主要理由是：科龙电器的销售模式是正常商业行为；科龙电器的财务会计报告确实有违规情形，但没有达到应当追究刑事责任的程度。

4. 法院审理意见

一是科龙电器在2002年至2004年实施了虚增利润并将其编入财务会计报告予以披露的行为。在案证据证实，原审被告人顾雏军等人在无真实贸易背景的情况下，将产品封存于仓库，未使产品发生实际转移，却开具大量销售出库单或者发票，次年在账面上制作无正当理由的大规模退货记录，并将由此形成的不实销售收入计为当期收入，制造公司利润增长的假象。随后，在顾雏军等人的安排下，科龙电器将 2002 年至 2004 年间的虚假销售记录及相关财会资料编入财务会计报告，经董事会讨论通过后在媒体上予以发布，违反了信息披露制度的真实性要求。

二是原审认定科龙电器提供虚假财务会计报告的行为严重损害股东或者其他人利益的事实不清，证据不足。2006 年 6 月 29 日，全国人民代表大会常务委员会通过《中华人民共和国刑法修正案（六)》，对《刑法》第 161 条进行了修改，其后，相关司法解释将该条规定的"提供虚假财会报告罪"修改为"违规披露、不披露重要信息罪"。原审适用《刑法修正案（六)》之前的《刑法》第 161 条的规定对原审被告人顾雏军等人定罪处罚，应当适用提供虚假财会报告罪的罪名，却适用了违规披露、不披露重要信息罪的罪名，确属不当。根据刑法关于提供虚假财会报告罪的规定，必须有证据证实提供虚假财务会计报告的行为造成了"严重损害股东或者其他人利益"的危害后果，才能追究相关人员的刑事责任。参照最高人民检察院、公安部 2001 年《关于经济犯罪案件追诉标准的规定》，"严重损害股东或者其他人利益"是指"造成股东或者其他人直接经济损失数额在五十万元以上的"，或者"致使股票被取消上市资格或者交易被迫停牌的"情形。但是，在案证据不足以证实本案已达到上述标准。

第一，在案证据不足以证实本案存在"造成股东或者其他人直接经济损失数额在五十万元以上"的情形。首先，虽然侦查机关收集了陈某 1 等四名股民的证言，以证实科龙电器提供虚假财务会计报告的行为给他们造成约 300 万元的经济损失，但因取证程序违法，原第一审未予采信。原第二审在既未开庭审理也未说明理由的情况下，采信其中三名股民的证言，确属不当。其次，本案发生后，青岛海信集团有限公司于 2006 年底收购了顺德格林柯尔持有的科龙电器 26.4% 股权，并将科龙电器改名为海信科龙电器股份有限公司。再审期间，检察机关提交了广州市中级人民法院 2009 年 6 月 11 日作出的 100 余份民事调解书，以间接证明科龙电器提供虚假财务会计报告的行为给股民造成了经济损失，但认为仍未达到确实、充分的程度。本院经审查认为，上述民事调解书均系在本案原判生效之后作出，只体现了海信科龙电器股份有限公司的意愿，未能体现原审被告人顾雏军等人的真实意愿，且不一定能够客观反映股民的实际损失，因而不足以证实本案存在"造成股东或者其他人直接经济损失数额在五十万元以上"的情形。

第二，本案不存在"致使股票被取消上市资格或者交易被迫停牌的"情形。在案证据证实，2005 年 5 月 9 日，科龙电器董事会为发布被证监会立案调查的公告，向深交所提出了拟于次日上午停牌一小时的申请。经深交所同意，科龙电器股票在同月 10 日上午停牌一个小时，后即恢复交易。可见，此次停牌系科龙电器主动申请，不属于交易被迫停牌的情形，也没有造成股票被取消上市资格的后果。

第三，原审以股价连续三天下跌为由认定已造成"严重损害股东或者其他人利益"的后果，缺乏事实和法律依据。原审认为，2005 年 5 月 10 日停牌一小时后，自恢复交易时起，科龙电器股价连续三天下跌并跌至历史最低点，据此认定科龙电器提供虚假财务会计报告的行为严重损害了股东的利益。本院经再审查明，根据深交所 2005 年 5 月的股市交易数据，科龙电器股价自停牌当日起确实出现了连续三天下跌的情况，但跌幅与三天前相比并无明显差异，而且从第四天起即开始回升，至第八天时已涨超停牌日。

综上，原审被告人顾雏军、姜宝军、张宏、严友松、晏果茹、刘科及其辩护人关于科龙电器没有虚假销售和虚增利润、披露的财务会计报告没有虚假等辩解、辩护意见与事实不符，本院不予采纳，但关于原审认定科龙电器提供虚假财务会计报告行为严重损害股东或者其他人利益证据不足的辩解、辩护意见成立，本院予以采纳。最高人民检察院出庭检察员关于原审认定科龙电器提供虚假财务会计报告的事实清楚，证据确实、充分，但损害后果的事实无法查清，在案证据不足以证实该行为造成了严重损害股东或者其他人利益后果的意见成立，本院予以采纳。

5. 再审法院裁判结果

一是撤销广东省高级人民法院（2008）粤高法刑二终字第 101 号刑事裁定和广东省佛山市中级人民法院（2006）佛刑二初字第 65 号刑事判决第一项对原审被告人顾雏军犯虚报注册资本罪，违规披露、不披露重要信息罪的定罪量刑部分和犯挪用资金罪的量刑部分；第二项对原审被告人姜宝军的定罪量刑部分；第三项对原审被告人张宏犯违规披露、不披露重要信息罪的定罪量刑部分；第四项至第八项对原审被告人刘义忠、严友松、张细汉、晏果茹、刘科的定罪量刑部分。

二是维持广东省佛山市中级人民法院（2006）佛刑二初字第 65 号刑事判决第一项对原审被告人顾雏军犯挪用资金罪的定罪部分；第三项对原审被告人张宏犯挪用资金罪，判处有期徒刑 2 年，缓刑 2 年的定罪量刑部分。

三是原审被告人顾雏军犯挪用资金罪，判处有期徒刑 5 年（已执行完毕）。

四是原审被告人姜宝军无罪。

五是原审被告人刘义忠无罪。

六是原审被告人张细汉无罪。

七是原审被告人严友松无罪。

八是原审被告人晏果茹无罪。

九是原审被告人刘科无罪。

■案例评析

违规披露、不披露重要信息罪因其多发于证券资本市场领域，与信息披露行政违法行为相对应，属于典型的高发证券犯罪之一。根据《2022 年度中国 A 股上市公司刑事行政法律风险观察报告》之“证券类刑事法律风险概况”所述，2022 年收录的全部 22 起证券类犯罪案件中，操纵证券市场犯罪 8 次，占比 40.00%；违规披露、不披露重要信息罪 7 次，占比 35.00%；背信损害上市公司利益罪 3 次，占比 15.00%；内幕交易、泄露内幕信息罪 2 次，占比 10.00%。违规披露、不披露重要信息罪的发案频率仅次于操纵证券市场罪，位列第二。

1. 违规披露、不披露重要信息罪的“前世今生”

刑法规范	罪名	规范内容	修改内容
刑法（1997 修订）	提供虚假财会报告罪	第一百六十一条　公司向股东和社会公众提供虚假的或者隐瞒重要事实的财务会计报告，严重损害股东或者其他人利益的，对其直接负责的主管人员和其他直接责任人员，处三年以下有期徒刑或者拘役，并处或者单处二万元以上二十万元以下罚金	—
刑法修正案（六）	违规披露、不披露重要信息罪	五、将刑法第一百六十一条修改为：“依法负有信息披露义务的公司、企业向股东和社会公众提供虚假的或者隐瞒重要事实的财务会计报告，或者对依法应当披露的其他重要信息不按照规定披露，严重损害股东或者其他人利益，或者有其他严重情节的，对其直接负责的主管人员和其他直接责任人员，处三年以下有期徒刑或者拘役，并处或者单处二万元以上二十万元以下罚金。”	《刑法修正案（六）》将“提供虚假财会报告罪”修改为“违规披露、不披露重要信息罪”
刑法修正案（十一）	违规披露、不披露重要信息罪	九、将刑法第一百六十一条修改为：“依法负有信息披露义务的公司、企业向股东和社会公众提供虚假的或者隐瞒重要事实的财务会计报告，或者对依法应当披露的其他重要信息不按照规定披露，严重损害股东或者其他人利益，或者有其他严重情节的，对其直接负责的主管人员和其他直接责任人员，处五年以下有期徒刑或者拘役，并处或者单处罚金；情节特别严重的，处五年以上十年以下有期徒刑，并处罚金。前款规定的公司、企业的控股股东、实际控制人实施或者组织、指使实施前款行为的，或者隐瞒相关事项导致前款规定的情形发生的，依照前款的规定处罚。犯前款罪的控股股东、实际控制人是单位的，对单位判处罚金，并对其直接负责的主管人员和其他直接责任人员，依照第一款的规定处罚。”	明确将控股股东、实际控制人组织、指使实施欺诈发行、信息披露造假，以及控股股东、实际控制人隐瞒相关事项导致公司披露虚假信息等行为纳入违规披露、不披露重要信息罪规制范围

违规披露、不披露重要信息罪是由 1997 年《刑法》提供虚假财会报告罪演变而来，至 2020 年《刑法修正案（十一）》将控股股东和实控人的违规披露或不披露行为纳入规制范围。

2. 严重损害股东或者其他人利益是本罪定罪的关键

刑法规范中明确了入罪的前提之一是“严重损害股东或者其他人利益，或者有其他严重情节的”，“严重损害”“严重情节”的标准在《最高人民检察院、公安部关于公安机关管辖的刑事案件立案追诉标准的规定（二）》（2022）中被规定为本案的立案标准，这也往往成为本罪出罪的关键，决定了犯罪嫌疑人是否会被刑事追诉。

本案中，违规披露、不披露重要信息罪无罪的关键是原审用于认定“科龙电器提供虚假财务会计报告的行为严重损害股东或者其他人利益”的关键证据不足。侦查机关和检察机关证明本案达到了“严重损害股东或者其他人利益”的刑事追诉标准的依据，包括“收集了陈某1等四名股民的证言，以证实科龙电器提供虚假财务会计报告的行为给他们造成约300万元的经济损失”“广州市中级人民法院2009年6月11日作出的100余份民事调解书，以间接证明科龙电器提供虚假财务会计报告的行为给股民造成了经济损失”，但二者分别因取证问题和证据形成时间在一审判决之后的原因，不足以证实本案存在“造成股东或者其他人直接经济损失数额在五十万元以上”的情形，因此本案中对被告人关于违规披露、不披露重要信息罪的指控不成立，再审判决中对该罪的定罪量刑部分均进行了撤销。

第二节　上市公司日常治理信息披露常见合规要点

一、上市公司日常治理信息披露合规综述

上市公司日常治理过程中一项最与其他形式企业不同的内容就是信息披露，这是倡导公开透明的资本市场对上市公司群体的必然要求。故此，上市公司董监高应特别重视信息披露合规工作，根据本节归纳的合规要点，笔者认为，上市公司信息披露合规通常包括以下三个方面的内容：

（一）加强信息披露

1. 完善信息披露制度。上市公司应建立健全的信息披露制度，明确信息披露的责任人、程序和时间安排。同时，加强对信息披露工作的内部监督，如由内部审计部门定期对信息披露工作进行审计，确保信息披露的准确性与及时性。一旦发现信息披露存在问题，应立即采取整改措施。

2. 增强信息披露的及时性和准确性。上市公司需及时、全面、准确、公平地披露可能对公司股票价格产生较大影响的信息。这不仅包括财务信息，还包括公司的经营状况、市场竞争状况、公司治理、重大投资决策等。

3. 提高信息披露的透明度。上市公司应公开披露公司的治理结构、股权结构、内部控制情况等信息，增加公司运营的透明度。同时，根据实际业务发展情况，适时增加重要信息的披露频率，尤其是对公司经营业绩产生重大影响的信息，需及时向公众披露。除此之外，还应加强信息披露的可靠性，建立健全内部信息审查制度，确保披露信息真实、准确，避免出现误导性信息。对于重要的财务信息，最好由独立的第三方机构进行审计，以提高信息的可靠性。

（二）完善内部控制

1. 建立健全内部控制体系。应建立一套完整的内部控制体系，包括风险评估、控制活动、信息和沟通、内部监督等环节。内部控制体系应针对公司的各个业务环节和管理环节，识别并控制风险。

2. 强化内部审计功能。设立独立的内部审计部门，检查、评估公司内部控制的有

效性，发现问题并提出改进建议。

3. 提高内部控制的执行力。确保内部控制制度的执行，对违反内部控制制度行为严肃处理，防止内部控制制度沦为观赏物。

（三）履行董监高责任

1. 加强董监高的教育和培训。应对董事、监事和高级管理人员进行定期的培训，增强其法律意识和责任意识。

2. 确保决策程序的合规性。公司的重大决策应经过董事会的审议和批准，董事会应依法行使决策权，避免行为的合规风险。

3. 严格执行董监高的责任追究制度。对于违反职责或者滥用职权的董事、监事和高级管理人员，公司应严格执行责任追究制度，使其承担应有的责任。

二、上市公司日常治理信息披露常见行政合规要点

序号	合规要点	具体章节链接
45	信息披露义务原则一：及时披露原则	第二编第三章第三节“信息披露监管合规的基本要求”
46	信息披露义务原则二：依法披露原则	
47	信息披露义务原则三：公平披露原则	
48	信息披露内容的要求一：真实性	
49	信息披露内容的要求二：准确性	
50	信息披露内容的要求三：完整性	
51	信息披露内容的要求四：可理解性	
52	禁止非法要求提前披露未披露信息	
53	提前获知未披露信息的人的保密义务	
54	信息披露文件的分类	
55	上市公司财务报告的披露频率	
56	年度财务报告依法应当审计	
57	上市公司定期报告的法定内容	
58	定期报告发布前的审议、审核程序	
59	上市公司董事和高管对定期报告的确认义务	
60	上市公司董监高对定期报告的异议处理	
61	上市公司对董监高关于定期报告异议意见的披露义务	
62	上市公司进行业绩预告的披露义务	
63	上市公司对非标准财务审计意见的处理及可能涉及的风险	
64	证监会及交易所对未及时披露定期报告的上市公司的处理	
65	临时报告的重大事件一：对股票交易价格产生较大影响的事件	

续表

序号	合规要点	具体章节链接
66	临时报告的重大事件二：对债权价格产生较大影响的事件	第二编第三章第三节“信息披露监管合规的基本要求”
67	应当临时报告的重大事件的集中列举	
68	自愿披露的监管要求	
69	信息披露义务人的自愿公开承诺制度	
70	鼓励自愿披露原则	
71	自愿披露信息的要求	
72	定期报告的披露时间	
73	临时报告披露义务的正常形成时间	
74	临时报告的提前披露情形	
75	重大事件进展的披露义务	
76	信息披露方式的要求	
77	信息披露方式的不可替代原则	
78	信息披露义务人的范围	第二编第三章第四节“信息披露责任主体的合规义务”
79	上市公司应当建立的信息披露事务管理制度	
80	信息披露事务管理制度的审议备案要求	
81	董事候选人资料的信息披露要求	
82	董事候选人资料的信息披露要求	
83	高管聘用信息的披露义务	
84	关联交易的披露义务	
85	上市公司特定股东的股票交易信息披露义务	
86	控股股东和实控人对于重大事项进展的信息披露义务	
87	总股本、股东或实控人发生重大变化时的信息披露义务	
88	控股股东、实控人及其一致行动人对拟发生的重大事件的信息披露义务	
89	信息披露义务人配合上市公司进行信息披露的义务	
90	董事会秘书的信息披露职责	
91	保证信息披露合规是董监高的职责之一	
92	董监高保证上市公司及时进行信息披露的义务	
93	定期报告的编制、审议、披露程序	
94	临时报告的报告、传递、审核、披露程序	
95	董监高对外发布信息的行为规范	
96	董事的信息披露工作要求	
97	监事的信息披露工作要求	

续表

序号	合规要点	具体章节链接
98	高管的信息披露工作要求	第二编第三章第四节“信息披露责任主体的合规义务”
99	董事会秘书的信息披露工作要求	
100	董事会秘书在信息披露工作过程中的工作便利	
101	信息披露工作中董监高责任的豁免情形	
102	临时报告的主要信息披露责任承担	
103	财务会计报告的主要信息披露责任承担	
104	董事、监事的履职情况的信息披露	
105	董事长和董事会秘书关于信息披露工作的责任承担	

合规要点45：【信息披露义务原则一：及时披露原则】信息披露义务人应当在法定期限内披露信息，使市场及时作出调整，投资者及时作出决策。具体法律规定，详见第二编第三章第三节“信息披露监管合规的基本要求”。

合规要点46：【信息披露义务原则二：依法披露原则】信息披露义务人履行信息披露时应当符合法律、行政法规、证监会、交易所关于披露信息的内容、格式、程序的规定。具体法律规定，详见第二编第三章第三节“信息披露监管合规的基本要求”。

合规要点47：【信息披露义务原则三：公平披露原则】信息披露义务人应当保证信息披露的公平性，履行信息披露义务时应当同时向全部投资者履行信息披露义务，不得提前进行个别披露。具体法律规定，详见第二编第三章第三节“信息披露监管合规的基本要求”。

合规要点48：【信息披露内容的要求一：真实性】信息披露义务人披露的信息必须与客观事实一致，不得有虚假记载。具体法律规定，详见第二编第三章第三节“信息披露监管合规的基本要求”。

合规要点49：【信息披露内容的要求二：准确性】信息披露义务人披露的信息应当客观，避免有模糊或明显带有歧义的表述，不得出现误导性陈述。具体法律规定，详见第二编第三章第三节“信息披露监管合规的基本要求”。

合规要点50：【信息披露内容的要求三：完整性】信息披露义务人披露的信息应当全面充分，不得有重大遗漏。具体法律规定，详见第二编第三章第三节“信息披露监管合规的基本要求”。

合规要点51：【信息披露内容的要求四：可理解性】信息披露义务人披露的信息应当简明清晰，通俗易懂，便于投资者理解。具体法律规定，详见第二编第三章第三节“信息披露监管合规的基本要求”。

合规要点52：【禁止非法要求提前披露未披露信息】除法律规定的豁免情形，任何人不得要求信息披露义务人违反公平披露原则，对未披露信息进行个别披露。具体法律规定，详见第二编第三章第三节“信息披露监管合规的基本要求”。

合规要点 53：【提前获知未披露信息的人的保密义务】提前得知。具体法律规定，详见第二编第三章第三节“信息披露监管合规的基本要求”。

合规要点 54：【信息披露文件的分类】信息披露文件包括定期报告、临时报告、招股说明书、募集说明书、上市公告书、收购报告书等。具体法律规定，详见第二编第三章第三节“信息披露监管合规的基本要求”。

合规要点 55：【上市公司财务报告的披露频率】上市公司应当每半个会计年度公布一次财务会计报告。具体法律规定，详见第二编第三章第三节“信息披露监管合规的基本要求”。

合规要点 56：【年度财务报告依法应当审计】上市公司年度报告中的财务报告应当由符合证券法规定的会计师事务所审计后方可进行披露。具体法律规定，详见第二编第三章第三节“信息披露监管合规的基本要求”。

合规要点 57：【上市公司定期报告的法定内容】上市公司的年度报告和中期报告的内容构成应当符合法律相关规定。具体法律规定，详见第二编第三章第三节“信息披露监管合规的基本要求”。

合规要点 58：【定期报告发布前的审议、审核程序】定期报告发布前应当由董事会审议通过，监事会审核并出具书面审核意见。监事会审核意见应当包括定期报告的董事会编制和审议程序是否合法，内容是否真实、准确、完整。具体法律规定，详见第二编第三章第三节“信息披露监管合规的基本要求”。

合规要点 59：【上市公司董事和高管对定期报告的确认义务】定期报告发布前，董事和高管应当签署书面确认意见，意见应当包括定期报告的董事会编制和审议程序是否合法，内容是否真实、准确、完整。具体法律规定，详见第二编第三章第三节“信息披露监管合规的基本要求”。

合规要点 60：【上市公司董监高对定期报告的异议处理】上市公司董监高在“无法保证定期报告内容真实、准确、完整”或“对定期报告有异议”的情况下，董事和监事应当在审议、审核过程中投反对或弃权票，同时董监高应当在书面确认意见发表意见并陈述理由。具体法律规定，详见第二编第三章第三节“信息披露监管合规的基本要求”。

合规要点 61：【上市公司对董监高关于定期报告异议意见的披露义务】上市公司董监高在“无法保证定期报告内容真实、准确、完整”或“对定期报告有异议”的情况下，对定期报告发表的意见，上市公司有义务如实披露，否则董监高可以直接申请披露。具体法律规定，详见第二编第三章第三节“信息披露监管合规的基本要求”。

合规要点 62：【上市公司进行业绩预告的披露义务】上市公司预计业绩发生亏损或大幅变动的，应当及时披露。具体法律规定，详见第二编第三章第三节“信息披露监管合规的基本要求”。

合规要点 63：【上市公司对非标准财务审计意见的处理及可能涉及的风险】上市公司年度财务报告应当经过会计师事务所审计。会计师事务所出具非标准审计意见后，上市公司应当针对涉及事项作出专项说明。交易所认为上述事项涉嫌违法的，应当提请证监会立案调查。具体法律规定，详见第二编第三章第三节“信息披露监管合规的基本要求”。

合规要点64:【证监会及交易所对未及时披露定期报告的上市公司的处理】上市公司未能在法定期限内披露定期报告，证监会将依法立案调查，证券交易所会对该上市公司股票依照上市规则进行依法处理。具体法律规定，详见第二编第三章第三节“信息披露监管合规的基本要求”。

合规要点65:【临时报告的重大事件一：对股票交易价格产生较大影响的事件】上市公司对已发生但未公开的可能会对公司股票价格产生重大影响的事件负有公告义务。具体法律规定，详见第二编第三章第三节“信息披露监管合规的基本要求”。

合规要点66:【临时报告的重大事件二：对债权价格产生较大影响的事件】上市公司对已发生但未公开的可能会对公司债券价格产生重大影响的事件负有公告义务。具体法律规定，详见第二编第三章第三节“信息披露监管合规的基本要求”。

合规要点67:【应当临时报告的重大事件的集中列举】《证券法》(2019)第80条第2款、第81条第2款,《上市公司信息披露管理办法》(2021)第22条第2款对可能对证券及衍生品价格产生较大影响的重大事件的具体情形进行了详细集中列举。具体法律规定，详见第二编第三章第三节“信息披露监管合规的基本要求”。

合规要点68:【自愿披露的监管要求】信息披露义务人在法定的信息披露义务之外，可以自愿进行信息披露，但不得与其他披露信息相冲突，不得误导投资者，不得进行选择性披露，不得不当影响证券价格，不得利用自愿披露信息操纵证券市场价格。具体法律规定，详见第二编第三章第三节“信息披露监管合规的基本要求”。

合规要点69:【信息披露义务人的自愿公开承诺制度】发行人及其控股股东、实际控制人、董事、监事、高级管理人员公开承诺的内容，应当履行披露义务。若因不履行承诺给投资者造成损失的，承诺人应当承担赔偿责任。具体法律规定，详见第二编第三章第三节“信息披露监管合规的基本要求”。

合规要点70:【鼓励自愿披露原则】为了增强上市公司的治理和信息披露水平，监管机构鼓励上市公司在强制性信息披露义务之外，自愿披露对投资者和利益相关方决策产生影响的信息。该义务系上市公司可自愿选择承担的义务，并非强制性义务。具体法律规定，详见第二编第三章第三节“信息披露监管合规的基本要求”。

合规要点71:【自愿披露信息的要求】上市公司在强制性信息披露义务之外，自愿进行额外信息披露的，应当遵守与强制性信息披露义务一致的披露要求，还应当保持披露的持续性和一致性，不得选择性披露。此外，若披露预测性质信息，还应当明确预测依据，并提示风险和不确定性。具体法律规定，详见第二编第三章第三节“信息披露监管合规的基本要求”。

合规要点72:【定期报告的披露时间】年度报告应当在会计年度结束后四个月内编制完成并披露，中期报告应当在会计年度上半年结束后两个月内编制完成并披露。具体法律规定，详见第二编第三章第三节“信息披露监管合规的基本要求”。

合规要点 73:【临时报告披露义务的正常形成时间】临时报告披露义务的形成时间包括董事会或者监事会就该重大事件形成决议时、涉及重大事件的意向书或者协议签署时、董监高知悉该重大事件时。临时报告披露义务形成后，上市公司应当及时履行信息披露义务。具体法律规定，详见第二编第三章第三节“信息披露监管合规的基本要求”。

合规要点 74:【临时报告的提前披露情形】临时报告的披露义务正常形成之前出现下列情形的，上市公司应当提前披露该重大事项，该等情形包括重大事件难以保密、重大事件已经泄露或出现市场传闻、证券及衍生品价格出现异常交易。披露义务内容包括重大事项现状、可能影响事件进展的风险因素。具体法律规定，详见第二编第三章第三节“信息披露监管合规的基本要求”。

合规要点 75:【重大事件进展的披露义务】临时报告的披露义务正常形成之前出现下列情形的，上市公司应当提前披露该重大事项，该等情形包括重大事件难以保密、重大事件已经泄露或出现市场传闻、证券及衍生品价格出现异常交易。披露义务内容包括重大事项现状、可能影响事件进展的风险因素。具体法律规定，详见第二编第三章第三节“信息披露监管合规的基本要求”。

合规要点 76:【信息披露方式的要求】信息披露义务人依法披露的信息应当在交易所网站和符合证监会规定条件的媒体上发布，同时应当置备在上市公司、交易所供公众查阅。公告文稿和备查文件还应当报送上市公司注册地证监局。具体法律规定，详见第二编第三章第三节“信息披露监管合规的基本要求”。

合规要点 77:【信息披露方式的不可替代原则】定期报告和临时报告的公告义务不得以其他任何形式替代，定期报告和临时报告也不可相互替代。具体法律规定，详见第二编第三章第三节“信息披露监管合规的基本要求”。

合规要点 78:【信息披露义务人的范围】《上市公司信息披露管理办法》(2021) 在第 62 条第 1 款第 3 项对信息披露义务人的范围进行了列举，主要包括上市公司及其董事、监事、高级管理人员、股东、实际控制人，收购人，重大资产重组、再融资、重大交易有关各方等自然人、单位及其相关人员，破产管理人及其成员，同时进行了兜底性的规定，散见于法律、行政法规和中国证监会规定中的承担信息披露义务的其他主体也属于信息披露义务人范畴。具体法律规定，详见第二编第三章第四节“信息披露责任主体的合规义务”。

合规要点 79:【上市公司应当建立的信息披露事务管理制度】建立信息披露事务管理制度是上市公司应当履行的法律义务，信息披露管理制度包括明确应当披露的信息，确定披露标准；未公开信息的传递、审核、披露流程；信息披露事务管理部门及其负责人在信息披露中的职责；董事会、监事会、董监高的报告、审议和披露的职责；董监高履行职责的记录和保管制度；未公开信息的保密措施；内幕信息知情人登记管理制度；内幕信息知情人的范围和保密责任；财务管理和会计核算的内部控制及监督机制；对外发布信息的申请、审核、发布流程；与投资者、证券服务机构、媒体等的信息沟通制度；信息披露相关文件、资料的档案管理制度；涉及子公司的信息披露事务管理和报告制度；未按规定披露信息的责任追究机制；对违反规定人员的处理措施。具体法律规定，详见第二编第三章第四节“信息披露责任主体的合规义务”。

合规要点80：【信息披露事务管理制度的审议备案要求】上市公司信息披露事务管理制度应当由董事会审议通过，报注册地证监会和交易所备案。具体法律规定，详见第二编第三章第四节“信息披露责任主体的合规义务”。

合规要点81：【董事候选人资料的信息披露要求】为了便于股东对董事候选人有足够了解，股东大会召开前，上市公司应当将董事候选人详细资料进行披露。同时，董事候选人应当签署承诺，承诺内容包括：同意接受提名；对候选人资料的真实、准确、完整进行保证；承诺当选后切实履行董事职责。具体法律规定，详见第二编第三章第四节“信息披露责任主体的合规义务”。

合规要点82：【董事候选人资料的信息披露要求】为了便于股东对董事候选人有足够了解，股东大会召开前，上市公司应当将董事候选人详细资料进行披露。同时，董事候选人在上市公司公告前应当签署承诺，承诺内容包括：同意接受提名；对候选人资料的真实、准确、完整进行保证；承诺当选后切实履行董事职责。具体法律规定，详见第二编第三章第四节“信息披露责任主体的合规义务”。

合规要点83：【高管聘用信息的披露义务】上市公司高管的聘任与解聘，除了应当履行相应的法定程序，还应当及时进行披露。具体法律规定，详见第二编第三章第四节“信息披露责任主体的合规义务”。

合规要点84：【关联交易的披露义务】上市公司开展关联交易，除了应当履行相应的法定程序，还应当及时进行披露。具体法律规定，详见第二编第三章第四节“信息披露责任主体的合规义务”。

合规要点85：【上市公司特定股东的股票交易信息披露义务】证券法对上市公司部分特殊身份股东的股票交易行为进行了特别规定，不但应当遵守交易的业务规则，还应当履行相应的信息披露义务。特殊身份股东包括上市公司持有5%以上股份的股东、实际控制人、董事、监事、高级管理人员，以及其他持有发行人首次公开发行前发行的股份或者上市公司向特定对象发行的股份的股东。具体法律规定，详见第二编第三章第四节“信息披露责任主体的合规义务”。

合规要点86：【控股股东和实控人对于重大事项进展的信息披露义务】上市公司部分重大事项的发生与控股股东或实控人有重大关联，控股股东和实控人获取重大事项的时间要早于上市公司，因此为了保证信息披露的及时性，上市公司实控人和控股股东有义务及时向上市公司告知重大事项的发生和进展，并配合公司履行信息披露义务。具体法律规定，详见第二编第三章第四节“信息披露责任主体的合规义务”。

合规要点87：【总股本、股东或实控人发生重大变化时的信息披露义务】上市公司的收购、合并、分立、发行股份、回购股份的行为是导致上市公司总股份、股东、实控人发生重大变化的重要原因，此种情况下，信息披露义务人应当及时依法履行报告义务，披露权益变动情况。具体法律规定，详见第二编第三章第四节“信息披露责任主体的合规义务”。

合规要点88:【控股股东、实控人及其一致行动人对拟发生的重大事件的信息披露义务】股权转让、资产重组或者其他重大事件在筹划阶段,若控股股东、实控人及其一致行动人早于上市公司知悉,那么上述人员负有及时准确向上市公司报告,并配合上市公司进行信息披露的义务。具体法律规定,详见第二编第三章第四节“信息披露责任主体的合规义务”。

合规要点89:【信息披露义务人配合上市公司进行信息披露的义务】信息披露义务人不但负有依法进行信息披露的义务,还应当积极配合上市公司的信息披露工作。具体法律规定,详见第二编第三章第四节“信息披露责任主体的合规义务”。

合规要点90:【董事会秘书的信息披露职责】董事会秘书作为上市公司的高管,公司法明确规定董事会秘书的职责之一是负责上市公司信息披露事务。具体法律规定,详见第二编第三章第四节“信息披露责任主体的合规义务”。

合规要点91:【保证信息披露合规是董监高的职责之一】上市公司董监高负有保证披露信息的真实、准确、完整,信息披露及时、公平的义务。具体法律规定,详见第二编第三章第四节“信息披露责任主体的合规义务”。

合规要点92:【董监高保证上市公司及时进行信息披露的义务】上市公司董监高有义务关注信息披露文件的编制情况,并保证定期报告和临时报告在规定期限内披露。具体法律规定,详见第二编第三章第四节“信息披露责任主体的合规义务”。

合规要点93:【定期报告的编制、审议、披露程序】上市公司应当制定定期报告的编制、审议、披露程序,并规定经理、财务负责人、董事会秘书、董事会、监事会各自的工作职责。具体法律规定,详见第二编第三章第四节“信息披露责任主体的合规义务”。

合规要点94:【临时报告的报告、传递、审核、披露程序】上市公司应当制定临时报告的报告、传递、审核、披露程序。具体法律规定,详见第二编第三章第四节“信息披露责任主体的合规义务”。

合规要点95:【董监高对外发布信息的行为规范】上市公司应当制定董监高对外发布信息的行为规范,并规定未经董事会授权董监高不得对外发布上市公司未披露信息的情形。具体法律规定,详见第二编第三章第四节“信息披露责任主体的合规义务”。

合规要点96:【董事的信息披露工作要求】上市公司董事应当对公司的经营及财务状况进行了解,关注已经发生或可能发生的重大事件,并主动获取决策所需资料。具体法律规定,详见第二编第三章第四节“信息披露责任主体的合规义务”。

合规要点97:【监事的信息披露工作要求】监事应当监督公司的信息披露义务履行情况,对于违法违规问题应当调查并提出处理建议,同时应当监督董事和高管在信息披露实务中的履职行为。具体法律规定,详见第二编第三章第四节“信息披露责任主体的合规义务”。

合规要点98:【高管的信息披露工作要求】高管应当将重大事件的发生、进展或变化情况及时向董事会报告。具体法律规定,详见第二编第三章第四节“信息披露责任主体的合规义务”。

合规要点 99:【董事会秘书的信息披露工作要求】董事会秘书有组织和协调上市公司信息披露事务的职责，应当汇集应当披露的信息向董事会报告，对市场信息进行关注并主动求证。具体法律规定，详见第二编第三章第四节“信息披露责任主体的合规义务”。

合规要点 100:【董事会秘书在信息披露工作过程中的工作便利】为了便利董事会秘书履行信息披露工作职责，董事会秘书有权列席三会和高管会议，有权了解公司财务和经营状况，查阅涉及信息披露的所有文件。具体法律规定，详见第二编第三章第四节“信息披露责任主体的合规义务”。

合规要点 101:【信息披露工作中董监高责任的豁免情形】在有充分证据证明董监高在上市公司信息披露过程中已经尽到了勤勉尽责义务的，可以豁免其对信息披露的真实性、准确性、完整性、及时性、公平性负责的责任。具体法律规定，详见第二编第三章第四节“信息披露责任主体的合规义务”。

合规要点 102:【临时报告的主要信息披露责任承担】上市公司董事长、经理、董事会秘书对临时报告信息披露工作负主要责任。具体法律规定，详见第二编第三章第四节“信息披露责任主体的合规义务”。

合规要点 103:【财务会计报告的主要信息披露责任承担】上市公司董事长、经理、财务负责人对财务会计报告信息披露工作负主要责任。具体法律规定，详见第二编第三章第四节“信息披露责任主体的合规义务”。

合规要点 104:【董事、监事的履职情况的信息披露】董事、监事的履职情况、绩效评价结果及薪酬情况由董事会、监事会向股东大会进行报告，并由上市公司进行披露。具体法律规定，详见第二编第三章第四节“信息披露责任主体的合规义务”。

合规要点 105:【董事长和董事会秘书关于信息披露工作的责任承担】董事长对信息披露工作承担首要责任，董事会秘书负责信息披露的组织协调和信息的对外发布。具体法律规定，详见第二编第三章第四节“信息披露责任主体的合规义务”。

三、信息披露违法行为常见刑事合规要点

<table>
<tr><th>序号</th><th>合规要点</th><th>具体章节链接</th></tr>
<tr><td>106</td><td>违规披露、不披露重要信息罪的行为模型</td><td>第三编第三章第三节之“一、刑法分则关于违规披露、不披露重要信息罪的规定”</td></tr>
<tr><td>107</td><td>违规披露、不披露重要信息罪的被刑事立案追诉主体</td><td rowspan="4">第三编第三章第三节之“二、违规披露、不披露重要信息罪的立案追诉标准”</td></tr>
<tr><td>108</td><td>损失数额追诉标准</td></tr>
<tr><td>109</td><td>资产造假追诉标准</td></tr>
<tr><td>110</td><td>收入造假追诉标准</td></tr>
</table>

续表

序号	合规要点	具体章节链接
111	利润造假追诉标准	第三编第三章第三节之“二、违规披露、不披露重要信息罪的立案追诉标准”
112	其他重大事项造假或造假累计金额追诉标准	
113	证券发行信披违法追诉标准	
114	证券终止上市追诉标准	
115	财报结论造假追诉标准	
116	多次信披违法追诉标准	

合规要点 106：【违规披露、不披露重要信息罪的行为模型】依法负有信息披露义务的公司、企业向股东和社会公众提供虚假的或者隐瞒重要事实的财务会计报告，或者对依法应当披露的其他重要信息不按照规定披露。具体法律规定，详见第三编第三章第三节之“一、刑法分则关于违规披露、不披露重要信息罪的规定”。

合规要点 107：【违规披露、不披露重要信息罪的被刑事立案追诉主体】欺诈发行证券罪的刑事责任承担主体包括：对违规披露、不披露重要信息行为直接负责的主管人员和其他直接责任人员；实施或者组织、指使实施犯罪行为的控股股东、实际控制人；控股股东、实际控制人是单位的犯罪行为中，直接负责的主管人员和其他直接责任人员。具体法律规定，详见第三编第三章第三节之“二、违规披露、不披露重要信息罪的立案追诉标准”。

合规要点 108：【损失数额追诉标准】造成股东、债权人或者其他人直接经济损失数额累计在 100 万元以上的违规披露、不披露重要信息行为，应予立案追诉。具体法律规定，详见第三编第三章第三节之“二、违规披露、不披露重要信息罪的立案追诉标准”。

合规要点 109：【资产造假追诉标准】虚增或者虚减资产达到当期披露的资产总额 30% 以上的违规披露、不披露重要信息行为，应予立案追诉。具体法律规定，详见第三编第三章第三节之“二、违规披露、不披露重要信息罪的立案追诉标准”。

合规要点 110：【收入造假追诉标准】虚增或者虚减营业收入达到当期披露的营业收入总额 30% 以上的违规披露、不披露重要信息行为，应予立案追诉。具体法律规定，详见第三编第三章第三节之“二、违规披露、不披露重要信息罪的立案追诉标准”。

合规要点 111：【利润造假追诉标准】虚增或者虚减利润达到当期披露的利润总额 30% 以上的违规披露、不披露重要信息行为，应予立案追诉。具体法律规定，详见第三编第三章第三节之“二、违规披露、不披露重要信息罪的立案追诉标准”。

合规要点 112：【其他重大事项造假或造假累计金额追诉标准】未按照规定披露的重大诉讼、仲裁、担保、关联交易或者其他重大事项所涉及的数额或者连续 12 个月的累计数额达到最近一期披露的净资产 50% 以上的违规披露、不披露重要信息行为，应予立案追诉。具体法律规定，详见第三编第三章第三节之“二、违规披露、不披露重要信息罪的立案追诉标准”。

合规要点 113：【证券发行信披违法追诉标准】致使不符合发行条件的公司、企业骗取发行核准或者注册并且上市交易的违规披露、不披露重要信息行为，应予立案追诉。具体法律规定，详见第三编第三章第三节之“二、违规披露、不披露重要信息罪的立案追诉标准”。

合规要点 114：【证券终止上市追诉标准】致使公司、企业发行的股票或者公司、企业债券、存托凭证或者国务院依法认定的其他证券被终止上市交易的违规披露、不披露重要信息行为，应予立案追诉。具体法律规定，详见第三编第三章第三节之“二、违规披露、不披露重要信息罪的立案追诉标准”。

合规要点 115：【财报结论造假追诉标准】在公司财务会计报告中将亏损披露为盈利，或者将盈利披露为亏损的违规披露、不披露重要信息行为，应予立案追诉。具体法律规定，详见第三编第三章第三节之“二、违规披露、不披露重要信息罪的立案追诉标准”。

合规要点 116：【多次信披违法追诉标准】多次提供虚假的或者隐瞒重要事实的财务会计报告，或者多次对依法应当披露的其他重要信息不按照规定披露的违规披露、不披露重要信息行为，应予立案追诉。具体法律规定，详见第三编第三章第三节之“二、违规披露、不披露重要信息罪的立案追诉标准”。

第三章　内幕交易违法犯罪行为案例分析与合规要点

第一节　内幕交易违法犯罪行为典型案例分析

案例一：杨慧等人内幕交易鲁商置业股票行政处罚案[①]

本案系2021年证监会公布的20大典型违法案例之一，是一起发生在上市公司并购重组环节中的内幕交易窝案。

2018年9月，鲁商置业股份有限公司（以下简称鲁商置业）策划收购山东福瑞达医药集团有限公司（以下简称福瑞达医药）股权；2018年12月5日，鲁商置业发布《鲁商置业股份有限公司关于受让山东福瑞达医药集团有限公司100%股权暨关联交易公告》正式公示这一信息，鲁商置业股价应声而涨。

在这一内幕信息公开前，包含鲁商置业董事长、董事会秘书在内的知情人及其同事、客户、亲友、邻居等内幕交易鲁商置业股票，最终10人被处以行政处罚。

在我国不断加大对内幕交易行为打击力度的背景下，本案对广大上市公司高管以及高管的亲朋好友都具有启示教育意义，如何区分正常的投资行为与内幕交易、如何做好保密工作、如何避免在无意中被卷入内幕交易的行政监管处罚法律风险，这些问题都值得我们进一步分析、思考。

■基本案情

案件概况

处罚机关：中国证券监督管理委员会山东监管局

处罚时间：2021年7月14日

行政处罚相对人身份：

1. 杨慧，案发时与福瑞达医药存在宣传业务往来；

2. 冯彬，时任鲁商物产金属材料分公司（依托鲁商物产有限公司，2017年1月至2019年1月由福瑞达医药管理）总经理；

3. 徐春泉，时任福瑞达医药副总经理；

4. 彭保丽，系时任福瑞达医药副总经理徐春泉之妻；

---

① 案例来源：中国证监会行政处罚决定书（2021）03－09号，载中国证券监督管理委员会山东监管局官网，http：//www. csrc. gov. cn/shandong/c104206/c77a4bdb4d0344388a706d2896b 9534ff/content. shtml。

5. 朱广瑜，时任鲁商置业审计法务部部长；

6. 张蓓蓓，系时任鲁商置业审计法务部部长朱广瑜之妻；

7. 许修锋，时任福瑞达医药财务总监；

8. 裴爱媛，系时任福瑞达医药财务总监许修锋之妻；

9. 许润，案发时与福瑞达医药时任财务总监许修锋存在借款往来；

10. 张泽，时任福瑞达医药办公室副主任，主持办公室工作。

市场禁入情况：无

陈述、申辩、听证情况：

1. 当事人杨慧提交了陈述申辩材料，未要求听证；

2. 当事人徐春泉、彭保丽未提出陈述、申辩意见，也未要求听证；

3. 当事人张泽提交了陈述申辩材料，并要求听证；

4. 当事人朱广瑜、张蓓蓓提交了陈述申辩材料，并要求听证；

5. 当事人许修锋、裴爱媛提交了陈述申辩材料，并要求听证；

6. 当事人冯彬未提出陈述、申辩意见，也未要求听证；

7. 当事人许润未提出陈述、申辩意见，也未要求听证。

行政机关认定的违法事实

1. 内幕信息的形成与公开过程

上市公司鲁商置业股份有限公司（与山东福瑞达医药集团有限公司同属山东省商业集团（以下简称鲁商集团）控股的公司。2018 年 9 月 7 日，鲁商集团召集鲁商置业、福瑞达医药及券商相关人员召开推进会，初步商定鲁商置业收购福瑞达医药，聘请中介机构进场开展尽调工作；根据尽调结果，再行制定具体收购方案。会后，鲁商集团成立工作小组，推进具体工作。

2018 年 9 月 11 日，中介机构进场福瑞达医药，开展尽职调查工作。

2018 年 10 月 8 日，鲁商集团再次召集鲁商置业、福瑞达医药及有关中介机构召开会议，确定收购方式为以鲁商置业持有的三家子公司股权与福瑞达医药股权进行资产置换。

2018 年 10 月 10 日，福瑞达医药召开董事会审议通过《山东福瑞达医药集团有限公司资产剥离方案》，拟将与主业关联性弱、盈利能力不足或已基本停止业务的 9 家权属公司剥离出福瑞达医药，并向鲁商集团报送了请示。10 月 18 日，鲁商集团召开董事会审议通过了该方案。

2018 年 11 月 20 日，审计机构完成审计报告；11 月 30 日，评估机构完成评估报告。

2018 年 12 月 4 日，鲁商集团召开党委会、董事会、办公会审议通过《关于山东省商业集团有限公司与鲁商置业股份有限公司资产置换方案的议案》，鲁商置业召开董事会审议通过《关于受让山东福瑞达医药集团有限公司 100% 股权暨关联交易的议案》。

2018 年 12 月 5 日，鲁商置业发布《鲁商置业股份有限公司关于受让山东福瑞达医药集团有限公司 100% 股权暨关联交易公告》，鲁商置业拟以其持有的泰安银座房地产开发有限公司 97% 的股权、东营银座房地产开发有限公司 100% 的股权、济宁鲁商置业有限公司 100% 的股权和支付部分现金的方式受让鲁商集团持有的福瑞达医药 100% 股权。

2. 行政相对人知悉内幕信息及内幕交易情况

（1）杨慧使用“李某英”账户内幕交易“鲁商置业”。杨慧与刘某 2018 年 5 月认识。2018 年 9 月，刘某曾电话联系杨慧，了解其公司能否做福瑞达医药品牌宣传片业务。10 月 12 日，杨慧与刘某面谈宣传片业务，其间还交流了一些理财问题，刘某告诉杨慧关注“鲁商置业”股票，并点头示意可以挣钱。11 月 23 日，杨慧再次与刘某见面交谈业务，刘某询问杨慧是否买入“鲁商置业”，并告诉杨慧继续持有即可。2018 年 10 月 15 日至 12 月 2 日，杨慧与刘某有 10 次通话。

李某英系杨慧的姐姐，“李某英”账户系杨慧要求李某英开立，该账户交易资金来自杨慧，下单的手机由杨慧控制使用。

“李某英”账户于 2018 年 10 月 18 日开立，10 月 24 日至 12 月 4 日陆续转入资金，特别是公告前一日单笔转入资金明显放大，全部用于买入“鲁商置业”，共买入“鲁商置业”69.45 万股，买入成交金额 2353962 元。在 12 月 5 日开始卖出，至 12 月 11 日全部卖出。“李某英”账户买入“鲁商置业”的时间与刘某的联络接触时间关联性强，在联络接触的当日有买入的情形。“李某英”账户交易“鲁商置业”股票的行为明显异常，与内幕信息高度吻合。

（2）徐春泉、彭保丽使用“彭保丽”账户内幕交易“鲁商置业”。徐春泉与彭保丽为夫妻，共同居住。徐春泉时任福瑞达医药副总经理兼山东省牧工商实业有限公司（时由福瑞达医药管理）董事长、总经理。

内幕信息形成后公开前，徐春泉与张某军通话 14 次，与刘某通话 23 次。徐春泉、彭保丽与张某军家因同住一个小区，有时相约爬山，平时经常能遇到。

“彭保丽”账户于 2000 年 11 月 1 日开立，交易“鲁商置业”由彭保丽手机下单操作，徐春泉在交易的重要节点登录“彭保丽”账户。“彭保丽”账户资金分散来自家庭资金及二人的借贷资金。

“彭保丽”账户开户以来至 2016 年 12 月 19 日，均有股票交易，此后空置，2018 年 10 月 25 日增设手机操作方式并修改账户信息后，10 月 26 日至 12 月 4 日陆续转入资金，立即用于买入“鲁商置业”股票，至 12 月 4 日共买入 62.32 万股，成交金额 1859729 元，具有集中、首次买入“鲁商置业”一只股票，买入占比为 100%，交易金额明显放大，单次买入数量明显放大等特点，与该账户平时的交易习惯明显不同，12 月 21 日开始以卖出为主。“彭保丽”账户买入时间与徐春泉和内幕信息知情人的通信联系时间关联性强。综上，“彭保丽”账户交易“鲁商置业”的行为明显异常，与内幕信息高度吻合，徐春泉、彭保丽的上述交易行为无正当理由或正当信息来源。

（3）张泽使用“张泽”账户内幕交易“鲁商置业”。张泽时任福瑞达医药办公室副主任，主持办公室工作；张泽承认11月中旬与刘某接触时，知悉福瑞达医药正在进行资本运作。内幕信息形成后买入“鲁商置业”前，张泽与刘某通话8次，与王某波通话9次。

“张泽”账户2014年9月17日开立，“张泽”账户交易“鲁商置业”的资金来自其家庭资金，由张泽下单操作。

“张泽”账户开户后四年处于空置状态，2018年11月13日张泽到证券营业部重置密码，11月14日开始陆续转入资金并集中买入“鲁商置业”股票；“张泽”账户开户以来仅交易过“鲁商置业”一只股票；买入“鲁商置业”的时间与联络接触时间关联性强。“张泽”账户交易“鲁商置业”股票的行为明显异常，与内幕信息高度吻合。

（4）朱广瑜、张蓓蓓使用“张某哲”账户内幕交易“鲁商置业”。朱广瑜时任鲁商置业审计法务部部长，内幕信息形成后公开前，朱广瑜与李某勇通话3次、与李某2通话3次、与李某1等通话1次。

朱广瑜和张蓓蓓为夫妻，共同居住。张某哲系张蓓蓓的弟弟。在张蓓蓓的帮助下，“张某哲”账户2018年10月10日开立。开立后由张蓓蓓控制使用，交易资金由张蓓蓓转入，“张某哲”账户交易“鲁商置业”由张蓓蓓下单操作。

“张某哲”账户开户后仅交易过“鲁商置业”一只股票，2018年10月12日、11月13日两日转入资金，10月15日、11月13日全部买入“鲁商置业”股票，累计买入13.33万股，成交金额389474元，具有首次买入、买入占比、持股占比均为100%的特征，买入意愿坚决，买入时间与朱广瑜和内幕信息知情人的通信联系时间关联性强。综上，“张某哲”账户交易“鲁商置业”的行为明显异常，与内幕信息高度吻合，朱广瑜、张蓓蓓的上述异常交易情况无正当理由或正当信息来源。

（5）许修锋、裴爱媛使用“马某晓”账户内幕交易“鲁商置业”。许修锋与裴爱媛时为男女朋友，关系密切。马某晓系裴爱媛的婶子，“马某晓”账户于2007年6月21日开立，裴爱媛2018年10月初向马某晓借用账户，“马某晓”账户交易“鲁商置业”由裴爱媛、许修锋操作。

2018年10月12日至12月3日，“马某晓”账户集中转入资金108万元，其中，许修锋通过裴爱媛账户及柜台存现等转入100.9万元，裴爱媛转入7.1万元。“马某晓”账户在2018年10月12日至12月4日共买入“鲁商置业”32.75万股，成交金额980521元，特别是12月4日买入成交放大，12月6日开始卖出，买入、卖出时间与内幕信息形成、变化、公开时间基本一致。

（6）冯彬使用“冯彬”“冯某”账户内幕交易“鲁商置业”。冯彬时为鲁商物产金属材料分公司（依托鲁商物产有限公司，2017年1月至2019年1月由福瑞达医药管理）总经理，与刘某为上下级关系，向刘某汇报工作；冯彬在买入“鲁商置业”前知悉了内幕信息。

“冯彬”账户2015年7月10日开立。冯某系冯彬的配偶，“冯某”账户1999年9

月21日开立。两个账户均由冯彬操作使用，交易“鲁商置业”使用的是冯彬的手机。

“冯彬”“冯某”账户历史上均没有交易过“鲁商置业”股票。“冯彬”账户一年多没有转入过资金，2018年11月16日至22日发生4笔银证转入业务，转入资金45万元，全部来源于冯彬，系家庭资金，2018年11月16日至23日集中买入“鲁商置业”17.38万股，成交金额556318元，12月3日卖出一笔1万股。“冯某”账户2018年11月16日至21日集中买入“鲁商置业”3.59万股，成交金额115698元。“冯彬”“冯某”账户在内幕信息公开前将持有的其他股票全部卖出，分别集中买入“鲁商置业”，交易金额放大，交易行为与其日常交易习惯明显不同。

（7）许润使用“许润”账户内幕交易“鲁商置业”。许润与许修锋较为熟悉。因借款事宜，许润在2018年11月12日、13日与许修锋有过通话并见面。

“许润”账户2008年3月28日开立，2017年至2018年10月底没有股票交易记录。2018年11月12日至14日集中转入资金184万元，其中159万元来自许润家庭资金，25万元来自向内幕信息知情人许修锋的借款。2018年11月12日至19日，许润操作“许润”账户下单买入“鲁商置业”664500股，成交金额2046882元，其中11月14日单笔交易金额为999706元，交易金额明显放大，当期买入占比为100%。11月16日卖出66100股，12月7日至13日全部卖出。上述交易情况明显与平时交易习惯不同。12月17日，许润将25万元转入许修锋账户。

综上，“许润”账户交易“鲁商置业”的行为明显异常，与内幕信息高度吻合，许润的上述异常交易情况无正当理由或正当信息来源。经计算，前述交易获利。

行政相对人的陈述申辩意见及行政机关的复核意见

1. 杨慧的陈述申辩意见

杨慧陈述申辩意见1：自己是听到鲁商置业股票的消息，购买股票，思想上不认为是违反《证券法》的行为。

证监会的复核意见：杨慧在内幕信息公开前，就与内幕信息知情人联络、接触，交易行为与内幕信息高度吻合，认定其行为构成内幕交易的事实清楚，证据充分。

杨慧陈述申辩意见2：超过违法所得5倍的罚款金额太高，本人及家庭生活面临困难，申请减轻或者免除处罚。

证监会的复核意见：在量罚时已充分考虑了本案的情况，对杨慧的罚款金额符合2005年《证券法》第202条“没有违法所得或者违法所得不足三万元的，处以三万元以上六十万元以下的罚款”的规定，于法有据，幅度适当，且其不存在法定减轻或者免除处罚的情形。

2. 张泽的陈述申辩意见

张泽陈述申辩意见1：自己不了解证券法及相关规定，没有意识到此行为属于违法行为。

证监会的复核意见：当事人是否意识到违法，不影响对当事人内幕交易行为的认定。

张泽陈述申辩意见 2：自己与刘某、王某波为上下级关系，所有接触和通话均属于工作范畴，没有关于内幕信息的交流；与刘某的日常接触，也没有得到明确的关于福瑞达医药资本运作的信息，对于内幕信息属于个人猜测；在 2018 年 11 月买入“鲁商置业”的重要原因是股市处于低位，预期整体后期有增长的可能性。

证监会的复核意见：本案有充分的证据证明当事人在内幕信息形成后买入涉案股票前与内幕信息知情人联络接触，并且证券交易活动与内幕信息高度吻合。当事人提出的申辩意见未能对其交易行为作出合理说明，不足以排除其利用内幕信息从事证券交易活动。

3. 朱广瑜、张蓓蓓的陈述申辩意见

朱广瑜、张蓓蓓陈述申辩意见 1：自己不属于 2005 年《证券法》第 74 条所规定的内幕信息知情人。

证监会的复核意见：证监局未认定朱广瑜和张蓓蓓系 2005 年《证券法》第 74 条规定的“内幕信息知情人”。

朱广瑜、张蓓蓓陈述申辩意见 2：朱广瑜、张蓓蓓并不掌握内幕信息。没有任何证据证明二人获得、传递内幕信息。通话记录仅能证明朱广瑜和内幕信息知情人有过通话，但无法证明通话内容，因日常工作通话极为正常。朱广瑜未取得内幕信息，更不可能向张蓓蓓传递内幕信息。不能在没有任何证据的情况下，推定二人掌握内幕信息并从事交易。当时鲁商置业经营状态向好，股价较低。购买“鲁商置业”是基于已公开的股票期权激励消息，对鲁商置业发展的信心，打算长期持有，2019 年 10 月才卖出。同时，朱广瑜系激励对象，鲁商置业要求股权激励对象尽量不要买卖本公司股票，购买情况要报告。2018 年 9 月 3 日，朱广瑜用自己的账户购买 1000 股“鲁商置业”，第二天即被董事会办公室告知，因其系辞任不足 6 个月的监事，购买情况被证券交易所提示，建议其不要再买入“鲁商置业”。为了避免烦琐流程、不让公司知道、不给朱广瑜工作造成影响，才使用“张某哲”账户购买了“鲁商置业”。

证监会的复核意见：第一，朱广瑜在内幕信息形成后买入“鲁商置业”前，与多名内幕信息知情人有联络，“张某哲”账户开户及借用时间、资金变化、买入时间均与内幕信息形成、变化时间基本一致，当事人交易“鲁商置业”的行为明显异常，与内幕信息高度吻合。当事人于 2019 年 10 月卖出涉案股票，与认定违法行为无直接关系；鲁商置业股票期权激励计划 2018 年 8 月 9 日已公开，而涉案账户于 2018 年 10 月 10 日方才开立，买入“鲁商置业”的时间为 2018 年 10 月 15 日和 11 月 13 日，当事人提出的申辩意见未能对其交易行为作出合理说明，不足以排除其利用内幕信息从事证券交易活动。第二，在鲁商置业对购买本公司股票有明确要求的情况下，当事人仍然借用他人账户买入，规避公司要求和监管的意图明显，体现了当事人买入涉案股票的强烈意愿。

朱广瑜、张蓓蓓陈述申辩意见 3：盈利数额的认定明显错误。本案所涉信息公开后，鲁商置业经历多次资本运作，收购山东焦点生物科技股份有限公司的信息是决定当事人交易盈利的因素，而非本案所涉内幕信息。盈利应按照信息公开日收盘价计算。

证监会的复核意见：截至调查日，“张某哲”账户已将其持有的“鲁商置业”全部卖出，形成实际获利。因内幕交易而进行证券交易行为所产生的收益，具有违法性，该收益与内幕交易行为存在因果关系，应认定为违法所得。

4. 许修锋、裴爱媛的陈述申辩意见

许修锋、裴爱媛陈述申辩意见1：许修锋在内幕信息敏感期内并未购买“鲁商置业”，未下单操作，行政处罚事先告知书中载明的“马某晓”账户交易“鲁商置业”由裴爱媛和许修锋下单操作认定事实错误。许修锋与裴爱媛时为恋爱关系，裴爱媛负责财务报销及许修锋办公室打扫、清洁等辅助工作。许修锋在开会期间经常将手机交付裴爱媛代管，裴爱媛知悉许修锋手机密码等隐私信息，许修锋对裴爱媛用他的手机操作“鲁商置业”不知情。

证监会的复核意见：许修锋和裴爱媛时为男女朋友关系，关系密切。内幕信息公开前，裴爱媛和许修锋均操作“马某晓”账户买入“鲁商置业”。其中，11月5日至12月4日买入成交“鲁商置业”的委托方式为“手机委托”，下单电话号码为许修锋一直在使用的电话号码。许修锋对裴爱媛在许修锋开会期间，用许修锋手机交易“鲁商置业”不知情的解释，不符合常理，且无充分的证据支持。许修锋听证中提供的两份会议通知仅要求“参会人员在会议期间关闭手机”，且会议时间均不在其交易期间。

许修锋、裴爱媛陈述申辩意见2：根据现有证据材料无法证实许修锋进行内幕交易，也没有证据证实许修锋参与裴爱媛购买“鲁商置业”的行为。“马某晓”账户由裴爱媛操作；裴爱媛借用许修锋手机进行部分股票操作符合常理，符合热恋的表现；内幕信息敏感期内，许修锋与裴爱媛不是夫妻关系，不存在法律意义上的亲属关系，裴爱媛购买“鲁商置业”无法当然推断为双方的共同行为；许修锋向裴爱媛出借资金属于一般民间借贷关系，主要用于马某晓购买房产。

证监会的复核意见：许修锋和裴爱媛交易“鲁商置业”的资金混同，主要来源于许修锋，且大部分经由裴爱媛转入“马某晓”账户，而马某晓系裴爱媛的婶婶。

许修锋、裴爱媛陈述申辩意见3：许修锋对“马某晓”账户没有管理使用和处分的权益，对该账户购买“鲁商置业”不知情，没有获利。

证监会的复核意见：是否获利不影响对当事人内幕交易行为的认定。当事人提出的其他申辩意见未能对其交易行为作出合理说明，不足以排除其利用内幕信息从事证券交易活动。

处罚决定

1. 没收杨慧违法所得9273.70元，并处以5万元罚款；
2. 没收冯彬违法所得86920.65元，并处以86920.65元罚款；
3. 没收许润违法所得141434.33元，并处以141434.33元罚款；
4. 没收许修锋、裴爱媛违法所得159978.80元，并处以159978.80元罚款；

5. 没收张泽违法所得196728.38元，并处以196728.38元罚款；

6. 没收徐春泉、彭保丽违法所得389510.70元，并处以389510.70元罚款；

7. 没收朱广瑜、张蓓蓓违法所得628577.03元，并处以628577.03元罚款。

■案例评析

本案的典型意义

第一，本案系内幕交易“窝案”，涉及主体众多，从上市公司管理人员到被收购公司高管、从高管到高管的亲朋好友、从收购关系到其他业务关系，各个环节、各个主体、各种关系人都牵涉其中。

本案发生在上市公司鲁商置业收购福瑞达医药的过程当中，由于该收购过程涉及人员众多、决策形成时间长，不少鲁商置业、福瑞达医药的工作人员、工作人员的同事、客户、亲友、邻居都因为职务、身份而或多或少地对“鲁商置业即将收购福瑞达医药”的信息有所了解。部分人员在获知该消息后因为不知晓合规风险与法律责任，在该内幕信息敏感期进行证券交易获利，最终遭到了证监会的查处。正如证监会在对本案进行评析时所述：“本案提示，上市公司应当加强并购重组环节的内幕信息管理，内幕信息知情人要增强自律意识，防范和杜绝内幕交易”，本案对所有通过各种渠道获知内幕信息的人都具有警示与教育意义。

第二，本案涉及内幕交易行为种类多，不仅包括以本人名义直接或委托他人买卖证券，还包括以明示或暗示的方式向他人泄露内幕信息。具体如下：

序号	人员名称	涉案行为（知晓内幕信息后）
1	杨慧	利用本人账户直接进行交易
2	冯彬	利用本人及亲属账户直接进行交易
3	许润	利用本人账户直接进行交易
4	许修锋	（1）向他人泄露内幕信息 （2）利用他人账户进行交易
5	裴爱媛	利用他人账户直接进行交易
6	张泽	利用本人账户直接进行交易
7	徐春泉	利用他人账户直接进行交易
8	彭保丽	利用本人账户直接进行交易
9	朱广瑜	利用他人账户直接进行交易
10	张蓓蓓	利用他人账户直接进行交易

在一般的内幕交易案件中，行为人所采取的手段较为直接，多为以本人名义直接或委托他人买卖证券。但是在本案中，涉案人员的行为不仅包括直接的证券交易，还包括以明示或暗示的方式向他人泄露内幕信息。因此，通过对本案的研究，上市公司高管以

及其他人员可以对内幕交易行为的法律规制获得较为全面的认知，以此减少涉内幕信息管理行为引发的合规风险。

对本案具体行为的分析

1. 内幕交易违法行为的发案情况分析

根据《2023年度中国A股上市公司刑事行政法律风险观察报告》①，全年共有94宗【内幕交易或泄露内幕信息】行政处罚案件，98人因【内幕交易、泄露内幕信息、作为内幕信息知情人和非法获取内幕信息的人建议他人买卖证券】被行政处罚，占年度证券行政违法处罚案件数量的19.38%。其中，内幕信息知情人的亲友以及上市公司或其子公司员工是监管的重点，上述两类人员在行政处罚当事人中占比分别达到第1、2位，是绝对的"风险高发区"。

2. 构成内幕交易违法行为的具体情形分析

一是主体认定——本案中杨慧等人属于"内幕信息知情人"或"非法获取内幕信息的人"，属于内幕交易的行为主体。

《证券法》(2019) 第50条规定，"禁止证券交易内幕信息的知情人和非法获取内幕信息的人利用内幕信息从事证券交易活动。"该规定明确了两类人可以成为内幕交易行为的规制对象：一类是基于职务、商业合作等便利，通过合法渠道获取内幕信息的"内幕信息知情人"②，另一类是通过偷听、打探等渠道获取内幕的消息的"非法获取内幕信息的人"。

根据这一标准，我们可以对本案中受到处罚的10位当事人进行区分：

许修锋系福瑞达医药的财务总监，参加了2018年9月7日与10月8日的会议，并牵头福瑞达医药方面的工作，直接参与了并购的过程，在9月7日时就知悉了"鲁商置业即将收购福瑞达医药"的消息，因此属于"内幕信息知情人"。

杨慧等其余9人行为人，虽然因职务而或多或少与鲁商置业、福瑞达医药存在联系，但所处层级并不足以获取该内幕信息。9人行为人是分别通过与福瑞达医药董事长刘某、鲁商置业董事长李某1等人的私下联络，获知了"鲁商置业即将收购福瑞达医药"的消息。实际上，上述9人并不是依法可以获得内幕交易的人员，因此属于"非法获取内幕信息的人"。具体如下：

---

① 详见第三编第一章第二节"2023年度中国A股上市公司刑事行政法律风险观察报告"。

② 《证券法》(2019) 第51条规定：证券交易内幕信息的知情人包括："（一）发行人及其董事、监事、高级管理人员；（二）持有公司百分之五以上股份的股东及其董事、监事、高级管理人员，公司的实际控制人及其董事、监事、高级管理人员；（三）发行人控股或者实际控制的公司及其董事、监事、高级管理人员；（四）由于所任公司职务或者因与公司业务往来可以获取公司有关内幕信息的人员；（五）上市公司收购人或者重大资产交易方及其控股股东、实际控制人、董事、监事和高级管理人员；（六）因职务、工作可以获取内幕信息的证券交易场所、证券公司、证券登记结算机构、证券服务机构的有关人员；（七）因职责、工作可以获取内幕信息的证券监督管理机构工作人员；（八）因法定职责对证券的发行、交易或者对上市公司及其收购、重大资产交易进行管理可以获取内幕信息的有关主管部门、监管机构的工作人员；（九）国务院证券监督管理机构规定的可以获取内幕信息的其他人员。"

序号	人员名称	内幕信息来源
1	杨慧	福瑞达医药董事长刘某
2	冯彬	
3	徐春泉	
4	彭保丽	
5	张泽	
6	朱广瑜	鲁商置业董事长李某 1、董事会秘书李某 2、财务部部长李某 3
7	张蓓蓓	
8	裴爱媛	福瑞达医药财务总监许修锋
9	许润	

二是交易时间认定——涉案人员交易相关股票的时间处于内幕信息价格敏感期之内。

根据 2007 年证监会发布的《证券市场内幕交易行为认定指引（试行）》（已失效）第 10 条的规定，"从内幕信息开始形成之日起，至内幕信息公开或者该信息对证券的交易价格不再有显著影响时止，为内幕信息的价格敏感期"。内幕信息公开，是指内幕信息在中国证监会指定的报纸、杂志、网站等媒体披露，或者被一般投资者能够接触到的全国性报纸、杂志、网站等媒体揭露，或者被一般投资者广泛知悉和理解。

2018 年 9 月 7 日，鲁商集团召集鲁商置业、福瑞达医药及券商相关人员召开推进会，初步商定鲁商置业收购福瑞达医药，聘请中介机构进场开展尽调工作；根据尽调结果，再行制定具体收购方案。会后，鲁商集团成立工作小组，推进具体工作。自此，"鲁商置业收购福瑞达医药"这一内幕信息形成。

2018 年 12 月 5 日，鲁商置业发布《鲁商置业股份有限公司关于受让山东福瑞达医药集团有限公司 100% 股权暨关联交易公告》，鲁商置业拟以其持有的泰安银座房地产开发有限公司 97% 的股权、东营银座房地产开发有限公司 100% 的股权、济宁鲁商置业有限公司 100% 的股权和支付部分现金的方式受让鲁商集团持有的福瑞达医药 100% 股权。自此，"鲁商置业即将收购福瑞达医药"这一信息完成公开，不再属于内幕信息。

由此可见，2018 年 9 月 7 日至 12 月 5 日，就是涉案内幕交易的价格敏感期，而杨慧等 10 人买入相关股票的行为均发生在该期间内，因此被认定为内幕交易。具体如下：

序号	人员名称	买入"鲁商置业"股票时间
1	杨慧	2018 年 10 月 24 日
2	冯彬	2018 年 11 月 16 日
3	许润	2018 年 11 月 12 日
4	许修锋	2018 年 10 月 12 日
5	裴爱媛	2018 年 10 月 12 日

续表

序号	人员名称	买入“鲁商置业”股票时间
6	张泽	2018 年 11 月 14 日
7	徐春泉	2018 年 10 月 26 日
8	彭保丽	2018 年 10 月 26 日
9	朱广瑜	2018 年 10 月 15 日
10	张蓓蓓	2018 年 10 月 15 日

三是内幕交易的推定原则与举证责任倒置——涉案人员如果不能作出合理说明或者提供证据排除其存在利用内幕信息从事相关证券交易活动，就可能会被定性为内幕交易。

在一般的行政处罚案件中，是由行政机关进行举证，从而证明行为人具有行政违法行为，应当进行行政处罚。但是在内幕交易案件中却存在例外，对于内幕交易行为的认定标准主要采取了推定的方式，即行为人与内幕信息知情人在敏感期内进行过联络接触，内幕信息知情人本人或行为人在敏感期内交易了相关证券、该等交易与内幕信息的形成发展过程是高度吻合的，则“推定”行为人内幕交易行为成立。而内幕交易当事人能否作出有效抗辩，取决于能否提出针对内幕交易行政违法性认定要件的违法阻却事由及证据。[①] 简言之，在涉及内幕交易的案件中，只要行政机关能证明基础事实存在，那么就要由行为人来证明自己不存在内幕交易行为；如果行为人无法自证，则推定内幕交易违法行为成立。

2007 年 3 月 27 日，中国证监会颁布了《证券市场内幕交易行为认定指引（试行)》。虽然该指引在 2020 年 10 月 30 日被废止，但对准确识别内幕交易行为仍有一定指导意义。该《指引》在第 14 条中对推定原则进行了集中阐述：“本指引第六条第（一）、（二）项规定[②]的内幕信息知情人，在内幕信息敏感期内有本指引第十三条[③]所列行为的，应认定构成内幕交易，除非其有足够证据证明自己并不知悉有关内幕

① 《浅谈内幕交易行政违法性认定与抗辩事由》，载上海市黄浦区司法局，2022 年 6 月 9 日，https：//m. thepaper. cn/baijiahao_ 18503410。

② 《证券市场内幕交易行为认定指引（试行）》第 6 条规定：“符合下列情形之一的，为证券交易的内幕人：（一）《证券法》第七十四条第（一）项到第（六）项规定的证券交易内幕信息的知情人；（二）中国证监会根据《证券法》第七十四条第（七）项授权而规定的其他证券交易内幕信息知情人，包括：1. 发行人、上市公司；2. 发行人、上市公司的控股股东、实际控制人控制的其他公司及其董事、监事、高级管理人员；3. 上市公司并购重组参与方及其有关人员；4. 因履行工作职责获取内幕信息的人；5. 本条第（一）项及本项所规定的自然人的配偶。”

③ 《证券市场内幕交易行为认定指引（试行）》第 13 条规定：“本指引第十二条第（三）项的行为包括：（一）以本人名义，直接或委托他人买卖证券；（二）以他人名义买卖证券；具有下列情形之一的，可认定为以他人名义买卖证券：1. 直接或间接提供证券或资金给他人购买证券，且该他人所持有证券之利益或损失，全部或部分归属于本人；2. 对他人所持有的证券具有管理、使用和处分的权益；（三）为他人买卖或建议他人买卖证券；（四）以明示或暗示的方式向他人泄露内幕信息。”

信息。”

最高人民法院在《关于审理证券行政处罚案件证据若干问题的座谈会纪要》(法〔2011〕225号)中对“推定原则”进一步明确:“会议认为,监管机构提供的证据能够证明以下情形之一,且被处罚人不能作出合理说明或者提供证据排除其存在利用内幕信息从事相关证券交易活动的,人民法院可以确认被诉处罚决定认定的内幕交易行为成立:(一)证券法第七十四条规定的证券交易内幕信息知情人,进行了与该内幕信息有关的证券交易活动;(二)证券法第七十四条规定的内幕信息知情人的配偶、父母、子女以及其他有密切关系的人,其证券交易活动与该内幕信息基本吻合;(三)因履行工作职责知悉上述内幕信息并进行了与该信息有关的证券交易活动;(四)非法获取内幕信息,并进行了与该内幕信息有关的证券交易活动;(五)内幕信息公开前与内幕信息知情人或知晓该内幕信息的人联络、接触,其证券交易活动与内幕信息高度吻合。”

本系列案中,证监会山东监管局已经证明了杨慧等10人均属于内幕信息知情人或非法获取内幕信息的人,且在内幕信息价格敏感期内交易了“鲁商置业”股票,已经完成了基础事实的证明;接下来举证责任发生倒置(或者说由当事人做排除处罚事由的举证),需要由杨慧等10人通过举证、解释,证明自己的股票交易并没有利用涉案内幕信息。

对当事人申辩理由及证监会复核意见的评析

1. 是否获利不影响对当事人内幕交易行为的认定

本案许修锋在陈述申辩意见中提出,自己对“马某晓”账户没有管理使用和处分的权益,对该账户购买“鲁商置业”不知情,没有获利。证监会山东监管局则复核称“是否获利不影响对当事人内幕交易行为的认定”,最终仍以参与内幕交易为由对许修锋行政处罚。

根据我国目前证券行业的相关法律规定,“获得收益”并不是内幕交易行为的构成要件。究其本质,我国对内幕交易行为进行严厉打击的目的在于该行为损害了其他投资者的合法利益,即使交易者最终没有获利,但其利用内幕交易的行为本身就对市场的公平性造成了损害。不以“获得收益”作为内幕交易行为的认定标准,不仅能够有效打击“避损型”内幕交易,也符合司法办案的实际需要。最高人民法院在《〈关于办理内幕交易、泄露内幕信息刑事案件具体应用法律若干问题的解释〉的理解与适用》中就指出:“经调研,在有的案件中,股票仅卖出一部分;在有的案件中,行为人为逃避处罚通常选择卖出;而在有的案件中,对未抛售的涉案股票可能需要进行应急处理,根据具体股市行情决定是否抛售。考虑到实际情况纷繁多变,《最高人民法院、最高人民检察院关于办理内幕交易、泄露内幕信息刑事案件具体应用法律若干问题的解释》未对获利或者避免损失数额的认定确立一个总的原则。”① 可见不以“获得收益”作为内幕

---

① 刘晓虎等:《〈关于办理内幕交易、泄露内幕信息刑事案件具体应用法律若干问题的解释〉的理解与适用》,载《人民司法》2012年第15期。

交易行为的认定标准，符合司法的需要。

根据《2023 年度中国 A 股上市公司刑事行政法律风险观察报告》[①] 统计，在当年全部 98 名因内幕交易而被行政处罚的当事人中，内幕交易行为最终导致亏损的当事人就有 12 名，占比达 12.24%，可见“是否获利不影响对当事人内幕交易行为的认定”。

2. 是否接触内幕信息知情人与接触中是否获得内幕信息是两回事，前者是需要查明的基础事实，后者的认定多适用推定原则

本案张泽在陈述申辩意见中提出，自己与刘某、王某波为上下级关系，所有接触和通话均属于工作范畴，没有关于内幕信息的交流；与刘某的日常接触，也没有得到明确的关于福瑞达医药资本运作的信息，对于内幕信息属于个人猜测。证监会山东监管局则复核称：“本案有充分的证据证明当事人在内幕信息形成后买入涉案股票前与内幕信息知情人联络接触，并且证券交易活动与内幕信息高度吻合。当事人提出的申辩意见未能对其交易行为作出合理说明，不足以排除其利用内幕信息从事证券交易活动。”

正如前述，行政机关是以“推定原则”进行内幕交易行为的识别，只要行政机关能证明基础事实存在，那么就要由行为人来证明自己不存在内幕交易行为；如果行为人无法自证，则内幕交易成立。本案中，证监会山东监管局证明了张泽在内幕信息形成后买入涉案股票前与内幕信息知情人联络接触，相关证券交易活动与内幕信息高度吻合，已经完成了基础事实的证明；如果张泽不作出相应的解释、举出相应的证据，就会认定其构成内幕交易。虽然张泽在辩解中对自己与福瑞达医药董事长刘某的沟通历史作出了辩解、主张自己没有获得过内幕信息，却并没有提供相应的证据加以证明（而且这方面的事实非常难以反证）。最终，这一辩解没有被监管机构采纳。

客观而言，内幕交易案件中，在行政机关已经证明当事人可能获得了内幕消息、当事人的涉案证券交易行为存在明显异常的证券交易行为时，当事人如果想证明自己未获知内幕信息、不存在内幕交易，证明难度确实非常之大。但是，如果当事人事前确有相应的证据（如自己与内幕信息知情人在沟通时形成的书面记录、自己在关注分析预测涉案证券未来股价走势时的研究记录、交易决策依据等），就会增大辩解被采信的可能。

3. 是否属于“内幕信息知情人”不影响对内幕交易行为的认定

本案朱广瑜、张蓓蓓在陈述申辩意见中提出，自己不属于 2005 年《证券法》第 74 条所规定的内幕信息知情人，因此不构成内幕交易。证监会山东监管局则复核称“本局从未认定朱广瑜和张蓓蓓系 2005 年《证券法》第 74 条规定的内幕信息知情人”，最终仍以参与内幕交易为由对朱广瑜、张蓓蓓行政处罚。

当事人对内幕交易违法主体的理解，与当前法律规定存在着大偏差。

---

① 详见第三编第一章第二节之“2023 年度中国 A 股上市公司刑事行政法律风险观察报告”。

内幕交易行为的主体并不限于“内幕信息知情人”，其他非法获取内幕信息的人也属于被规制的对象。《证券法》第50条明确规定：“禁止证券交易内幕信息的知情人和非法获取内幕信息的人利用内幕信息从事证券交易活动。”实际上，《证券法》第50条对“内幕信息知情人”穷尽式的列举，实际上涵盖了所有能通过合法渠道获知内幕信息的主体。除了内幕信息知情人之外，其他行为人是通过打探、窃听、无意中得知等其他途径、其他方式、其他场合获取内幕信息，则属于“非法获取内幕信息的人”，同样要受到证券法的规制。

因此，无论是上市公司的高管、普通员工还是通过业务往来等知悉内幕信息的人，所有人员从获知内幕信息一刻起，都需要注意风险防控。

案例二：中程租赁内幕交易＊ST新海股票行政处罚案[①]

2021年7月9日，中国证监会开出一张1.36亿元天价罚单，中程租赁有限公司及相关负责人因利用内幕信息进行证券交易，成功避免损失67972321.14元，但最终又被证监会处以1.36亿元的罚款。该案被中国证监会列为2021年典型案例之一。

中程租赁有限公司的行为为何被定性为“内幕交易”？当前上市公司人员参与证券交易的情况不断增多，在经营过程中难免会被动地获取内幕信息，此时应该如何做好合规、避免被卷入内幕交易的漩涡，这些问题值得我们进一步思考。

■基本案情

案件概况

中程租赁有限公司（以下简称中程租赁）董事长盛雪莲与＊ST新海董秘徐某系校友，基于该层关系，盛雪莲结识＊ST新海董事长张某斌，进一步解到＊ST新海的具体情况。此后，中程租赁指令两家全资子公司购入大量＊ST新海股票。

2019年4月，在＊ST新海2018年年报尚未发布的情况下，盛雪莲从张某斌处了解到＊ST新海2018年年度业绩出现大幅度亏损的情况，旋即指令两家全资子公司卖出股票，由此规避损失33249002.74元。

处罚机关：中国证监会

处罚时间：2021年7月9日

行政处罚相对人身份：

1. 中程租赁有限公司；

2. 盛雪莲，时任中程租赁法定代表人、董事长；

---

① 案例来源：中国证监会行政处罚决定书（中程租赁有限公司、盛雪莲、金玲），行政处罚决定书文号：（2021）50号，载中国证券监督管理委员会网，http：//www.csrc.gov.cn/csrc/c101928/c2a6f89efad5748a898ef98fef927d449/content.shtml。

3. 金玲，时任中程租赁副总裁。

市场禁入情况：无

陈述、申辩、听证情况：当事人中程租赁、盛雪莲、金玲提出陈述、申辩意见，并要求听证。

行政机关认定的违法事实

1. 内幕消息的形成与公开过程

2019年1月，大信会计师事务所（以下简称大信所）与＊ST新海签订年审业务合同。会计师认为＊ST新海对参股公司陕西通家汽车股份有限公司（以下简称陕西通家）的长期股权投资可能涉及减值。此外，＊ST新海控股子公司苏州新纳晶光电有限公司（以下简称新纳晶）可能也存在资产减值。＊ST新海认为，2018年12月底陕西通家引入新的投资者时，新的投资者认可陕西通家的原估值，因此不需要对公司资产计提减值，故于2019年2月28日发布了《2018年业绩快报》，预计盈利41177577.55元。

2019年4月8日，＊ST新海聘请银信资产评估有限公司（以下简称银信评估）对相关项目进行资产评估。评估认为陕西通家、新纳晶均存在资产减值，＊ST新海需计提减值准备。

2019年4月20日，银信评估黎某、大信所黄某生前往苏州，与＊ST新海董事长张某斌、董秘徐某、财务总监戴某见面沟通评估事宜。三方对新纳晶计提减值及减值金额达成一致，调减＊ST新海利润1.1亿元。三方对陕西通家计提减值看法一致，在减值金额方面虽然存在分歧，但至少要调减＊ST新海利润1亿元左右。此次会议确定减值事项后，＊ST新海2018年度已确定大幅亏损。2019年4月23日，张某斌、徐某、戴某等5人前往大信所北京总部沟通年报审计事宜，最终确定多项计提减值方案，即2019年4月27日公告的内容，＊ST新海2018年度亏损452238132.69元。

2019年4月27日，＊ST新海披露《2018年度业绩快报修正公告》，将2018年度净利润由盈利41177577.55元修正为亏损452238132.69元。

＊ST新海2018年度业绩大幅亏损属于2005年《证券法》第67条第2款第5项规定的“公司发生重大亏损或重大损失”，第75条第2款第1项规定的“内幕信息”。内幕信息不晚于2019年4月20日形成，27日公开。张某斌、徐某为内幕信息知情人。

2. 涉案证券账户的使用及控制情况

（1）账户开立。天津丰瑞恒盛投资管理有限公司（以下简称天津丰瑞）为中程租赁全资控股子公司，天津中程汇通企业管理中心（以下简称天津中程）是天津丰瑞的控股子公司，两公司工作人员和中程租赁是一套人马。

天津中程602××022资金账户由中程租赁财务部员工于2017年11月3日在开元证券淮安翔宇大道营业部开立，下挂上海股东账户B881×××982和深圳股东账户080××××235。2016年11月15日，中程租赁财务部员工在开源证券北京分公司营业部开立天津丰瑞证券资金账户838××295，下挂上海股东账户B881×××647和深圳股东账户 080××××901。

（2）资金往来。一是天津中程证券资金账户对应的三方存管银行账户为民生银行 699×××383。2017 年 9 月 26 日，天津中程三方存管银行账户银证转账转入证券资金账户 248200863.99 元，其中由中程租赁银行账户转入 231500000 元，由天津丰瑞转入 17900000 元。2019 年 5 月 9 日至 13 日，天津中程证券资金账户银证转账转出合计 87381117.05 元，转出后分笔买入理财产品 87000000 元，5 月 15 日赎回理财产品 50000000 元，并随后转出至中程租赁银行账户。二是天津丰瑞证券资金账户对应的三方存管银行账户为民生银行 698×××080。2016 年 11 月 23 日至 29 日，天津丰瑞三方存管银行账户银证转账转入证券资金账户 100000000 元，资金全部来源于中程租赁银行账户。2019 年 5 月 9 日至 13 日，天津丰瑞证券资金账户银证转账转出合计 28656412.08 元，转出后分笔买入理财产品 23000000 元。

（3）控制关系。天津中程、天津丰瑞两个证券账户均由中程租赁实际控制使用，盛雪莲为交易决策人，金玲负责具体交易执行。交易＊ST 新海的 IP 地址 106.×××.×××.14、114.×××.××.130 为中程租赁办公场所使用的 IP 地址，MAC 地址 E40××××××F50 为中程租赁电脑的 MAC 地址。

3. 知悉内幕消息情况

徐某与盛雪莲是校友，因同学聚会认识，徐某后介绍张某斌与盛雪莲认识。中程租赁认为＊ST 新海新能源业务有前景，经中植企业集团有限公司（以下简称中植集团）内部评审后，自 2016 年底开始通过天津中程、天津丰瑞证券账户在二级市场买入＊ST 新海，准备长期投资并开展业务合作。

据＊ST 新海 2017 年三季报披露，天津中程为其第三大股东；据＊ST 新海 2017 年、2018 年年报披露，天津中程为其第三大股东，天津中程与天津丰瑞共计持有＊ST 新海 46579864 股，持股比例为 3.39%。徐某曾致电盛雪莲确认上述账户为中程租赁账户。2018 年 12 月底及 2019 年 3 月底，金玲赴苏州了解＊ST 新海相关经营情况。＊ST 新海与中程租赁、陕西通家与中植集团下属汽车板块公司均有业务往来。

2019 年 4 月 23 日，张某斌、徐某等人前往大信所北京总部沟通资产减值事宜及年报审计情况。当日下午，徐某前往中程租赁拜访盛雪莲、金玲并说明＊ST 新海 2018 年业绩预亏的情况，并表示有意引入战略投资者。盛雪莲拟与张某斌面谈合作事宜。

4 月 23 日晚上 11 点前后，盛雪莲、金玲来到张某斌、徐某北京所住酒店商谈。双方沟通了陕西通家及＊ST 新海年度报告披露相关情况。盛雪莲询问了＊ST 新海的财务状况，年度报告尚未披露的原因。张某斌向其解释了与大信所沟通结果，＊ST 新海 2018 年度资产存在大幅减值，导致＊ST 新海 2018 年度将大幅亏损，亏损金额可能在数亿元。＊ST 新海后续保壳压力较大，拟引进有实力的战略投资者。盛雪莲拟为其介绍有国资背景的投资者。

中程租赁盛雪莲、金玲因中程租赁与＊ST 新海洽谈业务而知悉上述内幕信息，系中国证监会《关于规范上市公司信息披露及相关各方行为的通知》（以下简称《通知》）

第3条规定的“……提供咨询服务、由于业务往来知悉或可能知悉该事项的相关机构和人员”，属于2005年《证券法》第74条第7项规定的“国务院证券监督管理机构规定的其他人”，为内幕信息知情人。

4. 交易涉案股票的情况

截至2019年4月23日，天津中程、天津丰瑞账户共持有“＊ST新海”46579864股。2019年4月24日至26日，中程租赁卖出天津中程、天津丰瑞证券账户“＊ST新海”15362700股，金额103709968元。

2019年4月27日至5月30日，“＊ST新海”连续20个交易日跌停，收盘价由6.50元降至2.21元，5月31日第21个交易日涨停。以5月31日“＊ST新海”收盘价2.32元为基准价，按照避损金额=卖出金额-（期间卖出股数＊基准价）-印花税-佣金，中程租赁规避损失67972321.14元。

5. 行政机关认定结论

中国证监会认为，中程租赁的相关交易行为已违反2005年《证券法》第73条、第76条第1款的规定，构成2005年《证券法》第202条所述内幕交易行为，违法所得67972321.14元。

盛雪莲是直接负责的主管人员，金玲是其他直接责任人员。

行政相对人的陈述申辩意见及行政机关的复核意见

陈述申辩意见1：认定盛雪莲、金玲知悉内幕信息的证据仅有张某斌、徐某的《询问笔录》。但两人的相关陈述内容几乎完全相同。当事人对其证言的真实性持有异议，该等证据不能作为定案依据。

证监会的复核意见：盛雪莲、金玲在涉案会面中获知内幕信息。一是案涉会面共涉及4名当事人，4人均在笔录中承认会面时主要谈到陕西通家的情况以及引入战略投资者问题。新海方面二人在笔录中承认在盛雪莲追问为何引入战略投资者、公司财务状况以及年报为何一直没有披露时，张某斌告知其案涉内幕信息。盛雪莲笔录否认张某斌提及内幕信息，但承认其问过徐某来北京的目的，徐某告知其是与大信所沟通公司数据。金玲笔录虽未承认但也没有否认张某斌提及内幕信息。此外，中程租赁通过天津中程、天津丰瑞两涉案账户持有＊ST新海股票，是＊ST新海第三大股东，中程租赁一方关心、询问＊ST新海财务状况和2018年度业绩，完全符合逻辑与常理。综上，我会认为二人知悉内幕信息。二是张某斌、徐某是在同一时间不同地点接受调查人员询问，其人身及意志完全自由，笔录经二人当场核对无误后签字确认，符合法定的行政证据形式，应予采信。三是张某斌、徐某等人无虚假陈述动机，其作为涉案内幕信息知情人，负有保密义务，若故意将内幕信息泄露给他人，需要承担相应法律责任。四是经整体比对，二人询问笔录之间相似度较低，整体并不雷同。

陈述申辩意见2：预处罚适用证监会《通知》第3条错误，盛雪莲、金玲不属于“内幕信息知情人”。

证监会的复核意见：盛雪莲、金玲是内幕信息知情人。2019 年 4 月 23 日晚会面时，盛雪莲、金玲与张某斌、徐某在讨论陕西通家情况及引入战略投资者时，盛雪莲、金玲获知内幕信息，属于《通知》规定的“由于业务往来知悉该事项的相关机构和人员”，属于 2005 年《证券法》第 74 条第 7 项规定的“国务院证券监督管理机构规定的其他人”，是内幕信息知情人。

陈述申辩意见 3：涉案交易系事前决策，与内幕信息无关。当时，当事人面临巨大资金压力，鉴于当时“ * ST 新海”涨势较好，且能迅速回笼资金，故在财务部工作人员建议下于 2019 年 3 月底决策择机卖出。

证监会的复核意见：从当事人提交的两组证据无法得出减持“ * ST 新海”的决策于 2019 年 3 月底作出。

陈述申辩意见 4：涉案交易不异常，不能适用“推定规则”认定内幕交易成立。第一，当时当事人可选择出售的股票仅有“ * ST 新海”一只，减持选股并不异常，而且是“别无选择”；第二，减持时间不异常，是在 2019 年 4 月 22 日股价达到 181 个交易日内次高点时开始卖出；第三，涉案交易均是明显的“逢高卖出”，且态度十分谨慎，完全不是知悉重大利空信息后的“坚决卖出”，没有提前减持避损行为所具有的特点。

证监会的复核意见：涉案交易存在明显异常。一是盛雪莲在笔录中明确承认，中程租赁在二级市场买入“ * ST 新海”是长期投资，并且经过集团公司内部评审，其在涉案期间的卖出行为明显与长期投资的目的不符，且为亏损卖出，卖出所得资金买入了理财产品。二是交易时点异常。当事人提交的证据不能证明涉案卖出决策是在 2019 年 3 月底作出，而涉案账户恰好在内幕信息形成后开始卖出，在获知内幕信息后大量卖出，与内幕信息形成过程及盛雪莲、金玲与内幕信息知情人联络接触的时点高度吻合。

陈述申辩意见 5：涉案交易系由资金部人员陶某辰实际执行操作，并非由金玲实际执行操作。

证监会的复核意见：对于当事人的意见我会已部分采纳，相关表述已作修改。根据盛雪莲询问笔录：“随后我就安排金玲卖出新海宜股票，具体是由金玲安排财务人员操作的”，根据金玲询问笔录：“她（盛雪莲）跟我说完，我就跟资金部的同事一起开始减持”，金玲是中程租赁副总裁和新海宜项目负责人，接收盛雪莲指令，无论其是安排财务人员卖出，还是与同事一起操作卖出，均不影响对其责任的认定。

陈述申辩意见 6：即使内幕交易成立，避损金额认定也存在错误。应参考虚假陈述民事赔偿案件确立的基准价方法进行确定。此外，应扣除市场、大盘等系统风险造成的股价下跌。综合计算，当事人避损金额应为 33249002. 74 元。

证监会的复核意见：违法所得数额计算正确。一是内幕交易违法所得计算不能参考虚假陈述民事赔偿计算。虚假陈述和内幕交易的行为性质不同，虚假陈述损失赔偿与内幕交易违法所得的计算目的也存在显著区别，故不能参考适用。二是将内幕信息的消化日收盘价作为基准价符合我国及大部分境外证券执法、司法的通行做法，并无不当。本案内幕信息公布后，“＊ST 新海”股价自 2019 年 4 月 29 日至 5 月 30 日连续 20 个交易日跌停，每日日 K 线图均为“一字阴线”，其间最大日交易量为 17.9 万手，最小日交易量为 1306 手，说明其股价此时仍然受内幕信息的影响。2019 年 5 月 31 日，“＊ST 新海”涨停，其价格走势及交易量发生根本变化，说明内幕信息已消化。三是虚假陈述民事赔偿需要认定虚假陈述与损害结果之间存在因果关系，故而需要考虑市场、系统风险等因素。而内幕交易行为人不应因其违法行为获得任何利益，故而在计算违法所得时不予扣除市场、系统风险等因素。

整体复核结论：证在＊ST 新海 2018 年度业绩大幅亏损信息公开前，中程租赁盛雪莲、金玲知悉内幕信息，是 2005 年《证券法》第 74 条规定的证券交易内幕信息知情人，中程租赁使用天津中程、天津丰瑞证券账户卖出“＊ST 新海”，其提交的证据及申辩理由不能排除其存在利用内幕信息进行相关证券交易。

处罚决定

1. 没收中程租赁有限公司内幕交易违法所得 67972321.14 元，并处以 135944642.28 元的罚款；

2. 对盛雪莲给予警告，并处以 15 万元罚款；

3. 对金玲给予警告，并处以 10 万元罚款。

■ 案例评析

本案的典型意义

第一，本案被证监会列为“2021 年度典型案例”，也是避损型内幕交易行为第一次被证监会作为典型违法案例公示。在证监会每年公布的 20 大典型案例中，涉及内幕交易的案件并不少见，但是，以公司为主体、利用内幕消息交易其他公司股票的案件却不多，利用内幕消息提前卖出原先持有股票以规避损失的案件更为罕见。正如证监会在案例评析时所述：“本案表明，内幕交易严重破坏资本市场公平交易秩序，损害投资者信心，监管部门坚决依法从严查处。”本案再一次显示了监管部门对内幕交易行为的打击决心，不论违法主体是公司还是个人、不论是为了避损还是直接牟利，只要涉及内幕交易、对证券市场交易秩序造成破坏，就必须依法惩处。

第二，在公司直接间证券投资活动日益增多的当下，本案对上市公司在证券交易活动中如何做好合规、避免内幕交易具有启示作用。当前我国立法并未对公司间的相互投资作出明确的限制，反而在《公司法》第 15 条[①]中明确规定了公司具有向其他企业投资的权利。1998 年，广发证券和辽宁成大两家公司相互投资，成为我国第一个上市公司交叉持股案例。随着证券市场的不断发展，上市公司向其他公司的投资也不断增多。

① 《公司法》（2023 年修订）第 14 条。

2022 年 5 月 18 日，国务院国企改革领导小组办公室副主任、国务院国资委副主任翁杰明在“深化国有控股上市公司改革 争做国企改革三年行动表率专题推进会”中就明确表示“要继续加大优质资产注入上市公司力度，稳妥探索符合条件的多板块上市公司分拆上市，加快板块清理整合，鼓励央企和地方国企交叉持股[①]”。除国有企业之外，上市民营企业中证券投资活动的规模也在不断扩大，据《证券日报》报道，在剔除主营或兼营金融服务的“专业队”后，2022 年中 A 股共有 993 家公司参与了证券投资，投资金额合计达到 3076.83 亿元。其中，投资金额超 1 亿元的公司有 303 家，超过 10 亿元的有 62 家，超过百亿元的有 3 家。[②]

在公司间证券投资活动日益增多的当下，其他公司及高管更应当从本案中吸取教训，在未来的证券投资中做好合规，避免被卷入内幕交易的漩涡之中。

对本案具体行为的分析

一是 * ST 新海上一年的真实经营状况信息在 2019 年 4 月 23 日时兼具“非公开性”“重要性”，因此属于“内幕信息”。

对于“内幕信息”的内涵，全国人大常委会法工委在《中华人民共和国证券法释义》中作出了明确的解释：“内幕信息，是指证券交易活动中，涉及发行人的经营、财务或者对该发行人证券的市场价格有重大影响的尚未公开的信息。”据此，内幕信息具有两个基本条件，即“重大性”“非公开性”。

第一，内幕信息是涉及发行人的经营、财务或者对该发行人证券的市场价格有重大影响的信息，即具有价格敏感性（也称重大性）。内幕信息可以是利好信息，也可以是利空信息，但一定是价格敏感信息，即可能会导致证券价格的波动。这类信息可以分为两大类：一类是涉及发行人的经营、财务状况的信息，这类信息是投资者判断发行人发展前景、确定发行人所发行的证券的投资价值、作出投资决策的必要依据，是内幕信息的最典型情形。另一类是对发行人证券的市场价格有重大影响的信息，这类信息有的来源于发行人内部，也有的来源于发行人外部，这些信息虽然不涉及发行人的经营、财务状况，但是传播开来，会对证券的市场价格产生重大影响。

第二，内幕信息是应当披露但尚未公开披露的信息，即具有非公开性。一方面，该信息属于依法应当披露的信息，即发行人应当在证券交易场所的网站和符合国务院证券监督管理机构规定条件的媒体发布该信息，同时将其置备于公司住所、证券交易场所，供社会公众查阅。另一方面，该信息尚未履行披露程序，社会公众仍未知悉。

2019 年《证券法》在第 80 条、第 81 条中对“重大事件”的范围进行了列举，再结合“重大性”“非公开性”两个原则，就可以准确识别哪些信息是内幕信息。回到本

---

① 祝嫣然：《国有控股上市公司改革深化 国资委鼓励央企和地方国企交叉持股》，载《第一财经日报》2022 年 5 月 19 日，第 A02 版。

② 《2022 年 993 家 A 股上市公司参与“炒股”3 家投资超百亿元》，载《证券日报》，http://www.zqrb.cn/gscy/gongsi/2023-05-07/A1683470186929.html。

案中，＊ST新海2018年的真实经营状况属于内幕信息：

从重大性来看，经过专业计核，＊ST新海2018年度净利润实际为亏损452238132.69元。《证券法》第52条、第80条已经明确规定，内幕信息包括“公司发生重大亏损或者重大损失的信息”。同时，从结果来看，2019年4月27日，＊ST新海披露这一信息后，股价连续20个交易日出现跌停，充分显示该信息对于该证券的市场价格有重大影响。

从非公开性来看，2019年2月28日＊ST新海发布《2018年业绩快报》，预计盈利41177577.55元；2019年4月27日，＊ST新海披露《2018年度业绩快报修正公告》，将2018年度净利润由盈利41177577.55元修正为亏损452238132.69元。换言之，2019年4月27日前，＊ST新海2018年真实经营状况为亏损的消息（预计盈利41177577.55元的公开信息反差巨大），由于披露程序所需的时间，该信息尚未公开，属于只有特定人员可接触的信息，因此具有非公开性。

二是盛雪莲、金玲与张某斌、徐某在讨论陕西通家情况及引入战略投资者时获知内幕信息，因此属于“内幕信息知情人”

对于“内幕信息知情人”的范围，2019年《证券法》第51条作出了集中规定①，其中就包括“由于所任公司职务或者因与公司业务往来可以获取公司有关内幕信息的人员”。

本案中，盛雪莲、金玲系中程租赁高管，中程租赁旗下两个全资子公司又持有大量＊ST新海股票，系＊ST新海第3大股东，本身两人在2019年4月23日晚与＊ST新海高管张某斌、徐某会面的目的也就是讨论＊ST新海如何引入战略投资者以避免亏损。因此，盛雪莲、金玲属于“因与公司业务往来可以获取公司有关内幕信息的人员”，处于“内幕信息知情人”的范畴当中。

三是中程租赁是在＊ST新海相关内幕信息的价格敏感期内卖出股票，且无法对该交易行为作出合理解释，因此属于“内幕交易”。

内幕信息本身并不违法，证券交易亦不违法。正如2019年《证券法》第51条所规定的，上市公司高管、与上市公司存在商业往来的人员等都可能会因为自身的职务、行动而合法地获取到内幕信息，违法的关键因素在于利用内幕信息进行证券交易。

按照《证券市场内幕交易行为认定指引（试行）》（已失效）的规定，内幕交易行

---

① 《证券法》(2019) 第51条规定：“证券交易内幕信息的知情人包括：（一）发行人及其董事、监事、高级管理人员；（二）持有公司百分之五以上股份的股东及其董事、监事、高级管理人员，公司的实际控制人及其董事、监事、高级管理人员；（三）发行人控股或者实际控制的公司及其董事、监事、高级管理人员；（四）由于所任公司职务或者因与公司业务往来可以获取公司有关内幕信息的人员；（五）上市公司收购人或者重大资产交易方及其控股股东、实际控制人、董事、监事和高级管理人员；（六）因职务、工作可以获取内幕信息的证券交易场所、证券公司、证券登记结算机构、证券服务机构的有关人员；（七）因职责、工作可以获取内幕信息的证券监督管理机构工作人员；（八）因法定职责对证券的发行、交易或者对上市公司及其收购、重大资产交易进行管理可以获取内幕信息的有关主管部门、监管机构的工作人员；（九）国务院证券监督管理机构规定的可以获取内幕信息的其他人员。”

为的认定逻辑其实并不复杂，就是“内幕人利用内幕信息，在内幕信息的价格敏感期内买卖相关证券，或者建议他人买卖相关证券，或者泄露该信息”。对于“内幕信息”的范畴，《证券法》在第 80 条、第 81 条中已经进行了列举，但究竟什么是“买卖相关证券，或者建议他人买卖相关证券，或者泄露该信息”？《证券市场内幕交易行为认定指引（试行）》第 13 条进一步作出了解释，包括“（一）以本人名义，直接或委托他人买卖证券；（二）以他人名义买卖证券；（三）为他人买卖或建议他人买卖证券；（四）以明示或暗示的方式向他人泄露内幕信息”。

同时，《证券市场内幕交易行为认定指引（试行）》第 14 条对内幕交易行为的举证责任作出了规定，明确内幕人在内幕信息敏感期内有买卖相关证券行为的，就应认定构成内幕交易，除非其有足够证据证明自己并不知悉有关内幕信息。简言之，在内幕人在价格敏感期内交易了相关证券且呈现其他异常时，调查机构并不需要举证来证明内幕交易的存在，而是由交易人来证明自己没有内幕交易行为；如果交易人无法举出充分的证据自证，就有可能会被推定为内幕交易。

案例三：　金丽泄露内幕信息刑事犯罪案[①]

本案系典型的内幕交易导致亏损的刑事案件，也是证券犯罪中企业合规整改后从宽处罚的第一案，该案折射出许多问题：内幕信息罪与泄露内幕信息罪如何区别定性；涉案企业高管涉嫌证券犯罪，企业是否需要进行合规整改，如何整改；合规整改对于涉案高管的刑事追究有什么样的积极意义；法院审判阶段的合规整改有何作用。这些问题都值得探索、分析。

■基本案情

被告人身份

1. 王彬沣，时任广东某电子科技股份有限公司董事会秘书、董事兼董事长助理；
2. 金丽，时任某北京某管理咨询有限公司合伙人。

法院查明的案件事实

江西某电子科技有限公司（以下简称江西某公司）是广东某电子科技股份有限公司（以下简称广东某公司）下属全资子公司。2016 年 12 月 21 日，广东某公司的投资方推荐深圳市某畅科技股份有限公司（以下简称某畅公司）收购江西某公司。2017 年 1 月 15 日，广东某公司、某畅公司双方负责人通过洽谈达成收购意向，被告人王彬沣作为广东某公司董事会秘书参与洽谈；同年 2 月 9 日，广东某公司、某畅公司签署收购意向协议；同年 2 月 10 日，某畅公司宣布筹划重大资产重组，发布股票停牌公告；同

---

① 参见北京市第二中级人民法院（2021）京 02 刑初 154 号刑事判决书。

年4月7日，某畅公司因与广东某公司未就收购核心条款达成一致，公告终止筹划重大资产重组，股票于当日开市复牌。经中国证券监督管理委员会（以下简称证监会）认定，上述收购事项在公开前属于内幕信息，敏感期为2017年1月15日至4月7日，王彬沣参与重组事项，系内幕信息的知情人员。

金丽与王彬沣系十多年的同事，2017年2月9日上午8时4分，金丽与王彬沣进行了一次通话联系，上午10时许至收盘，金丽通过手机操作“金丽”证券账户分多笔累计买入“某畅科技”8.37万股，买入清算金额411.50万元。2017年4月7日，该账户卖出“某畅科技”5.51万股，卖出清算金额为250.34万元；2017年4月11日，该账户卖出“某畅科技”2.86万股，卖出清算金额108.35万元，至此，该账户持有的“某畅科技”全部卖出，卖出清算金额合计358.69万元。经计算，“金丽”证券账户在上述期间交易“某畅科技”合计亏损52.46万元（含佣金等费用）。金丽在与王彬沣联络后即首次并全仓买入“某畅科技”，其交易“某畅科技”时点与其和王彬沣联络以及内幕信息变化关键时点高度吻合，交易量急剧放大，交易行为明显异常。

王彬沣在询问笔录中承认，其在通话中告诉金丽自己当天必须完成某畅科技和广东好帮手的并购事项，泄露了内幕信息。金丽亦在询问笔录中承认与王彬沣通信联系时获取了该内幕信息。2018年4月18日，证监会对王彬沣泄露内幕信息、金丽内幕交易行为作出行政处罚决定，对二人分别处以罚款10万元、20万元。王彬沣、金丽缴纳罚款后，于2021年5月6日向公安机关主动投案并分别如实供述泄露内幕信息、内幕交易的犯罪事实。

另查，广东某公司申请在检察机关监督下进行合规整改，该公司将关联公司纳入合规整改范围，采取建立资本运作信息保密专项制度等整改措施，经第三方监督评估组织进行合规考察，评定合规等级为良好；王彬沣、金丽居住地司法局经过调查评估，认为二人对所居住社区没有明显不良影响，愿意接收二人进行社区矫正；王彬沣、金丽承担较重家庭责任。

被告方辩护意见及法院审理意见

辩护意见1：王彬沣、金丽未从犯罪中获利，建议对二人从宽处罚。

法院审理意见：一是金融安全系国家安全的重要组成部分，为进一步防范和化解金融风险，国家强化金融监管，加大对证券犯罪的惩处力度。泄露内幕信息、内幕交易虽与非法获利目的相关，但危害性更在于对证券市场公平交易秩序和国家金融管理秩序的破坏。二是内幕交易成交额大小与对公平交易秩序、金融管理秩序破坏程度高低密切相关，相关司法解释将成交额作为衡量泄露内幕信息、内幕交易情节严重、情节特别严重的标准。三是王彬沣长期从事资本运营，明知内幕信息对证券交易价格具有重大影响，故意向金丽泄露内幕信息，金丽利用从王彬沣处非法获取的内幕信息进行证券交易，成交额高达411万余元，超过司法解释规定“证券交易成交额在二百五十万元以上”构成情节特别严重的数额标准。四是不能仅因二人未实际获利，就认为相关行为的危害结果不大，进而对二人从宽处罚。

辩护意见2：广东某公司已经按要求开展涉案企业合规整改监督工作，可以从宽处罚。

法院审理意见：广东某公司因存在资本运作信息保密专项制度缺失等合规问题，致使在与某畅公司进行重大资产重组过程中发生公司高管泄露内幕信息事件。检察机关在案件审查过程中同步开展涉案企业合规整改监督工作，当庭出示合规考察报告，反映广东某公司主动申请并配合进行合规整改，完善合规制度，将合规工作嵌入业务流程，取得良好效果，王彬沣参与本次合规整改。以上积极事项虽并非定罪量刑的基础事实，但客观上有利于促进企业合法守规经营，优化营商环境，实现办案法律效果与社会效果的统一，可在本案量刑时酌情考虑。

辩护意见3：结合自身的实际情况与家庭情况，请求对王彬沣、金丽判处缓刑。

法院审理意见：经查，根据王彬沣、金丽具有的上述量刑情节，可对二人均予以减轻处罚，二人属于可以宣告缓刑的对象；王彬沣、金丽此前无前科劣迹，犯罪后认罪悔罪，人身危险性较小；司法行政机关通过调查评估，认为王彬沣、金丽对所居住社区没有明显不良影响，愿意对二人进行社区矫正；对王彬沣、金丽适用缓刑，既能贯彻宽严相济刑事政策，实现惩教并重刑罚目的，亦可以促进矫正对象顺利融入社会，兼顾敬老扶幼等家庭和社会责任的履行。据此，王彬沣、金丽符合缓刑法定条件，本院对二人依法宣告缓刑。

法院裁判结果

1. 被告人王彬沣犯泄露内幕信息罪，判处有期徒刑2年，缓刑2年，并处罚金人民币10万元（缓刑考验期限，从判决确定之日起计算；罚金已折抵）；

2. 被告人金丽犯内幕交易罪，判处有期徒刑2年，缓刑2年，并处罚金人民币20万元（缓刑考验期限，从判决确定之日起计算；罚金已折抵）。

■案例评析

本案的典型意义

本案与其他内幕交易案件相较，虽然涉案金额不大，但具有两大典型意义：

第一，本案是首例证券犯罪涉企合规案，涉案企业进行了企业合规整改，在通过验收后，审理法院以此为由，对当事人进行了从宽处罚，充分说明了刑事风险爆发后进行有效合规整改的积极意义；

第二，本案被告人利用内幕信息在价格敏感期内进行了反复交易，最终仍然亏损约13%，充分说明内幕信息不是证券交易市场的“必胜武器”，广大上市公司及高管不应当对内幕信息产生任何迷信。

通过对本案的研究，上市公司及高管可以对内幕信息罪与泄露内幕信息罪的区别、被卷入内幕交易刑事案件时应当如何进行专业处理有更为深入的了解，以此实现自身行为合规、基业长青。

对本案具体行为的分析

一是本案中金丽非法获取内幕信息后在价格敏感期内进行了相关证券交易，因此构成内幕交易罪。

判断行为人是否构成内幕交易罪，关键在于：（1）行为人是否属于内幕信息知情人或非法获取内幕信息的人；（2）行为人是否利用内幕信息，在价格敏感期内进行了相关证券交易；（3）相关行为是否达到“情节严重”的标准。

本案中，金丽作为北京某管理咨询有限公司合伙人，与广东某科技公司、某畅公司根本不存在任何业务联系，无法通过合法渠道获知内幕信息，因此属于“非法获取内幕信息的人”；同时，本案中广东某公司与路某公司间的重组事宜属于2014年《证券法》第67条第2款第2项规定的“重大事件”，在2017年1月15日至4月7日正式公开前属于内幕信息；金丽获知该内幕信息后，在2017年2月9日至4月11日（内幕信息敏感期内）多次交易相关股票，金额累计411万余元，已经达到内幕交易罪中“情节特别严重”标准。由此可见，金丽已经构成了内幕交易罪。

二是本案中王彬沣没有对涉案证券交易进行出资、没有获取收益，因此构成泄露内幕信息罪而非内幕交易罪的共同犯罪。

内幕交易与泄露内幕信息两者在行政领域中都被归类为“内幕交易”行为，但是在刑法领域中却系选择性罪名，二者是有独立意义却又有紧密联系的犯罪行为。由于刑事审判对准确性的天然要求，如果行为人实施的不是选择性罪名所包容的全部犯罪行为，而只是实施了其中的一个具体行为，那么审理法院引用罪名时就必须把选择性罪名分解准确，并选择其中一个最能表现行为特点的罪名①。因此，有必要对内幕信息罪与内幕交易罪进行准确区分。

共同犯罪应当具备两个特征：（1）主体数量特征，即共同犯罪的犯罪主体必须是二人以上；（2）罪质特征，即共同犯罪必须是共同故意犯罪。② 这就要求了共同犯罪参与人之间必须具有犯意联络，都知道自己的行为会导致危害社会结果的发生。按此标准，如果行为人只是单纯地向外泄露内幕信息，但没有参与接受内幕消息者进行证券交易的具体过程，那么二者之间实际不存在明确的犯意联络，不属于共同犯罪；其中，犯意联络的具体表现形式包括是否共同出资、是否共同决策、是否共享收益。如王芳、李耀内幕交易案（该案系最高检联合最高法、公安部、中国证监会2022年联合发布的5大典型案例之一）中，相关部门在评析也根据共同犯罪的原理，指出以风险、收益是否共担为标准，准确区分内幕交易的共同犯罪与泄露内幕信息罪。

本案中，金丽与王彬沣仅仅是同事关系，不存在财产混同的问题。同时，金丽也是

---

① 胡云腾：《论社会发展与罪名变迁——兼论选择性罪名的文书引用》，载《东方法学》2008年第2期。

② 王爱立：《〈中华人民共和国刑法〉释义》，法律出版社2021年版，第45页。

用自己的账户进行的相关交易操作，没有在案证据显示账户资金来源于王彬沣。由此可见，本案中证券交易所产生的风险均是由金丽一人承担，王彬沣仅仅是告知了金丽内幕消息，在“利用内幕进行证券交易”一事上两人并没有形成明确的犯意联络。因此金丽构成内幕交易罪，而王彬沣应当认定为泄露内幕信息罪。

对控辩双方争议焦点的评析

一是在证券犯罪案件中，“涉案企业完成合规整改”是否属于从宽处罚事由。

本案中，被告人一方提出，广东某公司已经按要求开展涉案企业合规整改监督工作，请求法院从宽处罚。法院在审理意见中指出：广东某公司存在资本运作信息保密专项制度缺失等合规问题，是导致本案案发的原因；该公司后续积极进行整改，王彬沣也参与其中，该事实虽并非定罪量刑的基础事实，但可在本案量刑时酌情考虑。

值得注意的是，本案生效裁判作出时间是 2022 年 1 月 28 日，审理时尚处于合规企业合规改革工作第 2 期试点内，企业合规整改的要求、完成整改的法律效果均处于探索阶段。目前，涉案企业合规改革已经在全国铺开试点，逐渐成为刑事诉讼体系中的重要部分。未来，企业合规改革必将有着更明确的地位、更为广阔的前景。结合当下的法律法规，我们可以发现，本案实际传达出如下信号：

第一，涉案企业合规整改情况已经被明确为检察机关作出不起诉、提出从宽建议的重要参照。最高人民检察院等 9 部门于 2022 年 4 月 19 日公布的《涉案企业合规建设、评估和审查办法（试行）》（全厅联发〔2022〕13 号）第 2 条明确规定：“对于涉案企业合规建设经评估符合有效性标准的，人民检察院可以参考评估结论依法作出不批准逮捕、变更强制措施、不起诉的决定，提出从宽处罚的量刑建议，或者向有关主管机关提出从宽处罚、处分的检察意见。”由此可见，在当下，如果涉案企业在审查起诉阶段按照要求完成了合规整改、整改经评估有效，就可以依此规定请求检察机关予以从宽处理。最高人民检察院在《关于涉案企业合规改革中案件办理有关问题的会议纪要》中进一步指出：“（企业完成合规整改后），对于依法提起公诉的案件，一般应当提出宽缓的量刑建议。”按此规定，如果涉案企业在依法完成合规整改后提出相关申请，检察机关应向法院提出宽缓处罚的建议。

第二，“涉案企业已完成合规整改”在当下是作为悔罪态度的直观表现，成为法院从宽处罚的依据。《刑事诉讼法》第 15 条规定：“犯罪嫌疑人、被告人自愿如实供述自己的罪行，承认指控的犯罪事实，愿意接受处罚的，可以依法从宽处理。”这就为法院在审判阶段接受检察机关宽缓的量刑建议，或以合规整改结果为依据直接对被告人进行从宽处理提供了空间。从法理而言，涉案企业完成合规整改、涉案人员积极参与整改的过程，本就是以切实行动表达了悔过的意愿，对其从宽处理，符合《刑事诉讼法》第 15 条的立法原意。本案中，审理法院也是依照涉案企业完成合规整改、王彬沣也参与其中的事实，对王彬沣进行了从宽处罚。由此可见，即使是在审判阶段，涉案企业、人员进行合规整改仍然具有意义。

二是在内幕交易罪中情节达到“特别严重”（5～10年量刑幅度）的被告人，能否获得缓刑。

本案中，被告人一方请求法院宣告缓刑，审理法院结合企业合规整改情况、被告人的家庭环境，最终对两位被告人均宣告缓刑。

《刑法》第72条规定，缓刑适用条件是拘役以及3年以下的有期徒刑。因此，如果被告人最终被判处的刑期超过3年，就不能适用缓刑。在内幕交易、泄露内幕信息罪中，情节达到“严重”标准的，需要被处5年以下有期徒刑；情节达到“特别严重”标准的，需要被处5年以上10年以下有期徒刑。由此可见，在内幕交易案中被告人行为达到“特别严重”标准的情况下，因为量刑起点就是5年有期徒刑，那么在没有从宽处罚事由的情况下，就不能适用缓刑。

刑法中也规定了诸多“从轻”“减轻”处罚的事由。基于内幕交易罪的量刑标准，在被告人行为达到“特别严重”标准的情况下，只有“减轻处罚”事由才能实现将刑期降低至3年以下①、最终适用缓刑的目的。换言之，在一般的证券犯罪案件中，只有被告人具有从犯、被胁迫、自首、立功、犯罪预备、犯罪未遂、犯罪中止情节的，才有可能适用缓刑。

值得注意的是，法律规定必须减轻处罚的情节，只有从犯、犯罪中止与重大立功，自首仅仅是“可以减轻处罚”。换言之，达到内幕交易罪“情节特别严重”的行为人，即使自首，也不一定能判处缓刑，还需要累加更多的从宽处罚情节。

结合本案情况，如果上市公司及高管被卷入内幕交易罪的旋涡，可以考虑结合自身情况、咨询专业意见，采用“自首”+“完成企业合规整改”的方式，实现缓刑的目的。

案例四：朱东海利用木马病毒非法获取内幕信息进行内幕交易刑事犯罪案②

本案系最高人民法院公布的第1501号指导案例。不仅对类似案件的审判具有指导作用，本案在案情方面也颇具“传奇”色彩，网络黑客利用信息技术大肆侵入各大基金公司电脑获取信息，并借此信息在股票市场交易牟利。

透过本案，我们不仅可以深化对非法获取计算机信息系统数据、非法控制计算机信息系统罪与内幕交易罪间关系的认识，也可以对内幕交易罪中的“情节严重”“情节特别严重”的规定、罚金的计算逻辑产生更为深入的了解，最终加强和促进自身行为的合规。

---

① 《刑法》第63条规定：“犯罪分子具有本法规定的减轻处罚情节的，应当在法定刑以下判处刑罚；本法规定有数个量刑幅度的，应当在法定量刑幅度的下一个量刑幅度内判处刑罚。”

② 参见辽宁省高级人民法院（2020）辽刑终242号刑事判决书。

■基本案情

被告人身份

朱东海，时任广州拓某软件有限公司、深圳市拓某软件有限公司、深圳市爱某在线科技有限公司法定代表人。

法院查明的案件事实

2004 年至 2016 年，被告人朱东海违反国家规定，利用木马病毒非法侵入、控制他人计算机信息系统，非法获取相关计算机信息系统存储的数据。其间，被告人朱东海非法控制计算机信息系统 2474 台，利用从华夏基金管理有限公司、南方基金管理有限公司、嘉实基金管理有限公司、海富通基金管理有限公司等多家基金公司非法获取的交易指令，进行相关股票交易牟利，其中：（1）2015 年 11 月 16 日至 17 日买入曙光股份共计 650000 股，成交金额 7131237. 52 元，同年 11 月 17 日至 25 日卖出，成交金额 8437611. 48 元，获利 1306373. 96 元。（2）2015 年 3 月 25 日至 31 日买入省广股份共计 221500 股，成交金额 8323568. 98 元，同年 3 月 26 日至 4 月 1 日卖出，成交金额 8852925. 29 元，获利 529356. 31 元。被告人朱东海总计获得违法所得人民币 1835730. 27 元。

2009 年间，被告人朱东海利用木马病毒从中信证券股份有限公司非法获取了《中信网络 1 号备忘录——关于长宽收购协议条款》《苏宁环球公司非公开发行项目》《美的电器向无锡小天鹅股份有限公司出售资产并认购其股份》《关于广州发展实业控股集团股份有限公司非公开发行项目的立项申请报告》《开滦立项申请报告》《赛格三星重组项目》等多条内幕信息，在相关内幕信息敏感期内从事对应公司的股票交易：（1）2009 年 3 月 23 日，买入鹏博士股份 14600 股，成交金额 221343. 57 元，同年 4 月 21 日卖出，成交金额 233833. 74 元。（2）2009 年 7 月 2 日，买入苏宁环球股份 15000 股，成交金额 225548. 4 元，同年 7 月 6 日卖出，成交金额 241747. 93 元。（3）2009 年 7 月 10 日，买入美的电器股份 56600 股，成交金额 903594. 20 元，同年 7 月 13 至 16 日卖出，成交金额 896697. 60 元。（4）2009 年 7 月 16 日，买入广州发展股份 15000 股，成交金额 109944. 13 元，同年 10 月 29 日卖出，成交金额 100128. 25 元。（5）2009 年 8 月 14 日至 10 月 29 日，买入开滦股份 56900 股，成交金额 1341626. 02 元，同年 8 月 17 日至 11 月 2 日卖出，成交金额 1305562. 13 元。（6）2009 年 10 月 29 日，买入赛格三星股份 38600 股，成交金额总计 318848. 55 元，同年 10 月 30 日卖出，成交金额 362623. 17 元。综上，买入股份成交金额共计 3120904. 87 元，卖出股票成交金额共计 3140592. 82 元。

被告方辩护意见及法院审理意见

辩护意见 1：本案行为应属于股票的短线操作，有的股票购买几天就出手，没有利用内幕交易信息，不构成内幕交易罪

法院审理意见：证人唐某、蒋某等人证言、深圳赛某股份有限公司重大资产重组进展公告、中国证券监督管理委员会《关于朱东海涉嫌内幕交易美的电器等股票有关问题的

函》等书证、上诉人朱东海供述等证据均能证实上诉人朱东海通过黑客手段获取的多份信息已经被中国证监会确定为内幕信息，在该信息敏感期内购入相关股票并卖出，其行为应当认定为构成内幕交易罪。而单纯股票的短线操作行为应该与获得内幕信息并无任何关联，利用非法获取内幕信息的操作即使短线行为亦构成犯罪，且与获利与否无关。故该上诉理由和辩护意见无事实和法律依据，本院不予采纳。

辩护意见2：非法获取计算机信息系统数据、非法控制计算机信息系统罪与内幕交易罪应属牵连犯而择一重罪处罚。

法院审理意见：非法获取计算机信息系统数据、非法控制计算机信息系统罪是指侵入计算机信息系统，或者采用其他技术手段，获取计算机信息系统中存储、处理或者传输的数据，或者对该计算机信息系统实施非法控制，情节严重的行为，该行为以实施非法控制为目的，给网络安全带来极大的隐患，对国家信息网络的安全造成严重威胁，严重扰乱了社会管理秩序。而内幕交易罪是指非法获取证券、期货交易内幕信息的人员，在涉及证券的发行、证券期货交易或者其他对证券期货交易价格有重大影响的信息尚未公开前买入或者卖出该证券，情节严重的行为，其侵犯的客体是国家对证券、期货交易的管理制度和投资者的合法权益。虽然上诉人朱东海均是利用股票信息的非法获利行为，但上诉人朱东海实施两个不同的事实和行为，侵犯两个法益，且两种行为均属犯罪既遂，不能评价为刑法理论的牵连犯而择一重罪处罚。故该上诉理由无事实和法律依据，本院亦不予采纳。

辩护意见3：一审法院对非法获取计算机信息系统数据、非法控制计算机信息系统罪，判处十倍罚金数额过高，无法律依据。

法院审理意见：经审理认为，我国《刑法》第52条规定，判处罚金，应当根据犯罪情节决定罚金数额。在刑法分则中，对于凡涉及附加刑判处罚金数额一般规定在涉案数额的两倍以下或违法所得一倍以上五倍以下。但一审法院根据上诉人朱东海的违法所得判处十倍罚金，并无任何法律依据，也违背了罪责刑相适应的司法原则，应予调整改判。上诉人及其辩护人所提“罚金过重”的上诉理由和辩护意见，应予采纳。

法院裁判结果

朱东海犯非法获取计算机信息系统数据、非法控制计算机信息系统罪，判处有期徒刑3年，并处罚金人民币360万元；犯内幕交易罪，判处有期徒刑5年，并处罚金人民币98000元，数罪并罚，决定执行有期徒刑6年，并处罚金人民币3698000元。

■案例评析

本案的典型意义

正如前述，本案系最高人民法院所公布的第1501号指导案例，对类似案件的辩护与审判具有重要指引作用。同时，本案并没有经过证监会的行政调查、行政处罚，是由侦查机关直接进行侦查，这说明了在我国进行内幕交易违法行为不仅可能会引发行政处罚风险，还可能直接引发刑事风险。

通过对该案的学习分析，证券市场活动参与者可以认识到内幕交易刑事案件存在的直接侦查现象、在内幕交易罪中“情节严重”“情节特别严重”的区分、在内幕交易案件中罚金如何计算等刑事知识，从而对我国内幕交易的法律规制体系有更深入的了解。

对本案所涉及犯罪行为的具体分析

1. 对本案当事人非法获取计算机信息系统数据、非法控制计算机信息系统、内幕交易行为的评析

一是朱东海利用木马软件侵入各基金公司电脑后获取交易指令、文件，构成非法获取计算机信息系统数据、非法控制计算机信息系统罪。根据《刑法》第 285 条第 2 款规定，非法获取计算机信息系统数据、非法控制计算机信息系统罪的构成要件有三：第一，行为人必须实施了非法获取他人计算机信息系统中存储、处理或者传输的数据的行为，或者非法控制他人计算机信息系统的行为；第二，行为人必须是通过“侵入或者其他技术手段”获取信息、控制系统的非法目的，不能是基于直接窃取、勒索等物理手段；第三，行为人的相关行为必须达到“情节严重”[①] 的程度，对此，最高人民法院、最高人民检察院在《关于办理危害计算机信息系统安全刑事案件应用法律若干问题的解释》中已经作出了明确的规定。

本案中，朱东海利用自己设计的木马，侵入、控制了 40 余家基金管理公司员工的计算机，并利用该木马获取了基金管理公司的交易指令、保存在基金公司电脑中的文件，客观上已经属于非法获取计算机信息系统数据、非法控制计算机信息系统的行为；朱东海木马程序，在 10 余年的时间内控制各家基金管理公司的计算机 2000 台以上，总获利达到 1835730. 27 元，均已经达到“情节特别严重”的标准。

二是朱东海利用非法手段获取的内幕信息，在价格敏感期内交易相关股票，构成内幕交易罪。根据《刑法》第 180 条规定，内幕交易罪的构成要件包括：（1）行为人属于内幕信息知情人或非法获取内幕信息的人；（2）行为人利用内幕信息，在价格敏感期内进行了相关证券交易；（3）相关行为达到“情节严重”的标准。

本案中，朱东海既非“长某宽带公司”“赛某星公司”等涉案企业的工作人员，也

---

① 《最高人民法院、最高人民检察院关于办理危害计算机信息系统安全刑事案件应用法律若干问题的解释》（法释〔2011〕19 号）第 1 条规定：“非法获取计算机信息系统数据或者非法控制计算机信息系统，具有下列情形之一的，应当认定为刑法第二百八十五条第二款规定的‘情节严重’：（一）获取支付结算、证券交易、期货交易等网络金融服务的身份认证信息十组以上的；（二）获取第（一）项以外的身份认证信息五百组以上的；（三）非法控制计算机信息系统二十台以上的；（四）违法所得五千元以上或者造成经济损失一万元以上的；（五）其他情节严重的情形。实施前款规定行为，具有下列情形之一的，应当认定为刑法第二百八十五条第二款规定的‘情节特别严重’：（一）数量或者数额达到前款第（一）项至第（四）项规定标准五倍以上的；（二）其他情节特别严重的情形。明知是他人非法控制的计算机信息系统，而对该计算机信息系统的控制权加以利用的，依照前两款的规定定罪处罚。”

与上述企业不存在业务上的联系，朱东海完全是通过非法侵入基金管理公司计算机信息系统的手段，获取了《赛某星公司会议纪要》等载有内幕信息的文件，因此属于“非法获取内幕信息的人”；同时，证监会也出具了《关于朱东海涉嫌内幕交易犯罪有关问题的确认函》《关于朱东海涉嫌内幕交易美某电器等股票有关问题的函》，确定朱东海利用内幕信息，在价格敏感期内进行了相关证券交易；在涉案期间内，朱东海证券交易成交额累计超过 600 万元，已经超过内幕交易罪中“情节严重”的标准。

三是朱东海内幕交易的获利虽仅有 1.9 万元，但其累计交易额超过 600 万元，应当认定为内幕交易罪的“情节特别严重”。本案是一起二审改判的案例，辽宁省葫芦岛市中级人民法院在一审中根据《最高人民法院、最高人民检察院关于办理利用未公开信息交易刑事案件适用法律若干问题的解释》第 7 条的规定，认定朱东海内幕交易非法获利仅有 1.9 万余元，数额较小，所获得的内幕信息实质上未对上市公司股票交易价格产生较大影响，属于“情节严重”一档，因此对朱东海判处有期徒刑 6 个月。辽宁省高级人民法院在二审中明确指出：“（原审判决）混淆了内幕交易、利用未公开信息交易两罪在主体身份、侵犯客体、适用法律等方面的迥异，并导致量刑畸轻，系适用法律错误，应予纠正”，最终认定朱东海行为已达到“情节特别严重”标准，最终对朱东海判处 5 年有期徒刑。

要理解二审法院予以纠正的原因，首先要研究一审判决作为依据所引用的法条。《最高人民法院、最高人民检察院关于办理利用未公开信息交易刑事案件适用法律若干问题的解释》（法释〔2019〕10 号）第 7 条规定：“刑法第一百八十条第四款规定的‘依照第一款的规定处罚，包括该条第一款关于‘情节特别严重’的规定。利用未公开信息交易，违法所得数额在一千万元以上的，应当认定为‘情节特别严重’。”

回到刑法，我们可以发现，第 184 条第 4 款规定的并不是“内幕交易罪”，而是“利用未公开信息交易罪”，二者是不同的罪名。单论主体的限制，“利用未公开信息交易罪”系身份犯，仅有金融机构的从业人员以及有关监管部门或者行业协会的工作人员能够实施，不具有该身份的人不会构成本罪，可见“内幕交易罪”“利用未公开信息交易罪”存在较大的差异，在司法实践中不能混淆。

从客观行为来看，“内幕交易罪”“利用未公开信息交易罪”都要求行为人进行了证券交易，区别在于交易的依据是“内幕信息”还是“未公开信息”。《刑法》第 180 条已经明确规定，“未公开信息”系指“内幕信息以外的其他未公开的信息”。本案中，证监会已经对朱东海非法获取的《赛某星公司会议纪要》等文件作出认定，确认相关文件属于对证券价格有重大影响的内幕信息，因此朱东海的行为应当定性为内幕交易罪而非利用未公开信息交易罪。在罪名确定为内幕交易罪的情况下，量刑时自然不能适用利用未公开信息交易罪的标准，而应当采用内幕交易罪的相关标准。

《最高人民法院、最高人民检察院关于办理内幕交易、泄露内幕信息刑事案件具体应用法律若干问题的解释》（法释〔2012〕6 号）第 7 条规定：“在内幕信息敏感期内从事或者明示、暗示他人从事或者泄露内幕信息导致他人从事与该内幕信息有关的证券、期货交易，具有下列情形之一的，应当认定为刑法第一百八十条第一款规定的‘情节特别严重’：（一）证券交易成交额在二百五十万元以上的；（二）期货交易占用保证金数额在一百五十万元以上的；（三）获利或者避免损失数额在七十五万元以上的；（四）具有其他特别严重情节的。”

因此，本案朱东海利用内幕信息进行证券交易，累计成交额在6000000元以上，应当定性为内幕交易罪的“情节特别严重”。

2. 对本案当事人所作辩护意见的评析

一是“短线操作”能否作为对交易行为正当性辩护意见的依据。二审过程中，朱东海提出辩护意见称本案行为应属于股票的短线操作，不构成内幕交易罪。二审法院结合证人证言等证据，认定朱东海存在利用内幕交易的行为，同时明确指出“单纯股票的短线操作行为应该与获得内幕信息并无任何关联，利用非法获取内幕信息的操作即使短线行为亦构成犯罪”，最终并未采纳朱东海的辩护意见。

内幕交易行为之所以被法律惩治，在于行为人借助内幕信息，使自己与其他交易者不再处于同一起跑线上，侵犯了他人的公平交易权。由此可见，“利用内幕信息进行交易”才是违法犯罪的核心，所谓的“短线操作”只是交易的一种技术。依照最高人民法院的观点，只要在交易决策过程中利用了内幕信息，无论利用了多少，都属于内幕交易行为。[①]

二是非法获取计算机信息系统数据、控制计算机信息系统与内幕交易两类行为是否应当数罪并罚。

首先，朱东海实施了两类不同的犯罪行为，不能依照想象竞合的规定从一重罪论处。本案中朱东海首先是利用了自己编写的木马程序，侵入了各家基金管理公司的电脑，获取了交易员所下达的交易指令、了解了各家基金的“仓位”，以此信息进行证券交易获利。该行为是一个独立的非法获取计算机信息系统数据、控制计算机信息系统的行为，犯罪的重点在于非法入侵计算机系统，侵犯的是社会的公共秩序与个人隐私。此外，朱东海利用木马程序，还获取了保存在基金管理公司计算机中的上市公司内幕信息，并基于相关内幕信息又进行了证券交易，该行为同样是独立的内幕交易行为，犯罪的重点在于利用内幕信息进行交易，侵犯的是国家金融管理秩序。按照通说，刑法领域中的想象竞合，是指“一个行为触犯了数个罪名的情况”[②]，本案中朱东海实施了两类行为，侵犯了不同的法益，显然不能适用“想象竞合从一重处”的规则。

其次，朱东海非法获取计算机信息系统数据、控制计算机信息系统与内幕交易间并不具有类型化的联系，不能依照牵连犯的关系从一重罪论处。牵连犯在刑法具体条文中没有明确的规定，根据通说，只有手段行为与目的行为具有类型性特征的犯罪，才能认定为牵连犯[③]。换言之，牵连犯中目的行为与手段行为必须具有紧密的绑定关系，这种

---

① 参见指导案例第756号——肖时庆受贿、内幕交易案，载《刑事审判参考》（总第85辑），法律出版社2012年版。

② 张明楷：《刑法学》（第五版），法律出版社2016年版，第434页。

③ 张明楷：《刑法学》（第五版），法律出版社2016年版，第490页。

绑定关系不仅是在个案中存在，在其他类案中也必须存在。抛开本案来看，非法获取计算机信息系统数据、控制计算机信息系统与内幕交易两行为间并不具有紧密的联系，其他内幕交易案件中行为人实现犯罪目的并不当然地需要非法获取计算机信息系统数据、控制计算机信息系统，因此两行为并不属于牵连犯。

由此可见，本案中朱东海两个行为触犯两个不同的罪名，应当进行数罪并罚处理。

案例五： 王某内幕交易刑事犯罪案

本案是系2022年最高法、最高检、公安部、中国证监会联合发布的“依法从严打击证券犯罪”5大典型案例之一；又是一起“倒霉”的案件——当事人利用内幕信息进行反复交易，最后竟然还倒亏9.29万元，不仅收到了证监会开出的行政罚单，最终还要面临刑事处罚。

本案是一起“零口供”的内幕交易案，是因为当事人在行政处罚过程中不认罚、在刑事审判过程中不认罪，但依然被行政机关和司法机关追究责任并进行处罚。

本案所显示的法律问题值得我们思索——内幕交易罪与泄露内幕信息罪应当如何区分？当事人接受行政处罚后又要面临刑事处罚，是否违反“一事不再罚”原则？通过对本案的探析，不仅能深化对内幕交易规制相关法律体系的认识，也能进一步知晓如何在交易中做好合规。

■基本案情

被告人身份

1. 王某，时任国家电网有限公司下属公司国网节能服务有限公司（拟上市）财务资产部主任；

2. 李某，系王某之妻。

法院查明的犯罪事实

2014年底，国家电网有限公司（以下简称国家电网）下属公司国网节能服务有限公司（以下简称国网节能）的总经理郭某为实现公司资产证券化，安排时任财务资产部主任的被告人王某联系券商提供咨询，王某通过被告人李某介绍了某证券工作人员季某。

2015年3月至9月，季某及其下属刘某向某提供了多种上市方案，推荐借壳上市，筛选出某电网旗下多家上市公司壳资源，建议将某电力、某电气作为借壳首选。郭某安排王某了解壳资源公司的资产情况。郭某倾向于借壳某电气，但被某电网产业发展部财务资产处处长江某否决。借壳某电力需要与某政府商谈。

2015年10月26日，郭某召开国网节能上市准备工作会，研究委托券商、与涪陵区政府商谈等问题。会后，郭某安排王某了解涪陵电力的资产情况；11月6日，涪陵电力间接控股股东国网重庆市电力公司（以下简称重庆电力）总经理路某应郭某要求，指派该公司财务部主任陈某到北京向郭某介绍涪陵电力，王某参加中午聚餐，陈某在席间提到借壳涪陵电力需要取得涪陵区政府的同意；12 月 29 日 8 时 25 分，郭某、国网节能办公室主任樊某、总会计师夏某等人从北京飞往重庆商谈借壳涪陵电力事宜，夏某在飞机起飞前于 8 时 20 分电话通知王某因到重庆出差故而取消原计划前往天津的行程；12 月 29 日下午，郭某等人先后与涪陵区政府、涪陵电力及其控股股东会商，取得对方对借壳的支持；12 月 30 日，涪陵电力停牌。2016 年 2 月 25 日，涪陵电力发布与国网节能重组的公告。

经证监会认定，该公告事项属于证券法规定的内幕信息，敏感期为 2015 年 10 月 26 日至 2016 年 2 月 25 日，王某系内幕信息知情人。

2015 年 11 月 11 日晚，被告人王某、李某以夫妻名义与樊某聚餐；11 月 12 日，李某向其借用的焦某证券账户转入人民币 200 万元（以下币种均为人民币），后于当日 9 时 34 分至 38 分全仓买入涪陵电力股票 7.42 万股，成交金额 199.79 万余元；12 月 29 日 8 时 21 分王某拨打李某电话，8 时 40 分李某给王某回电话，9 时 31 分李某将其通过焦某证券账户持有的建研集团股票亏本清仓，9 时 34 分至 37 分买入涪陵电力股票 6.91 万股，成交金额 212.61 万余元。综上，李某在内幕信息敏感期买入涪陵电力股票成交金额共计 412.4 万余元。

行政移送情况

重庆证监局经立案调查于 2017 年 8 月 24 日对李某作出罚款 15 万元的行政处罚决定，并由中国证监会将李某涉嫌犯罪线索移送公安机关立案侦查。

法院裁判结果

1. 被告人王某犯内幕交易罪，判处有期徒刑 5 年，并处罚金人民币 1 万元；
2. 被告人李某犯内幕交易罪，判处有期徒刑 5 年，并处罚金人民币 1 万元。

被告方辩护意见及法院审理意见

王某一方辩护意见 1：王某辩护人当庭宣读、出示了王某的考勤表，拟证明 2015 年 10 月 26 日王某因出差未参加当日郭某召开的上市准备会议。

法院审理意见：经庭审质证，本院审查后认为：在案多名证人指证王某参加了 2015 年 10 月 26 日的会议，王某当庭供称出差但未离京，由于会议召开及王某出差的具体时间不明，不能排除王某因故未参加该次会议的可能；但检察机关指控王某知悉内幕信息的始点为 2016 年 11 月 6 日，王某是否参加该次会议不影响对其是否构成内幕交易罪的认定，故对考勤表的真实性予以确认，但不能支持辩护人的无罪意见。

王某一方辩护意见 2：依据证监会出具的认定函认定本案的内幕信息敏感期是错误的，本案内幕信息的敏感期应为 2015 年 12 月 29 日至 2016 年 2 月。

法院审理意见：

第一，刑法明确规定内幕信息、知情人员的范围，依照法律、行政法规的规定确定。根据2014年修正的《证券法》规定，内幕信息是指证券交易活动中，涉及公司的经营、财务或者对该公司证券的市场价格有重大影响的尚未公开的信息，且国务院证券监督管理机构认定的对证券交易价格有显著影响的其他重要信息，皆属内幕信息。本案中，经证监会认定，涪陵电力与国网节能重大资产重组事项属于证券法规定的内幕信息。

第二，根据《最高人民法院、最高人民检察院关于办理内幕交易、泄露内幕信息刑事案件具体应用法律若干问题的解释》，“内幕信息敏感期”是指内幕信息自形成至公开的期间。影响内幕信息形成的动议、筹划、决策或者执行人员，其动议、筹划、决策或者执行初始时间，应当认定为内幕信息的形成之时。内幕信息的公开，是指内幕信息在国务院证券、期货监督管理机构指定的报纸、杂志、网站等媒体披露。

第三，本案中，郭某作为国网节能负责人，影响上述内幕信息的形成，正是在郭某的动议、筹划、推动下，国网节能与涪陵电力才最终实现本次重大资产重组。2015年10月26日，郭某召开会议发起重组动议；2016年2月25日，涪陵电力发布与国网节能进行重大资产重组的公告，故内幕信息敏感期从2015年10月26日至2016年2月25日。

李某一方辩护意见1：李某的辩护人当庭宣读、出示了股票交易走势图，拟证明李某购买某电力股票是基于对股市的分析判断。

法院审理意见：经庭审质证，本院审查后认为：股票交易走势图不能作为李某相关交易行为明显异常但具有正当理由的依据，与本案事实缺乏关联性，故不予确认。

李某一方辩护意见2：王某并非内幕信息知情人，李某也并不属于非法获取内幕信息的人，不符合构罪的主体要求。

法院审理意见：

第一，王某作为国网节能财务资产部主任，通过联系券商提供咨询，参与商讨上市方案、筛选壳资源，负责了解壳资源公司资产状况，知悉涪陵电力是国网节能可供选择的借壳目标。2015年11月6日，重庆电力总经理路某应郭某要求，指派该公司财务部主任陈某到北京向郭某介绍涪陵电力，王某参加中午聚餐。陈某明确提到涪陵电力壳资源归属涪陵区政府，国网节能借壳需与涪陵区政府商谈，王某据此了解到郭某已开始筹划借壳涪陵电力，成为内幕信息知情人员。同年12月29日，王某得知国网节能领导前往重庆出差，同样可以合理判断出与借壳涪陵电力有关。

第二，李某为取得李某、杨某之女法律上的抚养权，与王某商量后登记离婚。此后，王某在李某交易涪陵电力股票前后，多次为李某归还信用卡，二人还以夫妻名义参加同事聚会，共同探亲、出行旅游，王某以母亲身份帮忙照顾孩子。综合上述事实不难得出，李某与王某虽登记离婚，但在经济、生活上仍保持密切联系，李某属于与内幕信息知情人员王某关系密切的人员。

在案证据显示，李某通过为王某推荐券商，很早就了解国网节能具有资产上市的意向。国家电网下属有多家上市公司，国网节能存在借壳涪陵电力、置信电气等多种选择。国网节能筹划借壳涪陵电力内幕信息形成后，在内幕信息敏感期内，李某购买涪陵电力股票前后与内幕信息知情人王某频繁联络、接触。2015 年 11 月 11 日晚二人以夫妻名义与樊某聚餐，次日李某将 200 万元资金转入其借用的焦某证券账户，并在股市开市后全仓买入涪陵电力股票；12 月 29 日 8 时 21 分、8 时 40 分许李某与王某通话，后于当日股市开市后，将其通过焦某证券账户持有的建研集团股票亏本清仓，连续买入涪陵电力股票。考虑到借壳路径的多样性，李某与内幕信息知情人员接触的频繁性，接触时间与交易时间前后的紧密性，借用他人证券账户的隐蔽性，买入涪陵电力股票的果断性，李某与该内幕信息有关的股票交易行为明显异常，且无正当理由或者正当信息来源，根据前述司法解释，应认定李某从王某处非法获取了国网节能与涪陵电力重大资产重组的内幕信息。

李某一方辩护意见 3：李某已受行政处罚又受刑事处罚，违反“一事不再罚”原则。

法院审理意见：根据《行政处罚法》（2021 年修订）第 28 条第 2 款，违法行为构成犯罪，人民法院判处罚金时，行政机关已经给予当事人罚款的，应当折抵相应罚金。李某、王某实施的内幕交易行为被证监会决定处以 15 万元的罚款且已执行，一审判决已依法折抵二人所判罚金刑，并未违反“一事不再罚" 原则。

■案例评析

本案的典型意义

本案是 2022 年最高法、最高检、公安部、中国证监会联合发布的“依法从严打击证券犯罪”5 大典型案例之一。两位当事人无论是在证监会行政调查的过程中，还是在刑事一审、二审中，均坚持不认罪的态度，近乎“零口供”，直接地为审判机关提出了问题——“内幕交易犯罪案件中，在被告人拒不供述的情况下，是否能进行处罚”？最高人民法院以本案的实际结果作出了回答：“内幕交易犯罪案件中，即使没有被告人供述，但间接证据形成完整证明体系的，仍可以认定有罪和判处刑罚。”因此，本案不仅可以帮助广大上市公司以及高管摒弃“只要不作出供述就不会被查处”的错误思想，还有利于帮助上述人员理解我国对内幕交易犯罪行为的惩处规定，在后续工作与交易中做好合规。

对本案所涉及犯罪行为的具体分析

1. 本案内幕交易行为的具体分析

一是王某、李某作为内幕信息知情人、非法获取内幕信息的人，利用内幕信息，在价格敏感期内买卖相关股票，因此构成内幕交易。根据《刑法》第 180 条规定，刑法上界定内幕交易，同样是通过五个要件：主体方面，要求行为人系内幕信息的知情人或者非法获取内幕信息的人；信息方面，要求涉案行为信息不仅未公开，而且对证券交易价格有重要影响；时间方面，要求行为人的交易时间发生在价格敏感期内；行为方面，要求行为人利用该内幕信息进行了交易活动；情节方面，要求达到情节严重的程度。

本案中，王某系国网节能的财务资产部主任，依照上级的指示与券商联系、沟通企业上市事宜。借此工作机会，王某可以接触到与企业上市相关的内幕信息，因此属于“内幕信息知情人”；其妻子李某本身无法通过正规渠道了解相关信息，因此属于“非法获取内幕信息的人”，可见王某、李某均符合构成内幕交易罪的主体要求。国电节能的上市准备会是在 2015 年 10 月 26 日召开，该日期即为内幕交易的形成时间；2016 年 2 月 25 日，涪陵电力发布与国网节能重组的公告，该内幕信息正式公开，因此 2015 年 10 月 26 日至 2016 年 2 月 25 日为内幕交易的敏感期。李某通过其借用的账户，在 2015 年 11 月至 12 月频繁买卖涉案股票，且无法对此作出合理解释、提供相应证据，因此相关交易均被认定为利用内幕信息所实施的交易。

二是本案王某被定性为内幕交易罪而非泄露内幕信息罪的关键在于其与实施具体交易操作的李某系共担风险、收益的关系。刑法中“内幕交易、泄露内幕信息罪”系选择性罪名，为了实现准确定罪，需要界分清楚“内幕交易”行为与“泄露内幕信息”行为的区别。在当事人利用自己或他人的账户直接实施证券交易时，该行为显然属于内幕交易，不会产生混淆之虞；问题在于，在当事人告知第三者内幕信息、第三者借此信息进行证券交易时，如何判断当事人是“内幕交易罪”“泄露内幕信息罪”，还是“内幕交易、泄露内幕信息罪”。

根据《证券法》（2014 年修订）第 53 条以及《证券市场内幕交易行为认定指引（试行）》（已失效）第 13 条的规定，“内幕交易”行为不仅包括直接买卖证券，也包括向没有资格接触内幕信息者泄露内幕信息、建议他人买卖证券。全国人大常委会法工委在《〈刑法〉释义》中对“泄露内幕信息”的行为作出了进一步解释，明确“本条所称的‘泄露该信息’，主要是指将内幕信息透露、提供给不应知道该信息的人，让他人利用该信息买入、卖出股票或者进行期货交易，获取不正当利益”。由此可见，行为人是否参与具体的证券交易，是界分内幕交易与泄露内幕信息罪的关键问题。

如果行为人只是单纯地向外泄露内幕信息，没有参与具体的证券交易，不承担风险、不参与分赃，仅构成泄露内幕信息罪；如果行为人不仅泄露了内幕信息，还与他人形成合意，参与了交易活动，那么此时“泄露内幕信息”只是行为人完成交易的手段，是交易行为的一部分，泄露内幕信息行为被内幕交易行为所吸收，不另外单独构成泄露内幕信息罪，整体应当视为内幕交易罪一罪。在判断行为人是否参与交易时，则应当从是否参与出资、是否承担风险、最终收益归属等方面进行考虑。

本案中，王某与李某在经济、生活上保持密切联系，王某多次帮李某归还信用卡、二人以夫妻名义参加聚会、共同探亲，二人资金存在混同，系作为共同财产支配使用。因此，王某与李某属于共担风险、共享收益的关系，二人不是泄露内幕信息与利用内幕信息交易的前后手犯罪关系，而是合谋利用内幕信息进行证券交易的共同犯罪，因此法院将王某定性为内幕交易罪而非泄露内幕信息罪。

三是王某、李某虽然并未从内幕交易中获取实际利润，但由于交易成交额已经达到立案追诉标准，因此需要追究刑事责任。

《最高人民法院、最高人民检察院关于办理内幕交易、泄露内幕信息刑事案件具体应用法律若干问题的解释》（法释〔2012〕6 号）规定了内幕交易、泄露内幕信息罪的量刑标准，明确“证券交易额”“获利或者避免损失数额”达到相应标准的，都会构成内幕交易罪。由此可见，是否获利与是否构成内幕交易罪，并不存在必然的关联。

本案的问题在于，王某、李某并未从内幕交易中获取实际利润，因此无法从“最终获利或避损数额”的角度入罪，需要考虑“证券交易额”。同时，在价格敏感期内，王某、李某又进行了多次交易，此时“证券交易额”应当如何计算？实际上，《最高人民法院、最高人民检察院关于办理内幕交易、泄露内幕信息刑事案件具体应用法律若干问题的解释》第 8 条规定了累加计算原则，即“二次以上实施内幕交易或者泄露内幕信息行为，未经行政处理或者刑事处理的，应当对相关交易数额依法累计计算”。由于证券交易行为包括买入与卖出，因此证券交易额应当是该段时间内行为人买入相关证券、卖出相关证券的金额加和。

按照上述规定，由于王某、李某在价格敏感期内所实施的交易行为均未被行政处理或者刑事处理，因此证券交易额应当等于全部买入、卖出相关股票的金额加和。经计算，该金额达到 412.4 万余元，超过内幕交易罪的入罪标准，因此被定为内幕交易罪。

2. 对本案当事人所作辩护意见的评析

一是“股票走势图”能否作为对交易行为正当性辩护意见的依据。

一审过程中，李某辩护人当庭宣读、出示了股票交易走势图，拟证明李某购买某电力股票是基于对股市的分析判断，以此认为李某的交易行为并不异常。审理法院在审查后则认为股票交易走势图不能作为李某相关交易行为明显异常但具有正当理由的依据，与本案事实缺乏关联性，最终没有采信这一辩护意见。

实际上，在涉嫌内幕交易的案件中，以“交易行为都是依照自己对股市的技术面分析作出、没有依靠内幕信息”是常见的辩护事由，本案李某所提交的“股票走势图”也是其中的一种体现。在最高人民法院所发布的指导案例第 756 号——肖时庆受贿、内幕交易案中，当事人肖时庆同样辩解其系利用自己的知识、智慧，根据股权改制的整体趋势作出判断而购买涉案股票，但最终审理法院结合肖时庆交易的力度、交易的时间节点，认定“使肖时庆作出交易决定的真正因素是其对获取的内幕信息的确信，而非其根据专业知识对股改政策作出的判断”。借此案例，最高人民法院进一步指出：“对于具有专业知识的人员，如果其通过非法手段获取了内幕信息，同时在此过程中也通过其专业知识加强了其判断，或者是先通过专业知识预判出重组对象，后通过获取内幕信息加强了对其预判的确信，原则上只要其从事与内幕信息有关的证券、期货交易，情节严重的，就应当追究内幕交易的刑事责任。”

由此可见，在判断“技术面分析”能否成为内幕交易罪的违法阻却事由时，需要注意两点：第一，交易行为是否完全依靠“技术面分析”分析作出。只有彻底来源于对非内幕信息的分析才不会构成内幕交易罪，如果在分析过程中掺杂了内幕信息，或者内幕信息加强了对分析结果的确信，也会构成内幕交易罪；第二，行为人进行的“技术面分析”是否有相应证据佐证。作为违法阻却事由，这一辩护意见需要行为人提供充分的证据。具体而言，行为人需要提供证券交易的正当理由、交易的时间与逻辑次第、技术分析的具体过程、过往的交易习惯等方面的证据，才能实现理想的证明效果。

二是行为人因内幕交易已受证监会行政处罚，此后又因此接受刑事处罚，是否违反“一事不再罚”原则。

审理过程中，李某提出辩护意见，认为自己因同一内幕交易行为，在受过行政处罚又受刑事处罚，违反“一事不再罚" 原则。审理法院在审查后则认为，根据《行政处罚法》第 28 条第 2 款，违法行为构成犯罪，人民法院判处罚金时，行政机关已经给予当事人罚款的，应当折抵相应罚金。李某、王某实施的内幕交易行为被证监会决定处以 15 万元的罚款且已执行，一审判决已依法折抵二人所判罚金刑，并未违反“一事不再罚" 原则。

我国行政法与刑法领域都存在“一事不再罚”原则，行政法领域的“一事不再罚”是指“对当事人的同一个违法行为，不得给予两次以上罚款的行政处罚”，该原则在《行政处罚法》第 29 条中有明确的规定；刑法领域的“一事不再罚”是指法院对一个案件事实进行过判决之后，不得再以其他罪名处罚①，禁止重复评价的规则也是该精神的体现。

“一事不再罚”亦成为证券违法犯罪领域的常见抗辩理由之一，更多分析详见第四章第二节“鲜言操纵证券市场案——‘行刑民’三责加身”案例分析部分。

第二节　内幕交易违法犯罪行为常见合规要点

一、上市公司内幕信息管理与反内幕交易合规综述

上市公司是内幕信息管理及内幕交易行为合规管理的重要责任主体，也是合规管理链条中的重要卡点，在内幕信息管理及内幕交易行为的日常监督检查处理过程中负有重要的合规责任。

上市公司的内幕信息及交易行为合规管理主要体现在以下几个方面：

1. 建立强有力的内部控制体系。上市公司应当建立和维护有效的内部控制，以确保公司的内幕信息管理活动受到监督和审查。除了上市公司这一类主体的内幕信息管理制度建设外，对公司下属各部门、分公司、控股子公司及上市公司能够对其实施重大影响的参股公司等二类主体的内幕信息，也要将该二类主体的内部报告义

① 魏浩锋：《行刑衔接语境下“一事二罚”之正当性探究——以周某某诉证监会行政处罚案为例》，载《法律适用（司法案例）》2018 年第 10 期。

务、报告程序和有关人员的信息披露职责列入内幕信息知情人登记管理制度。设立限制性交易策略与预警机制，比如对内幕信息敏感期的股票交易设立预警机制，以确保上市公司董监高和其他内部人员不会滥用其获取信息的便利条件触发合规风险，从而损害上市公司利益。

2. 加强内部培训与教育。为员工提供道德和合规培训，以使他们了解涉及内幕信息及内幕交易不正当行为的法律规定，并知晓其可能承担的法律责任，建立起植根于内心深处的道德自律。

3. 运行自查、监控和报告机制。对内幕信息知情人买卖本公司证券的情况进行自查，对内幕交易等违规情况进行自查、核实、追责、报告，通过自查发现内幕信息知情人进行内幕交易、泄露内幕信息或者建议他人进行交易的，上市公司应当进行核实，并依据其内幕信息知情人登记管理制度对相关人员进行责任追究，并将有关情况及处理结果报送证监会派出机构和证券交易所。

4. 主动聘请外部专业机构进行合规性审查。一是合规法律顾问。寻求合规领域的专业法律顾问意见，担任上市公司的企业合规专项法律顾问（在涉及刑事风险时，需聘请办理涉案企业合规不起诉的合规整改专项顾问），以确保公司采取了符合法律要求的合规措施来预防内幕信息管理及内幕交易合规风险事件的行为。二是合规审计顾问。进行定期的内部合规审计，以确保公司的治理和合规措施有效，并纠正任何违法行为。

笔者认为，上市公司需要全面学习法律赋予上市公司及其董事会、监事会的合规义务，上市公司董事会特别是作为内幕信息管理工作的主要负责人的董事长、负有监督合规义务的上市公司监事会，以及内幕信息管理工作的直接责任人即董事会秘书三方需要高度重视，合力建立起一个符合法律规范、符合自身行业特征、符合公司资本运作风格的内幕信息管理及内幕交易检查监督的合规制度，并在日常的经营工作中予以正确执行，并且加强上市公司的全员培训、专项培训。

唯有如此，才可能从源头上避免内部信息的不当传播（包括在工作场合中的不适当地扩大参与主体的层级、不适当地扩大内幕信息知情人的人数、不适当地扩大参与人的知晓范围等）；唯有如此，通过加强对内幕信息知情人的保密合规义务的教育培训，才可能避免内幕信息知情人在不适当的场合有意或者无意泄露内幕信息，从而出现数量不可控的第二类“内幕人”（非法获知内幕信息的人）；唯有如此，通过解决内部信息保密的合规问题，实现内幕信息传播的源头治理，切断非法获知内幕信息的各种途径，才可能从根本上解决上市公司涉及内幕交易的合规风险。

二、内幕交易行为常见行政合规要点

序号	合规要点	具体章节链接
117	对内幕人的证券买卖的禁止	第二编第四章第三节“内幕交易、泄露内幕信息的禁止性规定”
118	对内幕人的证券泄露信息的禁止	
119	对内幕人建议他人买卖证券的禁止	
120	对信息披露义务人的法律保护	
121	需要自我警惕内幕信息合规风险的9类人群	第二编第四章第四节之“二、内幕信息知情人的范畴”
122	内幕信息知情人负有保密义务	第二编第四章第四节之“三、内幕信息知情人的通用合规义务”
123	关于内幕信息知情人登记管理，上市公司须履行规章建制义务	第二编第四章第四节之“四、内幕信息知情人的特定合规义务”
124	上市公司须正确执行其制定的内幕信息知情人登记管理制度	
125	内幕信息知情人负有登记配合与确认义务	
126	上市公司对内幕信息流转涉及行政管理部门负有登记义务	
127	上市公司对公司下属部门、公司负有内幕信息管理义务	
128	上市公司负有对内幕人的股票交易情况进行自查的合规义务	
129	上市公司负有对内幕交易等违规情况进行自查、核实、追责、报告的合规义务	
130	上市公司对内幕信息相关档案负有长期保存义务	
131	上市公司对内幕信息相关档案负有按时报送义务	
132	上市公司在特殊工作场合的审慎与保密义务	
133	上市公司的股东、实际控制人的特殊合规义务	
134	上市公司董事会登记和报送内幕信息知情人档案的合规义务	
135	上市公司董事长和董秘对内幕信息知情人档案的特别责任	
136	上市公司监事会的合规义务	
137	上市公司对重大事项，应当制作重大事项进程备忘录	
138	上市公司相关信息披露义务人向投资者披露股价敏感信息的合规要求	
139	上市公司的收购等权益变动相对人应当履行的法定义务	

合规要点117：【对内幕人的证券买卖的禁止】内幕信息的知情人和非法获取内幕信息的人，在内幕信息公开前，不得买卖该公司的证券。具体法律规定，详见第二编第四章第三节“内幕交易、泄露内幕信息的禁止性规定”。

合规要点118：【对内幕人的证券泄露信息的禁止】内幕信息的知情人和非法获取

内幕信息的人，在内幕信息公开前，不得泄露该信息。具体法律规定，详见第二编第四章第三节“内幕交易、泄露内幕信息的禁止性规定”。

合规要点 119：【对内幕人建议他人买卖证券的禁止】内幕信息的知情人和非法获取内幕信息的人，在内幕信息公开前，不得建议他人买卖该证券。具体法律规定，详见第二编第四章第三节“内幕交易、泄露内幕信息的禁止性规定”。

合规要点 120：【对信息披露义务人的法律保护】任何单位和个人不得非法要求信息披露义务人提供依法需要披露但尚未披露的信息。具体法律规定，详见第二编第四章第三节“内幕交易、泄露内幕信息的禁止性规定”。

合规要点 121：【需要自我警惕内幕信息合规风险的 9 类人群】法律详细列举了可能成为证券交易内幕信息的知情人的 9 种情形，该 9 类人群需要特别注意其合规风险。具体法律规定，详见第二编第四章第四节之“二、内幕信息知情人的范畴”。

合规要点 122：【内幕信息知情人负有保密义务】在内幕信息公开前，内幕信息知情人负有保密义务。具体法律规定，详见第二编第四章第四节之“三、内幕信息知情人的通用合规义务”。

合规要点 123：【关于内幕信息知情人登记管理，上市公司须履行规章建制义务】上市公司应当建立并完善内幕信息知情人登记管理制度，对内幕信息的保密管理及在内幕信息依法公开披露前内幕信息知情人的登记管理作出规定。具体法律规定，详见第二编第四章第四节之“四、内幕信息知情人的特定合规义务”。

合规要点 124：【上市公司须正确执行其制定的内幕信息知情人登记管理制度】上市公司应当按照规定填写上市公司内幕信息知情人档案，及时记录商议筹划、论证咨询、合同订立等阶段及报告、传递、编制、决议、披露等环节的内幕信息知情人名单，及其知悉内幕信息的时间、地点、依据、方式、内容等信息。具体法律规定，详见第二编第四章第四节之“四、内幕信息知情人的特定合规义务”。

合规要点 125：【内幕信息知情人负有登记配合与确认义务】内幕信息知情人对上市公司执行内幕信息知情人登记管理制度，负有配合与确认义务。具体法律规定，详见第二编第四章第四节之“四、内幕信息知情人的特定合规义务”。

合规要点 126：【上市公司对内幕信息流转涉及行政管理部门负有登记义务】内幕信息流转涉及行政管理部门时，上市公司应当按照一事一记的方式，在知情人档案中登记行政管理部门的名称、接触内幕信息的原因以及知悉内幕信息的时间。具体法律规定，详见第二编第四章第四节之“四、内幕信息知情人的特定合规义务”。

合规要点 127：【上市公司对公司下属部门、公司负有内幕信息管理义务】上市公司应当对公司下属各部门、分公司、控股子公司及上市公司能够对其实施重大影响的参股公司的内幕信息内部报告义务、报告程序和有关人员的信息披露职责列入内幕信息知情人登记管理制度。具体法律规定，详见第二编第四章第四节之“四、内幕信息知情人的特定合规义务”。

合规要点 128：【上市公司负有对内幕人的股票交易情况进行自查的合规义务】上

市公司根据中国证券监督管理委员会（以下简称中国证监会）及证券交易所的规定，对内幕信息知情人买卖本公司证券的情况进行自查。具体法律规定，详见第二编第四章第四节之“四、内幕信息知情人的特定合规义务”。

合规要点 129：【上市公司负有对内幕交易等违规情况进行自查、核实、追责、报告的合规义务】通过自查发现内幕信息知情人进行内幕交易、泄露内幕信息或者建议他人进行交易的，上市公司应当进行核实，并依据其内幕信息知情人登记管理制度对相关人员进行责任追究，并在二个工作日内将有关情况及处理结果报送公司注册地中国证监会派出机构和证券交易所。具体法律规定，详见第二编第四章第四节之“四、内幕信息知情人的特定合规义务”。

合规要点 130：【上市公司对内幕信息相关档案负有长期保存义务】上市公司对内幕信息知情人档案及重大事项进程备忘录的保存义务，即自记录（含补充完善）之日起至少保存十年。具体法律规定，详见第二编第四章第四节之“四、内幕信息知情人的特定合规义务”。

合规要点 131：【上市公司对内幕信息相关档案负有按时报送义务】上市公司应当在内幕信息依法公开披露后五个交易日内，将内幕信息知情人档案及重大事项进程备忘录报送证券交易所。具体法律规定，详见第二编第四章第四节之“四、内幕信息知情人的特定合规义务”。

合规要点 132：【上市公司在特殊工作场合的审慎与保密义务】无论是业绩说明会、分析师会议，还是路演、接受投资者调研等任何形式，上市公司不得就公司的经营情况、财务状况及其他事件向任何单位和个人提供内幕信息。具体法律规定，详见第二编第四章第四节之“四、内幕信息知情人的特定合规义务”。

合规要点 133：【上市公司的股东、实际控制人的特殊合规义务】上市公司的股东、实际控制人，不得滥用其股东权利、支配地位，要求上市公司向其提供内幕信息。具体法律规定，详见第二编第四章第四节之“四、内幕信息知情人的特定合规义务”。

合规要点 134：【上市公司董事会登记和报送内幕信息知情人档案的合规义务】上市公司董事当按照本指引以及证券交易所相关规则要求，及时登记和报送内幕信息知情人档案，并保证内幕信息知情人档案真实、准确和完整。具体法律规定，详见第二编第四章第四节之“四、内幕信息知情人的特定合规义务”。

合规要点 135：【上市公司董事长和董秘对内幕信息知情人档案的特别责任】上市公司董事长为内幕信息知情人档案管理的主要责任人，董事会秘书为直接责任人，董秘负责办理上市公司内幕信息知情人的登记入档和报送事宜。董事长与董事会秘书应当对内幕信息知情人档案的真实、准确和完整签署书面确认意见。具体法律规定，详见第二编第四章第四节之“四、内幕信息知情人的特定合规义务”。

合规要点 136：【上市公司监事会的合规义务】上市公司监事会负有对内幕信息知情人登记管理制度实施情况进行监督的合规义务。具体法律规定，详见第二编第四章第四节之“四、内幕信息知情人的特定合规义务”。

合规要点137：【上市公司对重大事项，应当制作重大事项进程备忘录】上市公司进行收购、重大资产重组、发行证券、合并、分立、分拆上市、回购股份等重大事项，或者披露其他可能对上市公司证券交易价格有重大影响的事项时，除按照规定填写上市公司内幕信息知情人档案外，还应当制作重大事项进程备忘录，内容包括但不限于筹划决策过程中各个关键时点的时间、参与筹划决策人员名单、筹划决策方式等。上市公司应当督促重大事项进程备忘录涉及的相关人员在重大事项进程备忘录上签名确认。上市公司股东、实际控制人及其关联方等相关主体应当配合制作重大事项进程备忘录。具体法律规定，详见第二编第四章第四节之“四、内幕信息知情人的特定合规义务”。

合规要点138：【上市公司相关信息披露义务人向投资者披露股价敏感信息的合规要求】上市公司筹划、实施重大资产重组，相关信息披露义务人应当公平地向所有投资者披露可能对上市公司股票交易价格产生较大影响的相关信息（以下简称股价敏感信息），不得提前泄露。具体法律规定，详见第二编第四章第四节之“四、内幕信息知情人的特定合规义务”。

合规要点139：【上市公司的收购等权益变动相对人应当履行的法定义务】上市公司的收购及相关股份权益变动活动中的信息披露义务人，应当充分披露其在上市公司中的权益及变动情况，依法严格履行报告、公告和其他法定义务。在相关信息披露前，负有保密义务。具体法律规定，详见第二编第四章第四节之“四、内幕信息知情人的特定合规义务”。

三、内幕交易、泄露内幕信息行为常见刑事合规要点

<table>
<tr><th>序号</th><th>合规要点</th><th>具体章节链接</th></tr>
<tr><td>140</td><td>成交额追诉标准</td><td rowspan="6">第三编第四章第三节之“二、内幕交易、泄露内幕信息罪的立案追诉标准”</td></tr>
<tr><td>141</td><td>违法所得追诉标准</td></tr>
<tr><td>142</td><td>行为累计法追诉标准</td></tr>
<tr><td>143</td><td>建议他人内幕交易追诉标准</td></tr>
<tr><td>144</td><td>“数额＋情节”的追诉标准</td></tr>
<tr><td>145</td><td>涉案交易累计计算法</td></tr>
</table>

合规要点140：【成交额追诉标准】：证券交易成交额在200万元以上的应予立案追诉。具体法律规定，详见第三编第四章第三节之“二、内幕交易、泄露内幕信息罪的立案追诉标准”。

合规要点141：【违法所得追诉标准】：获利或者避免损失数额在50万元以上的应予立案追诉。具体法律规定，详见第三编第四章第三节之“二、内幕交易、泄露内幕信息罪的立案追诉标准”。

合规要点142：【行为累计法追诉标准】二年内三次以上实施内幕交易、泄露内幕

信息行为的应予立案追诉。具体法律规定，详见第三编第四章第三节之“二、内幕交易、泄露内幕信息罪的立案追诉标准”。

合规要点 143：【建议他人内幕交易追诉标准】明示、暗示三人以上从事与内幕信息相关的证券、期货交易活动的应予立案追诉。具体法律规定，详见第三编第四章第三节之“二、内幕交易、泄露内幕信息罪的立案追诉标准”。

合规要点 144：【“数额 + 情节”的追诉标准】内幕交易获利或者避免损失数额在 25 万元以上，或者证券交易成交额在 100 万元以上，或者期货交易占用保证金数额在 50 万元以上，同时涉嫌下列情形之一的，应予立案追诉：（1）证券法规定的证券交易内幕信息的知情人实施或者与他人共同实施内幕交易行为的；（2）以出售或者变相出售内幕信息等方式，明示、暗示他人从事与该内幕信息相关的交易活动的；（3）因证券、期货犯罪行为受过刑事追究的；（4）二年内因证券、期货违法行为受过行政处罚的；（5）造成其他严重后果的。具体法律规定，详见第三编第四章第三节之“二、内幕交易、泄露内幕信息罪的立案追诉标准”。

合规要点 145：【涉案交易累计计算法】二次以上实施内幕交易或者泄露内幕信息行为，未经行政处理或者刑事处理的，应当对相关交易数额依法累计计算。具体法律规定，详见第三编第四章第三节之“二、内幕交易、泄露内幕信息罪的立案追诉标准”。

第四章　操纵证券市场违法犯罪行为案例分析与合规要点

第一节　操纵证券市场违法犯罪行为典型案例分析

案例一：宜华集团操纵宜华健康股票价格行政处罚案①

市值管理的主要目的是鼓励上市公司通过制定正确发展战略、完善公司治理、改进经营管理、培育核心竞争力，实实在在地、可持续地创造公司价值，以及通过资本运作工具实现公司市值与内在价值的动态均衡。②

在2004年、2014年国务院出台了两个“国九条”③之后，2024年国务院印发《关于加强监管防范风险推动资本市场高质量发展的若干意见》，这是资本市场的第三个“国九条”。其中在2014年“国九条”中明确提出提高上市公司质量，“鼓励上市公司建立市值管理制度”。但是，彼时“国九条”对市值管理仅给出了肯定态度，于监管层面并无具体的操作指引，实践中市值管理容易被扭曲。新“国九条”中，已就强化信息披露和公司治理、加大分红、完善减持规范等方面为上市公司市值管理提供正向指引，鼓励上市公司聚焦主业，综合运用并购重组、股权激励等方式提高发展质量。

在证券市场，存在无视监管警示的上市公司大股东与相关机构及个人相互勾结进行“伪市值管理”，滥用持股、资金、信息等优势操纵股价，目的是追求股价短期上涨、配合大股东减持、缓解大股东质押平仓风险、缓解业绩对赌违约压力等。把“市值管理”变成了“管理市值”，借市值管理之名，行操纵市场之实。

宜华集团及其实际控制人刘绍喜等人操纵“宜华健康”一案系一起典型的上市公司为“维持股价”而进行的操纵证券市场案件。宜华集团在A股曾拥有两家上市公司，一家是“宜华生活”、另一家是“宜华健康”。“宜华生活”因连续4年财务造假，已于2021年退市。“宜华健康”也因牵涉本操纵案而雪上加霜，于2023年6月9日被深交所强制退市。

---

① 中国证监会行政处罚决定书（宜华集团、刘绍喜等6名责任主体），行政处罚决定书文号：〔2022〕44号，载中国证券监督管理委员会官网，http：//www. csrc. gov. cn/csrc/c101928/c5718061/content. shtml。

② 参见《证监会发言人就市值管理监管等答记者问》，载中央政府门户网，https：//www. gov. cn/zhuanti/2015－08/14/content_ 2923126. htm，2015年8月14日。

③ 2004年1月31日国务院发布《关于推进资本市场改革开放和稳定发展的若干意见》；2014年5月9日国务院发布《进一步促进资本市场健康发展的若干意见》

■基本案情

案件概况

处罚机关：中国证监会

处罚时间：2022 年 8 月 22 日

行政处罚相对人身份：

1. 宜华企业（集团）有限公司，宜华健康（112459. SZ，已终止上市）控股股东；
2. 刘绍喜，时任宜华集团董事长；
3. 刘绍香，时任宜华集团总裁；
4. 刘伟宏；
5. 深圳市前海安天诚投资咨询有限公司（以下简称安天诚）；
6. 史利兴，时任安天诚的大股东、实际控制人，安天诚总经理。

市场禁入情况：①

1. 对刘绍喜采取终身证券市场禁入措施；
2. 对刘壮超采取 10 年证券市场禁入措施；
3. 对万顺武采取 6 年证券市场禁入措施；
4. 对周天谋采取 5 年证券市场禁入措施；
5. 对刘伟宏采取 5 年证券市场禁入措施。

陈述、申辩、听证情况：

安天诚提出陈述申辩，未提交陈述申辩意见。其他当事人未提出陈述申辩、未要求听证。

行政机关认定的违法事实

1. 行政相对人实际控制账户情况

涉案账户共计 132 个（以下简称“余某越”账户组或账户组）。账户组由以下组成：一是宜华集团通过与浙商产融控股有限公司（以下简称浙商产融控股）、上海云旋企业管理有限公司（以下简称上海云旋）等机构签署合作协议的方式，控制华信信托·工信 28 号集合资金信托计划等 13 个账户和 1 个法人账户；二是通过李某、何某鑫、刘某等宜华公司员工或者相关人员的银行账户传递资金，控制使用李某等 14 个账户；三是宜华集团与安天诚、史利兴合谋共同控制杨某彬等 104 个证券账户。

2. 行政相对人操纵证券情况

第一，操纵“宜华健康”的整体情况。宜华集团、安天诚等使用其控制的“余某越”账户组在 2017 年 7 月 20 日至 2019 年 3 月 15 日（以下简称操纵期间），利用资金优势、持股优势，采用盘中连续交易，在自己实际控制的账户之间进行证券交易等方式

---

① 案例来源：中国证监会市场禁入决定书（刘绍喜等 5 名责任人员），市场禁入决定书文号：〔2021〕18 号，载中国证监会官网，http：//www. csrc. gov. cn/csrc/c101927/c1560137/content. shtml。

交易“宜华健康”，影响该股票交易价格及成交量，主观操纵证券市场的意图明显。宜华集团操纵行为主要分为三个阶段：第一阶段建仓情况，2017 年 7 月 20 日至 2018 年 10 月 15 日，宜华集团与浙商产融等投资机构，签署《合作协议》，利用投资机构开立信托和法人账户，持续买入“宜华健康”股票，吸筹建仓。其间，伴随少量卖出和自成交。该期间，账户组买入“宜华健康”6542.09 万股，买入成交金额 178420.45 万元，卖出 1322.69 万股，卖出成交金额 32462.33 万元，同期，账户组对倒量 409.44 万股。截至 2018 年 10 月 15 日，账户组持股数量为 7591.12 万股，流通股持股占比从 0.25% 上升至 14.44%，股价从 12.26 元/股（2017 年 7 月 20 日开盘价）下跌至 11.31 元/股（2018 年 10 月 15 日收盘价，前复权价格），跌幅为 7.74%，同期深证 A 指下跌 30.30%，两者偏离度为 22.56%。该期间，市场总成交量为 28651.80 万股，账户组买入成交量占当期市场交易量的 22.83%。第二阶段护盘情况，2018 年 10 月 16 日至 2019 年 2 月 11 日，账户组连续交易、大量对倒，试图维持股价。该期间账户组买入“宜华健康”32403.35 万股，买入成交金额 455190.77 万元，卖出 31392.11 万股，卖出成交金额 431659.25 万元。同期，账户组对倒量 9983.13 万股。截至 2019 年 2 月 11 日，账户组持股数量为 8749.36 万股，流通股持股占比上升至 15.20%。该期间，市场总成交量为 99128.96 万股，账户组买入成交量占当期市场交易量的 32.69%，对倒量占市场交易量的 10.07%。其中，2018 年 10 月 26 日至 11 月 5 日账户组拉抬最为明显，护盘特征明显。第三阶段卖出股票，2019 年 2 月 12 日至 3 月 15 日，账户组买入“宜华健康”189.93 万股，买入成交金额 2241.39 万元，卖出 7726.44 万股，卖出成交金额 84365.80 万元。同期，账户组对倒量 14.31 万股。截至 2019 年 3 月 15 日，账户组持股数量为 1212.86 万股，流通股持股占比从 7.04% 下降至 2.11%。该期间，市场总成交量为 83043.12 万股，账户组卖出成交量占当期市场交易量的 9.3%。

第二，主要操纵手法有：

一是连续交易。2017 年 6 月 30 日至 2019 年 3 月 31 日，宜华集团持有“宜华健康”股票占公司流通股的比例处于 40.38%—46.91%。操纵期间，账户组持股数量占总股本比例超过 10% 的有 241 天，占流通股比例超过 10% 的有 252 天，账户组与宜华集团合计持股占“宜华健康”流通股的比例持续高于 40%。其中，2018 年 12 月 21 日，账户组持有“宜华健康”达到最高持仓 103831855 股，持股占流通股的比例为 18.04%，与宜华集团合计持股占流通股的比例达 58.42%。账户组连续 20 个交易日累计买卖“宜华健康”达到同期市场总成交量 30% 以上的区间共 151 个，连续 20 个交易日成交占比最高达到 94.55%。综上，账户组具有资金优势和持股优势。

2017 年 7 月 20 日至 2019 年 3 月 15 日共有 403 个交易日，“余某越”账户组参与交易“宜华健康”共 314 天，占交易日的 77.92%，申买量排名第一的有 187 个交易日，申卖量排名第一的有 119 个交易日。账户组买入“宜华健康”数量占市场买入成交量超过 10% 的有 202 个交易日，超过 20% 的有 126 个交易日，超过 30% 的有 90 个交易日，超过 40% 的有 51 个交易日，超过 50% 的有 32 个交易日，超过 60% 的有 8 个交易日，超过70%的有4个交易日。2018年1月31日，账户组买成交量占当日市场成交量的比例达到最高值，为74.51%。卖出“宜华健康”数量占市场卖出成交量超过10%的有113个交易日，超过20%的有67个交易日，超过30%的有30个交易日，超过40%的有15个交易日，超过50%的有5个交易日，超过60%的有2个交易日，超过70%的有1个交易日。

二是对倒交易。账户组对倒交易“宜华健康”的情形在操纵各阶段均有出现，在403个交易日中有115个交易日存在对倒行为，对倒量占市场总成交量超过10%的有38个交易日，超过20%的有15个交易日，超过30%的有8个交易日，超过40%的有1个交易日。2018年1月30日，账户组对倒量占比市场总成交量达到最高值41%。

三是操纵期间比较典型的拉抬行为。账户组在2017年12月26日（13：23：58—13：56：16）、2018年1月12日(14：40：22—14：53：06)等多个时间段内大量、连续申买“宜华健康”，上述时段内该股股价涨幅达3%至10%不等。如2017年12月26日(13：23：58—13：56：16)，账户组委托买入885200股，买入成交859600股，买入成交金额2551364.11元，买入成交数量占该期间市场买入成交量的82.57%，账户组在短时间内大量、连续申买“宜华健康”，时段内该股股价涨幅达3.62%。2018年11月2日（10：14：37—10：59：54），账户组委托买入9889800股，买入成交6766985股，买入成交金额99911734.97元，买入成交数量占该期间市场买入成交量的78.21%，账户组在短时间内大量、连续申买“宜华健康”，时段内该股股价涨幅达9.98%。

四是操纵期间盈利情况。宜华集团、安天诚实施操纵行为亏损8.17亿元。

操纵股票名称	宜华健康
操纵手法	集中资金优势、持股优势连续买卖；对倒交易；短时间内大量、连续申买
操纵股票数量	83043.12万股

3. 行政机关认定结论

证监会认为，宜华集团、安天诚共同操纵“宜华健康”的行为违反了2005年《证券法》第77条第1款第1项、第3项关于禁止操纵市场的规定，构成2005年《证券法》第203条所述操纵证券市场的行为。宜华集团董事长刘绍喜、安天诚总经理史利兴为直接负责的主管人员，宜华集团总裁刘绍香、宜华生活董秘刘伟宏为其他直接责任人员。

处罚决定

1. 责令宜华企业（集团）有限公司、深圳市前海安天诚投资咨询有限公司依法处理非法持有的证券，对宜华企业（集团）有限公司处以225万元罚款，对深圳市前海安天诚投资咨询有限公司处以75万元罚款；

2. 刘绍喜、史利兴为直接负责的主管人员，给予警告并分别处以60万元罚款；

3. 刘绍香、刘伟宏为其他直接责任人员，给予警告并分别处以30万元罚款。

■案例评析

本案的典型意义

操纵证券市场除了为了获利，就是为了避损。上市公司只有树立正确的发展观、建立正确的市值管理计划，才是可以实现稳步增长的有效方法。宜华系先因信息披露违法违规被行政处罚、后因操纵证券市场被行政处罚，投资者对其失去信任，而最终被监管机构强制退市。因此，建立有效的合规管理体系是资本市场各主体的共同课题。

对本案具体行为的分析

1. 本案涉及的主要操纵手法

	违法时间	持有流通股占比	成交量占比	对倒	偏离指标
建仓	2017 年 7 月 20 日至 2018 年 10 月 15 日	14.44%	22.83%	对倒量 409.44 万股	宜华健康跌幅为 7.74%，同期深证 A 指下跌 30.30%，两者偏离度为 22.56%
拉抬	2018 年 10 月 16 日至 2019 年 2 月 11 日	上升至 15.20%	32.69%	账户组对倒量 9983.13 万股，占市场交易量的 10.07%	
卖出	2019 年 2 月 12 日至 3 月 15 日	下降至 2.11%	9.3%	对倒量 14.31 万股	

2. 本案是“单位”为操纵行为人的典型案例

《证券市场操纵行为认定指引（试行）》（已失效）第 6 条规定：“以单位名义操纵证券市场、违法所得归单位所有的，应认定单位为操纵行为人。”对于认定为单位操纵证券市场的，直接负责的主管人员和其他直接责任人员均是应受处罚的具体责任人。

本案中，宜华集团以公司名义与投资机构签署合作协议，利用投资机构开立信托和法人账户，持续买入“宜华健康”股票，吸筹建仓；调用公司资金参与操纵，对于操纵的“利益”即维持股价的好处也是归属于公司的，因此本案认定为宜华集团为操纵行为人。对于参与操纵事实的董事长认定为直接负责的主管人员，总经理和董秘被认定为其他直接责任人员。需要注意的是，其他直接责任人员并非仅局限于单位的经营管理人员，也可以是单位的职工，包括聘用、雇用的人员。

3. 监管机构对于打击“伪市值管理”的态势

新“国九条”明确提出推动上市公司提升投资价值。制定上市公司市值管理指引。研究将上市公司市值管理纳入企业内外部考核评价体系。引导上市公司回购股份后依法注销。鼓励上市公司聚焦主业，综合运用并购重组、股权激励等方式提高发展质量。依法从严打击以市值管理为名的操纵市场、内幕交易等违法违规行为。

对于现阶段规范上市公司回购股票的行为，仅在《公司法》第 142 条[①]中作出了规定：（1）减少公司注册资本；（2）与持有本公司股份的其他公司合并；（3）将股份用于员工持股计划或者股权激励；（4）股东因对股东大会作出的公司合并、分立决议持异议，要求公司收购其股份；（5）将股份用于转换上市公司发行的可转换为股票的公司债券；（6）上市公司为维护公司价值及股东权益所必需。其中，第 6 项虽然是一个兜底条款，但实务实践中依然存在障碍。此次新“国九条”明确提出要引导上市公司回购股份后依法注销，势必会出台相应的规范文件，规范合法减持和回购，防范伪市值管理的手段和风险。

为规范市值管理，证监会明确提出上市公司应当严守“三条红线”“三项原则”。“三条红线”指：一是严禁操纵上市公司信息，不得控制信息披露节奏，不得选择性信息披露、虚假信息披露，欺骗投资者；二是严禁内幕交易和操纵股价，谋取非法利益，扰乱资本市场“三公”秩序；三是严禁损害上市公司利益及中小投资者合法权益。“三项原则”指：一是主体适格。市值管理的主体必须是上市公司或者其他依法准许的适格主体，除法律法规明确授权外，控股股东、实际控制人和董监高等其他主体不得以自身名义实施市值管理。二是账户实名。直接进行证券交易的账户必须是上市公司或者依法准许的其他主体的实名账户。三是披露充分。必须按照现行规定真实、准确、完整、及时、公平地披露信息，不得操纵信息，不得有抽屉协议。证监会和交易所、上市公司协会多次督促各市场主体市值管理严格遵循“三条红线”“三项原则”，对“伪市值管理”从严监管，精准打击。

案例二：王宝元操纵吉林高速等 8 只股票价格行政处罚案[②]

相对于机构投资者，一般个人投资者被称为散户；普遍认为这些个人投资者资金投入量低、投资水平差，在股市中属于被收割的“韭菜”。然而，“最牛散户”王宝元[③]手握重金，在 9 个月时间操纵 8 只股票，8 只全部盈利，最终赚了 1.43 亿元，终被证监会罚没 5.71 亿元，刷新了个人因操纵证券市场而被罚没的新纪录。

任何人直接或间接实施操纵行为，均可能被监管机构认定为操纵行为人。法律的红线不容触碰。

■基本案情

案件概况

处罚机关：中国证监会

---

① 《公司法》（2023）第 162 条。

② 案例来源：中国证监会行政处罚决定书（王宝元），行政处罚决定书文号：（2022）64 号，载中国证券监督管理委员会官网，www. csrc. gov. cn/csrc/c101928/c6932470/content. shtml。

③ 《最牛散户 9 个月操纵 8 只股赚了 1.43 亿被罚没 5.71 亿》，载半两财经，https：//baijiahao. baidu. com/s? id = 1754462902616934936&wfr = spider&for = pc2023 年 1 月 9 日。

处罚时间：2022 年 11 月 23 日

行政处罚相对人身份：王宝元，职业操盘手

市场禁入情况：无

陈述、申辩、听证情况：王宝元提出陈述申辩并要求听证

行政机关认定的违法事实

1. 行政相对人实际控制账户情况

为实施操纵行为，王宝元共控制并使用“林某云”渤海证券账户等 145 个证券账户。其中，第一轮操纵“吉林高速”使用 24 个账户，第二轮操纵“吉林高速”使用 32 个账户，操纵“大连热电”使用 22 个账户，操纵“宜宾纸业”使用 18 个账户，操纵“绿城水务”使用 19 个账户，操纵“宁波热电”使用 27 个账户，操纵“哈森股份”使用 26 个账户，操纵“友邦吊顶”使用 23 个账户，操纵“大庆华科”使用 54 个账户。

2. 行政相对人操纵证券情况

第一，关于操纵吉林高速股票情况：

第一轮操纵时间为 2020 年 2 月 3 日至 3 月 11 日，王宝元合计控制使用 24 个账户，集中资金优势连续买卖，影响“吉林高速”股票交易价格和交易量，盈利 13027217. 63 元。其中，2 月 3 日至 3 月 10 日为建仓拉抬阶段，账户组累计净买入 24947820 股，累计净买入金额 61817685. 43 元。3 月 9 日至 10 日两个交易日内，账户组不低于卖一价申买量占账户组总申买量 48. 96%，账户组不低于卖一价买成交量占市场总成交量 23. 32%。建仓拉抬期间，“吉林高速”股价从 2. 31 元/股上涨至最高 2. 78 元/股，涨幅为 20. 35%，同期上证综指上涨 9. 11%，偏离 11. 24%。3 月 11 日为出货阶段，账户组累计净卖出 24947820 股，累计净卖出金额 75028757. 14 元。同时，账户组在 23 个交易日存在报撤单行为，其中账户组买入撤单量占账户组申买量比例超过 10% 的有 15 个交易日、超过 20% 的有 8 个交易日，峰值达 50. 63%；账户组卖出撤单量占账户组申卖量比例超过 10% 的有 12 个交易日、超过 30% 的有 5 个交易日。综上，王宝元集中资金优势连续买卖“吉林高速”，操纵意图明显，造成“吉林高速”股价与大盘指数产生较大幅度的偏离。

第二轮操纵时间为 2020 年 5 月 28 日至 6 月 15 日，王宝元合计控制使用 32 个账户，采用多种手段影响“吉林高速”股票交易价格和交易量，盈利 2046742. 53 元。账户组一集中资金优势连续买卖，其中，5 月 28 日至 6 月 11 日为建仓拉抬阶段，账户组累计净买入 28321183 股，累计净买入金额 71646866. 30 元。5 月 28 日至 6 月 11 日共计 11 个交易日内，账户组不低于卖一价申买数量占账户组总申买量 48. 18%，账户组不低于卖一价买成交量占市场总成交量 22. 15%。其间，“吉林高速”股价从 2. 28 元/股上涨至最高 2. 78 元/股，涨幅为 21. 93%。同期上证综指上涨 2. 96%，偏离 18. 97%。6 月 12 日至 15 日为出货阶段，账户组累计净卖出 29372515 股，累计净卖出金额 76291968. 28 元。同时，账户组在 12 个交易日存在报撤单行为，其中买入撤单量占账

户组申买量比例超过10%的有4个交易日；卖出撤单量占账户组申卖量比例超过10%的有8个交易日、超过20%的有5个交易日，峰值达到50.09%。

综上，一是王宝元集中资金优势连续买卖“吉林高速”，操纵意图明显，造成“吉林高速”股价与大盘指数产生较大幅度的偏离。二是在自己实际控制的账户之间进行交易。在第二轮操纵期间，账户组在11个交易日对倒交易“吉林高速”，对倒成交量占市场成交量比例最高为5月28日，达11.85%。

第二，关于操纵大连热电股票情况：

2020年3月27日至4月3日，王宝元控制使用22个账户，集中资金优势连续买卖，影响“大连热电”股票交易价格和交易量，盈利4908483.09元。

3月27日至4月1日为建仓拉抬阶段，账户组累计净买入10703126股，累计净买入金额46432449.45元。账户组不低于卖一价申买量占账户组总申买量67.68%，账户组不低于卖一价买成交量占市场总成交量20.08%。其间，“大连热电”股价从3.94元/股上涨至最高4.71元/股，涨幅为19.54%，同期上证综指下跌1.1%，偏离20.64%。4月2日至3日为出货阶段，账户组累计净卖出10703126股，累计净卖出金额51450151.51元。

同时，账户组在5个交易日存在报撤单行为，其中账户组买入撤单量占账户组申买量比例超过10%的有3个交易日，最高达到18.92%；账户组卖出撤单量占账户组申卖量比例超过10%的有3个交易日，最高达到86.80%。

综上，王宝元集中资金优势连续买卖“大连热电”，操纵意图明显，造成“大连热电”股价与大盘指数产生较大幅度的偏离。

第三，关于操纵宜宾纸业股票情况：

2020年4月27日至5月8日，王宝元控制使用18个账户，集中资金优势连续买卖，影响“宜宾纸业”的交易价格和交易量，盈利7589845.14元。

4月27日至5月7日为建仓拉抬阶段，账户组累计净买入4080723股，累计净买入金额60045933.02元。账户组不低于卖一价申买量占账户组总申买量66.42%，账户组不低于卖一价买成交量占市场总成交量24.27%。其间，“宜宾纸业”股价从13.64元/股上涨至最高16.18元/股，涨幅为18.62%，同期上证综指上涨2.24%，偏离16.38%。5月8日为出货阶段，账户组累计卖出4260023股，累计卖出金额70240691.43元。

同时，账户组在7个交易日存在报撤单行为，其中账户组买入撤单量占账户组申买量比例超过10%的有4个交易日、超过20%的有2个交易日；账户组卖出撤单量占账户组申卖量比例超过10%的有4个交易日、超过50%的有2个交易日，峰值达到100%。

综上，王宝元集中资金优势连续买卖“宜宾纸业”，操纵意图明显，造成“宜宾纸业”股价与大盘指数产生较大幅度的偏离。

第四，关于操纵绿城水务股票情况：

2020年5月7日至18日，王宝元控制使用19个账户，集中资金优势连续买卖，影响“绿城水务”的交易价格和交易量，盈利 1696937.28 元。

5 月 7 日至 14 日为建仓拉抬阶段，账户组累计净买入 9942790 股，累计净买入金额 56027406.79 元。在 5 月 7 日至 13 日共计 5 个交易日内，账户组不低于卖一价申买量占账户组总申买量 58.61%，账户组不低于卖一价买成交量占市场总成交量 20.74%。其间，“绿城水务”股价从 5.26 元/股上涨至最高 5.95 元/股，上涨 13.12%，同期上证综指下跌 0.27%，偏离 13.39%。5 月 15 日至 18 日为出货阶段，账户组累计净卖出 9942690 股，累计净卖出金额 57822159.33 元。

同时，账户组在 8 个交易日存在报撤单行为，其中账户组买入撤单量占账户组申买量比例超过 15% 的有 3 个交易日；账户组卖出撤单量占账户组申卖量比例超过 20% 的有 4 个交易日、超过 50% 的有 3 个交易日，峰值达到 100%。

综上，王宝元集中资金优势连续买卖“绿城水务”，操纵意图明显，造成“绿城水务”股价与大盘指数产生较大幅度的偏离。

第五，操纵宁波热电股票情况：

2020 年 5 月 13 日至 6 月 2 日，王宝元控制使用 27 个账户，采用多种手段影响“宁波热电”的交易价格和交易量，盈利 5214226.11 元。

一是集中资金优势连续买卖。5 月 13 日至 29 日为建仓拉抬阶段，账户组累计净买入 20935639 股，累计净买入金额 59583005.71 元。5 月 13 日至 15 日共计 3 个交易日内，账户组不低于卖一价申买量占账户组总申买量 60.60%，账户组不低于卖一价买成交量占市场总成交量 20%。5 月 26 日至 29 日共计 4 个交易日内，账户组不低于卖一价申买量占账户组总申买量 50.89%，账户组不低于卖一价买成交量占市场总成交量 22.03%。其间，“宁波热电”股价从 2.65 元/股上涨至最高 3.07 元/股，涨幅为 15.85%，同期上证综指下跌 1.36%，偏离 17.21%。6 月 1 日至 2 日为出货阶段，账户组累计净卖出 20935639 股，累计净卖出金额 64884465 元。

同时，账户组在 14 个交易日存在报撤单行为，其中账户组买入撤单量占账户组申买量比例超过 10% 的有 4 个交易日；账户组卖出撤单量占账户组申卖量比例超过 10% 的有 10 个交易日、超过 30% 的有 5 个交易日，峰值达到 76.43%。

综上，王宝元集中资金优势连续买卖“宁波热电”，操纵意图明显，造成“宁波热电”股价与大盘指数产生较大幅度的偏离。

二是在自己实际控制的账户之间进行交易。账户组在 7 个交易日对倒交易“宁波热电”，对倒成交量占市场成交量比例最高为 5 月 21 日，达到 14.30%。

第六，关于操纵哈森股份股票情况：

2020 年 6 月 1 日至 4 日，王宝元控制使用 26 个账户，集中资金优势连续买卖，影响“哈森股份”交易价格和交易量，盈利 10161405.01 元。

6 月 1 日至 3 日为建仓拉抬阶段，账户组累计净买入 9648550 股，累计净买入金额 69735815.43 元。在 6 月 1 日至 3 日共计 3 个交易日内，账户组不低于卖一价申买量占账户组总申买量 67.24%，账户组不低于卖一价买成交量占市场总成交量 30.55%。其间，“哈森股份”股价从6.41元/股上涨至最高7.81元/股，上涨21.84%，同期上证综指上涨2.49%，偏离19.35%。6月4日为出货阶段，账户组累计卖出9964709股，累计卖出金额82302843.06元。

同时，账户组在4个交易日内均存在报撤单行为，其中账户组买入撤单量占账户组申买量比例超过10%的有2个交易日；账户组卖出撤单量占账户组申卖量比例超过10%的有3个交易日，峰值达到25%。

综上，王宝元集中资金优势连续买卖“哈森股份”，操纵意图明显，造成“哈森股份”股价与大盘指数产生较大幅度的偏离。

第七，关于操纵友邦吊顶股票情况：

2020年6月4日至7月15日，王宝元控制使用23个账户，集中资金优势连续买卖，影响“友邦吊顶”交易价格和交易量，盈利18488474.42元。

在操纵期间，王宝元轮流采用“买入为主、同时部分卖出”以及“卖出为主、同时部分买入”的方式，同时伴随虚假报撤单行为，逐步拉抬“友邦吊顶”股价后，再大量卖出获利。6月4日至15日，账户组大量买入同时伴随部分卖出，累计净买入992850股，累计净买入金额13778265.50元；6月16日至19日，账户组大量卖出同时伴随部分买入，累计净卖出510400股，累计净卖出金额7285013元；6月22日至7月8日，账户组再次大量买入同时伴随部分卖出，累计净买入3328315股，累计净买入金额53351212.58元，其间友邦吊顶的股价从14.05元/股上涨至最高18.32元/股，涨幅30.39%。

同期深证综指上涨13.85%，偏离16.54%；7月9日至15日为出货阶段，账户组累计净卖出3981265股，累计净卖出金额80637776.31元，其间“友邦吊顶”的股价从18.32元/股跌至最低16.72元/股，跌幅8.73%，同期深证综指上涨2.87%，偏离11.60%。

其中，在6月23日至29日共计3个交易日内，账户组不低于卖一价申买量占账户组总申买量56.64%，账户组不低于卖一价买成交量占市场总成交量23.49%；在7月3日至8日共计5个交易日内，账户组不低于卖一价申买量占账户组总申买量64.35%，账户组不低于卖一价买成交量占市场总成交量21.34%。

同时，账户组在23个交易日存在报撤单行为，其中账户组买入撤单量占账户组申买量比例超过30%的有5个交易日、超过50%的有2个交易日；账户组卖出撤单量占账户组申卖量比例超过20%的有8个交易日、超过30%的有4个交易日。

综上，王宝元集中资金优势连续买卖“友邦吊顶”，操纵意图明显，造成“友邦吊顶”股价与大盘指数产生较大幅度的偏离。

操纵股票名称	友邦吊顶
操纵手法	集中资金优势连续买卖
操纵股票数量	3981265.00股

第八，关于操纵大庆华科股票情况：

2020 年7 月3 日至11 月6 日，王宝元控制使用54 个账户，采用多种手段影响“大庆华科”股票交易价格和交易量，盈利 79556817.65 元。

一是集中资金优势、持股优势连续买卖。7 月 3 日至 9 月 2 日为建仓拉抬阶段，账户组累计净买入 6896423 股，累计净买入金额 105808129.51 元。账户组最高持仓量为 9 月 2 日的 6896423 股，占总股本和流通股本比例均为 5.32%。8 月 31 日至 9 月 2 日共计 3 个交易日内，账户组不低于卖一价申买量占账户组总申买量 54.57%，账户组不低于卖一价的买成交量占市场总成交量 23.72%。建仓拉抬期间，“大庆华科”股价从 12.38 元/股上涨至最高 18.24 元/股，涨幅为 47.33%，同期深证综指上涨 15.54%，偏离 31.79%。9 月 3 日为出货阶段，账户组累计净卖出 6896423 股，累计净卖出金额 133598990.80 元。9 月 7 日至 10 月 29 日，再次建仓拉抬，账户组累计净买入 7319797 股，累计净买入金额 106195868.73 元。账户组最高持仓量为 10 月 29 日的 7319797 股，占总股本和流通股本比例均为 5.65%。9 月 28 日至 29 日共计 2 个交易日内，账户组不低于卖一价申买量占账户组总申买量 63.76%，账户组买成交量占市场总成交量 22.54%。其间，“大庆华科”股价从 12.95 元/股上涨至最高 18.94 元/股，涨幅为 46.25%，同期深证综指上涨 8.34%，偏离 37.91%。10 月 30 日至 11 月 6 日为出货阶段，账户组累计净卖出 7319797 股，净卖出金额 158846074.21 元。

综上，王宝元集中资金优势、持股优势连续买卖“大庆华科”，操纵意图明显，造成“大庆华科”股价与大盘指数产生较大幅度的偏离。

二是在自己实际控制的账户之间进行交易。账户组在 49 个交易日对倒交易“大庆华科”，对倒成交量占市场成交量比例最高为 8 月 21 日，达到 11.75%。

3. 行政机关认定结论

证监会认为，王宝元的上述行为违反了 2019 年《证券法》第 55 条第 1 款第 1 项、第 3 项的规定，构成《证券法》第 192 条所述“操纵证券市场”的行为。

行政相对人的陈述申辩意见及行政机关的复核意见

陈述申辩意见 1：账户控制认定有误。

《事先告知书》认定的 145 个证券账户中，其中 46 个账户（具体略）并非由其本人控制。原因包括：（1）上述异议账户交易涉案股票所用的 MAC、IP 地址码与王宝元控制的证券账户交易涉案股票所用的 MAC、IP 地址码不重复；（2）另有他人控制、使用上述异议账户；（3）王宝元与上述异议账户不存在交易涉案股票的资金往来。

证监会的复核意见：本案账户控制关系认定准确。

当事人对第二轮操纵“吉林高速”提出的 9 个异议账户中：“龚某涛”东兴证券账户及“林某”国盛证券账户与账户组中当事人没有提出异议的其他账户存在设备关联，结合王宝元在询问笔录及情况说明中的自认及他人指认，足以认定；“李某华”国泰君安证券账户与账户组中当事人没有提出异议的其他账户存在设备关联，且存在他人指认，足以认定；“林某雷”国盛证券账户、“汤某英”中泰证券账户、“王某”申万宏源账户、“叶某英”信达证券账户、“肖某”国信证券账户、“肖某”国盛证券账户与账户组中当事人没有提出异议的其他账户存在设备关联，且均存在他人指认，“汤某英”中泰证券账户与王宝元实际控制使用的陈某2农业银行账户（尾号4270）存在资金关联，“林某雷”国盛证券账户、“王某”申万宏源账户、“叶某英”信达证券账户、“肖某”国信证券账户、“肖某”国盛证券账户与陈某3用于帮助王宝元转账的民生银行账户（尾号9622）存在资金关联，足以认定。

当事人对操纵“大连热电”提出的3个异议账户中，“刘某源”华福证券账户、“汤某明”华泰证券账户、“陈某1”国盛证券账户与当事人在操纵“大连热电”的账户组中没有提出异议的“林某”国盛证券账户存在设备关联，且均存在他人指认，足以认定。

当事人对操纵“宜宾纸业”提出的4个异议账户中，“汤某明”中信证券账户与账户组中当事人没有提出异议的其他账户存在设备关联，且存在他人指认，足以认定；“龚某涛”东兴证券账户、“李某华”国泰君安证券账户、“林某雷”国盛证券账户与第二轮操纵“吉林高速”的异议账户重复，认定意见如上所述。

当事人对操纵“绿城水务”提出的4个异议账户，与第二轮操纵“吉林高速”的异议账户重复，认定意见如上所述。

当事人对操纵“宁波热电”提出的7个异议账户中，“龚某涛”东兴证券账户、“林某雷”国盛证券账户、“汤某英”中泰证券账户、“王某”申万宏源证券账户、“叶某英”信达证券账户、“肖某”国信证券账户，与第二轮操纵“吉林高速”的异议账户重复，“汤某明”中信证券账户与操纵“宜宾纸业”的异议账户重复，认定意见如上所述。

当事人对操纵“哈森股份”提出的4个异议账户，与第二轮操纵“吉林高速”的异议账户重复，认定意见如上所述。

当事人对操纵“友邦吊顶”提出的4个异议账户中，“龚某涛”东兴证券账户与当事人没有提出异议的其他账户存在设备关联，结合王宝元在询问笔录中的自认及他人指认，足以认定；“陈某婷”国盛证券账户、“黄某”第一创业证券账户、“汤某明”国盛证券账户与账户组中其他由王宝元控制使用的账户存在设备关联，且存在他人指认，足以认定。

当事人对操纵“大庆华科”提出的11个异议账户中，“胡某榕”东海证券账户、“胡某榕”国盛证券账户、“胡某榕”长城证券账户与王宝元实际控制使用的陈某2农业银行账户（尾号4270）存在资金关联，且存在他人指认，足以认定。“黄某好”财信证券账户、“陈某婷”国盛证券账户、“叶某芳”兴业证券账户、“吴某”兴业证券账户、“肖某”国信证券账户、“林某雷”国盛证券账户、“黄某”第一创业证券账户、“汤某明”华泰证券账户与账户组中其他由王宝元控制使用的账户存在设备关联，且存在他人指认，足以认定。

陈述申辩意见2：涉案交易行为情节轻微，社会危害程度较小。

原因包括：（1）参照《最高人民法院、最高人民检察院关于办理操纵证券、期货市场刑事案件适用法律若干问题的解释》（以下简称《操纵证券、期货刑事案件解释》）相关规定，根据涉案证券账户交易流水以及各项交易指标统计，当事人的资金优势、持股优势不明显，报撤单情节、对倒交易情节显著轻微，对涉案股票的交易价格、交易量影响极小。（2）判断案件是否构成操纵以及操纵情节程度的指标应当与法律保持一致，并参照《最高人民检察院、公安部关于公安机关管辖的刑事案件立案追诉标准的规定（二）》（以下简称《立案追诉标准（二）》）适用，《事先告知书》所述指标并非法律所设定标准，于法无据。

证监会的复核意见：本案操纵行为不属于情节轻微，社会危害程度较小的情形。当事人在2020年2月3日至11月6日，实际控制使用145个证券账户，采取集中资金优势、持股优势连续买卖、在自己实际控制的账户之间进行交易等手段操纵8只股票，影响股票价格和交易量，与同期上证综指或深证综指最高偏离31.79%。当事人在涉案期间采取多种操纵手段反复多次实施操纵行为，实施违法行为时间跨度长，涉及的股票只数多。其长期采用配资方式借用他人账户，实际控制使用的账户数量大，且账户组股票交易量大，因此，不属于情节轻微、社会危害程度较小的情形。当事人用《立案追诉标准（二）》《操纵证券、期货刑事案件解释》等刑事追诉及量刑标准来衡量行政处罚的认定和量罚，于法无据，于理不合。

陈述申辩意见3：获利金额认定有误，应当依法予以纠正。

应扣除非由王宝元控制的证券账户的盈亏金额，扣除大盘指数、行业指数自然涨幅增加的盈利金额部分。

证监会的复核意见：获利金额认定无误。一是如前所述，当事人控制使用145个证券账户实施操纵的事实清楚、证据充分，不存在需要扣除非当事人控制的证券账户盈亏金额的情形。二是《行政处罚法》（2021年修订）第28条规定“违法所得是指实施违法行为所取得的款项”。本案认定的违法所得，均系当事人因实施操纵证券市场违法行为取得的款项，应当依法予以罚没。当事人所提扣除大盘指数、行业指数自然涨幅增加的盈利金额部分的申辩意见没有法律依据，不予采纳。

陈述申辩意见4：量罚幅度过重。

一是王宝元存在积极配合调查情形，构成《行政处罚法》第32条第4项、第5项规定的法定情形，应当从轻或者减轻处罚。二是“没一罚三”量罚幅度过重，与处罚惯例相左。

证监会的复核意见：本案量罚幅度适当。2019年修订的证券法大幅提高了证券违法成本。根据《证券法》第192条的规定，对操纵证券市场有违法所得的，应当没收违法所得，并处以违法所得一倍以上十倍以下罚款。本案综合考虑当事人违法行为的事实、性质、情节、社会危害程度、配合调查程度、违法所得情况等多方面因素，对当事人处以违法所得三倍罚款，过罚相当，并无不妥。

整体复核结论：本会对当事人的陈述申辩意见不予采纳。

处罚决定

没收王宝元违法所得 142690148.86 元，并处以 428070446.58 元罚款。

■案例评析

本案的典型意义

本案是一起典型的利用资金优势连续买卖并伴随使用对倒操纵手段进行操纵证券市场的行政处罚案例。根据笔者团队历年发布的《中国 A 股上市公司刑事行政法律风险观察报告》，操纵证券市场一直为高发的前三类行政违法行为。2023 年因操纵证券市场违法行为被行政处罚的案件共 30 宗，全部 30 宗操纵证券市场案件中，连续交易的操纵手法居于首位，出现频次共 21 次，其中，20 宗连续交易案件同时使用了对倒的操纵手法。[①]

1. 对“实际控制账户”的认定

《证券市场操纵行为认定指引（试行）》（已失效）第 8 条对于“利用他人账户”两点规定，具有下列情形之一的，可认定为前款所称利用他人账户：一是直接或间接提供证券或资金给他人购买证券，且该他人所持有证券之利益或损失，全部或部分归属于本人；二是对他人持有的证券具有管理、使用和处分的权益。

历来对于“实控账户”数量的认定都是主要申辩理由之一，显而易见，证券账户的数量直接影响各操纵手段价量比以及同市场偏离度的计算，更为直接的影响体现在对违法所得认定上。

证监会一般根据行为人指认、账户资金往来流水、IP 地址等因素认定实控账户。行政处罚的证明标准为“明显优势证明标准”，比如在类案的行政判决书[②]中法院的裁判观点认为“中国证监会如此认定，并非依据某一方面的直接证据，而是通过综合分析比较账户名义持有人与李宁之间的身份关系、交易下单地址重合情况、账户资金关系特别是在交易案涉‘元力股份’时的资金流向等情况，采取综合分析方法作出的认定和判断”。

因此，在对于“实控账户认定”的问题进行陈述申辩时，举证责任在申辩人一方，需要由申辩人提交充分的证据予以证实，方可能成为有效申辩。

2. 行政处罚不能以违法行为与刑事立案标准的差异程度作为申辩理由

本案当事人的申辩理由之一是：与刑事立案指标相比，“本案资金优势、持股优势不明显，报撤单情节、对倒交易情节显著轻微，对涉案股票的交易价格、交易量影响极小”，因此属于情节轻微、社会危害较小的情形，要求在行政处罚范畴内给予“轻罚”。但证监会未采纳该申辩理由。

应当明确的是，行政处罚的参照标准是证券法及其配套法规，并非刑法及司法解

---

① 详见第三编第一章第二节《中国 A 股上市公司刑事行政法律风险年度/季度观察报告》。

② 参见北京市高级人民法院（2017）京行终 2138 号行政判决书。

释，二者不存在法律位阶差异和混同适用的问题。有学者分析认为，我们在分析证券违法的行政责任时常常会发生混同刑事责任的原因在于，“我国有关证券、期货犯罪的立法在顺序上尚存在颠倒之处，如刑法中所规定的证券、期货犯罪条款理应以证券、期货的行政或经济立法存在为前提，否则就很难称得上“法定犯”（行政犯），但我国证券法颁布时间不仅比刑法晚，而且在其颁布之前，我国刑法已经对证券犯罪作了规定。这就很容易导致在一段时间内认定刑法所规定的证券犯罪时，缺乏“违反法规”的要件，而且刑法的规定也必然会影响到对证券法中有关证券犯罪的规定内容。①

现阶段，《操纵证券、期货刑事案件解释》是该领域最新最全的司法解释，而《证券市场操纵行为认定指引（试行）》（以下简称《操纵行为认定指引》）已失效，这就容易出现分析行政违法责任时引用刑事法律的“倒置”情况。

根据《中国A股上市公司刑事行政法律风险年度/季度观察报告（2018—2023）》中对证券行政违法行为的研究结果，证监会的处罚多援引《操纵行为认定指引》的规定，以“偏离度”来表达操纵行为的程度，其主要是着眼于操纵行为对正常证券市场价格的影响；而刑法及司法解释是以明确及精准的“价量比指标”为量刑标准。此外，对于操纵行为的认定、操纵人的认定及实际控制账户认定等多个要素，《操纵证券、期货刑事案件解释》实际上沿用的是《操纵行为认定指引》的表达，虽然目前该认定指引已失效，在证监会尚未出台替代性行政法规前，我们认为其仍有借鉴意义。这也是本书在第三编第五章“操纵证券市场行为行政合规与刑事合规风险”部分以及其他涉及操纵证券行为分析将该《操纵行为认定指引》收录并做主要分析的原因。

对本案涉及的主要操纵手段的分析

	连续交易	对倒交易	偏离度
吉林高速	第一轮：共计2个交易日内，账户组不低于卖一价申买量占账户组总申买量48.96%，账户组不低于卖一价买成交量占市场总成交量23.32%。第二轮：共计11个交易日内，账户组不低于卖一价申买数量占账户组总申买量48.18%，账户组不低于卖一价买成交量占市场总成交量22.15%	账户组在11个交易日对倒交易“吉林高速”，对倒成交量占市场成交量比例最高达11.85%	建仓拉抬期间，“吉林高速”股价涨幅为20.35%，同期上证综指上涨9.11%，偏离11.24%
大连热电	账户组不低于卖一价申买量占账户组总申买量67.68%，账户组不低于卖一价买成交量占市场总成交量20.08%		“大连热电”涨幅为19.54%，同期上证综指下跌1.1%，偏离20.64%
宜宾纸业	账户组不低于卖一价申买量占账户组总申买量66.42%，账户组不低于卖一价买成交量占市场总成交量24.27%		“宜宾纸业”股价涨幅为18.62%，同期上证综指上涨2.24%，偏离16.38%

① 刘宪权：《金融犯罪刑法学原理》（第二版），上海人民出版社2020年版，第474页。

续表

	连续交易	对倒交易	偏离度
绿城水务	账户组不低于卖一价申买量占账户组总申买量58.61%，账户组不低于卖一价买成交量占市场总成交量20.74%		“绿城水务”股价上涨13.12%，同期上证综指下跌0.27%，偏离13.39%
宁波热电	5月13日至15日共计3个交易日内，账户组不低于卖一价申买量占账户组总申买量60.60%，账户组不低于卖一价买成交量占市场总成交量20%。5月26日至29日共计4个交易日内，账户组不低于卖一价申买量占账户组总申买量50.89%，账户组不低于卖一价买成交量占市场总成交量22.03%	账户组在7个交易日对倒交易“宁波热电”，对倒成交量占市场成交量比例最高达到14.30%	“宁波热电”股价涨幅为15.85%，同期上证综指下跌1.36%，偏离17.21%
哈森股份	账户组不低于卖一价申买量占账户组总申买量67.24%，账户组不低于卖一价买成交量占市场总成交量30.55%		“哈森股份”股价上涨21.84%，同期上证综指上涨2.49%，偏离19.35%
友邦吊顶	账户组不低于卖一价申买量占账户组总申买量56.64%，账户组不低于卖一价买成交量占市场总成交量23.49%		其间偏离度最高为16.54%
大庆华科	账户组最高持仓量占总股本和期间账户组不低于卖一价申买量占账户组总申买量54.57%，账户组不低于卖一价的买成交量占市场总成交量23.72%。流通股本比例均为5.65%		其间最高涨幅为46.25%，同期深证综指上涨8.34%，偏离37.91%

除连续买卖和对倒的操纵手段外，在行政处罚决定书中还有多处关于“报撤单行为”的表述，如操纵宜宾纸业“账户组在7个交易日存在报撤单行为，其中账户组买入撤单量占账户组申买量比例超过10%的有4个交易日、超过20%的有2个交易日；账户组卖出撤单量占账户组申卖量比例超过10%的有4个交易日、超过50%的有2个交易日，峰值达到100%”。在操纵友邦吊顶期间，“王宝元轮流采用‘买入为主、同时部分卖出’，以及‘卖出为主、同时部分买入’的方式，同时伴随虚假报撤单行为，逐步拉抬‘友邦吊顶’股价后，再大量卖出获利”。不以成交为目的，频繁或者大量申报并撤销申报被定义为“幌骗交易”，也是法律禁止的一种操纵手段。

案例三：罗山东等人操纵证券市场刑事犯罪案[①]

本案共有31名被告人，是一起多团伙相互配合、有组织实施的操纵市场重大案件，该团伙利用400多个股票账户恶意操纵8只股票，获利达4亿余元。根据《人民法院报》的报道，这是全国首例以持仓量交易量标准立案追诉的操纵证券市场案，配资中介首次因明知操纵仍提供配资行为被刑事追责。[②]

■基本案情

被告人身份

1. 罗山东，湖南某投资集团法定代表人；
2. 龚世威，武汉汉鼎立天财税管理有限公司法定代表人，实际控制人；
3. 金秀妍，从事股票配资业务；

……

（注：本案共31名被告人，仅节选部分与本案例分析相关的被告人及其行为）

法院查明的案件事实

被告人罗山东系湖南某投资集团法定代表人，冉彬系其秘书，罗湘成系公司财务人员。2015年下半年至2016年初，罗山东陆续招聘被告人谢雨辰、禹玉宏、谢倞等人为股票交易员，在成都为其进行股票交易。2016年下半年，罗山东开始通过民间配资进行股票交易，冉彬负责联系、对接配资事宜，罗湘成负责为其进行股票交易、配资所需资金的调转，罗山东通过冉彬或直接向交易人员下达股票交易指令，谢雨辰、禹玉宏、谢倞等人按照罗山东的指令进行操作。2017年初，为规避监管，罗山东派刘昕、谢倞到长沙设立操盘点进行操作，派禹玉宏到深圳操作，谢雨辰继续在成都操盘点操作。刘昕、禹玉宏、谢雨辰每个交易日结束后将罗山东实际控制使用的证券账户的交易、持仓、盈亏、可用资金等情况制作报表，并由谢雨辰汇总后报罗山东。

2016年12月至2018年6月，被告人罗山东团伙、被告人龚世威团伙、被告人王杰团伙，单独、联合或伙同被告人周磊、李一、张飞以及何某2等人，集中资金优势、持股优势，通过连续交易、对倒等方式，操纵道森股份、广州发展、迪贝电气、惠发股份、海鸥股份、世纪天鸿、君禾股份等七只股票。

被告人吕宇昂2015年开始从事股票配资业务。2016年11月开始为罗山东配资，至案发，日配资额逐渐达到并长期稳定在2亿元左右，在明知罗山东使用其提供的配资资金及账户操纵证券市场的情况下，吕宇昂为赚取配资利息仍长期为罗山东配资，从罗山东处赚取利息870万余元。被告人张培峰、金秀妍2016年开始从事配资业务，为罗

---

① 参见浙江省高级人民法院（2020）浙刑终45号刑事裁定书。

② 《恶意操纵8只股票获利4个亿　31人被判刑》，载中国法院网，https：//www. chinacourt. org/article/detail/2020/01/id/4766256. shtml。

山东操纵迪贝电气提供配资。被告人周敦颐 2017 年 3 月开始从事配资业务，被告人饶大程、曹维鹏、王紫萍均从事股票配资业务，其间与龚世威相识，六人均提供资金帮助操纵股票。

法院裁判结果（摘录）

1. 被告人罗山东犯操纵证券市场罪，判处有期徒刑 5 年 6 个月，并处罚金人民币 3000 万元；

……

12. 被告人金秀妍犯操纵证券市场罪，判处有期徒刑 2 年，并处罚金人民币 240 万元；

……

32. 被告人罗山东、周磊、贺志华、武伟、李一、张飞、吕宇昂、周敦颐、金秀妍、禹玉宏、冉彬、罗湘成、刘昕、谢倞、谢雨辰、吴振操、潘勇、詹志伟、潘芳、周娟、陈昱冀、周泽南退出的违法所得予以没收，分别上缴国库，继续追缴被告人罗山东、龚世威、刘斌、李一、吕宇昂的犯罪所得，予以没收，上缴国库；扣押的其他款项，依法处理；

33. 扣押在案的电脑、手机、U 盘等作案工具予以没收，上缴国库，其他扣押在案财物由扣押机关依法处理。

被告方辩护意见及法院审理意见

罗山东一方辩护意见：一审判决适用法律错误，混淆了新旧司法解释对定罪标准和加重处罚量刑标准的适用，导致案件事实认定与法律适用存在矛盾。《刑法》第 182 条操纵证券市场罪的法定刑幅度分为“情节严重”“情节特别严重”两档，一审判决将《最高人民法院、最高人民检察院关于办理操纵证券、期货市场刑事案件适用法律若干问题的解释》（以下简称《操纵证券、期货刑事案件解释》）规定的“情节特别严重”的加重处罚量刑标准作为定罪标准予以适用不当。“广州发展”“惠发股份”两只股票虽然符合《操纵证券、期货刑事案件解释》规定的“情节特别严重”标准，但未达到《最高人民检察院、公安部关于公安机关管辖的刑事案件立案追诉标准的规定（二）》（以下简称《立案追诉标准（二）》）规定的“情节严重”的定罪标准，根据从旧兼从轻原则，该两只股票不构成操纵证券市场罪。

法院审理意见：经查，2016 年 11 月至 2018 年 6 月，罗山东、龚世威、王杰、周磊等人通过连续交易、对倒等方式操纵证券。罗山东团伙、何某 2 操纵的道森股份账户组 49 个交易日持有流通股份数达到该证券实际流通股份数总量的 10% 以上，两次连续 10 个交易日累计成交量达到同期该证券总成交量的 50% 以上；罗山东团伙、龚世威团伙、王杰团伙操纵的迪贝电气账户组 119 个交易日持有流通股份数达到该证券实际流通股份数总量的 10% 以上，56 次连续 10 个交易日累计成交量达到同期该证券总成交量的 50% 以上；罗山东团伙操纵的惠发股份账户组 17 个交易日持有流通股份数达到该证券

实际流通股份数总量的10%以上，5次连续10个交易日累计成交量达到同期该证券总成交量的50%以上；龚世威团伙、李一、张飞操纵的海鸥股份账户组38个交易日持有流通股份数达到该证券实际流通股份数总量的10%以上，35次连续10个交易日累计成交量达到同期该证券总成交量的50%以上；龚世威、周磊等人操纵世纪天鸿股票的账户组64个交易日持有的流通股份数达到该证券实际流通股份数总量的10%以上，6次连续10个交易日累计成交量达到同期该证券总成交量的50%以上；龚世威等人操纵君禾股份的账户组25个交易日持君禾股份流通股份数达到该证券实际流通股份数总量的10%以上，两次连续10个交易日累计成交量达到同期该证券总成交量的50%以上。且前述人员操纵的道森股份、迪贝电气、海鸥股份、世纪天鸿，持有、实际控制的证券流通股份数均达到该证券的实际流通股份总量30%以上，操纵的道森股份、广州发展、迪贝电气、惠发股份、海鸥股份违法所得数额均在1000万元以上，原审适用法律并无不当。罗山东、龚世威、王杰及相关辩护人就此提出的异议不能成立，不予采纳。

*金秀妍一方辩护意见：*金秀妍上诉提出，其虽为罗山东提供配资，但未参与涉案账户的证券交易，并不明知罗山东使用其提供的资金操纵证券市场，也无权干涉罗山东的证券交易行为，不构成罗山东操纵证券市场案的共犯。

*法院审理意见：*经查，施某、徐某2证言，证券投资借款协议、担保协议银行流水，证券交易所出具的核查说明、落实情况报告，市场监察警示函、市场监察协查函、市场监察暂停交易函、投资者合规交易管理告知书、金秀妍与冉彬等的微信聊天记录，金秀妍、罗山东、冉彬、罗湘成供述印证证实，金秀妍2016年开始配资业务，其与罗山东合作之前，在配资过程中，曾多次收到过监管部门警示函，有丰富的配资和操盘经验。金秀妍为罗山东提供配资期间，对相关证券账户进行实时监管，明知罗山东一方利用其配资账户购买股票的流通盘比例明显超出双方约定、国家规定，且在相关账户多次收到监管部门的监管函后，将情况告知冉彬，与冉彬商议如何规避监管，甚至将资金抽调到其他账户，帮助罗山东规避监管，原判认定金秀妍帮助罗山东操纵证券市场并无不当。金秀妍及其辩护人提出的异议不能成立，不予采信。

金秀妍为罗山东提供配资过程中，第一次配资后，罗山东将1亿元配资账户还给金秀妍，之后金秀妍再次提供配资1.5亿元，两次配资期间，金秀妍明知罗山东一方违规使用账户，其提供的账户均多次收到证券交易所的警示函，直至相关账户内股票售完后才收回账户，其帮助操纵证券市场的行为已经实施终了。金秀妍及其辩护人提出金秀妍提前结束借款关系，属犯罪中止的理由与事实及法律规定不符，不予采纳。

■案例评析

本案的典型意义

本案案发时间为2016年至2018年，于2021年获终审判决。其间“两高”出台了《操纵证券、期货刑事案件解释》，明确了“情节严重”“情节特别严重”两档量刑的适用标准。经过两级法院审理，最终采纳控方意见，认为符合“情节特别严重”情形，体现了对于证券犯罪从严从重处罚的司法政策。

在全案31名被告人中，有10人被判处有期徒刑实刑，其中7人被判处五年以上有期徒刑，实现了对配资、操盘、推票行为进行全链条打击的效果。无论是从判刑的总人数、判实刑的人数来看，还是从适用刑法中刑罚的档次来看，该案在证券犯罪案件中都算是开创了历史先河。①

对本案具体行为的评析

本案罗山东团伙在取得配资后，主要采用连续买卖和对倒的操纵手段进行股价拉升。

《刑法》第182条明确规定了，“单独或者合谋，集中资金优势、持股或者持仓优势或者利用信息优势联合或者连续买卖的”“在自己实际控制的帐户之间进行证券交易，或者以自己为交易对象，自买自卖期货合约的”属于构成操纵证券、期货市场罪的情形。

首先，对于连续买卖（Manipulation by Actual Purchases）的操纵行为，法律规定的是利用三种优势即“资金、持股和信息优势”，而这三种优势包括通过“单独或合谋”而形成的优势，也包括属于既有的合法优势，比如上市公司大股东的持股优势相较于一般市场投资者而言属于绝对优势。“持股优势”“资金优势”往往是并行认定的，因为最终都是反映在“持股数量占该证券的实际流通股份总量”占比上。对于“连续买卖”的程度，“两高”司法解释已经给予了明确的价量比界定，即“连续10个交易日的累计成交量达到同期该证券总成交量占比”。一是《操纵证券、期货刑事案件解释》《立案追诉标准（二）》将连续买卖的入罪标准由“3－2－3”调整为“1－1－2”，主要考虑是过去个股盘子普遍比较小，且并非全部为流通股，30%的持股比例有一定合理性。随着股权分置改革落地，目前个股盘子普遍比较大，且大部分为全流通股，30%的持股比例在现实中很难达到。根据证券法的规定，持股5%以上的即属于大股东。鉴于目前仍有部分股票没有实现全流通，同时也为行政处罚预留空间，本项将持股优势的比例确定为10%。二是将“连续20个交易日”调整为“连续10个交易日”。考虑到当前短线操纵越来越普遍，以10个交易日为标准，符合当前短线操纵的一般规律，也符合证券交易所的统计方式。三是将累计成交量占比由30%调整为20%。②

自买自卖操纵（Wash Sale），俗称“对敲”，在自己实际控制的账户之间进行证券交易，或者以自己为交易对象，自买自卖期货合约，影响证券、期货交易价格或者证券、期货交易量的行为。“对倒”“对敲”的违法本质是相同的，即在证券、期货交易市场中，行为人通过虚伪交易（虚买虚卖）进行“诱多”或者“诱空”，从而谋取非

① 《独家揭秘罗山东操纵市场案始末 公检法一线办案人员亲述办案细节》，载人民网，https：//baijiahao. baidu. com/s？id＝1656394106202800285&wfr＝spider&for＝pc。

② 缐杰、吴峤滨：《〈关于办理操纵证券、期货市场刑事案件适用法律若干问题的解释〉重点难点问题解读》，载最高人民检察院，https：//www. spp. gov. cn/spp/llyj/201908/t20190818_ 428843. shtml。

法利益的行为。[①]

虽然司法解释明确了连续买卖和对倒的价量指标，但在实务中，不同的价量计算方式直接影响着价量比数值进而影响定罪量刑。笔者根据实践办案经验撰写的专业文章《证券犯罪数额辩护策略之二：操纵证券、期货市场罪案件中不同的价量计算方式对定罪量刑的影响》对该问题进行了深刻剖析；另有《证券犯罪数额辩护策略之三：操纵证券市场罪案件中不同的流通股计算方式对定罪量刑的影响》对“流通股的界定和判断”进行了深入研究，详见第五编第四章，在此不赘述。

对控辩双方争议焦点的评析

1. 法律适用

由于本案违法行为发生在《立案追诉标准（二）》出台之前，又因新司法解释显著降低了旧立案标准的入罪指标，因此本案中，数名被告人的辩护人提出了法律适用的辩护意见。

司法解释的效力附属于所解释的法律，一般认为，其效力与所附属法律同步，原则上不受从旧兼从轻原则的约束。鉴于司法解释的效力“自发布或者规定之日起施行，效力适用于法律的施行期间”[②]，所以，原则上司法解释的效力可以一直追诉到 1997 年 10 月 1 日。但如果存在新旧两个不同的司法解释，则应受从旧兼从轻原则的约束。

《操纵证券、期货刑事案件解释》中首次明确了“情节特别严重”的量刑标准，因此对于该解释适用“溯及既往”并无不妥。另外，对于罗山东等人操纵行为的价量比分析，无论是适用旧的立案标准进行评价“前述人员操纵的道森股份、迪贝电气、海鸥股份、世纪天鸿，实际控制的证券流通股份数均达到该证券的实际流通股份总量 30% 以上”，还是适用新的司法解释连续买卖的“1－1－5”价量指标，抑或是“违法所得数额在 1000 万元以上”进行衡量，本案的操纵行为均“全方位”地达到了。因此，法院认为罗山东等人的操纵行为达到“情形特别严重”的量刑档次。

2. 配资方的法律责任

《九民纪要》[③] 中对于场外配资业务的界定为：“场外配资业务主要是指一些 P2P 公司或者私募类配资公司利用互联网信息技术，搭建起游离于监管体系之外的融资业务平台，将资金融出方、资金融入方即用资人和券商营业部三方连接起来，配资公司利用计算机软件系统的二级分仓功能将其自有资金或者以较低成本融入的资金出借给用资人，赚取利息收入的行为。”因此，一般来说，配资方易触碰的法律红线为《刑法》第 225 条非法经营罪，其中第 3 款明确规定了“非法经营证券、期货业务属于非法经营行

---

① 姜永义、陈学勇、朱宏伟：《〈关于办理操纵证券、期货市场刑事案件适用法律若干问题的解释〉的理解与适用》，载《人民法院报》2020 年 3 月 12 日，第 5 版。

② 《最高人民法院、最高人民检察院关于适用刑事司法解释时间效力问题的规定》（高检发释字〔2001〕5 号）。

③ 参见《最高人民法院关于印发〈全国法院民商事审判工作会议纪要〉的通知》（法〔2019〕254 号），该会议纪要实务中被称为《九民纪要》。

为”，应承担刑事法律责任。

2021 年 4 月 30 日，证监会、公安部联合发布了十大场外配资违法犯罪典型案例，表明该类案件将以非法经营罪、诈骗罪等追究刑事责任。

本案中配资方以操纵证券市场共犯定罪，主要因为配资方为罗山东提供配资期间，对相关证券账户进行实时监管，明知罗山东一方利用其配资账户购买股票的流通盘比例明显超出双方约定、国家规定，且在相关账户多次收到监管部门的监管函后仍帮助罗山东规避监管。因此符合“二人以上共同故意犯罪”的主客观要件，构成共同犯罪。

就配资方的法律责任而言，应当根据配资方的违法行为具体分析，从主观上分析是具有“以此为业”获利的目的还是操纵证券市场获利的目的；从客观上分析是“撮合”资金供需双方还是“下场”参与操纵；从客体上分析侵害的法益是金融管理秩序还是“证券市场诚信和市场效率”① 的法益来进行综合判断。如果场外配资人员的行为同时构成非法经营罪和操纵证券市场罪的，应当充分考虑全面评价原则及两个罪名之间的轻重关系，慎重决定适用的罪名及判处的刑罚。②

就配资方的法律责任分析可详见第五编第四章的《操纵证券市场案件中，场外配资“金主”出借资金和证券账户行为的法律分析》。

案例四：唐汉博操纵证券市场刑事犯罪案——首例“沪港通跨境操纵案 + 虚假申报型操纵案”③

被告人唐汉博等人曾因操纵证券市场被证监会进行过多次行政处罚，是首例“沪港通跨境操纵案”④ 的主角；又是全国首例“虚假申报型”操纵证券市场犯罪案，“行刑并罚”也使本案成为证券违法犯罪领域典型案例中的典型。

■基本案情

被告人信息

1. 唐汉博，男，汉族，1973 年 12 月 25 日出生；
2. 唐园子，男，汉族，1978 年 1 月 15 日出生；
3. 唐渊琦，男，汉族，1982 年 4 月 24 日出生。

---

① 商浩文：《证券操纵犯罪的法益侵害界定与定量标准审视》，载《政治与法律》2023 年第 7 期。

② 李长坤：《操纵证券市场犯罪案件的审理思路和裁判要点》，载上海市第一中级人民法院，https：//www. a – court. gov. cn. /xxfb/no/court_ 412/docs/201907/d – 3541004. html。

③ 参见上海市第一中级人民法院（2019）沪 01 刑初 19 号刑事判决书。

④《首例沪港通跨境操纵案告破 家族团伙数年累犯行为现形》，载人民网，http：//money. people. com. cn/stock/n1/2016/1121/c67815 – 28882989. html。

法院查明的案件事实

2012 年 5 月至 2013 年 1 月，被告人唐汉博实际控制“杨某 1”“王某 3”“朱某”“赵某”“闵某”“申某”“陈某”“伍某”“杨某 2”等证券账户；被告人唐园子实际控制“苏某”“张某 1”等证券账户。其间，唐汉博伙同唐园子、唐渊琦，不以成交为目的，频繁申报、撤单或大额申报、撤单，影响股票交易价格与交易量，并进行与申报相反的交易。

2012 年 5 月 9 日、10 日、14 日，被告人唐汉博、唐园子控制账户组撤回申报买入“华资实业”股票量分别占当日该股票总申报买入量的 57.02%、55.62%、61.10%，撤回申报金额分别为 9000 余万元、3.5 亿余元、2.5 亿余元。同年 5 月 7 日至 23 日，唐汉博、唐园子控制账户组通过实施与虚假申报相反的交易行为，违法所得金额 425.77 万余元。

2012 年 5 月 3 日、4 日，被告人唐汉博控制账户组撤回申报买入“京投银泰”股票量分别占当日该股票总申报买入量的 56.29%、52.47%，撤回申报金额分别为 4 亿余元、4.5 亿余元。同年 4 月 24 日至 5 月 7 日，唐汉博、唐园子控制账户组通过实施与虚假申报相反的交易行为，违法所得金额共计 1369.14 万余元。

2012 年 6 月 5 日至 2013 年 1 月 8 日，被告人唐汉博控制账户组在“银基发展”股票交易中存在虚假申报撤单等行为；其中，2012 年 8 月 24 日，唐汉博控制账户组撤回申报卖出“银基发展”股票量占当日该股票总申报卖出量的 52.33%，撤回申报金额 1.1 亿余元。其间，唐汉博控制账户组通过实施与虚假申报相反的交易行为等，违法所得金额共计 786.29 万余元。

前述交易中，被告人唐汉博、唐园子控制账户组违法所得共计 2581.21 万余元。其中，唐汉博控制账户组违法所得 2440.87 万余元，唐园子控制账户组违法所得 140.33 万余元。唐渊琦在明知唐汉博存在操纵证券市场行为的情况下，仍接受唐汉博的安排多次从事涉案股票交易。

2018 年 6 月 12 日，被告人唐汉博返回境内投案；同年 6 月 19 日、26 日，被告人唐园子、唐渊琦分别向侦查机关投案。三名被告人到案后如实供述了基本犯罪事实。一审审理过程中，唐汉博向侦查机关检举揭发他人犯罪行为，经查证属实。

法院裁判结果

1. 被告人唐汉博犯操纵证券市场罪，判处有期徒刑 3 年 6 个月，并处罚金人民币 2450 万元。

2. 被告人唐园子犯操纵证券市场罪，判处有期徒刑 1 年 8 个月，并处罚金人民币 150 万元。

3. 被告人唐渊琦犯操纵证券市场罪，判处有期徒刑 1 年，缓刑 1 年，并处罚金人民币 10 万元。

4. 操纵证券市场违法所得予以追缴。

被告人辩护意见及法院审理意见

唐汉博辩护意见：不应将虚假申报“银基发展”股票一节事实认定为操纵证券市场罪。唐汉博于2012年8月24日虚假申报卖出“银基发展”股票过程中，并未进行与申报相反的交易，未从中获利，且该节事实已被行政处罚，不应当重复计算数额。

法院审理意见：本院认为，应认定该节事实构成操纵证券市场罪。主要理由是：（1）被告人唐汉博控制账户组存在虚假申报交易“银基发展”股票行为。指控时间段内，唐汉博控制账户组不以成交为目的，对“银基发展”股票频繁申报、撤单或者大额申报、撤单，且2012年8月24日当天，累计撤回申报卖出量达到同期该股票总申报卖出量50%以上，撤回申报金额在1000万元以上，误导投资者作出投资决策，影响该股票的交易价格与交易量。（2）指控时间段内，唐汉博控制账户组进行了与虚假申报相反的交易等行为，操纵“银基发展”股票获利的意图明显，且获取了巨额利益。

3名被告人均提出的辩护意见：本案操纵证券市场行为未达到情节特别严重程度。理由如下：其一，相较于明示性操纵行为，虚假申报操纵行为对证券市场的影响具有间接性，且影响力度小、周期短，对市场的控制力较弱，实害性较低。其二，涉案三只股票的撤单比例仅略超出追诉标准，涉案股票在具体操纵日与同期大盘指数偏离度较小，操纵日市场价量并未明显异常。其三，本案违法所得未达到1000万元，唐园子实际控制账户组违法所得金额刚达到入罪标准。

法院审理意见：

本院认为，对操纵证券市场违法所得数额的认定，应以与涉案股票操纵行为实质关联的股票建仓时间以及出售时间等为范围来计算违法所得，而非仅认定实施操纵行为当日的违法所得。同时，从本案来看，操纵证券市场违法所得数额以实际获利金额认定更为妥当，鉴于本案被告人实际获利金额略高于指控数额，本院不再增加认定。

另外，被告人唐汉博应对全案操纵证券市场事实承担刑事责任，涉及违法所得金额2580万余元；被告人唐园子应对其参与的操纵证券市场事实承担刑事责任，涉及违法所得金额1790万余元；两人均系情节特别严重。鉴于唐渊琦仅接受唐汉博指令多次参与涉案股票交易，故认定其操纵证券市场情节严重。

■案例评析

本案的典型意义

本案系2020年最高人民法院发布的7件人民法院依法惩处证券、期货犯罪典型案例之一，是2019年《最高人民法院、最高人民检察院关于办理操纵证券、期货市场刑事案件适用法律若干问题的解释》（以下简称《操纵证券、期货刑事案件解释》）出台后，首例以“幌骗交易”操纵手段入刑的案件。

对本案具体行为的评析

“恍骗交易操纵”是指不以成交为目的，频繁申报、撤单或者大额申报、撤单，误导投资者作出投资决策，影响证券交易价格或者证券交易量，并进行与申报相反的交易或者谋取相关利益的行为。《操纵证券、期货刑事案件解释》第1条明确了“恍骗交易操纵”属于“以其他方法操纵证券、期货市场”的情形，并明确了“情节严重”“情节特别严重”的认定标准。

虚假申报操纵的入罪标准，即当日累计撤回申报量达到同期该证券、期货合约总申报量50%以上，且证券撤回申报额在1000万元以上、撤回申报的期货合约占用保证金数额在500万元以上的。本项规定与《最高人民检察院、公安部关于公安机关管辖的刑事案件立案追诉标准的规定（二）》（2010）相比，在原有撤回申报量占比标准的基础上，增加规定了证券撤回申报额和占用期货保证金数额的标准，将单一的比例标准调整为“比例+数额标准”，主要是为了避免交易不活跃证券或者期货合约较少量即达到相关比例入罪标准，更加准确评价虚假申报操纵行为的社会危害性。①

对控辩双方争议焦点的评析

本案的主要争议焦点在违法所得的确认上，因为违法所得直接影响量刑。

1. 违法所得的认定

《刑法》第64条规定，犯罪分子违法所得的一切财物，应当予以追缴或者责令退赔。“违法所得”是指犯罪分子通过实施犯罪直接、间接产生、获得的所有财产，无须扣除犯罪分子实施犯罪行为发生的成本。事实上，在我国的刑法体系中，不同犯罪的“违法所得”的范围界定有所区别。在证券、期货犯罪中，“违法所得”范围的认定口径较为统一，最高人民法院、最高人民检察院出台的《关于办理内幕交易、泄露内幕信息刑事案件具体应用法律若干问题的解释》《关于办理操纵证券、期货市场刑事案件适用法律若干问题的解释》均认为，该类犯罪中“违法所得”指实施犯罪行为所获利益或者避免的损失。《证券期货违法行为行政处罚办法》对证券、期货的行政违法的“违法所得”认定与此一致。

2. 违法所得的计算

根据证监会2007年发布的《证券市场操纵行为认定指引（试行）》（已废止），可以使用或比照下述公式计算“违法所得”数额：

违法所得=终点日持有证券的市值+累计卖出金额+累计派现金额-累计买入金额-配股金额-交易费用。

当前实务中针对操纵市场罪违法所得的认定规则是：

（1）实际收益法：用于案发前已经平仓的情形。将建仓时点作为计算违法所得的起点，将平仓时点作为终点，以建仓成本与平仓金额之间的差额计算违法所得。实际收益法的优势在于客观反映了行为人的实际获利。

（2）虚拟收益法：用于未平仓或以实际收益法计算明显不合理的情形。虚拟收益

---

① 缐杰、吴峤滨：《〈关于办理操纵证券、期货市场刑事案件适用法律若干问题的解释〉重点难点问题解读》，载最高人民检察院网，https：//www.spp.gov.cn/spp/llyj/201908/t20190818_428843.shtml。

法又称市场吸收法，是以操纵影响消除或操纵行为中断、终止等适当时点为基准计算违法所得。非法持有余券的，可以按照操纵影响消除之时的价格计算违法所得。行为人在操纵影响消除以后再行平仓的，即使平仓价高于操纵影响消除之时的价格，两者的差价部分也可不认定为违法所得。操纵影响消除时间难以证明的，也可以操纵行为中断、终止等时点作为计算基准。

（3）关于成本扣除，应当扣除犯罪行为的直接交易成本（如交易佣金、手续费等），如前述《证券市场操纵行为认定指引（试行）》中给出的参考公式扣减了“交易费用”。普遍观点认为，对于雇佣人员费用之类的间接交易成本不在扣除范围。另外，多数当事人会主张在违法所得中对配资成本进行扣除（配资利息），因为配资成本才是操纵行为人主要负担的“成本”。然而，目前无论是从行政处罚来看还是刑事判例来看，对配资成本的扣除都不予支持。

（4）关于多股盈利计算。操纵多只股票，部分个股盈利、部分个股亏损的，计算违法所得宜采用“盈亏不相抵”原则，仅累计计算盈利部分的数额。操纵多只股票的社会危害性明显高于操纵一只股票的社会危害性，如果操纵过程中出现个股亏损并进行盈亏相抵，会整体上降低处罚力度，导致对重度行为的处理反而更轻，同时也与《证券法》（2019 年修订）第 192 条对于操纵证券市场没有违法所得的行为仍然需要予以行政处罚的精神相悖。[①]

案例五：朱炜明电视荐股“抢帽子”操纵市场刑事犯罪案[②]

本案系最高检发布的第十批指导性案例之一，正如最高检对本案例的点评中指出：“非法证券活动涉嫌犯罪的案件，来源往往是证券监管部门向公安机关移送。审查案件过程中，人民检察院可以与证券监管部门加强联系和沟通。证券监管部门在行政执法和查办案件中收集的物证、书证、视听资料、电子数据等证据材料，在刑事诉讼中可以作为证据使用。检察机关通过办理证券犯罪案件，可以建议证券监管部门针对案件反映的问题，加强资本市场监管和相关制度建设。”

■ 基本案情

被告人身份

被告人朱炜明，男，1982 年 7 月出生，原系国开证券有限责任公司上海龙华西路证券营业部（以下简称国开证券营业部）证券经纪人，上海电视台第一财经频道《谈股论金》节目（以下简称《谈股论金》节目）特邀嘉宾。

---

① 李长坤：《操纵证券市场犯罪案件的审理思路和裁判要点》，载上海市第一中级人民法院，https：//www. a－court. gov. cn. /xxfb/no/court_ 412/docs/201907/d－3541004. html。

② 参见上海市第一中级人民法院（2017）沪 01 刑初 49 号刑事判决书。

法院查明的案件事实

2013 年 2 月 1 日至 2014 年 8 月 26 日，被告人朱炜明担任××公司龙华西路营业部经纪人，并受邀担任《谈股论金》电视节目嘉宾。其间，朱炜明在其亲属“朱某”“孙某”“张某”名下的证券账户内，预先买入“利源精制”“万马股份”等 15 只股票，并在随后播出的《谈股论金》电视节目中通过详细介绍股票标识性信息、展示 K 线图或明示股票名称、代码等方式，对其预先买入的前述 15 只股票进行公开评价、预测及推介，再于节目在上海电视台首播后 1 个至 2 个交易日内抛售相关股票，人为地影响前述股票的交易量与交易价格，获取非法利益。经审计，朱炜明买入前述股票交易金额共计 2094.22 万余元，卖出股票交易金额共计 2169.7 万余元，非法获利 75.48 万余元。

法院裁判结果

1. 被告人朱炜明犯操纵证券市场罪，判处有期徒刑 11 个月，并处罚金人民币 76 万元。

2. 扣押在案的违法所得予以没收。

被告方辩护意见及法院审理意见

被告人朱炜明及其辩护人对起诉指控的主要犯罪事实及罪名不持异议；同时请求法庭综合考虑其当庭自愿认罪，愿意退缴违法所得等情节，对其从轻处罚。

法院认为，被告人朱炜明身为证券公司工作人员，违反规定买卖或持有证券，并通过公开评价、预测或者投资建议，在相关证券交易中非法获利 75 万余元，情节严重，其行为已构成操纵证券市场罪，应处五年以下有期徒刑或者拘役，并处罚金。朱炜明在庭审期间能自愿认罪，且退回全部违法所得，在量刑时酌情予以考虑。

■案例评析

本案的典型意义

无论是证券公司、证券咨询机构、专业中介机构及其工作人员，还是网络大 V、自媒体荐股人，违反规定买卖或者持有相关证券后，对该证券或者其发行人、上市公司作出公开评价、预测或者提出投资建议，通过期待的市场波动谋取利益的，构成“抢帽子”交易操纵行为。发布投资咨询意见的机构或者证券从业人员往往具有一定的社会知名度，他们借助影响力较大的传播平台发布诱导性信息，容易对普通投资者交易决策产生影响。其在发布信息后，又利用证券价格波动实施与投资者反向交易的行为获利，破坏了证券市场管理秩序，违反了证券市场公开、公平、公正原则，具有较大的社会危害性，情节严重的，构成操纵证券市场罪。①

---

① 《朱炜明操纵证券市场案——最高检发布第十批指导性案例之一》，载最高人民检察院网，https：//www.spp.gov.cn/spp/yxjcgjjdspzdxal/zwm/index.shtml。

对本案具体行为的评析

“抢帽子”交易操纵，即利用“黑嘴”荐股操纵，属于《刑法》第182条第1款第6项所列的操纵市场手段。本罪的主体曾是“特殊主体”，限定为“证券公司、证券投资咨询机构、专业中介机构或者从业人员”，在2019年《最高人民法院、最高人民检察院关于办理操纵证券、期货市场刑事案件适用法律若干问题的解释》出台后，将本罪的主体修改为一般主体，主要考虑是：随着互联网和自媒体的发展，很多网络大V、影视明星、公众人物借助各类媒体参与评价、推荐股票，他们甚至具有明显优于特殊主体的信息发布优势和影响力优势，原有规定限定为特殊主体不具有合理性，也不能满足当前司法实践的需要。①

“抢帽子”交易操纵犯罪的实质在于信息发布者与信息接收者之间的利益冲突，故通常情况下构成“抢帽子”交易操纵犯罪不需要就信息是否具有虚假性问题进行考察。② 该操纵行为的交易逻辑为“建仓持仓—公开荐股—反向交易—抢帽子交易操纵”，如若买卖证券的交易行为发生在“公开荐股”前，或者买卖证券的行为均发生在“公开荐股后”，则不构成“抢帽子”交易操纵。在叶志刚被证监会行政处罚一案③中，叶志刚在陈述、申辩意见中提出“其2007年4月19日买入‘西飞国际’后，卖出该笔股票的时间发生在海通证券有关‘西飞国际’的研究报告发布之前；其2007年2月7日至9日买入‘徐工科技’后，海通证券发布了叶志刚完成的研究报告。在研究报告中，叶志刚未对该股票评级，没有向投资者推荐的意图。因此，买卖上述股票的两笔收益不应认定为违法所得。”证监会亦采纳了该申辩意见：“我会认为，叶志刚在交易上述‘徐工科技’和‘西飞国际’股票过程中，主观上诱使投资者买卖的意图不明显，情节较为轻微。因此，买卖该两只股票的收益不认定为违法所得。”

如前面对“抢帽子”操纵行为交易逻辑的阐述，如果行为人发布的是虚假的信息，或没有采用“反向操作”的手法进行获利，则有可能被认定为“蛊惑交易操纵”，即《刑法》第182条第1款第5项“利用虚假或者不确定的重大信息，诱导投资者进行证券、期货交易的”规制的禁止操纵行为。

“抢帽子”交易操纵的实际损害结果可以是收到利益冲突信息诱导的投资者在证券交易过程中产生的损失，也可以是证券市场中特定证券的交易价格、交易量发生重大异常波动。因此，对于本种操纵手段司法解释以“证券成交额”作为量刑基准，证券交易成交额在1000万元以上的构成“情节严重”；证券交易成交额在5000万元以上的构成“情节特别严重”。

---

① 缐杰、吴峤滨：《〈关于办理操纵证券、期货市场刑事案件适用法律若干问题的解释〉重点难点问题解读》，载最高人民检察院网，https：//www.spp.gov.cn/spp/llyj/201908/t20190818_428843.shtml。

② 钱列阳、谢杰：《证券期货十六讲》，法律出版社2019年版，第330页。

③ 参见中国证监会行政处罚决定书，行政处罚决定书文号：（2012）2号。

对本案的要点评析

本案的时间跨度长，朱炜明担任嘉宾参与制作的《谈股论金》节目多达200多期。面对复杂的调查任务，证监会调查组从视频网站、网盘等公开的媒体平台获取了数百份视频资料，并利用视频分析软件统计出推荐股票的详细信息，仅用两个月时间就完成了调查工作并移送公安部门。2016年证监会对朱炜明作出行政处罚后，2017年上海市第一中级人民法院对其进行一审宣判，体现了证监会与公检法在打击证券犯罪领域的高效配合。

此前，对于行政处罚证据与刑事犯罪证据种类、转换及证明标准的问题学术界与实务界均有争议，随着2021年《证券期货违法行为行政处罚办法》的出台，对于证监会在行政执法过程中的证据收集程序、种类、认定及移送均作了较为详细的规定，对于证券犯罪领域行刑交叉相关问题的明确，有利于我国构建法秩序统一性的法律体系。

案例六：鲜言案——“行刑民”三责加身的操纵证券市场刑事犯罪案[①]

2017年3月30日，证监会作出（2017）29号行政处罚决定，没收鲜言违法所得5.78亿元，并处以28.92亿元罚款。2020年12月21日，上海市高级人民法院作出生效刑事判决，以操纵证券市场罪、背信损害上市公司利益罪数罪并罚，判处鲜言有期徒刑4年3个月，罚金1180万元并追缴违法所得。2022年9月29日，上海金融法院审理13名原告投资者诉被告鲜言操纵证券市场民事侵权案件，一审判决鲜言赔偿投资者损失470万余元。

鲜言操纵证券市场行为同时触发了行政违法责任、刑事责任和民事赔偿责任，系2022年最高法、最高检、公安部、中国证监会联合发布依法从严打击证券犯罪典型案例之一，也是成功实践证券法有关民事赔偿优先的规定，全国首例落实民事赔偿责任优先的证券侵权案件。

■基本案情

被告人身份

鲜言，系匹某匹金融信息服务股份有限公司（以下简称“匹某匹公司”）董事长、荆门汉某置业公司（以下简称“汉某公司”）法定代表人及实际控制人。

法院查明的“操纵证券市场行为”案件事实

1. Y公司更名为Z公司过程中，被告人鲜言控制了Y公司信息的生成以及信息披露的内容等

2015年，鲜言作为Y公司的实际控制人、董事长兼董事会秘书，个人决定启动公

---

① 参见上海市高级人民法院（2019）沪刑终110号刑事判决书。

司名称变更程序。同年4月9日，鲜言安排公司员工周某2至原上海市工商行政管理局（以下简称市工商局）申请变更企业名称，将Y公司名称变更为Z公司。4月17日，周某2领取了市工商局核发的企业名称变更预先核准通知书并被告知仍需履行相关程序，暂时不能使用该名称；周某2将该情况告知了鲜言。

2015年4月底，Y公司分别召开第七届董事会第八次、第九次会议，鲜言既未将更名事项提交董事会审议，亦未将更名事项告知其余董事会成员。5月4日，市工商局通知名称变更审核已经通过，Y公司于同日发出召开董事会会议通知。5月7日，Y公司召开董事会第十次会议，审议通过企业名称及经营范围变更，并于同日将草拟的公告内容递交上海证券交易所审核。5月8日，Y公司收到上海证券交易所关于公告内容的问询函；5月11日，Y公司就问询函的相关问题进行了回复。

5月11日，Y公司对外发布《关于公司名称变更的公告》《关于获得控股股东www. p2p. com网站域名特别授权的公告》。其中，《关于公司名称变更的公告》中有关公司更名的原因表述为立志于做中国首家互联网金融上市公司，基于业务转型的需要，为使公司名称能够体现主营业务，拟将名称变更为Z公司。同时，《关于获得控股股东www. p2p. com网站域名特别授权的公告》称，通过本次授权可以使公司在互联网金融行业获得领先竞争优势，该特别授权对公司转型具有突破性意义，必将给公司带来深远影响。而2015年6月Y公司正式更名为Z公司后，并未开展P2P业务，也未开展除了配资以外的金融业务，且配资业务在公司更名之前即已经开展。

2. 被告人鲜言实际控制证券账户情况及交易Y公司股票情况

2014年后，鲜言控制了刘某、鲜某、夏某等个人证券账户，并实际控制了西藏D有限公司、厦门E有限公司、W公司、四川F有限公司、V公司、G有限公司的“鸿禧1号”“鸿禧2号”“柯塞威1号”等14个信托账户中的28个HOMS单元。2015年4月30日至5月11日，鲜言通过其控制的前述账户组，买入Y公司股票共计2520万余股，买入金额2.86亿余元。2015年5月11日，Y公司有关名称变更的公告发布后，股票连续涨停。同年6月3日，Y公司股价打开涨停。

法院裁判结果

2019年9月17日，上海市第一中级人民法院经审理作出一审判决，认定鲜言犯背信损害上市公司利益罪、操纵证券市场罪，数罪并罚，决定执行有期徒刑5年，并处罚金人民币1180万元。鲜言提出上诉，上海市高级人民法院经审理于2020年12月21日作出终审判决，鉴于鲜某在二审阶段自愿认罪认罚并退缴违法所得人民币500万元，对主刑作了改判，数罪并罚后决定执行有期徒刑4年3个月，维持原判罚金刑。

被告方辩护意见及法院审理意见

被告人及辩护人辩护意见：

针对指控的操纵证券市场罪名，鲜言及其辩护人均认为该罪名不成立。

被告人鲜言的主要理由是：（1）其更改Y公司的名称无须进行信息披露。（2）其并未刻意延迟发布公告，且更名公告的表述并不存在误导性。（3）其买卖股票是为了控股公司，且最终并未盈利。

辩护人的主要理由是：（1）鲜言并未违反规定，没有控制公告发布的时间节点。从法律规定来看，企业名称预先核准不属于证券法规定的“重大事件”“内幕信息”，无须对外公告；从办理名称变更操作过程看，鲜言并未刻意延迟发布公告。（2）鲜言未发布误导性的公告。关于公司名称变更的公告、关于获得网站域名特别授权的公告不具有误导性，且已经上海证券交易所审核，Y 公司股价上涨系多因一果。（3）鲜言所持 Y 公司股票被强制平仓，最终并未实际获利且亏损，认定获利 1.4 亿余元有误。（4）即便最终认定鲜言构成操纵证券市场罪，鉴于证券监管部门已对鲜言处以罚款，也不应再对鲜言处以财产刑，否则违背“一事不再罚”原则；同时，鉴于 2017 年 3 月鲜言已就操纵证券市场行为陆续向中国证监会递交了包含法律自首申请书在内的五份文件，故鲜言构成准自首。（5）部分证人证言仅系证券监管部门调取，未经侦查机关重新收集，不宜直接作为证据使用。

法院审理意见：

本院认为，鲜言的行为已构成操纵证券市场罪，且属于《刑法》第 182 条第 1 款第 4 项其他操纵方法中的“利用信息优势操纵”。主要依据在：

1. 鲜言作为上市公司 Y 公司的实际控制人、董事长兼董事会秘书，能够控制 Y 公司信息的生成以及信息披露的内容等。

2. 从办理名称变更操作的过程看，鲜言控制了 Y 公司重大信息的生成。其一，鲜言作为公司董事长、实际控制人，系个人决定启动公司名称变更程序，并于 2015 年 4 月 9 日安排公司员工至工商行政管理部门申请变更企业名称。其二，2015 年 4 月底，Y 公司分别召开了第七届董事会第八次、第九次会议，鲜言在已向工商行政管理部门提交了更名申请并获得企业名称预先核准通知书的情况下，并未将更名事项提交审议，而公司更名属于应提交董事会讨论的事项。即使工商行政管理部门反馈仍需对该名称进行相应审核，暂时不能使用，也不影响鲜言将该重大事项及时提交董事会讨论或告知董事会成员。

3. Y 公司获得的企业名称预先核准通知书，属于《证券法》（2014 年修正）第 67 条规定的企业“重大事件”，应当及时予以公告。《证券法》（2014 年修正）第 67 条规定的上市公司应及时公告的重大事件中，包括公司的经营方针和经营范围的重大变化。鲜言将 Y 公司更名为 Z 公司，不仅涉及公司名称的变化，而且涉及公司经营范围的重大变化，即将主营业务从房地产转为互联网金融。Y 公司于 2015 年 5 月 11 日发布的公告也证明了这一点。

4. 从信息披露内容看，鲜言控制了 Y 公司信息披露的内容，且披露内容具有误导性。《关于公司名称变更的公告》中有关更名的原因包括立志于做中国首家互联网金融上市公司，使公司名称能够体现公司的主营业务。《关于获得控股股东 www.p2p.com 网站域名特别授权的公告》称通过本次授权，可以使公司在互联网金融行业获得领先的竞争优势；该特别授权对公司的转型具有突破性意义，必将给公司带来深远影响。而Y公司更名为Z公司后，并没有开展除配资以外的P2P业务及其他金融业务，且配资业务是在公司更名之前就已经开展。显然，鲜言利用互联网金融作为股票炒作热点题材，发布内容明显具有诱导性。同时，Y公司作为公告发布的主体，理应对公告内容负责，上海证券交易所是否审核公告并不影响诱导性的认定。

5. 鲜言于公告发布前，在其控制的证券账户组内大量交易Y公司股票。在案证据证明，鲜言通过其控制的个人证券账户及14个信托账户中的28个HOMS单元，于2015年4月30日至5月11日，买入Y公司股票共计2520万余股，买入金额2.86亿余元。2015年5月11日，Y公司有关名称变更的公告发布后，股票连续涨停。

辩护人辩护意见1：

辩护人提出，即使认定被告人鲜言构成操纵证券市场罪，鉴于证券监管部门已对鲜言处以罚款，也不应再对鲜言处以财产刑，否则违背“一事不再罚”原则。

法院审理意见：

本院认为，鉴于行政处罚与刑事处罚属于性质不同的两种处罚措施，故对鲜言的操纵证券市场行为已处行政罚款不影响刑事处罚时判处罚金，并不存在一事不再罚或重复评价的问题，但在具体执行罚金时应当将对应的已执行罚款金额予以扣除。

辩护人辩护意见2：

辩护人提出，部分证人证言仅系证券监管部门调取，未经侦查机关重新收集，不宜直接作为证据使用。

法院审理意见：

本院认为，对该部分证人证言不宜刑事诉讼中的证据使用。主要理由是：从证据特点看，证人证言作为言词证据，具有较强的主观性，容易发生变化；从收集程序看，行政机关收集言词证据的程序与侦查机关并不一致，对证人权利的保障程度不同；从该部分证人情况看，侦查机关有条件重新收集而未收集。同时，需要指出的是，即使该部分证人证言不作为证据使用，并不影响本案相应事实的认定。

■案例评析

本案的典型意义

本案系一起典型的信息型操纵证券市场案件，应当结合当事人控制信息的手段、对证券交易价格、交易量的影响、情节严重程度等认定是否构成操纵证券市场犯罪。上市公司实际控制人、高级管理人员利用其特殊地位，迎合市场热点，控制信息的生成或信息披露的内容、时点、节奏，进行误导性披露，是信息型操纵证券犯罪的重要手段。其本质是行为人通过控制公开披露的信息，误导投资者作出投资决策，扭曲证券价格正常形成机制，影响证券交易价格或者证券交易量。①

对本案具体行为的评析

利用信息优势操纵，首次在2010年的《最高人民检察院、公安部关于公安机关管辖的刑事案件立案追诉标准的规定（二）》中单列为一种操纵手段，在2019年《最高人民法院、最高人民检察院关于办理操纵证券、期货市场刑事案件适用法律若干问题的解释》（以下简称《操纵证券、期货刑事案件解释》）中再次明确其属于“以其他方法操纵证券、期货市场”的行为，具体指“通过控制发行人、上市公司信息的生成或者控制信息披露的内容、时点、节奏，误导投资者作出投资决策，影响证券交易价格或者证券交易量，并进行相关交易或者谋取相关利益。”需要注意的是，《最高人民检察院、公安部关于公安机关管辖的刑事案件立案追诉标准的规定（二）》中将该类型操纵限定为特殊主体，即行为人必须是“上市公司及其董事、监事、高级管理人员、控股股东、实际控制人或其他关联人员”。《操纵证券、期货刑事案件解释》将其修改为一般主体，主要考虑是：从近年来查办的案件来看，大量出现的是其他人员与上述人员内外勾结，共同通过控制发行人、上市公司信息的生成与发布，误导投资者，进行市场操纵，参与的主体身份越来越广泛，限定为特殊主体不具有合理性。

对本案争议焦点的评析

1. 对具体操纵手段的争议

检察院认为“鲜言利用信息优势，连续买卖Y公司股票，操纵证券交易价格和交易量，情节严重，其行为触犯《刑法》第182条第1款第1项之规定，应当以操纵证券市场罪追究刑事责任”，即检察院以构成“连续买卖”行为的操纵证券市场罪对鲜言提起公诉。

交易型操纵中的“利用信息优势联合或者连续买卖”与信息型操纵虽然在表述上存在一定重合，但其具体的行为方式不同，所对应的量刑标准也不同。两种操纵类型的区别在于：联合、连续交易操纵本质上是一种交易型操纵，其引起证券价量变动的核心要素是资金；而利用信息优势操纵本质上是一种信息型操纵，其影响证券价量的核心要素是信息本身。本案中，鲜言通过对“企业更名”这一应当依法依规向公众披露的信息进行发布时间控制、发布内容误导等方式，引起股价上升而进行获利，因此属于明显的信息型操纵手段。

利用信息优势操纵和内幕交易也存在部分竞合，但二者的区别主要在于牟利机制不同。内幕交易是通过掌握“未公开”的信息“把握先机”去进行交易，而利用信息优势操纵最终是需要通过将信息进行公开发布去获利。

由于市场操纵犯罪中“利用信息优势”整体覆盖了利用内幕交易信息从事相关交

---

① 《最高法、最高检、公安部、中国证监会联合发布依法从严打击证券犯罪典型案例》，载最高人民检察院网，https://www.spp.gov.cn/spp/zdgz/202209/t20220909_577066.shtml。

易，应当以构成要件覆盖更广的操纵证券市场罪认定信息型操纵与内幕交易同时实施的、在结构上相对复杂的上市公司内部人信息操纵犯罪行为。①

利用信息优势操纵，如果利用的是虚假信息，也可能与“蛊惑交易”操纵手段竞合，需要根据具体的行为方式和引起证券市场异常波动的核心要素进行具体判断。

2. 对“一事不再罚”的理解

除本案外，也有多个公开判例中的被告人、辩护人提出“一事不再罚”的辩护意见，主要有“已经受过行政处罚而不应再受到刑事处罚”“行政处罚中证券监管部门已处以罚款，不应再对被告人处以财产刑”等。

“一事不再罚”原则，广义上指对违法行为人的同一个违法行为，不得以同一事实和同一依据，给予两次或者两次以上的处罚。狭义的一事不再罚是行政处罚的原则。《行政处罚法》（2021 年修订）第 29 条明确规定：“对当事人的同一个违法行为，不得给予两次以上罚款的行政处罚。同一个违法行为违反多个法律规范应当给予罚款处罚的，按照罚款数额高的规定处罚。”这里明确的是针对行政处罚中罚金“不再罚”。行政处罚除了财产罚外，还有人身罚、行为罚、资格罚等。而刑事审判领域是根据刑法的规定对违法行为人处以无期徒刑、有期徒刑、拘役等人身自由刑罚，并处或单处罚金、没收财产等财产罚。二者除了人身罚和财产罚具有共同属性以外，其他的行政处罚种类，刑法并没有涵盖，而刑法的人身罚和财产罚程度与行政处罚也有着较大区别。为了体现过罚相当、保护行政相对人和被告人的合法权益，在行刑交叉领域具有共同属性的财产罚和人身罚上采用“折抵”方式。关于财产罚的折抵前面已经阐述是“按照罚款数额高的规定处罚”，因为刑事领域对于财产罚的严厉程度是无上限的，而行政处罚领域的财产罚多以违法所得倍数计算罚金，因此如果刑事判决中罚金金额多过行政处罚的，将采用“折抵”的方式；对于犯罪情节轻微的行为也会出现不再给予罚金刑的情形。关于人身罚的“折抵”已明确在《行政处罚法》（2021 年修订）第 35 条中规定，即“违法行为构成犯罪，人民法院判处拘役或者有期徒刑时，行政机关已经给予当事人行政拘留的，应当依法折抵相应刑期”。

本案中，鲜言的行为同时触发了行政违法责任、刑事责任和民事赔偿责任。在刑事判决中，已经明确了“在具体执行罚金时应当将对应的已执行罚款金额予以扣除”，在民事赔偿具体执行过程中，也通过对刑事案件罚没款作相应保全，优先用于执行民事判决确定的赔偿责任。这都是“一事不再罚”在具体应用上的体现。

“一事不再罚”不能简单根据文义进行解释，也不能扭曲其实质所包含的法理，亦也不能成为被滥用的辩护理由。

① 钱列阳、谢杰：《证券期货十六讲》，法律出版社 2019 年版，第 342 页。

第二节　上市公司及其内部人股票交易行为常见合规要点

一、上市公司及其内部人股票交易行为合规综述

规范上市公司及其内部人的股票交易行为，防范操纵证券市场违法犯罪，对于保护市场的公平性和投资者的权益至关重要。在证券市场的参与者中，相较于普通投资者，上市公司本身以及具有特定身份的实际控制人、大股东、董监高、核心技术人员等“内部人”因其掌握上市公司的经营情况和内部决策，其交易行为都将对证券市场产生重要影响。防范操纵证券市场的核心即防范不合规、不合法的交易行为，因此，防范操纵证券市场违法犯罪的合规要点，重在需要遵守法律法规规定的各项限制交易和禁止交易义务。

首先，在落实法律规定的各项限制交易和禁止交易要求时，需要公司建立完善的内部登记和报告制度，在对上市公司内部人可能出现的故意违法违规交易进行内部监管的同时，也需要防止出现限制交易义务人误交易的情形。其次，可以建立监控机制，用以监测异常的市场活动，包括不寻常的交易量变化和价格波动等。

笔者以特定主体、特定交易环节、特定时间为维度，梳理出以下合规要点。

二、上市公司及其内部人股票交易常见行政合规要点

序号	合规要点	具体章节链接
146	对特定主体进行短线交易的禁止	第二编第五章第三节“上市公司及相关主体股票交易的禁止性规定”
147	违反短线交易的法律后果	
148	在敏感期内交易的禁止	
149	上市公司应当制定对董监高持有及买卖本公司股票情况的专项制度	
150	对操纵证券市场的禁止	
151	对上市公司回购本公司股票的禁止	第二编第五章第四节“上市公司股份回购中的合规义务”
152	上市公司可以回购本公司股票的6种情形	
153	上市公司回购本公司股票，应当履行信息披露义务	
154	上市公司回购本公司股票，应当以合规的交易方式进行	
155	上市公司因股权激励计划发生的回购股份方案，应由律所出具专业意见	
156	上市公司因股权激励计划发生的回购股份方案应当具备法律规定的必备内容	
157	投资者通过证券交易持有有表决权股份首次达到5%时，应当履行的报告、公告义务	第二编第五章第五节“股票增持及上市公司收购过程中的合规义务”
158	投资者通过证券交易持有有表决权股份首次达到5%时，应当履行的限期内暂停交易的合规义务	
159	投资者持有有表决权股份达到5%后，其所持股份比例每增加或者减少5%，应当履行的报告和公告义务	

续表

序号	合规要点	具体章节链接
160	投资者持有有表决权股份达到5%后，其所持股份比例每增加或者减少5%，应当履行的限期内暂停交易的合规义务	第二编第五章第五节“股票增持及上市公司收购过程中的合规义务”
161	违反前述合规要点12/13/14/15的，将丧失3年的相关表决权	
162	投资者持有有表决权股份达到5%后，其所持股份比例每增加或者减少1%，应当履行的报告和公告义务	
163	通过二级市场增持的相关公告内容应当具备四个要素	
164	投资者通过证券交易持有有表决权股份达到30%时，继续收购的，应当对全体股东发出收购要约	
165	要约收购的禁止性规定	
166	以协议方式收购上市公司的，需履行的报告、公告及公告前暂停收购义务	
167	采取协议收购方式的收购人股份达到30%时，继续进行收购的，应当对全体股东发出收购要约	
168	被收购后的上市公司股权分布不符合证券交易所规定的上市交易要求的，应终止上市交易应作出相应的善后处理的规定	
169	收购人所持股票的禁售期规定	
170	收购行为完成以后的报告、公告义务	
171	发起人股东的锁定义务	第二编第五章第六节“上市公司相关主体限制减持的合规义务”
172	上市公司股东对原始股的减持比例限制	
173	发行人应当在招股说明书中披露已发行股份的锁定期安排（包括发行人控股股东、实际控制人及其亲属，董事、监事、高级管理人员、核心技术人员的股份）	
174	发行人控股股东、董事及高管应遵守的减持价格义务	
175	非实控人股东通过定向增发方式取得股票的锁定期义务	
176	上市公司的控股股东、实际控制人通过定向增发方式取得股票的锁定期义务	
177	以定向增发方式取得的可转债的转让方式限制	
178	以向特定对象发行的可转债转股的，所转股票的锁定期义务	
179	北交所特殊的定增股票锁定期义务	
180	同意接受收购要约的预受股东在要约收购期间对预受要约股票的限制转让义务	
181	收购人的锁定期义务	

续表

序号	合规要点	具体章节链接
182	重大资产重组的锁定期义务	第二编第五章第六节“上市公司相关主体限制减持的合规义务”
183	上市公司发行股份购买资产导致上市公司实际控制权发生变更的，认购股份的特定对象应当在发行股份购买资产报告书中作出公开承诺	
184	限制性股票的禁止性规定	
185	激励对象持有的限制性股票的锁定期义务	
186	当期解除限售的条件未成就的，上市公司负有回购义务	
187	上市公司大股东、控股股东、实际控制人特殊时期的禁止减持义务	
188	上市公司董监高的限制减持合规义务与例外情形	
189	上市公司董监高特殊时期的禁止减持义务	

合规要点 146：【对特定主体进行短线交易的禁止】该等“特定主体”包括持有5%以上股份的股东、董事、监事、高级管理人员，也包括持有公司 5% 以上有表决权股份的法人股东的董事、监事和高级管理人员。短线交易的认定时间为 6 个月，包括正向交易和反向交易情形。对于该特定主体持股数的认定除了其本人的持股数也包括其配偶、父母、子女持有的及利用他人账户持有的股票数量。具体法律规定，详见第二编第五章第三节“上市公司及相关主体股票交易的禁止性规定”。

合规要点 147：【违反短线交易的法律后果】短线交易产生的收益由公司所有。董事会对此负有执行义务。具体法律规定，详见第二编第五章第三节“上市公司及相关主体股票交易的禁止性规定”。

合规要点 148：【在敏感期内交易的禁止】法律规定了上市公司相关报告发布以及其他可能影响股价的事件相应发生期间为敏感期，上市公司董监高不能在敏感期内交易所持有的本公司股票。具体法律规定，详见第二编第五章第三节“上市公司及相关主体股票交易的禁止性规定”。

合规要点 149：【上市公司应当制定对董监高持有及买卖本公司股票情况的专项制度】上市公司应当制定专项制度，具体由董事会秘书进行董监高持有股票的登记、披露，并统一办理申报，进行定期检查，以防止董监高违反相应法律规定的股票交易义务。具体法律规定，详见第二编第五章第三节“上市公司及相关主体股票交易的禁止性规定”。

合规要点 150：【对操纵证券市场的禁止】法律禁止任何人操纵证券市场。具体法律规定，详见第二编第五章第三节“上市公司及相关主体股票交易的禁止性规定”。

合规要点 151：【对上市公司回购本公司股票的禁止】除了法律规定的例外情形，上市公司不得回购本公司股票。具体法律规定，详见第二编第五章第四节“上市公司股份回购中的合规义务”。

合规要点 152：【上市公司可以回购本公司股票的 6 种情形】关于上市公司收购本

公司股票，以不得回购为原则，以 6 种情形为例外。具体法律规定，详见第二编第五章第四节“上市公司股份回购中的合规义务”。

合规要点 153：【上市公司回购本公司股票，应当履行信息披露义务】上市公司收购本公司股份的，应当依照证券法的规定履行信息披露义务。具体法律规定，详见第二编第五章第四节“上市公司股份回购中的合规义务”。

合规要点 154：【上市公司回购本公司股票，应当以合规的交易方式进行】上市公司因《公司法》第 162 条第 1 款第 3 项、第 5 项、第 6 项规定的情形收购本公司股份的，应当通过公开的集中交易方式进行。具体法律规定，详见第二编第五章第四节“上市公司股份回购中的合规义务”。

合规要点 155：【上市公司因股权激励计划发生的回购股份方案，应由律所出具专业意见】由律师事务所对上市公司回购股票股权激励方案进行全方位审核。以免出现违规风险。具体法律规定，详见第二编第五章第四节“上市公司股份回购中的合规义务”。

合规要点 156：【上市公司因股权激励计划发生的回购股份方案应当具备法律规定的必备内容】回购股份方案应当包括《上市公司股权激励管理办法》第 27 条、《上市公司股份回购规则》第 22 条列明的内容。具体法律规定，详见第二编第五章第四节“上市公司股份回购中的合规义务”。

合规要点 157：【投资者通过证券交易持有有表决权股份首次达到 5% 时，应当履行的报告、公告义务】投资者持有或者通过协议、其他安排与他人共同持有一个上市公司已发行的有表决权股份达到 5% 时，应当在该事实发生之日起 3 日内，向国务院证券监督管理机构、证券交易所作出书面报告，通知该上市公司，并予公告。具体法律规定，详见第二编第五章第五节“股票增持及上市公司收购过程中的合规义务”。

合规要点 158：【投资者通过证券交易持有有表决权股份首次达到 5% 时，应当履行的限期内暂停交易的合规义务】投资者持有或者通过协议、其他安排与他人共同持有一个上市公司已发行的有表决权股份达到 5% 时，应当在上述期限内不得再行买卖该上市公司的股票，但国务院证券监督管理机构规定的情形除外。具体法律规定，详见第二编第五章第五节“股票增持及上市公司收购过程中的合规义务”。

合规要点 159：【投资者持有有表决权股份达到 5% 后，其所持股份比例每增加或者减少 5%，应当履行的报告和公告义务】投资者持有或者通过协议、其他安排与他人共同持有一个上市公司已发行的有表决权股份达到 5% 后，其所持该上市公司已发行的有表决权股份比例每增加或者减少 5%，应当依照前款规定进行报告和公告。具体法律规定，详见第二编第五章第五节“股票增持及上市公司收购过程中的合规义务”。

合规要点 160：【投资者持有有表决权股份达到 5% 后，其所持股份比例每增加或者减少 5%，应当履行的限期内暂停交易的合规义务】具体法律规定，详见第二编第五章第五节“股票增持及上市公司收购过程中的合规义务”。

合规要点 161：【违反前述合规要点 12/13/14/15 的，将丧失 3 年的相关表决权】

违反《证券法》第 63 条第 1 款、第 2 款规定买入上市公司有表决权的股份的，在买入后的 36 个月内，对该超过规定比例部分的股份不得行使表决权。具体法律规定，详见第二编第五章第五节“股票增持及上市公司收购过程中的合规义务”。

合规要点 162：【投资者持有有表决权股份达到 5% 后，其所持股份比例每增加或者减少 1%，应当履行的报告和公告义务】投资者持有或者通过协议、其他安排与他人共同持有一个上市公司已发行的有表决权股份达到 5% 后，其所持该上市公司已发行的有表决权股份比例每增加或者减少 1%，应当在该事实发生的次日通知该上市公司，并予公告。具体法律规定，详见第二编第五章第五节“股票增持及上市公司收购过程中的合规义务”。

合规要点 163：【通过二级市场增持的相关公告内容应当具备四个要素】依照《证券法》第 63 条规定所作的公告，应当包括下列内容：（1）持股人的名称、住所；（2）持有的股票的名称、数额；（3）持股达到法定比例或者持股增减变化达到法定比例的日期、增持股份的资金来源；（4）在上市公司中拥有有表决权的股份变动的时间及方式。具体法律规定，详见第二编第五章第五节“股票增持及上市公司收购过程中的合规义务”。

合规要点 164：【投资者通过证券交易持有有表决权股份达到 30% 时，继续收购的，应当对全体股东发出收购要约】通过证券交易所的证券交易，投资者持有或者通过协议、其他安排与他人共同持有一个上市公司已发行的有表决权股份达到 30% 时，继续进行收购的，应当依法向该上市公司所有股东发出收购上市公司全部或者部分股份的要约。

收购上市公司部分股份的要约应当约定，被收购公司股东承诺出售的股份数额超过预定收购的股份数额的，收购人按比例进行收购。具体法律规定，详见第二编第五章第五节“股票增持及上市公司收购过程中的合规义务”。

合规要点 165：【要约收购的禁止性规定】采取要约收购方式的，收购人在收购期限内，不得卖出被收购公司的股票，也不得采取要约规定以外的形式和超出要约的条件买入被收购公司的股票。具体法律规定，详见第二编第五章第五节“股票增持及上市公司收购过程中的合规义务”。

合规要点 166：【以协议方式收购上市公司的，需履行的报告、公告及公告前暂停收购义务】采取协议收购方式的，收购人可以依照法律、行政法规的规定同被收购公司的股东以协议方式进行股份转让。以协议方式收购上市公司时，达成协议后，收购人必须在 3 日内将该收购协议向国务院证券监督管理机构及证券交易所作出书面报告，并予公告。在公告前不得履行收购协议。具体法律规定，详见第二编第五章第五节“股票增持及上市公司收购过程中的合规义务”。

合规要点 167：【采取协议收购方式的收购人股份达到 30% 时，继续进行收购的，应当对全体股东发出收购要约】采取协议收购方式的，收购人收购或者通过协议、其他安排与他人共同收购一个上市公司已发行的有表决权股份达到 30% 时，继续进行收购的，应当依法向该上市公司所有股东发出收购上市公司全部或者部分股份的要约。但是，按照国务院证券监督管理机构的规定免除发出要约的除外。收购人依照前款规定以要约方式收购上市公司股份，应当遵守《证券法》第 65 条第 2 款、第 66 条至第 70 条的规定。具体法律规定，详见第二编第五章第五节“股票增持及上市公司收购过程中的合规义务”。

合规要点 168：【被收购后的上市公司股权分布不符合证券交易所规定的上市交易要求的，应终止上市交易应作出相应的善后处理的规定】收购期限届满，被收购公司股权分布不符合证券交易所规定的上市交易要求的，该上市公司的股票应当由证券交易所依法终止上市交易；其余仍持有被收购公司股票的股东，有权向收购人以收购要约的同等条件出售其股票，收购人应当收购。收购行为完成后，被收购公司不再具备股份有限公司条件的，应当依法变更企业形式。具体法律规定，详见第二编第五章第五节“股票增持及上市公司收购过程中的合规义务”。

合规要点 169：【收购人所持股票的禁售期规定】在上市公司收购中，收购人持有的被收购的上市公司的股票，在收购行为完成后的 18 个月内不得转让。具体法律规定，详见第二编第五章第五节“股票增持及上市公司收购过程中的合规义务”。

合规要点 170：【收购行为完成以后的报告、公告义务】具体法律规定，详见第二编第五章第五节“股票增持及上市公司收购过程中的合规义务”。

合规要点 171：【发起人股东的锁定义务】发起人持有的本公司股份，自公司成立之日或上市交易之日起一年内不得转让。具体法律规定，详见第二编第五章第六节“上市公司相关主体限制减持的合规义务”。

合规要点 172：【上市公司股东对原始股的减持比例限制】股东通过证券交易所集中竞价交易减持其持有的公司首次公开发行前发行的股份、上市公司非公开发行的股份的，其在 3 个月内通过证券交易所集中竞价交易减持股份的总数，不得超过公司股份总数的 1%。具体法律规定，详见第二编第五章第六节“上市公司相关主体限制减持的合规义务”。

合规要点 173：【发行人应当在招股说明书中披露已发行股份的锁定期安排（包括发行人控股股东、实际控制人及其亲属，董事、监事、高级管理人员、核心技术人员的股份）】发行人应当在招股说明书中披露公开发行股份前已发行股份的锁定期安排，特别是尚未盈利情况下发行人控股股东、实际控制人、董事、监事、高级管理人员股份的锁定期安排。发行人控股股东和实际控制人及其亲属应当披露所持股份自发行人股票上市之日起 36 个月不得转让的锁定安排。首次公开发行股票并在科创板上市的，还应当披露核心技术人员股份的锁定期安。具体法律规定，详见第二编第五章第六节“上市公司相关主体限制减持的合规义务”。

合规要点 174：【发行人控股股东、董事及高管应遵守的减持价格义务】该等主体应在发行文件中承诺在锁定期满后两年内减持的，减持价格不得低于发行价，否则应自动延长锁定期。具体法律规定，详见第二编第五章第六节“上市公司相关主体限制减持的合规义务”。

合规要点 175：【非实控人股东通过定向增发方式取得股票的锁定期义务】普通股东定增取得的股票，锁定期为 6 个月。具体法律规定，详见第二编第五章第六节“上市公司相关主体限制减持的合规义务”。

合规要点 176：【上市公司的控股股东、实际控制人通过定向增发方式取得股票的锁定期义务】上市公司控股股东、实际控制人定增取得股票的锁定期为 18 个月。具体法律规定，详见第二编第五章第六节“上市公司相关主体限制减持的合规义务”。

合规要点 177：【以定向增发方式取得的可转债的转让方式限制】向特定对象发行的可转债不得采用公开的集中交易方式转让。具体法律规定，详见第二编第五章第六节“上市公司相关主体限制减持的合规义务”。

合规要点 178：【以向特定对象发行的可转债转股的，所转股票的锁定期义务】该等方式取得的股票不能采用公开集中方式交易且锁定期为 18 个月的具体法律规定，详见第二编第五章第六节“上市公司相关主体限制减持的合规义务”。

合规要点 179：【北交所特殊的定增股票锁定期义务】以定向增发方式取得的股票锁定期为 6 个月。上市公司的控股股东、实际控制人或者其控制的关联方，以及上市公司前十名股东、董事、监事、高级管理人员及核心员工定增取得的股票锁定期为 12 个月。具体法律规定，详见第二编第五章第六节“上市公司相关主题限制减持的合规义务”。

合规要点 180：【同意接受收购要约的预受股东在要约收购期间对预受要约股票的限制转让义务】收购人应当委托证券公司向证券登记结算机构申请办理预受要约股票的临时保管，预受股东在要约收购期间禁止转让预受要约的股票。但预受股东在一定期限内有权办理撤回预受要约手续，也可以将全部或部分撤回的股份售予竞争要约人并办理登记手续。具体法律规定，详见第二编第五章第六节“上市公司相关主体限制减持的合规义务”。

合规要点 181：【收购人的锁定期义务】收购人持有的被收购公司的股份锁定期为 18 个月，但在同一实际控制人控制的不同主体之间进行转让不受该限制。具体法律规定，详见第二编第五章第六节“上市公司相关主体限制减持的合规义务”。

合规要点 182：【重大资产重组的锁定期义务】特定对象以资产认购而取得的上市公司股份，自股份发行结束之日起 12 个月内不得转让；属于下列情形之一的，36 个月内不得转让：（1）特定对象为上市公司控股股东、实际控制人或者其控制的关联人；（2）特定对象通过认购本次发行的股份取得上市公司的实际控制权；（3）特定对象取得本次发行的股份时，对其用于认购股份的资产持续拥有权益的时间不足 12 个月。具体法律规定，详见第二编第五章第六节“上市公司相关主体限制减持的合规义务”。

合规要点 183：【上市公司发行股份购买资产导致上市公司实际控制权发生变更的，认购股份的特定对象应当在发行股份购买资产报告书中作出公开承诺】上市公司发行股份购买资产导致特定对象持有或者控制的股份达到法定比例的，应当按照《上市公司收购管理办法》的规定履行相关义务。

上市公司向控股股东、实际控制人或者其控制的关联人发行股份购买资产，或者发行股份购买资产将导致上市公司实际控制权发生变更的，认购股份的特定对象应当在发行股份购买资产报告书中公开承诺：本次交易完成后 6 个月内如上市公司股票连续 20 个交易日的收盘价低于发行价，或者交易完成后 6 个月期末收盘价低于发行价的，其持有公司股票的锁定期自动延长至少 6 个月。

前款规定的特定对象还应当在发行股份购买资产报告书中公开承诺：如本次交易因涉嫌所提供或披露的信息存在虚假记载、误导性陈述或者重大遗漏，被司法机关立案侦查或者被中国证监会立案调查的，在案件调查结论明确以前，不转让其在该上市公司拥有权益的股份。

具体法律规定，详见第二编第五章第六节“上市公司相关主题限制减持的合规义务”。

合规要点 184：【限制性股票的禁止性规定】限制性股票在解除限售前不得转让、用于担保或偿还债务。具体法律规定，详见第二编第五章第六节“上市公司相关主体限制减持的合规义务”。

合规要点 185：【激励对象持有的限制性股票的锁定期义务】授予日与首次解除限售日之间的间隔不得少于 12 个月。分期解除限售且每期时限不得少于 12 个月，各期解除限售的比例不得超过激励对象获授限制性股票总额的 50%。具体法律规定，详见第二编第五章第六节“上市公司相关主体限制减持的合规义务”。

合规要点 186：【当期解除限售的条件未成就的，上市公司负有回购义务】当期解除限售的条件未成就的，限制性股票不得解除限售或递延至下期解除限售，上市公司应当回购尚未解除限售的限制性股票，并按照公司法的规定进行处理。具体法律规定，详见第二编第五章第六节“上市公司相关主体限制减持的合规义务”。

合规要点 187：【上市公司大股东、控股股东、实际控制人特殊时期的禁止减持义务】上市公司或者大股东因涉嫌证券期货违法犯罪，在被中国证监会立案调查或者被司法机关立案侦查期间，以及在行政处罚决定、刑事判决作出之后未满 6 个月以及大股东因违反证券交易所规则，被证券交易所公开谴责未满 3 个月的，不得减持股份。具体法律规定，详见第二编第五章第六节“上市公司相关主体限制减持的合规义务”。

合规要点 188：【上市公司董监高的限制减持合规义务与例外情形】董监高任职期间每年转让的股份（包括通过集中竞价、大宗交易、协议转让等方式）不得超过其所持有本公司股份总数的 25%；离职后半年内不得转让其所持有的本公司股份；但持股不超过 1000 股的，可一次全部转让，不受该转让比例的限制。具体法律规定，详见第二编第五章第六节“上市公司相关主体限制减持的合规义务”。

合规要点 189：【上市公司董监高特殊时期的禁止减持义务】董监高因涉嫌证券期货违法犯罪，在被中国证监会立案调查或者被司法机关立案侦查期间，以及在行政处罚决定、刑事判决作出之后未满 6 个月或因违反证券交易所规则被证券交易所公开谴责未满3个月的，不得减持股份。具体法律规定，详见第二编第五章第六节“上市公司相关主体限制减持的合规义务”。

三、操纵证券市场行为常见刑事合规要点

序号	合规要点	具体章节链接
190	连续交易操纵行为的“1－1－2”追诉标准	第三编第五章第三节之“三、操纵证券市场罪的立案追诉标准”
191	洗售操纵行为的“1－2”追诉标准	
192	约定交易操纵行为的“1－2”追诉标准	
193	蛊惑交易操纵行为的成交额追诉标准	
194	抢帽子操纵行为的成交额追诉标准	
195	重大事件操纵行为的成交额追诉标准	
196	利用信息优势操纵行为的成交额追诉标准	
197	虚假申报操纵行为的成交额追诉标准	
198	操纵证券市场行为的违法所得追诉标准	

合规要点190：【连续交易操纵行为的“1－1－2”追诉标准】实施连续交易操纵行为，持有或者实际控制证券的流通股份数量达到该证券的实际流通股份总量10%以上，连续10个交易日的累计成交量达到同期该证券总成交量20%以上的应予立案追诉。具体法律规定，详见第三编第五章第三节之“三、操纵证券市场罪的立案追诉标准”。

合规要点191：【洗售操纵行为的“1－2”追诉标准】洗售操纵行为也称自买自卖操纵行为，实施该行为的，连续10个交易日的累计成交量达到同期该证券总成交量20%以上的应予立案追诉。具体法律规定，详见第三编第五章第三节之“三、操纵证券市场罪的立案追诉标准”。

合规要点192：【约定交易操纵行为的“1－2”追诉标准】实施该行为的，连续10个交易日的累计成交量达到同期该证券总成交量20%以上的应予立案追诉。具体法律规定，详见第三编第五章第三节之“三、操纵证券市场罪的立案追诉标准”。

合规要点193：【蛊惑交易操纵行为的成交额追诉标准】行为人进行相关证券交易的成交额在1000万元以上的应予立案追诉。具体法律规定，详见第三编第五章第三节之“三、操纵证券市场罪的立案追诉标准”。

合规要点194：【抢帽子操纵行为的成交额追诉标准】行为人进行相关证券交易的成交额在1000万元以上的应予立案追诉。具体法律规定，详见第三编第五章第三节之“三、操纵证券市场罪的立案追诉标准”。

合规要点195：【重大事件操纵行为的成交额追诉标准】行为人进行相关证券交易的成交额在1000万元以上的应予立案追诉。具体法律规定，详见第三编第五章第三节之“三、操纵证券市场罪的立案追诉标准”。

合规要点196：【利用信息优势操纵行为的成交额追诉标准】行为人进行相关证券

交易的成交额在1000万元以上的应予立案追诉。具体法律规定，详见第三编第五章第三节之“三、操纵证券市场罪的立案追诉标准”。

合规要点197：【虚假申报操纵行为的成交额追诉标准】当日累计撤回申报量达到同期该证券、期货合约总申报量50%以上，且证券撤回申报额在1000万元以上、撤回申报的期货合约占用保证金数额在500万元以上的应予立案追诉。具体法律规定，详见第三编第五章第三节之“三、操纵证券市场罪的立案追诉标准”。

合规要点198：【操纵证券市场行为的违法所得追诉标准】实施操纵证券、期货市场行为，获利或者避免损失数额在100万元以上的应予立案追诉。具体法律规定，详见第三编第五章第三节之“三、操纵证券市场罪的立案追诉标准”。

第五章　背信损害上市公司利益违法犯罪行为案例分析与合规要点

在行政违法领域，背信损害上市公司利益的行为具象为违规披露信息行为、内幕交易行为、操纵证券市场行为等。如本部分“龙力生物董监高违规披露信息案”，是董监高违反忠实勤勉义务而导致公司出现未按法律法规要求披露信息、违规披露信息以及擅自改变募集资金用途的行为。

背信损害上市公司利益行为对应的刑法评价即背信损害上市公司利益罪。具体分析可详见本部分“高鹏被控背信损害上市公司利益罪判决无罪案”。

第一节　上市公司董监高背信行为违法犯罪典型案例分析

案例一：龙力生物信息披露违法违规行政处罚案①

本案是一起典型的违规信息披露行政案件，涉及范围颇广，不仅山东龙力生物科技股份有限公司遭到了行政处罚，而且时任的公司董监高几乎悉数被罚，作为公司实际控制人的程少博更是遭到了终身证券市场禁入的严厉处罚。通过研究本案例，上市公司董监高可以对信息披露相关法律体系、“直接负责的主管人员”和“其他直接责任人员”的概念有更为深入的了解。

上市公司经营过程中不可避免地要向外披露信息，在我国关于信息披露的法律规定越发完善的当下，上市公司更应当提高关注度，避免因违规披露信息而影响自身基业的长青。

■基本案情

案件概况

处罚机关：中国证监会

处罚时间：2021 年 1 月 11 日

行政处罚相对人身份：

1. 山东龙力生物科技股份有限公司，原为深圳证券交易所主板上市公司（原证券代码 002604. SZ）；

2. 程少博，时任龙力生物法定代表人、龙力生物董事长，公司实际控制人；

---

① 参见中国证监会行政处罚决定书（山东龙力生物科技股份有限公司、程少博等 18 名责任主体），行政处罚决定书文号：〔2021〕3 号。

3. 高卫先，时任龙力生物董事、副总经理；
4. 孔令军，时任龙力生物副总经理、董事；
5. 刘伯哲，时任龙力生物董事；
6. 尹吉增，时任龙力生物董事；
7. 王奎旗，时任龙力生物董事；
8. 聂伟才，时任龙力生物独立董事；
9. 杜雅正，时任龙力生物独立董事；
10. 倪浩嫣，时任龙力生物独立董事；
11. 高立娟，时任龙力生物董事会秘书；
12. 刘维秀，时任龙力生物财务总监；
13. 王燕，时任龙力生物监事；
14. 荣辉，时任龙力生物监事；
15. 刘立存，时任龙力生物监事；
16. 刘国磊，时任龙力生物职工代表监事；
17. 阎金龙，时任龙力生物职工代表监事；
18. 肖林，时任龙力生物副总经理。

市场禁入情况：①

1. 对程少博采取终身证券市场禁入措施；
2. 对高卫先、高立娟采取10年证券市场禁入措施；
3. 对刘维秀采取5年证券市场禁入措施。

陈述、申辩、听证情况：

当事人龙力生物、程少博、刘伯哲、王奎旗、荣辉提出陈述、申辩意见，并要求听证；当事人高卫先、高立娟、刘维秀、聂伟才、倪浩嫣提交了陈述申辩意见，其他当事人未听证也未提交陈述申辩材料。

行政机关认定的违法事实

第一，龙力生物2015年年度、2016年半年度、2016年年度报告中财务报表银行存款项目存在虚假记载。

2015年1月1日至2016年12月31日，龙力生物删除、修改、伪造大量会计凭证、相关单据，以及将部分募集资金从募集资金专户转入一般户用于日常经营和归还贷款。通过上述方式，龙力生物2015年年度报告虚增银行存款49893.18万元，占公司披露总资产的18.5%；2016年半年度报告虚增银行存款12099.35万元，占公司披露总资产的3.52%；2016年年度报告虚增银行存款12663.86万元，占公司披露总资产的3%。

---

① 案例来源：中国证监会市场禁入决定书（程少博、高卫先、高立娟、刘维秀），市场禁入决定书文号：〔2021〕3号，载中国证监会官网，http：//www.csrc.gov.cn/csrc/c101927/c5f879b3b9530499f976ea0a59dd6afd5/content.shtml。

龙力生物还通过删除应付票据及部分债务对应的保证金账户方式虚减银行存款。2015 年，公司内部账套显示银行存款科目共有 99 个银行账户（账户代码为 100201 至 100299），其他货币资金余额为 6600 万元，公司对外披露银行存款科目下共有 32 个银行账户（账户代码为 100201 至 100232），其他货币资金余额为 0。2016 年，公司内部账套显示银行存款科目共有 99 个银行账户（账户代码为 100201 至 100299），6 月 30 日和 12 月 31 日的其他货币资金科目余额分别为 6000 万元、4500 万元。公司对外披露的银行存款科目下共有 39 个银行账户（账户代码为 100201 至 100239），6 月 30 日和 12 月 31 日的其他货币资金余额为 0。

程少博等在上述年报审议中投赞成票或签字，刘维秀在 2016 年半年报、2016 年年度报告审议中投赞成票或签字。程少博、高卫先等人应保证财务报告真实、准确、完整，应当对龙力生物披露的上述定期报告存在虚假陈述承担法律责任。对上述行为直接负责的主管人员有程少博、高卫先、刘维秀。高立娟等是龙力生物信息披露违法行为的其他直接责任人员。

上述违法事实，有龙力生物 2015 年年度报告、2016 年半年度报告、2016 年年度报告、《龙力生物关于货币资金披露虚假记载的说明》、龙力生物账户余额表、银行存款明细账、删除账户清单及部分银行账户开户凭证或对账单节选、各银行账户资金流水、询问笔录等证据证明，足以认定。

第二，龙力生物在 2015 年年度、2016 年半年度、2016 年年度、2017 年半年度报告中财务报表相关会计科目披露的对外借款存在虚假记载，其中借款本金累计虚减 983546 万元、与借款相关的融资费用累计虚减 66980. 81 万元。

一是龙力生物通过删除短期借款、长期借款、其他应付款、应付票据等科目中与借款相关记账凭证的方式，导致 2015 年年度、2016 年半年度、2016 年年度、2017 年半年度报告中财务报表相关会计科目存在虚假记载。上述期间，龙力生物少披露（虚减）的短期借款等负债金额分别为 171930 万元、238980 万元、282354 万元、290282 万元。龙力生物 2015 年年度、2016 年半年度、2016 年年度、2017 年半年度报告对外披露的资产总额分别为 269686. 04 万元、343713. 06 万元、422644. 93 万元、437541. 99 万元，各期间虚减的负债金额分别占对外披露总资产的 63. 75%、69. 53%、66. 81%、66. 34%。

二是龙力生物通过删除与借款相关的利息费用、居间服务费等记账凭证的方式，导致 2015 年年度、2016 年半年度、2016 年年度、2017 年半年度报告中财务报表相关会计科目存在虚假记载，上述期间，龙力生物少披露（虚减）的财务费用（利息支出、服务费）、管理费用分别合计为 13942. 77 万元、8631. 39 万元、24677. 11 万元、19729. 54 万元，导致虚增当期利润总额分别为 13942. 77 万元、8631. 39 万元、24677. 11 万元、19729. 54 万元。龙力生物 2015 年年度、2016 年半年度、2016 年年度、2017 年半年度报告对外披露的利润总额分别为 6411. 42 万元、5323. 26 万元、14086. 98 万元、7206. 53 万元，因各期间虚减融资费用导致虚增的利润总额分别占对外披露利润总额的 217.47%、162.14%、175.18%、273.77%。

程少博等在年报审议中投赞成票或签字，应保证财务报告真实、准确、完整，应当对龙力生物披露的定期报告存在虚假陈述承担法律责任，对上述行为直接负责的主管人员有程少博、高卫先、刘维秀。高立娟等是龙力生物信息披露违法行为的其他直接责任人员。

上述违法事实，有龙力生物提供的《关于公司未披露对外借款的说明及其明细表》，龙力生物 2015 年半年度、2015 年年度、2016 年半年度、2016 年年度、2017 年半年度报告、2017 年年度报告中关于对外借款事项的披露情况、相关银行资料，《关于公司融资费用的说明》，对外借款事项中涉及的借款合同、财务凭证、明细账，债权方的相关资料，套账明细账，龙力生物融资服务费相关合同，相关记账凭证，2015 年半年度、2015 年年度、2016 年半年度、2016 年年度、2017 年半年度报告、2017 年年度报告中关于财务费用、管理费用的披露情况，询问笔录等证据证明，足以认定。

第三，2016 年至 2018 年，龙力生物未按照规定履行 218600 万元担保的临时信息披露义务，部分担保事项也未按照规定在 2015 年年度、2016 年半年度、2016 年年度、2017 年半年度、2017 年年度、2018 年半年度、2018 年年度报告中予以披露。

2016 年 1 月 1 日至 2018 年 12 月 31 日，龙力生物未及时披露对外担保事项 103 笔、累计金额 218600 万元。此外，对于上述 103 笔担保及 2015 年发生的 39 笔、累计金额 72500 万元的担保，龙力生物除在 2017 年年报中披露 35 笔、累计金额 77515 万元的担保以外，其余 107 笔、累计金额 213585 万元的担保均未在相应年度的定期报告中予以披露。

根据《关于规范上市公司对外担保行为的通知》(2005 年 11 月 14 日，证监发〔2005〕120 号) 第 1 条第 2 款、第 5 款的规定，公司应当及时披露上述事实。根据《公开发行证券的公司信息披露内容与格式准则第 3 号——半年度报告的内容与格式》(2014 年修订证监会公告〔2014〕22 号第 28 条及第 29 条、2016 年修订证监会公告〔2016〕32 号、2017 年修订证监会公告〔2017〕18 号第 38 条及第 39 条) 的相关条款、《公开发行证券的公司信息披露内容与格式准则第 2 号——年度报告的内容与格式》(证监会公告〔2015〕24 号、2016 年修订证监会公告〔2016〕31 号、2017 年修订证监会公告〔2017〕17 号) 第 40 条及第 41 条的规定，公司应当在相关年度报告、半年度报告中披露上述担保情况，龙力生物未在 2015 年年度、2016 年半年度、2016 年年度、2017 年半年度、2017 年年度、2018 年半年度、2018 年年度报告中披露上述事实，存在重大遗漏。

程少博等在年报审议中投赞成票或签字，应保证财务报告真实、准确、完整，应当对龙力生物披露的定期报告存在虚假陈述承担法律责任。对上述行为直接负责的主管人员有程少博、高卫先、高立娟，在年报签字的刘维秀、孔令军、尹吉增、聂伟才、倪浩嫣、杜雅正、刘伯哲（承担 2015 年年度、2016 年半年度、2016 年年度、2017 年半年度报告虚假陈述的法律责任）、王奎旗（承担 2015 年年度、2016 年半年度、2016 年年度、2017 年半年度、2018 年半年度、2018 年年度报告虚假陈述的法律责任）、王燕、阎金龙、刘立存、刘国磊、荣辉（承担 2015 年年度、2016 年半年度、2016 年年度、2017 年半年度报告虚假陈述的法律责任）、肖林为其他直接责任人员。

上述违法事实，有龙力生物提供的关于对外担保事项的说明及明细表、2015 年至 2018 年相应年度关于对外担保事项的部分定期报告、《2015 年至今对外担保相关公告》、对外担保事项中涉及的借款合同、担保合同、相关债权人提供的证明文件、相关人员询问笔录等证据证明，足以认定。

第四，自 2017 年 12 月起，龙力生物涉及大量诉讼、仲裁案件，公司未按照规定及时履行临时信息披露义务，未及时披露的重大诉讼、仲裁金额合计为 284327.56 万元。

2017 年度，龙力生物发生重大诉讼案件 2 起，涉诉金额合计 32156 万元，公司未及时披露；2018 年度，龙力生物发生重大诉讼、仲裁案件 102 起，涉案金额合计 252171.56 万元，公司未及时披露。龙力生物 2017 年、2018 年未及时履行信息披露义务的重大诉讼、仲裁事项 32156 万元、252171.56 万元，分别占 2017 年、2018 年公司披露净资产 -34865.65 万元、-323636.73 万元的 92.23%、77.92%。

根据 2005 年《证券法》第 67 条第 2 款第（10）项，《上市公司信息披露管理办法》第 30 条第 2 款第（10）项、第 71 条的规定，公司应当及时披露上述事实。龙力生物未按要求及时披露上述重大事项。对上述行为直接负责的主管人员为程少博、高立娟。

上述违法事实，有龙力生物提供的《龙力生物部分案件诉讼事项情况说明》及《山东龙力生物科技股份有限公司诉讼、仲裁明细表》，相关案件司法材料，2015 年至 2018 年相应年度关于重大诉讼、仲裁事项的部分定期报告、相关临时公告、相关人员询问笔录等证据证明，足以认定。

第五，擅自改变首次公开发行股票所募集资金的用途，2015 年度、2016 年半年度及 2017 年半年度《募集资金使用与存放情况专项报告》披露的募集资金专户余额存在虚假记载。

一是 2017 年公司未履行审议程序擅自改变首次公开发行股票所募集资金用途。

2011 年 7 月，龙力生物首次公开发行股票募集资金总额为 100200 万元，扣除发行费用后实际募集资金净额为 92700 万元。募集资金到位后，龙力生物持续在未履行审议程序的情况下将募集资金转入公司一般银行账户，用于归还公司到期债务及补充流动资金。2016 年 12 月 27 日，公司将以前年度累计未履行审议程序使用的募集资金归还至募集资金专户。

龙力生物 2014 年年度股东大会决议，使用超募资金 13232.15 万元建设“食品保健品 GMP 项目”，该项目总投资为 48000 万元，除超募资金外，其余部分由公司自筹。公司 2015 年年度股东大会决议将沼气发电项目、4000 吨木质素项目和精制食品级木糖及结晶阿拉伯糖联产项目节余募集资金 9783.97 万元结转至食品保健品 GMP 建设项目资金账户。上述两项合计，承诺投入“食品保健品 GMP 项目”募集资金共计 23016.12 万元，截至2017年底累计投入该项目4664.01万元，剩余18352.11万元于2017年在未履行审议程序的情况下分笔转入公司一般银行账户用于归还银行贷款，且至今尚未偿还。

二是2015年度、2016年半年度及2017年半年度《募集资金使用与存放情况专项报告》披露的募集资金专户余额存在虚假记载。

2015年以来公司只披露了实际投入募投项目的工程支出，未披露将募集资金转入一般银行账户使用的情况，并虚假披露募集资金专户存款余额，其中《2015年募集资金存放与使用情况专项报告》披露的募集资金余额虚增22793.96万元，《2016年半年度募集资金存放与使用情况专项报告》披露的募集资金专户余额虚增22642.10万元，《2017年上半年募集资金存放与使用情况专项报告》披露的募集资金专户余额虚增27367.75万元。

根据2005年《证券法》第15条，公司改变募集资金用途，必须经股东大会作出决议。根据《上市公司监管指引第2号——上市公司募集资金管理和使用的监管要求》(证监会公告〔2012〕44号）第11条，上市公司应当真实、准确、完整地披露募集资金的实际使用情况。董事会应当每半年度全面核查募集资金投资项目的进展情况，出具《公司募集资金存放与实际使用情况的专项报告》并披露。根据《公开发行证券的公司信息披露内容与格式准则第3号——半年度报告的内容与格式》(2014年修订）第19条、《公开发行证券的公司信息披露内容与格式准则第2号——年度报告的内容与格式》(2014年修订）第21条的规定，上市公司应当披露报告期内募集资金的使用情况。

程少博等在上述定期报告审议中投赞成票或签字，刘维秀、荣辉、肖林在2016年半年度及2017年半年度定期报告审议中投赞成票或签字，上述人员应保证财务报告真实、准确、完整，应当对龙力生物披露的定期报告存在虚假陈述承担法律责任。对上述行为直接负责的主管人员有程少博、高卫先。高立娟等在上述定期报告审议中投赞成票或签字，刘维秀、荣辉、肖林在2016年半年度及2017年半年度定期报告审议中投赞成票或签字，为对上述行为负责的其他直接责任人员。

以上事实，有龙力生物提供的有关募集资金使用情况的说明、募集资金转入一般银行账户使用明细表、项目付款台账、2011年至2017年募集资金专户银行存款明细账、各募集资金专户银行对账单、相关人员询问笔录等证据证明，足以认定。

证监会认为，对于上述事实一至事实四，龙力生物虚增银行存款、虚减对外借款及相关费用、未披露对外担保、未及时披露重大诉讼和仲裁，导致所披露的2015年年度报告、2016年半年度报告、2016年年度报告、2017年半年度报告、2017年年度报告、2018年半年度报告、2018年年度报告存在虚假记载和重大遗漏，龙力生物上述行为违反了2005年《证券法》第63条有关“发行人、上市公司依法披露的信息，必须真实、准确、完整，不得有虚假记载、误导性陈述或者重大遗漏”及第65条、第66条有关半年度报告、年度报告的规定，构成2005年《证券法》第193条第1款所述“发行人、上市公司或者其他信息披露义务人未按照规定披露信息，或者披露的信息有虚假记载、误导性陈述或者重大遗漏”的行为。

对于上述事实五，龙力生物擅自改变首次公开发行股票所募集资金的用途，2015年度、2016年半年度及2017年半年度《募集资金使用与存放情况专项报告》披露的募集资金专户余额存在虚假记载，龙力生物上述行为违反了2014年《证券法》第15条、第63条及第65条、第66条有关半年度报告、年度报告的规定，构成2014年《证券法》第193条第1款、第194条所述行为。

龙力生物董事、监事、高级管理人员违反了2014年《证券法》第68条“上市公司董事、高级管理人员应当对公司定期报告签署书面确认意见。上市公司监事会应当对董事会编制的公司定期报告进行审核并提出书面审核意见。上市公司董事、监事、高级管理人员应当保证上市公司所披露信息真实、准确、完整”之规定，以及《上市公司信息披露管理办法》第58条第1款“上市公司董事、监事、高级管理人员应当对公司信息披露的真实性、准确性、完整性、及时性、公平性负责，但有充分证据证明其已经履行勤勉尽责义务的除外”之规定，构成2014年《证券法》第193条第1款所述的违法行为。

程少博作为龙力生物的实际控制人，决策、指使公司上述事项的行为构成了2014年《证券法》第193条第3款“发行人、上市公司或者其他信息披露义务人的控股股东、实际控制人指使从事前两款违法行为的，依照前两款的规定处罚”所述情形，构成了2014年《证券法》第194条的情形。

行政相对人的陈述申辩意见及行政机关的复核意见

1. 龙力生物及程少博的陈述申辩意见

陈述申辩意见1：龙力生物及程少博认为证监会安排的阅卷时间过于紧张，当事人无法在短时间内完成阅卷工作，也无法进行充分的陈述申辩。

证监会的复核意见：龙力生物和程少博收到听证通知书后有16天的时间可以阅卷，阅卷时间相对充分，当事人怠于行使自己的阅卷权利。该案大部分证据从龙力生物取得，与行政处罚事先告知书相关的证据复制给了当事人，当事人在听证会上主动放弃了质证权利，我会不存在程序违法的问题。

陈述申辩意见2：对程少博进行二次处罚，违反2014年《证券法》第193条、第194条立法本意，违反行政处罚法“一事不再罚”的基本原则。

证监会的复核意见：我会不违反“一事不再罚”的行政处罚原则。我会对程少博作为实际控制人的指使从事本案相应违法行为、程少博作为龙力生物董事长在相应年报、半年报审议中投赞成票或签字等违法行为分别给予处罚，不违反“一事不再罚”的行政处罚原则。

陈述申辩意见3：2014年《证券法》第193条、第194条罚则运用存在事实不清。不区分具体事实，笼统认定程少博指使有关人员进行违法信息披露、指使有关人员变更募集资金用途没有证据支持。龙力生物及程少博事后采取积极措施，尽量将危害后果降到最低，存在减轻处罚的情节。

证监会的复核意见：龙力生物、程少博虽然事后做了一些有诚意的弥补工作，但与其违法行为造成的龙力生物退市等严重危害后果相比，尚不能构成《行政处罚法》第27条所述的法定减轻处罚的理由。

整体复核结论：我会对龙力生物及程少博的陈述申辩意见不予采纳。

2. 高卫先的陈述申辩意见

第一，本人在行政处罚陈述申辩书中已经提交相关资料证明募投项目建设及募集资金使用不属于其职责范畴，不需要经高卫先审批，因此，程少博笔录将募投资金转一般账户归还贷款的决策权归于高卫先，而作为公司实际控制人的程少博却成为事后知悉并同意，相关笔录不符合公司实际情况；公司在急需资金情况下，公司实际控制人程少博决策并决定动用募投资金，而高卫先只是传达程少博指令，安排梁某梅完成专户向一般户转款，该行为只是上传下达，并不具有决策、审批等性质（且高卫先也不具备相关决策权力），不应被作为此项违法事件的直接负责主管人员。

第二，程少博和高立娟依据公司外部需求制定全年利润数据预测（可能参考了外部咨询机构意见），传达给高卫先（高卫先并没有实质参与制定利润目标，只是介于分管财务副总身份不得不执行董事长指示），由高卫先安排刘维秀分解到季度并配套完成相关账套调整。与会计师事务所对接的人员是刘维秀，高卫先只是在会计师的领导到场后以公司副总的身份出面接待一下。为了公司发展，知道公司很多事情没有按照规定进行披露，也得签字确认，按照程少博的指示，参与和安排了财务账套数据调整，应承担相应的法律责任。

第三，公司相关人员混淆了财务部和高卫先的概念，高卫先不等同于龙力生物财务部。2016 年 5 月后本人不再兼任公司财务总监。

第四，通过相关人员笔录及结合公司实际运作模式，负责公司信息披露的部门是证券部，但龙力生物尚未建立完善的信息披露事务管理制度，对信息披露所涉应当披露的信息标准、未公开信息传递、审核、披露流程及信息披露事务负责人的职责等亦未形成公司章程或公司制度，故龙力生物公司的信息披露项下的决定、决策权不应仅仅以相关信息性质所属部门而推定该部门主管人员所为。高卫先由于积极配合调查组工作，全力为龙力生物公司着想，笔录过于承揽责任（向上向下均有此倾向），由此给调查工作带来误导。

证监会的复核意见：高卫先的工作职责、履职情况、相关人员笔录等都指向高卫先实施了相应的违法行为。

3. 刘伯哲、王奎旗、荣辉的陈述申辩意见

三人主张并无手段一一核实其相关财务问题。首先，三人不参与企业的日常运营，也不能掌握其核心的财务数据及重大事项。其次，无法识别企业是否存在删除、修改、伪造凭证或单据的行为，只能是基于对专业审计机构及人员的信任，在相关的半年度或年度报告上签字确认。最后，三人身为公司董事及监事需承担一定责任，但处罚过重，

请求减轻行政处罚。

证监会的复核意见：刘伯哲、荣辉等陈述申辩意见仅是陈述不掌握龙力生物核心的财务数据及重大事项等相关原因，但未提交他们在履职中勤勉尽责的相关证据。

4. 聂伟才、倪浩嫣的陈述申辩意见

聂伟才在陈述、申辩意见中提出：第一，未参与相关违规行为。第二，在违规行为中无重大过错或对相关违规行为仅负次要责任。第三，在违规事件的决策和咨询中已提出了反对意见。第四，已采取了促使董事会、监事会及其他人员纠正的措施。

倪浩嫣在陈述、申辩意见中提出：第一，未参与相关违规行为，不应当承担直接责任。第二，本人系独立董事，与内部董事、高管责任应区别对待。

证监会的复核意见：聂伟才、倪浩嫣提出的信赖审计机构等不是免责理由，聂伟才、倪浩嫣对公司提出要求等勤勉尽责方面的申辩意见没有提供客观证据。

5. 刘维秀的陈述申辩意见

第一，本人任职期间为2016年6月24日至2018年9月6日，对事实一与事实二中描述的2015年年度报告尚未任职，对事实三中2018年9月后的相关事项及2018年年度报告本人实质已不在任职期限内。第二，被动任职、原因不明，整个任职期间受公司原架构影响，部分财务总监职责缺失，仍由分管的副总经理高卫先（前财务总监）执行，根据公司领导安排，配合高卫先完成财务中心部分工作，任职期间和调职后均未参与相关违规行为。

证监会的复核意见：关于刘维秀的陈述申辩意见，我会对其应承担责任的半年度报告、年度报告年份予以了进一步细化。

6. 高立娟的陈述申辩意见

第一，请求调整对高立娟在违法事实中的责任认定，建议在第三项、第四项违法事实中将高立娟认定为“其他直接责任人员”。第二，请求减轻对高立娟的罚款和市场禁入，建议“对高立娟给予警告，并处以10万元罚款”“对高立娟采取5年证券市场禁入措施”或酌减。

证监会的复核意见：高立娟作为董事会秘书，做好公司临时披露诉讼、担保等事项是其主要责任之一，公司存在大量且金额巨大的未及时披露的诉讼、担保事项，在违法事实三、事实四中将高立娟认定为直接负责的主管人员与客观事实、证据相符。

整体复核结论：本案审理时，我会已经综合考虑了各相关人员职务、职责、履职情况，对违法行为应承担责任大小予以了区分，我会对相关当事人的上述陈述、申辩意见等不予采纳。

处罚决定

1. 对龙力生物责令改正，给予警告并处以60万元罚款。

2. 对程少博给予警告，并处以90万元罚款，其中作为直接负责的主管人员罚款30万元，作为实际控制人罚款60万元；依据2014年《证券法》第194条的规定，对程少博给予警告，并处以60万元罚款，其中作为直接负责的主管人员罚款20万元，作为实际控制人罚款40万元。对程少博合计罚款150万元。

3. 对高卫先给予警告，并处以20万元罚款。依据2014年《证券法》第194条第1款的规定，对高卫先给予警告，并处以10万元罚款。合计罚款30万元。

4. 对高立娟给予警告，并处以20万元罚款。

5. 对刘维秀给予警告，并处以10万元罚款。

6. 对孔令军、尹吉增、聂伟才、倪浩嫣、杜雅正5人给予警告，并分别处以8万元罚款。

7. 对刘伯哲、王奎旗给予警告，并分别处以5万元罚款。

8. 对王燕、阎金龙、刘立存、刘国磊、荣辉、肖林给予警告，并分别处以3万元罚款。

■案例评析

本案的典型意义

本案系2021年证监会公布的20起典型违法案例之一，不仅龙力生物公司受到行政处罚，而且龙力公司内部高管也几乎因违反忠实勤勉义务而被“一网打尽”。

忠实义务是指公司高级管理人员应当忠实履行职责，其自身利益与公司利益发生冲突时，应当维护公司利益，不得利用高级管理人员的地位牺牲公司利益为自己或者第三人牟利。勤勉义务是指公司高级管理人员履行职责时，应当为公司的最佳利益，具有一个善良管理人的细心，尽一个普通谨慎之人的合理注意。[①] 简言之，就是作为公司董事、监事等高级管理人员，应当“在其位，谋其职”，需要在公司经营过程中充分谨慎地履行职责行使权力。

《公司法》第147条[②]最简明直接地规定了董监高的忠实勤勉义务，即“董事、监事、高级管理人员应当遵守法律、行政法规和公司章程，对公司负有忠实义务和勤勉义务”。上市公司是特殊的公众公司，因此监管部门对上市公司董监高的忠实勤勉义务履行有更加严格的标准。我国证券法和其他上市公司配套法律法规对忠实勤勉义务有更具体的表述，将在下面详细阐述。

实务中，对于如何判断董监高是否履行了忠实与勤勉义务以及判断标准仍有争议。美国法院对于董事忠实勤勉义务的判断，除了以主观认定标准为主外还奉行商业判断规则；英国法对于董事忠实勤勉义务有三层判断标准，分别是主观性标准、客观性标准和推定知悉原则[③]；我国目前实务中多以客观标准为主、主观标准为辅的判定标准。期待

---

① 参见“山东海之杰纺织有限公司、艾哈迈德·盖博损害公司利益责任纠纷再审审查与审判监督民事裁定书”，(2020）最高法民申640号民事判决书。

② 《公司法》(2023年修订）第179条、第180条。

③ 秦子舒：《论我国董事忠实勤勉义务的具体化标准——兼论大股东掠夺现象治理》，载《中国高新区》2018年第3期。

我国日后在该领域的立法将会进一步完善。

对本案具体行为的评析

第一，本案中龙力生物董监高集体违反了上市公司董监高的勤勉尽责义务，在含有不实信息的公司年度报告上签字，因此被追究法律责任。

2019 年《证券法》第 82 条第 1 款至第 3 款规定："发行人的董事、高级管理人员应当对证券发行文件和定期报告签署书面确认意见。发行人的监事会应当对董事会编制的证券发行文件和定期报告进行审核并提出书面审核意见。监事应当签署书面确认意见。发行人的董事、监事和高级管理人员应当保证发行人及时、公平地披露信息，所披露的信息真实、准确、完整"；《上市公司信息披露管理办法》（2021 年修订）第 51 条第 1 款也规定："上市公司董事、监事、高级管理人员应当对公司信息披露的真实性、准确性、完整性、及时性、公平性负责，但有充分证据表明其已经履行勤勉尽责义务的除外。"通过上述法律法规，我国确定了上市公司董监高在信息披露方面的勤勉尽责义务，以及违反该义务后需要面临的行政处罚。

此外，值得注意的是，虽然《上市公司信息披露管理办法》（2021 年修订）第 51 条规定了免责情形，也就是如果上市公司的董监高能举出充分证据，证明其已经履行勤勉尽责义务，可以免受行政处罚。该条款应当从两方面理解：

在立法原意方面，该条款将公司的责任与董监高的责任进行了分割，即使上市公司存在信息披露违规的情形，但已经尽到了勤勉尽责义务的董监高并不需要与公司一并承担行政违法的责任。因此，上市公司董监高在工作过程中应当积极履行勤勉尽责义务，与公司内其他实施违法行为的人员做斗争，避免在无意中因为公司或他人的违法行为而被卷入风险之中。

在实际执行方面，该条款规定，必须是在有充分的证据能够证明董监高已经履行了勤勉尽责义务的前提下，董监高才能免予承担责任。至于"充分证据"的标准，目前尚未有明确的规定，实践中系证监会进行自由裁量的事项之一。如果董监高仅是声称自己已经积极履行勤勉尽责义务，而缺乏相应的证据证明，该辩护意见往往不会被证监会所采纳。因此，上市公司董监高需要认识到，在被卷入信息披露违规的案件时，单纯的辩护意见未必能达到理想的效果，还需要有相应的证据。

回到本案之中，通过行政处罚决定书，我们可以对涉案人员及违法行为进行归类。从中可看出，涉案人员基本是在龙力生物所发布的虚假报告上进行签字，未能保证信息的真实、准确、完整，因此而遭到处罚。具体如下：

序号	姓名	时任职务	违法行为
1	程少博	龙力生物法定代表人、龙力生物董事长，公司实际控制人	（1）龙力生物2015年至2018年度报告存在虚假记载、应当披露而未披露情形，但仍通过审议；（2）擅自改变首次公开发行股票所募集资金的用途，并未如实披露
2	高卫先	龙力生物董事、副总经理	
3	孔令军	龙力生物副总经理、董事	
4	刘伯哲	龙力生物董事	
5	尹吉增	龙力生物董事	
6	王奎旗	龙力生物董事	
7	聂伟才	龙力生物独立董事	
8	杜雅正	龙力生物独立董事	
9	倪浩嫣	龙力生物独立董事	
10	高立娟	龙力生物董事会秘书	
11	刘维秀	龙力生物财务总监	
12	王燕	龙力生物监事	
13	荣辉	龙力生物监事	
14	刘立存	龙力生物监事	
15	刘国磊	龙力生物职工代表监事	
16	阎金龙	龙力生物职工代表监事	
17	肖林	龙力生物副总经理	

由此可见，上市公司董监高在审核公司年度报告等内容时，需要注意其信息的真实性，对存疑之处要提出保留意见，避免被认定为未尽勤勉尽责义务。

第二，上市公司的董监高即使没有参与违规披露信息的策划、实施，但在未尽勤勉尽责义务的情况下，也会被定性为“其他直接责任人员”而追究责任。

本案证监会在调查、处罚的过程中，对龙力生物的涉案人员在性质上进行了区分，划分为“直接负责的主管人员”“其他直接责任人员”，并处以了不同程度的处罚：

序号	姓名	身份认定	最终处罚
1	程少博	直接负责的主管人员	给予警告，并处以90万元罚款
2	高卫先	直接负责的主管人员	给予警告，并处以20万元罚款
3	孔令军	其他直接责任人员	给予警告，并处以8万元罚款
4	刘伯哲	其他直接责任人员	给予警告，并处以5万元罚款
5	尹吉增	其他直接责任人员	给予警告，并处以8万元罚款
6	王奎旗	其他直接责任人员	给予警告，并处以5万元罚款
7	聂伟才	其他直接责任人员	给予警告，并处以8万元罚款
8	杜雅正	其他直接责任人员	给予警告，并处以8万元罚款

续表

序号	姓名	身份认定	最终处罚
9	倪浩嫣	其他直接责任人员	给予警告，并处以 8 万元罚款
10	高立娟	直接负责的主管人员	给予警告，并处以 20 万元罚款
11	刘维秀	直接负责的主管人员	给予警告，并处以 10 万元罚款
12	王燕	其他直接责任人员	给予警告，并处以 3 万元罚款
13	荣辉	其他直接责任人员	给予警告，并处以 3 万元罚款
14	刘立存	其他直接责任人员	给予警告，并处以 3 万元罚款
15	刘国磊	其他直接责任人员	给予警告，并处以 3 万元罚款
16	阎金龙	其他直接责任人员	给予警告，并处以 3 万元罚款
17	肖林	其他直接责任人员	给予警告，并处以 3 万元罚款

实际上，虽然证券法中规定了“直接负责的主管人员”“其他直接责任人员”的义务、在未履行义务时需要承担的法律后果，但没有对“直接负责的主管人员”与“其他直接责任人员”之间的界限作出明确的规定。如果将视野放宽至整个法律体系，我们可以从其他领域法律、司法解释的相关规定中进行参照理解：

《刑法》在第 31 条规定了单位犯罪的处罚原则，明确在单位犯罪的案件中，直接负责的主管人员和其他直接责任人员需要接受刑罚；在《全国法院审理金融犯罪案件工作座谈会纪要》（法〔2001〕8 号）中，最高人民法院进一步明确：“直接负责的主管人员，是在单位实施的犯罪中起决定、批准、授意、纵容、指挥等作用的人员，一般是单位的主管负责人，包括法定代表人。其他直接责任人员，是在单位犯罪中具体实施犯罪并起较大作用的人员，既可以是单位的经营管理人员，也可以是单位的职工，包括聘任、雇佣的人员。”此外，最高人民法院等五部门《关于办理环境污染刑事案件有关问题座谈会纪要》也指出：“单位犯罪中的‘直接负责的主管人员’，一般是指对单位犯罪起决定、批准、组织、策划、指挥、授意、纵容等作用的主管人员，包括单位实际控制人、主要负责人或者授权的分管负责人、高级管理人员等。”

基于上述法律、司法解释以及证券法中将“直接负责的主管人员”“其他直接责任人员”作为两类相互独立的主体加以规制的立法情况，我们可以从中探究两类人员的共性与个性：

在共性方面，“直接负责的主管人员”“其他直接责任人员”都参与了证券违法行为实施（具有相应义务而未履行）的具体过程，并且在其中发挥了较大作用。

在个性方面，“直接负责的主管人员”对违法行为的参与程度、在公司人员架构中的等级要高于“其他直接责任人员”，“直接负责的主管人员”首先需要具有在公司中负责主要管理该领域事务的身份，具体到违法过程中，也要发挥决定、批准、授意、纵容、指挥等决定性的作用。相对而言，虽然“其他直接责任人员”也参与了违法行为的具体过程，但在参与程度上要低于“直接负责的主管人员”。

值得注意的是，如果上市公司的董监高没有参与违法行为策划、实施的具体过程，仅仅是因为疏忽等缘故而未履行好忠实勤勉义务，此时是否还需要被追究责任。证监会在〔2017〕97 号行政处罚决定书以及北京市第一中级人民法院在（2018）京 01 行初 875 号判决书中作出了解答。在该案件中，当事人胡凤滨作为哈尔滨电气集团佳木斯电机股份有限公司的独立董事，在含有不实信息的公司年报上进行签字，最终被证监会定性为“其他直接责任人员”并受到处罚。此后胡凤滨就该行政处罚起诉证监会，主张自己并没有参与制造虚假信息的具体行动，也缺乏了解到相关信息并不真实的主观明知，因此不属于“其他直接责任人员”。北京市第一中级人民法院在审理中指出：“关于‘其他直接责任人员’的理解，所谓‘其他’就是行为人区别于直接负责的主管人员，‘直接’是指行为人实际参与了发行人信息披露的过程，‘责任’系指行为人存在未尽勤勉尽责的地方……认定公司构成信息披露违法行为需要以公司主观上存在故意为要件，认定附随性的相关责任人员的法律责任，则不需要相关责任人员必须具有主观故意以及客观上主动参与。”[①] 一审宣判后胡凤滨提出上诉，北京市高级人民法院审理后认为一审法院判决适用法律正确，予以维持。

由此可见，上市公司的董监高由于其地位、职责，在信息披露方面具有更高的义务与责任：如果主观上对违规披露信息事宜知情、客观上积极参与了该事项的策划、实施等主要行为，则会被定性为“直接负责的主管人员”；如果客观上没有参与违规披露信息事宜的策划、实施等行为，但没有充分证据证明其已经履行勤勉尽责义务，则会被定性为“其他直接责任人员”，同样需要承担相应的行政责任。

因此，上市公司的董监高需要对自己的义务与责任有充分的认知、高度的注意，抛开“没有主动参与违法行为就不会被追究责任”的错误思想，在履职过程中保证行为合规，避免被卷入违法犯罪的旋涡之中。

犯前款罪的上市公司的控股股东或者实际控制人是单位的，对单位判处罚金，并对其直接负责的主管人员和其他直接责任人员，依照第一款的规定处罚。

案例二：秦勇背信损害上市公司利益刑事犯罪案[②]

本案系一起颇为波折的刑事案件，在历经一审、二审、发回重审后，被告人秦勇并没有被认定构成检察机关所指控的挪用资金罪，而是被定性为背信损害上市公司利益罪。

本案有不少问题值得进一步探究：挪用资金罪与背信损害上市公司利益罪的区别在于何处？如何理解背信损害上市利益行为的具体内涵？要解决这些问题，就需要对本案

---

① 参见北京市第一中级人民法院（2018）京 01 行初 875 号判决书。

② 参见新疆维吾尔自治区克拉玛依市克拉玛依区人民法院（2020）新 0203 刑初 98 号刑事判决书。

例进行分析研究。

■基本案情

被告人身份

秦勇，时任新疆准东石油技术股份有限公司（以下简称准油股份）法定代表人、董事长。

法院查明的犯罪事实

2015 年 11 月 20 日，在被告人秦勇任准油股份法定代表人、董事长期间，准油股份（乙方）与中安融金（甲方）签订《借款及保证合同》（合同编号：2015 联贷字第 26 号）一份，借款金额人民币 4000 万元，借款期限 6 个月，用途为补充企业经营流动性资金，乙方收款人为创越能源北京分公司，开户行：民生银行北京西长安街支行，被告人秦勇及创越能源（合称丙方）为共同保证人。合同尾部甲方处加盖有中安融金印章，乙方处加盖有准油股份印章，丙方处有被告人秦勇签名并加盖有创越能源的印章。同日，准油股份向中安融金出具《委托收付资金协议》一份，委托创越能源收取该笔借款，该协议尾部加盖有准油股份的印章。合同签订后，被告人秦勇担任董事长并实际控制的创越能源下属北京分公司民生银行账户收到中安融金通过招商银行账户先后分九次转入资金共计 4000 万元，均用于创越能源日常经营及其关联公司资金周转，其中转入中信信托有限公司 900 万元、剑川县汇鑫矿业 50 万元、新疆广华投资有限公司 780 万元、深圳盛源城投咨询有限公司 80 万元、创越能源集团有限公司 300 万元、四川创越碳材料有限公司 50 万元、创越能源北京分公司交通银行账户 1840 万元。准油股份公司章程（2014 年 8 月修订）第 113 条第 7 项规定："为避免年度股东大会召开时间较晚、影响经营工作的正常开展，公司董事会可就年度投资预算提前审核并形成决议；在年度股东大会审议之前，董事会通过后的年度预算内投资事项可择机实施，由董事长批准后执行。在上述额度内，单项金额不超过 500 万元的，由公司经理办公会审批；高于 500 万元的，由公司董事长审批；达到本条（三）规定条件的，提交股东大会审批。"2015 年 11 月 20 日签订《借款及保证合同》（合同编号：2015 联贷字第 26 号）前，该笔 4000 万元融资未履行上述规定审批程序，与之相关的 2015 年 11 月 20 日准油股份公司董事会纪要上常某、王某 1、胡某、王某 3、马某、何云、唐某的签名均非本人签字。2015 年 12 月，中安融金与创越能源北京分公司曾就案涉的 4000 万元借款协商签订借款及保证合同，但双方最终未签订纸质合同。

2016 年 5 月 26 日，因 4000 万元借款到期，经与中安融金协商，被告人秦勇以准油股份（乙方）的名义与徐冉（甲方）签订《借款及保证合同》[合同编号：2015 -（债转）-080] 一份，借款金额人民币 2000 万元，借款期限 6 个月，用途为补充企业经营流动性资金，乙方收款人及开户行空白，被告人秦勇及创越能源（合称丙方）为共同保证人。合同尾部甲方处有徐冉签名，乙方处加盖有准油股份印章，丙方处有被告人秦勇签名并加盖有创越能源的印章。同日，被告人秦勇以准油股份名义出具《委托收付资金协议》一份，委托北京华山平安投资管理有限公司（以下简称华山平安投资）从债权人徐冉处收取该笔借款，该协议尾部加盖有准油股份的印章。2016 年 5 月 26 日签订《借款及保证合同》[合同编号：2015 -（债转）-080] 前，该笔 2000 万元融资未履行准油股份内部规定程序，所加盖的准油股份的印章系被告人秦勇事前安排准油股份工作人员履行印章借出审批手续后带至北京交由被告人秦勇本人加盖。2016 年 5 月 27 日，徐冉（转让人）与中安融金（受让人）签订《债权转让及回购协议》[合同编号：2016 -（债转）-080 -1]，徐冉将基于《借款及保证合同》[合同编号：2015 -（债转）-080] 对准油股份所享有的 2000 万元债权转让给中安融金。2015 年 11 月 25 日至 12 月 31 日，创越能源根据其下属的北京分公司与安投融签订的《咨询服务协议书》向中安融金支付 100 万元服务费。2015 年 12 月 25 日至 2016 年 2 月 3 日，创越能源通过民生银行账户向中安融金支付利息 504983.42 元。

2018 年 1 月，中安融金就通过徐冉“过桥”展期的 2000 万元借款向北京市海淀区人民法院提起诉讼，请求准油股份偿还借款本金并支付利息，被告人秦勇及创越能源承担连带保证责任。因中安融金无正当理由未到庭应诉，2020 年 6 月 29 日，北京市海淀区人民法院作出（2018）京 0108 民初 7881 号民事裁定，对本案按撤诉处理。2017 年 9 月，中安融金就剩余 2000 万元借款向北京市海淀区人民法院提起诉讼，请求准油股份偿还借款本金并支付利息，被告人秦勇及创越能源承担连带保证责任。2019 年 12 月，北京市海淀区人民法院作出（2017）京 0108 民初 49984 号民事裁定，以中安融金涉案资金来源于案外人涉嫌非法吸收公众存款所得，并已由公安机关立案侦查，故中安融金的起诉不符合相关法律规定为由裁定驳回起诉，准油股份提出上诉。2020 年 5 月 25 日，北京市第一中级人民法院作出（2020）京 01 民终 3631 号民事裁定，撤销（2017）京 0108 民初 49984 号民事裁定，指令北京市海淀区人民法院继续审理，该案尚在审理中。

2014 年 1 月至 2016 年 12 月，秦勇利用担任准油股份公司法定代表人、董事长的职务便利，以个人名义或通过该公司财务总监王某 1 等高级管理人员安排的方式，以员工吕某 1 等 8 人的名义借支公司备用金，其中秦勇个人借支 100 万元，吕某 1 等 8 人借支 2685 万元，共计 2785 万元均转入秦勇指定账户，用于创越能源集团及其关联企业的日常经营及资金周转。具体事实如下：

1. 2014 年 1 月 17 日至 12 月 22 日，秦勇个人或者通过常某、宗某、王某 1 等人，指派准油股份公司员工以个人名义多次借支备用金，其中，吕某 1 借支七次共 240 万元，崔某借支两次共 140 万元，王某 2 借支一次 100 万元，共计 480 万元。

2. 2015 年 1 月 5 日至 4 月 3 日，秦勇通过常某、宗某、王某 1 等人，指派准油股份公司员工以个人名义多次借支备用金，其中，吕某 1 借支三次共 280 万元，崔某借支两次共 170 万元，王某 2 借支三次共 244 万元，邱杨姝借支三次共 270 万元，邢某借支一次 80 万元，共计 1044 万元。

3. 2015 年 7 月 27 日至 11 月 11 日，秦勇个人或者通过常某、宗某、王某 1 等人，指派准油股份公司员工以个人名义多次借支备用金，其中，吕某 1 借支三次共 150 万元，崔某借支一次 200 万元，邱杨姝借支一次 200 万元，郑某 1 借支一次 200 万元，郭琳夏借支两次 330 万元，共计 1080 万元。

4. 2016 年 1 月 4 日和 7 月 13 日，秦勇通过宗某、徐文世、王某 1 等人，指派准油股份公司员工郑某 1 以个人名义借支两次备用金共计 81 万元。

上述借支款项 2015 年 12 月 28 日前归还准油股份 21461218. 73 元，2016 年 12 月 29 日前归还准油股份 6388781. 72 元，合计 27850 万元。

案发后，被告人秦勇经电话传唤到案。

法院裁判结果

被告人秦勇犯背信损害上市公司利益罪，判处有期徒刑 2 年 10 个月，缓刑 3 年，并处罚金人民币 10 万元。

被告方辩护意见与法院审理意见

辩护意见 1：秦勇不构成挪用资金罪。

法院审理意见：被告人秦勇的行为不构成挪用资金罪。《刑法》第 272 条规定："公司、企业或者其他单位的工作人员，利用职务上的便利，挪用本单位资金归个人使用或者借贷给他人，数额较大、超过三个月未还的，或者虽未超过三个月，但数额较大、进行营利活动的，或者进行非法活动的，处三年以下有期徒刑或者拘役；挪用本单位资金数额巨大的，或者数额较大不退还的，处三年以上十年以下有期徒刑。"本罪的主体为特殊主体，即公司、企业或者其他单位的工作人员，主观方面只能出于故意，即行为人明知自己在挪用或借贷本单位资金，并且利用了职务上的便利，而仍故意为之，所侵害的客体是公司、企业或者其他单位资金的使用收益权，对象则是本单位的资金。

首先，案涉 4000 万元不属于准油股份公司的财产，即挪用资金罪的犯罪对象不成立。

一是借方缺乏融资的主观意愿。准油股份的公司章程明确规定了对外融资的内部审批程序，证人吕某 2、宗某、简某、唐某、王某 3、常某、马某的证言不仅可以印证准油股份对外融资的内部严格审批程序，亦可以印证案涉 4000 万元借款未经过准油股份内部程序讨论、表决，违反了上市公司章程的规定，不能代表准油股份公司的真实意愿。本案案发后，准油股份在该笔 4000 万元借款所涉民事、刑事诉讼程序中均明确否认该笔款项系该公司的借款。证人魏某、刘某 1、代某的证言亦可证实该笔借款系由中安融金与创越能源接触商谈、签订合同，中安融金最终与创越能源达成借款意愿，准油股份及其工作人员均未参与。借款放出后，由该笔借款所产生的服务费及利息均由创越能源北京分公司向中安融金支付，准油股份分文未付。

二是贷方行为超经营范围且违反国家法律禁止性规定。依据 2012 年商务部《关于商业保理试点有关工作的通知》第 2 条第（3）项"开展商业保理原则上应当设立独立的公司，不得混业经营，不得从事吸收存款、发放贷款等金融活动”规定，以及2019年《中国银保监会办公厅关于加强商业保理企业监督管理的通知》第1条第（4）项“商业保理企业不得有以下行为或经营以下业务……4. 发放贷款或受托发放贷款”规定，商业保理公司为企业提供贸易融资、销售分户账管理、客户资信调查与评估、应收账款管理与催收、信用风险担保等服务，不得从事吸收存款、发放贷款等金融活动。本案中，中安融金作为商业保理公司发放贷款的行为系违反上述规定的超越经营范围行为。根据《最高人民法院关于适用〈中华人民共和国合同法〉若干问题的解释（一）》第10条“当事人超越经营范围订立合同，人民法院不因此认定合同无效，但违反国家限制经营、特许经营以及法律、行政法规禁止经营的除外”规定，本案中，中安融金作为商业保理公司通过互联网借贷平台向不特定对象发放贷款，具备了经营性特征，亦非为解决资金困难或生产急需而偶然为之，违反了《银行业监督管理法》第19条“未经国务院银行业监督管理机构批准，任何单位或者个人不得设立银行业金融机构或者从事银行业金融机构的业务活动”关于限制经营的强制性规定，依据《中华人民共和国合同法》第52条之规定，其与准油股份签订的《借款及保证合同》（合同编号：2015联贷字第26号）应认定为无效合同，案涉4000万元不能据此成为准油股份的公司财产。

三是被告人秦勇不具有挪用准油股份单位财产的主观故意。首先，基于前述，案涉4000万元借款自始至终系由中安融金与创越能源接触商谈、签订合同，中安融金最终与创越能源达成借款意愿，准油股份及其工作人员均未参与。其次，案涉4000万元借款在中安融金转入创越能源账户之前，客观上并未成为准油股份的单位财产。最后，对于《委托收付资金协议》形成、提供的过程，现有证据均不能证实系在被告人秦勇的提议、指使或安排下所形成，故根据现有证据查明之事实，不能认定被告人秦勇具有挪用准油股份单位财产的主观故意。

四是案涉的两笔款项均系在公司账户之间流转，并未归被告人秦勇个人使用。构成挪用资金罪除了要有挪用资金的行为，还必须证明挪用的资金是归个人使用，如果不能证明归个人使用，则不构成挪用资金罪。依据全国人大常委会《关于〈中华人民共和国刑法〉第三百八十四条第一款的解释》的规定，挪用资金罪的“归个人使用”是指将资金供本人、亲友或者其他自然人使用，或者以个人名义将资金供其他单位使用，或者个人决定以单位名义将资金供其他单位使用，谋取个人利益的。《全国法院审理经济犯罪案件工作座谈会纪要》第4条第2项规定，对于行为人逃避财务监管，或者与使用人约定以个人名义进行，或者借款、还款都以个人名义进行，将公款给其他单位使用的，应认定为“以个人名义”挪用资金。2010年《最高人民检察院、公安部关于公安机关管辖的刑事案件立案追诉标准的规定（二）》（以下简称《立案追诉标准（二）》）第85条规定，“归个人使用”包括将本单位资金供本人、亲友或者其他自然人使用的，以个人名义将本单位资金供其他单位使用的，个人决定以单位名义将本单位资金供其他单位使用，谋取个人利益的。

根据本案已查明的事实，4000 万元资金通过创越能源北京分公司的民生银行账户流向创越能源的关联公司或其他公司，被告人秦勇虽然对创越能源具有实际控制，但根据我国现行法律规定出资者的产权或股份与企业的法人财产不能直接对应，出资者在企业存续期间不能直接支配、处分企业的法人财产，况且准油股份的部分高管在案发时仍为创越能源的股东，与创越能源及被告人秦勇具有利益趋同性和一致性，因此不能将创越能源的公司利益等同于秦勇个人利益。而 2785 万元备用金的转出与归还，最终收款人和使用人均为准油股份和创越能源，其实质为两个公司间的关联交易，这在证监会新疆证监局的《行政处罚决定书》中已经明确认定。

综上，因主观故意、犯罪对象和客观行为均不符合刑法规定，被告人秦勇的行为不构成挪用资金罪。

辩护意见 2：秦勇不构成挪用资金罪。

法院审理意见：被告人秦勇的行为构成背信损害上市公司利益罪。

一是被告人秦勇符合本罪犯罪主体的规定。本罪的主体为特殊主体，即上市公司的董事、监事、高级管理人员，高级管理人员认定依据为《公司法》第 216 条第 1 项①的规定，根据《刑法》第 169 条之一及《立案追诉标准（二）》规定，上市公司的控股股东或者实际控制人也可成为背信损害上市公司利益罪的主体。被告人秦勇时任准油股份董事长、法定代表人，具备主体要件。

二是被告人秦勇存在违反忠实义务的行为。“背信”即违背对公司的忠实义务，是本罪成立的前提。刑法中并没有对何为“忠实义务”作出定义，溯源到公司法，“忠实义务”是指董事、监事、高级管理人员对公司事务应忠诚尽力、忠实于公司，当其自身利益与公司利益相冲突时，应以公司的利益为重。忠实义务是消极义务、不作为义务，其目的是防止公司利益不应当减损时而发生减损，本罪的主观为故意，对忠实义务的判断应当采取形式与实质相统一的标准，形式上看上市公司高管行为是否符合法律及上市公司规定，实质上是否为公司利益着想，从而综合考量判断上市公司高管是否尽到忠实义务。本案中，4000 万元借款未经过准油股份内部程序讨论、表决，违反了上市公司章程的规定，不能代表准油股份公司的真实意愿；被告人秦勇为运作融资、重组、收购等事宜，不惜利用职务便利，操纵上市公司从事虚假借贷高额资金或从上市公司借支高额备用金用于其实际控制公司及其关联公司，违规不予披露，不仅使准油股份因大额资金被长期占用，因此受到证监会的调查和行政处罚，更使准油股份涉及诸多民商事诉讼，账户被查封冻结，处理涉诉事务支出大额费用，主观上不仅未为公司利益着想，而且放任其行为对公司造成重大损失，正是对忠实义务的违反。

三是被告人秦勇利用其职务便利实施了犯罪行为。上市公司的董事、监事、高级管理人员都是对公司具有一定管理职责的人员，因而所谓“利用职务便利”是指上市公司董监高利用自身所具有的职权或者与职权相关的便利条件。根据《刑法》第 169 条

---

① 《公司法》（2023 年修订）第 265 条第 1 项。

之一规定，在“操纵上市公司”之后还有“从事”的表述。这一规定体现非法行为是由构成犯罪者在幕后操纵下实施，而构成犯罪者本人并不直接实施相关行为。这是本罪区别于挪用资金罪的关键所在，挪用资金罪是行为人利用职务便利所实施的个人行为，而本罪是行为人利用职务便利，操纵单位，以单位名义所实施的单位行为。本案中被告人秦勇正是利用职务便利操纵上市公司从事关联交易，指使下级员工通过公司内部审批流程，连续三年借支大额备用金，致使上市公司利益造成重大损失。

四是被告人秦勇的行为符合“采用其他方式损害上市公司利益”的规定。《刑法》第 169 条之一列举了五项具体的上市公司高管损害上市公司利益的行为，其中，第 1 项至第 4 项是上市公司高管采用积极的方式对外向第三人提供某种帮助，且这种帮助损害了上市公司利益，第 5 项为上市公司高管采用消极的方式放弃本该属于上市公司的利益，前五项行为的共同特点是均在交易中违背了等价有偿的原则，损害了上市公司的利益。司法实践中，背信损害上市公司利益罪的行为非常广泛，出于立法简洁性等考虑，《刑法》第 169 条之一在规定行为类型时采用了兜底条款进行表述，以避免许多损害上市公司利益的行为没有达到其他罪名的入罪标准而得不到刑法规制。适用兜底条款，应根据前五项列举条款对兜底条款进行相当性解释，前五项明确列举的行为方式均为公司高级管理人员通过与关联公司不正当交易掏空上市公司的行为，对第 6 项的解释也应当遵循与明确列举情形具有同类解释相当性的原则，适用时既要符合“违背对公司的忠实义务，利用职务便利”的前提，又要对上市公司的管理秩序与财产所有权造成与前述五种行为同等的影响，从而限制其他通过与关联公司不正当交易“掏空”上市公司的行为。被告人秦勇为运作融资、重组、收购等事宜，不惜利用职务便利，操纵上市公司从事虚假借贷高额资金或从上市公司借支高额备用金用于其实际控制公司及其关联公司，符合“采用其他方式损害上市公司利益”的规定。

辩护意见 3：假定秦勇构成犯罪，如果认为挪用资金罪与背信损害上市公司利益罪都构成，属于法条交叉竞合，应当采取特殊法优于普通法的原则，按照背信损害上市公司利益罪处理。

法院审理意见：被本案属于法条竞合而非想象竞合，应当适用特别法条优于普通法条的原则。法条竞合作为刑法理论虽未在我国刑法中明确规定，但作为一种立法方法却被刑法广泛采用。通常认为，法条竞合是指同一犯罪行为因法条的错综规定，出现数个法条所规定的构成要件在其内容上具有从属或者交叉关系的情形，犯罪本身是单纯的一罪，并不触犯数个罪名，仅仅是法条的适用问题，所触犯的法条之间在法律适用上是排除关系，故一般按照特别法、实害法优于普通法、危险法的原则处理；而想象竞合是指一个行为触犯了数个罪名，数个罪名在观念上竞合但相互之间不存在包容关系，犯罪本身是形式上的数罪，犯罪行为所触犯的法条在法律适用时可以全部适用，但在处理时，择其重者作为一罪处罚。本案中，虽然被告人秦勇所采用的向本单位以外的由其实际控制的公司提供资金的行为在挪用资金罪和背信损害上市公司利益罪的客观方面均有规定，但二罪在犯罪对象和犯罪客体方面存在明显而较大的区别，尤其是背信损害上市公

司利益罪在主观上强调对“掏空”上市公司行为的追求或放任进而损害上市公司利益，两个罪名在法律适用上相互排除，故本案属于法条竞合。两个罪名所保护的财产性法益虽具有共同性，但背信损害上市公司利益罪更侧重于对上市公司的利益保护，应优先考虑适用此罪名。

■案例评析

本案的典型意义

本案颇为“一波三折”——历经一审、二审、发回重审，最终在重审阶段认定被告人不构成挪用资金罪，仅构成背信损害上市公司利益罪。同时，本案又具有典型意义，被告人秦勇在未经过董事会审议等公司章程所规定程序的情况下，擅自利用公司名义向外借款、借支公司备用金，并将相关款项归由自己所控制的另一家公司使用，看似具有挪用资金罪的外观，但最终被定性为背信损害上市公司利益罪。

通过对本案例的研究，上市公司董监高可以更加明确挪用资金罪与背信损害上市公司利益罪的界分，并对背信损害上市公司利益罪的具体范畴有更为深入的了解，从而实现在履职过程中的合规。

对本案具体行为的评析

第一，秦勇没有挪用“本单位”资金，是以准油股份这一单位的名义将款项向外出借，因此不构成挪用资金罪。本案中，秦勇共实施了两个行为：第一，利用自己担任准油股份法定代表人、董事长的职务便利，在没有经过董事会审议等规范程序的情况下，以准油股份的名义向外借款 4000 万元，并指令将该款项汇入自己控制的创越能源公司账户中；第二，利用自己担任准油股份法定代表人、董事长的职务便利，指派 8 位员工以个人名义借支公司备用金共计 2785 万元，并将相关款项转入自己指定的账户。

《刑法》在第 272 条中规定了挪用资金罪：“公司、企业或者其他单位的工作人员，利用职务上的便利，挪用本单位资金归个人使用或者借贷给他人，数额较大、超过三个月未还的，或者虽未超过三个月，但数额较大、进行营利活动的，或者进行非法活动的。”本案中，秦勇利用自己担任准油股份法定代表人、董事长的职务便利，不仅以准油股份的名义向外借款并将所得款项用于自己所控制的其他公司经营，还直接指示员工将公司备用金借支后转给自己使用，看似已经符合挪用资金罪的外观，那么究竟应当定性为挪用资金罪，还是背信损害上市公司利益罪?

实际上，要准确地判断秦勇行为的性质，需要回归到挪用资金罪的具体构成要件。构成挪用资金罪，首先要求的是“挪用本单位资金”，其次要求的是将资金“归个人使用或者借贷给他人”。对于“挪用本单位资金归个人使用或者借贷给他人”的具体含义，最高人民法院在《关于如何理解刑法第二百七十二条规定的“挪用本单位资金归个人使用或者借贷给他人”问题的批复》（法释〔2000〕22 号）中进行了明确规定，指出该行为系指“利用职务便利，将本单位资金归本人或者其他自然人使用，或者挪用人以个人名义将所挪用的资金借给其他自然人和单位”。换言之，利用职务便利，以个人的名义将款项借给其他单位，会构成挪用资金罪；如果是以单位的名义将款项借给其他单位，则不会构成挪用资金罪。其中的区别在于，挪用资金罪具有为个人谋取私利的特点，如果是以单位的名义将款项向外借出，则所得利益会归于单位而非自身，在自身没有获取私利的情况下也就不会构成挪用资金罪。

回到本案中，我们可以发现，秦勇的两项行为均不构成挪用资金罪：

一是对于以准油股份的名义向外借款 4000 万元，由于该款项不属于准油股份的财产，因此不构成挪用资金罪。正如前述，构成挪用资金罪的前提是挪用了“本单位”的资金，如果挪用的不是本单位资金，则不会构成挪用资金罪。本案中，秦勇虽然以准油股份的名义向外借款 4000 万元，但该借款并未经过准油股份的内部程序讨论、表决，实际上违反了公司章程，不能代表准油股份公司的真实意愿；同时，借出款项的中安融金公司实际上不具有发放贷款的资质，依照相关司法解释的规定，涉案借款合同应当认定为无效。在此种情况下，应当认定 4000 万元不属于准油股份的财产，即使秦勇将该款项挪用，也不会构成挪用资金罪。

二是对于指派 8 位员工以个人名义借支的公司备用金 2785 万元，由于秦勇没有将该款项挪归个人使用，因此不构成挪用资金罪。正如前述，基于挪用资金罪“为个人谋取私利”的特点，该罪在客观行为方面要求行为人是以个人的名义将款项借给其他单位；如果是以单位的名义将款项借给其他单位，则不会构成该罪。本案中，准油股份公司和创越集团是关联公司，创越集团系准油股份的股东，秦勇安排准油股份员工借支公司备用金并将相关款项归拢至创越集团的具体过程，都是双方财务人员安排的，创越集团最终还款，也是归还至准油股份的账户。换言之，秦勇是利用职务便利，操控准油股份向创越集团借出款项，而不是以自己的名义借出款项，因此不构成挪用资金罪。

第二，秦勇的行为实际违背了作为董事对公司的忠实义务，使得准油股份遭受重大损失，应当认定为背信损害上市公司利益罪。客观而言，秦勇的行为不符合《刑法》第 169 条之一第 1 项至第 5 项所规定的情形，但这并不意味着秦勇就不会构成该罪，因为第 169 条之一第 6 项规定了兜底条款，明确“采用其他方式损害上市公司利益的”，也会构成背信损害上市公司利益罪。

在理解兜底条款时，必须结合立法目的，了解立法机关是为了规制何种行为从而制定该条款。由此，才能准确判断某行为是否构罪。全国人大常委会法工委在《〈刑法〉释义》中对背信损害上市公司利益罪的内涵作出进一步诠释，指出：“本罪客观方面表现为行为人违背对公司的忠实义务，利用职务便利，操纵上市公司从事有损自身利益的活动，给公司造成重大损失。违背对公司的忠实义务，是指上市公司的董事、监事、高级管理人员，在代表上市公司从事经营活动或者履行相关职责时，违背其对公司负有的忠实于公司利益的义务，损害公司权益的行为。”由此可见，该罪客观方面的构成要件实际为：（1）利用职务便利；（2）操纵上市公司从事有损自身利益的活动；（3）上市公司因此遭受严重损失，当行为符合上述要件时，不论具体的手段如何，都有可能构成背信损害上市公司利益罪。

本案中，秦勇以准油股份的名义向中安融金公司借款4000万元，这一借款活动未经过准油股份内部程序讨论、表决，违反了上市公司章程的规定，不能代表准油股份公司的真实意愿；此外，秦勇为运作融资、重组、收购等事宜，还指令员工从准油股份内借支高额备用金用于其实际控制公司及其关联公司，所有行为都是基于“职务便利”而得以实现；同时，秦勇违反公司章程所进行的行为不仅直接导致了准油股份大额资金长期被占用，对经营活动的开展造成不利影响，还使得公司被卷入证监会的调查和行政处罚当中，正如判决书所述，“（使公司）账户被查封冻结，处理涉诉事务支出大额费用”，属于“操纵上市公司从事有损自身利益的活动，而公司因此遭受严重损失”，因此秦勇的行为应当适用兜底条款，定性为背信损害上市公司利益罪。

案例三：　高鹏背信损害上市公司利益宣告无罪案①

本案是一起检察院指控背信损害上市公司利益罪被法院判决无罪的案例，当事人被检察机关指控涉嫌背信损害上市公司利益罪、内幕交易罪两个罪名，但法院仅对内幕交易罪定罪量刑，对背信损害上市公司利益罪作出了无罪判决。

■基本案情

被告人身份

高鹏，时任北京某创新网络营销技术股份有限公司董事长。

法院查明的犯罪事实

2015年至2016年，被告人高鹏利用担任北京某创新网络营销技术股份有限公司实际负责人、董事长的职务便利，以北京某创新网络营销技术股份有限公司的名义与殷某签订北京市房屋买卖合同以及补充协议，截至2016年8月29日支付购房款共计人民币1.653亿元。2016年9月6日，被告人高鹏以北京某创新网络营销技术股份有限公司名义从殷某处转回购房款人民币2030万元，并在收到殷某发出的是否继续履约通知书后仍然未履行付款义务，致使北京某创新网络营销技术股份有限公司损失购房定金人民币3500万元。

2016年5月至10月，被告人高鹏利用担任北京某创新网络营销技术股份有限公司（以下简称某股份）董事长的职务便利，获悉该公司及其原董事长徐某1涉嫌单位行贿罪被司法机关调查一事，在信息公开披露前，将其名下解禁的某股份限售股卖出112.98万股，后又将338.946万股高管锁定股等转至他人名下后卖出，累计卖出某股份股票451.926万股，成交金额共计人民币1.08亿余元（以下币种均为人民币）。经中

① 参见北京市第三中级人民法院（2020）京03刑初170号刑事判决书。

国证券监督管理委员会认定，被告人高鹏作为内幕交易的知情人，交易股票避免损失金额为1602万余元。

法院裁判结果

被告人高鹏犯内幕交易罪，判处有期徒刑5年6个月，并处罚金人民币1700万元。

被告方辩护意见及法院审理意见

辩护意见1：被告人高鹏不构成背信损害上市公司利益罪。北京某创新网络营销技术股份有限公司按照合同约定共支付1.45亿元，该公司从殷某处转回的2030万元不是购房款，而是北京某创新网络营销技术股份有限公司走账资金。高鹏并未收到殷某发出的是否继续履行通知书，且北京某创新网络营销技术股份有限公司与殷某房屋买卖合同已经解除，双方并未认定违约，不存在因背信损失3500万元的事实。

法院审理意见：刑法规定，上市公司的董事、监事、高级管理人员违背对公司的忠实义务，利用职务便利，操纵上市公司从事下列行为之一，致使上市公司利益遭受重大损失的，处三年以下有期徒刑或者拘役，并处或者单处罚金；致使上市公司利益遭受特别重大损失的，处三年以上七年以下有期徒刑，并处罚金：（1）无偿向其他单位或者个人提供资金、商品、服务或者其他资产的；（2）以明显不公平的条件，提供或者接受资金、商品、服务或者其他资产的；（3）向明显不具有清偿能力的单位或者个人提供资金、商品、服务或者其他资产的；（4）为明显不具有清偿能力的单位或者个人提供担保，或者无正当理由为其他单位或者个人提供担保的；（5）无正当理由放弃债权、承担债务的；（6）采用其他方式损害上市公司利益的。被告人高鹏构成本罪的主体要件，控辩双方均无异议，本院亦予以采纳，争议焦点在于高鹏的行为是否系背信损害上市公司利益的行为。

本院认为，检察机关指控被告人高鹏构成背信损害上市公司利益罪的证据不足，理由如下：

1. 被告人高鹏确有真实购买涉案房产的意愿，并无通过购买涉案房产掏空某股份的主观故意。被告人高鹏的供述及证人蔡某的证言可以相互印证证明，某股份因为违规使用了募集资金进行借款造成了3500万元的缺口，后高鹏与蔡某通过签订购房意向书的形式通过殷某将3500万元在账面上予以平账。后高鹏出于房屋增值的考虑决定购买殷某所有的房产，并签订了房屋买卖合同，后续也安排蔡某支付了相关钱款。

2. 被告人高鹏虽未尽到尽职调查的义务，并向董事会隐瞒了殷某当时并未取得房产证的事实，但是其并未以明显不公平的条件或者明显不合理的价格购买涉案房产。第一，殷某虽于签订房屋买卖合同的时候未取得房产证，但其确在合同履行过程中取得了房产证，按照合同约定，该事项并不成为房产过户的障碍。第二，被告人高鹏出于房屋增值的考虑购买涉案房产并非没有依据，考虑到2016年北京房价上涨和北京市主要机关单位搬迁至通州的事实，被告人高鹏的考虑有一定的依据，而检察机关并未提供相关证据证明涉案房屋买卖明显低价或者明显不公平。

3. 现有证据不足以证明被告人高鹏故意制造违约，导致殷某取得3500万元定金。检察机关指控高鹏在已经足额支付房款的情况下抽回2030万元导致某股份没有履行合同义务，殷某据此取得了3500万元定金。虽然某股份的记账凭证证明某股份已经支付了1.6亿元，但是被告人高鹏的供述和证人蔡某、殷某、李某等人的证言可以证明，某股份在合同约定的付款期间内支付的钱款为1.45亿元，相关银行账户明细及殷某提供的材料佐证相关事实。虽殷某转回2030万元，但是被告人高鹏的供述及证人蔡某的证言证明该2030万元并非高鹏故意抽回的，而是某股份平账所用，银行账户佐证了被告人高鹏及证人蔡某的说法。

4. 某股份损失定金的事实与高鹏通过董事会购买涉案房产缺乏刑法上的因果关系。

首先，如前所述，高鹏确有购买房产的意愿，其亦按照合同约定支付了相关房款。其次，被告人高鹏的供述及证人蔡某的证言可以证明在2016年8月徐某1被取保候审后高鹏与徐某1发生了矛盾，高鹏于2016年10月前后便不再常去某股份办公。殷某发函要求某股份是否继续履约的通知发生在2016年11月17日，而某股份公告高鹏离职的时间为2016年1月24日，殷某所发函件确认违约时间为2016年11月30日，此时徐某1作为某股份大股东可以根据公司公告及相关协议与殷某协商，但是直至2017年三四月徐某1才与殷某协商履约事宜。再次，证人李某、殷某的证言证明当徐某1与殷某协商时殷某并未直接要求不再返还定金。最后，根据殷某与某股份提供的材料，2020年8月，殷某与某股份签订终止协议，约定3500万元定金事宜双方继续协商，后续殷某返还了某股份支付的1.1亿元房款及1750万元定金，某股份不再向殷某主张购房定金中剩余部分退款的任何利息和财务成本，视为殷某已经履行完毕购房定金的退款义务，双方的债权债务全部消灭。

故，被告人高鹏及其辩护人的相关辩解及辩护意见，本院予以采纳。

辩护意见2：被告人高鹏内幕交易数额应认定为7540万余元，避损金额应认定为624万余元，高鹏将112.9万股股票卖出的行为属于内幕信息形成前的既定安排，该部分事实不应认定构成内幕交易罪。

法院审理意见：被告人高鹏的辩护人认为被告人高鹏卖出个人无限售流通股的数额不应认定为犯罪数额。本院经审查后认为，根据相关法律及司法解释规定，内幕交易的行为是指证券、期货交易内幕信息的知情人员或者非法获取证券、期货交易内幕信息的人员，在涉及证券的发行，证券、期货交易或者其他对证券、期货交易价格有重大影响的信息尚未公开前，买入或者卖出该证券，或者从事与该内幕信息有关的期货交易，或者泄露该信息，或者明示、暗示他人从事上述交易活动的行为。而内幕信息敏感期是指内幕信息自形成至公开的期间。证券法所列“重大事件”的发生时间，规定的“计划”“方案”以及期货交易管理条例规定的“政策”“决定”等的形成时间，应当认定为内幕信息的形成之时。所谓重大事件包括了公司涉嫌犯罪被依法立案调查，公司的控股股东、实际控制人、董事、监事、高级管理人员涉嫌犯罪被依法采取强制措施。证据显示，2015年7月29日，司法机关已对某股份及徐某1涉嫌单位行贿立案侦查，并对徐某1采取强制措施。证人徐某2、田某的证言及被告人高鹏的供述能够证明2015年9月3日前已经获知徐某1被调查的情况，此时内幕交易已经形成，后续高鹏所谓将股票展期，并将股票卖出的行为发生在内幕交易敏感期内，亦非司法解释规定的按照事先订立的书面合同、指令、计划从事相关证券、期货交易的，该部分金额应认定高鹏内幕交易的金额。

■案例评析

本案的典型意义

在本案例中，审理法院围绕背信损害上市公司利益罪的构成要件、行为人所实施的操纵行为与上市公司最终遭受损失之间的因果关系进行了详细阐述，从主观、客观不同方面论述看被告人不构成背信损害上市公司利益罪的理由。通过对本案例的研究，上市公司董监高可以对背信损害上市公司利益罪的具体内容有更为深入的认知，掌握罪与非罪的界限，由此实现自身在履职过程中的合规。

对本案具体行为的评析

第一，构成背信损害上市公司利益罪需要证明行为人客观上实施了操纵上市公司损害自身利益的行为，而不仅仅是未尽勤勉尽责义务。《刑法》第169条之一明确了上市公司的董监高违背对公司的忠实义务，故意利用职务便利实施损害上市公司利益行为的需要承担刑事责任。

相比内幕交易“适用推定”规则的证明标准和可以用间接证据形成完整证明体系的证明方式，背信损害上市公司利益罪对检察机关的举证责任要求更高。

与违规披露、不披露重要信息罪相比，构成背信损害上市公司利益罪要求行为人必须实施了操纵上市公司损害自身利益的行为，而不仅是未尽勤勉尽责义务。在违法披露信息的案件中，如果上市公司的董监高没有参与违法行为策划、实施的具体过程，仅仅是因为疏忽等缘故而未履行好忠实勤勉义务，仍然需要承担相应的责任，北京市高级人民法院曾明确指出：“认定附随性的相关责任人员的法律责任，则不需要相关责任人员必须具有主观故意以及客观上主动参与。”①（具体参见前文龙力生物案分析）但是，在背信损害上市公司利益罪的案件中，必须证明行为人有利用职务便利，操纵上市公司损害自身利益的行为，才能认定构成该罪。换言之，如果行为人只是没有尽到尽职调查等勤勉义务，并不会构成该罪。

本案中，法院在判决中明确指出：“被告人高鹏虽未尽到尽职调查的义务，并向董事会隐瞒了殷某当时并未取得房产证的事实，但是其并未以明显不公平的条件或者明显不合理的价格购买涉案房产”，最终以此认定高鹏不构成背信损害上市公司利益罪。法院这一出罪的核心思路，就在于高鹏客观上没有实施背信损害上市公司利益的行为。由

---

① 参见北京市第一中级人民法院（2018）京01行初875号胡凤滨与中国证券监督管理委员会一审行政判决书。

此可见，在背信损害上市公司利益的案件中，行为人是“积极主动追求犯罪”还是“因疏忽而未尽到勤勉尽责义务”，会直接影响到罪与非罪。

本案中，法院也正是基于举证责任及不利后果承担的分配原则，针对检察机关的指控，在判决中明确指出“检察机关并未提供相关证据证明涉案房屋买卖明显低价或者明显不公平”“现有证据不足以证明被告人高鹏故意制造违约，导致殷某取得 3500 万元定金”，并最终认定高鹏不构成背信损害上市公司利益罪。

第二，背信损害上市公司利益罪的成立以上市公司遭受了重大损失为前提，且该损失必须与行为人所实施的背信行为存在因果关系。《刑法》在第 169 条之一规定背信损害上市公司利益罪时，明确指出，成立该罪的前提条件为“上市公司利益遭受重大损失”。换言之，如果行为人操纵上市公司所实施的行为没有使得公司遭受重大损失甚至还产生获利，那么该罪就没有成立的空间。

实践中，如果行为人操纵上市公司所实施的行为使得公司实际获利，大概率不会因为涉嫌背信损害上市公司利益罪而进入刑事诉讼的程序。在该类案件中，真正的难题可能在于，上市公司利益确实遭受了重大损失，但该损失能否归因于行为人所实施的操纵行为。

司法实践中，目前我国以“相当因果关系说”为通说，即“根据社会一般人生活上的经验，在通常情况下某种行为产生某种结果被认为是相当的场合就认为该行为与该结果具有因果关系”。在具体表现形式上，还会有一因一果、多因一果等分类，在此不作赘述，仅围绕背信损害上市公司利益案件中“多因一果”的情形进行探析。

所谓“多因一果”，也就是某一危害结果是由多个危害行为造成。在背信损害上市公司利益案件中，集中表现为行为人操纵上市公司实施了损害自身利益的行为，但上市公司也在操纵之外独立实施了其他行为，最终损失应当归因于何方的问题。实际上，在这一过程中，“上市公司在行为人操纵之外独立实施了其他行为”属于“介入因素”，如果这一因素过于异常，那么就会中断原先背信损失上市公司利益行为与最终损害结果的因果关系。简言之，如果上市公司独立实施的行为过于异常（如主动引发亏损），法院就会认定最终的结果由公司行为导致，而非行为人的操纵行为所致。

具体而言，最高人民法院在刑事审判参考案例第 1118 号指出了判断第三人介入是否阻断原行为因果关系时的四个标准：一是原行为导致结果发生的危险性大小；二是介入因素异常性大小；三是介入因素对结果发生的作用大小；四是介入因素是否在原行为的可控范围中。在符合上述条件时，原行为的因果关系就会被阻断，最终的结果由中间介入的行为负责。

本案中，审理法院就明确指出“某股份损失定金的事实与高鹏通过董事会购买涉案房产缺乏刑法上的因果关系”，核心理由在于，高鹏与殷某签订买房协议时并未明确约定定金不返还的内容；支付相应款项后，高鹏因为个人原因实际上离开了某股份，此后殷某转与某股份大股东徐某 1 沟通。最终某股份放弃取回定金的结果，是高鹏离职后某股份大股东徐某 1 与房屋出售方殷某协商一致产生的。换言之，在“高鹏操作某股份买房”的行为与“某股份损失定金”的损害结果之间，有“与某股份大股东徐某1拖延对外协商并主动放弃取回定金”的因素介入，而这一因素过于异常，已经足以阻断高鹏原行为与损害结果之间的因果关系。因此，在刑法意义上，某股份的损失与高鹏的行为无关。

第二节　背信损害上市公司利益违法犯罪行为常见合规要点

一、背信损害上市公司利益违法犯罪行为合规综述

背信损害上市公司行为的核心在于违反上市公司董监高的信义义务，即忠实勤勉义务。积极履行忠实勤勉义务即以公司利益为出发点进行营业活动，遵守法律法规以及公司章程、管理制度的规定。关于“背信”的行政合规要点，参照信息披露、内幕交易、内部人股票交易行为的合规要点。背信损害上市公司行为对应的刑法评价即背信损害上市公司利益罪，刑事合规要点则以犯罪构成要件和立案追诉标准为依据。

二、背信损害上市公司利益行为常见行政合规要点

背信损害上市公司利益行为的行政监管合规要点详见第四编第二章第四节“上市公司日常治理信息披露行政监管合规要点”、第四编第三章第四节“内幕交易违法行为行政监管合规要点”和第四编第四章第四节“上市公司及其内部人股票交易行政监管合规要点”。

三、背信损害上市公司利益行为常见刑事合规要点

序号	合规要点	具体章节链接
199	主体要件	第三编第六章第二节之“二、背信损害上市公司利益罪的立案追诉标准”
200	无偿提供行为的数额追诉标准	
201	显失公平提供/接受行为的数额追诉标准	
202	与不具有清偿能力对象交易行为的数额追诉标准	
203	违规担保的数额追诉标准	
204	放弃债权/承担债务行为的数额追诉标准	
205	对导致严重后果行为的追诉	

合规要点199：【主体要件】上市公司的董事、监事、高级管理人员以及上市公司的控股股东或者实际控制人不能利用职务便利，操纵上市公司从事损害上市公司利益的行为。该等特殊主体应严格履行对上市公司的忠实义务。具体法律规定，详见第三编第六章第二节之“二、背信损害上市公司利益罪的立案追诉标准”。

合规要点200：【无偿提供行为的数额追诉标准】无偿向其他单位或者个人提供资金、商品、服务或者其他资产的，致使上市公司直接经济损失数额在150万元以上的，应予立案追诉。具体法律规定，详见第三编第六章第二节之“二、背信损害上市公司

利益罪的立案追诉标准”。

合规要点 201：【显失公平提供/接受行为的数额追诉标准】以明显不公平的条件，提供或者接受资金、商品、服务或者其他资产，致使上市公司直接经济损失数额在 150 万元以上的，应予立案追诉。具体法律规定，详见第三编第六章第二节之“二、背信损害上市公司利益罪的立案追诉标准”。

合规要点 202：【与不具有清偿能力对象交易行为的数额追诉标准】向明显不具有清偿能力的单位或者个人提供资金、商品、服务或者其他资产，致使上市公司直接经济损失数额在 150 万元以上的，应予立案追诉。具体法律规定，详见第三编第六章第二节之“二、背信损害上市公司利益罪的立案追诉标准”。

合规要点 203：【违规担保的数额追诉标准】为明显不具有清偿能力的单位或者个人提供担保，或者无正当理由为其他单位或者个人提供担保，致使上市公司直接经济损失数额在 150 万元以上的，应予立案追诉。具体法律规定，详见第三编第六章第二节之“二、背信损害上市公司利益罪的立案追诉标准”。

合规要点 204：【放弃债权/承担债务行为的数额追诉标准】无正当理由放弃债权、承担债务，致使上市公司直接经济损失数额在 150 万元以上的，应予立案追诉。具体法律规定，详见第三编第六章第二节之“二、背信损害上市公司利益罪的立案追诉标准”。

合规要点 205：【对导致严重后果行为的追诉】致使公司、企业发行的股票或者公司、企业债券、存托凭证或者国务院依法认定的其他证券被终止上市交易的损害上市公司利益的行为，应予立案追诉。具体法律规定，详见第三编第六章第二节之“二、背信损害上市公司利益罪的立案追诉标准”。

第五编

上市公司证券合规风险事件的应对处理*

Part V .
Response and Handling of Securities Compliance Risk Events of Listed Companies

* 本编内容主要结合上市公司这一主体及相关关联方，针对合规问题进行论述。其中，证券行政合规主要协助上市公司适用证券期货行政执法当事人承诺制度；证券刑事合规则主要围绕证券犯罪相关罪名，协助上市公司适用合规整改计划及落实第三方评估监督机制。

应对方式Ⅰ：在证券行政监管的实体法和程序法中寻找合规解决方案

本章主要论述上市公司如何通过熟练掌握运用实体法所规定的证券行政合规义务和程序法赋予的程序权利，正确处理应对重大合规事件。①

通过证券行政合规方式，解决重大合规事件即重大证券违法事件的思路如下：在重大证券合规事件发生以后，行政违法责任主体如果认为该合规风险事件的认定与处罚存在法律问题，可以通过行使法律赋予的程序权利，包括责任主体的陈述与申辩权、听证申请权、复议申请权等，寻求该合规风险事件的依法化解；如果认为该合规事件没有法律上的争议，则应与证券行政监管机构协作，积极承诺纠正涉嫌违法行为、赔偿有关投资者损失、消除损害或者不良影响，以换取终止案件调查，并在第三方中介机构、第三方监督评估组织有效参与下，通过制定及有效实施行政合规计划（行政合规整改计划）方式，明确合规风险，发现合规漏洞，完善公司治理结构，健全内部规章制度，以防范再次发生类似重大违法事件。②

第一节 证券行政合规的主体视角与监管创新

刑事手段是一种严厉的社会治理和管制手段。在众多领域、对众多行为，刑事手段并不适合作为首要的治理手段出现。行政手段则不然，其调整的范围更为广泛，调整的阈值（指相关行政法律风险行为的认定标准与触发行政处罚后果的数值临界点）更为灵活。

所以，行政监管合规才是合规最广阔的领域。

陈瑞华教授指出，“……刑法只能作为国家治理社会所采用的最后手段，绝不能将合规等同于刑事合规。相较而言，行政监管合规才是合规最广阔的领域……美国证券交易委员会对企业涉嫌违法违规的案件，95%都是以行政和解的方式处理的。行政和解除了要求缴纳高额的罚款（和解金）外，还要附加合规计划的实施，也就是给企业设置一段时间的考验期，在此期间企业要重建合规计划，证交会还可以派驻合规监督员加以

① 除非特别说明，或者上下文内容所限，本部分的论述也适合其他民营企业。

② 根据学者研究，在最高检推行“企业合规不起诉改革”前，金融领域的行政机关便开始“在行政监管领域引入了企业合规管理机制”。比如，2005 年前后，金融监管部门便发布相关适用于金融企业的合规指引。此前，巴塞尔银行监督管理委员会于 2005 年发布《合规与银行内部合规部门》文件。原中国银监会于 2006 年发布《商业银行合规风险管理指引》。此后，2007 年和 2008 年原中国保监会、中国证监会分别发布相关办法、规定。参见陈瑞华：《论企业合规在行政监管机制中的地位》，载《上海政法学院学报（法治论丛）》2021 年第 6 期。

督促。经过验收符合要求之后，证交会就不再对该企业进行民事起诉或严厉的行政处罚，而以轻缓的方式避免企业受到经营资格的剥夺等更大的损失”。[①] 进而，陈瑞华教授认为，行政监管合规是指“行政监管机构针对那些违反行政法律的企业，所确立的以企业合规换取宽大行政处理的法律制度”。[②]

由上可知，行政合规以及证券行政合规的原理[③]并不复杂，就是上市公司自身的主动合规，积极配合调查并且愿意采取措施防范再次出现类似重大合规事件。

一、不同主体视角下的证券行政合规

为了更好地对证券行政合规作出整体性介绍，笔者试从证券市场行政执法当事人主体、证券市场行政监管主体视角出发作出说明。

（一）证券市场行政相对人[④]视角下的证券行政合规

证券市场行政相对人视角中的证券行政合规，是指该等主体违反证券行政监管相关法律法规、政策规定，通过积极承认违法事实，积极整改以防范再次出现类似违法事件，积极推动内部合规建设，积极健全内部合规管理制度，从而成功换取行政监管机构宽大处理的机制设计。

有学者认为，为了更好发挥企业合规效能，政府需要主动干预，提供相关激励。[⑤]“相较于发生违法违规事件而受到行政处罚甚至刑事制裁等事后惩罚机制，监管机关通过评估检查、限期整改等措施介入企业合规管理工作，由被动的监管执法行动转变为事中积极地预防，可以使市场监管形成更加完整的链条。”[⑥] 这种情况，契合了事前甚至事中监管的特点。21 世纪初，我国便积极推进金融机构的合规管理体系建设，银监会在 2006 年颁布《商业银行合规风险管理指引》后，保监会、证监会也陆续发布相关文

---

① 陈瑞华：《企业合规的基本问题》，载《中国法律评论》2020 年第 1 期。

② 陈瑞华：《论企业合规的性质》，载《浙江工商大学学报》2021 年第 1 期。作者进而指出：“在那些建立了行政监管合规机制的国家，对于已经建立合规管理体系的违法企业，监管部门可以与其达成行政和解协议，违法企业可以因此减轻或者免除行政处罚。而对于签署行政和解协议的违规企业，监管部门还有可能设置考验期，督促其在配合调查和自我披露的前提下，采取进一步改进合规计划的措施。在考验期结束后，企业满足了和解协议所要求的改进合规计划方案的，监管部门就可以不再对其采取进一步的行政执法行动。因此，行政监管合规已经替代了传统的‘严刑峻法’式的行政执法方式，成了行政监管部门督促违法企业自我监管、自我整改、自行修补管理漏洞的一种执法方式。”

③ 这里的行政合规，指的是本书所使用的“被动型”合规。合规，即守法，在当代社会是行为主体的题中应有之义，因此主动型合规讲的是行为主体要遵纪守法，也无须时时提醒。本书主要内容之一是论述被动型合规。为此，在没有特别备注的地方，请读者自行判断合规类型。

④ 与行政主体相对应，行政相对人是指在具体的行政管理法律关系中与行政主体相对应的另一方当事人，即行政主体的行政行为影响其权益的个人、组织。行政相对人又称“行政相对方”“行政执法当事人”。比如，在证券领域，主要指的是上市公司、拟上市企业、证券公司、证券投资者（包括自然人主体）、证券市场服务机构以及相关的雇员等。

⑤ “防控合规风险当然需要企业自身加强合规管理，但当这种自我监管模式无以自足时，就需要外部力量介入。政府作为维持市场秩序的关键外在力量，有必要对企业自我监管行为进行再监管。”参见崔瑜：《论企业合规管理的政府监管》，载《行政法学研究》2021 年第 4 期。

⑥ 崔瑜：《论企业合规管理的政府监管》，载《行政法学研究》2021 年第 4 期。

件。此后，证监会在2017年又颁布《证券公司和证券投资基金管理公司合规管理办法》，[①] 该办法将行政监管角色施加于合规管理之上。

（二）证券市场行政监管机构视角下的证券行政合规

证券市场行政监管机构视角中的证券行政合规，是指证券市场所有相关行为主体原本应当具备合规意识、守法意识，做到不违反相关行政法律法规、规章及规范性文件等要求，从而降低经营或者投资成本、风险、损失，防范重大合规事件发生，并适当履行社会责任。[②] 但是，一些主体在逐利心驱使之下，难免采取各种机会主义行为，触犯国家法律法规、规章和规范性文件等。

对此，证券行政监管机构[③]有两种选择：一是按照传统执法思想及制度要求去执法，一罚了之，不考虑社会成本问题；二是按照创新执法思想及创新制度要求去执法，考虑到因行政执法可能导致企业不特定多数员工失业等社会后果，在与企业协商前提下，如果双方针对合规整改达成一致，企业愿意制定并实施合规整改计划，增强合规风险管理意识和合规管理制度建设水平，防范再次发生类似违法事件，那么便同意对企业宽大处理。

二、证券行政监管创新价值取向——类证券行政合规

随着国内（被动型）行政合规相关制度设计不断完善，可以预计将会针对协商执法出台更多规定，届时只要满足一定的整改合规要求，监管部门便可以对相关行政违法责任主体进行宽大处理。[④] 这里的宽大处理，指的不仅仅是既有法律规定中的从轻、减轻处理，而是对相关行政处罚规定加以变更、完善，以更好地契合宽大处理目标，控制处罚涉案企业带来的不良社会影响的外溢。

接下来，将对当前我国证券行政监管领域已经出现或者未来可能出现的创新性办法加以简述。

（一）证券期货行政和解制度——一次成功的制度创新

为贯彻落实《国务院办公厅关于进一步加强资本市场中小投资者合法权益保护工作的意见》（国办发〔2013〕110号）关于“探索建立证券期货领域行政和解制度，开展行政和解试点”的要求，进一步加强资本市场投资者权益保护工作，经国务院批准，

---

① 本办法已经修订，参见本章第一节。

② 这种形式的合规，更多体现的是行政监管主体对上市公司、拟上市企业、证券市场投资者及中介服务者的一种期待，希望后者主动地追求合规目的的一个自主过程、一个自治过程、一个自我治理过程。

③ 一般指的是中国证券监督管理委员会（证监会）及其派出机构，部分特定情况下也包括被授权的中国证券业协会协会（中证协）、中国证券投资基金业协会（中基协）以及证券交易所。

④ 目前，我国刑事合规意义上的试点，已经全面推行。参见《涉案企业合规建设、评估和审查办法（试行）》(2022)、《关于建立涉案企业合规第三方监督评估机制的指导意见（试行）》(2021)、《〈关于建立涉案企业合规第三方监督评估机制的指导意见（试行）〉实施细则》(2022)、《涉案企业合规第三方监督评估机制专业人员选任管理办法（试行）》(2022）等。将来行政合规意义上的试点及其全面推行，则可能会借鉴刑事合规试点成功经验。

证监会在证券期货行政执法领域开展行政和解试点。为规范试点相关工作，证监会制定了《行政和解试点实施办法》(已失效，以下简称《实施办法》)，自2015年3月29日起施行。

《实施办法》共39条，分为“总则”“行政和解的适用范围与条件”“行政和解的实施程序”“行政和解金的管理和使用”“附则”5章，主要内容包括：

一是适用范围与条件。行政相对人涉嫌实施虚假陈述、内幕交易、操纵市场或者欺诈客户等违反证券期货法律、行政法规和相关监管规定的行为，案件符合下列情形的，可以适用行政和解程序：(1) 中国证监会已经正式立案，且经过了必要调查程序，但案件事实或者法律关系尚难完全明确；(2) 采取行政和解方式执法有利于实现监管目的，减少争议，稳定和明确市场预期，恢复市场秩序，保护投资者合法权益；(3) 行政相对人愿意采取有效措施补偿因其涉嫌违法行为受到损失的投资者；(4) 以行政和解方式结案不违反法律、行政法规的禁止性规定，不损害社会公共利益和他人合法权益。中国证监会派出机构负责查处的案件，试点期间不适用行政和解程序。

二是行政和解的实施程序。行政和解程序分为申请和受理、和解协商、达成行政和解协议、行政和解协议的执行等几个环节。证监会内部由行政和解办公室具体负责实施行政和解，与案件调查部门、案件审理部门相互独立。证监会实施行政和解，遵循公平、自愿、协商、效能原则。中国证监会不得向行政相对人主动或者变相主动提出行政和解建议，或者强制行政相对人进行行政和解。

三是行政和解金的管理和使用。行政相对人交纳的行政和解金由行政和解金管理机构进行专户管理。行政相对人因行政和解协议所涉行为造成投资者损失的，投资者可以向行政和解金管理机构申请补偿。行政和解金管理和使用的具体办法由中国证监会会同财政部另行制定。

《行政和解试点实施办法》框架下的行政和解制度设计如下：

一是行政和解的定义、制度设计。行政和解，是指“中国证券监督管理委员会(以下简称中国证监会) 在对公民、法人或者其他组织 (以下简称行政相对人) 涉嫌违反证券期货法律、行政法规和相关监管规定行为进行调查执法过程中，根据行政相对人的申请，与其就改正涉嫌违法行为，消除涉嫌违法行为的不良后果，交纳行政和解金补偿投资者损失等进行协商达成行政和解协议，并据此终止调查执法程序的行为”。① 另外，根据该办法，行政和解有明确的适用范围，并且对一些案件作出了禁止性适用要求。②

---

① 参见《行政和解试点实施办法》(2015) 第2条，该文件已经被《证券期货行政执法当事人承诺制度实施规定》(2022) 废止。

② 参见《行政和解试点实施办法》(2015) 第7条规定：“案件有下列情形之一的，中国证监会不得与行政相对人进行行政和解：(一) 行政相对人违法行为的事实清楚，证据充分，法律适用明确，依法应当给予行政处罚的；(二) 行政相对人涉嫌犯罪，依法应当移送司法机关处理的；(三) 中国证监会基于审慎监管原则认定不适宜行政和解的。”

二是行政和解制度的适用范围限制。读者不难发现，对于“行政相对人违法行为的事实清楚，证据充分，法律适用明确，依法应当给予行政处罚的”案件，是不能适用行政和解机制的，即不能得到“终止调查执法程序”之类的宽大处理。

（二）证券期货行政执法当事人承诺制度——一个进阶版的改革举措

我国的行政执法当事人承诺制度设计，已经具备实质性（被动型）行政合规的色彩，是我国证券行政监管史上的一次重大的制度创新，将在“应对方式Ⅰ：在证券行政监管的实体法和程序法中寻找合规解决方案”第三节予以详细介绍。

（三）期待中的证券行政合规不处罚制度——与合规不起诉改革同理不同步

目前，证券行政监管机构并未针对证券行政合规不处罚作出明确规定。甚至曾经对行政合规不处罚持一定的反对态度，比如在《行政和解试点实施办法》中规定了对于事实清楚、证据充分、法律适用明确、依法应当给予行政处罚的案件，证监会不得与行政相对人进行行政和解。①

但是，目前行政执法实践中存在的承诺制度，已经明确规定满足特定条件的情况下，将终止案件调查。其虽然没有明确提出证券行政合规不处罚的概念，但是客观上产生了终止调查即不处罚的效果。

比如《证券期货行政执法当事人承诺制度实施规定》第 16 条②明确规定承诺后的不调查及“一事不再理”原则，即当事人完全履行承诺认可协议后，中国证监会向当事人出具终止调查决定书，调查部门、审理部门在收到抄送的终止调查决定书后，应当终止调查、审理，并且对当事人涉嫌实施的同一违法行为不再重新调查、审理。

需要指出的是，行政执法当事人承诺制度包含的这种实质意义上的行政不处罚制度设计，并不影响投资者提起民事赔偿诉讼。③

（四）证券行政合规不移送制度——一个可以探讨的创新话题

证券行政合规不移送，是指考虑到移送可能产生不利的社会效果，证券行政监管机

---

① 《行政和解试点实施办法》（2015）第 7 条规定：“案件有下列情形之一的，中国证监会不得与行政相对人进行行政和解：（一）行政相对人违法行为的事实清楚，证据充分，法律适用明确，依法应当给予行政处罚的；（二）行政相对人涉嫌犯罪，依法应当移送司法机关处理的；（三）中国证监会基于审慎监管原则认定不适宜行政和解的。”

② 《证券期货行政执法当事人承诺制度实施办法》第 16 条规定：“当事人完全履行承诺认可协议后，中国证监会向当事人出具终止调查决定书，在中国证监会网站予以公告。办公室应当将终止调查决定书抄送调查部门、审理部门、投资者保护部门、承诺金管理机构和相应的中国证监会派出机构。调查部门、审理部门在收到抄送的终止调查决定书后，应当终止调查、审理，并且对当事人涉嫌实施的同一违法行为不再重新调查、审理。”

③ 《证券期货行政执法当事人承诺制度实施办法》第 18 条规定：“投资者因当事人涉嫌违法行为遭受损失的，可以向承诺金管理机构申请合理赔偿，也可以通过依法对当事人提起民事赔偿诉讼等其他途径获得赔偿。承诺金管理机构向投资者支付的赔偿总额不得超过涉及案件当事人实际交纳并用于赔偿的承诺金总额。投资者已通过其他途径获得赔偿的，不得就已获得赔偿的部分向承诺金管理机构申请赔偿。承诺金管理和使用的具体办法由国务院证券监督管理机构会同国务院财政部门另行制定。”

构与涉嫌证券犯罪的证券执法当事人通过协商，达成相关协议[①]，由后者制定并积极落实合规整改计划，前者审核通过之后，便不将后者的案件移送司法机关处理的机制。

在此明确指出，国内既有的证券行政监管实践尚未在这方面形成突破。比如，《证券期货行政执法当事人承诺制度实施办法》第7条明确规定：“（二）当事人涉嫌证券期货犯罪，依法应当移送司法机关处理。”[②]

但是，笔者认为，其与行政合规不处罚、刑事合规不起诉制度的底层逻辑并无二致，可以视为是涉案企业合规不起诉制度的回溯与延伸，故而是一个可以探讨的制度创新话题。

第二节　关于证券违法行为调查处罚的程序规定

本部分内容以如下现行有效的行政法规、部门规章及其规范性文件为依据，综合提炼出“证券违法行为行政处罚程序”“当事人在行政处罚程序中享有的权利”两大版块内容，鼓励当事人依托法律程序积极维权，从而收到协助行政监管机构依法行政、降低行政相对人合规风险的双重效果。

监管规范类别	具体监管规范
行政法规	《证券期货行政执法当事人承诺制度实施办法》（2022）
部门规章	《证券期货违法行为行政处罚办法》（2021）
	《行政处罚委员会组织规则》（2021）
	《中国证券监督管理委员会行政处罚听证规则》（2015）
部门其他文件	《中国证券监督管理委员会关于进一步完善中国证券监督管理委员会行政处罚体制的通知》（2002）

一、证券违法行为行政处罚程序

（一）立案

《证券期货违法行为行政处罚办法》（2021）第六条规定：“中国证监会及其派出机构发现自然人、法人或者其他组织涉嫌违反证券期货法律、法规和规章，符合下列条件，且不存在依法不予行政处罚等情形的，应当立案：（一）有明确的违法行为主体；（二）有证明违法事实的证据；（三）法律、法规、规章规定有明确的行政处罚法律责任；（四）尚未超过二年行政处罚时效。涉及金融安全且有危害后果的，尚未超过五年

---

① 比如既有实践中的承诺协议，或者（借鉴美国司法实践中的刑事合规相关制度设计的）暂缓移送协议。

② 虽然在美国的证券监管实践中，大部分证券违法案件在行政执法阶段得到处理。但是，当前我国在短期内预计无法形成类似局面。该问题在理论上也存在争议，比如可能涉及单位犯罪、企业犯罪、责任人员替代、法律的公平公正等方面的争议。其中相关问题，将在下一章加以分析。

行政处罚时效。”

（二）案件调查与审理

1. 由稽查部进行立案和调查，并作出《案件调查终结报告》

《中国证券监督管理委员会关于进一步完善中国证券监督管理委员会行政处罚体制的通知》“三、行政处罚工作的基本流程”之“（一）案件的调查”规定：证监会稽查部门负责立案和调查工作，保证全面查清有关事实，充分收集证据，把案件查准、查实。案件调查终结后，稽查部门应在事实清楚、证据充分的基础上，作出《案件调查终结报告》，连同全部案件卷宗材料一并移交法律部，进入案件审理阶段。稽查部门提出《案件调查终结报告》，应详细写明案由、违法事实及相关证据，并对案件的定性提出初步意见。

《中国证券监督管理委员会案件调查实施办法》第 57 条规定：对于重大违法违规案件的调查，经主办单位负责人批准，可商请公安机关提前介入。调查中，发现涉嫌违反证券期货法律犯罪的，由证监会调查部门报请有关负责人批准后依法移送；发现存在其他涉嫌违法犯罪的，或者需要移送其他机关或者部门处理的，由案件主办单位依法移送。

2. 由法律部①进行审核，提出《案件审理报告》

《中国证券监督管理委员会关于进一步完善中国证券监督管理委员会行政处罚体制的通知》“三、行政处罚工作的基本流程”之“（二）案件的审理”规定：法律部负责案件的违法行为定性、违法事实认定、处罚种类和幅度确定等法律适用工作。法律部收到稽查部门移送的《案件调查终结报告》及全部案件卷宗材料后，经审查，认为案件事实不清、证据不足的，退回稽查部门补充调查。

经审查，认为案件主要事实清楚、证据充分的，依法对当事人行为的法律性质、法律责任进行认定，提出《案件审理报告》，报会分管领导批准后提交行政处罚委员会审理。

3. 由行政处罚委员会②进行审核，提出《审理意见》

行政处罚委员会委员由中国证监会及其派出机构的专业人员和证券、期货交易所等

---

① 法律部（首席律师办公室）职能：拟订证券期货市场的法律、法规、规章及其实施细则，审核会内各部门草拟的规章；对监管中遇到的法律问题提供咨询和解释；审查与境外监管机构签署的合作文件及向境外监管机构提供的法律协助文件；监督协调有关法律、法规、规章的执行；负责中国证券监督管理委员会行政处罚案件的审理、听证及行政处罚的执行工作；组织办理涉及中国证券监督管理委员会的行政复议案件、行政诉讼案件、国家赔偿案件和其他诉讼案件；监管律师事务所及其律师从事证券期货中介业务的活动；负责有关法律、法规、规章的宣传教育。来源：中国证券监督管理委员会网，http：//www.csrc.gov.cn/csrc/c101795/c1444882/content.shtml。

② 行政处罚委员会的主要职责是：制定证券期货违法违规认定规则，审理稽查部门移交的案件，依照法定程序主持听证，拟订行政处罚意见。行政处罚委员会办公室是行政处罚委员会的日常办事机构，主要职责是：负责行政处罚委员会日常事务，办理案件交接和移送事项，组织安排听证、审理会议，协助行政处罚委员会委员开展相关工作。来源：中国证券监督管理委员会，http：//www.csrc.gov.cn/csrc/c101795/c1444883/content.shtml。

其他机构的专家组成，部分委员可以为兼职，由中国证监会聘任。可以根据案件情况适用简易程序或普通程序，必要时可以聘请外部专家。

《行政处罚委员会组织规则》第 5 条规定：行政处罚委员会实行主任委员负责下的“主审—合议”的案件审理制度。普通案件由 1 名委员主审，2 名委员合议，特殊情况可以增加合议委员。违法事实清楚、法律适用明确的案件，可以适用简易程序，由 1 名委员独任审理。审理过程中发现案件不宜适用简易程序，或者当事人要求听证、陈述申辩的，转为普通程序。重大、疑难、复杂案件必要时由行政处罚委员会集体讨论、研究。

《中国证券监督管理委员会关于进一步完善中国证券监督管理委员会行政处罚体制的通知》“三、行政处罚工作的基本流程”之“(二)案件的审理”规定：行政处罚委员会对案件进行审理后，提出《审理意见》，报会分管领导批准。行政处罚委员会认为案件事实不清、证据不足的，由法律部根据《审理意见》退回稽查部门补充调查；行政处罚委员会认为涉嫌构成犯罪的，由法律部根据行政处罚委员会的《审理意见》交由稽查部门移送司法机关；行政处罚委员会认为违法行为不成立或虽构成违法但依法不予处罚，应当采取非行政处罚性监管措施的，由法律部根据行政处罚委员会的《审理意见》交由有关部室处理；证券违法行为涉及违纪及其他违法行为的，由法律部根据行政处罚委员会的《审理意见》移交各级纪检部门及政府有关执法部门处理。

4. 由行政处罚委员会向当事人出具《行政处罚事先告知书》以及告知其听证权利，并组织案件的听证与复核

《中国证券监督管理委员会关于进一步完善中国证券监督管理委员会行政处罚体制的通知》“二、机构设置及职责”规定：参加听证会的行政处罚委员会委员的职责是，听取当事人及其代理人的申辩理由，提出《听证复核意见》。参加听证会的行政处罚委员会委员组成规模一般为三人至五人。举行听证会时，由法律部在出席听证会的行政处罚委员会委员中推荐一人，经会分管领导指定，作为听证会的主持人。听证结束后，出席听证会的行政处罚委员会委员应当进行合议，根据有关法律、法规及听证情况，对原拟作出的处罚决定的事实、理由和依据进行复核，经集体讨论、充分协商后，提出书面的《听证复核意见》。

5. 由行政处罚委员会拟订行政处罚决定和市场禁入意见

《行政处罚委员会组织规则》第 10 条规定：行政处罚委员会负有拟订行政处罚和市场禁入意见职责。

二、当事人在行政处罚程序中享有的权利

(一) 可以向发出《行政处罚事先告知书》的机构申请查阅涉及处罚事项的证据

《证券期货违法行为行政处罚办法》第 33 条规定，当事人收到行政处罚事先告知书后，可以申请查阅涉及本人行政处罚事项的证据，但涉及国家秘密、他人的商业秘密

和个人隐私的内容除外。

（二）可以申请适用当事人承诺制度

根据《证券期货行政执法当事人承诺制度实施办法》第 2 条的规定，行政执法当事人承诺是指国务院证券监督管理机构对涉嫌证券期货违法的单位或者个人进行调查期间，被调查的当事人承诺纠正涉嫌违法行为、赔偿有关投资者损失、消除损害或者不良影响并经国务院证券监督管理机构认可，当事人履行承诺后国务院证券监督管理机构终止案件调查的行政执法方式。

提出时间：收到国务院证券监督管理机构案件调查法律文书之日至国务院证券监督管理机构作出行政处罚决定前，可以依照证券法等法律和本办法的规定，申请适用行政执法当事人承诺。①

受理时间：国务院证券监督管理机构应当自收到当事人完整的申请材料之日起 20 个工作日内，作出受理或者不予受理的决定。②

沟通时间：国务院证券监督管理机构与当事人进行沟通协商的期限为 6 个月。经国务院证券监督管理机构主要负责人或者其授权的其他负责人批准，可以延长沟通协商的期限，但延长的期限最长不超过 6 个月。③

沟通内容：承诺纠正涉嫌违法行为、承诺金数额及缴纳方式、履行期限等。④

处理效果：当事人完全履行承诺认可协议后，国务院证券监督管理机构应当终止案件调查，向当事人出具终止调查决定书，并予以公告。国务院证券监督管理机构出具终

---

① 《证券期货行政执法当事人承诺制度实施办法》第 5 条规定："当事人自收到国务院证券监督管理机构案件调查法律文书之日至国务院证券监督管理机构作出行政处罚决定前，可以依照《证券法》等法律和本办法的规定，申请适用行政执法当事人承诺。国务院证券监督管理机构应当在送达当事人的案件调查法律文书中告知其有权依法申请适用行政执法当事人承诺。"

② 《证券期货行政执法当事人承诺制度实施办法》第 8 条规定："国务院证券监督管理机构应当自收到当事人完整的申请材料之日起 20 个工作日内，作出受理或者不予受理的决定。决定受理的，发给受理通知书；决定不予受理的，应当书面通知当事人并说明理由。"

③ 《证券期货行政执法当事人承诺制度实施办法》第 11 条规定："国务院证券监督管理机构与当事人进行沟通协商的期限为 6 个月。经国务院证券监督管理机构主要负责人或者其授权的其他负责人批准，可以延长沟通协商的期限，但延长的期限最长不超过 6 个月。国务院证券监督管理机构与当事人沟通协商应当当面进行，并制作笔录。国务院证券监督管理机构与当事人进行沟通协商的工作人员不得少于 2 人，并应当向当事人出示执法证件。国务院证券监督管理机构与当事人进行沟通协商的工作人员不得违反规定会见当事人及其委托的人。"

④ 《证券期货行政执法当事人承诺制度实施办法》第 10 条规定："国务院证券监督管理机构自受理申请之日起，可以根据当事人涉嫌违法行为造成的损失、损害或者不良影响等情况，就适用行政执法当事人承诺相关事项与当事人进行沟通协商。当事人提交的材料以及在沟通协商时所作的陈述，只能用于实施行政执法当事人承诺。"

止调查决定书后，对当事人涉嫌实施的同一个违法行为不再重新调查。[①]

（关于当事人承诺制度的理论基础与创新意义详见“应对方式Ⅰ：在证券行政监管的实体法和程序法中寻找合规解决方案”第三节内容）

（三）可以申请听证

根据《证券期货违法行为行政处罚办法》第30条第4款的规定，对于符合《中国证券监督管理委员会行政处罚听证规则》所规定条件的，当事人享有要求听证的权利。

申请条件：根据《中国证券监督管理委员会行政处罚听证规则》第5条的规定，中国证监会或其派出机构拟对当事人作出以下一项或者一项以上行政处罚的，应当在向当事人送达的《行政处罚事先告知书》中载明当事人享有要求听证的权利：（1）责令停止发行证券；（2）责令停业整顿；（3）暂停、撤销或者吊销证券、期货、基金相关业务许可；（4）暂停或者撤销任职资格、从业资格；（5）对个人没收业务收入、没收违法所得、罚款，单独或者合计5万元以上；（6）对单位没收业务收入、没收违法所得、罚款，单独或者合计30万元以上；（7）法律、行政法规和规章规定或者中国证监会及其派出机构认为可以听证的其他情形。

提出时间：当事人要求听证的，应当在《行政处罚事先告知书》送达后3日内提出听证要求。当事人逾期未提出听证要求的，视为放弃听证权利。[②]

（四）可以要求进行陈述与申辩

当事人有要求进行陈述与申辩的权利，并且根据《证券期货违法行为行政处罚办法》第31条的规定，当事人应当在规定的时间内提出陈述、申辩意见，否则视为放弃该权利。

提出时间：当事人要求陈述、申辩但未要求听证的，应当在行政处罚事先告知书送达后5日内提出，并在行政处罚事先告知书送达后15日内提出陈述、申辩意见。当事人书面申请延长陈述、申辩期限的，经同意后可以延期。

当事人要求听证的，应最迟于听证当日提出陈述、申辩意见。

（五）处罚时效与审理时限

1. 处罚时效：2年或5年

根据《证券期货违法行为行政处罚办法》第6条第4款的规定，一般证券违法案件的处罚时效为2年，涉及金融安全且有危害后果的，行政处罚时效为5年。

---

① 《证券期货行政执法当事人承诺制度实施办法》第15条规定：“国务院证券监督管理机构与当事人签署承诺认可协议后，应当中止案件调查，向当事人出具中止调查决定书，并予以公告。当事人完全履行承诺认可协议后，国务院证券监督管理机构应当终止案件调查，向当事人出具终止调查决定书，并予以公告。国务院证券监督管理机构出具终止调查决定书后，对当事人涉嫌实施的同一个违法行为不再重新调查。申请适用行政执法当事人承诺的当事人为《证券法》等法律、行政法规和国务院证券监督管理机构规定的信息披露义务人的，应当依法履行信息披露义务。”

② 《中国证券监督管理委员会行政处罚听证规则》第7条规定：“当事人要求听证的，应当在《行政处罚事先告知书》送达后3日内提出听证要求。当事人逾期未提出听证要求的，视为放弃听证权利。行政处罚涉及多个当事人，部分当事人放弃听证权利的，不影响其他当事人要求听证。”

2. 审理时限：1 年 + 每次延长 6 个月

《证券期货违法行为行政处罚办法》第 35 条规定，中国证监会及其派出机构应当自立案之日起一年内作出行政处罚决定。有特殊情况需要延长的，应当报经单位负责人批准，每次延长期限不得超过 6 个月。

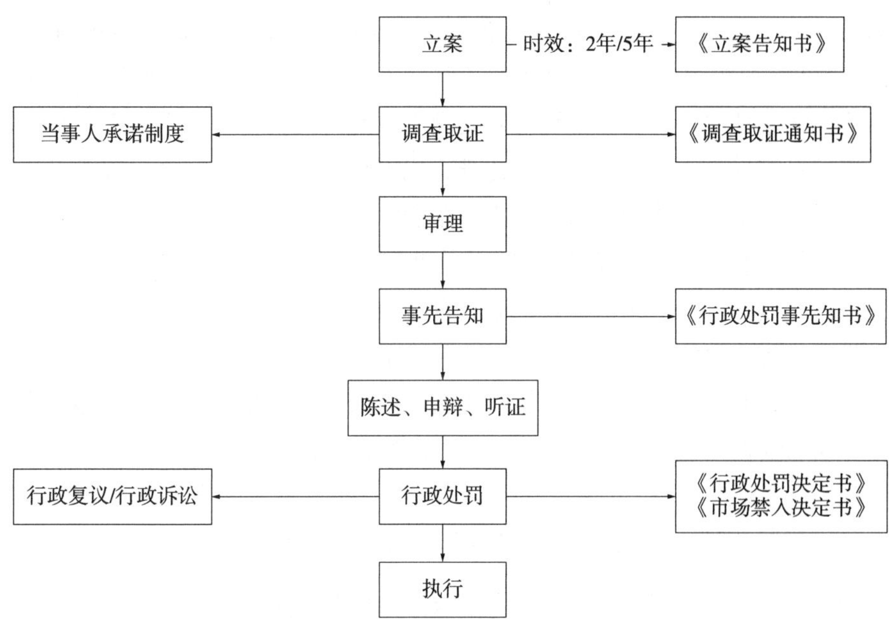

图 5.1　证券违法行为行政处罚流程

第三节　证券期货行政执法当事人承诺制度

行政执法当事人承诺，是指“国务院证券监督管理机构对涉嫌证券期货违法的单位或者个人进行调查期间，被调查的当事人承诺纠正涉嫌违法行为、赔偿有关投资者损失、消除损害或者不良影响并经国务院证券监督管理机构认可，当事人履行承诺后国务院证券监督管理机构终止案件调查的行政执法方式”。①

2022 年元旦，证监会发布的《证券期货行政执法当事人承诺制度实施规定》（以下简称《规定》）正式实施；同时，财政部发布 2022 年第 1 号公告——《证券期货行政执法当事人承诺金管理办法》（以下简称《承诺金办法》），修改了此前“和解金”表述，并完善了承诺金管理方式。

① 详见《证券期货行政执法当事人承诺制度》。

至此，从《证券法》第171条[①]，到国务院发布的《证券期货行政执法当事人承诺制度实施办法》（以下简称《办法》），再到证监会发布的《证券期货行政执法当事人承诺制度实施规定》，中国特色的证券期货行政执法当事人承诺制度，已经实现了从法律、法规到部门规章三个制度层面的配套衔接。

证券期货行政执法当事人承诺制度在提高执法效率、及时赔偿投资者损失、尽快恢复市场秩序等方面具有重要意义：一是有效提高执法效能，化解资本市场执法面临的“查处难”与市场要求“查处快”之间的矛盾。二是及时赔偿投资者损失，增强其获得感和满意度。通常情况下，证券期货行政处罚案件的罚没款直接上缴国库，而受到损失的投资者通过民事诉讼求偿可能面临举证难、成本高、时间长等问题。适用行政执法当事人承诺制度，当事人交纳的承诺金可用于赔偿投资者损失，投资者获得及时有效救济的新途径，更加有利于保护投资者尤其是中小投资者的合法权益。三是切实提高违法成本，增强监管实效。行政执法当事人承诺具有涉嫌违法当事人履行意愿强、履行速度快等优势，且国务院证券监督管理机构认可的承诺金数额通常高于罚没款数额，使涉嫌违法当事人付出较高的经济代价。四是行政执法当事人承诺制度能够尽快实现案结事了、定分止争，从而妥善化解社会矛盾，及时恢复市场秩序，稳定预期。

笔者认为，以证券领域行政合规的视角观察，《证券期货行政执法当事人承诺制度实施规定》（2022）框架下的制度设计及操作方式有以下鲜明特色：

一、是一次体现了行政合规色彩的重大制度创新

根据《规定》第5条及《办法》第13条规定，可以发现，我国证券行政监管既有的制度设计已经带有很强的（被动型）行政合规色彩。

因为前者要求申请书载明“当事人涉嫌违法的主要事实”，后者要求在承诺认可协议中载明“当事人涉嫌违法行为的主要事实”。这种要求当事人主动提供违法主要事实的做法与美国合规制度的要求具有相似性，其在一定程度上也是为了提高执法效率，节省执法资源，缩短结案期限。

如同《行政和解试点实施办法》第7条的规定，《证券期货行政执法当事人承诺制

---

① 《证券法》（2019）第171条规定：“国务院证券监督管理机构对涉嫌证券违法的单位或者个人进行调查期间，被调查的当事人书面申请，承诺在国务院证券监督管理机构认可的期限内纠正涉嫌违法行为，赔偿有关投资者损失，消除损害或者不良影响的，国务院证券监督管理机构可以决定中止调查。被调查的当事人履行承诺的，国务院证券监督管理机构可以决定终止调查；被调查的当事人未履行承诺或者有国务院规定的其他情形的，应当恢复调查。具体办法由国务院规定。国务院证券监督管理机构决定中止或者终止调查的，应当按照规定公开相关信息。”

度实施办法》第 7 条[①]也对不予受理行政执法当事人承诺申请的情形作出明确规定。综合两个前后两条规定，可以发现相关规定有了巨大变化——此前不适用行政和解的“行政相对人违法行为的事实清楚，证据充分，法律适用明确，依法应当给予行政处罚的”案件，现在也可以适用证券期货行政执法当事人承诺制度而终止案件调查、审理。因此，行政执法当事人承诺制度设计，已然具备实质性（被动型）行政合规的色彩，这是我国证券行政监管史上的一次重大的制度创新。

二、在操作方式上实现了行政合规的创新与完善

第一，当事人需要明确合规承诺的相关措施，并写入承诺协议。根据该办法第 13 条的规定，行政执法当事人可以采取的具体措施包括“纠正涉嫌违法行为、赔偿有关投资者损失、消除损害或者不良影响的具体措施”。

第二，职责分工明确，流程清晰明了。该办法对证监会内部承办机构（“行政执法当事人承诺审核委员会”）的职责、承办部门与其他内部部门（调查部门、审理部门）的分工，以及与交易场所、投资者保护机构等部门的协同、各相关操作流程及时限要求都做了明确规定。

第三，以案件调查的“中止”“终止”双键把控，切实保证合规承诺程序的实际效果。

即便当事人签订承诺认可协议，也只是先中止案件调查，只有完全履行承诺认可协议才终止案件调查。这充分体现了程序的完备性。

第四，投资者保护措施到位。投资者因当事人涉嫌违法行为遭受损失的，可以向承诺金管理机构申请合理赔偿，也可以通过依法对当事人提起民事赔偿诉讼等其他途径获得赔偿。

第四节　证券违法与证券犯罪行刑衔接的三个核心问题探究

证券犯罪是典型的行政犯。行政犯的特点就在于，其犯罪构成和法定刑的规定其实都溢出了刑法的范畴，而在很大程度上由行政法律规范所规定。因此，相对于自然犯，行政犯具有双重违法性，首先违反行政法，然后才是违反刑法。[②] 因其这种双重属性，

---

① 《证券期货行政执法当事人承诺制度实施办法》第 7 条规定：“有下列情形之一的，国务院证券监督管理机构对适用行政执法当事人承诺的申请不予受理：（一）当事人因证券期货犯罪被判处刑罚，自刑罚执行完毕之日起未逾 3 年，或者因证券期货违法行为受到行政处罚，自行政处罚执行完毕之日起未逾 1 年；（二）当事人涉嫌证券期货犯罪，依法应当移送司法机关处理；（三）当事人涉嫌证券期货违法行为情节严重、社会影响恶劣；（四）当事人已提出适用行政执法当事人承诺的申请但未被受理，或者其申请已被受理但其作出的承诺未获得国务院证券监督管理机构认可，没有新事实、新理由，就同一案件再次提出申请；（五）当事人因自身原因未履行或者未完全履行经国务院证券监督管理机构认可的承诺，就同一案件再次提出申请；（六）国务院证券监督管理机构基于审慎监管原则认为不适用行政执法当事人承诺的其他情形。”

② 陈兴良：《法定犯的性质和界定》，载《中外法学》2020 年第 6 期。

导致存在刑行交叉的问题。刑行交叉重叠的表象之一就是行政违法与刑事违法在行为样态、构成要件等本质要素方面不存在差异，两者相区别的只是情节和社会危害性程度。①

本文笔者聚焦于证券犯罪的刑行交叉问题，从程序与实体方面，对我国目前证券犯罪的刑行交叉现状进行阐述，并对实践中存在的问题做开放式探讨。

一、证券犯罪刑行交叉的程序法沿革

我国与证券犯罪相关的行刑衔接的程序规定最早可追溯至 2001 年，国务院的《行政执法机关移送涉嫌犯罪案件的规定》；同年，最高人民检察院发布了《人民检察院办理行政执法机关移送涉嫌犯罪案件的规定》；2004 年，最高人民检察院、全国“整规办”、公安部共同发布《关于加强行政执法与公安机关、人民检察院工作联系的意见》；2006 年，最高人民检察院、全国“整规办”、公安部、监察部共同发布《关于在行政执法中及时移送涉嫌犯罪案件的意见》；2011 年，中共中央办公厅、国务院办公厅共同转发国务院法制办等部门共同制定的《关于加强行政执法与刑事司法衔接工作的意见》。

真正全面细致地完成行刑衔接程序建构的是公安部 2012 年修改发布的《公安机关办理刑事案件程序规定》② 与 2016 年发布的《公安机关受理行政执法机关移送涉嫌犯罪案件规定》。这两个文件对行政机关向刑事司法机关移送案件的程序作了较为详细的规定，规定内容也包含更多的法效性。③ 1996 年制定的《行政处罚法》于 2021 年修订时，第 27 条④明确了行刑双向衔接的基本程序规则。至此，我国刑行交叉的程序衔接与制度框架已基本完备。

在我国大的刑行交叉框架体系下，《证券法》在 1998 年出台时就明确规定了行刑移送程序，是为证券违法犯罪刑行交叉程序的雏形。⑤ 2019 年修订的《证券法》在第 178 条重申“国务院证券监督管理机构依法履行职责，发现证券违法行为涉嫌犯罪的，应当依法将案件移送司法机关处理；发现公职人员涉嫌职务违法或者职务犯罪的，应当依法移送监察机关处理”。根据《中国证监会 2022 年法治政府建设情况》，证监会“全年办理案件 603 件，其中重大案件 136 件，向公安机关移送涉嫌犯罪案件和通报线索 123 件，案件查实率达到 90%”。⑥ 该数据充分说明了证监部门将绝大多数重大违法案

---

① 赵宏：《行刑交叉案件的实体法问题》，载《国家检察官学院学报》2021 年第 4 期。

② 《公安机关办理刑事案件程序规定》于 1987 年 3 月 18 日发布，其后于 1998 年、2012 年、2020 年进行了修正。

③ 张红：《行政处罚与刑罚处罚的双向衔接》，载《中国法律评论》2020 年第 5 期。

④ 《行政处罚法》(2021) 第 27 条规定：“违法行为涉嫌犯罪的，行政机关应当及时将案件移送司法机关，依法追究刑事责任。对依法不需要追究刑事责任或者免予刑事处罚，但应当给予行政处罚的，司法机关应当及时将案件移送有关行政机关。行政处罚实施机关与司法机关之间应当加强协调配合，建立健全案件移送制度，加强证据材料移交、接收衔接，完善案件处理信息通报机制。”

⑤ 《证券法》(1998) 第 173 条规定：“国务院证券监督管理机构依法履行职责，发现证券违法行为涉嫌犯罪的，应当将案件移送司法机关处理。”

⑥ 《中国证监会 2022 年法治政府建设情况》，2023 年 3 月 31 日，载中国证券监督管理委员会网，http：//www. csrc. gov. cn/csrc/c100028/c7399314/content. shtml。

件依法移送公安机关，在案件查处工作中切实践行了行刑移送的法律规定。

二、证券犯罪刑行交叉的实体法沿革

2019 年证券法进行修订，同年，《最高人民法院、最高人民检察院关于办理操纵证券、期货市场刑事案件适用法律若干问题的解释》出台；2021 年《刑法修正案（十一）》颁布实施；2022 年《最高人民检察院、公安部关于公安机关管辖的刑事案件立案追诉标准的规定（二）》出台。我国的证券违法犯罪实体法律法规体系逐渐完善。从行政法规到刑事法律，我国在立法上采用的是一种“梯度有序的二元制裁模式”[①]，即在行政法规中表述为“构成犯罪的，依法追究刑事责任”，之所以出现这种先行政处罚后予以刑罚的情形，是因为需要根据违法行为的轻重程度，构建在程度上逐步递进的行政处罚与刑罚二元接续的惩戒机制。那么，以这种“程度”作为标尺，通过行政违法“量”的累积达到刑事违法，对于这个“量”的临界点就会面临标准模糊的问题。刑法学者通常将临界点总结为“社会危害性”“法益侵害性”“预测可能性”等标准，但这些标准无论是在理论界还是在实务界均存在争议。因为仔细甄别不同体系的法规就会发现，这些标准不仅仅涉及量的差异，也存在质的区别。

对于刑事犯罪，还是应当根据刑法具体罪名的犯罪构成要件，在遵循法秩序统一性原理[②]的前提下对刑事违法性进行实质性判断。但需要注意的是，法秩序统一性是合法性的统一，而非违法性的统一。将“前置法的违法性”作为判断“前置法与刑法交叉”类型中行为刑事违法性前提的逻辑基础并不成立。[③] 因此，对于证监会作出行政处罚的违法行为，并不能仅仅因为其达到刑事立案追诉标准就判断该违法行为一定是触犯刑法的犯罪行为。

三、证券犯罪刑行交叉领域三大核心要点阐述

以笔者团队多年来办理的证券违法行政处罚及行政复议、证券处罚后移送公安机关追究刑事责任（包括在行政调查期间未予处罚直接以犯罪线索形式移送公安机关进行刑事侦查的情形）的案例来看，举证责任、证据转换和行政认定是证券违法犯罪领域中的三大核心要点，以下将从理论出发，结合笔者团队办案实践进行阐述，以期为读者带来更具象的了解。

---

① 赵宏：《行刑交叉案件的实体法问题》，载《国家检察官学院学报》2021 年第 4 期。

② 源于德国的法秩序统一性，是指“由宪法、刑法、民法等多个法域构成的法秩序之间互不矛盾，更为准确地说，在这些个别的法领域之间不应作出相互矛盾、冲突的解释”。法秩序统一性要求刑法与民商法、行政法等前置法对于同一行为在不同法域不应作出相互矛盾的评价。在我国，由于刑事立法采取了统一刑法典、自然犯与法定犯一体化的立法模式，且刑法与前置法的立法修订很多时候并不同步，可能存在“立法时差”，故在刑法立法修订、司法适用的过程中，应当重视刑法与前置法的协调，避免法秩序内部矛盾、冲突。参见陈禹橦：《刑事违法性判断必须遵循法秩序统一性原理》，载《检察日报》2023 年 2 月 8 日，第 3 版。

③ 陈禹橦：《刑事违法性判断必须遵循法秩序统一性原理》，载《检察日报》2023 年 2 月 8 日，第 3 版。

（一）举证责任问题

依据证明程度的不同，证明标准可以分为以下三种类型：第一，排除合理怀疑。排除合理怀疑，即承担证明责任一方提供的证据应当使法官能够得出确定结论，并排除其他的合理怀疑。这里的“合理”是指怀疑需有理由而非纯粹出于想象或幻想。第二，明显优势证明标准。明显优势证明标准是指法官按照证明效力具有明显优势的一方当事人提供证据认定案件事实的证明标准。“明显优势”，即双方当事人提供的证据相比较，一方当事人提供的证据具有较大的优势，且该优势足以使法庭确信其主张的案件事实真实存在。第三，优势证明标准。其指一方证据所指向的事实发生的可能性大于不发生的可能性，则认定可能性大的事实为真。① 根据我国目前法律体系，刑法采用的是“排除合理怀疑”，行政法采用的是“明显优势证明标准”，民法采用的是“优势证明标准”。

早在2007年《证券市场操纵行为认定指引（试行）》《证券市场内幕交易行为认定指引（试行）》（已失效）中均已明确提出，“操纵行为的认定，应当适用明显优势证明标准”，“内幕交易行为的认定，应当适用明显优势证明标准”。

2011年，《最高人民法院关于审理证券行政处罚案件证据若干问题的座谈会纪要》明确了举证责任，“人民法院在审理证券行政处罚案件时，也应当考虑到部分类型的证券违法行为的特殊性，由监管机构承担主要违法事实的证明责任，通过推定的方式适当向原告、第三人转移部分特定事实的证明责任”。即通过明确的举证责任，达到“定案”所要求的证明标准以进行行政处罚。在目前监管机构承担主要的举证责任的实践活动中，已经开始采用间接证据认定案件事实。这种通过间接证据认定事实主要出现在对内幕交易案件的处理上。

根据刑事诉讼法的规定，刑事案件应当符合“案件事实清楚，证据确实、充分”的要求，并在第55条中对证据确实、充分进行了明确界定。② 在证券期货类刑事案件中，应当采用前述最严格的排除合理怀疑标准。

行政处罚之所以采用相对“低配”的证明标准，主要与证券违法行为的特点和行政执法需要的高效率有关，证券违法违规行为一般具有专业性强、技术性高、隐蔽性深的特点，因而收集证据难度大。如果赋予证券监管机构过于严格的行政处罚证明责任，将不利于打击证券违法行为，不利于遏制高发的证券违法现象。

（二）证据转换问题

刑法是最严苛的法律。从行政处罚到剥夺人的生命与自由的刑事处罚，从行政处罚

---

① 打击证券违法犯罪专题工作组编：《证券期货违法犯罪案件办理指南》，北京大学出版社2014年版。

② 《刑事诉讼法》第55条规定：“对一切案件的判处都要重证据，重调查研究，不轻信口供。只有被告人供述，没有其他证据的，不能认定被告人有罪和处以刑罚；没有被告人供述，证据确实、充分的，可以认定被告人有罪和处以刑罚。证据确实、充分，应当符合以下条件：（一）定罪量刑的事实都有证据证明；（二）据以定案的证据均经法定程序查证属实；（三）综合全案证据，对所认定事实已排除合理怀疑。”

“明显优势证明标准”达到刑事诉讼法要求的“排除合理怀疑证明标准”，这是一个处罚升级的过程，同时也是一个证明标准、证明责任升级的过程，需要以严谨审慎的态度对待之。而这个过程，除证据补足外，还需要进行证据转换。因为证券违法刑行交叉程序中，不可能对全部的证据按照刑事侦查程序重新查证，加之办理证券犯罪案件需要依靠专业的证券期货知识，实践中司法机关也需要证监部门专业人员协助，即便是重新收集的证据在内容上不会有本质区别而且浪费司法资源。

故此，如何将证监部门在行政调查过程中收集的证据转换为刑事领域用于证明犯罪事实的证据，就成了刑行交叉领域的第二个问题。

最早在 1996 年颁布行政处罚法时，仅对证据作出了“必须全面、客观、公正地调查，收集有关证据”[①] 的原则性表述，以及“行政机关在收集证据时，可以采取抽样取证的方法”等。历经 3 次修改，行政处罚法已经明确了包括证据种类、证据收集一般程序、非法证据排除原则、证据认定等方面的内容。在 2021 年证监会出台的《证券期货违法行为行政处罚办法》中，对证券期货违法行为查处过程中的证据收集和认定体系已经作了十分详尽的规定。这些证据规则与刑事诉讼法的证据规则基本上是遐迩一体的。

《刑事诉讼法》第 50 条规定，可以用于证明案件事实的材料都是证据，其中当然也包括证监部门行政调查的证据。因此，在符合行政法规要求的证据采集规则下，经过刑事司法程序进行“查证属实”，是可以作为定案依据的。

具体来说，在行政执法和刑事司法两个不同的法律程序中，一般根据证据的种类适用不同的转换规则去实践“查证属实”。首先，对于书证、物证、鉴定意见、视听资料和现场笔录这些内容相对固定、不易篡改的证据，在证据收集程序合法、证据形式符合法律规定的情形下，经过司法机关依法审核后，可以直接转换为刑事司法证据使用。其次，对于当事人陈述和证人证言一般不能直接转换为刑事司法证据，主要是因为言词证据易受外界干扰且容易被篡改，因此从保护犯罪嫌疑人诉讼权利的角度出发，刑事司法程序应当以重新收集为原则。[②] 该原则也已经体现在刑事审判案例中了，如在上海市第一中级法院作出的（2018）沪 01 刑初 13 号刑事判决书中，法院认为：“对该部分证人证言不宜作为刑事诉讼中的证据使用。主要理由是：从证据特点看，证人证言作为言词证据，具有较强的主观性，容易发生变化；从收集程序看，行政机关收集言词证据的程

---

① 《行政处罚法》(1996) 第 36 条规定：“除本法第三十三条规定的可以当场作出的行政处罚外，行政机关发现公民、法人或者其他组织有依法应当给予行政处罚的行为的，必须全面、客观、公正地调查，收集有关证据；必要时，依照法律、法规的规定，可以进行检查。”第 37 条规定：“行政机关在调查或者进行检查时，执法人员不得少于两人，并应当向当事人或者有关人员出示证件。当事人或者有关人员应当如实回答询问，并协助调查或者检查，不得阻挠。询问或者检查应当制作笔录。行政机关在收集证据时，可以采取抽样取证的方法；在证据可能灭失或者以后难以取得的情况下，经行政机关负责人批准，可以先行登记保存，并应当在七日内及时作出处理决定，在此期间，当事人或者有关人员不得销毁或者转移证据。执法人员与当事人有直接利害关系的，应当回避。”

② 打击证券违法犯罪专题工作组编：《证券期货违法犯罪案件办理指南》，北京大学出版社 2014 年版。

序与侦查机关并不一致，对证人权利的保障程度不同；从该部分证人情况看，侦查机关有条件重新收集而未收集。”

刑事证据规则与行政证据规则最大的不同点在于行政处罚程序中允许使用“抽样取证”的证据收集方式。我们对于“抽样取证”的科学性在此不予讨论，在证券期货违法领域，违法行为多样化、受害主体众多且遍及全国乃至境外，要实现全覆盖式的调查取证除了存在现实困难也并无必要。《公安机关办理行政案件程序规定》（2020 年修订）中对于“抽样取证”的适用作了比较严格的限定①，应当说，在行政处罚领域采用“抽样取证”的证据收集方法并无诟病。但是“抽样取证”得来的证据能否作为刑事案件的证据值得探究。

笔者认为，如果“抽样取证”的证据是在现有证据已经能够充分证明基本犯罪事实，只是因为客观因素制约无法实现对全部取证对象进行全覆盖式取证，“抽样取证”的证据用于“验证”其他证据，通过形成完整证据链达到相互印证的作用，则这种“抽样取证”得来的证据可以作为证据使用。如果仅采用“抽样取证”的证据用于“定案”或者将其作为主要的定案证据，显然违背了《刑事诉讼法》第 55 条的规定，由于案件存在大量的“未抽样取证”的事实，案件不可能达到“排除合理怀疑”的证明标准。

（三）行政认定问题

对于经过证监部门行政处罚后而向司法机关移送的刑事案件，其“先天”就携带着行政认定；而未经过行政处罚移送的刑事案件或者由公安机关自侦的刑事案件，在涉及证券期货等专业性问题时，可向证券监管机构商请出具行政认定。比如在《关于严厉打击非法发行股票和非法经营证券业务有关问题的通知》（国办发〔2006〕99 号）、《关于在打击证券期货违法犯罪中加强执法协作的通知》（证监发〔2006〕17 号）、《关于整治非法证券活动有关问题的通知》（证监发〔2008〕1 号）相关政策性文件中均提到，证监系统可以根据司法机关需要，对非法证券类案件及时出具性质认定意见。其中，《关于整治非法证券活动有关问题的通知》关于这一工作机制的规定较为明确，即“非法证券活动是否涉嫌犯罪，由公安机关、司法机关认定。公安机关、司法机关认为需要有关行政主管机关进行性质认定的，行政主管机关应当出具认定意见”。

从实践看，认定事项的范围主要包括：（1）是否具备证券期货业务资格；（2）非法经营证券期货业务，包括非法发行股票和非法经营未上市公司股票活动、非法证券投资咨询、非法委托理财活动、非法期货（变相期货）、非法基金活动；（3）内幕交易行为及内幕信息；（4）市场操纵行为。其中，内幕交易、市场操纵行为成为公安司法商

---

① 《公安机关办理行政案件程序规定》第 109 条规定：“收集证据时，经公安机关办案部门负责人批准，可以采取抽样取证的方法。抽样取证应当采取随机的方式，抽取样品的数量以能够认定本品的品质特征为限。抽样取证时，应当对抽样取证的现场、被抽样物品及被抽取的样品进行拍照或者对抽样过程进行录像。对抽取的样品应当及时进行检验。经检验，能够作为证据使用的，应当依法扣押、先行登记保存或者登记；不属于证据的，应当及时返还样品。样品有减损的，应当予以补偿。”

请认定的重点与难点。

近年来，对于“行政认定”的条件、性质和效力等问题出现了较大的争议，在一些重大证券犯罪案件的查处和审判中，证监部门作出的有关认定意见往往成为追究当事人刑事责任的关键和涉案各方争议的焦点。首先，关于“行政认定”的性质，其不同于行政处罚具有可复议性和可诉性。因为其是对某种“专业性问题”的认定，并非针对被告人的具体行为的认定，因此行政认定不是具体的行政行为，这也就解释了为何其不能复议、不能诉。那么，对于不能复议、不可诉却对被告人权利有重大影响的行为，被告人如何进行权利救济？目前仍是司法实践中的难题。

行政认定能否作为定案依据？笔者认为，行政认定可以作为刑事审判的重要参考，但是，如果司法机关放弃了对行政认定的实质审查，变成了对行政认定的形式依赖，则审判机关对于行政犯的审查就彻底形式化，将会丧失《刑事诉讼法》第 5 条[①]所赋予的独立的审判权。

证券犯罪的刑行交叉领域是一个新兴、复杂的专业领域，前述三大问题彼此独立又相互影响，笔者团队曾办理的一起内幕交易涉刑行交叉案件，就出现了因为在行政处罚与刑事处罚两个程序中的证明标准的不同，而导致控辩双方在原行政处罚程序中“行政认定”的证明力问题上产生不同的认知，进而影响案件处理结果。

所以，除应当关注行刑程序衔接外，还应当关注实体法、证明标准，以及由此引发的事实认定问题，笔者希望通过对法学理论、法律规定与司法实践中鲜活案例的开放式探究，以期获得解决现代法秩序下的证券违法犯罪行刑衔接问题的有效认知路径。

---

① 《刑事诉讼法》第 5 条规定：“人民法院依照法律规定独立行使审判权，人民检察院依照法律规定独立行使检察权，不受行政机关、社会团体和个人的干涉。”

应对方式Ⅱ：通过证券刑事合规不起诉途径寻找解决方案[①]

本章主要论述上市公司如何通过证券刑事合规方式，应对处理重大合规事件。顾名思义，证券刑事合规与刑事合规之间是被包含和包含关系。涉及上市公司的罪名众多，并且涉及大的不同类目，比如证券类犯罪、职务类犯罪、贪贿类犯罪、经营类犯罪、集资类犯罪、妨碍司法类犯罪、交通类犯罪、环境类犯罪、诈骗类犯罪等。[②] 本部分为了契合本书的主体框架，主要对证券犯罪方面的刑事合规加以介绍，具体包括欺诈发行证券罪、操纵证券市场罪、内幕交易罪等罪名。证券市场主体，包括许多投资机构、自然人投资者在内的民众，希望我国资本市场健康发展，期待众多家庭的财产性收入从房产投资开始向股权投资过渡。由此，强调证券刑事合规也便有了特定的时代意义。

通过证券刑事合规方式，解决重大合规事件即证券犯罪事件的设计思路如下[③]：刑事被告人或者涉案企业承认犯罪事实并且认罪认罚，通过积极与检察机关协作，在第三方监督评估组织有效参与前提下，制定及有效实施刑事合规计划，明确合规风险、发现合规漏洞，完善公司治理结构，健全内部规章制度，防范再次发生类似犯罪事件。

第一节　刑事合规分析及理论争议

刑事合规，是指“对于那些已经构成犯罪的企业，刑事执法机关以企业建立合规机制为依据，对其作出宽大刑事处理的法律制度”。[④] 对于企业而言，愿意推行合规机

---

① 需要指出的是，目前我国尚未在相关法律法规、规章等法律文件中（广泛）使用刑事合规这一术语，而是使用合规整改这一术语。为此，本章为了论述的方便，视情况交替使用刑事合规和合规整改表述。

② 我国刑法中涉及企业的罪名众多，至于涉及上市公司的罪名主要是证券类犯罪和职务类犯罪。

③ 需要说明的是，一般而言，证券市场主体的违法行为如果更加严重，达到一定的定罪量刑标准，那么便涉嫌触犯证券刑事法律法规，因此本书对行政合规和刑事合规的分类，更多基于违法行为的严重程度来说而非主要针对主体、行业领域来划分。况且，行刑衔接机制在我国执法司法体系中本来便具有正当性。

④ 陈瑞华：《论企业合规的性质》，载《浙江工商大学学报》2021 年第 1 期。作者进一步指出：“但在那些确立了刑事合规制度的国家，检察机关对于已经建立合规计划的犯罪企业，可以根据企业建立合规计划的情况，来作出是否提起公诉的决定；对于已经起诉到法院的案件，涉案企业能够以建立合规计划为根据，作出无罪的抗辩，说服司法机关作出无罪决定；对于已经被定罪的企业，法院还可以将企业建立合规机制作为减轻刑事处罚的根据。不仅如此，检察机关对于已经建立合规计划的企业，还可以根据其犯罪的情况以及合规计划的有效程度，与其达成暂缓起诉协议或者不起诉协议，通过设置考验期，督促其在缴纳改革罚款的前提下，重建合规计划，并对其重建合规计划的进程进行持续不断的监管。在考验期结束后，检察机关根据企业履行上述协议的情况，可以作出撤销起诉的决定，案件最终可能以企业被宣告无罪而告终。”

制的最大动力，是在因涉嫌违法犯罪而接受调查时，换取宽大处理。[①]

本部分将适当援引美国的相关经验、普通法相关法学理论加以说明，仅供读者参考。

一、刑事合规的基本分析

（一）刑事合规的理论原则

刑事合规的主要理论渊源包括雇主责任原则［也称代理人责任原则（respondeat superior）、上级责任等］、同一性原则。

1. 雇主责任原则

雇主责任原则，也称上级责任原则，用于确定作为公司代理人的公司雇员，是否凭此便可以导致公司为该代理人的行动承担责任。[②] 进而，有学者认为，“主要争议，是有关什么时候社会可以因其代理人的行为而将公司定罪的一个道德问题（moral question）”。可是，这里的边界很难确定，并最终将留给 12 名陪审员用来进行道德判断。[③]反之同理，雇员责任原则的适用，即是否将雇员的犯罪行为归罪于公司，是法官在综合考虑案件背景下的证据密集型（fact - intensive）的道德判断。[④]

另外，雇主责任原则，又与人们对单位犯罪、企业犯罪的观点交织一起。

2. 同一性原则

“对于公司的刑事追责问题，美国刑法确立了两项基本原则：一是雇主责任原则；二是同一性原则。前者是联邦和部分州的司法系统适用的企业归责原则，后者为大多数州的司法系统所采用”；其中，同一性原则又称“同一视原则”“识别原则”，指的是“公司内部的董事、经理等高级管理人员作为法人的高级代理人，为实现法人利益，在其职责范围内实施的犯罪行为，应当由法人与该高级代理人各自承担刑事责任”。[⑤] 概略而言，雇主责任原则和同一性原则的区别，可以理解为归责理论中的严格责任[⑥]和推定责任[⑦]的区别。

上述学者进一步指出，两个原则“都不是根据法人本质和法人行为的特点而确立的归责原则，而是通过对法人内部自然人责任的认定来间接推论法人的刑事责任”。[⑧]也就是说，并没有专门针对企业或单位的归责理论，而是通过判定企业雇员的行为是否

---

① 陈瑞华：《论企业合规的性质》，载《浙江工商大学学报》2021 年第 1 期。

② Huff, Kevin B. “The Role of Corporate Compliance Programs in Determining Corporate Criminal Liability: A Suggested Approach.” *Columbia Law Review*, Vol. 96, No. 5, 1996, p. 1283.

③ *Id.*, 1284.

④ *Id.*, 1284.

⑤ 陈瑞华：《合规视野下的企业刑事责任问题》，载《环球法律评论》2020 年第 1 期。

⑥ “替代责任主要适用于涉及健康、安全、环境等问题的特殊犯罪案件，对这类公司犯罪案件的认定适用严格责任，并不存在太大的困难”，参见陈瑞华：《合规视野下的企业刑事责任问题》，载《环球法律评论》2020 年第 1 期。

⑦ 需要指出的是，同一性原则是对替代责任的“发动”，而是非替代责任。

⑧ 陈瑞华：《合规视野下的企业刑事责任问题》，载《环球法律评论》2020 年第 1 期。

违法这一前置程序来推定企业是否应当承担替代责任。我国的单位犯罪的归责理论也与此类似。在对此进行反思的基础上，美国陆续发展出“组织责任”理论概念体系[①]，即“个人责任”“组织责任”之间的区别开始显现。

3. 有关刑事合规理论的其他学术观点

没有在商业实践中不断演化出来的公司理论的支持，“对合规法律与现实的需求很难成为一个普遍现象”。进而，法学上有三个理论构成合规的前提：上级责任[②]、董事义务以及罚金的动摇、变化或者维持。[③]

（二）刑事合规制度的价值

1. 一般价值

（1）为预防犯罪、发现犯罪和举报犯罪[④]提供了一个新的途径。刑事合规本身存在一定争议。在许多人来看，（以对被告不提起公诉为目的）刑事合规的运行存在不公正地方，因为会让当事人逃脱刑事惩罚等。[⑤] 有刑法学者认为，合规不应当成为对其宣告无罪的正当理由，如同自然人改过自新也不足以成为对其免除责任的依据。[⑥] 对此，也有许多人作出辩护。并且，有学者指出“合规本来是作为一个企业管理的概念被研究的，之所以将其与刑法学联系起来，是因为从组织量刑开始赋予了合规以量刑意义，也正是因为量刑激励，使得企业具有了推动合规的动力”。[⑦]

美国学者 Kevin B. Huff 在研究相关文献后指出，自美国联邦量刑委员会 1991 年制定《组织量刑指南》制定——该指南对那些采用了旨在预防和发现违法行为的合规计划的、已被定罪的公司给予减刑——合规计划已经成为公司对刑事责任（criminal liability）作出反应的关键要素。[⑧] 同时，我国也有学者认为争取宽大处理是企业推行合规机制的最大动力[⑨]；不仅如此，该学者也敏锐地发现“这种刑事合规机制将企业合规作为提起公诉、定罪和量刑的重要根据，也作为与企业达成和解协议的重要根据和内容，已经成为刑法确定企业刑事责任的根据，也成为刑事诉讼法所确立的一种替代性的、非正式的刑事诉讼程序”。[⑩]

---

① 陈瑞华：《合规视野下的企业刑事责任问题》，载《环球法律评论》2020 年第 1 期。

② 关于上级责任，在本书“刑事合规理论的争议”部分还将予以介绍。

③ Corporate Crime：Regulating Corporate Behavior through Criminal Sanctions，92 Harv. L. Rev. 1227（1979），转引自邓峰：《公司合规的源流及中国的制度局限》，载《比较法研究》2020 年第 1 期。

④ 美国《组织量刑指南》对合规计划的期待，体现在这三个方面。尤其是举报犯罪，具有良好借鉴意义。

⑤ 《涉案企业合规建设、评估和审查办法（试行）》（2022）第 2 条第 1 款规定：“对于涉案企业合规建设经评估符合有效性标准的，人民检察院可以参考评估结论依法作出不批准逮捕、变更强制措施、不起诉的决定，提出从宽处罚的量刑建议，或者向有关主管机关提出从宽处罚、处分的检察意见。”

⑥ 陈瑞华：《企业合规出罪的三种模式》，载《比较法研究》2021 年第 3 期。

⑦ 李本灿：《企业犯罪预防中合规计划制度的借鉴》，载《中国法学》2015 年第 5 期。

⑧ Columbia Law Review，Jun.，1996，Vol. 96，No. 5（Jun.，1996），p. 1253.

⑨ 陈瑞华：《论企业合规的性质》，载《浙江工商大学学报》2021 年第 1 期。

⑩ 陈瑞华：《论企业合规的性质》，载《浙江工商大学学报》2021 年第 1 期。

不论理论界的争议如何，刑事合规已经确定走进司法实践。

刑事合规的出现具有一定必然性。体现在：第一，刑罚并没有有效抑制犯罪行为的发生。第二，刑罚尤其没有做到有效抑制高智商犯罪，比如金融犯罪、美国刑罚体系中的白领犯罪等。第三，随着公司在现代经济生活中地位不断提高并稳固，单位犯罪、集团犯罪呈现高发状态，并且与之相伴的犯罪复杂程度和犯罪危害程度皆得以不断提高。[①] 为了更好地抑制组织犯罪，需要进行制度创新。由于企业内部经营决策的程序一般要比自然人决策复杂，并且涉及不同岗位、个人及流程，因此在管理不完善的企业，其每一个业务流程、岗位出现违法犯罪行为或者过失、渎职行为，都有可能最终导致企业犯罪。反之，如果建立发达的合规管理体系，可以有效地将各个流程、岗位调动起来，加强相互监督、相互制衡，最终实现预防犯罪的目的。第四，组织犯罪的社会负面影响通常更大。比如，一些大型公众公司/上市公司出现高管犯罪、单位犯罪，并被最终定罪处罚，可能影响到许多企业及上下游供应链无辜工作人员的工作及社会保障水平。在这种情况下，继续沿用传统对待自然人犯罪主体的充分威慑策略，可能会加大社会成本。第五，通过合规管理体系将一个企业、组织或法人的各个业务流程、岗位等串联起来，并赋予其各自的、相应的预防犯罪的职责及道德义务，那么更易于调动各个岗位人员的积极性和主观能动性，抑制事不关己高高挂起的心态。[②] 除此之外，还有其他众多的因素已经并将继续影响刑事合规机制的发展。比如，一个国家实施长臂管辖的便利及成本。[③]

一些学者的研究结论也表明，刑事合规具有合理的存在价值。学者李本灿指出，“企业犯罪并没有因为法网的严密以及打击力度的加大而有所遏制”；[④] Sally S. Simpson

---

① 支持合规计划的外国学者有指出，“合规计划以及这些制度框架内其他现代治理工具的优点尤其表现在一个全球的与复杂的风险社会中。在这个与此相关的全球的与复杂的公司犯罪领域里，一个明显的现象是，与一般的行政法或者刑法上的规范相比，直接当事公司的自身规定常常能够更好地适应现代经济社会的技术上和经济上的众多特殊性质。这尤其依赖于对于当事公司的特别知识，这些公司的全球性活动能力，以及它们对于防止犯罪之核心手段的掌握。这些控制手段既包括公司内部的等级制的指示权，也包括对重要信息系统的拥有。国家制定的规范有时并不符合公司的具体情况，而与这些国家规范相比，公司的自制可以是一个有效得多的方法”。参见［德］乌尔里希·齐白：《全球风险社会与信息社会中的刑法：二十一世纪刑法模式的转换》，周遵友、江溯译，中国法制出版社2012年版，第263—264页。转引自李本灿：《合规计划的效度之维——逻辑与实证的双重展开》，载《南京大学法律评论》2014年第1期。

② 有学者的研究也指出，合规计划“重点是自治，即通过内部制度的构建达到约束企业员工的目的，但从实质上看，它实际上是企业伦理的内部化与制度化，即通过企业伦理守则取影响企业自身与员工行为”。参见李本灿：《合规计划的效度之维——逻辑与实证的双重展开》，载《南京大学法律评论》2014年第1期。

③ 有学者研究指出，刑事合规一开始的主要目的是反腐败。随着美国《反海外腐败法》的实施，英国和法国也推出类似法案。因此，刑事合规的起源是针对企业的“反腐败合规”。此后，刑事合规适用领域泛化；同时，包括经合组织和世界银行等一些国际组织也引入合规管理机制。参见陈瑞华：《论企业合规的性质》，载《浙江工商大学学报》2021年第1期。

④ 李本灿：《企业犯罪预防中合规计划制度的借鉴》，载《中国法学》2015年第5期。

也指出，“建立在单一的刑罚威慑框架之下的企业犯罪控制很难起效”。[①] 学者邓峰指出：“作为激励性法律制度的合规，具有两个典型的特点：第一，在监管等层面，合规属于刺破式的，介入到公司的权力体系及其日常运作之中。监管层面对合规体系的评估强化了公司按照明确的规则对权力分配、流程等方面所进行的运作，公司趋向于透明化。同时也意味着公司治理的一般框架得到了法律或监管的确认。第二，随着公司经营和行为范围的扩大，不当行为的后果严重性程度上升，公司犯罪的数量也不断上升，这种公司犯罪的复杂性对法律和执法活动形成了挑战，合规在目前法律及监管上的地位状态，就是在对这种现实及挑战的应对中确立的。”[②]

无论如何，刑事合规在经济社会管理实务中的适用，已经改变了刑事制度运行的表象，甚至在一定程度上挑战了一些传统的刑事观念和刑事制度，因为其不可否认地带有交易的性质，仿佛是一种经济行为。并且，可以预见的是，越来越多的国家或地区出于缓和行政机关和司法机关惩治公司犯罪而对经济社会及不特定数量无辜者带来的巨大冲击，将广泛引入刑事合规制度，并且在更高层次的法律中加以规定。久而久之，这将成为一种惯常现象。[③]

（2）为节省社会成本提供了一个新的路径。第二个价值其实与第一个价值密切相关。甚至可以说，刑事合规机制之所以在美国得到广泛适用，并且我国也在积极推广，一个重要的原因便是此处提及的第二个价值之所在，即减缓大公司违法犯罪行为对社会的冲击。进而，本书前文所论述的 ESG 报告、公司治理等内容，也再次与合规及合规计划建立关联。

公司治理从传统的侧重于合同手段的内部治理到现在的（同时）侧重于管制手段的外部治理、ESG 报告在上市公司中日益流行，均体现了一个重要的事实，即人们在承认并且接受上市公司（及其他大企业）在当代社会不可替代的经济和社会作用的同时，又不得不接受该等公司一旦违法犯罪将会给整个社会带来巨大负面冲击的现实。为此，为了尽量减缓、抑制这些冲击，人们设计出各种各样的管理工具，刑事合规机制的适用、合规计划的制定与落实只是其中之一而已。

（3）为提升公众对资本市场的信心提供了一个新的路径。任何推动资本市场健康发展的制度设计，都可以提升公众对资本市场的信心。如果合规计划及相关制度设计能够有效提升上市公司决策层的合法合规经营意识，必然也将间接提高一级和二级资本市

---

① Sally S. Simpson, Corporate Crime, Law and Social Control, Cambridge University Press, 2002, p. 154. 转引自李本灿：《企业犯罪预防中合规计划制度的借鉴》，载《中国法学》2015 年第 5 期。

② 邓峰：《公司合规的源流及中国的制度局限》，载《比较法研究》2020 年第 1 期。

③ 有学者指出，美国联邦量刑委员会在 1991 年制定《组织量刑指南》，作为《联邦量刑指南》的第八章。这是一个分水岭，“自此以后，美国企业普遍开始按照该项指南的标准来建立有效的合规计划，这被视为企业有效治理的重要标志。同时，美国联邦检察机关在推动企业合规发展方面发挥着越来越大的作用。它们不仅根据该项指南所设定的标准来作出是否提起公诉的决定，而且在与企业达成暂缓起诉协议或不起诉协议时，也会将企业是否按照指南要求确立合规计划作为重要的考量因素”。参见陈瑞华：《论企业合规的性质》，载《浙江工商大学学报》2021 年第 1 期。

场的吸引力。

2. 特别价值：为支持上市公司及民营经济发展提供一个新的路径

在经济增长趋势放缓、人口增长趋势逆转、国际政治环境恶化的大历史背景下，民营经济发展问题已经不仅仅是一个纯粹的经济问题。在顶层设计体现为成文政策规定之后，各地区、各行业的监管部门都应当着手贯彻落实。可供选择的工具包中，极具可靠性的手段便是推进制度变迁，其中便包括加快落实中国特色的刑事合规制度。

（1）支持从有罪化和重罪化到非罪化和轻罪化治理模式的重大转向。“起诉和惩罚企业会严重损害公司的投资者、雇员、养老金领取者、客户等无辜的第三人的利益。”① 因此，解决这个问题的一个出路，“必然是优化企业犯罪领域的法律控制模式，强化‘非罪化’治理的功能与价值”。这里的“非罪化”是指“对有关行为取消刑事处罚，但仍可适用监管、矫治或罚款，而不再列为刑事犯罪”。②

（2）刑事合规制度的全面导入，为支持民营经济发展的制度创新带来良好契机。“刑事合规在实现企业‘非罪化’治理中的核心价值在于：一个企业涉嫌犯罪后，如果建立并实施了有效的合规计划，就能以其作为无罪抗辩事由，争取不被定罪或者宽大处理的结果。”③ 也即，如果刑事合规制度得到落实，便可以有效地激励企业为了争取宽大处理而积极从事整改活动。

二、刑事合规理论的争议

（一）犯意难题及美国的解决办法

根据传统的刑法理论，追究刑事责任需要主客观统一，同时具备意志因素和认识因素。可是，公司毕竟是拟制的主体，不能像自然人一样思维。

1. 理论创新：引入上级责任原则/雇主责任原则

在理论原则方面，美国最高法院创立了“上级责任原则”（雇主责任原则），代替犯意。④

1909 年，美国最高法院创立目的犯罪理论；1918 年，美国最高法院参考民事责任，创制刑法上的上级责任制度。“公司应当为其雇员在雇佣授权范围内的行为负责。‘公司基于代理人意图而得其主观意图’与‘公司为其对雇员授权范围内的行为负责’结合，成为公司目的犯罪的逻辑构造。”⑤ 这其实也是一种不得已而为之的体现，毕竟公司在经济社会中的地位不断提高，同时公司的违法犯罪行为给经济社会带来的危害也随

---

① 陈卫东：《从实体到程序：刑事合规与企业“非罪化”治理》，载《中国刑事法杂志》2021 年第 2 期。

② 陈卫东：《从实体到程序：刑事合规与企业“非罪化”治理》，载《中国刑事法杂志》2021 年第 2 期。

③ 陈卫东：《从实体到程序：刑事合规与企业“非罪化”治理》，载《中国刑事法杂志》2021 年第 2 期。

④ 当然，雇主责任本身也面临争议。参见本章第一节“雇主责任原则”的内容。这也说明，我国全面推行刑事合规/涉案企业合规整改制度时，需要高度重视理论创新问题。

⑤ 邓峰：《公司合规的源流及中国的制度局限》，载《比较法研究》2020 年第 1 期。

之加大。进而，有学者指出，美国最高法院的司法创新及实践使得“（在犯意问题上采用上级责任来替换）产生了两个标准——授权范围和主观意图上为了公司利益”。[①] 也即，美国联邦最高法院没有忘记对公司获益（benefit）原则的关注，只是仍然存在扩充解释的空间，比如有的法官认为不论公司有没有实际从雇员的犯罪行动中获益仍应承担刑事责任，以及即便雇员的首要目标是其自身获益然后才会让公司获益也会使得公司承担刑事责任。[②]

2. 立法创新：反垄断立法[③]

在美国，（最早）刺破犯意面纱的法律是美国 1890 年的《谢尔曼法》[④]，“1890 年的谢尔曼法明确规定了公司的重罪行为，在此之后的模式，针对公司均采用了无需考虑主观状态的罚金”。[⑤]

（二）其他争议简要说明

关于合规的中外文献数量较多，难以逐一分析。在此，仅选择部分文献、学者观点加以说明。

第一，不合规本身不应成为一种应受行政或刑事惩罚的事由。合规管理体系的流行具有复杂的原因，甚至带有各类势力跨国博弈的味道。[⑥] 也即，外部力量，尤其是政府行政机关、检察机关、司法机关的介入，应当注意一个度的问题。合规本质上应当是一种企业自治行为，只是有时企业为了换取免予适用惩罚性法律带来的巨大利益而不得不让渡部分自治权，但是合规本质上仍然是一种自治，不应成为一种被强制的自治。[⑦]

第二，为了追求合规管理适用效益的更优，刑事理论及法律条文、经济行政法及劳动法等应当重视与合规管理的协调问题。达到这个目的，需要更多的研究、实践及经验总结。否则，合规的过度应用或者合规的不合规应用，很可能会损害法治本身。例如，如何处理不得自证其罪和进行合规内部调查以获取员工准确陈述或证词的关系。[⑧]

第三，成本的承担者问题：违法成本、违法行为内部调查成本。合规管理在各国的发展，在很大程度上表现了政府部门对“无限的违法犯罪行为和有限的违法犯罪调查

---

① 邓峰：《公司合规的源流及中国的制度局限》，载《比较法研究》2020 年第 1 期。

② Huff, Kevin B. “The Role of Corporate Compliance Programs in Determining Corporate Criminal Liability: A Suggested Approach.” *Columbia Law Review*, Vol. 96, No. 5, 1996, p. 1259 - 1261.

③ 有意思的是，美国的反垄断实践，不但催生了单位犯罪理论的发展，而且后来也直接推动了美国刑事合规制度的发展。在我国，反垄断监管部门也积极参与刑事合规制度在中国的本土化创新。

④ 《谢尔曼法》可谓世界各国反垄断法的鼻祖，值得一提的是，合规这一机制在美国也是先出现在反垄断监管实践之中。

⑤ 邓峰：《公司合规的源流及中国的制度局限》，载《比较法研究》2020 年第 1 期。

⑥ 李本灿：《刑事合规的制度边界》，载《法学论坛》2020 年第 4 期。该学者对合规的起源作出各种解读。

⑦ 实际上，我国的政策制定者也认识到这个问题，比如在中小微企业的适用方面，采取了同大企业不同的政策，参见《〈关于建立涉案企业合规第三方监督评估机制的指导意见（试行）〉实施细则》第 23 条、第 28 条。尤其是第 28 条第 1 款规定，第三方组织根据涉案企业情况和工作需要，应当要求涉案企业提交单项或者多项合规计划，对于小微企业可以视情简化。

⑧ 李本灿：《刑事合规的制度边界》，载《法学论坛》2020 年第 4 期。

侦查资源之间的矛盾”的妥协。也即，推行合规管理的国家或地区在转嫁成本，即将违法犯罪行为的调查侦查成本转化到企业内部调查、内部合规管理的成本。

由此，对于理性的资本市场主体而言，便会进行算计①，如果包括内部调查在内的合规成本大于违法成本，那么可能会失去合规激励。

第二节　企业合规不起诉制度——中国特色“刑事合规”的实践

在落实刑事和解制度的同时，我国也在逐步完善、落实合规不起诉制度。② 国内有学者对企业合规不起诉制度进行了研究，指出对民营企业的保护成为社会共识，同时检察机关也在积极探索参与社会综合治理。③

2020 年 3 月，最高检部署 4 个省份的 6 个基层检察院开展第一期改革试点。2021 年 3 月，部署在 10 个省份开展第二期改革试点，试点范围扩展到 62 个市级院、387 个基层院。2022 年 4 月，最高检会同全国工商联部署在全国检察机关全面推开改革试点工作。试点以来，在中央有关部门和各地党委、政府及社会各界的关心支持下，试点工作扎实推进，取得了积极成效。通过实践探索，改革中的“争议”转变为“合意”，改革合力不断凝聚，改革共识不断深化。

毋庸置疑，《中共中央、国务院关于促进民营经济发展壮大的意见》于 2023 年 7 月发布之后，合规不起诉的发展，以及与之相配套的刑事和解制度，将得到更大的施展空间和实践检验的机会。

另外，需要指出的是，满足前提条件便不起诉的做法，在我国不是一个全新事物。我国于 2012 年便在刑事诉讼法的少年犯罪司法程序中规定了“附条件不起诉”制度。只是这种制度，针对的目标主体既非常明确又十分有限。笔者认为，在刑事合规不起诉得到广泛社会认可的同时，资本市场监管方面的行政合规制度也可能加快发展。也即，证券行政监管部门今后可能在对行政执法当事人作出宽大处理、终止案件调查的同时，要求其承担更多的义务，比如参考证券刑事合规机制（在我国一般指的是合规整改方

① 对亚当·斯密的学术观点有一定了解的人都知道，理性的人之所以是理性的，是因为懂得算计。

② 比如，2020 年在最高检的推动下，国内确定上海市浦东新区、深圳市南山区检察院等 6 个检察院为试点，启动涉案违法犯罪依法不捕、不诉、不判处实刑的企业合规监管试点。

③ 陈瑞华：《企业合规不起诉制度研究》，载《中国刑事法杂志》2021 年第 1 期。

案及当事方监督评估机制）制定并落实合规整改计划，全面提高合规风险防控能力。①

一、理论争议

与美国一样，单位犯罪理论在我国也存在一定争议，影响到我国司法实践对刑事合规制度的引入及创新适用。

（一）单位犯罪及独立的“单位意志”

我国针对单位犯罪的归责原则，同自然人一样，即“责任自负原则和主客观相统一的原则……单位构成犯罪既要有犯罪行为，也要具备独立的主观罪过，也就是为构成犯罪故意或过失所需要的意识因素和意志因素……单位犯罪要同时符合三项条件：其一，单位成员以单位名义实施犯罪行为，也就是经由单位集体决定，或者单位的负责人或者被授权的其他人员决定或者同意；其二，单位成员为实现单位利益而实施了犯罪行为，亦即为单位谋取不正当利益或者违法所得大部分归单位所有；其三，需要具有独立的‘单位意志’，主要体现在单位集体研究决定，单位负责人决定或者同意，或者被单位授权的其他人员决定或者同意”。② 但是，有学者指出，“通过虚构出单位的意志作为判断单位犯罪成立的条件，司法实践已经证明是行不通的，对所谓‘单位’意志要件的判断，仍要继续还原到客观面上；对单位的‘罪过’，也无法用推定方式加以证明，因为本来就不存在脱离于自然人的、单位的罪过”。③

另外，我国刑法在实体上虽然专门规定了单位犯罪，但是理论依据依然需要进一步发展。因为既有的单位犯罪理论导致一些问题难以解决，比如针对同一犯罪行为单位和自然人同罪不同罚、单位的刑事责任和行政责任不均衡、单位主观意志的认定存在困难。④

总之，不论是单位犯罪、企业犯罪的适用，还是刑事合规机制的适用，都需要在理论方面进行创新和完善。尤其是单位犯罪理论的不完善，对民营企业造成更大不利。⑤此外，基于我国单位犯罪相关规定，对单位内部直接责任人员追究刑事责任的前提是单位构成犯罪。因此，如果单位犯罪不成立，对直接责任人员的处罚也失去依据。若全面

---

① 当前证券行政执法实践中，要求当事人签署承诺协议，可能更多地侧重于具体个案的处理，而没有同时关注当事人预防类案再次发生。参见《证券期货行政执法当事人承诺制度实施办法》有关承诺协议内容的规定，其第 13 条规定，“国务院证券监督管理机构经与当事人沟通协商，认可当事人作出的承诺的，应当与当事人签署承诺认可协议。承诺认可协议应当载明下列事项：（一）申请适用行政执法当事人承诺的事由；（二）当事人涉嫌违法行为的主要事实；（三）当事人承诺采取的纠正涉嫌违法行为、赔偿有关投资者损失、消除损害或者不良影响的具体措施；（四）承诺金数额及交纳方式；（五）当事人履行承诺的期限；（六）保障当事人商业秘密、个人隐私等权利的措施；（七）需要载明的其他事项。本办法所称承诺金，是指当事人为适用行政执法当事人承诺而交纳的资金”。

② 陈瑞华：《合规视野下的企业刑事责任问题》，载《环球法律评论》2020 年第 1 期。

③ 时延安：《合规计划实施与单位的刑事归责》，载《法学杂志》2019 年第 9 期。

④ 时延安：《合规计划实施与单位的刑事归责》，载《法学杂志》2019 年第 9 期。

⑤ 有学者指出，“……没有结合单位内部治理的原理形成一套针对单位犯罪的分析判断模式，进而导致在司法实践中单位犯罪的认定一直处于模糊甚至任意的状态。由于司法实践中被认定为单位犯罪的多是民营企业，因而在实践中也被质疑是否存在不平等对待的情形”。参见时延安：《合规计划实施与单位的刑事归责》，载《法学杂志》2019 年第 9 期。

推行刑事合规管理体系之后，如何有效分配单位和直接责任人员的法律责任也需要通过创新解决。

（二）严格责任、过错责任及过错推定责任

我国民法理论对这三种责任都加以了规定。至于刑法理论，鉴于刑事惩罚手段和结果的严重性，"刑法迄今为止仍然坚持'主客观相统一'的原则，拒绝承认严格责任的正当性"①，也即在追求单位的刑事法律责任之际，不能像美国司法实践先期阶段那样选择适用雇主责任原则，进而再直接根据严格责任原则将雇员责任一股脑儿地转嫁到公司头上。

二、目前实践：涉案企业合规整改

在我国，刑事合规的一个重要实践便是涉案企业合规整改制度。② 企业只有达到整改要求，才能得到合规不起诉的宽大处理。

对于上市公司及相关关联主体而言，应当积极了解并利用涉案企业合规整改制度，在合法合规前提下，争取宽大处理、更大利益保障。

（一）定义

1. 涉案企业

根据《涉案企业合规建设、评估和审查办法（试行）》第 20 条第 1 款规定，涉密企业是指"涉嫌单位犯罪的企业，或者实际控制人、经营管理人员、关键技术人员等涉嫌实施与生产经营活动密切相关犯罪的企业"。

2. 涉案企业合规整改

涉案企业合规整改，是指"主要是检察机关办理涉企刑事案件中，在依法作出不批准逮捕、不起诉决定或者根据认罪认罚从宽制度提出轻缓量刑建议等的同时，针对企业涉嫌具体犯罪，结合办案实际，适用企业合规试点及第三方机制，督促涉案企业作出合规承诺并积极整改落实，促进企业合规守法经营的一项制度安排"。③

进而，涉案企业合规整改适用的犯罪案件，主要包括"公司、企业等市场主体在生产经营活动中涉及的经济犯罪、职务犯罪等案件，既包括公司、企业等实施的单位犯罪案件，也包括公司、企业实际控制人、经营管理人员、关键技术人员等实施的与生产经营活动密切相关的犯罪案件"。④

---

① 陈瑞华：《合规视野下的企业刑事责任问题》，载《环球法律评论》2020 年第 1 期。

② 笔者暂未发现我国在法律法规中正式使用合规不起诉协议、暂缓起诉协议表述，只是在《涉案企业合规典型案例（第三批）》中的"企业合规整改情况及效果"部分援引了 Z 公司提交的《适用刑事合规不起诉通知书》的表述。为此，本书专门介绍"涉案企业合规整改"内容。

③ 参见《律师开展企业合规法律服务业务指引》（穗律协业通〔2022〕121 号）第 35 条。从该条款可以看出，我国的整改制度同时涵盖了不起诉协议制度和暂缓起诉协议制度。企业及其他相关涉案方可以尽早咨询来自律师、会计师及其他专业人士的意见和建议，在合规合规前提下尽量争取不起诉处理结果。

④ 参见《律师开展企业合规法律服务业务指引》（穗律协业通〔2022〕121 号）第 36 条。

（二）合规整改、内部控制、公司治理及 ESG 报告

在涉案企业合规整改制度适用过程中，为了更好地实现该制度设计目的，可以要求涉案企业结合自身具体情况，将合规整改工作和公司的内部控制工作、公司治理工作以及 ESG 报告工作（如有）有效衔接起来，力求取得既定成本前提下，管理绩效的最大化。

简言之，为了不让合规整改流于形式或者作为临时举措，有必要将合规整改纳入公司治理体系之中。毕竟，公司发生重大违法犯罪案件，既有的公司治理体系很难摆脱干系。为此，有学者设计了一个由“犯罪现象揭示”“犯罪原因分析”“犯罪预防控制”三阶段组成的合规整改流程来推进有效整改。[①]

对于上市公司而言，检察机关当然可以提出更高的企业管理要求，比如要求其在规定年限之内，参考证券公司的做法向监管机构提交年度合规报告。

三、涉案企业合规改革十大争议点及其回应

2023 年 3 月 9 日，最高人民检察院刊发专门文章，对涉案企业合规改革两年来的十大“争议点”进行了全面阐述，厘清了相关问题，回应了社会关切。现将最高检阐述的内容转述如下：

争议点一：涉案企业合规改革是否具有现实意义？

党的十八大以来，以习近平同志为核心的党中央高度重视依法平等保护各种所有制企业产权和自主经营权，要求完善各类市场主体公平竞争的法治环境，大力支持企业发展壮大。最高检党组深入学习领会习近平总书记重要讲话精神，深刻认识到，面对显著增多的国际国内风险挑战和严峻复杂的经济发展外部环境，保企业就是稳就业保民生，这不只是经济问题，更是政治问题。最高检持续做实对各类市场主体的同等司法保护，2018 年发布 11 项具体检察政策，明确对企业负责人涉经营类犯罪依法能不捕的不捕、能不诉的不诉、能不判实刑的提出适用缓刑建议。为防止“一宽了之”，2020 年以来积极探索涉案企业合规改革试点工作：拟依法不捕、不诉的，督促涉案企业作出合规承诺、落实合规整改，做实既“厚爱”又“严管”。为力防“整改不实”，探索创新涉案企业合规监管机制，会同全国工商联等部门建立并落实涉案企业合规第三方监督评估机制，凝聚广泛共识与合力。

改革初期，有个别学者持怀疑态度。比如，有观点认为，我国大量民营企业深度依赖企业家个人魅力，有时候虽合规体系完善，但也很难挡得住老板的“一意孤行”。有观点认为，各行业各领域要求不同，企业组织规模不同，合规整改标准是否有效、整改监管与评价能否公正等，都带有相当的不确定性，相关改革难以取得较大成就。

随着改革实践深化，理论界基本上形成共识，对涉案企业合规改革的重要意义给予高度评价，从不同角度论述了改革的重大政治、法治和实践意义。理论界与实务界普遍

---

① 陈瑞华：《有效合规管理的两种模式》，载《法制与社会发展》2022 年第 1 期。

认同，为了避免现实中类似“办了一个案件，垮掉一个企业”的现象，有必要引入刑事合规机制。有学者指出，通过建立刑事合规制度，推动企业建立刑事合规计划，能够直接抑制民营企业犯罪，节约相关司法资源，更好地在惩罚犯罪的前提下保障民营企业生存。有学者综合改革实证研究强调，企业合规不仅有利于预防犯罪，而且有利于调查和惩罚犯罪；企业合规建设也有利于企业改过自新、合规经营，更好地承担社会责任。

党的二十大报告强调，坚持和完善社会主义基本经济制度，坚持“两个毫不动摇”；优化民营企业发展环境，依法保护民营企业产权和企业家权益，促进民营经济发展壮大。实践充分证明，涉案企业合规改革以习近平新时代中国特色社会主义思想为引领，全面贯彻习近平法治思想，以改进司法办案为切入点，体现对市场主体的真严管、真厚爱，对于立足新发展阶段，贯彻新发展理念，构建新发展格局，推动高质量发展具有重要的政治意义；以推动源头治理为立足点，既促进涉案企业合规守法经营，也警示潜在缺乏规制约束的企业遵纪守法发展，对于推进法治国家、法治政府、法治社会建设具有重要的法治意义；有利于服务企业“走出去”，有利于为中国企业开展对外贸易、境外投资、对外承包工程等相关业务提供制度支撑，对于依法保障更高水平对外开放具有重要的实践意义。

争议点二：如果对涉罪企业作出不起诉的决定，会不会成为企业逃罪脱罪的借口，导致司法不公，影响公平正义？

开展涉案企业合规改革试点，直接的目的是：防止不当办一个案件，垮掉一个企业；更高的目标是：通过办好每一个案件，积极营造法治化营商环境，促进企业规范发展。有学者提出疑问，如果以企业合规作为量刑参考，对涉案企业作出不起诉的决定，会不会造成对企业犯罪的特别待遇，影响社会稳定。有学者担忧，对涉案企业不起诉，不再作为犯罪处理，被害人的要求可能得不到落实，权利的保护与保障难以平衡，进而导致司法的正义难以伸张。

首先，改革试点工作目的是督促涉案企业“真整改”“真合规”，企业合规整改不是走过场的“纸面合规”、可改可不改的“软约束”，更不是涉案企业无条件“免罚金牌”。截至 2022 年 12 月，67 家企业未通过监督评估，企业或企业负责人被依法起诉追究刑事责任。比如，湖北随州办理的某矿业公司及其负责人非法占用农用地案件，第三方组织针对涉案企业申请合规监管动机不纯、认罪不实、整改不主动不到位等情况，综合给出合规考察结果为“不合格”，检察机关据此依法提起公诉，坚决防止整改效果不好的企业通过合规逃避刑事制裁。

其次，改革试点工作提升了涉企案件的办理质效。总体来看，各地能够准确把握改革内涵，将推进涉案企业合规改革与落实认罪认罚从宽制度有机结合，同步衔接推进涉企“挂案”清理，加强检察听证，推动行政执法与刑事司法双向衔接，确保了办案政治效果、法律效果、社会效果有机统一。比如，上海一公司涉嫌非法获取计算机信息系统数据罪，检察机关对其适用企业合规作出从宽处理。该公司通过扎实开展合规改革，实现稳步发展，员工人数比 2020 年底增加 400 余人，2021 年度营收 2 亿余元，纳税总额 1700 万余元。

最后，改革试点工作有利于从源头上防治企业违法犯罪，推动诉源治理。随着经济社会发展，我国刑事案件发生结构性变化，严重暴力犯罪下降，但单位犯罪持续增长。从发案原因看，主要集中在为了单位利益虚开增值税专用发票或者非法占用农用地、非法吸收公众存款、单位行贿、走私等。合规改革试点，集末端处理与前端治理于一体，有利于促进司法、执法、行业监管部门形成合力，综合运用民事、行政、经济、刑事等手段，共同做好企业违法犯罪诉源治理工作，促进提升国家治理效能。2017 年至 2020 年全国检察机关起诉单位犯罪呈逐年递增态势，2021 年明显下降，合规改革在预防企业再犯风险，警示教育相关单位，促进企业合规建设等方面的治理成效不断凸显。

因此，有专家认为，刑罚适用的目的不仅要惩治企业犯罪，更多的是纠正其违法行为，以堵塞其管理上的漏洞，防范其再犯。有学者指出，在改革试点推动下，企业通过理性犯罪选择，事实上减少了企业违法犯罪行为、削弱了其社会危害性、减轻了对市场整体运行的负面影响，有助于实现公正与效率的有机统一。

争议点三：改革适用的犯罪主体既包括涉案企业，也包括涉案企业家，是否意味着“放过企业，也放过企业家”，或者“给企业减压，给企业家松绑”？

西方企业合规的理念是“放过企业但严惩责任人”，我国涉企合规是否也要借鉴这一做法，“放过企业但严惩责任人”，或者既放过企业也放过企业家，“给企业减压，给企业家松绑”？对此，学术界争议不断，社会公众也有顾虑。

涉案企业合规改革从中国国情出发，实事求是，因地制宜，不是根据犯罪主体来区分宽或严，而是从案件具体情况和责任轻重的角度，紧密结合认罪认罚从宽制度，全面贯彻宽严相济刑事政策，真正做到当宽则宽、该严则严。一方面，对于构成犯罪的涉案企业责任人依法予以惩处。比如，江苏一提供虚假证明文件案，检察机关鉴于两名责任人严重违反职业道德、违法出具证明文件，造成国家经济损失巨大，对两名责任人依法提起公诉，严肃惩治违法犯罪行为。另一方面，依法能动履职，切实找准案件背后反映的行业监管漏洞和社会治理问题，加强与行政主管部门沟通，通过制发检察建议等方式，防范相关案件反复发生，促进从个案合规提升为行业合规，努力实现“办理一起案件、扶助一批企业、规范一个行业”，促进系统治理、诉源治理。比如，福建省一串通投标案，检察机关通过调查走访研判发案原因，查找经营风险和管理漏洞，以“合规告知书 + 检察建议书”形式提出整改建议，X 公司积极开展招投标领域合规整改，整改后，公司对参与投标的 13 个项目均进行合规审核，最终中标 2 个项目，金额 100 多万元。试点以来，贯彻落实宽严相济刑事政策的改革实践，为建立企业合规特别诉讼程序或者合规附条件不起诉制度，深化涉企案件繁简分流提供了实证支撑，得到了广泛支持。

因此，有学者指出，合规不起诉不仅适用于涉案企业，而且还可以扩大适用于涉嫌犯罪的民营企业家。有学者指出，在适用合规不起诉上，要将企业与自然人加以区分，对责任人是否符合不起诉的条件进行单独评价，让刑事处罚精准有效。

争议点四：企业合规计划实施、合规整改的有效性由谁来监管？

改革探索中，有观点建议，可以借鉴美、英等国家设立独立监管人的方式，指定律所或者律师、专家学者作为监管人监督合规整改。有观点主张，应当由行政机关监督考察。也有观点建议，由检察机关牵头联合行政机关、律所等中介组织进行监督考察。

在前期改革试点中，试点单位分别就上述做法进行了有益尝试。实践表明，对涉案企业合规承诺和合规整改开展监督评估，涉及司法、执法、行业监管等多方面、多领域，只有联合各相关部门、专业组织共同开展，真正做到客观、中立、专业、公正，才能实现最佳的司法办案效果。在总结前期改革经验的基础上，2021 年 6 月，最高检会同司法部、财政部、生态环境部、国务院国资委、税务总局、市场监管总局、中国贸促会、全国工商联八部门制定发布《关于建立涉案企业合规第三方监督评估机制的指导意见（试行）》（以下简称《指导意见》），此后又接续制定实施细则、专业人员选任管理办法、合规建设审查评估办法等相关配套文件。2021 年 9 月，国家层面第三方机制管委会正式成立，并组建第三方机制专业人员库。各地同步推进第三方机制建设，截至 2022 年 12 月，全国共建立 32 个省级管委会、319 个地市级管委会、1457 个县区级管委会，共有成员单位 18000 余家。以"检察主导、各方参与、客观中立、强化监督"为特征，具有鲜明中国特色的第三方监督评估机制已初步建立并实质化、专业化运行，得到了广泛认可与支持。

有学者指出，合规试点改革、第三方监管评估机制是一项集末端处理与前端治理于一体的机制创新，对涉案企业进行"司法科学诊疗"，让"带病"企业经过合规建设实现"司法康复"，重新焕发经营活力。这对深化企业犯罪诉源治理，更好地助推国家治理体系和治理能力现代化具有重要现实意义。有观点强调，由检察机关、行政机关等共同参与涉案企业合规监管，既能够集合三大传统合规监管模式的独特优势，又能够规避独立监管人中立性和权威性不足、行政机关监管缺乏动力等缺陷，该制度模式一经确立迅速向全国推开，成为企业合规案件办理的新常态。

争议点五：涉案企业合规改革是否可以适用所有涉企案件类型？

涉案企业合规改革适用的案件类型，包括公司、企业等市场主体在生产经营活动涉及的各类犯罪案件，既包括公司、企业等实施的单位犯罪案件，也包括公司、企业实际控制人、经营管理人员、关键技术人员等实施的与生产经营活动密切相关的犯罪案件。根据《指导意见》，适用的企业范围，无论是民营企业还是国有企业，无论是中小微企业还是上市公司，只要涉案企业认罪认罚，能够正常生产经营、承诺建立或者完善企业合规制度、具备启动第三方机制的基本条件，自愿适用的，都可以适用第三方机制。有的意见认为，中小微企业往往员工数量较少，有些带有家族化经营特征，企业既没有建立基本的公司治理体系，也不具有建立合规管理体系的组织和资源条件，即便形式上建立了合规管理体系，也难以使其得到有效的运行，容易导致企业合规"走过场"。也有意见认为，中小企业面临的主要问题是生存，如果用刑法手段强制要求企业必须建立合规计划，这对于那些本来就融资困难、资金周转不畅的中小企业来说无疑是雪上加霜。也有学者认为，合规改革中，不起诉对象应限定为涉罪单位成员 3 年以下有期徒刑的犯罪。

2022 年 4 月全国范围全面推开改革试点以来，各地认真落实最高检的改革工作部署要求，坚持依法能用尽用，法定刑三年以上案件及适用认罪认罚从宽制度提出轻缓量刑建议的案件所占比例逐步上升。最高检发布的第四批涉企企业合规典型案例中，江苏 F 公司、严某某、王某某提供虚假证明文件案，涉案单位为小微企业，在治理模式、业务规模、员工数量、资金能力、风险防范等方面与大中型企业存在显著差异。检察机关结合小微企业的自身特点，在保证合规计划制定、实施、验收评估等基本环节的同时，简化合规审查、评估、监管等程序，通过简化程序、降低合规成本、制定与大中型企业不同的监管标准等简式合规管理，激发小微企业做实合规的积极性。山东潍坊 X 公司、张某某污染环境案中，涉案企业为中外合资企业，检察机关发现涉案公司所属集团公司曾获得全球公认的企业社会责任权威评价机构评级金牌，但在中国本土化进程中却遇到了挑战。检察机关与第三方监督评估组织协助涉案公司结合我国法律分析本地常见违规情况，识别可能导致企业刑事责任的风险点，建议在类似重大决策层面，应将个人责任与集体决策相结合，帮助企业完成制度落地。涉案公司所属集团公司以点带面，主动将集团公司在中国的其他十余家企业均进行了内部合规整改，设立了风险监控与处理机制，真正实现了集团企业全面合规，保证了集团企业在中国的可持续发展。安徽 C 公司、蔡某某等人滥伐林木、非法占用农用地案中，涉案企业为外商独资企业，虽有强烈的合规整改意愿，但因生态治理难度大、投入高，案发地的恢复治理工作起初未能及时跟进。针对这一情况，检察机关商上级外资集团公司直接派遣合规团队介入，督促涉案企业建立用林用地风险防控体系及处理机制，推动出台合规建设相关规章制度，帮助涉案企业和员工树立合规意识，筑牢绿色可持续发展理念，切实做好企业合规“后半篇文章”。

有学者指出，鉴于我国的特殊国情和企业发展的现状，企业合规整改的对象当然不限于大型企业，更不能局限于小微企业。企业合规改革避免了“抓一个人垮掉一个企业”的局面，与适用现有的认罪认罚从宽制度一样，具有充分的司法正当性，更具有必要性和政治意义。

争议点六：对涉案企业合规第三方监督评估机制启动和运行，由检察机关主导是否合适？

第三方监督评估机制实质化运行，得到各方面的广泛认可。同时，对涉案企业合规第三方监督评估机制启动和运行，由检察机关主导是否合适，也存在争议。有观点认为，检察机关作为合规不起诉的主导机关，由其负责推进第三方监督评估机制及合规监管员的选任，有助于提高涉案企业合规整改的积极性和有效性。但也有观点认为，行政机关在监管过程中能够保持较高的独立性和专业性，由其主导第三方监督评估机制及合规监管员的选任，可以充分利用其行政资源，强化监管力度，有利于从源头治理企业的违法违规问题。

《指导意见》明确规定，负责办理案件的检察机关对第三方组织组成人员名单、涉案企业合规计划、定期书面报告以及第三方组织合规考察书面报告负有审查职责，必要时还可以开展调查核实工作。检察机关主导第三方机制启动、运行等工作，这是检察机关履行法律监督工作的法定责任，更是确保第三方机制专业化实质化的责任担当。各地改革试点中，检察机关严把第三方机制的启动关，依职权或依申请启动第三方机制时，严格审查是否符合企业合规试点及第三方机制的适用条件，防止对不符合适用条件的涉企案件启动合规监管。严把第三方组织人员的选任关，认真审查第三方机制管委会选任的第三方专业人员名单，认为明显不适当的，及时向第三方机制管委会提出意见建议，作出调整。严把合规计划审查关。支持、协助第三方组织做好前期准备工作，协助其深入了解企业涉案情况，突出问题导向，确定涉案企业合规计划，并依法对涉案企业合规计划执行、第三方组织合规考察书面报告等审查提出意见，必要时及时开展调查核实工作，确保整改实效。目前，第三方监督评估机制运行取得的实效，充分证明了检察主导职责的必要性与重要性。

有学者强调，对于合规监管人的监督指导工作，检察机关应发挥有效的监督作用。有学者建议，由最高检主导制定统一的有效合规计划指南，行政监管部门则负责制定具体的行业合规构建标准。如何更好地发挥检察机关在第三方监督评估机制启动、运行及专业人员的选任等方面的审查职能，成为理论界与实务界推进企业合规改革的重点课题。

争议点七：第三方监督评估机制能否实质化运行，第三方组织能否实现专业权威？

在涉案企业合规改革推进中，理论界与实务界一致指出，对涉案企业合规承诺、整改进行客观、公正、有效的监督评估，是改革试点中的关键环节和核心内容。如何在检察主导的基础上保障各方参与、客观中立，保障第三方监督评估机制实质化运行，成为理论界与实务界关注的重要课题。有观点担忧，在检察机关主导下，第三方机制成员单位将有被“虚化”的危险，行政机关、行业协会的专门化专业化监督评估难以充分保障。有观点认为，由于缺乏有力的组织、经费保障，第三方机制管委会、专业人员管理将成为“水中捞月”，形同虚设。

最高检反复强调，推进涉案企业合规改革，必须紧紧依靠第三方机制，做好“后半篇文章”。各地检察机关主动会同工商联、相关执法司法机关，加快组建省级以下第三方机制管委会和省级、地市级专业人员库，健全第三方机制管委会联席会议、办公室以及联络员、联系人等各项制度机制，助力提升第三方机制专业化规范化水平。2022年6月，人力资源和社会保障部、应急管理部、海关总署、中国证监会新加入第三方机制管委会，改革的领域更宽，合力更强。会同全国工商联，积极探索合规经费保障机制。联合技术单位开发建设第三方监督评估机制工作业务办理系统，会同国家层面管委会13个部门共同启动企业合规第三方监督评估信息化服务平台，服务保障全国、省、市、县四级第三方机制管委会网上工作，实现检察院、管委会协同办案。江苏张家港研发第三方组织智能管理平台，实现对第三方专业人员的分类随机智能化抽取，为开展第三方监督评估提供有力支撑。有学者指出，监督评估机制管委会由检察机关联合多家行政主管部门共同组建，具有高度的权威性和较强的中立性。亦有观点指出，第三方组织专业性很强，代表性也很广泛，第三方机制运行做到了人尽其才、才尽其用，正在不断调整完善，发挥着更实的作用。

争议点八：第三方监督评估组织能否有效防控“虚假合规”“合规腐败”？

谁来监督第三方组织客观履职，如何防止第三方机制运行中形成“虚假合规”“合规腐败”，理论界与实务界提出新的担忧。有学者建议，在第三方监督评估机制中设置单独的监察或检察专员，确保第三方组织廉洁履职。有学者提出了不同意见，担心会陷入“谁来监督监督者”的“循环”。

为确保第三方监督评估依法依规、客观中立、权威公信，最大限度消除第三方机制可能产生的寻租空间，《指导意见》及实施办法等规范性文件明确规定了第三方专业人员利益回避等监督制度，以确保改革试点取得实效。一方面，严格组成人员回避制度。在履行第三方监督评估职责结束后两年以内，第三方组织组成人员及其所在中介组织不得接受涉案企业、人员或者其他有利益关系的单位、人员的业务。由《指导意见》的“一年”延长至《实施细则》的“二年”，进一步扎紧了防控“虚假整改”“合规腐败”的制度笼子。另一方面，不断加强“巡回检查”“飞行监管”等监管方式创新。比如，山东一串通投标案中，第三方机制管委会选取 6 名熟悉企业经营和法律知识的人大代表、政协委员、人民监督员组成巡回检查小组，探索建立“飞行监管”机制。巡回检查小组和办案检察官通过不预先告知的方式，深入两个企业进行实地座谈，现场抽查涉案企业近期中标的招标项目，对第三方组织履职情况以及企业合规整改情况进行“飞行监管”。

综合改革实践，有观点指出，利益回避制度不断扎紧，为合规整改涂上了“防腐剂”。有学者认识到，有效合规应当是一种检察机关主导、协同多方，构建常规检查方法、飞行检查、访谈问卷、免疫测试等多元化的检测模型，这一模型不仅科学，而且充满活力。

争议点九：涉案企业合规建设是以全面合规为目标，还是以专项合规为重点基本思路？

为了避免企业合规沦为纯粹的纸面计划，成为企业逃脱责任的借口，合规的有效性势必成为企业合规的核心问题。有观点认为，合规整改的最终目标在于确保企业预防再次发生类似的犯罪行为，要建立一种保障企业依法依规经营的管理制度和企业文化。亦有观点认为，合规整改要建立一种整体的、全面的和长远的预防犯罪机制，引入有针对性的专项合规管理体系。

《指导意见》《涉案企业合规建设、评估和审查办法（试行）》及其配套文件明确，涉案企业提交的合规计划，应当以专项合规为重点，全面合规为目标，主要针对与企业涉嫌犯罪有密切联系的企业内部治理结构、规章制度、人员管理等方面存在的问题，制定可行的专项合规管理规范，构建有效的合规组织体系，完善相关业务管理流程，健全合规风险防范报告机制，弥补企业制度建设和监督管理漏洞，从源头防止再次发生相同或类似违法犯罪。同时，最高检强调，合规计划首先要"量身定制""有的放矢"，找准涉案问题，立足标本兼治，"因罪施救""因案明规"，力求务实、精准、管用，做到有针对性、操作性。立足改革实践，最高检下发了 4 批 20 件企业合规典型案例，编发一系列改革试点参考文件，包括具有典型性和代表性的 10 个涉案企业合规计划和相关制度、6 种企业合规制度，以及针对 6 类常见合规风险，明确专项合规计划的主要内容和有效性评估的重点。改革的实践促进理论深化，以全面合规为目标，以专项合规为重点成为普遍共识。

有学者主张，有效合规整改需引入"专项合规管理体系"，合规体系建设要注重"有针对性""专门性"。有观点强调，由专项合规计划的有效性，推动实现合规制度体系建设，实现了差异化与可推广之间的有机结合，有利于实现企业的自我治理。

争议点十：涉案企业合规改革中应否强化刑事司法与行政执法双向衔接，是否会影响行政执法权力依法行使？

企业刑事合规风险主要在于行政犯罪领域，司法实践中，行政违法与行政犯罪也许仅是"一墙之隔"，这就意味着刑事合规治理中，不可能由检察机关唱"独角戏"，而是需要完善其中的行刑衔接机制。如何实现刑事司法与行政执法双向衔接，成为提升合规整改质效的焦点问题。有观点认为，在一件企业合规案件中，检察机关往往需要对接多个行政机关，很难得到行政机关的积极响应，衔接落不到实处。有观点认为，检察机关需要联合相关行政监管部门一起制定行刑合规有效衔接的专项合规整改标准，保障刑事司法与行政执法依法落地落实。有观点表示担忧，认为检察机关涉案企业合规整改标准与行政执法标准一旦"互认"，会影响行政机关公正执法，导致处罚过重，让刚刚"救活"的企业不堪重负，又或处罚过轻，让企业逃避应有的惩治。

《指导意见》及其配套文件已经就涉案企业合规改革中行刑衔接机制搭建起了基本框架。一是充分发挥行政执法机关的专业性特点，有效保障生态环境、税务、市场监督管理等政府工作部门中具有专业知识的人员被选任确定为第三方机制专业人员，或者受第三方机制管委会邀请或者受所在单位委派参加第三方组织及其相关工作。二是明确了行刑衔接的基本要求。人民检察院对涉案企业作出不起诉决定，认为需要给予行政处罚、处分或者没收其违法所得的，要结合合规材料，依法向有关主管机关提出检察意见。三是针对合规整改有效性再次强调行刑双向衔接机制。对于涉案企业合规建设经评估符合有效性标准的，人民检察院可以参考评估结论依法作出不批准逮捕、变更强制措施、不起诉的决定，提出从宽处罚的量刑建议，或者向有关主管机关提出从宽处罚、处分的检察意见。对于涉案企业合规建设经评估未达到有效性标准或者采用弄虚作假手段骗取评估结论的，人民检察院可以依法作出批准逮捕、起诉的决定，提出从严处罚的量刑建议，或者向有关主管机关提出从严处罚、处分的检察意见。

各地积极探索在企业合规互认中实现刑事司法和行政执法有效衔接、公正运行的制度机制。比如，深圳市检察院与深圳海关签署会议纪要，检察机关对走私犯罪涉案企业验收合格后作出从宽处理的，深圳海关可以参考检察机关书面意见，根据事权范围、案件情节依法作出从轻、减轻或免除相关行政处罚的决定。又如，山东费县检察院、公安局、税务局联合制发的《税务行政执法与刑事司法衔接工作办法》，检察机关结合合规材料向税务机关提出检察意见。一系列行刑衔接机制建设实践，取得了良好成效。

有观点认为，对企业及其负责人不起诉并不意味着不处罚，检察机关在作出不起诉决定时可以建议市场监管、银行、税务等机关对企业违规行为进行处罚。有观点强调，涉案企业合规改革中的行刑衔接，有利于充分发挥行政执法机关以及第三方独立机构的专业性特点，实现行政执法与刑事司法主体职能的优势互补。

四、涉案上市公司与合规整改

上市公司、上市公司高管以及其他关联方[①]如果涉嫌证券犯罪，有必要认真对待我国的刑事合规制度——涉案企业合规整改及第三方监督评估机制，积极表达适用合规整改及第三方监督评估机制的自主意愿，积极推进合规建设，必要的时候应及时委托证券合规律师协助。[②]

（一）当前我国对证券犯罪打击力度空前加大

在依法治国的大背景下，我们从立法的价值取向和时间维度，可以清晰地观察到对上市公司法律监管的大趋势。

2019 年，最高人民法院、最高人民检察院出台《关于办理操纵证券、期货市场刑事案件适用法律若干问题的解释》。2020 年，新修订的《证券法》正式施行。2021 年 3 月施行的《刑法修正案（十一）》大幅提高了欺诈发行股票和债券、信息披露造假、中介机构提供虚假证明文件和操纵证券期货市场四类证券期货犯罪的刑事惩戒力度。2021 年 7 月 6 日，中共中央办公厅、国务院办公厅公布《关于依法从严打击证券违法活动的意见》，这是资本市场历史上第一次以中办、国办名义印发打击证券违法活动的专门文件，表明了国家“零容忍”打击证券违法活动、维护资本市场秩序的坚强决心。

2022 年 5 月，《最高人民检察院、公安部关于公安机关管辖的刑事案件立案追诉标准的规定（二）》生效。其中对于涉及证券犯罪的案件明确了新的追诉标准，如操纵证券市场罪追诉指标从原来的“30% –20 日 –30%”大幅降低至“10% –10 日 –20%”，依照原来的追诉标准可能“逍遥刑法外”的大量的操纵证券市场行为将更容易被刑事

---

① 《关于建立涉案企业合规第三方监督评估机制的指导意见（试行）》第 3 条规定，“第三方机制适用于公司、企业等市场主体在生产经营活动中涉及的经济犯罪、职务犯罪等案件，既包括公司、企业等实施的单位犯罪案件，也包括公司、企业实际控制人、经营管理人员、关键技术人员等实施的与生产经营活动密切相关的犯罪案件”。

② 参见本编“证券合规律师的工作内容”介绍。

追责，充分体现了从严监管的大趋势。

我们通过对 2019 年证券法修订前后的各类数据对比，发现 2019 年之后的三年时间里，证监会向公安部证券犯罪侦查局移送案件的数量持续增长（均比 2019 年增长超过 100% 以上），案件移送数量倍增的背后，是国家在立法、执法各个层面进一步加强对上市公司等资本市场主体法律监管的决心的投射。①

（二）中央高度关注民营企业发展，为涉案上市公司争取合规不起诉提供了良好契机

在中央高度关注民营企业发展的时代背景下，可以预期国内监管部门会加快制度设计速度，不断完善中国特色的刑事合规配套制度，为上市公司适用第三方监督评估机制提供更大便利。

第三节 建设更优刑事合规体系需要考虑的“九个均衡”

刑事合规作为一个社会治理模式，在中国尚处于发轫之初，在美国却早已备受质疑。与内部控制的缺陷是长期的研究热点一样，合规的缺陷也正遭受同样的命运。

根据学者的文献梳理及研究，美国合规计划的适用面临一些内生矛盾及逻辑的情形，这严重抑制了合规计划的功能实现。比如，一些学者或美国法庭支持合规计划的理由更多地来自法律规定本身而非实证数据支持；合规计划的实施存在一个内生的难题，有效的合规计划可以为执法者及潜在的民事诉讼当事人提供更多的被用于攻击企业的违法犯罪行为信息；企业如果拥有过多实施合规计划的决策权或参与权，则反过来会影响企业实施合规计划的效果；等等。② 这些信息至少为我国全面及高质量落实刑事合规及合规计划制度提供了许多值得研究、规避及解决的问题。

笔者认为，建设更优刑事合规体系需要考虑以下的“九个均衡”：

一、注意寻求企业执行合规计划和企业自证其罪之间的均衡

对于理性的经济人来说，在进行决策时会进行收益—成本的计算，这是从亚当·斯密到罗纳德·科斯一脉相传的研究经济社会行为的重要范式。同样，该范式也可以应用在刑事合规领域。基于信息不对称及执法成本的原因，精明的企业高级管理人员可能会与执法人员进行博弈并得出一个最优解。比如，一个企业存在两种甚至更多的严重违法犯罪行为时——假设涉嫌 A 罪和 B 罪，前者最高罚金 100 万元，后者是 200 万元。那

---

① 《专访广东信达律师事务所洪灿：违法案件数量持续增加 上市公司当加强合规建设和风险管控》，载《证券时报》2023 年 4 月 2 日。

② 菲利普·韦勒、万方：《有效的合规计划与企业刑事诉讼》，载《财经法学》2018 年第 3 期。需要特别指出的是，该学者描述的美国合规计划适用的主体局限于企业，更具体而言，（主要）是指当企业因其雇员的行为导致企业招致刑事惩罚时，如果企业执行合规计划则会获得量刑降级。如果刑事合规及合规计划，不仅适用于企业，而且也适用于自然人股东、企业高管时，可能会得到更乐观的结论。

么在非动态博弈及信息不对称情况下，会出现四种结果：

类型	B 承认	B 沉默
A 承认	（100，200）	（100，0）
A 沉默	（0，200）	（0，0）

如果企业承认两种罪名，那么面临最高 300 万元的罚款；如果只承认触发刑事合规整改的 A 罪名，那么面临最高 100 万元的罚款。如此，宽大的区间范围便是（0，200］。进而，哪个区间更容易取得一个最优或者占优解，有待更多理论研究及实证数据支持。

二、注意寻求企业执行合规计划的积极性和自由度之间的均衡

如果涉案企业在合规计划的制定及执行方面拥有太多的自主权，显然存在使得刑事合规效果打折扣的可能。

最高检、司法部等联合发布的《关于建立涉案企业合规第三方监督评估机制的指导意见（试行）》（2021）的相关规定①，有助于解决由于企业在合规计划执行方面因拥有太多自主权反而导致计划落空问题。

此外，检察机关乃至审判机关，也应当具备监督评估第三方组织的能力。

三、注意寻求合规计划执行指南过于细致和过于宽泛之间的均衡

学者指出，在美国的司法实践中存在"《联邦量刑指南》迫使企业在设计最佳阻止犯罪程序与最优满足指南规定的程序之间进行选择。在两种设计存在分歧的情况下，法律的威慑目的受到法律本身的束缚。在一个协商治理体系中，每个企业的最佳威慑方式都会有所不同，因此法律应当尽量避免详细的规定"。②

在《关于建立涉案企业合规第三方监督评估机制的指导意见（试行）》（2021）虽然对第三方机制的启动和运行作出了明确规定，但是对合规计划本身只作出了框架性规定③；最高检发布的《人民检察院办理知识产权案件工作指引》（2023）也只是规定了"符合适用涉案企业合规改革案件范围和条件的，依法依规适用涉案企业合规机制"，

① 《关于建立涉案企业合规第三方监督评估机制的指导意见（试行）》第 12 条规定，"第三方组织应当对涉案企业合规计划的可行性、有效性与全面性进行审查，提出修改完善的意见建议，并根据案件具体情况和涉案企业承诺履行的期限，确定合规考察期限。在合规考察期内，第三方组织可以定期或者不定期对涉案企业合规计划履行情况进行检查和评估，可以要求涉案企业定期书面报告合规计划的执行情况，同时抄送负责办理案件的人民检察院。第三方组织发现涉案企业或其人员尚未被办案机关掌握的犯罪事实或者新实施的犯罪行为，应当中止第三方监督评估程序，并向负责办理案件的人民检察院报告"。

② 菲利普·韦勒、万方：《有效的合规计划与企业刑事诉讼》，载《财经法学》2018 年第 3 期。

③ 《关于建立涉案企业合规第三方监督评估机制的指导意见（试行）》第 11 条第 2 款：涉案企业提交的合规计划，主要围绕与企业涉嫌犯罪有密切联系的企业内部治理结构、规章制度、人员管理等方面存在的问题，制定可行的合规管理规范，构建有效的合规组织体系，健全合规风险防范报告机制，弥补企业制度建设和监督管理漏洞，防止再次发生相同或者类似的违法犯罪。

没有规定更多详细的要求；中华全国工商业联合会领衔最高检参与的《涉案企业合规建设、评估和审查办法（试行）》（2022）也是如此，只是规定了框架性指导原则；与之不同，北京市大兴区人民检察院等部门发布的《侵犯知识产权犯罪涉案企业合规整改指南》（2022）作为指南，在合规整改计划、实施、效果评估方面作出了更具实操性的规定。

最后，第三方市场咨询机构乃至于（涉案）企业自身都可以在实践中不断完善对刑事合规及合规计划的理解，并反馈至执法及司法机关。

四、注意寻求用于有效减少犯罪的可信赖的合规计划和不可信赖的合规计划之间的均衡

前述美国学者在梳理文献时指出，既有的实证数据不足以确定《联邦量刑指南》是否促进了更有效的合规计划，而且存在一些会构成干扰的数据及事实，比如众多没有合规计划的企业被判处罚金——也即根本没有为了换取量刑降级而引入合规计划，部分拥有合规计划的企业仍然发生犯罪行为①，以及适用次优合规计划的企业未必起诉，等等。②

合规计划是否显著降低企业犯罪，需要更长时间的更多的案例数据加以比较确定，在此期间，抱有谨慎的乐观也许是明智的。

五、注意寻求遵守国内法和遵守国际国外法之间的均衡

伴随中国经济地位提升及对外经济活动的增加，过去十年以来，屡屡出现中国企业被外国及国际组织立案调查或制裁的情况。为此，国内在推进刑事合规（以及行政合规）同时，也有必要考虑对不同的行业企业采取不同侧重的策略，也即有的合规计划侧重于遵守域内法，有的则需要重视遵守域外法等。

有学者曾指出，我国之所以引入合规管理体系，带有明确的应对西方监管的功利主义应急目的；国内企业在商业贿赂、不正当竞争、知识产权、环境保护、金融、税收等领域的违法犯罪同样非常严重。为此，有必要在法律层面引入刑事合规制度，激励企业的自我监管。③

六、注意寻求执法司法资源配置和发挥自主合规力量之间的均衡

国内有学者在研究美国刑事合规制度发展史时也提及，美国有行业自律和自我监管

---

①　也即，存在表演性合规或者稻草人合规的情况，表面上企业合规计划非常完善，但是未能阻止犯罪发生，比如波音公司和安然公司。对此，学者认为“最先进的合规计划也不能有效地阻止企业内部犯罪活动”，有的企业仍然存在机会主义，使得他们不会制定最优的或占优的合规计划。参见菲利普·韦勒、万方：《有效的合规计划与企业刑事诉讼》，载《财经法学》2018 年第 3 期。

②　菲利普·韦勒、万方：《有效的合规计划与企业刑事诉讼》，载《财经法学》2018 年第 3 期。

③　陈瑞华：《论企业合规的中国化问题》，载《法律科学（西北政法大学学报）》2020 年第 3 期。

的传统。美国证监会也认识到因为执法力量不足，而需要鼓励证券行业自治。①

在推动更优化的刑事合规不起诉制度创新的同时，应考虑到有限的司法资源配置与无限的合规事务之间的矛盾，充分发挥行业组织与公司治理的作用，推动行业自律和企业自主合规。

七、注意寻求无罪抗辩和轻罪抗辩之间的均衡

在美国的司法实践，尤其是在英国②的司法实践中，存在企业可以利用合规计划做无罪抗辩的规定及案例。在我国，在刑事立法及司法制度上暂未有如此巨大的突破。③

需要特别提示的是，美国刑事合规制度主要是美国司法机关及国防部等部门在与大企业财务舞弊斗智斗勇过程中发展起来的④，因此英美刑事合规一般针对的是企业。由于企业毕竟是一个拟制主体，因此刑事合规适用逻辑隐含着一个前提，即企业应当为雇员的相关违法犯罪行为承担法律责任，除非企业制定了有效的合规计划。

至于我国今后的司法实践，是借鉴英美的做法将合规计划作为无罪抗辩法定事由，还是演化出其他路径，有待进一步观察。⑤

八、注意寻求企业自律监管和外部强制监管之间的均衡

有学者也指出，“合规变成了公司义务的扩张，而丧失了自律的意义”，导致了监管机关的不当扩权。⑥ 这种现象在金融机构监管和国有企业监管领域相对明显。为此，

---

① 李本灿：《刑事合规的制度史考察：以美国法为切入点》，载《上海政法学院学报（法治论丛）》2021 年第 6 期。

② 学者陈瑞华指出，根据英国《反贿赂法指南》，只要企业证明制定了充分程序，便可以做无罪抗辩，并且这是法定抗辩事由。所谓的“充分程序”，是指“指企业在预防贿赂犯罪方面贯彻了六项基本原则，也就是相称程序原则、高层承诺原则、风险评估原则、尽职调查原则、有效沟通原则以及监控和评估原则。根据这些原则，企业要确立与其所面临的商业贿赂风险相称的反贿赂程序；公司高层管理人员要作出积极反贿赂的承诺；公司要定期对其所面临的外部和内部贿赂行为发生的风险进行积极评估；为减少发生贿赂的风险，公司应对有关人员的尽职情况进行专门调查；公司要通过内部和外部的沟通，使其预防贿赂的政策和程序为全体员工所知晓；公司要定期监控和评估其反贿赂的政策和程序，并采取必要的改进措”。参见陈瑞华：《企业合规制度的三个维度——比较法视野下的分析》，载《比较法研究》2019 年第 3 期。

③ 有学者指出，“鉴于我国刑法普遍缺失对于企业犯罪中单位责任的‘出罪条款’，有必要引入无罪抗辩事由，亦即规定企业虽然对外表现出违法行为，但是如果企业内部有着有效的合规计划，那么就不受刑事法律的否定评价，企业不成立犯罪”，当然，“刑事合规虽然可以排除企业的刑事责任，但是其对外的行政违规责任（主要表现为罚款责任）和民事违法责任不受影响”。参见陈卫东：《从实体到程序：刑事合规与企业“非罪化”治理》，载《中国刑事法杂志》2021 年第 2 期。

④ 欲了解更多内容，参见李本灿：《刑事合规的制度史考察：以美国法为切入点》，载《上海政法学院学报（法治论丛）》2021 年第 6 期；邓峰：《公司合规的源流及中国的制度局限》，载《比较法研究》2020 年第 1 期。

⑤ 我国《刑法》第二章第四节已经对“单位犯罪”作出规定；并且根据第 31 条规定，在认定单位犯罪的前提下，仍然规定要“对其直接负责的主管人员和其他直接责任人员判处刑罚”；进而，相关证券犯罪条款也直接对单位作出规定，比如第 182 条（操纵证券、期货市场罪）。由此，依笔者浅见，有关企业及其（作为代理人的）雇员之间刑事法律责任的分配问题，我国的刑法规定及刑法思想，可能与英美国家存在实质差异。为此，我国在刑事合规方面的制度发展，应当避免全盘照搬英美做法，而是通盘考虑我国刑法思想及刑法规定基础上，推陈出新，做出自己特有的贡献。

⑥ 邓峰：《公司合规的源流及中国的制度局限》，载《比较法研究》2020 年第 1 期。

该学者指出，“合规本来应当是一个‘回应型’的法律制度，但是实际上变成了‘压制型’的”。①

企业内驱力是企业管理中的一个重要概念，只有企业拥有内驱力，才能高质量发展。企业的自律监管实际上也是一种内驱力，只是这种内驱力与发展之间的关系可能并不成正相关的线性关系。在企业进行自律监管需要支付成本，和外部强监管也需要执法成本的同时，考虑适当激励企业进行自律监管可能是优化内、外两种监管均衡的方法之一。

九、注意对涉案企业责任与企业董监高个人责任宽严之间的均衡

如果出现单位和公司高管、首席合规官等自然人因同一罪名、同一犯罪事实，皆被追究刑事责任的情况，对企业单位犯罪的从宽处理是否必然意味着对企业负责人员的从严处理？或者对企业单位犯罪从宽处理是否必然意味着一定会对负责人员从宽处理？

我国《刑法》第三十一条规定了单位犯罪的处罚原则，即“单位犯罪的，对单位判处罚金，并对其直接负责的主管人员和其他直接责任人员判处刑罚。本法分则和其他法律另有规定的，依照规定。”司法实务中是在一个案件中将涉案企业、责任人员作为犯罪嫌疑人、被告人，审判机关对其同时进行定罪判刑。

在我国试点推行企业刑事合规制度时，曾出现了一种涉案企业责任与责任人员责任失衡的难题。即涉案企业通过合规整改建立了有效运行的合规管理体系；同时责任人员“犯罪情节轻微”，检察机关可以对涉案企业与责任人员同时作出不起诉的决定。但是，如果案件较为重大或者责任人员的行为危害严重不属于“犯罪情节轻微”，则不能对责任人员适用相对不起诉制度。对于这类案件，检察机关会陷入两难境地：如果对企业和责任人员均作出不起诉的决定，就会放纵犯罪，有违罪责刑相适应的基本原则。若对企业作出不起诉决定，但对责任人员单独提起公诉，似乎又不符合一案处理的模式和单位犯罪的处罚原则。

经过对企业刑事合规制度的不断摸索，目前已经形成了分案处理的程序法模式。检察机关认为涉案企业符合合规考察适用条件，但直接责任人员不符合相对不起诉条件而需要提起公诉的，可以对案涉企业和责任人员采取“分案处理”的管辖原则，也就是单独对案涉企业启动合规考察程序，经验收合格后作出不起诉的决定，但对责任人员提起公诉，并以合规整改成功为依据，向法院提出从轻量刑的建议。②

这即是涉案企业责任与企业个人责任宽严之间均衡的成功实践探索之一。

---

① 邓峰：《公司合规的源流及中国的制度局限》，载《比较法研究》2020 年第 1 期。这里的回应型（responsive）可以理解为响应型，体现了公司的主动性，即是否积极响应来自执法或司法机构有关调查或配合调查的命令。

② 刘立慧：《刑事合规涉案企业与责任人员责任的分离》，载北大法宝智慧法务研究院，2022 年 7 月 26 日。

应对方式Ⅲ：通过证券合规律师提供专业解决方案

律师作为一个职业群体，可以在证券合规业务中发挥自己的功能。相关业务，可以具名合规业务及证券合规业务。

进而，什么是合规业务，有学者总结为："是指律师或律师事务所为帮助企业建立和完善合规计划，应对政府监管和刑事调查，协助企业防控和规避法律风险的法律服务活动"，其中主要服务内容是进行合规调查，包括企业委托律师提供的合规调查，以及监管机构建议企业委托律师提供的合规调查；另外，在美国有两种业务较受律师关注，即美国司法部根据海外反腐败程序发起的 FCPA 合规业务及美国证监会根据反证券欺诈程序发起的反欺诈合规业务。①

第一节　证券行政合规中的律师价值

如前文所述，我国的证券行政执法曾经推出行政和解这一创新制度，后来该制度被行政执法当事人承诺制度吸收取代。

一、目前的制度和实践框架下

合规律师在既有的证券行政执法制度及实践框架下，可以从事各项工作，协助行政执法当事人有效应对处理行政调查及行政处罚，依法保护当事人合法权益。

具体而言，可以协助当事人行使法律和行政法规赋予的权利，包括参与行政调查、申请听证、进行陈述和申辩，以及对处罚结果异议而行使救济权利，即申请行政复议和行政诉讼，该等权利的具体行使方式已在第五编第一章第二节进行了详尽阐述，在此不赘述。

证券行政处罚中，律师作为当事人的代理人，除了可以代理当事人行使上述权利外，还可以代表当事人向相关部门申请调取证据、参与行政和解、在听证会或法庭庭审进行申辩等具有专业性的法律工作。

二、未来的制度和实践框架下

现代资本市场对证券行政执法提出了统一性、专业性、独立性、高效性、权威性的要求。美国依托自身实践，发展完善了 SEC 行政法官制度，并且美国证券市场的监管

---

① 陈瑞华：《企业合规制度的三个维度——比较法视野下的分析》，载《比较法研究》2019 年第 3 期。

体系践行联邦政府的监督与管理，各州政府的监督与管理以及证券业行业自我监督与管理3个层次。

美国完备的证券市场法律体系也备受各国参考借鉴。美国证券市场已形成以《1933年证券法》和《1934年证券交易法》为基础，以其他法律如《1935年公共服务控股公司法》《1939年信托合同法》《1940年投资公司法》《1940年投资顾问法》《1970年证券投资者保护法》《1978年破产改造法》《1984年内幕人士交易制裁法》等相配套的法律体系。

我国证券市场从1999年7月1日起开始实施《证券法》，虽然近年来加快了相关证券监管立法，如《证券期货违法行为行政处罚办法》《中国证券监督管理委员会行政处罚听证规则》等，但该等法律的位阶属于部门规章；而关于证券类的行政行为实际上还需依据《行政处罚法》《行政复议法》，该等法律效力及于所有行政行为，但对于证券监管这种特殊的行政行为往往不能得到直接、有效的施力。

新“国九条”[①] 的出台，已经明确未来监管的方向为完善发行上市制度、加强信息披露和公司治理监管以及加大退市监管力度等。这些监管意见最终都需要形成可操作、可执行的法律法规。

因此，在未来的监管制度框架下，对证券合规律师提出了更高的专业性要求，除了在前述证券行政复议、行政诉讼中协助当事人行使法律赋予的权利外，在日常监管过程中，律师可以发挥协助当事人进行“主动合规”的作用，这就要求律师需要同时具备在证券领域处理“非诉”与“诉讼”业务的能力，更高的专业性要求即为律师更高的专业价值。

第二节　证券刑事合规事务中的律师价值

一、律师担任相关主体的代理人/辩护人[②]

（一）担任刑事案件的代理人

除少数损害公共利益的案件外，多数刑事案件都会对特定主体的利益造成伤害。律师可以接受被害人委托，依法进行报案或者提起控告、代理刑事附带民事诉讼等。

下面以四个维度阐述被害人律师的权利：

1. 阅卷。根据刑事诉讼法以及《最高人民检察院关于依法保障律师执业权利的规定》的相关规定，诉讼代理人经过人民检察院许可，可查阅、摘抄、复制案卷材料。

2. 律师根据阅卷内容和事实可以向检察机关提出收集、调取证据申请，向检察官发表法律意见或向检察机关提出法律意见书。

---

① 2024年4月12日，《国务院关于加强监管防范风险推动资本市场高质量发展的若干意见》（新“国九条”）公开发布。

② 视不同的刑事诉讼程序的阶段、委托人身份及具体代理内容来确定律师不同身份。

3. 律师可以持续跟进侦查机关、检察机关对犯罪嫌疑人的追赃情况。

4. 律师可以参与法庭审理。

在庭审过程中，经审判长许可，可以对被告人进行发问。对于有异议的证人证言、鉴定意见等，律师可以申请证人出庭作证或鉴定人出庭作证。对于公诉人、辩护人向法庭出示的物证，对未到庭的证人的证言笔录、鉴定人的鉴定意见、勘验笔录和其他作为证据的文书，律师可以发表意见。经审判长许可，律师可以对本案证据和案件情况发表意见并且可以参与法庭辩论环节。

（二）担任涉案企业的辩护人，依法维护涉案企业的合法权益

辩护权是指刑事被告人及其辩护人对被控告、被追究的犯罪，从事实、证据、法律、处刑等诸方面进行申辩、反驳、反证，以维护被告人的合法权益，使案件得到公正合法处理的权利。辩护权是刑事诉讼法赋予当事人及其辩护人针对控诉而进行申辩活动的权利。根据刑事诉讼法的相关规定，辩护律师的权利主要有独立辩护权、阅卷权、会见通信权、调查取证权、参加法庭调查和法庭辩论的权利以及在法定情形下拒绝辩护的权利等。

二、在合规不起诉制度下，律师担任涉案企业的合规顾问，帮助企业通过合规整改验收

合规律师可以为上市公司及其他相关主体提供常年或专项合规顾问服务。这里的合规，主要指的是主动型合规。

（一）涉案企业合规不起诉中的企业合规专项法律顾问

对于涉案上市公司而言，如果发生重大合规事件，需委托专业律师尽早启动相关工作。

参考《广州市律师协会律师开展企业合规法律服务业务指引》（2022）第 8 条规定，企业合规法律服务类型包括但不限于：（1）合规管理体系建设；（2）合规调查（合规体检）；（3）合规评估与合规报告；（4）合规监管应对（刑事合规与行政合规）；（5）合规保障体系建设；（6）合规培训；（7）合规重点领域专项等。

依据《涉案企业合规建设、评估和审查办法（试行）》及其配套规则，接受委托的律师应当以专业、负责的工作态度，积极维护当事人合法权益，努力争取宽大处理结果。具体工作内容包括但不限于：

第一，合规建设工作。协助当事人即涉案上市公司①制定专项合规整改计划②，完

---

① 如果相关主体不是上市公司，可以采用类似办法。

② 有律协的文件也指出，在涉案企业合规整改领域，律师的工作主要体现在“帮助企业制定合规计划，帮助涉案企业通过第三方组织审查。制定合规计划应主要围绕与企业涉嫌犯罪有密切联系的企业内部治理结构、规章制度、人员管理等方面存在的问题，制定可行的合规管理规范，构建有效的合规组织体系，健全合规风险防范报告机制，弥补企业制度建设和监督管理漏洞，防止再次发生相同或者类似的违法犯罪”。参见《律师开展企业合规法律服务业务指引》（穗律协业通〔2022〕121 号）第 39 条。

善企业治理结构，健全内部规章制度，形成有效合规管理体系。①

第二，协助当事人申请并参加听证会。②

第三，辩护工作，主要指常见的辩护工作，包括：提交辩护意见；如果上市公司相关人员被羁押，则提交羁押必要性审查的辩护意见；等等。

第四，视情况，根据需要接受当事人委托进行合规尽职调查工作。

第五，其他工作。比如，当事人在实施合规计划时主动发现并承认其他非证券犯罪的犯罪事实、纪检监察机关认为当事人涉嫌行贿并向检察机关提出建议（适用合规整改），律师也可以同时从事常规辩护及协助企业针对非证券犯罪案件申请适用合规整改。

（二）作为企业的常年法律顾问继续提供合规服务

在涉案企业因为通过第三方监督评估从而获得宽大处理之后，仍然可以委托证券合规律师进一步完善更加全面的合规建设体系，预防其他证券犯罪的发生，甚至预防更多单位犯罪的发生。

有学者指出，“从本质上看，企业合规就是一种自我监管（Self－policing）机制。企业建立合规管理体系的根本目的在于督促员工、客户、合作伙伴、被并购企业等在经营过程中遵守法律法规”，“从公司治理的角度来看，企业要做到依法依规经营，还需要针对自身存在的违法违规风险，建立一套防范员工、客户、第三方、被并购企业等出现违法违规行为的管理机制。针对企业内部可能出现的违法违规行为建立管理机制，这是企业合规的根本要义。从这一角度来说，企业合规并不是笼统地要求企业‘依法依规经营’，而是要求企业针对可能出现的违法违规情况，建立一套旨在防范、识别和应对合规风险的自我监管机制”。③ 对于一个理性的企业及其他证券市场主体而言，更优的做法是预防违法犯罪，而非在违法犯罪之后才想到要争取宽大处理。

当然，考虑到成本问题及多机制协调问题，企业为了预防犯罪而主动建设合规管理体系，可以在深入了解公司治理、内部控制、ESG 报告、风险管理、供应链管理及其他标准、指南和管理方式的基础上，寻找更佳的整合框架，以尽可能将不同标准、指南融合到一个框架之中，避免重复建设，避免内部掣肘等。

三、在第三方监督评估机制下，律师担任第三方监控人，对涉案企业合规整改进行监督考察评估

自 2020 年 3 月最高人民检察院启动企业合规改革第一期试点以来，国家层面已经陆续出台了相关的配套规定，本书已在第一篇部分详述。深圳作为法治先行示范城市和

---

① 相关合规管理体系建设的指引，参见《涉案企业合规建设、评估和审查办法（试行）》第二章“涉案企业合规建设”。

② 《关于建立涉案企业合规第三方监督评估机制的指导意见（试行）》第 15 条规定：“人民检察院对于拟作不批准逮捕、不起诉、变更强制措施等决定的涉企犯罪案件，可以根据《人民检察院审查案件听证工作规定》召开听证会，并邀请第三方组织组成人员到会发表意见。”

③ 陈瑞华：《论企业合规的性质》，载《浙江工商大学学报》2021 年第 1 期。

企业合规改革试点城市，深圳市检察院制定了《深圳检察机关企业合规工作实施办法（试行）》，并会同市司法局、财政局等出台了《企业合规第三方监督评估机制管理委员会及第三方监控人管理暂行规定》《企业合规第三方监控人名录库管理暂行办法》。通过上述制度，明确开展涉案企业合规工作的条件、程序、方式等事项，建立了具有深圳特色的第三方监督评估机制管理委员会和第三方监控人制度，搭建起涉案企业合规改革工作的基本制度框架。[①] 律师作为第三方组织专业人员的“重要成员”，其职责和作用也关乎监督评估机制的应用和发挥。

我们根据上述法规和指导文件[②]并结合律师实务工作经验，就律师担任第三方监控人的七大工作内容做如下简要介绍：

序号	工作内容	具体事项	法规依据
1	前期准备工作	了解企业涉案情况，认真研判涉案企业在合规领域存在的薄弱环节和突出问题，合理确定涉案企业适用的合规计划类型，做好相关前期准备工作	《实施细则》第27条
2	制定监督评估工作方案	根据涉案企业情况和工作需要，制定具体细化、可操作的合规评估工作方案	《审查办法》第13条
3	审查合规计划	（1）对涉案企业合规计划的可行性、有效性与全面性进行审查。（2）就合规计划向检察院征求意见以及向涉案企业提出修改完善的意见	《实施细则》第29条、《审查办法》第14条
4	确立合规考察期限	根据案件具体情况和涉案企业承诺履行的期限并向检察院征求意见后确定合规考察期限	《实施细则》第30条
5	考察期持续监督	定期或者不定期对涉案企业合规计划履行情况进行监督和评估，包括对涉案企业具体执行过程中的纠偏等	《实施细则》第31条、第32条
6	出具合规考察报告	合规考察书面报告一般包括：（1）涉案企业履行合规承诺、落实合规计划情况；（2）第三方组织开展了解、监督、评估和考核情况；（3）第三方组织监督评估的程序、方法和依据；（4）监督评估结论及意见建议；（5）其他需要说明的问题	《实施细则》第33条
7	出席验收听证会	作为第三方组织代表参加听证会，说明第三方组织监督、评估的方案、考察过程情况以及结论，并回答与涉案企业合规整改的相关问题	《指导意见》第15条

① 李小东：《涉案企业合规建设“深圳模式”的探索与实践》，载《人民检察》2021年第20期。

② 此处指导文件指《关于建立涉案企业合规第三方监督评估机制的指导意见（试行）》实施细则（2022）（简称《实施细则》）；《涉案企业合规建设、评估和审查办法（试行）》（2022）（简称《审查办法》）；关于建立涉案企业合规第三方监督评估机制的指导意见（试行）（2011）（简称《指导意见》）。

危机应对实操：证券违法犯罪案件办案实务与思考

文章一：操纵证券、期货市场案件中“对敲”行为的刑法规制与律师实务*

洪　灿

使用“对敲”手法牟利是期货交易市场的一种违规操作行为。期货交易员作为公司指定的下单人，利用其掌握的公司账户进行“对敲”等违规操作，给期货公司及期货市场管理秩序带来巨大危害，《证券法》第 55 条、《刑法》第 182 条将该类行为界定为操纵证券、期货市场的不法行为并予以明令禁止。因此，分析期货交易员实施“对敲”牟利行为的刑事法律规制具有现实意义。

一、期货交易员使用“对敲”牟利行为的法律界定

使用“对敲”手法牟利的行为表现为：行为人为谋取个人利益，在不活跃的合约上，利用公司的账户和自己实际掌握的账户进行“对敲”交易，在大致相同的时间内进行价格或数量相近、方向相反的交易，买卖价格不是根据市场供求关系，而是由自己随意决定，人为地干预期货交易的价格，导致公司账户高买低卖，不断亏损，自己账户高卖低买，不断盈利。“对敲”牟利行为是一种发生在期货交易市场的特定违规模式。根据《期货交易管理条例》第 70 条规定，这种违规模式以“以自己为交易对象，自买自卖，影响期货交易价格或者期货交易量的”作为行为特征。在期货交易市场中，“对敲”行为一般都具有欺诈性，是由行为人同时控制两个账户按照行为人设定的价格来达成特定期货合约的买卖，或者行为人串通他人按照事先约定的价格达成特定期货合约的买卖。有的“对敲”行为是为了牟取个人的非法利益，有的“对敲”行为是为了欺骗期货交易市场的公众或第三人，以使公众或第三人跟进市场。我国刑法并没有就欺诈性期货交易作专门规定。从目前司法实践来看，实施“对敲”行为牟利的期货交易员有可能涉嫌职务侵占罪或操纵期货市场罪。在具体的司法实践中，我国目前刑法上如何对实施“对敲”行为的期货交易员进行规制，试以以下案例进行分析。

二、实施“对敲”牟利的期货交易员是否涉嫌职务侵占罪

[案例]　2014 年 7 月，被告人王某被聘任为湖北银丰棉花股份有限公司（以下简

---

* 本文原载“信达律师事务所”公众号，https：//mp. weixin. qq. com/s/nfSA8_ DPf805qBE8E9ER7w，2022 年 3 月 22 日。

称银丰公司）交易部经理，从事期货交易操盘工作，按公司指令进行棉花合约交易。2015 年 11 月至 2016 年 3 月，王某在郑州期货市场内的 CF603、CF607 和 CF611 三个期货合约上，通过其个人期货账户与其掌控的公司所属在郑州商品交易所的多个期货账户多次进行“对敲”交易。被告人王某共获利人民币 225700 元，造成银丰公司经济损失人民币 83050 元。银丰公司发现交易异常后，到公安机关报案。2016 年 9 月 8 日，王某因涉嫌犯职务侵占罪被刑事拘留。[①]

从王某案件的罪名变化来看，司法实践中办案单位对于“对敲”行为的定性看法并不一致。被害公司针对王某“对敲”牟利的行为，是以王某构成职务侵占罪进行控告的，公安机关以职务侵占罪名进行刑事立案并对王某刑事拘留。但是此案罪名定性在检察院及法院阶段发生了变化，检察院变更了公安机关的立案罪名，以操纵期货市场罪指控王某。那么，期货交易员实施“对敲”牟利的行为是否因同时触犯职务侵占罪和操纵期货市场罪而构成竞合犯，抑或期货交易的行为不构成职务侵占罪？

有观点认为，交易员利用职务之便，通过“对敲”的手段将自己控制的公司账户上的资金转移到自己实际控制的账户，属于将公司的资产占为己有的行为，金额较大的，即达到刑事追诉的立案标准 6 万元以上的，涉嫌职务侵占罪。该观点的核心理由是期货交易员利用的是职务上的便利，侵占的是公司的资产，而且职务侵占罪属于身份犯，对于有特定职务的员工是有法律约束力的。基于上述理由，该观点认为，职务侵占罪和操纵期货市场罪是法条竞合的关系，假如期货交易员没有达到操纵期货市场罪的违法所得 100 万元的追诉标准，只要能达到职务侵占罪的 6 万元追诉标准，还是应该依法追究期货交易员的刑事责任。笔者认为，该观点擅自扩大了职务侵占罪的犯罪构成，对刑法进行了扩张解释。根据罪刑法定的原则，笔者认为期货交易员的行为不符合职务侵占罪的犯罪构成要件，不构成职务侵占罪。下面以王某案件为例展开分析如下：

从犯罪的主观方面来看，王某的主观故意不是为了侵占公司的财产，而是为了通过对敲行为在期货市场中谋利，核心的主观故意是期货市场交易的牟利。

从犯罪的客观方面来看，职务侵占罪是利用职务上的便利，将数额较大的单位财物非法占为己有的行为。而期货交易员使用“对敲”行为的牟利方式是于期货市场中进行牟利，所赚取的是期货交易市场上的未来可能存在的若干次交易而产生的“未来利润（或损失）”，并非将单位的现有财物直接地非法占有。如果将不可预期的且与单位财产不对等的“未来利润”解释为“单位财物”并强行予以固化，显然脱离了“单位财物”的核心意义，违背了罪刑法定原则。由于存在行为人操控公司账户时在将期货合约卖出给第三人或者通过平仓获益的合理怀疑，亦即存在公司因为交易员的“对敲”行为而在期货交易市场中获利的可能性。另外，在职务侵占罪中，公司的损失等于行为人的非法获利，行为人的非法获利是来源于公司的损失。但是在“对敲”牟利的行为中，行为人的获利是根据期货市场的变化而变化的，受到行为人主观对市场判断的影

① 参见（2017）鄂 0102 刑初 629 号。

响。金融期货是指交易双方在集中的交易场所以公开竞价方式进行的标准化金融期货合约的交易，期货市场的公开竞价方式是影响构成职务侵占罪的介入因素，行为人的获利来源于期货市场，公司账户的资金损失也是来源于期货市场。这正是众多期货“对敲”案件中，期货公司的实际损失金额、交易员的实际获利金额、案件查处时认定的违法金额三者并不一致的原因所在，也是期货“对敲”行为应当以操纵证券期货市场罪而不应当以职务侵占罪定罪处罚的核心原因。以王某的对敲牟利案件为例，王某在郑州期货市场内的期货合约进行对敲交易，获利 225700 元，而被害公司的经济损失为 83050 元，王某获得的财物不是被害公司的财物。

从犯罪客体来看，使用“对敲”牟利的行为不只是损害了公司合法财物的法益，更是损害了期货交易市场秩序的法益。不论实施“对敲”行为的行为人是公司、期货交易员还是普通自然人，这种实施“对敲”行为牟利的行为要件内容是一样，所侵犯的法益也是一样，不会因为行为人的身份不同而构成的罪名不一样。例如，期货投资的受托人接受自然人委托代为操盘期货，实施“对敲”行为为自己谋取非法利益，则该期货交易的受托人和公司的期货交易员所侵害的法益是一致的，也不应构成有差异的罪名。综上所述，笔者认为，王某确实不构成职务侵占罪。但是，被害单位经济损失在 6 万元至 100 万元的，公安机关很可能基于维护被害人合法权益的立场，在掌握指控犯罪的基本证据的情况下，对期货交易员以涉嫌职务侵占罪立案侦查，期货交易员大概率会卷入刑事法律风险中。

三、实施“对敲”牟利的期货交易员的刑事规制问题研究

根据《刑法》第 182 条第 3 项规定，操纵证券、期货市场，以自己为交易对象，自买自卖期货合约的，影响证券、期货交易价格或者证券、期货交易量，情节严重的，构成操纵证券、期货市场罪，处五年以下有期徒刑或者拘役，并处或单处罚金；情节特别严重的，处五年以上有期徒刑，并处罚金。因此，期货交易员使用“对敲”牟利的行为涉嫌操纵期货市场罪，而不构成职务侵占罪。关于操纵期货市场罪的适用，同时需要注意以下问题：

一是正确区分“操纵证券、期货市场罪”“职务侵占罪”。据笔者观察，司法实践中之所以对期货“对敲”行为以职务侵占罪立案查处，多是因为行为人交易牟利的数额无法达到操纵期货市场的立案标准，但是又远远超过 6 万元的职务侵占罪的立案标准，基于控告人的压力及挽回损失的需要，方对其以职务侵占罪进行立案。笔者认为，“对敲”行为不构成职务侵占罪，根本性原因在于期货市场交易价格的巨大不确定性，详细理由如前所述。

二是《刑法修正案（十一）》在第 182 条第 3 项删除了“影响证券、期货交易价格或者证券、期货交易量的”关于操纵证券、期货市场罪。2020 年 12 月 26 日通过的《刑法修正案（十一）》对刑法第 182 条第 3 项规定进行了删减，将原规定的“在自己实际控制的账户之间进行证券交易，或者以自己为交易对象，自买自卖期货合约，影响

证券、期货交易价格或者证券、期货交易量的”罪状表述中的“影响证券、期货交易价格或者证券、期货交易量的”删除了。由此可见，对于“对敲”行为进行牟利的，并不要求产生“影响证券、期货交易价格或者证券、期货交易量的”的结果。2019年6月27日，《最高人民法院、最高人民检察院关于办理操纵证券、期货市场刑事案件适用法律若干问题的解释》（以下简称《操纵证券、期货刑事案件解释》）出台，自此，操纵证券、期货市场罪原来的追诉标准已不适用，即2010年5月7日出台的《最高人民检察院、公安部关于公安机关管辖的刑事案件立案追诉标准的规定（二）》第39条已被修订，删除了“在自己实际控制的账户之间进行证券交易，或者以自己为交易对象，自买自卖期货合约，且在该证券或者期货合约连续二十个交易日内成交量累计达到该证券或者期货合约同期总成交量百分之二十以上的”的规定。对比2019年《操纵证券、期货刑事案件解释》和2010年的《立案追诉标准》，应注意增加了“违法所得数额在一百万元以上”的追诉标准。

三是刑事立案追诉标准包括交易量和违法所得两个考量依据。根据《操纵证券、期货刑事案件解释》第2条，笔者列举了对敲交易牟利有以下几种追诉标准：（1）第4项规定，实施《刑法》第182条第1款第1项及本解释第1条第6项操纵期货市场行为，实际控制的账户合并持仓连续10个交易日的最高值超过期货交易所限仓标准的2倍，累计成交量达到同期该期货合约总成交量20%以上，且期货交易占用保证金数额在500万元以上的；（2）第5项规定，实施《刑法》第182条第1款第2项、第3项及本解释第1条第1项、第2项操纵期货市场行为，实际控制的账户连续10个交易日的累计成交量达到同期该期货合约总成交量20%以上，且期货交易占用保证金数额在500万元以上的；（3）第7项规定，实施操纵证券、期货市场行为，违法所得数额在100万元以上的。如果行为人违法所得在50万元以上的，且符合《操纵证券、期货刑事案件解释》第4条所列举的情形的，也构成“情节严重”的刑事追诉标准，包括行为人明知操纵证券、期货市场行为被有关部门调查，仍继续实施的，因操纵证券、期货市场行为受过刑事追究的，两年内因操纵证券、期货市场行为受过行政处罚的等情形。

四是计算违法所得须严格依法进行，根据《操纵证券、期货刑事案件解释》对违法所得的认定均作了明确规定：操纵证券、期货市场“违法所得”，是指通过操纵证券、期货市场所获利益或者避免的损失。由于期货市场具有复杂性，不同的计算方式有不同的结果，且目前尚无司法解释明确如何计算操纵期货市场的违法所得。

目前有学者主张以有利于国家指控犯罪的方式，区别于传统的有利于被告人的原则进行推定。同时，对于此有利于指控犯罪的推定，是允许反证的，即允许辩方提出反证的证据和意见。笔者认为，对敲牟利的行为对于期货交易员来说是相当容易的操作，新闻常用“几秒钟对敲交易，几百万元不翼而飞”来表述。故按照罪刑法定原则对期货交易员以操纵期货市场罪予以追诉并没有放纵罪犯，反而是对侦查机关办理新型金融犯罪调查取证工作的更高要求。办案机关办理案件时必须严格按照《操纵证券、期货刑事案件解释》的规定审查相关证据，只有达到相应的证据要求，形成完整的证据链条，才能将某一行为认定为犯罪。即使与普通刑事犯罪以及其他经济犯罪相比，证券、期货犯罪的证据标准规定得更为详细，证明难度更大，也不能“退而求其次”地用追诉职务侵占罪来代替。

五是被害人经济损失不属于刑事追诉标准的依据在期货交易员使用对敲手段牟利行为中，被害单位账户的经济损失并不是期货交易员是否要受到刑事追诉的判断标准。根据罪刑法定原则，即便期货交易员实施了对敲牟利的行为，若没有达到《操纵证券、期货刑事案件解释》规定的刑事追诉标准，也不应以操纵期货市场罪对其定罪处罚。

［**案例**］依然以王某案为例，法院认为王某操纵的一个合约代码的期货交易量占比38.39%，另一个合约代码的期货交易量占比25.86%，均达到了刑事追诉标准，最终法院判处王某犯操纵期货市场罪，判处拘役5个月，缓刑6个月，并处罚金人民币30000元。至于王某案中被害公司经济损失的具体数额并不影响王某的定罪量刑，但是王某是否赔偿被害公司经济损失是重要的量刑情节。笔者认为，根据《证券法》第55条，操纵证券市场行为给投资者造成损失的，应当依法承担赔偿责任。若犯罪嫌疑人或被告人不主动退赔或无能力退赔的，被害单位或自然人财产损失的赔偿诉求，可以另寻法律途径解决。

综上，期货交易员对敲牟利的行为属于新型金融违规行为，在司法实践中存在职务侵占罪和操纵期货交易罪之争。笔者认为，《刑法修正案（十一）》《操纵证券、期货刑事案件解释》已明确对敲牟利行为应按操纵期货市场罪论处，并为了加大打击力度，增加了违法所得的追诉标准。假设公司或自然人在期货交易中经济利益受到损害，希望得到专业、高效、充分的法律救济，建议咨询或委托专业法律人士。

参考文献：

［1］温晓华：《操纵证券、期货交易价格罪的构成与认定》，载《国家检察官学院学报》2010年第1期。

［2］黄永庆：《期货违规违法行为与期货犯罪》，载《国家检察官学院学报》2005年第1期。

［3］张国炎：《期货交易中“对敲”的定性与规制》，载《社会科学》2015年第1期。

［4］刘宪权：《操纵证券、期货市场罪司法解释的法理解读》，载《法商研究》2020年第1期。

［5］侯亚辉、李莹：《新型证券、期货犯罪若干问题》，载《国家检察官学院学报》2010年第1期。

文章二：上市公司董监高涉嫌内幕交易的刑事法律风险与辩护策略*

洪 灿

一、三年三法，国家从立法、执法层面严厉打击证券违法犯罪，“零容忍”“严监管”的态势日趋明确

2019年最高人民法院、最高人民检察院出台《关于办理操纵证券、期货市场刑事案件适用法律若干问题的解释》。2020年新修订的《证券法》正式施行。2021年3月1日施行的《刑法修正案（十一）》大幅提高了欺诈发行股票和债券、信息披露造假、中介机构提供虚假证明文件和操纵证券、期货市场四类证券期货犯罪的刑事惩戒力度。

连续三年三次立法，国家对证券违法犯罪的查处力度空前加大，相关违法犯罪成本显著提高，由此带来证券违法犯罪案件数量的激增。

2021年7月6日，中共中央办公厅、国务院办公厅公布《关于依法从严打击证券违法活动的意见》，这是资本市场历史上第一次以中办、国办名义印发打击证券违法活动的专门文件，表明了国家“零容忍”打击证券违法活动、维护资本市场秩序的坚强决心，是当前和今后一个时期全方位资本市场监管执法工作的行动纲领。文件明确要求坚持分类监管、精准打击，依法从严从快查处欺诈发行、虚假陈述、操纵市场、内幕交易、利用未公开信息交易以及编造、传播虚假信息等重大违法案件，加大对发行人控股股东及实控人、违法中介机构及其从业人员等的追责力度。

二、2021年度上市公司董监高涉内幕交易违法犯罪案件数据分析

以本文论述的“内幕交易罪”案件为例，据检索，中国裁判文书网最近四年的内幕交易罪刑事案件数量呈明显的持续上升趋势，已经超过过去17年的同类案件数量的总和，其中上海、广东两地法院审理的内幕交易刑事案件数量最多。

根据笔者发布的《中国A股上市公司刑事行政法律风险观察报告》（2021年1～4季度）中收集的数据，涉及上市公司的内幕交易行政处罚案件共计114件，其中被处罚的上市公司董监高18人；2021年度涉及上市公司的内幕交易罪刑事案件共计12件，共有16人涉及刑事法律风险被追诉，其中上市公司董监高人数占比达18.75%（考虑到数据收集与统计口径的因素，实际情况或会更高）。以上数据显示，在内幕交易刑事案件中，上市公司董监高群体的涉案风险呈明显高发趋势。

三、内幕交易罪案件对律师的专业要求及辩护难点

由于内幕交易罪的案件大多数来自证监会及各地证监局在查处内幕交易行政违法案

---

* 本文原载“信达律师事务所”公众号，https：//mp. weixin. qq. com/s/90O2C8OwgJAwWnZfCeYA_ w，2022年7月19日。

件之后的依法移送，加之侦查、检察机关在对内幕信息、内幕信息知情人、内幕信息敏感期等关键事实的认定上基本采信证监会出具的《认定函》作为定案根据，导致内幕交易罪案件的辩护工作比普通刑事案件更显困难，辩护律师团队除了要具有丰富的刑事案件实操经验，还需要对证券法律业务有深刻的认知和理解，要有刑法、刑事诉讼法、证券法及金融、证券、投资、会计、IT 等多学科跨专业的综合性知识积累。

上市公司董监高涉嫌内幕交易罪的辩护难点，主要表现在上市公司董监高的主体身份、内幕信息的认定与排除、敏感期起止日期的界定、交易行为的性质、内幕交易数额辩护（包括内幕交易数额及违法所得金额的确定）等方面，以及在被证券监管部门行政调查期间，大多数上市公司董监高出于资本市场沿袭惯例等各种因素考虑在实质上过早放弃依法申辩的权利给后期的刑事辩护带来的困难。至于内幕交易罪的构成要件、立案追诉标准、量刑标准等常规知识点，不在本文探讨之列。

四、关于上市公司董监高的主体身份

《刑法》第 180 条第 1 款至第 3 款[①]规定了内幕交易罪的两类特殊主体，证券、期货交易内幕信息的知情人员，以及其单位、非法获取证券、期货内幕信息的人员及其单位，都可能成为本罪的个人主体或者单位犯罪主体。

上市公司董监高作为特殊主体，一直被证券法列为内幕信息知情人序列中最首要突出的地位予以强调，2019 年修订的新法还扩大了内幕信息知情人的范围，首次明确了发行人自己也可以构成内幕交易而成为单位犯罪的责任主体（所以上市公司及其董监高在对外投资并购时需要特别注意）。除了上市公司董监高，甚至是上市公司股权关联方的董监高都统统被列入内幕交易罪犯罪主体的扫描半径之内［详见《证券法》（2019 年修订）第 51 条[②]］。

---

① 《刑法》第 180 条第 1 款至第 3 款规定：“证券、期货交易内幕信息的知情人员或者非法获取证券、期货交易内幕信息的人员，在涉及证券的发行，证券、期货交易或者其他对证券、期货交易价格有重大影响的信息尚未公开前，买入或者卖出该证券，或者从事与该内幕信息有关的期货交易，或者泄露该信息，或者明示、暗示他人从事上述交易活动，情节严重的，处五年以下有期徒刑或者拘役，并处或者单处违法所得一倍以上五倍以下罚金；情节特别严重的，处五年以上十年以下有期徒刑，并处违法所得一倍以上五倍以下罚金。单位犯前款罪的，对单位判处罚金，并对其直接负责的主管人员和其他直接责任人员，处五年以下有期徒刑或者拘役。内幕信息、知情人员的范围，依照法律、行政法规的规定确定。”

② 《证券法》（2019）第 51 条规定：“证券交易内幕信息的知情人包括：（一）发行人及其董事、监事、高级管理人员；（二）持有公司百分之五以上股份的股东及其董事、监事、高级管理人员，公司的实际控制人及其董事、监事、高级管理人员；（三）发行人控股或者实际控制的公司及其董事、监事、高级管理人员；（四）由于所任公司职务或者因与公司业务往来可以获取公司有关内幕信息的人员；（五）上市公司收购人或者重大资产交易方及其控股股东、实际控制人、董事、监事和高级管理人员；（六）因职务、工作可以获取内幕信息的证券交易场所、证券公司、证券登记结算机构、证券服务机构的有关人员；（七）因职责、工作可以获取内幕信息的证券监督管理机构工作人员；（八）因法定职责对证券的发行、交易或者对上市公司及其收购、重大资产交易进行管理可以获取内幕信息的有关主管部门、监管机构的工作人员；（九）国务院证券监督管理机构规定的可以获取内幕信息的其他人员。”

五、如何面对《认定函》之一：内幕信息是否成立的辩护策略

如何判定涉案信息就是刑法意义上的“内幕信息”，是判断行为人是否构成“内幕交易罪”的首要前提，也是辩护律师选择无罪辩护抑或轻罪辩护时面临的第一道难题。

《证券法》（2019）第52条对内幕信息作了如下定义：证券交易活动中，涉及发行人的经营、财务或者对该发行人证券的市场价格有重大影响的尚未公开的信息，为内幕信息。《证券法》第80条第2款、第81条第2款分别列举了可能影响发行人股票和债券交易价格的23种重大信息，《期货交易管理条例》（2017年修订）第81条第11项也对期货市场内幕信息作了明确规定。

根据《刑法》第180条，以及《证券法》第52条对内幕信息的定义，内幕信息必须兼具“重大性”（对市场价格有重大影响的信息）、“非公开性”（内部人知悉的尚未公开的信息）和“相关性”（关系到证券的发行，证券、期货交易或者其他对证券、期货交易价格有重大影响的信息）三个特征，“非公开性”“相关性”虽然也不太容易找到辩点（可供参考的角度，比如所有的具有公开性和不相关性的信息都不称其为“内幕信息”，其公开性与相关性的程度与信息溯源就可能成为辩点），但是相对于“重大性”而言，还是比较好理解的，囿于篇幅所限，在此不做展开。本文重点阐述内幕信息的“重大性”。

关于涉案事项是否具有“重大性”的问题，我们选取上市公司的投资行为作为观察视角。2005年《证券法》对投资行为构成重大事件的标准没有明确的量化，仅在第67条第2款第2项表述为“下列情况为前款所称重大事件：（二）公司的重大投资行为和重大的购置财产的决定”。2019年《证券法》在第80条第2款第2项有明确的量化表述——“前款所称重大事件包括：……（二）公司的重大投资行为，公司在一年内购买、出售重大资产超过公司资产总额百分之三十，或者公司营业用主要资产的抵押、质押、出售或者报废一次超过该资产的百分之三十；……”新旧《证券法》对于同一个问题的不同规定，给上市公司董监高涉内幕交易案件在适用法律问题上留出了可争取的空间。例如在某上市公司董秘涉嫌内幕交易案件中，其投资收购的标的资产不足上市公司资产总额的10%，如果适用证券法的上述标准，涉案事项将不构成重大事件，但是办案单位没有适用《证券法》的前述规定，而是援引《深圳证券交易所股票上市规则》（2018）的相关规定，将投资行为对上市公司营业收入和净利润产生重大影响作为是否构成“重大事件”的判定标准，认定涉案事项构成重大事件，此处是否属于适用法律不当的问题，存在一定的辩护空间。因此，关于内幕信息的“重大性”标准，亦可成为辩护律师需要重视的辩点之一。

此外，对于那些有证据证明的在事中、事后可明显判断为“虚假信息”或“不可能实现”的信息，虽然由于其具有前述“三性”而可能被认定为法律意义上的“内幕信息”，但是该类信息的虚假性和不可实现性一定会深刻影响行为人的主观心态及犯罪形态。例如某上市公司董监高内幕交易罪案件，涉案“内幕信息”就是一个先后被上

市公司管理层会议、券商、律所等各种决策程序不断否决的不可能实现的收购动议。因此，上市公司董监高在实施内幕交易的行为过程中，如果有非常明确的证据可以证明其自始至终坚信该“内幕信息”为不可实现的（而不是在信息公开以后因为客观条件的变化而被终止），其贯穿整个敏感期的心理认知将可能会影响其犯罪主观方面及犯罪行为的最终完成形态。辩护律师可以从犯罪形态、主观方面等角度构建辩护策略。

六、如何面对《认定函》之二：敏感期起止点的辩护策略

公安机关在受理案件以后，一般会层报公安部证券犯罪侦查局，由该局向证监会发出《关于商请对×××涉嫌内幕交易案件的有关问题进行行政认定的函》，由证监会根据法律规定、结合行政调查和审理处罚情况，就涉案事项是否构成内幕信息、内幕信息敏感期的起止日期、涉案人是否为内幕信息知情人等关键性问题出具明确的认定意见。

关于证监会的《认定函》在刑事诉讼中的地位与作用，在学术界、实务界历来有不同的声音，有一种观点认为，《认定函》不属于刑事诉讼法规定的八大类证据，司法机关应该对《认定函》的证明内容进行实质性审查，并且通过控辩双方充分的质证辩论，方可确定是否采纳其为定案证据。然而，在司法实践中，这种全盘否定其证据形式的观点几乎不被司法机关接受。例如在陈某某内幕交易罪案①中，法院认为，证监会出具的《认定函》从证据形式上看属于公文书证，具备证据能力，依法可以采信作为定案的依据。

笔者认为，证监会作为行政管理机构，在认定内幕交易行政违法行为及行政处罚时，适用的是行政法上的明显优势证明标准（通行的证据法理论认为，民事诉讼采用优势证明标准，行政诉讼采用明显优势证明标准，刑事诉讼采用证据确实充分或排除合理怀疑标准）。而司法机关在审理内幕交易刑事案件时应当适用更为严格的“确实充分、排除合理怀疑”的证据证明标准，而不是适用明显优势证明标准。何谓“确实充分、排除合理怀疑”？《刑事诉讼法》第55条②给出了明确的条件：（1）定罪量刑的事实都有证据证明；（2）据以定案的证据均经法定程序查证属实；（3）综合全案证据，对所认定事实已排除合理怀疑。

无论是行政违法处理程序还是刑事追诉程序，内幕交易的行为本质是相同的，但是，两种程序的证据证明标准却并不相同。即使是证券监管机构作出的行政处罚和行政

---

① 参见陈某某内幕交易罪案，福建省厦门市中级人民法院（2009）厦刑初字第109号刑事判决书。法院认为：首先，书证依制作的职权来划分，可以分为公文书证和非公文书证。国家机关在法定职权范围内行使职权所制作的书面文件，包括各种命令、决定、通告、指示、信函、证明文书等，都是公文书证。其次，证监会作为国务院证券监督管理机构，依照证券法有关规定，具有认定内幕信息的法定职权。本案中，证监会根据稽查的事实、证据，并结合证券法的有关规定，出具《认定函》符合法律规定。综上，辩护人提出的此节辩护意见缺乏法律依据，不予采纳。

② 《刑事诉讼法》第55条规定：“对一切案件的判处都要重证据，重调查研究，不轻信口供。只有被告人供述，没有其他证据的，不能认定被告人有罪和处以刑罚；没有被告人供述，证据确实、充分的，可以认定被告人有罪和处以刑罚。证据确实、充分，应当符合以下条件：（一）定罪量刑的事实都有证据证明；（二）据以定案的证据均经法定程序查证属实；（三）综合全案证据，对所认定事实已排除合理怀疑。”

认定符合明显优势证明标准，即具有高度盖然性，即使是如前述法院判决认定的属于刑事诉讼法八类证据之一的“公文书证”，根据《刑事诉讼法》第50条[①]，该类证据也必须经过查证属实，才能作为定案的根据。在刑事诉讼程序中，需要综合全案证据，审查所认定的事实是否已排除合理怀疑，是否达到我国刑事诉讼所要求的证据确实充分的证明标准。

例如在侯某某内幕交易罪案[②]中，石家庄市中级人民法院就对《认定函》的证明力进行了实质性审查。法院判决认为，认定被告人侯某某属于非法获取内幕信息的人员应查明其“内幕信息”来源，侯某某从何处得到的“内幕信息”不明，认定其属于非法获取内幕信息的人员，并构成内幕交易罪的证据不足。

笔者认为，《认定函》是证监会相关人员对相关问题出具的专业意见，不是书证。《认定函》尾部注明的“上述意见供公安机关办理案件时参考”，恰恰说明其本身不是书证而是意见。司法机关对《认定函》进行“独立且全面的司法审查和判断”，是“以审判为中心”“庭审实质化”的必然要求，也是刑事诉讼程序强化人权司法保障、坚持罪刑法定、疑罪从无、证据裁判[③]的实践体现。辩护律师可以对《认定函》中认定的事实是否客观、真实，适用法律是否错误，是否具有法律上的因果关系，是否能排除合理怀疑等问题提出辩护意见。

除了前述《认定函》中的内幕知情人、内幕信息的认定，《认定函》的另一个核心内容是对内幕信息敏感期的界定，辩护律师即使是在证据形式上无法否定《认定函》，但是仍然可以尝试从敏感期的起止日期、敏感期违法交易金额的角度提出合理怀疑，依法维护委托人的合法权益。

根据《最高人民法院、最高人民检察院关于办理内幕交易、泄露内幕信息刑事案件具体应用法律若干问题的解释》（以下简称《内幕交易刑事案件解释》）第5条[④]，“内幕信息敏感期”是指内幕信息自形成至公开的期间。包括：（1）一般情况，即证券法所列“重大事件”“计划”“方案”的形成时间；（2）特殊情况，即影响内幕信息形成的动议、筹划、决策或者执行人员，其动议、筹划、决策或者执行初始时间。司法实践中有办案单位采用“可行性”标准，即涉案事件的发生对相关的重大事项进入实操

---

① 《刑事诉讼法》第50条规定：“可以用于证明案件事实的材料，都是证据。证据包括：（一）物证；（二）书证；（三）证人证言；（四）被害人陈述；（五）犯罪嫌疑人、被告人供述和辩解；（六）鉴定意见；（七）勘验、检查、辨认、侦查实验等笔录；（八）视听资料、电子数据。证据必须经过查证属实，才能作为定案的根据。”

② 参见侯某某内幕交易罪案，石家庄市中级人民法院（2017）冀01刑初102号刑事判决书。

③ 《最高人民法院工作报告》，2022年3月11日第十三届全国人民代表大会第五次会议通过。

④ 《最高人民法院、最高人民检察院关于办理内幕交易、泄露内幕信息刑事案件具体应用法律若干问题的解释》第5条规定：“本解释所称‘内幕信息敏感期’是指内幕信息自形成至公开的期间。证券法第六十七条第二款所列‘重大事件’的发生时间，第七十五条规定的‘计划’‘方案’以及期货交易管理条例第八十五条第十一项规定的‘政策’‘决定’等的形成时间，应当认定为内幕信息的形成之时。影响内幕信息形成的动议、筹划、决策或者执行人员，其动议、筹划、决策或者执行初始时间，应当认定为内幕信息的形成之时。内幕信息的公开，是指内幕信息在国务院证券、期货监督管理机构指定的报刊、网站等媒体披露。”

阶段是否具有决定性影响、涉案事件是否具有实现的可能性的判断标准，认定内幕信息的形成时间。由于上述形成时间的界定具有一定的主观性，故存在通过论证关于敏感期的起点时间（内幕信息的形成时间）所对应的事实条件不成就的辩护空间，或可争取诸如延后确定敏感期的形成时间、压缩内幕交易金额的轻罪辩护效果。

七、非利用说——主客观方面的辩护策略

关于内幕交易主客观方面，一直存在"知""用"两派观点的分歧。"知"派认为对内幕知情人这一特殊主体应当适用更加严格的法律约束，只要行为人知悉了内幕信息并且进行了交易，就应该科以刑责，至于其交易理由是否具有正当性、是否利用了所知悉的未公开信息，则在所不论。"用"派认为，"知""用"本来是事物的一体两面，前者是信息存储，后者是信息利用，二者兼而有之，才可以界定其是否通过未公开信息的优势、以不公平的方式完成了交易、不当获利或者避免损失。从刑法的因果关系角度来看，如果内幕知情人在进行交易时是源于公开市场信息、自己的经验积累和专业判断，并未利用所获悉的未公开信息，即使获得利益或者避免了损失，也不能因此认定两者具有因果关系。

笔者赞同"用"派观点，因为只有当行为人在交易决策上"利用"了内幕信息时，才可能产生不平等的交易优势，从而构成对证券市场的公平、公正、公开交易秩序的破坏，所以，"利用"内幕信息是构成内幕交易罪的必要要件，"知""用"必须合一，方不至于失之偏颇。

根据刑法规定，内幕交易罪属于刑法分则第三章第四节的破坏金融管理秩序罪中的具体罪名，本罪侵害的法益是证券、期货市场的正常管理秩序和证券、期货投资人的合法利益。从立法原意来看，无论是通过合法途径知悉内幕信息的"知情人"，还是非法获取证券、期货交易内幕信息的人，必须在后续的证券交易行为中对这些内幕信息加以利用，才可能损害到证券、期货交易的公平性和平等性，破坏了金融管理秩序，从而具有可罚性。这才是对该行为进行刑法规制的意义所在。

《证券法》(2019）第50条规定，禁止证券交易内幕信息的知情人和非法获取内幕信息的人利用内幕信息从事证券交易活动。其强调的就是内幕交易行为人对内幕信息的"利用性"，对于仅仅知悉但是未利用所知悉的内幕信息进行交易的，由于其未损害证券市场的公平秩序，不应予以法律制裁。

最高人民法院在《内幕交易刑事案件解释》第4条设立了四个除外规定，即对于按照事先订立的书面合同、指令、计划从事相关证券、期货交易的，依据已被他人披露的信息而交易的，交易具有其他正当理由或者正当信息来源的等四种情形，不属于内幕交易（这与《证券法》第50条的规定一脉相承，从不同角度强调内幕交易行为人对内幕信息的"非利用性"即交易理由的正当性)。例如涉案交易行为虽然发生在敏感期内，但是属于司法解释规定的按照事先订立的书面合同、指令、计划从事相关证券、期货交易的，该部分金额不应认定为内幕交易的金额。最近发生的某上市公司副总裁涉嫌

内幕交易罪案件就是此种情形。

八、内幕交易成交额及非法所得金额的确定数额辩护策略

内幕交易罪系行为犯，而非结果犯，只要存在内幕交易的行为，无论最后的结果或盈或亏，都不影响该罪名的成立，但其盈亏金额却可以影响自由刑的刑期以及财产附加刑的罚款金额。“两高”在《内幕交易刑事案件解释》中对内幕交易罪的“情节严重”“情节特别严重”的数额起点作了明确的规定（包括证券交易成交额、期货交易占用保证金数额、获利或者避免损失数额、交易次数等不同的数额标准）。辩护律师可根据每一个案件具体事实和证据的不同，采取相对应的数额辩护策略，包括评估单位犯罪与个人犯罪对当事人的自由刑刑期的影响，以及前述通过缩短敏感期实现交易金额减少、量刑降档效果的辩护策略等。

在附加刑的辩护方面，《内幕交易刑事案件解释》对有违法所得的情形如何确定附加刑作出了明确规定，即判处各被告人罚金的总额应掌握在获利或者避免损失总额的一倍以上五倍以下。① 但是现实情况下很多内幕交易行为人并没有达到获利或者避免损失的目的，对该类没有违法所得情形的财产附加刑金额该如何计算，目前法律及司法解释并无明确规定。有观点认为，可以参照《证券法》（2019）第 191 条的规定，对于没有违法所得或者违法所得不足 50 万元的，处以 50 万元以上 500 万元以下的罚款。笔者认为，这种做法属于以行政处罚代替刑罚，违反了罪刑法定原则，实不可取。对此，辩护律师可以根据案件具体情形发表对被告人有利的辩护意见。

九、关于辩护主阵线前移的问题——提前介入的辩护策略

通过对汇总的该罪名案件 43 件 79 人的案例进行数据分析：（1）在所有 79 名被告人中，拘留后被检察机关不批准逮捕的 34 人，占拘留人数的 49.28%；被公安机关直接取保候审和拘留后不批准逮捕而取保候审的被告人数合计 44 人，占被告人总数的 55.70%。通过数据分析可以得出结论，内幕交易、泄露内幕信息罪的被告人超过半数在侦查、审查批捕环节被取保候审。（2）在所有 79 名被告人中，一审法院作出判决后，选择上诉的有 7 人，占被告人总数的 8.86%；7 名上诉的被告人启动二审程序后，均被二审法院裁定维持原判，上诉维持原判率为 100%。②

根据上述数据分析的结果（上诉后二审全部维持原判，被告人在被拘留后的不予批准逮捕率高），结合 2021 年最高人民法院、最高人民检察院工作报告中披露的案件数

---

① 《最高人民法院、最高人民检察院关于办理内幕交易、泄露内幕信息刑事案件具体应用法律若干问题的解释》第 9 条规定：“同一案件中，成交额、占用保证金额、获利或者避免损失额分别构成情节严重、情节特别严重的，按照处罚较重的数额定罪处罚。构成共同犯罪的，按照共同犯罪行为人的成交总额、占用保证金总额、获利或者避免损失总额定罪处罚，但判处各被告人罚金的总额应掌握在获利或者避免损失总额的一倍以上五倍以下。”

② 陈旭：《企业刑事合规中的内幕交易、泄露内幕信息犯罪问题研究》，载微信公众号“京都刑辩研究中心”，2022 年 1 月 28 日。

据计算出的各种比率（刑事案件无罪判决率约 0.0521%①、不批捕率约 30.7%、不起诉率约 16.6%②），笔者认为，内幕交易案件的辩护主阵线应当前移，从常规的法庭辩护为主改为向审查起诉阶段、侦查阶段（包括审查批准逮捕阶段）前移，以获得对当事人更有利的辩护效果。考虑到绝大多数内幕交易罪刑事案件来自证券监管部门行政处罚后的依法移送，在侦查前的行政调查阶段就要趁早聘请专业律师介入，积极配合调查、依法申辩。毕竟，内幕交易罪的入刑门槛极低，行政处罚的结束往往意味着刑事程序的开始。如果上市公司董监高在发生内幕交易法律风险以后，能够及时进行刑事合规风控与辩护，不放任、不放大自己涉案行为的法律评价，以积极主动预后心态寻找刑事危机解决方案，依据事实和法律维护自己及上市公司合法权益，无论是对上市公司的商业声誉和自身而言，还是对资本市场的健康发展而言，具有积极意义。

文章三：操纵证券、期货市场罪案件中不同的价量计算方式对定罪量刑的影响*

洪 灿

在笔者此前发表的《上市公司董监高涉嫌内幕交易的刑事法律风险与辩护策略》一文中，提到内幕交易罪的数额辩护策略，即敏感期起止日期界定的辩护、内幕交易数额的辩护（包括内幕交易数额及违法所得金额的确定）。本文继续探讨辩护律师在办理操纵证券市场案件中，如何践行数额辩护策略，在理解不同的价量计算方式对定罪量刑的影响之后，依法为当事人开展有实质性意义的辩护。

操纵证券、期货市场行为的实质在于操纵证券、期货市场的价格和交易量。无论是通过实际交易行为影响市场的直接操纵手段，还是通过误导其他投资者作出错误决策而影响市场的间接操纵手段，其最终的“落脚点”都在于影响证券、期货交易价格或者交易量。所以，在该类案件中，价量指标与比值将对案件的定罪量刑产生直接影响。

在笔者办理的多起操纵证券、期货市场罪案件中，有一起案件的起诉书对操纵情节进行了如下表述：被告人利用资金、持股等优势，以实控的 100 多个个人、基金证券账户连续交易某只股票，影响证券交易价格和交易量。根据上海证券交易所测算，某段起止日期间，被告人实际控制的证券账户组持有该只股票的流通股份数量达到该证券实际流通股份总量 10% 以上，且 N 个连续 10 个交易日的累计成交量达到同期该证券总成交量的 50% 以上。

笔者发现，从证券交易所提供的《相关数据的协查结果－指定期间刑事追诉指标

① 《最高人民法院工作报告》，2022 年 3 月 11 日第十三届全国人民代表大会第五次会议通过。

② 《最高人民检察院工作报告》，2022 年 3 月 11 日第十三届全国人民代表大会第五次会议通过。

* 本文原载“信达律师事务所”公众号，https://mp.weixin.qq.com/s/5d48OAerKK4FiLSfiuKR8Q，2023 年 4 月 6 日。

情况表（连续10个交易日）》来看，表中列出了两种不同的价量计算方式，可分别推算得出两种不同的计算比值，该比值的高低将直接影响案件是构成“情节严重”（20%以上）抑或“情节特别严重”（50%以上）。结合《刑法》第182条关于量刑档次的规定，上述不同的计算比例将对当事人的定罪量刑产生深刻影响。

所以，在操纵证券、期货市场罪案件的刑事辩护工作中，存在一定的数额辩护空间。

一、关于价量指标影响定罪问题的法律演变

操纵证券、期货市场罪是金融商品操纵与市场资本操纵的独立进行或者联合展开。操纵者通过价量操纵或决策操纵中的任何一种路径对资本市场形成操纵，或者通过叠加地使用价量操纵与决策操纵强化与提升对资本市场的非正当控制力度。

《刑法修正案（十一）》在对《刑法》第182条“操纵证券、期货市场罪”的修订中，依然采取了叙明罪状而非空白罪状的规定方式，对第182条兜底条款“以其他方法操纵证券、期货市场的”进行了扩充解释，增加了对“虚假申报”“蛊惑交易”“抢帽子操纵”行为的刑法规制。同时，吸收了2019年最高人民法院、最高人民检察院《关于办理操纵证券、期货市场刑事案件适用法律若干问题的解释》（以下简称《操纵证券、期货刑事案件解释》）的部分条款（《操纵证券、期货刑事案件解释》第2条针对《刑法》第182条第1款第1项至第3项规定的三种操纵手段，以及《操纵证券、期货刑事案件解释》第1条叙明“兜底条款”的七种其他操纵方法，分别规定了七项数额数量的入罪标准）。

在此基础上，《最高人民检察院、公安部关于公安机关管辖的刑事案件立案追诉标准的规定（二）》（2022），对操纵证券、期货市场罪规定了13条立案追诉标准。在最新的立案追诉标准中，构罪门槛明显降低，对操纵证券、期货市场行为的打击力度明显加大。例如，对实施《刑法》第182条第1款第1项的“连续交易”类操纵行为，由原来的“3-2-3标准”（持有或者实际控制证券的流通股份数量达到该证券的实际流通股份总量30%以上，连续20个交易日的累计成交量达到同期该证券总成交量30%以上的）降为“1-1-2标准”，即将持股优势比例由30%调整为10%，将“连续20个交易日”调整为“连续10个交易日”，将累计成交量占比由30%调整为20%；对于“对敲”“对倒”类操纵证券、期货市场行为，从原来的“2-2”标准（在该证券或者期货合约连续20个交易日内成交量累计达到该证券或者期货合约同期总成交量20%以上的），降低至“1-2”标准（由连续20个交易日内成交量累计的计算法变为连续10个交易日）。

在操纵证券、期货市场罪的定罪问题上，价量指标的入门线越来越低，其反映的是国家对证券犯罪监管日趋严格的立法趋向的演变。

二、价量指标如何影响量刑档次

《操纵证券、期货刑事案件解释》对该罪名的两种量刑档次作了明确的区分，这种

区分正是靠设定不同的价量指标来实现的。

例如，对实施《刑法》第 182 条第 1 款第 1 项的“连续交易”类操纵行为，一旦达到“1－1－2 标准”以上，根据《操纵证券、期货刑事案件解释》第 2 条第 1 款的规定，即视为“情节严重”，应处五年以下有期徒刑或者拘役，并处或者单处罚金；如果达到“1－1－5 标准”（成交量累计达到该证券或者期货合约同期总成交量 50% 以上的），根据《操纵证券、期货刑事案件解释》第 4 条第 1 款的规定，则视为“情节特别严重”，应处五年以上十年以下有期徒刑，并处罚金。

再如，对于“对敲”“对倒”的操纵证券期货市场行为，一旦达到“1－2”标准，根据《操纵证券、期货刑事案件解释》第 2 条第 2 款的规定，即视为“情节严重”；如果达到“1－5 标准”，根据《操纵证券、期货刑事案件解释》第 4 条第 2 款的规定，则视为“情节特别严重”。

又如，在蛊惑交易操纵、“抢帽子”交易操纵、重大事件操纵、利用信息优势操纵四类犯罪形态中，“证券交易成交额”成为影响量刑情节的最重要价量指标，其中成交额在 1000 万元以上作为“情节严重”的入罪标准，5000 万元以上的成交额则成为“情节特别严重”的价量指标。

为合理控制第二档量刑档次的适用，《操纵证券、期货刑事案件解释》第 4 条规定“情节特别严重”的认定标准，其中证券成交量占比按照入罪标准的 2.5 倍掌握，证券交易成交额和期货交易占用保证金数额按照入罪标准的 5 倍掌握，违法所得数额按照入罪标准的 10 倍掌握。

在操纵证券、期货市场罪案件中，流通股的比例、连续交易日的计算、控制账户的成交量、证券交易成交额、证券总成交量等价量指标的计算方式与数值高低，将对量刑情节的确定产生根本性的影响。

三、实践中如何正确理解适用成交量及其比值的价量计算公式

实践中，不同的成交量及其比值的价量计算公式将对定罪量刑情节产生不同的认定结果。

例如，前述涉嫌操纵证券市场罪案件中，根据证券交易所提供的《相关数据的协查结果－指定期间刑事追诉指标情况表（连续 10 个交易日）》中的数据，出现了两种不同的计算公式，第一个计算公式是将某一个计算时间段的被告人控制的涉案账户组的买入量（A1）与卖出量（B1）的总和（C1）作为分子，将同一个计算时间段的该证券总成交量（C）作为分母，得出一个比值。第二个计算公式是分子的计算方法不变，把第一个公式的分母乘以 2，即同一个计算时间段的该证券总成交量（C）乘以 2（买入量与卖出量的总和）作为分母。

依据第一个计算公式，得出的结果是有 89 个连续 10 个交易日的该价量指标达到 50% 以上，属于“情节特别严重”，应处五年以上十年以下有期徒刑。

依据第二个计算公式，得出的结论是有 194 个连续 10 个交易日该价量指标达到

20%以上，但却没有一个时间段的价量指标可以达到50%以上，结论是本案只符合“情节严重”，属于第一个量刑档次，但是不符合“情节特别严重”的第二个量刑档次，应处五年以下有期徒刑或者拘役。

由此可见，不同的计算公式，对被告人的定罪量刑影响巨大。前述起诉书采纳的是第一个计算公式，从而认定被告人操作证券市场的情节“特别严重”。

笔者认为，起诉书采用的前述“（A1 + B1）/C”的计算公式，由于进行了非同类项的比对，存在明显的数学逻辑错误，导致案件事实认定出现结论性错误。该类案件的计算公式应该适用的是同类项比对原则，即第二个计算公式。

起诉书采用前述计算公式的错误在于对计算公式的分子、分母的数据来源使用了不同的采集标准：

一是关于公式中的分子即“涉案账户组同期累计成交量”的数据来源与性质。作为该计算公式中的分子，即涉案账户组连续10个交易日的累计总成交量（C1）= 累计买入量（A1）+ 累计卖出量（B1），即A1 + B1 = C1，其中累计买入量在绝大多数时候并不等于累计卖出量（对倒交易操纵行为除外），三者不具有同一性。

二是关于公式中的分母即“同期该证券总成交量”的数据来源与性质。由于同期该证券总买入量（A）= 总卖出量（B）= 总成交量（C），即A = B = C，三者严格一致，具有同一性，在数值上可相互替换而不至于产生误差，所以，该计算公式中分母的数值采取的是单向计算标准，即总成交量（C）= 买入或者卖出的单边成交量（A或者B）；

三是如果把作为分子的累计买入量（A1）与累计卖出量（B1）进行双向计入，那么，作为分母的总买入量（A）与总卖出量（B）也同样需要双向计算，即采用“（A1 + B1）/（A + B）”的同类项对比原则。由于A = B = C，所以作为分母的（A + B）= C * 2，即总成交量乘以2。

例如，在连续交易操纵的入罪标准的“1 - 1 - 5”计算公式中（持有或者实际控制证券的流通股份数量达到该证券的实际流通股份总量10%以上，连续10个交易日的累计成交量达到同期该证券总成交量50%以上），应按照“累计成交量/（同期市场总成交量×2)%”这个公式计算成交量的百分比，而不是机械式理解文字意义，按照“累计成交股数/同期市场总成交量%”这一种简单而错误的“双向分子数/单向分母数”计算公式，计算得出错误结论，从而变相加重当事人的刑罚。

笔者认为，该类案件的计算公式应该适用的是同类项比对原则，即“（A1 + B1）/（A + B)”或“(A1 + B1）/2C”的计算公式。

因此，该案被告人被指控操纵证券市场的行为，其价量指标虽然达到“情节严重”的五年以下的量刑档次，但未达到“情节特别严重”的五年以上十年以下的量刑档次。

综上所述，在操纵证券期货市场罪案件的辩护工作中，辩护律师要高度重视不同的成交量及其比值的价量计算公式对定罪量刑情节产生的直接影响，以更好地维护当事人的合法权益。至于该类证券犯罪其他视角的常规性辩点，囿于篇幅所限，在此不做探讨。

参考文献：

［1］缐杰、吴峤滨（最高人民检察院法律政策研究室）：《〈关于办理操纵证券、期货市场刑事案件适用法律若干问题的解释〉重点难点问题解读》，载《检察日报》。

［2］谢杰：《操纵证券、期货市场罪的实质解释——〈刑法〉第182条兜底条款的立法完善与司法解释优化》，载《证券法律评论》2017年第1期。

［3］赵秉志：《刑法修正案（十一）理解与适用》，中国人民大学出版社2021年版。

文章四：操纵证券市场罪案件中不同的流通股计算方式对定罪量刑的影响*

洪　灿

在笔者此前发表的《证券犯罪数额辩护策略之二：操纵证券、期货市场罪案件中不同的价量计算方式对定罪量刑的影响》一文中，对于操纵证券市场刑事案件的数额辩护策略进行了初步阐述，从价量指标影响定罪问题的法律演变、价量指标是如何影响量刑档次的角度展开，指出证券犯罪案件的辩护律师在办案实践中，除了常规性的辩护策略，还需要补强证券法律知识，向办案单位提出正确适用证券成交量及其比值的价量计算公式以降低当事人的量刑幅度的法律意见。

本文继续探讨律师在办理操纵证券市场罪案件中，如何践行笔者倡导的数额辩护策略，正确理解《刑法》第182条第1款第2项的滥用持股优势，深入理解当事人“持有或者实际控制证券的流通股份数与该证券的实际流通股份总量的百分比”的计算逻辑，以界定该比例是否达到新（旧）司法解释规定的10%（30%）的定罪量刑标准，在明了不同的流通股计算方式对定罪量刑的影响之后，依法维护当事人合法权益，为当事人开展有实质性意义的证券犯罪专业辩护。

一、刑法规定和案情简述

在笔者办理的多起操纵证券、期货市场罪案件中，有一起案件在持股优势的数额认定方面具有典型意义，其简要案情如下：

甲委托乙为甲实际控制的某上市公司提供市值管理服务，具体合作方式为甲提供资金，乙按一定融资比例配资，共同进行市值管理。

乙控制的90个证券账户于半年内累计交易超过2.5亿股，成交金额超20亿元。乙控制的该90个证券账户的持股量在3%～4%，甲名下4个证券账户持股量为27%（该4个证券账户的股票虽然名义上为无限售流通股，但是其中25%的股票处于质押或司法

* 本文原载“信达律师事务所”公众号，https：//mp.weixin.qq.com/s/cUpE2OPPjrLLh2Xl6CcfcQ，2022年11月3日。

冻结状态，不能自由交易），乙和甲控制的合计 94 个证券账户持股量刚刚超过了 30%，其中乙控制的 90 个证券账户存在连续 20 个交易日内连续买卖股份数累计超过该证券同期总成交量 30% 的情形。

在现实生活中，许多上市公司实际控制人及其一致行动人，其持有的股票往往因为投资及公司经营的需要而进行了股票质押或者被司法冻结，该部分股票事实上处于被限制销售、无法实际流通的状态。

《公司法》第 160 条[①]也对上市公司发起人和董监高的股份转让作出了明确限制，事实上也造成部分股票无法实际流通。

笔者通过对中国证券登记结算公司提供的涉案上市公司《证券质押及司法质押/冻结明细表》《合并普通账户和融资融券信用账户前 N 名明细数据表》，证券交易所提供的《相关数据的协查结果 - 指定期间刑事追诉指标情况表（连续 20 个交易日）》等基础数据进行分析，认为该案在流通股百分比与成交量百分比这两个关键性事实的认定问题上存在相当大的辩护空间（本文仅探讨流通股百分比的数额辩护策略），该比值是否超出 30%，将直接影响案件是否达到“情节严重”的刑事追诉标准。

二、如何正确理解《刑法》第 182 条中的滥用持股优势

《最高人民检察院、公安部关于公安机关管辖的刑事案件立案追诉标准的规定（二）》（2010）第 39 条第 1 项规定：“[操纵证券、期货市场案（刑法第一百八十二条）] 操纵证券、期货市场，涉嫌下列情形之一的，应予立案追诉：（一）单独或者合谋，持有或者实际控制证券的流通股份数达到该证券的实际流通股份总量百分之三十以上，且在该证券连续二十个交易日内联合或者连续买卖股份数累计达到该证券同期总成交量百分之三十以上的。”

该条中，关于“持有或者实际控制证券的流通股份数达到该证券的实际流通股份总量”的百分比表述，其中的分子“持有或者实际控制证券的流通股份数”的范围，即对于被告人持有的流通股份数的计算而言，除了以其总股数扣除其本身不具有实际流通交易功能的“限售股份数量”以外，是否还应扣除因为被质押/冻结而限制交易的失去实际流通功能的无限售流通股数量？

持股优势是每一个上市公司的创始人（实控人）、大股东在企业创业、投资过程中自然形成的必然结果。持股优势本身无罪，而滥用持股优势地位的操纵市场行为才可能构成犯罪，这是我们在对涉嫌操纵证券市场行为进行刑法评价时，应当明确的一个重要

---

① 《公司法》第 160 条规定：“公司公开发行股份前已发行的股份，自公司股票在证券交易所上市交易之日起一年内不得转让。法律、行政法规或者国务院证券监督管理机构对上市公司的股东、实际控制人转让其所持有的本公司股份另有规定的，从其规定。公司董事、监事、高级管理人员应当向公司申报所持有的本公司的股份及其变动情况，在就任时确定的任职期间每年转让的股份不得超过其所持有本公司股份总数的百分之二十五；所持本公司股份自公司股票上市交易之日起一年内不得转让。上述人员离职后半年内，不得转让其所持有的本公司股份。公司章程可以对公司董事、监事、高级管理人员转让其所持有的本公司股份作出其他限制性规定。股份在法律、行政法规规定的限制转让期限内出质的，质权人不得在限制转让期限内行使质权。”

认知。从本罪名的立法原意分析，其规制的应是滥用持股优势且客观上有利用该优势操纵市场的行为，所以才会有前述法律条文上的“持股占比30%以上”“连续20个交易日内”且“成交量占比30%以上”，即证券犯罪领域简称的“3-2-3入罪标准”（第39条第1项），三者必须同时具备。

中国证券监督管理委员会2007年印发的《证券市场操纵行为认定指引（试行）》（2020年废止）第18条对“持股优势”有非常明确的规定，“证券执法人员可以对行为人在行为期间持有实际流通股份的总量及其所占相关证券的实际流通股份总量的比例、同期相关证券的投资者持股状况等因素综合分析判断，认定行为人是否具有持股优势”。这进一步说明，国家证券监管部门在认定行为人是否具有持股优势，计算行为人实际控制的股份数与实际流通股份总数的占比时，非常明确地采取的是“以是否具有实际流通功能作为核算标准进行同类项比对”的原则。

笔者认为，中国证监会关于持股优势的认定逻辑，对于办理操纵证券市场罪的刑事案件有重要的参考意义。

将流通股分为限售流通股与无限售流通股只是证券行业通行的做法。所以在前述案例中，证券交易所在核算操纵证券市场行为的相关数据时，习惯性地将被告人登记在册的“限售流通股”予以剔除，而将其持有的无限售流通股总数作为“实际流通股”纳入分子计算。但是对无限售流通股中的“被质押/冻结流通股”并未予单独提取、扣减。

笔者认为，我们刑事法律人要打破各种行业固化思维带来的认识惯性和认知误区，回归到刑事案件的事实本质，回归到刑事法律的立法原意，正确理解《刑法》第182条及其司法解释、国家主管部门关于滥用持股优势地位的立法原意，正确理解“限售流通股”“被质押/冻结流通股”等概念外延及其内涵，正确理解行政法处罚程序与刑事诉讼程序的证据规则与事实认定的个中区别。

三、限售股、流通股与实际流通股之辩

在该类操纵证券市场案件中，被告人是否形成了30%以上的持股优势，其持有股份中，限售股、被质押或冻结股、流通股与实际流通股的界定与是否应当计入或扣减，是法庭上控辩双方必争之地。

“限售流通股”是证券行业用语而非刑法概念，它是指公司股份上市之前根据证券法规和招股说明书等上市文件约定而形成的原始“限售”状态，而“被质押/冻结流通股”则是公司的无限售流通股股份上市以后、大股东在公司的后续经营过程中因为举债而质押股票或者被司法机关强制执行而冻结股票所形成的新的“限售”状态。其虽有流通股之名，而无流通股之实；虽有无限售之名，而行“限售”之实。属于处于事实上的限制销售状态的名义上的“无限售流通股”。

“限售流通股”“被质押/冻结的无限售流通股”二者只是形成的时间先后不同，但是在是否“限售”（具有失去实际流通功能）的问题上并无差别。所以，被质押/冻结的无限售流通股当然也属于被限制交易出售的股份。

在计算被告人持有或控制的流通股数时，不仅仅是“总流通股数－限售流通股数”，还应该减去“被质押/冻结的无限售流通股”，即“总流通股数－限售流通股数－被质押/冻结的无限售流通股”。这样计算，得出被告人实际可以动用的可以用来操纵股票价格的流通股，方可称其为刑法意义上的“持股优势”，即用于操纵证券价格的可交易筹码。

否则，如果按照前一种计算逻辑，计算被告人持有或控制的流通股数，即“总流通股数—限售流通股数”，我们假定其得数为一亿股。我们举一个极端一点的例子，假设其中有 99.9% 被质押/冻结（现实生活中，名下股票全部被质押/冻结的上市公司大股东并不鲜见），只有 0.1% 即 10 万股可以出售，难道其持有的可实际流通股不是 10 万股而是 1 亿股？难道要认定其 10 万股就等于 1 亿股？难道其持有的少得可怜的 10 万股居然就构成了刑法上的足以操纵证券市场价格的所谓持股优势？

所以，计算实际流通股百分比的时候，不仅应该减去公司 IPO 时就存在的“前期的限售流通股”，还应该减去后期因被质押/冻结而形成的“后期的限售流通股”。

前述结论与中国证券监督管理委员会《证券市场操纵行为认定指引（试行）》（2020 年废止）第 18 条对“持股优势”的界定逻辑是相通的。

四、五位法学专家的论证意见

秉持对法律负责、对当事人负责的审慎态度，为了论证本文观点，笔者带领辩护律师团队特别委托了五位法学专家对案件的事实认定和法律适用等方面进行了论证。

在专家论证会上，我们对案情做了详细介绍，五位法学专家经充分讨论后一致认为：针对委托方提请论证的问题，根据委托方提供的案卷材料，结合刑法、刑事诉讼法、证券法等法律法规及相关司法解释的有关规定，在计算行为人实际控制的流通股份数与该证券的实际流通股份总数的占比时，应当扣除“限售流通股”和因质押冻结而无法转让、交易的“无限售流通股”。本案中，检察机关指控甲、乙等人持有或者实际控制证券的流通股份数达到该证券的实际流通股份总量 30% 以上的证据不足，现有证据不能确实、充分地证明甲、乙等人的行为达到了操纵证券市场罪的入罪标准，建议做无罪处理。

文章五：场外配资“金主”出借资金和证券账户行为的法律分析*

洪　灿　莫丽冰

在操纵证券市场、信披违规、内幕交易等证券违法案件中，甚至是普通的股票账户进行合作炒股等“委托理财”过程中，都活跃着场外配资的灰色身影，作为场外配资的“金主”，其出借资金和证券账户的行为的法律风险的边界在哪里？其究竟应该承担

---

* 本文原载“信达律师事务所”公众号，https：//mp. weixin. qq. com/s/pQjgtRhbzQL－wr4aCo2BvA，2022 年 1 月 12 日。

何种法律责任？在发生法律风险以后，“金主”该如何依法维护自身的合法权益？

以上问题，由于法律规定的模糊性、具体个案的独特性、表达者立场的差异性，司法界、律师界和学术界的观点各异。本文试图从场外配资“金主”的代理律师（辩护律师）的角度，结合笔者律师团队在资本市场法律风控领域办案实践中的一些心得体会，提出一些粗浅的分析观点，与读者朋友共同探讨。

特别说明的是，对于与犯操纵证券市场罪的被告人通谋，为其操纵证券市场提供资金等其他帮助，获取非法利益，破坏国家金融管理秩序的涉案“金主”，依照刑法总则第二章第三节“共同犯罪”的相关规定，构成证券犯罪的共犯的，应当依据《刑法》第 182 条定罪量刑，其“罪与罚”问题以后专文分析，不在今次讨论之列。本文仅针对不构成“刑事犯罪”的场外配资行为（包括虽然未被追诉，但是因为向犯罪嫌疑人出借资金和证券账户的获益行为而被视为非法所得予以追缴的情形）进行分析。

笔者认为，最高人民法院在司法解释及相关判例中，对于“场外配资”有明确的认定意见，各涉案“金主”及其代理律师可以根据该规定，对其与操纵证券市场违法主体的合同关系究竟应该定性为借贷关系还是场外配资合同关系，提出有利于自己的法律分析意见。

一、《九民纪要》对于场外配资的定义

《全国法院民商事审判工作会议纪要》（以下简称《九民纪要》）第 86 条对于何为场外配资业务，做了如下的定义：从审判实践看，场外配资业务主要是指一些 P2P 公司或者私募类配资公司利用互联网信息技术，搭建起游离于监管体系之外的融资业务平台，将资金融出方、资金融入方即用资人和券商营业部三方连接起来，配资公司利用计算机软件系统的二级分仓功能将其自有资金或者以较低成本融入的资金出借给用资人，赚取利息收入的行为。

二、审判实践中最高人民法院判例对相关问题的裁判逻辑与认定意见

审判实践中，最高人民法院的判例在“出借资金和证券账户的行为是否属于证券监管部门监管的融资融券业务，是否属于借货关系”“出借证券账户的违法行为是否必然导致借款合同无效的法律后果”等关键问题上，表达了非常明确的裁判意见。

【判例一】《黄木秀、刘柏权民间借贷纠纷再审审查与审判监督民事裁定书》[（2020）最高法民申 1079 号]

该案例中，最高法在对争议焦点进行归纳论述时，对于配资合同的特征和认定进行了针对性论述。

最高法认为：（1）关于案涉投资合同属何种民事法律关系的问题……本院认为，场外配资业务主要是指一些 P2P 公司或者私募类配资公司利用互联网信息技术，搭建起游离于监管体系之外的融资业务平台，将资金融出方、资金融入方即用资人和券商营业部三方连接起来，配资公司利用计算机软件系统的二级分仓功能将其自有资金或者以较低成本融入的资金出借给用资人，赚取利息收入的行为。案涉投资合同系黄木秀与刘

柏权之间出借资金和证券账户的行为，不属于证券监管部门监管的融资融券业务，黄木秀的委托诉讼代理人提出案涉投资合同应为场外股票融资合同，不符合审判实践中对场外配资合同的认定，且该意见并未在原审中提出，本院不予采纳。

【判例二】《江苏金涛投资控股有限公司、江西省科特投资有限公司借款合同纠纷二审民事判决书》[（2020）最高法民终295号]

该案例中，最高法明确表达了“出借证券账户的违法行为并不必然导致《借款合同》无效的法律后果”观点。最高法认为：

一是关于借款合同的性质问题。案涉借款合同约定科特公司出借20000万元资金给亿舟公司进行证券投资，明确约定了借款期限、利率、付息方式以及逾期付息的滞纳金等，以上形式和主要合同内容符合借贷关系的法律特征。但借款合同中亦详细约定了出借资金以及亿舟公司保证金如何汇入万贤良、涂明明、袁星星证券账户、如何购买股票，并设置了警戒线、平仓线等内容，这些约定与场外融资合同有类似之处，但与场外配资合同有本质差别。首先，科特公司不具有场外配资业务的主体特征。科特公司并非从事融资配资业务的专门公司或融资平台，其借款给亿舟公司进行证券投资的行为具有临时性和偶发性，与融资公司的专门性与经常性有本质性的区别，故科特公司不符合场外配资的主体特征。其次，虽案涉借款用于证券投资，但科特公司并未运用互联网技术和二级分仓功能搭建融资平台，而是运用传统手段，将借贷资金打入合同指定的证券账户进行股票操作，故资金流入股市的方式亦不符合场外配资的操作流程。通过以上分析，案涉借款合同的法律性质为借贷法律关系，而非场外配资关系。

二是关于借款合同的效力问题。该出借账户的行为违反了《证券法》第80条关于“禁止法人非法利用他人账户从事证券交易”，以及中国证券监督管理委员会《关于清理整顿违法从事证券业务活动的意见》第5条“任何机构和个人不得出借自己的证券账户，不得借用他人证券账户买卖证券”的规定，合同中万贤良、袁星星、涂明明出借证券账户的行为违反了法律、行政法规的禁止性规定，该行为应由相关行政管理部门予以规制。但借款合同的主要法律关系为借贷关系，出借证券账户的违法行为并不必然导致借款合同无效的法律后果。

三、律师在办理类似案件时如何依法保护当事人的合法权益

在刑事案件侦查期间，有的“金主”可能会被视为犯罪嫌疑人（操纵证券市场罪的主犯或者从犯）而受到讯问甚至被采取刑事强制措施；有的虽然未被追诉，但是因为其存在向犯罪嫌疑人出借资金和证券账户的获益行为，而被视为刑事案件中的非法所得予以追缴。律师在办理具体个案时，应当充分考虑到当事人已经被卷入刑事风险的客观情况，结合案件事实和法律规定，论证其是否属于上述证券犯罪的共犯。在确认其不构成刑事犯罪的情况下，再从民事和行政法上对合作双方的法律关系进行形式和实质上的法律审查，论证其是否符合上述裁判案例中关于借贷关系的裁判逻辑，如属于合法的借贷合同关系，则利息收入属于案外人（“金主”）的合法所得，依法应受到法律保护。

例如，笔者团队办理的一起向涉嫌操纵证券市场的被告人出借资金及股票账户的“金主”资金被冻结扣押的申诉案件，该“金主”与被告人签署了借款协议后，按照协议约定实际提供了资金，被告人也按月向“金主”支付固定收益；此外，作为增信措施，被告人还安排了保证人就借款签署了书面担保。公安机关在侦查某某涉嫌操纵证券市场罪案件过程中，对该“金主”的资金采取了冻结扣押的强制措施。在对案件进行法律分析时，笔者团队认为：基于在案证据不能证明涉案“金主”系该操纵证券市场案的共同犯罪，首先排除了涉案“金主”刑事法律风险的可能性；其出借资金和股票账户的情形，完全符合前述的判例一、判例二所认定的借款协议的形式与实质要件，相关事实与该判例并无二致。其合作关系应当认定为借款合同关系，而非场外配资关系。首先，从是否符合场外配资的主体特征进行分析。涉案“金主”与前述最高法判例二的出借人一样，都不具有场外配资业务的主体特征。其并非从事融资配资业务的专门公司或融资平台，其借款给被告人进行证券投资的行为，符合前述最高法在判例二中之判词，即“具有临时性和偶发性，与融资公司的专门性与经常性有本质性的区别”，故其不符合场外配资的主体特征。其次，从流入股市的方式和操作流程进行分析。虽案涉借款用于证券投资，但涉案“金主”与前述最高法判例一的情况相似，甚至连该判例中出借人的“设置强制平仓、警戒线、杠杆比例”的情形都没有。鉴于涉案“金主”并未运用互联网技术和二级分仓功能搭建融资平台，而是运用传统手段，将借贷资金打入合同指定的证券账户进行股票操作，其资金流入股市的方式亦“不符合场外配资的操作流程”。最后，从担保方式进行法律分析。案涉双方的借款协议并未采取配资合同常见的操盘者注入“保证金”的担保形式，而是采用了保证人担保的传统借贷担保方式，这更加说明双方之间的借款协议是单纯的借贷关系，而非场外配资关系，原因如下：场外配资业务的目的，在于利用资金的杠杆效应，用少量保证金撬动更多的资金量，突出一个“配”字。如深圳市中级人民法院 2015 年 11 月发布的《关于审理场外股票融资合同纠纷案件的裁判指引》，就明确了“约定融资方向配资方交纳一定现金或一定市值证券作为保证金”是场外配资合同中典型的交易方式和风控措施。配资方按照约定的比例，提供数倍于保证金的资金或证券与保证金“匹配”，已经是场外配资业务的常规手法，否则如何称为“配资”呢？反观该案的借款协议，根本没有约定“保证金”风控模式，其约定的保证人担保模式，与场外配资合同的操作手法迥然不同，属于借款业务的传统风控模式。综上所述，借款合同的主要法律关系为借贷关系，涉案“金主”出借证券账户的行为虽然违反了法律、行政法规的禁止性规定，但其出借证券账户的违法行为并不必然导致借款合同无效的法律后果。

文章六：操纵证券、期货市场罪的新旧法律适用问题浅析*

洪 灿 赵 悦

随着证券市场的高速发展，操纵证券、期货市场的案发率近年来呈持续上升的态势。根据笔者律师团队发布的《2021 年度中国 A 股上市公司刑事行政法律风险观察报告》，证监会在 2021 年作出的以“操纵证券市场”为处罚原因的行政处罚案件数量，在全部“十四类行政处罚案由”① 的案发数量排比中高居第三，其中触犯刑事追诉指标的案件也必将会依法移送司法机关追究刑事责任。

操纵证券、期货市场行为的实质就在于操纵证券、期货市场的价格和交易量。无论是通过实际交易行为影响市场的直接操纵手段，还是通过误导其他投资者作出错误决策而影响市场的间接操纵手段，其最终的“落脚点”都在于影响证券、期货交易价格或者交易量。笔者团队此前发布的《证券犯罪数额辩护策略之二：操纵证券、期货市场罪案件中不同的价量计算方式对定罪量刑的影响》正是以“价量计算方式”为切入点，衡量操纵行为与刑法规定的“价格和交易量”适用关系的。然而，刑法规定的“价格和交易量”这个用于衡量操纵行为的标准也是历经多次演变的。这主要是源于我国证券市场的快速发展，使得刑法追诉的行为种类、行为标准与法律责任评判都在经历大幅度的演变，并且呈现日趋严格之势。

本罪的操纵行为的法律特征与它罪的不同之处在于，行为的连续性与持续性的叠加，对本罪的法律法规修正及更新频率相较其他传统犯罪更高。这种相对高频的修法致使司法实践中容易出现犯罪行为持续跨越新旧法的适用即跨法犯（Cross law crime）②的问题。

在笔者团队承办的某操纵证券市场罪案件中就出现了这个现象，而新旧法适用的问题将直接影响对操纵行为量刑档次的界定。因此，本文将从操纵证券市场罪法律沿革的视角探讨法律适用问题，以期依法为当事人开展有实质性意义的辩护。

一、操纵证券、期货市场罪的法律沿革

我国目前现行的刑法体系为 1997 年刑法和 12 个刑法修正案以及一个单行刑法。③ 1997 年刑法颁布伊始，第 182 条已经列明了操纵证券交易价格罪，将相关操纵证券的手段入刑。后历经三次刑法修正案修正，演变为目前现行的操纵证券、期货市场罪法律规定。在历经“1 个追诉标准”“2 个立案追诉标准”“1 个司法解释”后，构建了如今

---

* 本文原载“信达律师事务所”公众号，https://mp.weixin.qq.com/s/n8CFhTbGMZeOQczu_tSpgg，2022 年 1 月 12 日。

① “十四类处罚案由”分类详见《2021 年度中国 A 股上市公司刑事行政法律风险观察报告》，载 https://mp.weixin.qq.com/s/ixet0vo5_JS2kBi_4cc_Jg。

② 刘方：《跨法犯刑法适用若干问题研究》，载《中国法学》2010 年第 2 期。

③ 《关于惩治骗购外汇、逃汇和非法买卖外汇犯罪的决定》一般被称为“单行刑法”。

的适用规则体系。

具体沿革详见图5－1，其中比较重大的变革为：

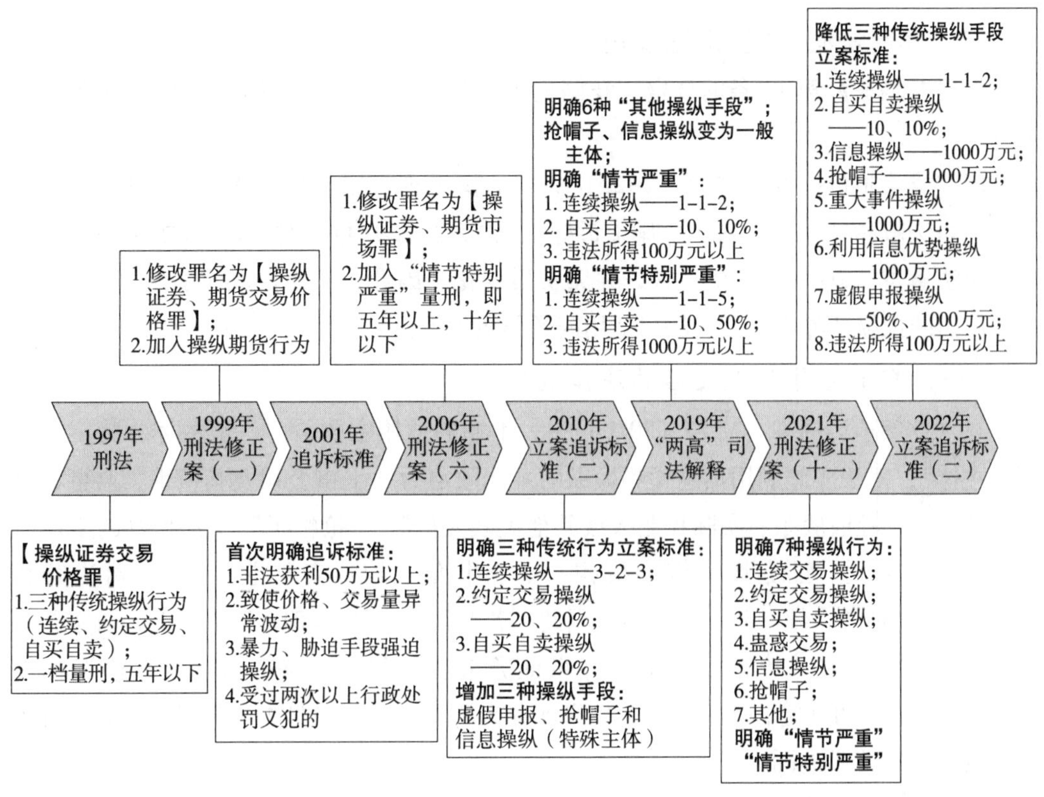

图5－1　操纵证券、期货市场罪立法沿革

《刑法修正案（六）》将第182条罪名修改为操纵证券、期货市场罪，将操纵对象从"价格"扩大到"市场"，并且将处罚分为两档，增加了情节特别严重的量刑档次。

《刑法修正案（十一）》将第182条操纵证券、期货市场罪的操纵行为从以前的"3＋1兜底"增加到"6＋1兜底"条款。

除了法律条文的修正，2001年《最高人民检察院、公安部关于经济犯罪案件追诉标准的规定》（已失效）、2010年《最高人民检察院、公安部关于公安机关管辖的刑事案件立案追诉标准的规定（二）》（已失效）、2019年《最高人民法院、最高人民检察院关于办理操纵证券、期货市场刑事案件适用法律若干问题的解释》、2022年《最高人民检察院、公安部关于公安机关管辖的刑事案件立案追诉标准的规定（二）》（以下简称《立案追诉标准（二）》）对操纵证券、期货市场罪的操纵行为、价量指标、量刑档次作了进一步明确。

从上述法律沿革可以看出，保护的犯罪行为侵害的客体从单一的证券市场到加入期货市场；惩治的行为对象从“价格”扩大到包含交易量等各种因素的证券、期货市场；列入惩治的操纵手段从传统的“连续交易操纵、约定交易操纵、洗售操纵”三种扩大到目前的九种；追诉数额指标也在2019年司法解释出台后显著降低。

二、非跨法犯[①]的新旧法适用

根据《刑法》第12条的规定，我国刑事司法遵循的是“从旧兼从轻”的溯及力原则。

因《立案追诉标准（二）》（2022）规定的操纵证券市场刑事案件立案追诉标准，是参照司法解释（2019）对《立案追诉标准（二）》（2010）的修订，其规定的入罪标准与司法解释（2019）保持一致，并无实质变化。因此，下面仅就司法解释（2019）出台以前的操纵证券市场行为法律适用问题分析如下：

（一）犯罪主体扩大之后的法律适用

在《立案追诉标准（二）》（2010）中，本罪的适用主体是“一般主体+特定行为特定主体”，对于实施利用信息优势操纵的主体限定为“上市公司及其董事、监事、高级管理人员、控股股东、实际控制人或其他关联人员”。“抢帽子”交易操纵的主体限定为“证券公司、证券投资咨询机构、专业中介机构或者从业人员”。司法解释（2019）将主体扩大统一为一般主体。因此，若非特定主体，2019年7月1日前实施利用信息优势操纵或“抢帽子”交易操纵证券市场的行为，应适用《立案追诉标准（二）》（2010）的规定，不宜认定为操纵证券市场罪，若存在非法经营证券、期货行为的可按非法经营罪追诉。

如在笔者团队承办的该操纵证券市场案件中，当事人通过网络大V、荐股团伙等非专业机构，以及从业人员通过微信聊天、网络直播间等形式荐股而反向出货的，因该等“黑嘴”的违法行为是于司法解释（2019）出台后实施的，属于司法解释（2019）扩大主体范围之后的“一般主体”，故应对其另案依法追究刑事责任。

（二）新增操纵类型之后的法律适用

司法解释（2019）明确了除三种传统操纵手段外的六种“以其他方法操纵证券、期货市场”的手段。相较于《立案追诉标准（二）》（2010）明确的操纵手段，又新增了“蛊惑交易操纵、重大事件操纵”，因此，对于2019年7月1日前实施的“蛊惑交易操纵、重大事件操纵”等新增操纵类型的，可直接适用司法解释（2019）予以认定。

另外，证监会颁布的《证券市场操纵行为认定指引（试行）》（已废止）中列示的操纵手段还有尾市操纵、利用技术优势操纵等。但该两种方法未直接明示列入司法解释。比如“利用技术优势操纵”，如何判断技术优势和操纵因果性？往往涉及非常专业的分析，在保护技术创新与遏制技术风险的刑法规制尺度之间的平衡也是需要衡量的重

---

① 此处“非跨法犯”定义与前述“跨法犯”定义相对应，仅指违法行为完全发生于新法施行前。

要问题。加之随着经济、科技的发展，操纵证券的手段会“迭代升级、推陈出新”，是否都应往兜底条款上对应？笔者认为，证券类犯罪是典型涉及刑行交叉的罪名，基于上述考虑及为行政处罚留有空间，不宜随意将“以其他方法”的兜底条款做过多扩大解释。

（三）降低入罪标准之后的法律适用

司法解释（2019）显著降低了相较于《立案追诉标准（二）》（2010）的入罪标准，比如连续操纵手段从原来的“3－2－3”标准（持有或者实际控制证券的流通股份数达到该证券的实际流通股份总量30%以上，且在该证券连续20个交易日内联合或者连续买卖股份数累计达到该证券同期总成交量30%以上），降低为“1－1－2”标准（持有或者实际控制证券的流通股份数达到该证券的实际流通股份总量10%以上，且在该证券连续10个交易日内联合或者连续买卖股份数累计达到该证券同期总成交量20%以上）；自买自卖的操纵手段从原来的“2－2”标准（连续20个交易日的累计成交量达到同期该证券总成交量20%以上）降低为“1－2”标准（连续10个交易日的累计成交量达到同期该证券总成交量20%以上）。

该追诉指标的降低直接影响行为人罪与非罪的问题，根据从旧兼从轻的原则，对于2019年7月1日前实施的犯罪行为应适用《立案追诉标准（二）》（2010）。

（四）违法所得标准调整之后的法律适用

其实早在《立案追诉标准》（2001）中就规定了以违法所得作为量刑指标之一，即“非法获利数额在五十万元以上的”，但在《立案追诉标准》（2010）中又删除了该表述。

司法解释（2019）的最重要变化是“又”新增回“违法所得”的入罪指标，即违法所得数额在100万元以上的应认定为“情节严重”；违法所得数额在1000万元以上的应认定为“情节特别严重”。

在违法所得标准条款之前，司法解释对不同操纵类型都设定了特定“指标标准”条款，比如连续买卖的“1－1－2”“1－1－5”指标；自买自卖的“1－2”“1－5”指标，在适用司法解释时，应当注意违法所得标准与该等特定标准之间的协调适用问题。

在操纵行为达到了相对应的“特定指标”时，即应予以追诉，且可以较明确地区分该行为是达到“情节严重”或“情节特别严重”，该等操纵行为并不以获利为其必要条件，操纵行为的违法所得一般用于衡量根据特定指标确定的量刑档次范围内的“轻重”，以及对“退赃、退赔额”具有参考意义。比如笔者团队承办的操纵证券市场案件中，操纵人最后因股票崩盘而造成巨亏，实际上没有任何违法所得，但是不影响以其操纵行为的“特定指标”来衡量量刑。

目前较有争议的是，是否违法所得“达到100万元以上”即应被认定为“情节严重”？根据《〈关于办理操纵证券、期货市场刑事案件适用法律若干问题的解释〉的理解与适用》的释义，“只有在认定操纵行为的基础上，违法所得数额达到100万元以上的情形才能被认定为‘情节严重’”。比如连续操纵行为未达到特定指标“1－1－2”，但违法所得超过100万元的，是否直接应以“情节严重”予以刑法追诉？又或者连续操纵行为只达到情节严重的指标“1－1－2”，但违法所得却超过1000万元，是否直接应以“情节特别严重”追诉？笔者认为这均需要慎重考量。根据《2021年度中国A股上市公司刑事行政法律风险观察报告》，2021年全年证监会作出的以“操纵证券市场”为处罚原因的案件共有18宗，其中部分案件的违法所得超过1000万元，但行政处罚决定书中所述的测算数据却未达到操纵手段对应的刑事追诉“特定指标”，目前笔者从公开判例及公开报道中也仍未见到该等案件被移送司法机关。而纵览司法解释（2019）生效后的公开可查判例，笔者也未见仅以违法所得作为唯一裁判依据的。就该问题，目前学术界及法官、检察官等实务界存在较大的争议。笔者认为，法律的生命在于解释，而非机械呆板的生搬硬套，综合考量违法所得标准与特定标准更符合立法本意。

三、跨法犯的法律适用

本罪的操纵行为一般是一个连续、持续过程，其过程一般包括连续出现的持续建仓、持续拉抬、持续出货；又因多种操纵手段竞合会出现数个操纵行为，呈现“连续性与持续性的叠加”这一鲜明的行为特征；加之本罪的法律法规修正及更新频率相较其他传统犯罪更高。这种相对高频的修法现象与“连续性与持续性的叠加”的行为特征，致使司法实践中容易出现因为犯罪持续时间时间长而带来新旧法的适用问题。

根据司法解释规定，如果原刑法和修订刑法都认为是犯罪的，应当适用修订刑法进行追诉，但是修订刑法比原刑法所规定的构成要件和情节较为严格，或者法定刑较重的，在提起公诉时应当提出酌情从轻处理意见。①

根据上述“连续犯适用从新兼从轻的原则”，对于开始于2019年7月1日前、持续到司法解释颁布后才结束的操纵行为，是否必然适用新的司法解释，需要慎重考量。

笔者认为，前述关于“连续犯”司法解释的前提是“原刑法和新修订刑法都认为是犯罪”，若原刑法不认为是犯罪，则不能将全部违法行为适用新的刑法进行追诉。比如同样涉及连续犯问题的“非法放贷”的司法解释，其明确规定对于在新法规施行前后均有非法放贷行为的，只能对施行新法后的违法行为进行定罪处罚②。

在笔者团队承办的该操纵证券市场案中，被告人犯意的提起、操纵组织形成、资金账户准备及主要操纵周期均发生于2019年7月1日前，若以2019年7月1日前的行为做切割，适用《立案追诉标准（二）》（2010）的“3－2－3”标准，完全可能达不到入刑的追诉标准。如该“行为切割”可以基于交易所提供的测算数据进行技术分割测算，则对于本案被告人于2019年7月1日后的操纵行为，适用司法解释（2019）进行追诉。若不进行分割处理，简单将全案套用新的追诉标准将会因违法所得、价量指标等

---

① 参见《最高人民检察院关于对跨越修订刑法施行日期的继续犯罪、连续犯罪以及其他同种数罪应如何具体适用刑法问题的批复》（高检发释字〔1998〕6号）。

② 参见《最高人民法院〈关于办理非法放贷刑事案件若干问题的意见〉的理解与适用》。

因素对被告人量刑产生重大影响。该案中，检察机关确实是以“2019 年 7 月 1 日”为分界点，分别计算了前后两段时间的“数额指标”，但却全部以司法解释（2019）的更严格的数额标准（连续操纵“1－1－5”和自买自卖“1－2”标准）进行犯罪指控。

笔者经过检索司法解释（2019）出台前的法院判例，法官根据犯罪嫌疑人的违法所得、造成的后果及社会危害度等方面进行裁判的自由裁量权较大。

如中国股市早期的第一大操纵证券市场案“亿安科技”案，2003 年该案 5 名被告人被判刑 2 年 3 个月至 3 年半不等，该案违法所得为 4.49 亿元，证监会采取“没一罚一”的行政处罚。在 2019 年前公开可查判例中以本罪被判处刑罚年限最高的是 6 年，并处罚金为 3000 万元，但该案中没有违法所得。① 而业界众所周知的“徐翔案”，其于 2017 年被判处刑罚 5 年 6 个月，认定非法所得 71 亿元，罚金 110 亿元。

出现案件判决结果差异较大的主要原因是彼时法律对于量刑标准未予设立可操作性的量化指标。如 2006 年《刑法修正案（六）》中虽然增加了“情形特别严重的”量刑档次，但达到何种程度属于“情况特别严重”，何种程度可给予本罪的最高刑罚评价，只能由法官在坚持法律原则的基础上，根据案件事实及自由心证做评判。随着司法解释（2019）的出台，对于操纵手段及量刑档次已经作了明确列举式的释义和说明，将有助于统一审判标准和维护司法公正。

参考文献：

[1] 缐杰、吴峤滨：《〈关于办理操纵证券、期货市场刑事案件适用法律若干问题的解释〉重点难点问题解读》，载《检察日报》2019 年 8 月 18 日。

[2] 谢杰：《操纵证券、期货市场罪的实质解释——〈刑法〉第 182 条兜底条款的立法完善与司法解释优化》，载《证券法律评论》2017 年第 1 期。

[3] 姜永义、陈学勇、朱宏伟：《〈关于办理操纵证券、期货市场刑事案件适用法律若干问题的解释〉的理解与适用》，载《人民法院报》2020 年 3 月 12 日。

[4] 洪灿：《2021 年度中国 A 股上市公司刑事行政法律风险观察报告》。

[5] 洪灿：《证券犯罪数额辩护策略之二：操纵证券、期货市场罪案件中不同的价量计算方式对定罪量刑的影响》。

[6] 刘宪权：《操纵证券、期货市场罪司法解释的法理解读》，载《法商研究》2020 年第 1 期。

[7] 罗翔：《刑法学讲义》，云南人民出版社 2020 年版。

① 参见上海市第一中级人民法院 |（2018）沪 01 刑初 23 号。

文章七：交易的正当理由能否击穿内幕人[*]的“戒绝交易义务”[**]

——从证监会〔2023〕66号案看内幕交易的认定标准和豁免情形

洪 灿 赵秦晋

一、案例观察：〔2023〕66号中国证监会行政处罚决定书

2023年第三季度报告总计收录了46宗中国证监会及其派出机构作出的行政处罚案件，在其中的“〔2023〕66号”行政处罚决定书中，中国证监会对富春股份（300299. SZ）控股股东和实控人内幕交易富春股份股票一案作出了行政处罚决定，并对内幕交易的行政处罚认定标准和豁免情形予以释明，这对内幕交易案件的办理具有非常重要的启示意义。

案涉内幕消息：富春股份终止并购阿尔创项目事项，内幕消息类型为利空消息，内幕消息形成时间不晚于2020年12月15日。

案涉内幕交易行为：经实控人决策，控股股东账户在内幕消息敏感期内合计卖出富春股份股票916万股，卖出金额6033. 44万元，卖出股数占控股股东账户当期可卖股数的100%；实控人账户在内幕消息敏感期内卖出466. 45万股，卖出金额30459185元，卖出股数占实控人账户当期可卖股数的100%。

案涉交易为避损交易，无违法所得。

行政处罚相对人的主要陈述申辩理由是行政处罚相对人的卖出行为基于2020年8月13日公告的交易计划。内幕信息形成前，行政处罚相对人已与他人达成让与担保融资安排，从事涉案交易是基于预定的计划，具有正当理由。

遗憾的是，上述申辩理由没有得到监管机构的采纳。

证监会认为，行政处罚相对人作为上市公司董事长、实际控制人，在知悉内幕信息后即“负有戒绝交易的法定义务”，其提出的基于预定交易计划的申辩理由，不构成阻却内幕交易违法性的正当事由。

本案两名行政处罚相对人因内幕交易行为被行政处罚，合计罚款1150万元。

二、内幕交易的禁止性规定和豁免情形

无论是2005年《证券法》和2019年《证券法》，还是刑法分则关于内幕交易罪的规定，对于内幕交易行为均予以严格禁止，所禁止的内幕交易行为模型大体如下：

1. 被禁止的主体：知悉内幕信息的人，包括证券交易内幕信息的知情人和非法获取内幕信息的人。

---

* 本文所称内幕人包括内幕信息知情人和非法获取内幕信息的人。

** 本文原载“信达律师事务所”公众号，https：//mp. weixin. qq. com/s/ToAHE0o_ w2fB7gvMsB3VJw，2023年11月29日。

2. 被禁止的期限：内幕信息敏感期，即内幕信息形成之日至内幕信息公开之日。

3. 被禁止的三种行为：交易证券、泄露内幕信息、建议他人买卖证券。

在司法和执法实践中，内幕交易行为会涉及各种各样的实际情况，行政执法机关和司法机关在行政处罚和刑事诉讼过程中，分别规定了部分不构成内幕交易行为的豁免情形。具体如下：

《证券市场内幕交易行为认定指引（试行）》（2007 年 3 月 27 日生效，2020 年 10 月 30 日废止）（以下简称《内幕交易认定指引》

第二十条 有下列情形之一的，行为人的证券交易活动不构成内幕交易行为：

（一）证券买卖行为与内幕信息无关；

（二）行为人有正当理由相信内幕信息已公开；

（三）为收购公司股份而依法进行的正当交易行为；

（四）事先不知道泄露内幕信息的人是内幕人或泄露的信息为内幕系信息；

（五）中国证监会认定的其他正当交易行为。

《最高人民法院 最高人民检察院关于办理内幕交易、泄露内幕信息刑事案件具体应用法律若干问题的解释》（2012 年 6 月 1 日生效）（以下简称《内幕交易刑事案件解释》）

第四条 具有下列情形之一的，不属于刑法第一百八十条第一款规定的从事与内幕信息有关的证券、期货交易：

（一）持有或者通过协议、其他安排与他人共同持有上市公司百分之五以上股份的自然人、法人或者其他组织收购该上市公司股份的；

（二）按照事先订立的书面合同、指令、计划从事相关证券、期货交易的；

（三）依据已被他人披露的信息而交易的；

（四）交易具有其他正当理由或者正当信息来源的。

虽然前述的部分正当交易理由可以作为豁免行政责任或刑事责任的情形，但基于行政处罚和刑事追诉不同的证明标准、不同的法律后果，关于交易行为正当理由的理解与运用，在不同的追责程序中呈现较大的差异性。本文尝试以“〔2023〕66 号”中国证监会行政处罚决定书中关于行政处罚相对人提出的“事先的交易计划”的正当交易理由与证监会提出的“戒绝交易义务”之间的争议作为切入点，对内幕交易行政处罚和刑事犯罪案件中的涉案行为正当理由的运用和认定进行法律分析。

三、行政处罚中对内幕交易行为的认定和豁免规则

如前所述，关于内幕交易的行为模型，行政处罚和刑事追诉的界定是一致的，在此不再赘述。

除了《证券法》，现行的行政处罚关于内幕交易行为的认定依据主要有二，分别是证监会 2007 年 3 月 27 日发布并实施的《内幕交易认定指引》和最高人民法院 2011 年 7 月 13 日发布的《最高人民法院关于审理证券行政处罚案件证据若干问题的座谈会纪要》（以下简称《证券行政处罚座谈会纪要》），虽然《内幕交易认定指引》已于 2020

年10月30日废止，但是由于现实中许多发生在新证券法实施之前的内幕交易行为仍在被追责，在证监会没有新规则发布的情况下，对于内幕交易实务操作仍然有重要的参考意义，因此纳入本文的讨论范围。

（一）关于内幕交易行政处罚相对人的分类

《证券法》将内幕人分为两类：一类是内幕信息知情人，另一类是非法获取内幕信息的人。二者区分的关键在于获取内幕信息过程的合法性问题，对二者的处罚并无区别对待。但在证监会的行政调查过程中，存在明显区别。

重大事项的筹划、商议、发生、变更导致内幕信息的产生，通常流转于上市公司、证券服务机构、交易所、监管机构、上市公司交易对手等相关主体之间，上述主体及其工作人员在履职过程中自然接触到内幕信息，成为内幕信息知情人，其身份认定有明确的指向。加上随着国内上市公司治理水平的不断提高，上市公司的内幕信息管理制度也日趋完善，因此行政执法过程中对于内幕信息知情人的确定通常不存在难点。

但对于非法获取内幕信息的人，证监会执法囿于调查手段的局限性，加上内幕信息的流转多出现在私密场合，内幕人对于违法行为也在刻意规避，执法机关对于“非法获取内幕信息的人”的认定通常存在障碍。根据笔者团队多年的研究与办案实践经验，笔者认为，除非行政处罚相对人自认存在非法获取内幕信息的行为，否则证监会通常难以有确凿证据证明行政处罚相对人确实获取了内幕信息。在认定过程中，一般通过行政处罚相对人与内幕信息知情人在内幕信息敏感期的各种联络接触情况和相关交易活动的吻合程度等进行事实推定。

关于行为人属于内幕人的证据是否确凿，将直接影响行政执法过程中的事实认定。因此《内幕交易认定指引》《证券行政处罚座谈会纪要》按照是否有确凿证据证明行为人获取了内幕信息，对行政处罚相对人进行了分类，本文将之分别称为确定的内幕人、或有的内幕人。

（二）《内幕交易认定指引》内幕人的分类方法及证明标准的差异

《内幕交易认定指引》第十四条

本指引第六条第（一）、（二）项规定的内幕信息知情人，在内幕信息敏感期内有本指引第十三条所列行为的，应认定构成内幕交易，除非其有足够证据证明自己并不知悉有关内幕信息。

本指引第六条第（三）、（四）、（五）项规定的其他内幕信息知情人和非法获取内幕信息的人，在内幕信息敏感期内有本指引第十三条所列行为的，应在根据相关证据综合判断其是否知悉内幕信息的基础上认定其是否构成内幕交易。

在《内幕交易认定指引》第6条[①]中关于内幕人的分类中，第一、二项属于《证券法》法定和证监会规定的内幕信息知情人，通常这类人因履职而接触内幕信息，对内幕人身份的认定有明确的证据和法定的理由，本文称之为“确定的内幕人”；第三、四、五项则属于其他内幕信息知情人和非法获取内幕信息的人，执法机关通常没有直接的确凿证据证明其知悉内幕信息，本文称之为“或有的内幕人”。

由此带来的内幕交易行为认定标准的差异，在《内幕交易认定指引》中有明确的规定。对确定的内幕人，其认定标准是“除非内幕人自证不知悉内幕信息”；对或有的内幕人，是“在综合判断其是否知悉内幕信息的基础上认定”。

（三）《证券行政处罚座谈会纪要》内幕人的分类方法及证明标准的差异

《证券行政处罚座谈会纪要》五、关于内幕交易行为的认定问题

会议认为，监管机构提供的证据能够证明以下情形之一，且被处罚人不能作出合理说明或者提供证据排除其存在利用内幕信息从事相关证券交易活动的，人民法院可以确认被诉处罚决定认定的内幕交易行为成立：

（一）证券法第七十四条规定的证券交易内幕信息知情人，进行了与该内幕信息有关的证券交易活动；

（二）证券法第七十四条规定的内幕信息知情人的配偶、父母、子女以及其他有密切关系的人，其证券交易活动与该内幕信息基本吻合；

（三）因履行工作职责知悉上述内幕信息并进行了与该信息有关的证券交易活动；

（四）非法获取内幕信息，并进行了与该内幕信息有关的证券交易活动；

（五）内幕信息公开前与内幕信息知情人或知晓该内幕信息的人联络、接触，其证券交易活动与内幕信息高度吻合。

上述五种情形，按照证明标准的不同可以分为两类：

第一、三、四项为一类，证明标准严格按照内幕交易行为模型进行认定，行为人为确定的内幕人；第二、五项为一类，证明标准按照与内幕信息知情人的联络情况和交易活动的吻合程度综合认定，行为人为或有的内幕人。

（四）证明标准的不同决定了交易正当理由的有效性的大小

笔者认为，内幕交易行政处罚案件中，确定的内幕人和或有的内幕人的身份不同导致了证明标准的不同，是交易正当理由能否阻却内幕交易违法性认定的关键。

行政处罚通常采取优势证据的证明标准，《内幕交易认定指引》在第26条“内幕

---

① 《证券市场内幕交易行为认定指引（试行）》第6条规定：“符合下列情形之一的，为证券交易的内幕人：（一）《证券法》第七十四条第（一）项到第（六）项规定的证券交易内幕信息的知情人；（二）中国证监会根据《证券法》第七十四条第（七）项授权而规定的其他证券交易内幕信息知情人，包括：1. 发行人、上市公司；2. 发行人、上市公司的控股股东、实际控制人控制的其他公司及其董事、监事、高级管理人员；3. 上市公司并购重组参与方及其有关人员；4. 因履行工作职责获取内幕信息的人；5. 本条第（一）项及本项所规定的自然人的配偶；（三）本条第（一）项、第（二）项所规定的自然人的父母、子女以及其他因亲属关系获取内幕信息的人；（四）利用骗取、套取、偷听、监听或者私下交易等非法手段获取内幕信息的人；（五）通过其他途经获取内幕信息的人。”

交易行为的认定，应当适用明显优势证明标准”中对此有明确的规定。因此，交易行为的正当理由与内幕交易行为模型三大要件认定证据之间孰优孰劣，哪一方的证据更具有“明显优势证明力”，是能否认定内幕交易的关键，这一点在或有的内幕人涉及内幕交易案件中更加明显。

由于或有的内幕人在内幕信息是否知情的认定上本身具有先天的缺陷，其申辩的正当理由更有可能影响执法机关对内幕交易行为的认定。反之，在确定的内幕人（如上市公司董监高等）涉内幕交易案件中，正当理由用于阻却内幕交易行为的难度更大，如本文中提及的“〔2023〕66 号”案件。

四、刑事诉讼对内幕交易罪的认定和豁免规则

相对于行政处罚案件的优势证据规则，刑事诉讼的证明标准更高更严格，其要求定案证据达到确实充分、排除一切合理怀疑①的标准。因此在内幕交易罪的认定过程中，交易行为的正当理由的辩解有可能依此证明标准在刑事程序中发挥更大的作用。

笔者团队办理的某上市公司董秘涉内幕交易刑事案件，交易的起因是上市公司为实施员工激励计划，由员工报名出资汇总后由公司统一买入公司股票，具体交易执行由该董秘操作。笔者根据《内幕交易刑事案件解释》第 4 条提出了“本案交易行为是基于既定的员工激励计划进行操作，与内幕信息无关，不属于利用内幕信息进行证券交易的内幕交易行为”的无罪辩护意见。虽然该案的交易额已经超过情节特别严重的五年以上有期徒刑的量刑幅度（基准刑应为六年），一审法院也以事先的交易计划没有明确的交易时间、交易价格、交易数量为由，未采纳笔者的辩护意见，但是笔者认为，辩护人关于内幕信息敏感期内证券交易行为的豁免事由的抗辩，对案件的量刑建议与法院裁判仍产生了一定的积极影响，被告人终获三年缓刑的轻判结果。

笔者认为，在内幕交易罪的刑事责任豁免事由上，现行司法解释缺乏明确的可操作的认定标准，使得该类案件在司法实践中出现一定程度的模糊化理解和打击扩大化，导致一些虽然在敏感期内交易但是无法排除合理怀疑的非“利用内幕信息”的证券交易行为也可能被追究刑事责任。加之地方公检法刑事机构罔顾行政处罚程序与刑事诉讼程序的不同证据证明标准，对证监会行政处罚结论进行抄作业式的“一刀切”执法现象。我们亟待最高司法机关尽快出台新的司法解释予以明确。

五、结论

交易行为人是否知悉内幕信息，是否利用内幕信息进行证券交易是认定内幕交易是否成立的关键，这也是交易的正当理由可以阻却内幕交易行为认定的底层逻辑。交易行

---

① 《刑事诉讼法》第 55 条规定：“对一切案件的判处都要重证据，重调查研究，不轻信口供。只有被告人供述，没有其他证据的，不能认定被告人有罪和处以刑罚；没有被告人供述，证据确实、充分的，可以认定被告人有罪和处以刑罚。证据确实、充分，应当符合以下条件：（一）定罪量刑的事实都有证据证明；（二）据以定案的证据均经法定程序查证属实；（三）综合全案证据，对所认定事实已排除合理怀疑。”

为人在行政处罚和刑事犯罪案件处理过程中应当遵照相应的证据规则和证明标准，提出相应的抗辩理由。

行政处罚案件采取优势证据规则，确定的内幕人在知悉内幕信息后，即使存在既定的正当交易理由，因其知悉内幕信息的确定性必然导致交易决策信息来源的多样性。在交易结果的“唯一性”对应决策信息的“多样性”的情况下，内幕人无法证明其并未利用内幕信息作出交易决策，因此被行政处罚是大概率事件，正当的交易理由无法击穿“戒绝交易义务”，这也符合现阶段我国证券监管的实际需要。

或有的内幕人则恰恰相反，因其知悉内幕信息的或然性导致监管机构无法必然确认其因知悉内幕信息，存在排除交易行为利用内幕信息的可能性。监管机构应当综合比较【交易的正当理由】与【内幕人联络情况和交易活动的吻合程度】的证明力优势状况进行认定，在交易正当理由及其证据占优势的情况下，正当的交易理由往往可以击穿“戒绝交易义务”，从而获得责任豁免。

刑事犯罪案件采取证据确实充分的认定规则，在具有《内幕交易刑事案件解释》第 4 条规定的交易正当理由的豁免情况下，应当认定其不构成内幕交易罪。

文章八：“从旧兼从轻”原则在证券违法犯罪领域的适用*

洪 灿 赵秦晋 张 晴

近年来，中国证券市场已经进入了注册制时代和强监管时代，两大标志性事件就是证券法的修订和《刑法修正案（十一）》的施行。

2020 年 3 月 1 日，新修订的证券法正式施行，证券的发行由“核准制”转变为全面推行“注册制”，对内幕交易、欺诈发行等证券违法行为的处罚力度空前加大。

2021 年 3 月 1 日，《刑法修正案（十一）》正式施行，大幅提高了欺诈发行证券、违规披露重要信息、操纵证券市场、内幕交易等证券犯罪的刑事惩戒力度。

在此背景下，最大的直观变化就是证券违法犯罪案件显著增多，以 2023 年第四季度为例，单一季度证券监管类行政处罚案件达到 227 宗，创 2018 年以来新高；另外，由于“部分证券违法犯罪行为持续时间长，跨越新旧法”的案件特点和“多数案件需要经过先行后刑的追责程序，执法过程跨越新旧法”的执法特点，导致现阶段在处理证券违法犯罪案件过程中，频繁涉及新旧法的适用问题。在如今的强监管时代，适用旧法进行“从轻”处罚，传递到证券市场的末梢神经（投资者），势必带来部分案件处罚结果过轻的感觉。

如证监会首席检查官李明所说“从执法周期来看，目前还处于新旧证券法的交替

---

* 本文原载“信达律师事务所”公众号，https：//mp. weixin. qq. com/s/UZGwlTzwxco40TGYvKA_ jQ，2024 年 3 月 6 日。

适用期”。这是在“从旧兼从轻”的新旧法适用规则下，任何法律修改后，监管执法必经的特殊阶段。如前所述，《刑法修正案（十一）》施行后，证券犯罪领域的新旧法适用也是如此。

在此种背景下，本文将结合笔者团队的办案经验和多年积累的上市公司行政刑事法律风险数据，对“从旧兼从轻”的法律规则在证券违法犯罪领域的适用进行分析。

一、立法法关于“从旧兼从轻”原则的法律渊源

《立法法》第 103 条[①]确定了“新法优于旧法，特别法优于一般法”的基本法律适用原则，就新旧法而言，在不一致的情况下适用“从新”的原则，主要调整新法施行后发生的事件和行为。那么新法施行前发生的事件和行为，能否适用新法进行调整？《立法法》第 104 条[②]又规定了“法不溯及既往”的法律适用原则，解决了法律能否调整其生效前发生的事件和行为的问题。所谓“法律不强人所难”，不能要求公民在过去的时空遵守未来制定的法律，为各类主体提供了稳定的法律预期，保证了法律的良好适用。

但“法不溯及既往”只解决了“从旧”，那“从轻”的问题如何解决？《立法法》第 104 条同时作了但书的规定——“为了更好地保护公民、法人和其他组织的权利和利益而作的特别规定除外”。也就是说，如果新法可以更好地保护各主体利益，且又有相应的成文法特别规定，其就具有溯及力，可以调整新法施行前的事件和行为。

刑法和行政处罚法中均有此类特别规定，作为证券违法犯罪领域以“从旧兼从轻”为原则进行法律适用的依据。

二、证券违法犯罪领域“从旧兼从轻”的规定

《行政处罚法》第 37 条规定：“实施行政处罚，适用违法行为发生时的法律、法规、规章的规定。但是，作出行政处罚决定时，法律、法规、规章已被修改或者废止，且新的规定处罚较轻或者不认为是违法的，适用新的规定。”

《刑法》第 12 条规定：“中华人民共和国成立以后本法施行以前的行为，如果当时的法律不认为是犯罪的，适用当时的法律；如果当时的法律认为是犯罪的，依照本法总则第四章第八节[③]的规定应当追诉的，按照当时的法律追究刑事责任，但是如果本法不认为是犯罪或者处刑较轻的，适用本法。本法施行以前，依照当时的法律已经作出的生效判决，继续有效。”

上述规定均是对行政违法行为和刑事犯罪行为“从旧兼从轻”的特别规定，即在办理行政处罚和刑事犯罪案件过程中，新旧法的适用问题以“从旧”为原则，但新法

---

① 《立法法》第 103 条规定：“同一机关制定的法律、行政法规、地方性法规、自治条例和单行条例、规章，特别规定与一般规定不一致的，适用特别规定；新的规定与旧的规定不一致的，适用新的规定。”

② 《立法法》第 104 条规定：“规定法律、行政法规、地方性法规、自治条例和单行条例、规章不溯及既往，但为了更好地保护公民、法人和其他组织的权利和利益而作的特别规定除外。”

③ 《刑法》第四章第八节是对犯罪行为追诉时效的规定。

认为不需要追究法律责任或法律责任更轻的情况下，适用“从轻”原则，适用新法。

三、典型的证券违法行为新旧法法律责任比较

证券违法行为	证券法修订前的法律责任	证券法修订后的法律责任
欺诈发行证券	尚未发行证券的，处以30万元以上60万元以下的罚款；已经发行证券的，处以非法所募资金金额1%以上5%以下的罚款	尚未发行证券的，处以200万元以上2000万元以下的罚款；已经发行证券的，处以非法所募资金金额10%以上一倍以下的罚款。对直接负责的主管人员和其他直接责任人员，处以100万元以上1000万元以下的罚款
信息披露违法违规	发行人、上市公司或者其他信息披露义务人未按照规定披露信息，或者所披露的信息有虚假记载、误导性陈述或者重大遗漏的，责令改正，给予警告，并处以30万元以上60万元以下的罚款 发行人、上市公司或者其他信息披露义务人未按照规定报送有关报告，或者报送的报告有虚假记载、误导性陈述或者重大遗漏的，责令改正，给予警告，并处以30万元以上60万元以下的罚款	信息披露义务人未按照本法规定报送有关报告或者履行信息披露义务的，责令改正，给予警告，并处以50万元以上500万元以下的罚款 信息披露义务人报送的报告或者披露的信息有虚假记载、误导性陈述或者重大遗漏的，责令改正，给予警告，并处以100万元以上1000万元以下的罚款
操纵证券市场	责令依法处理非法持有的证券，没收违法所得，并处以违法所得1倍以上5倍以下的罚款；没有违法所得或者违法所得不足30万元的，处以30万元以上300万元以下的罚款	责令依法处理其非法持有的证券，没收违法所得，并处以违法所得1倍以上10倍以下的罚款；没有违法所得或者违法所得不足100万元的，处以100万元以上1000万元以下的罚款
内幕交易	责令依法处理非法持有的证券，没收违法所得，并处以违法所得1倍以上5倍以下的罚款；没有违法所得或者违法所得不足3万元的，处以3万元以上60万元以下的罚款	责令依法处理非法持有的证券，没收违法所得，并处以违法所得1倍以上10倍以下的罚款；没有违法所得或者违法所得不足50万元的，处以50万元以上500万元以下的罚款

比较《证券法》修订前后内容，可以看出，一方面，监管层面从严打击证券违法犯罪行为，更多旧案被追究行政和刑事责任；另一方面，现行法大幅提高了证券违法犯罪成本，但基于部分证券违法犯罪行为持续时间久和行刑衔接办案周期长的特点，导致在新法施行后的一定时期内，我们会看到较多因新旧法适用差异，导致责任迥异的案件出现。

以“证监会〔2023〕62号奇信股份欺诈发行股票、信息披露违法违规案”为例，证监会认定：奇信股份于2020年3月31日和4月3日公告的债券发行公告和募集说明书中，包含了2017年和2018年财务造假数据，因此被认定为欺诈发行证券行为，依照

2020 年 3 月 1 日施行的《证券法》被处以非法所募资金金额 2 亿元的 20% 的罚款（4000 万元），但若按照修订前《证券法》第 189 条第 1 款的规定“处以非法所募资金金额百分之一以上百分之五以下的罚款”，罚款区间为 200 万至 1000 万元。法律适用的不同，导致法律责任即罚款数额相差数倍至数十倍不等。

四、特殊问题：跨越新旧法的证券违法犯罪行为的法律适用

（一）实践中对于跨越新旧法的证券违法犯罪行为的处理

如前所述，部分证券违法犯罪行为存在持续时间长，跨越新旧法的特点，且主要集中在欺诈发型证券、信息披露违法违规、操纵证券市场等长周期的违法犯罪领域，因此往往会在进行法律适用时，面临违法犯罪行为跨越 2020 年 3 月 1 日新证券法施行之日和 2021 年 3 月 1 日《刑法修正案（十一）》施行之日如何处理的问题，笔者将通过两个案例进行阐明。

1. 奇信股份欺诈发行证券、信息披露违法违规案

奇信股份于 2015 年 12 月上市。奇信股份信息披露违法行为包括：招股说明书中包含的 2012 年至 2015 年上半年的财务数据存在虚假记载；2015 年至 2019 年上市后年度报告的财务数据存在虚假记载。欺诈发行证券行为包括：奇信股份 2020 年 3 月 31 日和 4 月 3 日的债券发行公告和募集说明书包含 2017 年和 2018 年财务造假数据。

奇信股份信息披露违法行为的起止时间为 2012 年至 2020 年 4 月（2019 年年度报告发布）。

奇信股份欺诈发行证券行为披露证券发行文件的时间为 2020 年 3 月至 4 月，包含的虚假财务数据为 2017 年和 2018 年的财务数据。

这是一起典型的证券违法行为跨越新证券法施行之日的行政处罚案件，本案涉案人员 16 人，其中 4 人提出应当适用 2005 年证券法进行处罚。证监会在复核过程中认为：“本案信息披露违法行为具有连续性。连续性违法行为跨越新旧法的，按照法律适用的基本原则和我会执法惯例，应当适用新法一并进行处罚。”

由此可知，证监会对于跨越新旧法的证券违法行为会以连续性行为为由一律适用新法进行处罚。

2. 李某等人操纵证券市场案

笔者团队承办的李某等人操纵证券市场案件，操纵周期为 2018 年 7 月 2 日至 2020 年 12 月 31 日。2019 年 7 月 1 日，《最高人民法院、最高人民检察院关于办理操纵证券、期货市场刑事案件适用法律若干问题的解释》正式施行，较 2010 年《最高人民检察院 公安部关于公安机关管辖的刑事案件立案追诉标准的规定（二）》（已失效，以下简称《立案追诉标准（二）》），提高了操纵证券市场罪的立案标准。

本案中，被告人犯意提起、操纵团队形成、配资及主要操纵周期均发生于 2019 年 7 月 1 日前，若按照旧法《立案追诉标准（二）》的规定，2019 年 7 月 1 日之前的操纵行为不构成犯罪，仅需要对 2019 年 7 月 1 日之后的操纵行为进行定罪量刑。在此种情

况下，新旧法的适用将会对被告人的定罪量刑产生重大影响。

本案生效判决认为，李某等人于 2018 年 7 月起实施操纵证券行为，持续至 2020 年 12 月，系继续犯，应适用行为终了时的法律规定。

根据上述案例，我们可以明确，证券监管机构和司法机关对于证券违法犯罪行为跨越新旧法的情况的法律适用观点是一致的，均以连续或者继续为由，进而认为应当适用违法犯罪行为终了时的法律规定。

（二）跨越新旧法的证券违法犯罪行为的分类

跨越新旧法的违法犯罪行为，一般分为两种情形：

1. 证券行政违法行为或证券犯罪行为处于连续状态

《行政处罚法》第 36 条①所指违法行为的连续状态，是指当事人基于同一个违法故意，连续实施数个独立的行政违法行为，并触犯同一个行政处罚规定的情形。② 如前述案例中奇信股份在招股说明书及 2015—2019 年年报中均存在财务数据虚假记载，属于多个信息披露违法行为，但证监会并未将 2015—2018 年、2019 年的违法行为割裂，分段适用新旧证券法进行评价，而是认定前述多个违法行为具有连续性，统一作为整体适用新证券法。对于跨越新旧法的不同类型证券违法行为，因其不具有连续状态，证监会则采取“分类处理、分别适用”方式处理。如在证监会〔2023〕174 号行政复议决定书中，紫晶存储的欺诈发行行为实施于 2020 年 2 月，信息披露违法行为实施于 2020 年 4 月至 2021 年 4 月，前者适用旧证券法处罚，后者适用新证券法。

在刑事司法领域，《最高人民检察院关于对跨越修订刑法施行日期的继续犯罪、连续犯罪以及其他同种数罪应如何具体适用刑法问题的批复》提出，“二、对于开始于 1997 年 9 月 30 日以前，连续到 1997 年 10 月 1 日以后的连续犯罪，或者在 1997 年 10 月 1 日前后分别实施同种类数罪，其中罪名、构成要件、情节以及法定刑均没有变化的，应当适用修订刑法，一并进行追诉；罪名、构成要件、情节以及法定刑已经变化的，也应当适用修订刑法，一并进行追诉”。上述观点也从侧面印证了连续犯罪应适用新法处断。

2. 证券行政违法行为或证券犯罪行为处于继续状态

继续状态即同一违法犯罪行为造成的不法状态继续进行至行为终了之日③④，行为终了之时新法业已生效。结合笔者所观察到的证监会 2023 年行政处罚案例，继续性违法行为之认定与法律适用要点主要集中在如何认定“同一行为”。参考证监会〔2023〕

---

① 《行政处罚法》（2021）第 36 条规定：“违法行为在二年内未被发现的，不再给予行政处罚；涉及公民生命健康安全、金融安全且有危害后果的，上述期限延长至五年。法律另有规定的除外。前款规定的期限，从违法行为发生之日起计算；违法行为有连续或者继续状态的，从行为终了之日起计算。”

② 国务院法制办公室对湖北省人民政府法制办公室《关于如何确认违法行为连续或继续状态的请示》的复函（国法函〔2005〕442 号，2005 年 10 月 26 日）。

③ 胡梦瑶：《权力期间视角下行政处罚时效的适用》，载《华东政法大学学报》2023 年第 1 期。

④ 林亚刚：《继续犯的若干争议问题探讨》，载《中国刑事法杂志》2003 年第 2 期。

29号行政处罚决定书[①]，发行人虽然事实上实施了对招股说明书等有关文件进行修改及补充披露等多个行为，但在法律评价层面被证监会视为同一欺诈发行行为，构成继续性违法行为[②]而适用新法。

综上，行为是否跨越新旧两法，应结合个案中违法犯罪行为是否触犯同一法律规定、是否基于同一故意、属于单个违法犯罪行为还是多个违法犯罪行为等问题进行综合考虑并认定。

（三）跨越新旧法的证券违法犯罪行为适用新法处断的法律逻辑

对于跨越新旧两法的行为以新法处断，此种法律适用的逻辑在于，处于继续或连续状态的证券违法犯罪行为是一个不可分割的整体，若适用旧法，对新法施行后的违法犯罪行为的评价将会背离新法，不利于新法的正确实施；若分段进行法律适用，将会导致对同一证券违法犯罪行为作出两个不同的评价，对法律责任的认定将会产生障碍，出现一事两罚的情况；只有适用新法，按照行为终了时的法律规定进行评价，既突出了新法对社会关系调整的及时性，也避免了法律评价的尴尬局面。

笔者认为，就前文中提及的适用旧法、分段适用、适用新法三种法律适用方法，均存在一定不足，适用旧法、分段适用笔者不再赘述，若完全适用新法，最大的问题就是这种法律适用规则与我国现行的“法不溯及既往”的规则相冲突，折中的处理方式应当是不论适用旧法还是适用新法，均可由执法或司法机关在法律适用过程中酌情考虑新旧法变更对违法犯罪行为进行法律评价的影响，对法律责任的认定进行相应的调整，达到违法犯罪行为与法律责任相当的程度，避免造成法律适用的失衡。

---

① 参见中国证监会行政处罚决定书（泽达易盛及相关责任人员）〔2023〕29号，载 http://www.csrc.gov.cn/csrc/c101928/c7404368/content.shtml，2024年3月1日访问。

② “继续性违法行为”在证监会行政处罚文书中表述为“持续性违法行为”。